中华人民共和国
法规汇编

2022年1月—12月

中国法制出版社

编 辑 说 明

一、《中华人民共和国法规汇编》是国家出版的法律、行政法规汇编正式版本。

二、本汇编逐年编辑出版，每年1册，收集当年全国人民代表大会及其常务委员会通过的法律和有关法律问题的决定，国务院公布的行政法规、行政法规修改决定和中国政府网公布的国发、国办发文件。

三、本汇编按宪法相关法、民法商法、行政法、经济法、社会法、刑法、诉讼及非诉讼程序法分类，每大类下再按内容设二级类目。类目中排列顺序为：法律、有关法律问题的决定、行政法规、行政法规修改决定、国务院文件；法律、有关法律问题的决定、行政法规、行政法规修改决定、国务院文件内按公布的时间先后排列。

四、本册根据内容按宪法相关法、民法商法、行政法、经济法、社会法、刑法分类，收集了2022年全国人民代表大会及其常务委员会公布的法律16件，有关法律问题的决定5件，国务院公布的行政法规5件，行政法规修改决定1件，中国政府网公布的国发、国办发文件38件，共计65件。

司法部
2023年11月

目　　录

编辑说明 …………………………………………………… (1)

宪法相关法

选举、代表

中华人民共和国香港特别行政区选举第十四届全国人民
代表大会代表的办法 ……………………………………… (1)
　　(2022年3月11日第十三届全国人民代表大会第五次会议
　　通过)
中华人民共和国澳门特别行政区选举第十四届全国人民
代表大会代表的办法 ……………………………………… (5)
　　(2022年3月11日第十三届全国人民代表大会第五次会议
　　通过)
第十三届全国人民代表大会第五次会议关于第十四届全
国人民代表大会代表名额和选举问题的决定 …………… (9)
　　(2022年3月11日第十三届全国人民代表大会第五次会议
　　通过)

国家机构组织

全国人民代表大会关于修改《中华人民共和国地方各级
人民代表大会和地方各级人民政府组织法》的决定 ……… (11)
　　(2022年3月11日第十三届全国人民代表大会第五次会议
　　通过　2022年3月11日中华人民共和国主席令第110号公布
　　自2022年3月12日起施行)

1

中华人民共和国地方各级人民代表大会和地方各级人民政府组织法 ……………………………………………（24）

（1979年7月1日第五届全国人民代表大会第二次会议通过 1979年7月4日公布 自1980年1月1日起施行 根据1982年12月10日第五届全国人民代表大会第五次会议《关于修改〈中华人民共和国地方各级人民代表大会和地方各级人民政府组织法〉的若干规定的决议》第一次修正 根据1986年12月2日第六届全国人民代表大会常务委员会第十八次会议《关于修改〈中华人民共和国地方各级人民代表大会和地方各级人民政府组织法〉的决定》第二次修正 根据1995年2月28日第八届全国人民代表大会常务委员会第十二次会议《关于修改〈中华人民共和国地方各级人民代表大会和地方各级人民政府组织法〉的决定》第三次修正 根据2004年10月27日第十届全国人民代表大会常务委员会第十二次会议《关于修改〈中华人民共和国地方各级人民代表大会和地方各级人民政府组织法〉的决定》第四次修正 根据2015年8月29日第十二届全国人民代表大会常务委员会第十六次会议《关于修改〈中华人民共和国地方各级人民代表大会和地方各级人民政府组织法〉、〈中华人民共和国全国人民代表大会和地方各级人民代表大会选举法〉、〈中华人民共和国全国人民代表大会和地方各级人民代表大会代表法〉的决定》第五次修正 根据2022年3月11日第十三届全国人民代表大会第五次会议《关于修改〈中华人民共和国地方各级人民代表大会和地方各级人民政府组织法〉的决定》第六次修正）

全国人民代表大会常务委员会关于修改《中华人民共和国全国人民代表大会常务委员会议事规则》的决定 ………（49）

（2022年6月24日第十三届全国人民代表大会常务委员会第三十五次会议通过 2022年6月24日中华人民共和国主席令第117号公布 自2022年6月25日起施行）

中华人民共和国全国人民代表大会常务委员会议事规则 ……（56）

（1987年11月24日第六届全国人民代表大会常务委员会第二十三次会议通过 根据2009年4月24日第十一届全国人民代表大会常务委员会第八次会议《关于修改〈中华人民共和国全国人民代表大会常务委员会议事规则〉的决定》第一次

修正　根据2022年6月24日第十三届全国人民代表大会常务委员会第三十五次会议《关于修改〈中华人民共和国全国人民代表大会常务委员会议事规则〉的决定》第二次修正)

全国人民代表大会常务委员会关于设立成渝金融法院的决定……………………………………………………………（65）

　　（2022年2月28日第十三届全国人民代表大会常务委员会第三十三次会议通过）

特别行政区

全国人民代表大会常务委员会关于《中华人民共和国香港特别行政区维护国家安全法》第十四条和第四十七条的解释………………………………………………………（67）

　　（2022年12月30日第十三届全国人民代表大会常务委员会第三十八次会议通过）

民法商法

证券、期货、基金

中华人民共和国期货和衍生品法…………………………（69）

　　（2022年4月20日第十三届全国人民代表大会常务委员会第三十四次会议通过　2022年4月20日中华人民共和国主席令第111号公布　自2022年8月1日起施行）

行政法

总　类

地名管理条例………………………………………………（100）

　　（2021年9月1日国务院第147次常务会议修订通过　2022年3月30日中华人民共和国国务院令第753号公布　自2022年5月1日起施行）

3

政府法制

国务院关于修改和废止部分行政法规的决定……（108）
　　（2022年3月29日中华人民共和国国务院令第752号公布　自2022年5月1日起施行）

国务院办公厅关于印发国务院2022年度立法工作计划的通知……（119）
　　（2022年7月5日　国办发〔2022〕24号）

国务院办公厅关于进一步规范行政裁量权基准制定和管理工作的意见……（127）
　　（2022年7月29日　国办发〔2022〕27号）

国务院关于取消和调整一批罚款事项的决定……（133）
　　（2022年7月30日　国发〔2022〕15号）

政　务

国务院办公厅关于加快推进电子证照扩大应用领域和全国互通互认的意见……（144）
　　（2022年1月20日　国办发〔2022〕3号）

国务院关于加快推进政务服务标准化规范化便利化的指导意见……（150）
　　（2022年2月7日　国发〔2022〕5号）

国务院关于落实《政府工作报告》重点工作分工的意见…（160）
　　（2022年3月21日　国发〔2022〕9号）

国务院办公厅关于印发2022年政务公开工作要点的通知…（184）
　　（2022年4月11日　国办发〔2022〕8号）

国务院办公厅关于推动12345政务服务便民热线与110报警服务台高效对接联动的意见……（188）
　　（2022年4月23日　国办发〔2022〕12号）

国务院办公厅关于对2021年落实有关重大政策措施真抓实干成效明显地方予以督查激励的通报……（193）
　　（2022年6月2日　国办发〔2022〕21号）

国务院关于加强数字政府建设的指导意见……（202）
　　（2022年6月6日　国发〔2022〕14号）

国务院办公厅关于加快推进"一件事一次办"打造政务服务升级版的指导意见……………………………………（214）
　　　（2022年9月26日　国办发〔2022〕32号）
国务院办公厅关于对国务院第九次大督查发现的典型经验做法给予表扬的通报……………………………………（222）
　　　（2022年9月27日　国办发〔2022〕33号）
国务院办公厅关于扩大政务服务"跨省通办"范围进一步提升服务效能的意见………………………………………（226）
　　　（2022年9月28日　国办发〔2022〕34号）

外　　交

缔结条约管理办法………………………………………………（234）
　　　（2022年10月16日中华人民共和国国务院令第756号公布　自2023年1月1日起施行）

国　　防

全国人民代表大会常务委员会关于中国人民解放军现役士兵衔级制度的决定……………………………………（242）
　　　（2022年2月28日第十三届全国人民代表大会常务委员会第三十三次会议通过　2022年2月28日中华人民共和国主席令第108号公布　自2022年3月31日起施行）
中华人民共和国预备役人员法…………………………………（243）
　　　（2022年12月30日第十三届全国人民代表大会常务委员会第三十八次会议通过　2022年12月30日中华人民共和国主席令第127号公布　自2023年3月1日起施行）
中国人民解放军文职人员条例…………………………………（254）
　　　（2005年6月23日中华人民共和国国务院、中华人民共和国中央军事委员会令第438号公布　2017年9月27日中华人民共和国国务院、中华人民共和国中央军事委员会令第689号第一次修订　2022年12月10日中华人民共和国国务院、中华人民共和国中央军事委员会令第757号第二次修订　自2023年1月1日起施行）

5

教 育

中华人民共和国职业教育法……………………………………（269）
　　（1996年5月15日第八届全国人民代表大会常务委员会第十九次会议通过　2022年4月20日第十三届全国人民代表大会常务委员会第三十四次会议修订　2022年4月20日中华人民共和国主席令第112号公布　自2022年5月1日起施行）
国务院办公厅关于进一步做好高校毕业生等青年就业创业工作的通知……………………………………………（284）
　　（2022年5月5日　国办发〔2022〕13号）

文化、体育

中华人民共和国体育法……………………………………（291）
　　（1995年8月29日第八届全国人民代表大会常务委员会第十五次会议通过　根据2009年8月27日第十一届全国人民代表大会常务委员会第十次会议《关于修改部分法律的决定》第一次修正　根据2016年11月7日第十二届全国人民代表大会常务委员会第二十四次会议《关于修改〈中华人民共和国对外贸易法〉等十二部法律的决定》第二次修正　2022年6月24日第十三届全国人民代表大会常务委员会第三十五次会议修订　2022年6月24日中华人民共和国主席令第114号公布　自2023年1月1日起施行）
中华人民共和国水下文物保护管理条例……………………（307）
　　（1989年10月20日中华人民共和国国务院令第42号发布　根据2011年1月8日《国务院关于废止和修改部分行政法规的决定》第一次修订　2022年1月23日中华人民共和国国务院令第751号第二次修订　自2022年4月1日起施行）

卫生医药

国务院办公厅关于印发"十四五"中医药发展规划的通知……………………………………………………………（313）
　　（2022年3月3日　国办发〔2022〕5号）
国务院办公厅关于印发"十四五"国民健康规划的通知……（332）
　　（2022年4月27日　国办发〔2022〕11号）

国务院办公厅关于印发深化医药卫生体制改革2022年
重点工作任务的通知……………………………………（355）
　　（2022年5月4日　国办发〔2022〕14号）

城乡建设

国务院办公厅关于印发城市燃气管道等老化更新改造实
施方案（2022—2025年）的通知 ………………………（362）
　　（2022年5月10日　国办发〔2022〕22号）

环境保护

中华人民共和国野生动物保护法……………………………（369）
　　（1988年11月8日第七届全国人民代表大会常务委员会第
四次会议通过　根据2004年8月28日第十届全国人民代表大
会常务委员会第十一次会议《关于修改〈中华人民共和国野
生动物保护法〉的决定》第一次修正　根据2009年8月27日
第十一届全国人民代表大会常务委员会第十次会议《关于修
改部分法律的决定》第二次修正　2016年7月2日第十二届
全国人民代表大会常务委员会第二十一次会议第一次修订
根据2018年10月26日第十三届全国人民代表大会常务委员
会第六次会议《关于修改〈中华人民共和国野生动物保护法〉
等十五部法律的决定》第三次修正　2022年12月30日第十
三届全国人民代表大会常务委员会第三十八次会议第二次修
订　2022年12月30日中华人民共和国主席令第126号公布
自2023年5月1日起施行）
国务院办公厅关于印发新污染物治理行动方案的通知………（386）
　　（2022年5月4日　国办发〔2022〕15号）
国务院关于支持山东深化新旧动能转换推动绿色低碳高
质量发展的意见…………………………………………（393）
　　（2022年8月25日　国发〔2022〕18号）

气　象

国务院关于印发气象高质量发展纲要（2022—2035年）
的通知……………………………………………………（402）
　　（2022年4月28日　国发〔2022〕11号）

7

行政许可

国务院办公厅关于全面实行行政许可事项清单管理的通知 … （411）
 （2022年1月10日　国办发〔2022〕2号）

经济法

总　类

中华人民共和国黑土地保护法……………………………（416）
 （2022年6月24日第十三届全国人民代表大会常务委员会
 第三十五次会议通过　2022年6月24日中华人民共和国主席
 令第115号公布　自2022年8月1日起施行）
中华人民共和国黄河保护法……………………………（423）
 （2022年10月30日第十三届全国人民代表大会常务委员会
 第三十七次会议通过　2022年10月30日中华人民共和国主
 席令第123号公布　自2023年4月1日起施行）
国务院关于支持贵州在新时代西部大开发上闯新路的
 意见……………………………………………………（451）
 （2022年1月18日　国发〔2022〕2号）
国务院办公厅关于进一步盘活存量资产扩大有效投资的
 意见……………………………………………………（462）
 （2022年5月19日　国办发〔2022〕19号）
国务院关于印发广州南沙深化面向世界的粤港澳全面合
 作总体方案的通知……………………………………（468）
 （2022年6月6日　国发〔2022〕13号）
国务院关于开展第五次全国经济普查的通知……………（477）
 （2022年11月17日　国发〔2022〕22号）

财　政

国务院办公厅关于进一步推进省以下财政体制改革工作
 的指导意见……………………………………………（481）
 （2022年5月29日　国办发〔2022〕20号）

税　　务

国务院关于设立3岁以下婴幼儿照护个人所得税专项附
加扣除的通知……………………………………………（488）
　　（2022年3月19日　国发〔2022〕8号）

自然资源

国务院关于开展第三次全国土壤普查的通知……………（489）
　　（2022年1月29日　国发〔2022〕4号）

信息、邮政

中华人民共和国反电信网络诈骗法………………………（492）
　　（2022年9月2日第十三届全国人民代表大会常务委员会第
　　三十六次会议通过　2022年9月2日中华人民共和国主席令
　　第119号公布　自2022年12月1日起施行）
国务院办公厅关于深化电子电器行业管理制度改革的
意见……………………………………………………（504）
　　（2022年9月17日　国办发〔2022〕31号）

农林牧渔

中华人民共和国农产品质量安全法………………………（512）
　　（2006年4月29日第十届全国人民代表大会常务委员会第
　　二十一次会议通过　根据2018年10月26日第十三届全国人
　　民代表大会常务委员会第六次会议《关于修改〈中华人民共
　　和国野生动物保护法〉等十五部法律的决定》修正　2022年
　　9月2日第十三届全国人民代表大会常务委员会第三十六次会
　　议修订　2022年9月2日中华人民共和国主席令第120号公布
　　自2023年1月1日起施行）
中华人民共和国畜牧法………………………………………（529）
　　（2005年12月29日第十届全国人民代表大会常务委员会第
　　十九次会议通过　根据2015年4月24日第十二届全国人民代
　　表大会常务委员会第十四次会议《关于修改〈中华人民共和
　　国计量法〉等五部法律的决定》修正　2022年10月30日第

十三届全国人民代表大会常务委员会第三十七次会议修订 2022年10月30日中华人民共和国主席令第124号公布 自2023年3月1日起施行)

商　务

全国人民代表大会常务委员会关于修改《中华人民共和国对外贸易法》的决定 ……………………………………（546）
　　（2022年12月30日第十三届全国人民代表大会常务委员会第三十八次会议通过　2022年12月30日中华人民共和国主席令第128号公布　自公布之日起施行)

中华人民共和国对外贸易法……………………………（547）
　　（1994年5月12日第八届全国人民代表大会常务委员会第七次会议通过　2004年4月6日第十届全国人民代表大会常务委员会第八次会议修订　根据2016年11月7日第十二届全国人民代表大会常务委员会第二十四次会议《关于修改〈中华人民共和国对外贸易法〉等十二部法律的决定》第一次修正　根据2022年12月30日第十三届全国人民代表大会常务委员会第三十八次会议《关于修改〈中华人民共和国对外贸易法〉的决定》第二次修正)

国务院办公厅关于进一步释放消费潜力促进消费持续恢复的意见……………………………………………（558）
　　（2022年4月20日　国办发〔2022〕9号)

国务院办公厅关于推动外贸保稳提质的意见……………（565）
　　（2022年5月17日　国办发〔2022〕18号)

市场监督管理

全国人民代表大会常务委员会关于修改《中华人民共和国反垄断法》的决定 ………………………………（569）
　　（2022年6月24日第十三届全国人民代表大会常务委员会第三十五次会议通过　2022年6月24日中华人民共和国主席令第116号公布　自2022年8月1日起施行)

中华人民共和国反垄断法…………………………………（573）
　　（2007年8月30日第十届全国人民代表大会常务委员会第二十九次会议通过　根据2022年6月24日第十三届全国人民

代表大会常务委员会第三十五次会议《关于修改〈中华人民共和国反垄断法〉的决定》修正）

促进个体工商户发展条例……………………………………（586）
　　（2022年9月26日国务院第190次常务会议通过　2022年10月1日中华人民共和国国务院令第755号公布　自2022年11月1日起施行）

国务院办公厅关于进一步加强商品过度包装治理的通知……（590）
　　（2022年9月1日　国办发〔2022〕29号）

国务院办公厅关于进一步优化营商环境降低市场主体制度性交易成本的意见……………………………………（595）
　　（2022年9月7日　国办发〔2022〕30号）

国务院办公厅关于复制推广营商环境创新试点改革举措的通知……………………………………………………（603）
　　（2022年9月28日　国办发〔2022〕35号）

国务院办公厅关于印发第十次全国深化"放管服"改革电视电话会议重点任务分工方案的通知………………（619）
　　（2022年10月15日　国办发〔2022〕37号）

社会法

特殊保障

中华人民共和国妇女权益保障法……………………………（631）
　　（1992年4月3日第七届全国人民代表大会第五次会议通过　根据2005年8月28日第十届全国人民代表大会常务委员会第十七次会议《关于修改〈中华人民共和国妇女权益保障法〉的决定》第一次修正　根据2018年10月26日第十三届全国人民代表大会常务委员会第六次会议《关于修改〈中华人民共和国野生动物保护法〉等十五部法律的决定》第二次修正　2022年10月30日第十三届全国人民代表大会常务委员会第三十七次会议修订　2022年10月30日中华人民共和国主席令第122号公布　自2023年1月1日起施行）

国务院办公厅关于印发促进残疾人就业三年行动方案
（2022—2024年）的通知 …………………………………（645）
　　（2022年3月25日　国办发〔2022〕6号）

工资福利

国务院办公厅关于推动个人养老金发展的意见………………（651）
　　（2022年4月8日　国办发〔2022〕7号）

宪法相关法

选举、代表

中华人民共和国香港特别行政区选举第十四届全国人民代表大会代表的办法

(2022年3月11日第十三届全国人民代表大会第五次会议通过)

第一条 根据《中华人民共和国宪法》、《中华人民共和国香港特别行政区基本法》以及《中华人民共和国全国人民代表大会和地方各级人民代表大会选举法》的规定,结合香港特别行政区的实际情况,制定本办法。

第二条 香港特别行政区选举第十四届全国人民代表大会代表由全国人民代表大会常务委员会主持。

第三条 香港特别行政区应选第十四届全国人民代表大会代表的名额为36名。

第四条 香港特别行政区选举的全国人民代表大会代表必须是年满十八周岁的香港特别行政区居民中的中国公民。

第五条 香港特别行政区成立第十四届全国人民代表大会代

选举会议。选举会议由香港特别行政区选举委员会委员中的中国公民组成。但本人提出不愿参加的除外。

香港特别行政区行政长官为香港特别行政区第十四届全国人民代表大会代表选举会议的成员。

选举会议成员名单由全国人民代表大会常务委员会公布。

第六条 选举会议第一次会议由全国人民代表大会常务委员会召集，根据全国人民代表大会常务委员会委员长会议的提名，推选19名选举会议成员组成主席团。主席团从其成员中推选常务主席一人。

主席团主持选举会议。主席团常务主席主持主席团会议。

第七条 选举会议举行全体会议，须有过半数成员出席。

第八条 选举会议成员以个人身份参加选举会议，并以个人身份履行职责。

选举会议成员应出席选举会议，如有特殊原因不能出席，应事先向主席团书面请假。

选举会议成员不得直接或者间接地索取、接受参选人和候选人的贿赂，不得直接或者间接地谋取其他任何利益，不得直接或者间接地以利益影响他人在选举中对参选人和候选人所持的立场。

第九条 选举日期由选举会议主席团确定。

第十条 全国人民代表大会代表候选人由选举会议成员15人以上提名。每名选举会议成员提名的代表候选人不得超过36名。

选举会议成员提名他人为代表候选人，应填写《中华人民共和国香港特别行政区第十四届全国人民代表大会代表候选人提名信》。

第十一条 年满十八周岁的香港特别行政区居民中的中国公民，凡有意参选第十四届全国人民代表大会代表的，应领取和填写《中华人民共和国香港特别行政区第十四届全国人民代表大会代表参选人登记表》。在提名截止日期以前，送交参选人登记表和15名以上选举会议成员分别填写的候选人提名信。

选举会议成员本人参选的，需要由其他15名以上选举会议成员为其填写候选人提名信。

参选人在登记表中应当作出声明：拥护中华人民共和国宪法和香港特别行政区基本法，拥护"一国两制"方针政策，效忠中华人民共和国和香港特别行政区；未直接或者间接接受外国机构、组织、个人提供的与选举有关的任何形式的资助。参选人须对所填事项的真实性负责。

任何人因危害国家安全被法院判决有罪的，即丧失参加全国人民代表大会代表选举的资格。

第十二条　代表候选人的提名时间由选举会议主席团确定。

第十三条　选举会议主席团公布第十四届全国人民代表大会代表候选人名单和简介，并印发给选举会议全体成员。

主席团公布代表候选人名单后，选举会议成员可以查阅代表候选人的提名情况。

在选举日之前，对违反本办法第十一条规定的登记表所声明内容，或者因危害国家安全被法院判决有罪的参选人，经过审查核实，由主席团决定不将其列入候选人名单或者从候选人名单中除名。

第十四条　选举会议选举第十四届全国人民代表大会代表的候选人应多于应选名额，进行差额选举。

第十五条　选举会议选举第十四届全国人民代表大会代表采用无记名投票的方式。

选举会议进行选举时，所投的票数多于投票人数的无效，等于或者少于投票人数的有效。

每一选票所选的人数，等于应选代表名额的有效，多于或者少于应选代表名额的作废。

第十六条　代表候选人获得参加投票的选举会议成员过半数的选票时，始得当选。

获得过半数选票的代表候选人的人数超过应选代表名额时，以得票多的当选。如遇票数相等不能确定当选人时，应当就票数相等的候选人再次投票，以得票多的当选。

获得过半数选票的当选代表的人数少于应选代表的名额时，不足的名额另行选举。另行选举时，根据在第一次投票时得票多少的顺序，按照候选人比应选名额多五分之一至二分之一的差额比例，由主席团确定候选人名单；如果只选一人，候选人应为二人。另行选举时，代表候选人获得参加投票的选举会议成员过半数的选票，始得当选。

第十七条　选举会议设总监票人一人、监票人若干人,由选举会议主席团在不是代表候选人的选举会议成员中提名,选举会议通过。总监票人和监票人对发票、投票、计票工作进行监督。

第十八条　在选举日不得进行拉票活动。

选举会议举行全体会议进行投票。会场按座区设投票箱,选举会议成员按座区分别到指定的票箱投票。

投票时,首先由总监票人、监票人投票,然后主席团成员和选举会议其他成员按顺序投票。

选举会议成员不得委托他人投票。

第十九条　计票完毕,总监票人向主席团报告计票结果。选举结果由主席团予以宣布,并报全国人民代表大会常务委员会代表资格审查委员会。

选举会议主席团向全国人民代表大会常务委员会代表资格审查委员会报送选举结果前,发现当选人违反本办法第十一条规定的登记表所声明内容的,或者因危害国家安全被法院判决有罪的,应当在向全国人民代表大会常务委员会代表资格审查委员会报送选举结果的同时,提出当选人违反登记表所声明内容或者因危害国家安全被法院判决有罪的情况的报告。代表资格审查委员会经审查核实后,应当向全国人民代表大会常务委员会提出确定代表当选无效的报告。

全国人民代表大会常务委员会根据代表资格审查委员会提出的报告,确认代表的资格或者确定代表的当选无效,并公布代表名单。

第二十条　选举会议主席团接受与选举第十四届全国人民代表大会代表有关的投诉,并转报全国人民代表大会常务委员会代表资格审查委员会处理。

第二十一条　香港特别行政区第十四届全国人民代表大会代表可以向全国人民代表大会常务委员会书面提出辞职,由全国人民代表大会常务委员会决定接受辞职后予以公告。

第二十二条　香港特别行政区第十四届全国人民代表大会代表违反本办法第十一条规定的登记表所声明内容的,或者因危害国家安全被法院判决有罪的,由全国人民代表大会常务委员会代表资格审查委员会提出终止其代表资格的意见,全国人民代表大会常务委员会根据代表资格审查委员会的意见,确定终止其代表资格,并予以公告。

第二十三条 香港特别行政区第十四届全国人民代表大会代表因故出缺,由选举香港特别行政区第十四届全国人民代表大会代表时未当选的代表候选人,按得票多少顺序依次递补,但是被递补为全国人民代表大会代表的候选人的得票数不得少于选票的三分之一。全国人民代表大会常务委员会根据代表资格审查委员会提出的报告,确认递补的代表资格,公布递补的代表名单。

选举第十四届全国人民代表大会代表时,在未当选的代表候选人中,如遇票数相等不能确定代表出缺时的递补顺序,由主席团决定就票数相等的候选人再次投票,按得票多少确定递补顺序。

中华人民共和国澳门特别行政区选举第十四届全国人民代表大会代表的办法

(2022年3月11日第十三届全国人民代表大会第五次会议通过)

第一条 根据《中华人民共和国宪法》、《中华人民共和国澳门特别行政区基本法》以及《中华人民共和国全国人民代表大会和地方各级人民代表大会选举法》的规定,结合澳门特别行政区的实际情况,制定本办法。

第二条 澳门特别行政区选举第十四届全国人民代表大会代表由全国人民代表大会常务委员会主持。

第三条 澳门特别行政区应选第十四届全国人民代表大会代表的名额为12名。

第四条 澳门特别行政区选举的全国人民代表大会代表必须是年满十八周岁的澳门特别行政区居民中的中国公民。

第五条 澳门特别行政区成立第十四届全国人民代表大会代表选举会议。选举会议由参加过澳门特别行政区第十三届全国人民代表大会代表选举会议的人员，以及不是上述人员的澳门特别行政区居民中的中国人民政治协商会议第十三届全国委员会委员、澳门特别行政区第五任行政长官选举委员会委员中的中国公民和澳门特别行政区第七届立法会议员中的中国公民组成。但本人提出不愿参加的除外。

澳门特别行政区行政长官为澳门特别行政区第十四届全国人民代表大会代表选举会议的成员。

选举会议成员名单由全国人民代表大会常务委员会公布。

第六条 选举会议第一次会议由全国人民代表大会常务委员会召集，根据全国人民代表大会常务委员会委员长会议的提名，推选11名选举会议成员组成主席团。主席团从其成员中推选常务主席一人。

主席团主持选举会议。主席团常务主席主持主席团会议。

第七条 选举会议举行全体会议，须有过半数成员出席。

第八条 选举会议成员以个人身份参加选举会议，并以个人身份履行职责。

选举会议成员应出席选举会议，如有特殊原因不能出席，应事先向主席团书面请假。

选举会议成员不得直接或者间接地索取、接受参选人和候选人的贿赂，不得直接或者间接地谋取其他任何利益，不得直接或者间接地以利益影响他人在选举中对参选人和候选人所持的立场。

第九条 选举日期由选举会议主席团确定。

第十条 全国人民代表大会代表候选人由选举会议成员15人以上提名。每名选举会议成员提名的代表候选人不得超过12名。

选举会议成员提名他人为代表候选人，应填写《中华人民共和国澳门特别行政区第十四届全国人民代表大会代表候选人提名信》。

第十一条 年满十八周岁的澳门特别行政区居民中的中国公民，凡有意参选第十四届全国人民代表大会代表的，应领取和填写《中华人民共和国澳门特别行政区第十四届全国人民代表大会代表参选人登记表》。在提名截止日期以前，送交参选人登记表和15名以上选举会议成员分别填写的候选人提名信。

选举会议成员本人参选的，需要由其他15名以上选举会议成员为其填写候选人提名信。

参选人在登记表中应当作出声明：拥护中华人民共和国宪法和澳门特别行政区基本法，拥护"一国两制"方针政策，效忠中华人民共和国和澳门特别行政区；未直接或者间接接受外国机构、组织、个人提供的与选举有关的任何形式的资助。参选人须对所填事项的真实性负责。

任何人因危害国家安全被法院判决有罪的，即丧失参加全国人民代表大会代表选举的资格。

第十二条　代表候选人的提名时间由选举会议主席团确定。

第十三条　选举会议主席团公布第十四届全国人民代表大会代表候选人名单和简介，并印发给选举会议全体成员。

主席团公布代表候选人名单后，选举会议成员可以查阅代表候选人的提名情况。

在选举日之前，对违反本办法第十一条规定的登记表所声明内容，或者因危害国家安全被法院判决有罪的参选人，经过审查核实，由主席团决定不将其列入候选人名单或者从候选人名单中除名。

第十四条　选举会议选举第十四届全国人民代表大会代表的候选人应多于应选名额，进行差额选举。

第十五条　选举会议选举第十四届全国人民代表大会代表采用无记名投票的方式。

选举会议进行选举时，所投的票数多于投票人数的无效，等于或者少于投票人数的有效。

每一选票所选的人数，等于应选代表名额的有效，多于或者少于应选代表名额的作废。

第十六条　代表候选人获得参加投票的选举会议成员过半数的选票时，始得当选。

获得过半数选票的代表候选人的人数超过应选代表名额时，以得票多的当选。如遇票数相等不能确定当选人时，应当就票数相等的候选人再次投票，以得票多的当选。

获得过半数选票的当选代表的人数少于应选代表的名额时，不足的名额另行选举。另行选举时，根据在第一次投票时得票多少的顺序，按照候选人比应选名额多五分之一至二分之一的差额比例，由

7

主席团确定候选人名单；如果只选一人，候选人应为二人。另行选举时，代表候选人获得参加投票的选举会议成员过半数的选票，始得当选。

第十七条 选举会议设总监票人一人、监票人若干人，由选举会议主席团在不是代表候选人的选举会议成员中提名，选举会议通过。总监票人和监票人对发票、投票、计票工作进行监督。

第十八条 在选举日不得进行拉票活动。

选举会议举行全体会议进行投票。会场按座区设投票箱，选举会议成员按座区分别到指定的票箱投票。

投票时，首先由总监票人、监票人投票，然后主席团成员和选举会议其他成员按顺序投票。

选举会议成员不得委托他人投票。

第十九条 计票完毕，总监票人向主席团报告计票结果。选举结果由主席团予以宣布，并报全国人民代表大会常务委员会代表资格审查委员会。

选举会议主席团向全国人民代表大会常务委员会代表资格审查委员会报送选举结果前，发现当选人违反本办法第十一条规定的登记表所声明内容的，或者因危害国家安全被法院判决有罪的，应当在向全国人民代表大会常务委员会代表资格审查委员会报送选举结果的同时，提出当选人违反登记表所声明内容或者因危害国家安全被法院判决有罪的情况的报告。代表资格审查委员会经审查核实后，应当向全国人民代表大会常务委员会提出确定代表当选无效的报告。

全国人民代表大会常务委员会根据代表资格审查委员会提出的报告，确认代表的资格或者确定代表的当选无效，并公布代表名单。

第二十条 选举会议主席团接受与选举第十四届全国人民代表大会代表有关的投诉，并转报全国人民代表大会常务委员会代表资格审查委员会处理。

第二十一条 澳门特别行政区第十四届全国人民代表大会代表可以向全国人民代表大会常务委员会书面提出辞职，由全国人民代表大会常务委员会决定接受辞职后予以公告。

第二十二条 澳门特别行政区第十四届全国人民代表大会代

违反本办法第十一条规定的登记表所声明内容的,或者因危害国家安全被法院判决有罪的,由全国人民代表大会常务委员会代表资格审查委员会提出终止其代表资格的意见,全国人民代表大会常务委员会根据代表资格审查委员会的意见,确定终止其代表资格,并予以公告。

第二十三条　澳门特别行政区第十四届全国人民代表大会代表因故出缺,由选举澳门特别行政区第十四届全国人民代表大会代表时未当选的代表候选人,按得票多少顺序依次递补,但是被递补为全国人民代表大会代表的候选人的得票数不得少于选票的三分之一。全国人民代表大会常务委员会根据代表资格审查委员会提出的报告,确认递补的代表资格,公布递补的代表名单。

选举第十四届全国人民代表大会代表时,在未当选的代表候选人中,如遇票数相等不能确定代表出缺时的递补顺序,由主席团决定就票数相等的候选人再次投票,按得票多少确定递补顺序。

第十三届全国人民代表大会第五次会议关于第十四届全国人民代表大会代表名额和选举问题的决定

(2022年3月11日第十三届全国人民代表大会第五次会议通过)

根据《中华人民共和国宪法》和《中华人民共和国全国人民代表大会和地方各级人民代表大会选举法》的有关规定,第十三届全国人民代表大会第五次会议关于第十四届全国人民代表大会代表名额和选举问题决定如下:

一、第十四届全国人民代表大会代表的名额不超过3000人。

二、省、自治区、直辖市应选第十四届全国人民代表大会代表的名额，由根据人口数计算确定的名额数、相同的地区基本名额数和其他应选名额数构成。

（一）第十四届全国人民代表大会代表名额中，按照人口数分配的代表名额为 2000 名，省、自治区、直辖市根据人口数计算的名额数，按约每 70 万人分配 1 名；

（二）省、自治区、直辖市各分配地区基本名额数 8 名；

（三）省、自治区、直辖市的其他应选名额数，由全国人民代表大会常务委员会依照法律规定另行分配。

三、香港特别行政区应选第十四届全国人民代表大会代表 36 名，澳门特别行政区应选第十四届全国人民代表大会代表 12 名，代表产生办法由全国人民代表大会另行规定。

四、台湾省暂时选举第十四届全国人民代表大会代表 13 名，由在各省、自治区、直辖市以及中国人民解放军和中国人民武装警察部队的台湾省籍同胞中选出。代表产生办法由全国人民代表大会常务委员会规定。依法应选的其余名额予以保留。

五、中国人民解放军和中国人民武装警察部队应选第十四届全国人民代表大会代表 278 名。

六、第十四届全国人民代表大会代表中，少数民族代表的名额应占代表总名额的 12% 左右。人口特少的民族至少应有 1 名代表。

七、第十四届全国人民代表大会代表中，应选归侨代表 35 名。

八、第十四届全国人民代表大会代表中，妇女代表的比例原则上要高于上届。

九、第十四届全国人民代表大会代表中，基层代表特别是一线工人、农民和专业技术人员代表的比例要比上届有所上升，农民工代表人数要比上届有所增加，党政领导干部代表的比例要继续从严掌握。连任的代表应占一定比例。

十、第十四届全国人民代表大会代表于 2023 年 1 月选出。

国家机构组织

全国人民代表大会关于修改《中华人民共和国地方各级人民代表大会和地方各级人民政府组织法》的决定

（2022年3月11日第十三届全国人民代表大会第五次会议通过　2022年3月11日中华人民共和国主席令第110号公布　自2022年3月12日起施行）

第十三届全国人民代表大会第五次会议决定对《中华人民共和国地方各级人民代表大会和地方各级人民政府组织法》作如下修改：

一、第一章"总则"分为六条，包括第一条至第六条。

二、增加一条，作为第一条："为了健全地方各级人民代表大会和地方各级人民政府的组织和工作制度，保障和规范其行使职权，坚持和完善人民代表大会制度，保证人民当家作主，根据宪法，制定本法。"

三、将第四条、第四十条第二款、第五十四条合并，作为第二条，修改为："地方各级人民代表大会是地方国家权力机关。

"县级以上的地方各级人民代表大会常务委员会是本级人民代表大会的常设机关。

"地方各级人民政府是地方各级国家权力机关的执行机关，是地方各级国家行政机关。"

四、增加一条,作为第三条:"地方各级人民代表大会、县级以上的地方各级人民代表大会常务委员会和地方各级人民政府坚持中国共产党的领导,坚持以马克思列宁主义、毛泽东思想、邓小平理论、'三个代表'重要思想、科学发展观、习近平新时代中国特色社会主义思想为指导,依照宪法和法律规定行使职权。"

五、增加一条,作为第四条:"地方各级人民代表大会、县级以上的地方各级人民代表大会常务委员会和地方各级人民政府坚持以人民为中心,坚持和发展全过程人民民主,始终同人民保持密切联系,倾听人民的意见和建议,为人民服务,对人民负责,受人民监督。"

六、增加一条,作为第五条:"地方各级人民代表大会、县级以上的地方各级人民代表大会常务委员会和地方各级人民政府遵循在中央的统一领导下、充分发挥地方的主动性积极性的原则,保证宪法、法律和行政法规在本行政区域的实施。"

七、增加一条,作为第六条:"地方各级人民代表大会、县级以上的地方各级人民代表大会常务委员会和地方各级人民政府实行民主集中制原则。

"地方各级人民代表大会和县级以上的地方各级人民代表大会常务委员会应当充分发扬民主,集体行使职权。

"地方各级人民政府实行首长负责制。政府工作中的重大事项应当经集体讨论决定。"

八、第二章"地方各级人民代表大会"分为六节:第一节"地方各级人民代表大会的组成和任期",包括第七条至第九条;第二节"地方各级人民代表大会的职权",包括第十条至第十三条;第三节"地方各级人民代表大会会议的举行",包括第十四条至第二十五条;第四节"地方国家机关组成人员的选举、罢免和辞职",包括第二十六条至第三十二条;第五节"地方各级人民代表大会各委员会",包括第三十三条至第三十七条;第六节"地方各级人民代表大会代表",包括第三十八条至第四十五条。

九、将第一条改为两条,作为第七条和第六十一条,修改为:

"第七条 省、自治区、直辖市、自治州、县、自治县、市、市辖区、乡、民族乡、镇设立人民代表大会。

"第六十一条 省、自治区、直辖市、自治州、县、自治县、市、市辖区、乡、民族乡、镇设立人民政府。"

十、将第七条改为第十条，第二款修改为："设区的市、自治州的人民代表大会根据本行政区域的具体情况和实际需要，在不同宪法、法律、行政法规和本省、自治区的地方性法规相抵触的前提下，可以依照法律规定的权限制定地方性法规，报省、自治区的人民代表大会常务委员会批准后施行，并由省、自治区的人民代表大会常务委员会报全国人民代表大会常务委员会和国务院备案。"

增加一款，作为第三款："省、自治区、直辖市以及设区的市、自治州的人民代表大会根据区域协调发展的需要，可以开展协同立法。"

十一、将第八条改为第十一条，第二项修改为："（二）审查和批准本行政区域内的国民经济和社会发展规划纲要、计划和预算及其执行情况的报告，审查监督政府债务，监督本级人民政府对国有资产的管理"。

第三项修改为："（三）讨论、决定本行政区域内的政治、经济、教育、科学、文化、卫生、生态环境保护、自然资源、城乡建设、民政、社会保障、民族等工作的重大事项和项目"。

第六项修改为："（六）选举本级监察委员会主任、人民法院院长和人民检察院检察长；选出的人民检察院检察长，须报经上一级人民检察院检察长提请该级人民代表大会常务委员会批准"。

第八项修改为："（八）听取和审议本级人民代表大会常务委员会的工作报告"。

第九项修改为："（九）听取和审议本级人民政府和人民法院、人民检察院的工作报告"。

第十四项修改为："（十四）铸牢中华民族共同体意识，促进各民族广泛交往交流交融，保障少数民族的合法权利和利益"。

十二、将第九条改为第十二条，第一款第三项修改为："（三）根据国家计划，决定本行政区域内的经济、文化事业和公共事业的建设计划和项目"。

第一款第四项修改为："（四）审查和批准本行政区域内的预算和预算执行情况的报告，监督本级预算的执行，审查和批准本级预算的调整方案，审查和批准本级决算"。

第一款第八项修改为："（八）听取和审议乡、民族乡、镇的人民政府的工作报告"。

增加一项,作为第一款第九项:"(九)听取和审议乡、民族乡、镇的人民代表大会主席团的工作报告"。

第一款第十二项改为第十三项,修改为:"(十三)铸牢中华民族共同体意识,促进各民族广泛交往交流交融,保障少数民族的合法权利和利益"。

第二款修改为:"少数民族聚居的乡、民族乡、镇的人民代表大会在行使职权的时候,可以依照法律规定的权限采取适合民族特点的具体措施。"

十三、将第十一条改为第十四条,第一款修改为:"地方各级人民代表大会会议每年至少举行一次。乡、民族乡、镇的人民代表大会会议一般每年举行两次。会议召开的日期由本级人民代表大会常务委员会或者乡、民族乡、镇的人民代表大会主席团决定,并予以公布。"

增加一款,作为第二款:"遇有特殊情况,县级以上的地方各级人民代表大会常务委员会或者乡、民族乡、镇的人民代表大会主席团可以决定适当提前或者推迟召开会议。提前或者推迟召开会议的日期未能在当次会议上决定的,常务委员会或者其授权的主任会议,乡、民族乡、镇的人民代表大会主席团可以另行决定,并予以公布。"

第二款改为第三款,修改为:"县级以上的地方各级人民代表大会常务委员会或者乡、民族乡、镇的人民代表大会主席团认为必要,或者经过五分之一以上代表提议,可以临时召集本级人民代表大会会议。"

增加一款,作为第四款:"地方各级人民代表大会会议有三分之二以上的代表出席,始得举行。"

十四、增加一条,作为第十六条:"地方各级人民代表大会举行会议,应当合理安排会期和会议日程,提高议事质量和效率。"

十五、将第二十二条改为第二十七条,第一款修改为:"人民代表大会常务委员会主任、秘书长,乡、民族乡、镇的人民代表大会主席,人民政府正职领导人员,监察委员会主任,人民法院院长,人民检察院检察长的候选人数可以多一人,进行差额选举;如果提名的候选人只有一人,也可以等额选举。人民代表大会常务委员会副主任,乡、民族乡、镇的人民代表大会副主席，人民政府副职领导人员的候选人数应比应选人数多一人至三人，人民代表大会常务委员会委员的候选人数应比应选人数多十分之一至五分之一，由本级人民代表大会根据应选人数在选举办法中规定具体差额数，进行差额选举。如果提名的候选人数符合选举办法规定的差额数，由主席团提交代表酝酿、讨论后，进行选举。如果提名的候选人数超过选举办法规定的差额数，由主席团提交代表酝酿、讨论后，进行预选，根据在预选中得票多少的顺序，按照选举办法规定的差额数，确定正式候选人名单，进行选举。"

十六、将第二十七条改为第三十二条，第一款修改为："县级以上的地方各级人民代表大会常务委员会组成人员、专门委员会组成人员和人民政府领导人员，监察委员会主任，人民法院院长，人民检察院检察长，可以向本级人民代表大会提出辞职，由大会决定是否接受辞职；大会闭会期间，可以向本级人民代表大会常务委员会提出辞职，由常务委员会决定是否接受辞职。常务委员会决定接受辞职后，报本级人民代表大会备案。人民检察院检察长的辞职，须报经上一级人民检察院检察长提请该级人民代表大会常务委员会批准。"

十七、将第三十条改为第三十三条、第三十四条、第三十五条，修改为：

"第三十三条　省、自治区、直辖市、自治州、设区的市的人民代表大会根据需要，可以设法制委员会、财政经济委员会、教育科学文化卫生委员会、环境与资源保护委员会、社会建设委员会和其他需要设立的专门委员会；县、自治县、不设区的市、市辖区的人民代表大会根据需要，可以设法制委员会、财政经济委员会等专门委员会。

"各专门委员会受本级人民代表大会领导；在大会闭会期间，受本级人民代表大会常务委员会领导。

"第三十四条　各专门委员会的主任委员、副主任委员和委员的人选，由主席团在代表中提名，大会通过。在大会闭会期间，常务委员会可以任免专门委员会的个别副主任委员和部分委员，由主任会议提名，常务委员会会议通过。

"各专门委员会每届任期同本级人民代表大会每届任期相同，履行职责到下届人民代表大会产生新的专门委员会为止。

"第三十五条　各专门委员会在本级人民代表大会及其常务委员会领导下，开展下列工作：

"（一）审议本级人民代表大会主席团或者常务委员会交付的议案；

"（二）向本级人民代表大会主席团或者常务委员会提出属于本级人民代表大会或者常务委员会职权范围内同本委员会有关的议案，组织起草有关议案草案；

"（三）承担本级人民代表大会常务委员会听取和审议专项工作报告、执法检查、专题询问等的具体组织实施工作；

"（四）按照本级人民代表大会常务委员会工作安排，听取本级人民政府工作部门和监察委员会、人民法院、人民检察院的专题汇报，提出建议；

"（五）对属于本级人民代表大会及其常务委员会职权范围内同本委员会有关的问题，进行调查研究，提出建议；

"（六）研究办理代表建议、批评和意见，负责有关建议、批评和意见的督促办理工作；

"（七）办理本级人民代表大会及其常务委员会交办的其他工作。"

十八、将第十九条改为第四十二条，第一款修改为："县级以上的地方各级人民代表大会代表向本级人民代表大会及其常务委员会提出的对各方面工作的建议、批评和意见，由本级人民代表大会常务委员会的办事机构交有关机关和组织研究办理并负责答复。"

第二款修改为："乡、民族乡、镇的人民代表大会代表向本级人民代表大会提出的对各方面工作的建议、批评和意见，由本级人民代表大会主席团交有关机关和组织研究办理并负责答复。"

增加一款，作为第三款："地方各级人民代表大会代表的建议、批评和意见的办理情况，由县级以上的地方各级人民代表大会常务委员会办事机构或者乡、民族乡、镇的人民代表大会主席团向本级人民代表大会常务委员会或者乡、民族乡、镇的人民代表大会报告，并予以公开。"

十九、将第三十七条改为第四十三条，第一款修改为："地方各级人民代表大会代表应当与原选区选民或者原选举单位和人民群众保持密切联系,听取和反映他们的意见和要求,充分发挥在发展全过程人民民主中的作用。"

增加一款,作为第四款:"地方各级人民代表大会代表应当向原选区选民或者原选举单位报告履职情况。"

二十、第三章"县级以上的地方各级人民代表大会常务委员会"分为四节;第一节"常务委员会的组成和任期",包括第四十六条至第四十八条;第二节"常务委员会的职权",包括第四十九条和第五十条;第三节"常务委员会会议的举行",包括第五十一条至第五十五条;第四节"常务委员会各委员会和工作机构",包括第五十六条至第六十条。

二十一、将第二条与第四十条第一款合并,作为第四十六条,修改为:"省、自治区、直辖市、自治州、县、自治县、市、市辖区的人民代表大会设立常务委员会,对本级人民代表大会负责并报告工作。"

二十二、将第四十一条改为第四十七条,第三款修改为:"常务委员会的组成人员不得担任国家行政机关、监察机关、审判机关和检察机关的职务;如果担任上述职务,必须向常务委员会辞去常务委员会的职务。"

第四款第一项、第二项分别修改为:"(一)省、自治区、直辖市四十五人至七十五人,人口超过八千万的省不超过九十五人;

"(二)设区的市、自治州二十九人至五十一人,人口超过八百万的设区的市不超过六十一人"。

第五款修改为:"省、自治区、直辖市每届人民代表大会常务委员会组成人员的名额,由省、自治区、直辖市的人民代表大会依照前款规定,按人口多少并结合常务委员会组成人员结构的需要确定。自治州、县、自治县、市、市辖区每届人民代表大会常务委员会组成人员的名额,由省、自治区、直辖市的人民代表大会常务委员会依照前款规定,按人口多少并结合常务委员会组成人员结构的需要确定。每届人民代表大会常务委员会组成人员的名额经确定后,在本届人民代表大会的任期内不再变动。"

二十三、将第四十三条改为第四十九条,第二款修改为:"设区的市、自治州的人民代表大会常务委员会在本级人民代表大会闭会期间,根据本行政区域的具体情况和实际需要,在不同宪法、法律、行政法规和本省、自治区的地方性法规相抵触的前提下,可以依照法律规定的权限制定地方性法规,报省、自治区的人民代表大会常务委员会批准后施行,并由省、自治区的人民代表大会常务委员会报全国人民代表大会常务委员会和国务院备案。"

增加一款,作为第三款:"省、自治区、直辖市以及设区的市、自治州的人民代表大会常务委员会根据区域协调发展的需要,可以开展协同立法。"

二十四、将第四十四条改为第五十条,第四项修改为:"(四)讨论、决定本行政区域内的政治、经济、教育、科学、文化、卫生、生态环境保护、自然资源、城乡建设、民政、社会保障、民族等工作的重大事项和项目"。

第五项修改为:"(五)根据本级人民政府的建议,审查和批准本行政区域内的国民经济和社会发展规划纲要、计划和本级预算的调整方案"。

增加一项,作为第六项:"(六)监督本行政区域内的国民经济和社会发展规划纲要、计划和预算的执行,审查和批准本级决算,监督审计查出问题整改情况,审查监督政府债务"。

第六项改为第七项,修改为:"(七)监督本级人民政府、监察委员会、人民法院和人民检察院的工作,听取和审议有关专项工作报告,组织执法检查,开展专题询问等;联系本级人民代表大会代表,受理人民群众对上述机关和国家工作人员的申诉和意见"。

增加一项,作为第八项:"(八)监督本级人民政府对国有资产的管理,听取和审议本级人民政府关于国有资产管理情况的报告"。

增加一项,作为第九项:"(九)听取和审议本级人民政府关于年度环境状况和环境保护目标完成情况的报告"。

增加一项,作为第十项:"(十)听取和审议备案审查工作情况报告"。

第九项改为第十三项,修改为:"(十三)在本级人民代表大会闭会期间,决定副省长、自治区副主席、副市长、副州长、副县长、副区长的个别任免;在省长、自治区主席、市长、州长、县长、区长和监察委员会主任、人民法院院长、人民检察院检察长因故不能担任职务的时候,根据主任会议的提名,从本级人民政府、监察委员会、人民法院、人民检察院副职领导人员中决定代理的人选;决定代理检察长,须报上一级人民检察院和人民代表大会常务委员会备案"。

增加一项,作为第十五项:"(十五)根据监察委员会主任的提名,任免监察委员会副主任、委员"。

第十二项改为第十七项,修改为:"(十七)在本级人民代表大会闭会期间,决定撤销个别副省长、自治区副主席、副市长、副州长、副县长、副区长的职务;决定撤销由它任命的本级人民政府其他组成人员和监察委员会副主任、委员,人民法院副院长、庭长、副庭长、审判委员会委员、审判员,人民检察院副检察长、检察委员会委员、检察员,中级人民法院院长,人民检察院分院检察长的职务"。

删去第十四项。

增加一款,作为第二款:"常务委员会讨论前款第四项规定的本行政区域内的重大事项和项目,可以作出决定或者决议,也可以将有关意见、建议送有关地方国家机关或者单位研究办理。有关办理情况应当及时向常务委员会报告。"

二十五、将第四十五条改为第五十一条,第一款修改为:"常务委员会会议由主任召集并主持,每两个月至少举行一次。遇有特殊需要时,可以临时召集常务委员会会议。主任可以委托副主任主持会议。"

增加一款,作为第二款:"县级以上的地方各级人民政府、监察委员会、人民法院、人民检察院的负责人,列席本级人民代表大会常务委员会会议。"

增加一款,作为第三款:"常务委员会会议有常务委员会全体组成人员过半数出席,始得举行。"

二十六、将第四十八条改为第五十四条,修改为:"省、自治区、直辖市、自治州、设区的市的人民代表大会常务委员会主任、副主任和秘书长组成主任会议;县、自治县、不设区的市、市辖区的人民代表大会常务委员会主任、副主任组成主任会议。

"主任会议处理常务委员会的重要日常工作:

"(一)决定常务委员会每次会议的会期,拟订会议议程草案,必要时提出调整会议议程的建议;

"(二)对向常务委员会提出的议案和质询案,决定交由有关的专门委员会审议或者提请常务委员会全体会议审议;

"(三)决定是否将议案和决定草案、决议草案提请常务委员会全体会议表决,对暂不交付表决的,提出下一步处理意见;

"(四)通过常务委员会年度工作计划等;

"(五)指导和协调专门委员会的日常工作;

"(六)其他重要日常工作。"

二十七、将第五十条改为第五十六条,第二款修改为:"代表资格审查委员会的主任委员、副主任委员和委员的人选,由常务委员会主任会议在常务委员会组成人员中提名,常务委员会任免。"

二十八、将第五十三条改为第五十九条,第一款修改为:"常务委员会根据工作需要,设立办事机构和法制工作委员会、预算工作委员会、代表工作委员会等工作机构。"

增加一款,作为第四款:"县、自治县的人民代表大会常务委员会可以比照前款规定,在街道设立工作机构。"

二十九、增加一条,作为第六十条:"县级以上的地方各级人民代表大会常务委员会和各专门委员会、工作机构应当建立健全常务委员会组成人员和各专门委员会、工作机构联系代表的工作机制,支持和保障代表依法履职,扩大代表对各项工作的参与,充分发挥代表作用。

"县级以上的地方各级人民代表大会常务委员会通过建立基层联系点、代表联络站等方式,密切同人民群众的联系,听取对立法、监督等工作的意见和建议。"

三十、第四章"地方各级人民政府"分为四节:第一节"一般规定",包括第六十一条至第六十九条;第二节"地方各级人民政府的组成和任期",包括第七十条至第七十二条;第三节"地方各级人民政府的职权",包括第七十三条至第七十八条;第四节"地方各级人民政府的机构设置",包括第七十九条至第八十八条。

三十一、增加一条,作为第六十二条:"地方各级人民政府应当维护宪法和法律权威,坚持依法行政,建设职能科学、权责法定、执法严明、公开公正、智能高效、廉洁诚信、人民满意的法治政府。"

三十二、增加一条,作为第六十三条:"地方各级人民政府应当坚持以人民为中心,全心全意为人民服务,提高行政效能,建设服务型政府。"

三十三、增加一条,作为第六十四条:"地方各级人民政府应当严格执行廉洁从政各项规定,加强廉政建设,建设廉洁政府。"

三十四、增加一条,作为第六十五条:"地方各级人民政府应当坚持诚信原则,加强政务诚信建设,建设诚信政府。"

三十五、增加一条,作为第六十六条:"地方各级人民政府应当坚持政务公开,全面推进决策、执行、管理、服务、结果公开,依法、及时、准确公开政府信息,推进政务数据有序共享,提高政府工作的透明度。"

三十六、增加一条,作为第六十七条:"地方各级人民政府应当坚持科学决策、民主决策、依法决策,提高决策的质量。"

三十七、增加一条,作为第六十八条:"地方各级人民政府应当依法接受监督,确保行政权力依法正确行使。"

三十八、将第五十五条改为第六十九条,增加一款,作为第三款:"地方各级人民政府实行重大事项请示报告制度。"

三十九、将第五十九条改为第七十三条,第五项修改为:"(五)编制和执行国民经济和社会发展规划纲要、计划和预算,管理本行政区域内的经济、教育、科学、文化、卫生、体育、城乡建设等事业和生态环境保护、自然资源、财政、民政、社会保障、公安、民族事务、司法行政、人口与计划生育等行政工作"。

增加一项,作为第七项:"(七)履行国有资产管理职责"。

第八项改为第九项,修改为:"(九)铸牢中华民族共同体意识,促进各民族广泛交往交流交融,保障少数民族的合法权利和利益,保障少数民族保持或者改革自己的风俗习惯的自由,帮助本行政区域内的民族自治地方依照宪法和法律实行区域自治,帮助各少数民族发展政治、经济和文化的建设事业"。

四十、将第六十条改为第七十四条,第一款修改为:"省、自治区、直辖市的人民政府可以根据法律、行政法规和本省、自治区、直辖市的地方性法规,制定规章,报国务院和本级人民代表大会常务委员会备案。设区的市、自治州的人民政府可以根据法律、行政法规和本省、自治区的地方性法规,依照法律规定的权限制定规章,报国务院和省、自治区的人民代表大会常务委员会、人民政府以及本级人民代表大会常务委员会备案。"

四十一、增加一条，作为第七十五条："县级以上的地方各级人民政府制定涉及个人、组织权利义务的规范性文件，应当依照法定权限和程序，进行评估论证、公开征求意见、合法性审查、集体讨论决定，并予以公布和备案。"

四十二、将第六十一条改为第七十六条，第二项修改为："（二）执行本行政区域内的经济和社会发展计划、预算，管理本行政区域内的经济、教育、科学、文化、卫生、体育等事业和生态环境保护、财政、民政、社会保障、公安、司法行政、人口与计划生育等行政工作"。

第五项修改为："（五）铸牢中华民族共同体意识，促进各民族广泛交往交流交融，保障少数民族的合法权利和利益，保障少数民族保持或者改革自己的风俗习惯的自由"。

四十三、将第六十四条改为第七十九条，第一款修改为："地方各级人民政府根据工作需要和优化协同高效以及精干的原则，设立必要的工作部门。"

将第三款和第四款合并，作为第三款，修改为："省、自治区、直辖市的人民政府的厅、局、委员会等工作部门和自治州、县、自治县、市、市辖区的人民政府的局、科等工作部门的设立、增加、减少或者合并，按照规定程序报请批准，并报本级人民代表大会常务委员会备案。"

四十四、增加一条，作为第八十条："县级以上的地方各级人民政府根据国家区域发展战略，结合地方实际需要，可以共同建立跨行政区划的区域协同发展工作机制，加强区域合作。

"上级人民政府应当对下级人民政府的区域合作工作进行指导、协调和监督。"

四十五、增加一条，作为第八十一条："县级以上的地方各级人民政府根据应对重大突发事件的需要，可以建立跨部门指挥协调机制。"

四十六、增加一条，作为第八十六条："街道办事处在本辖区内办理派出它的人民政府交办的公共服务、公共管理、公共安全等工作，依法履行综合管理、统筹协调、应急处置和行政执法等职责，反映居民的意见和要求。"

四十七、增加一条,作为第八十七条:"乡、民族乡、镇的人民政府和市辖区、不设区的市的人民政府或者街道办事处对基层群众性自治组织的工作给予指导、支持和帮助。基层群众性自治组织协助乡、民族乡、镇的人民政府和市辖区、不设区的市的人民政府或者街道办事处开展工作。"

四十八、增加一条,作为第八十八条:"乡、民族乡、镇的人民政府和街道办事处可以根据实际情况建立居民列席有关会议的制度。"

四十九、对部分条文作以下修改:

(一)将第三条改为第八十九条。

(二)在第十条、第十七条、第二十一条第一款和第二款、第二十五条、第二十六条第一款中的"人民法院院长"前增加"监察委员会主任"。

(三)将第二十四条第三款中的"第二十二条"修改为"第二十七条"。

(四)将第二十八条改为第二十四条,在第一款中的"人民法院"前增加"监察委员会"。

(五)将第二十九条改为第二十三条。

(六)在第四十七条第一款中的"本级人民政府"后增加"及其工作部门、监察委员会"。

(七)删去第五十五条第三款。

本决定通过前,省、设区的市级新的一届人民代表大会常务委员会组成人员的名额已经确定的,根据本决定增加相应的名额,并依法进行选举。

本决定自 2022 年 3 月 12 日起施行。

《中华人民共和国地方各级人民代表大会和地方各级人民政府组织法》根据本决定作相应修改并对条文顺序作相应调整,重新公布。

中华人民共和国地方各级人民代表大会和地方各级人民政府组织法

（1979年7月1日第五届全国人民代表大会第二次会议通过 1979年7月4日公布 自1980年1月1日起施行 根据1982年12月10日第五届全国人民代表大会第五次会议《关于修改〈中华人民共和国地方各级人民代表大会和地方各级人民政府组织法〉的若干规定的决议》第一次修正 根据1986年12月2日第六届全国人民代表大会常务委员会第十八次会议《关于修改〈中华人民共和国地方各级人民代表大会和地方各级人民政府组织法〉的决定》第二次修正 根据1995年2月28日第八届全国人民代表大会常务委员会第十二次会议《关于修改〈中华人民共和国地方各级人民代表大会和地方各级人民政府组织法〉的决定》第三次修正 根据2004年10月27日第十届全国人民代表大会常务委员会第十二次会议《关于修改〈中华人民共和国地方各级人民代表大会和地方各级人民政府组织法〉的决定》第四次修正 根据2015年8月29日第十二届全国人民代表大会常务委员会第十六次会议《关于修改〈中华人民共和国地方各级人民代表大会和地方各级人民政府组织法〉、〈中华人民共和国全国人民代表大会和地方各级人民代表大会选举法〉、〈中华人民共和国全国人民代表大会和地方各级人民代表大会代表法〉的决定》第五次修正 根据2022年3月11日第十三届全国人民代表大会第五次会议《关于修改〈中华人民共和国地方各级人民代表大会和地方各级人民政府组织法〉的决定》第六次修正）

目　　录

第一章　总　则
第二章　地方各级人民代表大会
　　第一节　地方各级人民代表大会的组成和任期
　　第二节　地方各级人民代表大会的职权
　　第三节　地方各级人民代表大会会议的举行
　　第四节　地方国家机关组成人员的选举、罢免和辞职
　　第五节　地方各级人民代表大会各委员会
　　第六节　地方各级人民代表大会代表
第三章　县级以上的地方各级人民代表大会常务委员会
　　第一节　常务委员会的组成和任期
　　第二节　常务委员会的职权
　　第三节　常务委员会会议的举行
　　第四节　常务委员会各委员会和工作机构
第四章　地方各级人民政府
　　第一节　一般规定
　　第二节　地方各级人民政府的组成和任期
　　第三节　地方各级人民政府的职权
　　第四节　地方各级人民政府的机构设置
第五章　附　则

第一章　总　则

第一条　为了健全地方各级人民代表大会和地方各级人民政府的组织和工作制度，保障和规范其行使职权，坚持和完善人民代表大会制度，保证人民当家作主，根据宪法，制定本法。

第二条　地方各级人民代表大会是地方国家权力机关。

县级以上的地方各级人民代表大会常务委员会是本级人民代表大会的常设机关。

地方各级人民政府是地方各级国家权力机关的执行机关,是地方各级国家行政机关。

第三条 地方各级人民代表大会、县级以上的地方各级人民代表大会常务委员会和地方各级人民政府坚持中国共产党的领导,坚持以马克思列宁主义、毛泽东思想、邓小平理论、"三个代表"重要思想、科学发展观、习近平新时代中国特色社会主义思想为指导,依照宪法和法律规定行使职权。

第四条 地方各级人民代表大会、县级以上的地方各级人民代表大会常务委员会和地方各级人民政府坚持以人民为中心,坚持和发展全过程人民民主,始终同人民保持密切联系,倾听人民的意见和建议,为人民服务,对人民负责,受人民监督。

第五条 地方各级人民代表大会、县级以上的地方各级人民代表大会常务委员会和地方各级人民政府遵循在中央的统一领导下、充分发挥地方的主动性积极性的原则,保证宪法、法律和行政法规在本行政区域的实施。

第六条 地方各级人民代表大会、县级以上的地方各级人民代表大会常务委员会和地方各级人民政府实行民主集中制原则。

地方各级人民代表大会和县级以上的地方各级人民代表大会常务委员会应当充分发扬民主,集体行使职权。

地方各级人民政府实行首长负责制。政府工作中的重大事项应当经集体讨论决定。

第二章 地方各级人民代表大会

第一节 地方各级人民代表大会的组成和任期

第七条 省、自治区、直辖市、自治州、县、自治县、市、市辖区、乡、民族乡、镇设立人民代表大会。

第八条 省、自治区、直辖市、自治州、设区的市的人民代表大会代表由下一级的人民代表大会选举;县、自治县、不设区的市、市辖区、乡、民族乡、镇的人民代表大会代表由选民直接选举。

地方各级人民代表大会代表名额和代表产生办法由选举法规

定。各行政区域内的少数民族应当有适当的代表名额。

第九条 地方各级人民代表大会每届任期五年。

第二节 地方各级人民代表大会的职权

第十条 省、自治区、直辖市的人民代表大会根据本行政区域的具体情况和实际需要,在不同宪法、法律、行政法规相抵触的前提下,可以制定和颁布地方性法规,报全国人民代表大会常务委员会和国务院备案。

设区的市、自治州的人民代表大会根据本行政区域的具体情况和实际需要,在不同宪法、法律、行政法规和本省、自治区的地方性法规相抵触的前提下,可以依照法律规定的权限制定地方性法规,报省、自治区的人民代表大会常务委员会批准后施行,并由省、自治区的人民代表大会常务委员会报全国人民代表大会常务委员会和国务院备案。

省、自治区、直辖市以及设区的市、自治州的人民代表大会根据区域协调发展的需要,可以开展协同立法。

第十一条 县级以上的地方各级人民代表大会行使下列职权:

(一)在本行政区域内,保证宪法、法律、行政法规和上级人民代表大会及其常务委员会决议的遵守和执行,保证国家计划和国家预算的执行;

(二)审查和批准本行政区域内的国民经济和社会发展规划纲要、计划和预算及其执行情况的报告,审查监督政府债务,监督本级人民政府对国有资产的管理;

(三)讨论、决定本行政区域内的政治、经济、教育、科学、文化、卫生、生态环境保护、自然资源、城乡建设、民政、社会保障、民族等工作的重大事项和项目;

(四)选举本级人民代表大会常务委员会的组成人员;

(五)选举省长、副省长,自治区主席、副主席,市长、副市长,州长、副州长,县长、副县长,区长、副区长;

(六)选举本级监察委员会主任、人民法院院长和人民检察院检察长;选出的人民检察院检察长,须报经上一级人民检察院检察长提请该级人民代表大会常务委员会批准;

（七）选举上一级人民代表大会代表；

（八）听取和审议本级人民代表大会常务委员会的工作报告；

（九）听取和审议本级人民政府和人民法院、人民检察院的工作报告；

（十）改变或者撤销本级人民代表大会常务委员会的不适当的决议；

（十一）撤销本级人民政府的不适当的决定和命令；

（十二）保护社会主义的全民所有的财产和劳动群众集体所有的财产，保护公民私人所有的合法财产，维护社会秩序，保障公民的人身权利、民主权利和其他权利；

（十三）保护各种经济组织的合法权益；

（十四）铸牢中华民族共同体意识，促进各民族广泛交往交流交融，保障少数民族的合法权利和利益；

（十五）保障宪法和法律赋予妇女的男女平等、同工同酬和婚姻自由等各项权利。

第十二条　乡、民族乡、镇的人民代表大会行使下列职权：

（一）在本行政区域内，保证宪法、法律、行政法规和上级人民代表大会及其常务委员会决议的遵守和执行；

（二）在职权范围内通过和发布决议；

（三）根据国家计划，决定本行政区域内的经济、文化事业和公共事业的建设计划和项目；

（四）审查和批准本行政区域内的预算和预算执行情况的报告，监督本级预算的执行，审查和批准本级预算的调整方案，审查和批准本级决算；

（五）决定本行政区域内的民政工作的实施计划；

（六）选举本级人民代表大会主席、副主席；

（七）选举乡长、副乡长、镇长、副镇长；

（八）听取和审议乡、民族乡、镇的人民政府的工作报告；

（九）听取和审议乡、民族乡、镇的人民代表大会主席团的工作报告；

（十）撤销乡、民族乡、镇的人民政府的不适当的决定和命令；

（十一）保护社会主义的全民所有的财产和劳动群众集体所有的

财产,保护公民私人所有的合法财产,维护社会秩序,保障公民的人身权利、民主权利和其他权利;

(十二)保护各种经济组织的合法权益;

(十三)铸牢中华民族共同体意识,促进各民族广泛交往交流交融,保障少数民族的合法权利和利益;

(十四)保障宪法和法律赋予妇女的男女平等、同工同酬和婚姻自由等各项权利。

少数民族聚居的乡、民族乡、镇的人民代表大会在行使职权的时候,可以依照法律规定的权限采取适合民族特点的具体措施。

第十三条 地方各级人民代表大会有权罢免本级人民政府的组成人员。县级以上的地方各级人民代表大会有权罢免本级人民代表大会常务委员会的组成人员和由它选出的监察委员会主任、人民法院院长、人民检察院检察长。罢免人民检察院检察长,须报经上一级人民检察院检察长提请该级人民代表大会常务委员会批准。

第三节 地方各级人民代表大会会议的举行

第十四条 地方各级人民代表大会会议每年至少举行一次。乡、民族乡、镇的人民代表大会会议一般每年举行两次。会议召开的日期由本级人民代表大会常务委员会或者乡、民族乡、镇的人民代表大会主席团决定,并予以公布。

遇有特殊情况,县级以上的地方各级人民代表大会常务委员会或者乡、民族乡、镇的人民代表大会主席团可以决定适当提前或者推迟召开会议。提前或者推迟召开会议的日期未能在当次会议上决定的,常务委员会或者其授权的主任会议,乡、民族乡、镇的人民代表大会主席团可以另行决定,并予以公布。

县级以上的地方各级人民代表大会常务委员会或者乡、民族乡、镇的人民代表大会主席团认为必要,或者经过五分之一以上代表提议,可以临时召集本级人民代表大会会议。

地方各级人民代表大会会议有三分之二以上的代表出席,始得举行。

第十五条 县级以上的地方各级人民代表大会会议由本级人民代表大会常务委员会召集。

第十六条　地方各级人民代表大会举行会议,应当合理安排会期和会议日程,提高议事质量和效率。

第十七条　县级以上的地方各级人民代表大会每次会议举行预备会议,选举本次会议的主席团和秘书长,通过本次会议的议程和其他准备事项的决定。

预备会议由本级人民代表大会常务委员会主持。每届人民代表大会第一次会议的预备会议,由上届本级人民代表大会常务委员会主持。

县级以上的地方各级人民代表大会举行会议的时候,由主席团主持会议。

县级以上的地方各级人民代表大会会议设副秘书长若干人;副秘书长的人选由主席团决定。

第十八条　乡、民族乡、镇的人民代表大会设主席,并可以设副主席一人至二人。主席、副主席由本级人民代表大会从代表中选出,任期同本级人民代表大会每届任期相同。

乡、民族乡、镇的人民代表大会主席、副主席不得担任国家行政机关的职务;如果担任国家行政机关的职务,必须向本级人民代表大会辞去主席、副主席的职务。

乡、民族乡、镇的人民代表大会主席、副主席在本级人民代表大会闭会期间负责联系本级人民代表大会代表,根据主席团的安排组织代表开展活动,反映代表和群众对本级人民政府工作的建议、批评和意见,并负责处理主席团的日常工作。

第十九条　乡、民族乡、镇的人民代表大会举行会议的时候,选举主席团。由主席团主持会议,并负责召集下一次的本级人民代表大会会议。乡、民族乡、镇的人民代表大会主席、副主席为主席团的成员。

主席团在本级人民代表大会闭会期间,每年选择若干关系本地区群众切身利益和社会普遍关注的问题,有计划地安排代表听取和讨论本级人民政府的专项工作报告,对法律、法规实施情况进行检查,开展视察、调研等活动;听取和反映代表和群众对本级人民政府工作的建议、批评和意见。主席团在闭会期间的工作,向本级人民代表大会报告。

第二十条　地方各级人民代表大会每届第一次会议,在本届人民代表大会代表选举完成后的两个月内,由上届本级人民代表大会常务委员会或者乡、民族乡、镇的上次人民代表大会主席团召集。

第二十一条　县级以上的地方各级人民政府组成人员和监察委员会主任、人民法院院长、人民检察院检察长,乡级的人民政府领导人员,列席本级人民代表大会会议;县级以上的其他有关机关、团体负责人,经本级人民代表大会常务委员会决定,可以列席本级人民代表大会会议。

第二十二条　地方各级人民代表大会举行会议的时候,主席团、常务委员会、各专门委员会、本级人民政府,可以向本级人民代表大会提出属于本级人民代表大会职权范围内的议案,由主席团决定提交人民代表大会会议审议,或者并交有关的专门委员会审议、提出报告,再由主席团审议决定提交大会表决。

县级以上的地方各级人民代表大会代表十人以上联名,乡、民族乡、镇的人民代表大会代表五人以上联名,可以向本级人民代表大会提出属于本级人民代表大会职权范围内的议案,由主席团决定是否列入大会议程,或者先交有关的专门委员会审议,提出是否列入大会议程的意见,再由主席团决定是否列入大会议程。

列入会议议程的议案,在交付大会表决前,提案人要求撤回的,经主席团同意,会议对该项议案的审议即行终止。

第二十三条　在地方各级人民代表大会审议议案的时候,代表可以向有关地方国家机关提出询问,由有关机关派人说明。

第二十四条　地方各级人民代表大会举行会议的时候,代表十人以上联名可以书面提出对本级人民政府和它所属各工作部门以及监察委员会、人民法院、人民检察院的质询案。质询案必须写明质询对象、质询的问题和内容。

质询案由主席团决定交由受质询机关在主席团会议、大会全体会议或者有关的专门委员会会议上口头答复,或者由受质询机关书面答复。在主席团会议或者专门委员会会议上答复的,提质询案的代表有权列席会议,发表意见;主席团认为必要的时候,可以将答复质询案的情况报告印发会议。

质询案以口头答复的,应当由受质询机关的负责人到会答复;质询案以书面答复的,应当由受质询机关的负责人签署,由主席团印发会议或者印发提质询案的代表。

第二十五条 地方各级人民代表大会进行选举和通过决议,以全体代表的过半数通过。

第四节 地方国家机关组成人员的选举、罢免和辞职

第二十六条 县级以上的地方各级人民代表大会常务委员会的组成人员,乡、民族乡、镇的人民代表大会主席、副主席、省长、副省长,自治区主席、副主席,市长、副市长,州长、副州长,县长、副县长,区长、副区长,乡长、副乡长,镇长、副镇长,监察委员会主任,人民法院院长,人民检察院检察长的人选,由本级人民代表大会主席团或者代表依照本法规定联合提名。

省、自治区、直辖市的人民代表大会代表三十人以上书面联名,设区的市和自治州的人民代表大会代表二十人以上书面联名,县级的人民代表大会代表十人以上书面联名,可以提出本级人民代表大会常务委员会组成人员,人民政府领导人员,监察委员会主任,人民法院院长,人民检察院检察长的候选人。乡、民族乡、镇的人民代表大会代表十人以上书面联名,可以提出本级人民代表大会主席、副主席,人民政府领导人员的候选人。不同选区或者选举单位选出的代表可以酝酿、联合提出候选人。

主席团提名的候选人人数,每一代表与其他代表联合提名的候选人人数,均不得超过应选名额。

提名人应当如实介绍所提名的候选人的情况。

第二十七条 人民代表大会常务委员会主任、秘书长,乡、民族乡、镇的人民代表大会主席,人民政府正职领导人员,监察委员会主任,人民法院院长,人民检察院检察长的候选人数可以多一人,进行差额选举;如果提名的候选人只有一人,也可以等额选举。人民代表大会常务委员会副主任,乡、民族乡、镇的人民代表大会副主席,人民政府副职领导人员的候选人数应比应选人数多一人至三人,人民代表大会常务委员会委员的候选人数应比应选人数多十分之一至五分之一,由本级人民代表大会根据应选人数在选举办法中规定具体差

额数,进行差额选举。如果提名的候选人数符合选举办法规定的差额数,由主席团提交代表酝酿、讨论后,进行选举。如果提名的候选人数超过选举办法规定的差额数,由主席团提交代表酝酿、讨论后,进行预选,根据在预选中得票多少的顺序,按照选举办法规定的差额数,确定正式候选人名单,进行选举。

县级以上的地方各级人民代表大会换届选举本级国家机关领导人员时,提名、酝酿候选人的时间不得少于两天。

第二十八条 选举采用无记名投票方式。代表对于确定的候选人,可以投赞成票,可以投反对票,可以另选其他任何代表或者选民,也可以弃权。

第二十九条 地方各级人民代表大会选举本级国家机关领导人员,获得过半数选票的候选人人数超过应选名额时,以得票多的当选。如遇票数相等不能确定当选人时,应当就票数相等的人再次投票,以得票多的当选。

获得过半数选票的当选人数少于应选名额时,不足的名额另行选举。另行选举时,可以根据在第一次投票时得票多少的顺序确定候选人,也可以依照本法规定的程序另行提名、确定候选人。经本级人民代表大会决定,不足的名额的另行选举可以在本次人民代表大会会议上进行,也可以在下一次人民代表大会会议上进行。

另行选举人民代表大会常务委员会副主任、委员,乡、民族乡、镇的人民代表大会副主席,人民政府副职领导人员时,依照本法第二十七条第一款的规定,确定差额数,进行差额选举。

第三十条 地方各级人民代表大会补选常务委员会主任、副主任、秘书长、委员,乡、民族乡、镇的人民代表大会主席、副主席,省长、副省长,自治区主席、副主席,市长、副市长,州长、副州长,县长、副县长,区长、副区长,乡长、副乡长,镇长、副镇长,监察委员会主任,人民法院院长,人民检察院检察长时,候选人数可以多于应选人数,也可以同应选人数相等。选举办法由本级人民代表大会决定。

第三十一条 县级以上的地方各级人民代表大会举行会议的时候,主席团、常务委员会或者十分之一以上代表联名,可以提出对本级人民代表大会常务委员会组成人员、人民政府组成人员、监察委员会主任、人民法院院长、人民检察院检察长的罢免案,由主席团提请大会审议。

乡、民族乡、镇的人民代表大会举行会议的时候,主席团或者五分之一以上代表联名,可以提出对人民代表大会主席、副主席,乡长、副乡长,镇长、副镇长的罢免案,由主席团提请大会审议。

罢免案应当写明罢免理由。

被提出罢免的人员有权在主席团会议或者大会全体会议上提出申辩意见,或者书面提出申辩意见。在主席团会议上提出的申辩意见或者书面提出的申辩意见,由主席团印发会议。

向县级以上的地方各级人民代表大会提出的罢免案,由主席团交会议审议后,提请全体会议表决;或者由主席团提议,经全体会议决定,组织调查委员会,由本级人民代表大会下次会议根据调查委员会的报告审议决定。

第三十二条 县级以上的地方各级人民代表大会常务委员会组成人员、专门委员会组成人员和人民政府领导人员,监察委员会主任,人民法院院长,人民检察院检察长,可以向本级人民代表大会提出辞职,由大会决定是否接受辞职;大会闭会期间,可以向本级人民代表大会常务委员会提出辞职,由常务委员会决定是否接受辞职。常务委员会决定接受辞职后,报本级人民代表大会备案。人民检察院检察长的辞职,须报经上一级人民检察院检察长提请该级人民代表大会常务委员会批准。

乡、民族乡、镇的人民代表大会主席、副主席,乡长、副乡长,镇长、副镇长,可以向本级人民代表大会提出辞职,由大会决定是否接受辞职。

第五节　地方各级人民代表大会各委员会

第三十三条 省、自治区、直辖市、自治州、设区的市的人民代表大会根据需要,可以设法制委员会、财政经济委员会、教育科学文化卫生委员会、环境与资源保护委员会、社会建设委员会和其他需要设立的专门委员会;县、自治县、不设区的市、市辖区的人民代表大会根据需要,可以设法制委员会、财政经济委员会等专门委员会。

各专门委员会受本级人民代表大会领导;在大会闭会期间,受本级人民代表大会常务委员会领导。

第三十四条　各专门委员会的主任委员、副主任委员和委员的人选，由主席团在代表中提名，大会通过。在大会闭会期间，常务委员会可以任免专门委员会的个别副主任委员和部分委员，由主任会议提名，常务委员会会议通过。

各专门委员会每届任期同本级人民代表大会每届任期相同，履行职责到下届人民代表大会产生新的专门委员会为止。

第三十五条　各专门委员会在本级人民代表大会及其常务委员会领导下，开展下列工作：

（一）审议本级人民代表大会主席团或者常务委员会交付的议案；

（二）向本级人民代表大会主席团或者常务委员会提出属于本级人民代表大会或者常务委员会职权范围内同本委员会有关的议案，组织起草有关议案草案；

（三）承担本级人民代表大会常务委员会听取和审议专项工作报告、执法检查、专题询问等的具体组织实施工作；

（四）按照本级人民代表大会常务委员会工作安排，听取本级人民政府工作部门和监察委员会、人民法院、人民检察院的专题汇报，提出建议；

（五）对属于本级人民代表大会及其常务委员会职权范围内同本委员会有关的问题，进行调查研究，提出建议；

（六）研究办理代表建议、批评和意见，负责有关建议、批评和意见的督促办理工作；

（七）办理本级人民代表大会及其常务委员会交办的其他工作。

第三十六条　县级以上的地方各级人民代表大会可以组织关于特定问题的调查委员会。

主席团或者十分之一以上代表书面联名，可以向本级人民代表大会提议组织关于特定问题的调查委员会，由主席团提请全体会议决定。

调查委员会由主任委员、副主任委员和委员组成，由主席团在代表中提名，提请全体会议通过。

调查委员会应当向本级人民代表大会提出调查报告。人民代表大会根据调查委员会的报告，可以作出相应的决议。人民代表大会可以授权它的常务委员会听取调查委员会的调查报告,常务委员会可以作出相应的决议,报人民代表大会下次会议备案。

第三十七条 乡、民族乡、镇的每届人民代表大会第一次会议通过的代表资格审查委员会,行使职权至本届人民代表大会任期届满为止。

第六节 地方各级人民代表大会代表

第三十八条 地方各级人民代表大会代表任期,从每届本级人民代表大会举行第一次会议开始,到下届本级人民代表大会举行第一次会议为止。

第三十九条 地方各级人民代表大会代表、常务委员会组成人员,在人民代表大会和常务委员会会议上的发言和表决,不受法律追究。

第四十条 县级以上的地方各级人民代表大会代表,非经本级人民代表大会主席团许可,在大会闭会期间,非经本级人民代表大会常务委员会许可,不受逮捕或者刑事审判。如果因为是现行犯被拘留,执行拘留的公安机关应当立即向该级人民代表大会主席团或者常务委员会报告。

第四十一条 地方各级人民代表大会代表在出席人民代表大会会议和执行代表职务的时候,国家根据需要给予往返的旅费和必要的物质上的便利或者补贴。

第四十二条 县级以上的地方各级人民代表大会代表向本级人民代表大会及其常务委员会提出的对各方面工作的建议、批评和意见,由本级人民代表大会常务委员会的办事机构交有关机关和组织研究办理并负责答复。

乡、民族乡、镇的人民代表大会代表向本级人民代表大会提出的对各方面工作的建议、批评和意见,由本级人民代表大会主席团交有关机关和组织研究办理并负责答复。

地方各级人民代表大会代表的建议、批评和意见的办理情况,由县级以上的地方各级人民代表大会常务委员会办事机构或者乡、民族乡、镇的人民代表大会主席团向本级人民代表大会常务委员会或者乡、民族乡、镇的人民代表大会报告,并予以公开。

第四十三条　地方各级人民代表大会代表应当与原选区选民或者原选举单位和人民群众保持密切联系,听取和反映他们的意见和要求,充分发挥在发展全过程人民民主中的作用。

省、自治区、直辖市、自治州、设区的市的人民代表大会代表可以列席原选举单位的人民代表大会会议。

县、自治县、不设区的市、市辖区、乡、民族乡、镇的人民代表大会代表分工联系选民,有代表三人以上的居民地区或者生产单位可以组织代表小组。

地方各级人民代表大会代表应当向原选区选民或者原选举单位报告履职情况。

第四十四条　省、自治区、直辖市、自治州、设区的市的人民代表大会代表受原选举单位的监督;县、自治县、不设区的市、市辖区、乡、民族乡、镇的人民代表大会代表受选民的监督。

地方各级人民代表大会代表的选举单位和选民有权随时罢免自己选出的代表。代表的罢免必须由原选举单位以全体代表的过半数通过,或者由原选区以选民的过半数通过。

第四十五条　地方各级人民代表大会代表因故不能担任代表职务的时候,由原选举单位或者由原选区选民补选。

第三章　县级以上的地方各级人民代表大会常务委员会

第一节　常务委员会的组成和任期

第四十六条　省、自治区、直辖市、自治州、县、自治县、市、市辖区的人民代表大会设立常务委员会,对本级人民代表大会负责并报告工作。

第四十七条　省、自治区、直辖市、自治州、设区的市的人民代表大会常务委员会由本级人民代表大会在代表中选举主任、副主任若干人、秘书长、委员若干人组成。

县、自治县、不设区的市、市辖区的人民代表大会常务委员会由本级人民代表大会在代表中选举主任、副主任若干人和委员若干人组成。

常务委员会的组成人员不得担任国家行政机关、监察机关、审判机关和检察机关的职务；如果担任上述职务，必须向常务委员会辞去常务委员会的职务。

常务委员会组成人员的名额：

（一）省、自治区、直辖市四十五人至七十五人，人口超过八千万的省不超过九十五人；

（二）设区的市、自治州二十九人至五十一人，人口超过八百万的设区的市不超过六十一人；

（三）县、自治县、不设区的市、市辖区十五人至三十五人，人口超过一百万的县、自治县、不设区的市、市辖区不超过四十五人。

省、自治区、直辖市每届人民代表大会常务委员会组成人员的名额，由省、自治区、直辖市的人民代表大会依照前款规定，按人口多少并结合常务委员会组成人员结构的需要确定。自治州、县、自治县、市、市辖区每届人民代表大会常务委员会组成人员的名额，由省、自治区、直辖市的人民代表大会常务委员会依照前款规定，按人口多少并结合常务委员会组成人员结构的需要确定。每届人民代表大会常务委员会组成人员的名额经确定后，在本届人民代表大会的任期内不再变动。

第四十八条　县级以上的地方各级人民代表大会常务委员会每届任期同本级人民代表大会每届任期相同，它行使职权到下届本级人民代表大会选出新的常务委员会为止。

第二节　常务委员会的职权

第四十九条　省、自治区、直辖市的人民代表大会常务委员会在本级人民代表大会闭会期间，根据本行政区域的具体情况和实际需要，在不同宪法、法律、行政法规相抵触的前提下，可以制定和颁布地方性法规，报全国人民代表大会常务委员会和国务院备案。

设区的市、自治州的人民代表大会常务委员会在本级人民代表大会闭会期间，根据本行政区域的具体情况和实际需要，在不同宪法、法律、行政法规和本省、自治区的地方性法规相抵触的前提下，可以依照法律规定的权限制定地方性法规，报省、自治区的人民代表大会常务委员会批准后施行，并由省、自治区的人民代表大会常务委员会报全国人民代表大会常务委员会和国务院备案。

省、自治区、直辖市以及设区的市、自治州的人民代表大会常务委员会根据区域协调发展的需要，可以开展协同立法。

第五十条　县级以上的地方各级人民代表大会常务委员会行使下列职权：

（一）在本行政区域内，保证宪法、法律、行政法规和上级人民代表大会及其常务委员会决议的遵守和执行；

（二）领导或者主持本级人民代表大会代表的选举；

（三）召集本级人民代表大会会议；

（四）讨论、决定本行政区域内的政治、经济、教育、科学、文化、卫生、生态环境保护、自然资源、城乡建设、民政、社会保障、民族等工作的重大事项和项目；

（五）根据本级人民政府的建议，审查和批准本行政区域内的国民经济和社会发展规划纲要、计划和本级预算的调整方案；

（六）监督本行政区域内的国民经济和社会发展规划纲要、计划和预算的执行，审查和批准本级决算，监督审计查出问题整改情况，审查监督政府债务；

（七）监督本级人民政府、监察委员会、人民法院和人民检察院的工作，听取和审议有关专项工作报告，组织执法检查，开展专题询问等；联系本级人民代表大会代表，受理人民群众对上述机关和国家工作人员的申诉和意见；

（八）监督本级人民政府对国有资产的管理，听取和审议本级人民政府关于国有资产管理情况的报告；

（九）听取和审议本级人民政府关于年度环境状况和环境保护目标完成情况的报告；

（十）听取和审议备案审查工作情况报告；

（十一）撤销下一级人民代表大会及其常务委员会的不适当的决议；

（十二）撤销本级人民政府的不适当的决定和命令；

（十三）在本级人民代表大会闭会期间，决定副省长、自治区副主席、副市长、副州长、副县长、副区长的个别任免；在省长、自治区主席、市长、州长、县长、区长和监察委员会主任、人民法院院长、人民检

39

察院检察长因故不能担任职务的时候,根据主任会议的提名,从本级人民政府、监察委员会、人民法院、人民检察院副职领导人员中决定代理的人选;决定代理检察长,须报上一级人民检察院和人民代表大会常务委员会备案;

(十四)根据省长、自治区主席、市长、州长、县长、区长的提名,决定本级人民政府秘书长、厅长、局长、委员会主任、科长的任免,报上一级人民政府备案;

(十五)根据监察委员会主任的提名,任免监察委员会副主任、委员;

(十六)按照人民法院组织法和人民检察院组织法的规定,任免人民法院副院长、庭长、副庭长、审判委员会委员、审判员,任免人民检察院副检察长、检察委员会委员、检察员,批准任免下一级人民检察院检察长;省、自治区、直辖市的人民代表大会常务委员会根据主任会议的提名,决定在省、自治区内按地区设立的和在直辖市内设立的中级人民法院院长的任免,根据省、自治区、直辖市的人民检察院检察长的提名,决定人民检察院分院检察长的任免;

(十七)在本级人民代表大会闭会期间,决定撤销个别副省长、自治区副主席、副市长、副州长、副县长、副区长的职务;决定撤销由它任命的本级人民政府其他组成人员和监察委员会副主任、委员,人民法院副院长、庭长、副庭长、审判委员会委员、审判员,人民检察院副检察长、检察委员会委员、检察员,中级人民法院院长,人民检察院分院检察长的职务;

(十八)在本级人民代表大会闭会期间,补选上一级人民代表大会出缺的代表和罢免个别代表。

常务委员会讨论前款第四项规定的本行政区域内的重大事项和项目,可以作出决定或者决议,也可以将有关意见、建议送有关地方国家机关或者单位研究办理。有关办理情况应当及时向常务委员会报告。

第三节 常务委员会会议的举行

第五十一条 常务委员会会议由主任召集并主持,每两个月至少举行一次。遇有特殊需要时,可以临时召集常务委员会会议。主任可以委托副主任主持会议。

县级以上的地方各级人民政府、监察委员会、人民法院、人民检察院的负责人,列席本级人民代表大会常务委员会会议。

常务委员会会议有常务委员会全体组成人员过半数出席,始得举行。

常务委员会的决议,由常务委员会以全体组成人员的过半数通过。

第五十二条 县级以上的地方各级人民代表大会常务委员会主任会议可以向本级人民代表大会常务委员会提出属于常务委员会职权范围内的议案,由常务委员会会议审议。

县级以上的地方各级人民政府、人民代表大会各专门委员会,可以向本级人民代表大会常务委员会提出属于常务委员会职权范围内的议案,由主任会议决定提请常务委员会会议审议,或者先交有关的专门委员会审议、提出报告,再提请常务委员会会议审议。

省、自治区、直辖市、自治州、设区的市的人民代表大会常务委员会组成人员五人以上联名,县级的人民代表大会常务委员会组成人员三人以上联名,可以向本级常务委员会提出属于常务委员会职权范围内的议案,由主任会议决定是否提请常务委员会会议审议,或者先交有关的专门委员会审议、提出报告,再决定是否提请常务委员会会议审议。

第五十三条 在常务委员会会议期间,省、自治区、直辖市、自治州、设区的市的人民代表大会常务委员会组成人员五人以上联名,县级的人民代表大会常务委员会组成人员三人以上联名,可以向常务委员会书面提出对本级人民政府及其工作部门、监察委员会、人民法院、人民检察院的质询案。质询案必须写明质询对象、质询的问题和内容。

质询案由主任会议决定交由受质询机关在常务委员会全体会议上或者有关的专门委员会会议上口头答复,或者由受质询机关书面答复。在专门委员会会议上答复的,提质询案的常务委员会组成人员有权列席会议,发表意见;主任会议认为必要的时候,可以将答复质询案的情况报告印发会议。

质询案以口头答复的,应当由受质询机关的负责人到会答复;质询案以书面答复的,应当由受质询机关的负责人签署,由主任会议印发会议或者印发提质询案的常务委员会组成人员。

第五十四条 省、自治区、直辖市、自治州、设区的市的人民代表大会常务委员会主任、副主任和秘书长组成主任会议;县、自治县、不设区的市、市辖区的人民代表大会常务委员会主任、副主任组成主任会议。

主任会议处理常务委员会的重要日常工作:

(一)决定常务委员会每次会议的会期,拟订会议议程草案,必要时提出调整会议议程的建议;

(二)对向常务委员会提出的议案和质询案,决定交由有关的专门委员会审议或者提请常务委员会全体会议审议;

(三)决定是否将议案和决定草案、决议草案提请常务委员会全体会议表决,对暂不交付表决的,提出下一步处理意见;

(四)通过常务委员会年度工作计划等;

(五)指导和协调专门委员会的日常工作;

(六)其他重要日常工作。

第五十五条 常务委员会主任因为健康情况不能工作或者缺位的时候,由常务委员会在副主任中推选一人代理主任的职务,直到主任恢复健康或者人民代表大会选出新的主任为止。

第四节 常务委员会各委员会和工作机构

第五十六条 县级以上的地方各级人民代表大会常务委员会设立代表资格审查委员会。

代表资格审查委员会的主任委员、副主任委员和委员的人选,由常务委员会主任会议在常务委员会组成人员中提名,常务委员会任免。

第五十七条 代表资格审查委员会审查代表的选举是否符合法律规定。

第五十八条 主任会议或者五分之一以上的常务委员会组成人员书面联名,可以向本级人民代表大会常务委员会提议组织关于特定问题的调查委员会,由全体会议决定。

调查委员会由主任委员、副主任委员和委员组成,由主任会议在常务委员会组成人员和其他代表中提名,提请全体会议通过。

调查委员会应当向本级人民代表大会常务委员会提出调查报告。常务委员会根据调查委员会的报告,可以作出相应的决议。

第五十九条　常务委员会根据工作需要,设立办事机构和法制工作委员会、预算工作委员会、代表工作委员会等工作机构。

省、自治区的人民代表大会常务委员会可以在地区设立工作机构。

市辖区、不设区的市的人民代表大会常务委员会可以在街道设立工作机构。工作机构负责联系街道辖区内的人民代表大会代表,组织代表开展活动,反映代表和群众的建议、批评和意见,办理常务委员会交办的监督、选举以及其他工作,并向常务委员会报告工作。

县、自治县的人民代表大会常务委员会可以比照前款规定,在街道设立工作机构。

第六十条　县级以上的地方各级人民代表大会常务委员会和各专门委员会、工作机构应当建立健全常务委员会组成人员和各专门委员会、工作机构联系代表的工作机制,支持和保障代表依法履职,扩大代表对各项工作的参与,充分发挥代表作用。

县级以上的地方各级人民代表大会常务委员会通过建立基层联系点、代表联络站等方式,密切同人民群众的联系,听取对立法、监督等工作的意见和建议。

第四章　地方各级人民政府

第一节　一般规定

第六十一条　省、自治区、直辖市、自治州、县、自治县、市、市辖区、乡、民族乡、镇设立人民政府。

第六十二条　地方各级人民政府应当维护宪法和法律权威,坚持依法行政,建设职能科学、权责法定、执法严明、公开公正、智能高效、廉洁诚信、人民满意的法治政府。

第六十三条　地方各级人民政府应当坚持以人民为中心,全心全意为人民服务,提高行政效能,建设服务型政府。

第六十四条　地方各级人民政府应当严格执行廉洁从政各项规定,加强廉政建设,建设廉洁政府。

第六十五条　地方各级人民政府应当坚持诚信原则,加强政务诚信建设,建设诚信政府。

第六十六条　地方各级人民政府应当坚持政务公开,全面推进决策、执行、管理、服务、结果公开,依法、及时、准确公开政府信息,推进政务数据有序共享,提高政府工作的透明度。

第六十七条　地方各级人民政府应当坚持科学决策、民主决策、依法决策,提高决策的质量。

第六十八条　地方各级人民政府应当依法接受监督,确保行政权力依法正确行使。

第六十九条　地方各级人民政府对本级人民代表大会和上一级国家行政机关负责并报告工作。县级以上的地方各级人民政府在本级人民代表大会闭会期间,对本级人民代表大会常务委员会负责并报告工作。

全国地方各级人民政府都是国务院统一领导下的国家行政机关,都服从国务院。

地方各级人民政府实行重大事项请示报告制度。

第二节　地方各级人民政府的组成和任期

第七十条　省、自治区、直辖市、自治州、设区的市的人民政府分别由省长、副省长,自治区主席、副主席,市长、副市长,州长、副州长和秘书长、厅长、局长、委员会主任等组成。

县、自治县、不设区的市、市辖区的人民政府分别由县长、副县长,市长、副市长,区长、副区长和局长、科长等组成。

乡、民族乡的人民政府设乡长、副乡长。民族乡的乡长由建立民族乡的少数民族公民担任。镇人民政府设镇长、副镇长。

第七十一条　新的一届人民政府领导人员依法选举产生后,应当在两个月内提请本级人民代表大会常务委员会任命人民政府秘书长、厅长、局长、委员会主任、科长。

第七十二条　地方各级人民政府每届任期五年。

第三节　地方各级人民政府的职权

第七十三条　县级以上的地方各级人民政府行使下列职权：

（一）执行本级人民代表大会及其常务委员会的决议，以及上级国家行政机关的决定和命令，规定行政措施，发布决定和命令；

（二）领导所属各工作部门和下级人民政府的工作；

（三）改变或者撤销所属各工作部门的不适当的命令、指示和下级人民政府的不适当的决定、命令；

（四）依照法律的规定任免、培训、考核和奖惩国家行政机关工作人员；

（五）编制和执行国民经济和社会发展规划纲要、计划和预算，管理本行政区域内的经济、教育、科学、文化、卫生、体育、城乡建设等事业和生态环境保护、自然资源、财政、民政、社会保障、公安、民族事务、司法行政、人口与计划生育等行政工作；

（六）保护社会主义的全民所有的财产和劳动群众集体所有的财产，保护公民私人所有的合法财产，维护社会秩序，保障公民的人身权利、民主权利和其他权利；

（七）履行国有资产管理职责；

（八）保护各种经济组织的合法权益；

（九）铸牢中华民族共同体意识，促进各民族广泛交往交流交融，保障少数民族的合法权利和利益，保障少数民族保持或者改革自己的风俗习惯的自由，帮助本行政区域内的民族自治地方依照宪法和法律实行区域自治，帮助各少数民族发展政治、经济和文化的建设事业；

（十）保障宪法和法律赋予妇女的男女平等、同工同酬和婚姻自由等各项权利；

（十一）办理上级国家行政机关交办的其他事项。

第七十四条　省、自治区、直辖市的人民政府可以根据法律、行政法规和本省、自治区、直辖市的地方性法规，制定规章，报国务院和本级人民代表大会常务委员会备案。设区的市、自治州的人民政府可以根据法律、行政法规和本省、自治区的地方性法规，依照法律规定的权限制定规章，报国务院和省、自治区的人民代表大会常务委员会、人民政府以及本级人民代表大会常务委员会备案。

依照前款规定制定规章,须经各该级政府常务会议或者全体会议讨论决定。

第七十五条 县级以上的地方各级人民政府制定涉及个人、组织权利义务的规范性文件,应当依照法定权限和程序,进行评估论证、公开征求意见、合法性审查、集体讨论决定,并予以公布和备案。

第七十六条 乡、民族乡、镇的人民政府行使下列职权:

(一)执行本级人民代表大会的决议和上级国家行政机关的决定和命令,发布决定和命令;

(二)执行本行政区域内的经济和社会发展计划、预算,管理本行政区域内的经济、教育、科学、文化、卫生、体育等事业和生态环境保护、财政、民政、社会保障、公安、司法行政、人口与计划生育等行政工作;

(三)保护社会主义的全民所有的财产和劳动群众集体所有的财产,保护公民私人所有的合法财产,维护社会秩序,保障公民的人身权利、民主权利和其他权利;

(四)保护各种经济组织的合法权益;

(五)铸牢中华民族共同体意识,促进各民族广泛交往交流交融,保障少数民族的合法权利和利益,保障少数民族保持或者改革自己的风俗习惯的自由;

(六)保障宪法和法律赋予妇女的男女平等、同工同酬和婚姻自由等各项权利;

(七)办理上级人民政府交办的其他事项。

第七十七条 地方各级人民政府分别实行省长、自治区主席、市长、州长、县长、区长、乡长、镇长负责制。

省长、自治区主席、市长、州长、县长、区长、乡长、镇长分别主持地方各级人民政府的工作。

第七十八条 县级以上的地方各级人民政府会议分为全体会议和常务会议。全体会议由本级人民政府全体成员组成。省、自治区、直辖市、自治州、设区的市的人民政府常务会议,分别由省长、副省长,自治区主席、副主席,市长、副市长,州长、副州长和秘书长组成。县、自治县、不设区的市、市辖区的人民政府常务会议,分别由县长、副县长、市长、副市长、区长、副区长组成。省长、自治区主席、市长、州长、县长、区长召集和主持本级人民政府全体会议和常务会议。政府工作中的重大问题,须经政府常务会议或者全体会议讨论决定。

第四节　地方各级人民政府的机构设置

第七十九条　地方各级人民政府根据工作需要和优化协同高效以及精干的原则,设立必要的工作部门。

县级以上的地方各级人民政府设立审计机关。地方各级审计机关依照法律规定独立行使审计监督权,对本级人民政府和上一级审计机关负责。

省、自治区、直辖市的人民政府的厅、局、委员会等工作部门和自治州、县、自治县、市、市辖区的人民政府的局、科等工作部门的设立、增加、减少或者合并,按照规定程序报请批准,并报本级人民代表大会常务委员会备案。

第八十条　县级以上的地方各级人民政府根据国家区域发展战略,结合地方实际需要,可以共同建立跨行政区划的区域协同发展工作机制,加强区域合作。

上级人民政府应当对下级人民政府的区域合作工作进行指导、协调和监督。

第八十一条　县级以上的地方各级人民政府根据应对重大突发事件的需要,可以建立跨部门指挥协调机制。

第八十二条　各厅、局、委员会、科分别设厅长、局长、主任、科长,在必要的时候可以设副职。

办公厅、办公室设主任,在必要的时候可以设副主任。

省、自治区、直辖市、自治州、设区的市的人民政府设秘书长一人,副秘书长若干人。

第八十三条　省、自治区、直辖市的人民政府的各工作部门受人民政府统一领导,并且依照法律或者行政法规的规定受国务院主管部门的业务指导或者领导。

自治州、县、自治县、市、市辖区的人民政府的各工作部门受人民政府统一领导,并且依照法律或者行政法规的规定受上级人民政府主管部门的业务指导或者领导。

第八十四条　省、自治区、直辖市、自治州、县、自治县、市、市辖区的人民政府应当协助设立在本行政区域内不属于自己管理的国家机关、企业、事业单位进行工作,并且监督它们遵守和执行法律和政策。

第八十五条　省、自治区的人民政府在必要的时候,经国务院批准,可以设立若干派出机关。

县、自治县的人民政府在必要的时候,经省、自治区、直辖市的人民政府批准,可以设立若干区公所,作为它的派出机关。

市辖区、不设区的市的人民政府,经上一级人民政府批准,可以设立若干街道办事处,作为它的派出机关。

第八十六条　街道办事处在本辖区内办理派出它的人民政府交办的公共服务、公共管理、公共安全等工作,依法履行综合管理、统筹协调、应急处置和行政执法等职责,反映居民的意见和要求。

第八十七条　乡、民族乡、镇的人民政府和市辖区、不设区的市的人民政府或者街道办事处对基层群众性自治组织的工作给予指导、支持和帮助。基层群众性自治组织协助乡、民族乡、镇的人民政府和市辖区、不设区的市的人民政府或者街道办事处开展工作。

第八十八条　乡、民族乡、镇的人民政府和街道办事处可以根据实际情况建立居民列席有关会议的制度。

第五章　附　　则

第八十九条　自治区、自治州、自治县的自治机关除行使本法规定的职权外,同时依照宪法、民族区域自治法和其他法律规定的权限行使自治权。

第九十条　省、自治区、直辖市的人民代表大会及其常务委员会可以根据本法和实际情况,对执行中的问题作具体规定。

全国人民代表大会常务委员会关于修改《中华人民共和国全国人民代表大会常务委员会议事规则》的决定

（2022年6月24日第十三届全国人民代表大会常务委员会第三十五次会议通过　2022年6月24日中华人民共和国主席令第117号公布　自2022年6月25日起施行）

第十三届全国人民代表大会常务委员会第三十五次会议决定对《中华人民共和国全国人民代表大会常务委员会议事规则》作如下修改：

一、将第一条修改为："为了健全全国人民代表大会常务委员会的议事程序，保障和规范其行使职权，根据宪法、全国人民代表大会组织法，总结全国人民代表大会常务委员会工作的实践经验，制定本规则。"

二、增加一条，作为第二条："全国人民代表大会常务委员会坚持中国共产党的领导，依照法定职权和法定程序举行会议、开展工作。"

三、增加一条，作为第三条："全国人民代表大会常务委员会坚持和发展全过程人民民主，始终同人民保持密切联系，倾听人民的意见和建议，体现人民意志，保障人民权益。"

四、将第二条改为第四条，修改为："全国人民代表大会常务委员会审议议案、决定问题，实行民主集中制的原则，充分发扬民主，集体行使职权。"

五、增加一条，作为第五条："全国人民代表大会常务委员会举行会议，应当合理安排会期、议程和日程，提高议事质量和效率。"

六、将第三条改为第六条，第一款修改为："全国人民代表大会常务委员会会议一般每两个月举行一次,必要时可以加开会议;有特殊需要的时候,可以临时召集会议。"

增加一款,作为第二款:"常务委员会会议召开的日期由委员长会议决定。"

七、将第四条改为第七条,修改为:"常务委员会会议有常务委员会全体组成人员的过半数出席,始得举行。

"遇有特殊情况,经委员长会议决定,常务委员会组成人员可以通过网络视频方式出席会议。"

八、将第五条改为第八条,增加一款,作为第三款:"会议日程由委员长会议决定。"

九、将第七条改为第十条,第一款修改为:"常务委员会举行会议的时候,国务院、中央军事委员会、国家监察委员会、最高人民法院、最高人民检察院的负责人列席会议。"

第二款修改为:"不是常务委员会组成人员的全国人民代表大会专门委员会主任委员、副主任委员、委员,常务委员会副秘书长,工作委员会主任、副主任,香港特别行政区基本法委员会主任、副主任,澳门特别行政区基本法委员会主任、副主任,有关部门负责人,列席会议。"

十、将第八条改为第十一条,修改为:"常务委员会举行会议的时候,各省、自治区、直辖市和其他有关地方的人民代表大会常务委员会主任或者副主任一人列席会议,并可以邀请有关的全国人民代表大会代表列席会议。

"遇有特殊情况,经委员长会议决定,可以调整列席人员的范围。"

十一、将第九条改为三条,作为第十二条、第十三条、第十四条,修改为:

"第十二条 常务委员会举行会议的时候,召开全体会议和分组会议,根据需要召开联组会议。

"第十三条 常务委员会分组会议由委员长会议确定若干名召集人,轮流主持会议。

"分组会议审议过程中有重大意见分歧或者其他重要情况的,召集人应当及时向秘书长报告。

"分组名单由常务委员会办事机构拟订,报秘书长审定,并定期调整。

"第十四条 常务委员会举行联组会议,由委员长主持。委员长可以委托副委员长主持会议。

"联组会议可以由各组联合召开,也可以分别由两个以上的组联合召开。"

十二、将第十条改为第十五条,修改为:"常务委员会举行会议的时候,常务委员会组成人员应当出席会议;因病或者其他特殊原因不能出席的,应当通过常务委员会办事机构向委员长书面请假。

"常务委员会办事机构应当向委员长报告常务委员会组成人员出席会议的情况和缺席的原因。

"常务委员会组成人员应当勤勉尽责,认真审议各项议案和报告,严格遵守会议纪律。"

十三、增加一条,作为第十六条:"常务委员会会议公开举行。常务委员会会议会期、议程、日程和会议情况予以公开。必要时,经委员长会议决定,可以暂不公开有关议程。"

十四、增加一条,作为第十七条:"常务委员会会议运用现代信息技术,推进会议文件资料电子化,采用网络视频等方式为常务委员会组成人员和列席人员履职提供便利和服务。"

十五、将第十一条改为第十八条,第二款修改为:"国务院,中央军事委员会,国家监察委员会,最高人民法院,最高人民检察院,全国人民代表大会各专门委员会,可以向常务委员会提出属于常务委员会职权范围内的议案,由委员长会议决定列入常务委员会会议议程,或者先交有关的专门委员会审议、提出报告,再决定列入常务委员会会议议程。"

第三款修改为:"常务委员会组成人员十人以上联名,可以向常务委员会提出属于常务委员会职权范围内的议案,由委员长会议决定是否列入常务委员会会议议程,或者先交有关的专门委员会审议、提出是否列入会议议程的意见,再决定是否列入常务委员会会议议程;不列入常务委员会会议议程的,应当向常务委员会会议报告或者向提案人说明。"

十六、增加一条,作为第十九条:"提请常务委员会会议审议的议案,应当在会议召开十日前提交常务委员会。

"临时召集的常务委员会会议不适用前款规定。

"向常务委员会提出议案,应当同时提出议案文本和说明。"

十七、将第十三条改为第二十一条,第二款修改为:"任免案、撤职案应当附有拟任免、撤职人员的基本情况和任免、撤职理由;必要的时候,有关负责人应当到会回答询问。"

十八、将第十四条改为第二十二条,第一款修改为:"常务委员会全体会议听取关于议案的说明。内容相关联的议案可以合并说明。"

第二款修改为:"常务委员会全体会议听取议案说明后,由分组会议、联组会议进行审议,并由有关的专门委员会进行审议、提出报告。"

十九、将第十五条改为第二十三条,第一款修改为:"列入会议议程的法律案,常务委员会听取说明并初次审议后,由宪法和法律委员会进行统一审议,向下次或者以后的常务委员会会议提出审议结果的报告。"

第二款修改为:"有关法律问题的决定的议案和修改法律的议案,宪法和法律委员会统一审议后,可以向本次常务委员会会议提出审议结果的报告,也可以向下次或者以后的常务委员会会议提出审议结果的报告。"

增加一款,作为第三款:"专门委员会对有关法律案进行审议并提出审议意见,印发常务委员会会议。"

增加一款,作为第四款:"向全国人民代表大会提出的法律案,在全国人民代表大会闭会期间,可以先向常务委员会提出;常务委员会会议审议后,作出提请全国人民代表大会审议的决定。"

二十、将第十六条改为两条,作为第二十四条、第二十五条,修改为:

"**第二十四条** 提请批准国民经济和社会发展规划纲要、计划、预算的调整方案和决算的议案,交财政经济委员会审查,也可以同时交其他有关专门委员会审查,由财政经济委员会向常务委员会会议提出审查结果的报告。有关专门委员会的审查意见印发常务委员会会议。

"国民经济和社会发展规划纲要、计划的调整方案应当在常务委员会举行全体会议审查的四十五日前,交财政经济委员会进行初步审查。

"预算调整方案、决算草案应当在常务委员会举行全体会议审查的三十日前,交财政经济委员会进行初步审查。

"第二十五条 提请批准或者加入条约和重要协定的议案,交外事委员会审议,可以同时交其他有关专门委员会审议,由外事委员会向本次常务委员会会议提出审议结果的报告,也可以向下次或者以后的常务委员会会议提出审议结果的报告。有关专门委员会的审议意见印发常务委员会会议。"

二十一、增加一条,作为第二十六条:"依法需要报经常务委员会批准的法规和自治条例、单行条例等,由制定机关报送常务委员会,由委员长会议决定列入常务委员会会议议程,由有关的专门委员会进行审议并提出报告。"

二十二、增加一条,作为第二十七条:"列于《中华人民共和国香港特别行政区基本法》附件三、《中华人民共和国澳门特别行政区基本法》附件三的法律需要作出增减的,在征询香港特别行政区基本法委员会和香港特别行政区政府、澳门特别行政区基本法委员会和澳门特别行政区政府的意见后,由委员长会议提出议案,提请常务委员会会议审议。"

二十三、将第四章章名修改为"听取和审议报告"。

二十四、将第二十二条改为第三十三条,修改为:"常务委员会根据年度工作计划和需要听取国务院、国家监察委员会、最高人民法院、最高人民检察院的专项工作报告。

"常务委员会召开全体会议,定期听取下列报告:

"(一)关于国民经济和社会发展计划、预算执行情况的报告,关于国民经济和社会发展五年规划纲要实施情况的中期评估报告;

"(二)决算报告、审计工作报告、审计查出问题整改情况的报告;

"(三)国务院关于年度环境状况和环境保护目标完成情况的报告;

"(四)国务院关于国有资产管理情况的报告;

"(五)国务院关于金融工作有关情况的报告;

"(六)常务委员会执法检查组提出的执法检查报告;

"(七)专门委员会关于全国人民代表大会会议主席团交付审议的代表提出的议案审议结果的报告;

"(八)常务委员会办公厅和有关部门关于全国人民代表大会会议代表建议、批评和意见办理情况的报告;

"(九)常务委员会法制工作委员会关于备案审查工作情况的报告;

"(十)其他报告。"

二十五、将第二十四条改为第三十五条,修改为:"常务委员会组成人员对各项报告的审议意见交由有关机关研究处理。有关机关应当将研究处理情况向常务委员会提出书面报告。

"常务委员会认为必要的时候,可以对有关报告作出决议。有关机关应当在决议规定的期限内,将执行决议的情况向常务委员会报告。

"委员长会议可以根据工作报告中的建议、常务委员会组成人员的审议意见,提出有关法律问题或者重大问题的决定的议案,提请常务委员会审议,必要时由常务委员会提请全国人民代表大会审议。"

二十六、增加一条,作为第三十七条:"常务委员会围绕关系改革发展稳定大局和人民切身利益、社会普遍关注的重大问题,可以召开联组会议、分组会议,进行专题询问。

"根据专题询问的议题,国务院及国务院有关部门和国家监察委员会、最高人民法院、最高人民检察院的负责人应当到会,听取意见,回答询问。

"专题询问中提出的意见交由有关机关研究处理,有关机关应当及时向常务委员会提交研究处理情况报告。必要时,可以由委员长会议将研究处理情况报告提请常务委员会审议,由常务委员会作出决议。"

二十七、增加一条,作为第三十八条:"根据常务委员会工作安排或者受委员长会议委托,专门委员会可以就有关问题开展调研询问,并提出开展调研询问情况的报告。"

二十八、将第二十六条改为第三十九条,修改为:"在常务委员会会议期间,常务委员会组成人员十人以上联名,可以向常务委员会书面提出对国务院及国务院各部门和国家监察委员会、最高人民法院、最高人民检察院的质询案。"

二十九、将第三十一条改为第四十四条，第一款修改为："在全体会议和联组会议上的发言，不超过十分钟；在分组会议上，第一次发言不超过十五分钟，第二次对同一问题的发言不超过十分钟。事先提出要求，经会议主持人同意的，可以延长发言时间。"

第二款修改为："在常务委员会会议上的发言，由常务委员会办事机构工作人员记录，经发言人核对签字后，编印会议简报和存档。会议简报可以为纸质版，也可以为电子版。"

三十、将第三十二条改为第四十五条，增加一款，作为第三款："出席会议的常务委员会组成人员应当参加表决。表决时，常务委员会组成人员可以表示赞成，可以表示反对，也可以表示弃权。"

三十一、将第三十四条改为第四十七条，修改为："任免案、撤职案逐人表决，根据情况也可以合并表决。"

三十二、将第三十五条改为第四十八条，修改为："常务委员会表决议案，采用无记名按表决器方式。常务委员会组成人员应当按表决器。如表决器系统在使用中发生故障，采用举手方式或者其他方式。

"常务委员会组成人员通过网络视频方式出席会议的，采用举手方式或者其他方式表决。"

三十三、增加一章，作为第七章"公布"；增加三条，分别作为第四十九条至第五十一条。内容如下：

"第七章　公布

"第四十九条　常务委员会通过的法律，由中华人民共和国主席签署主席令予以公布。

"常务委员会通过的其他决议、决定，由常务委员会公布。

"常务委员会通过的法律解释，关于全国人民代表大会代表选举、补选、辞职、罢免等事项，由常务委员会发布公告予以公布。

"第五十条　常务委员会决定任免的国务院副总理、国务委员以及各部部长、各委员会主任、中国人民银行行长、审计长、秘书长，由中华人民共和国主席根据常务委员会的决定，签署主席令任免并予以公布。

"第五十一条　常务委员会通过的法律、决议、决定及其说明、修改情况的汇报、审议结果的报告,发布的公告,决定批准或者加入的条约和重要协定,常务委员会、专门委员会的声明等,应当及时在常务委员会公报和中国人大网上刊载。"

三十四、将第二十三条、第二十五条中的"工作报告"修改为"报告"。

本决定自2022年6月25日起施行。

《中华人民共和国全国人民代表大会常务委员会议事规则》根据本决定作相应修改并对条文顺序作相应调整,重新公布。

中华人民共和国全国人民代表大会常务委员会议事规则

(1987年11月24日第六届全国人民代表大会常务委员会第二十三次会议通过 根据2009年4月24日第十一届全国人民代表大会常务委员会第八次会议《关于修改〈中华人民共和国全国人民代表大会常务委员会议事规则〉的决定》第一次修正 根据2022年6月24日第十三届全国人民代表大会常务委员会第三十五次会议《关于修改〈中华人民共和国全国人民代表大会常务委员会议事规则〉的决定》第二次修正)

目　　录

第一章　总　　则
第二章　会议的召开
第三章　议案的提出和审议
第四章　听取和审议报告
第五章　询问和质询
第六章　发言和表决
第七章　公　　布
第八章　附　　则

第一章　总　　则

第一条　为了健全全国人民代表大会常务委员会的议事程序,保障和规范其行使职权,根据宪法、全国人民代表大会组织法,总结全国人民代表大会常务委员会工作的实践经验,制定本规则。

第二条　全国人民代表大会常务委员会坚持中国共产党的领导,依照法定职权和法定程序举行会议、开展工作。

第三条　全国人民代表大会常务委员会坚持和发展全过程人民民主,始终同人民保持密切联系,倾听人民的意见和建议,体现人民意志,保障人民权益。

第四条　全国人民代表大会常务委员会审议议案、决定问题,实行民主集中制的原则,充分发扬民主,集体行使职权。

第五条　全国人民代表大会常务委员会举行会议,应当合理安排会期、议程和日程,提高议事质量和效率。

第二章　会议的召开

第六条　全国人民代表大会常务委员会会议一般每两个月举行一次,必要时可以加开会议;有特殊需要的时候,可以临时召集会议。

常务委员会会议召开的日期由委员长会议决定。

常务委员会会议由委员长召集并主持。委员长可以委托副委员长主持会议。

第七条　常务委员会会议有常务委员会全体组成人员的过半数出席,始得举行。

遇有特殊情况,经委员长会议决定,常务委员会组成人员可以通过网络视频方式出席会议。

第八条　委员长会议拟订常务委员会会议议程草案,提请常务委员会全体会议决定。

常务委员会举行会议期间,需要调整议程的,由委员长会议提出,经常务委员会全体会议同意。

会议日程由委员长会议决定。

第九条　常务委员会举行会议,应当在会议举行七日以前,将开会日期、建议会议讨论的主要事项,通知常务委员会组成人员和列席会议的人员;临时召集的会议,可以临时通知。

第十条　常务委员会举行会议的时候,国务院、中央军事委员会、国家监察委员会、最高人民法院、最高人民检察院的负责人列席会议。

不是常务委员会组成人员的全国人民代表大会专门委员会主任委员、副主任委员、委员,常务委员会副秘书长,工作委员会主任、副主任,香港特别行政区基本法委员会主任、副主任,澳门特别行政区基本法委员会主任、副主任,有关部门负责人,列席会议。

第十一条　常务委员会举行会议的时候,各省、自治区、直辖市和其他有关地方的人民代表大会常务委员会主任或者副主任一人列席会议,并可以邀请有关的全国人民代表大会代表列席会议。

遇有特殊情况,经委员长会议决定,可以调整列席人员的范围。

第十二条　常务委员会举行会议的时候,召开全体会议和分组会议,根据需要召开联组会议。

第十三条　常务委员会分组会议由委员长会议确定若干名召集人,轮流主持会议。

分组会议审议过程中有重大意见分歧或者其他重要情况的,召集人应当及时向秘书长报告。

分组名单由常务委员会办事机构拟订,报秘书长审定,并定期调整。

第十四条　常务委员会举行联组会议,由委员长主持。委员长可以委托副委员长主持会议。

联组会议可以由各组联合召开,也可以分别由两个以上的组联合召开。

第十五条　常务委员会举行会议的时候,常务委员会组成人员应当出席会议;因病或者其他特殊原因不能出席的,应当通过常务委员会办事机构向委员长书面请假。

常务委员会办事机构应当向委员长报告常务委员会组成人员出席会议的情况和缺席的原因。

常务委员会组成人员应当勤勉尽责,认真审议各项议案和报告,严格遵守会议纪律。

第十六条 常务委员会会议公开举行。常务委员会会议会期、议程、日程和会议情况予以公开。必要时,经委员长会议决定,可以暂不公开有关议程。

第十七条 常务委员会会议运用现代信息技术,推进会议文件资料电子化,采用网络视频等方式为常务委员会组成人员和列席人员履职提供便利和服务。

第三章 议案的提出和审议

第十八条 委员长会议可以向常务委员会提出属于常务委员会职权范围内的议案,由常务委员会会议审议。

国务院,中央军事委员会,国家监察委员会,最高人民法院,最高人民检察院,全国人民代表大会各专门委员会,可以向常务委员会提出属于常务委员会职权范围内的议案,由委员长会议决定列入常务委员会会议议程,或者先交有关的专门委员会审议、提出报告,再决定列入常务委员会会议议程。

常务委员会组成人员十人以上联名,可以向常务委员会提出属于常务委员会职权范围内的议案,由委员长会议决定是否列入常务委员会会议议程,或者先交有关的专门委员会审议、提出是否列入会议议程的意见,再决定是否列入常务委员会会议议程;不列入常务委员会会议议程的,应当向常务委员会会议报告或者向提案人说明。

第十九条 提请常务委员会会议审议的议案,应当在会议召开十日前提交常务委员会。

临时召集的常务委员会会议不适用前款规定。

向常务委员会提出议案,应当同时提出议案文本和说明。

第二十条 委员长会议根据工作需要,可以委托常务委员会的工作委员会、办公厅起草议案草案,并向常务委员会会议作说明。

第二十一条 对列入常务委员会会议议程的议案,提议案的机关、有关的专门委员会、常务委员会有关工作部门应当提供有关的资料。

任免案、撤职案应当附有拟任免、撤职人员的基本情况和任免、撤职理由;必要的时候,有关负责人应当到会回答询问。

第二十二条　常务委员会全体会议听取关于议案的说明。内容相关联的议案可以合并说明。

常务委员会全体会议听取议案说明后,由分组会议、联组会议进行审议,并由有关的专门委员会进行审议、提出报告。

第二十三条　列入会议议程的法律案,常务委员会听取说明并初次审议后,由宪法和法律委员会进行统一审议,向下次或者以后的常务委员会会议提出审议结果的报告。

有关法律问题的决定的议案和修改法律的议案,宪法和法律委员会统一审议后,可以向本次常务委员会会议提出审议结果的报告,也可以向下次或者以后的常务委员会会议提出审议结果的报告。

专门委员会对有关法律案进行审议并提出审议意见,印发常务委员会会议。

向全国人民代表大会提出的法律案,在全国人民代表大会闭会期间,可以先向常务委员会提出;常务委员会会议审议后,作出提请全国人民代表大会审议的决定。

第二十四条　提请批准国民经济和社会发展规划纲要、计划、预算的调整方案和决算的议案,交财政经济委员会审查,也可以同时交其他有关专门委员会审查,由财政经济委员会向常务委员会会议提出审查结果的报告。有关专门委员会的审查意见印发常务委员会会议。

国民经济和社会发展规划纲要、计划的调整方案应当在常务委员会举行全体会议审查的四十五日前,交财政经济委员会进行初步审查。

预算调整方案、决算草案应当在常务委员会举行全体会议审查的三十日前,交财政经济委员会进行初步审查。

第二十五条　提请批准或者加入条约和重要协定的议案,交外事委员会审议,可以同时交其他有关专门委员会审议,由外事委员会向本次常务委员会会议提出审议结果的报告,也可以向下次或者以后的常务委员会会议提出审议结果的报告。有关专门委员会的审议意见印发常务委员会会议。

第二十六条　依法需要报经常务委员会批准的法规和自治条

例、单行条例等,由制定机关报送常务委员会,由委员长会议决定列入常务委员会会议议程,由有关的专门委员会进行审议并提出报告。

第二十七条 列于《中华人民共和国香港特别行政区基本法》附件三、《中华人民共和国澳门特别行政区基本法》附件三的法律需要作出增减的,在征询香港特别行政区基本法委员会和香港特别行政区政府、澳门特别行政区基本法委员会和澳门特别行政区政府的意见后,由委员长会议提出议案,提请常务委员会会议审议。

第二十八条 常务委员会联组会议可以听取和审议专门委员会对议案审议意见的汇报,对会议议题进行讨论。

第二十九条 提议案的机关的负责人可以在常务委员会全体会议、联组会议上对议案作补充说明。

第三十条 列入常务委员会会议议程的议案,在交付表决前,提案人要求撤回的,经委员长会议同意,对该议案的审议即行终止。

第三十一条 拟提请常务委员会全体会议表决的议案,在审议中有重大问题需要进一步研究的,经委员长或者委员长会议提出,联组会议或者全体会议同意,可以暂不付表决,交有关专门委员会进一步审议,提出审议报告。

第三十二条 常务委员会认为必要的时候,可以组织关于特定问题的调查委员会,并且根据调查委员会的报告,作出相应的决议。

第四章 听取和审议报告

第三十三条 常务委员会根据年度工作计划和需要听取国务院、国家监察委员会、最高人民法院、最高人民检察院的专项工作报告。

常务委员会召开全体会议,定期听取下列报告:

(一)关于国民经济和社会发展计划、预算执行情况的报告,关于国民经济和社会发展五年规划纲要实施情况的中期评估报告;

(二)决算报告、审计工作报告、审计查出问题整改情况的报告;

(三)国务院关于年度环境状况和环境保护目标完成情况的报告;

(四)国务院关于国有资产管理情况的报告;

(五)国务院关于金融工作有关情况的报告;

（六）常务委员会执法检查组提出的执法检查报告；

（七）专门委员会关于全国人民代表大会会议主席团交付审议的代表提出的议案审议结果的报告；

（八）常务委员会办公厅和有关部门关于全国人民代表大会会议代表建议、批评和意见办理情况的报告；

（九）常务委员会法制工作委员会关于备案审查工作情况的报告；

（十）其他报告。

第三十四条　常务委员会全体会议听取报告后，可以由分组会议和联组会议进行审议。

委员长会议可以决定将报告交有关的专门委员会审议，提出意见。

第三十五条　常务委员会组成人员对各项报告的审议意见交由有关机关研究处理。有关机关应当将研究处理情况向常务委员会提出书面报告。

常务委员会认为必要的时候，可以对有关报告作出决议。有关机关应当在决议规定的期限内，将执行决议的情况向常务委员会报告。

委员长会议可以根据工作报告中的建议、常务委员会组成人员的审议意见，提出有关法律问题或者重大问题的决定的议案，提请常务委员会审议，必要时由常务委员会提请全国人民代表大会审议。

第五章　询问和质询

第三十六条　常务委员会分组会议对议案或者有关的报告进行审议的时候，应当通知有关部门派人到会，听取意见，回答询问。

常务委员会联组会议对议案或者有关的报告进行审议的时候，应当通知有关负责人到会，听取意见，回答询问。

第三十七条　常务委员会围绕关系改革发展稳定大局和人民切身利益、社会普遍关注的重大问题，可以召开联组会议、分组会议，进行专题询问。

根据专题询问的议题，国务院及国务院有关部门和国家监察委员会、最高人民法院、最高人民检察院的负责人应当到会，听取意见，回答询问。

专题询问中提出的意见交由有关机关研究处理，有关机关应当及时向常务委员会提交研究处理情况报告。必要时,可以由委员长会议将研究处理情况报告提请常务委员会审议,由常务委员会作出决议。

第三十八条 根据常务委员会工作安排或者受委员长会议委托,专门委员会可以就有关问题开展调研询问,并提出开展调研询问情况的报告。

第三十九条 在常务委员会会议期间,常务委员会组成人员十人以上联名,可以向常务委员会书面提出对国务院及国务院各部门和国家监察委员会、最高人民法院、最高人民检察院的质询案。

第四十条 质询案必须写明质询对象、质询的问题和内容。

第四十一条 质询案由委员长会议决定交由有关的专门委员会审议或者提请常务委员会会议审议。

第四十二条 质询案由委员长会议决定,由受质询机关的负责人在常务委员会会议上或者有关的专门委员会会议上口头答复,或者由受质询机关书面答复。在专门委员会会议上答复的,专门委员会应当向常务委员会或者委员长会议提出报告。

质询案以书面答复的,应当由被质询机关负责人签署,并印发常务委员会组成人员和有关的专门委员会。

专门委员会审议质询案的时候,提质询案的常务委员会组成人员可以出席会议,发表意见。

第六章 发言和表决

第四十三条 常务委员会组成人员在全体会议、联组会议和分组会议上发言,应当围绕会议确定的议题进行。

常务委员会全体会议或者联组会议安排对有关议题进行审议的时候,常务委员会组成人员要求发言的,应当在会前由本人向常务委员会办事机构提出,由会议主持人安排,按顺序发言。在全体会议和联组会议上临时要求发言的,经会议主持人同意,始得发言。在分组会议上要求发言的,经会议主持人同意,即可发言。

列席会议的人员的发言,适用本章有关规定。

第四十四条 在全体会议和联组会议上的发言,不超过十分钟;

在分组会议上,第一次发言不超过十五分钟,第二次对同一问题的发言不超过十分钟。事先提出要求,经会议主持人同意的,可以延长发言时间。

在常务委员会会议上的发言,由常务委员会办事机构工作人员记录,经发言人核对签字后,编印会议简报和存档。会议简报可以为纸质版,也可以为电子版。

第四十五条 表决议案由常务委员会全体组成人员的过半数通过。

表决结果由会议主持人当场宣布。

出席会议的常务委员会组成人员应当参加表决。表决时,常务委员会组成人员可以表示赞成,可以表示反对,也可以表示弃权。

第四十六条 交付表决的议案,有修正案的,先表决修正案。

第四十七条 任免案、撤职案逐人表决,根据情况也可以合并表决。

第四十八条 常务委员会表决议案,采用无记名按表决器方式。常务委员会组成人员应当按表决器。如表决器系统在使用中发生故障,采用举手方式或者其他方式。

常务委员会组成人员通过网络视频方式出席会议的,采用举手方式或者其他方式表决。

第七章 公 布

第四十九条 常务委员会通过的法律,由中华人民共和国主席签署主席令予以公布。

常务委员会通过的其他决议、决定,由常务委员会公布。

常务委员会通过的法律解释,关于全国人民代表大会代表选举、补选、辞职、罢免等事项,由常务委员会发布公告予以公布。

第五十条 常务委员会决定任免的国务院副总理、国务委员以及各部部长、各委员会主任、中国人民银行行长、审计长、秘书长,由中华人民共和国主席根据常务委员会的决定,签署主席令任免并予以公布。

第五十一条 常务委员会通过的法律、决议、决定及其说明、修改情况的汇报、审议结果的报告,发布的公告,决定批准或者加入的条约和重要协定,常务委员会、专门委员会的声明等,应当及时在常务委员会公报和中国人大网上刊载。

第八章　附　　则

第五十二条　本规则自公布之日起施行。

全国人民代表大会常务委员会关于设立成渝金融法院的决定

(2022年2月28日第十三届全国人民代表大会常务委员会第三十三次会议通过)

为了加大金融司法保护力度,营造良好金融法治环境,维护金融安全,根据宪法和人民法院组织法,现作如下决定:

一、设立成渝金融法院。

成渝金融法院审判庭的设置,由最高人民法院根据金融案件的类型和数量决定。

二、成渝金融法院专门管辖以下案件:

(一)重庆市以及四川省属于成渝地区双城经济圈范围内的应由中级人民法院管辖的第一审金融民商事案件;

(二)重庆市以及四川省属于成渝地区双城经济圈范围内的应由中级人民法院管辖的以金融监管机构为被告的第一审涉金融行政案件;

(三)以住所地在重庆市以及四川省属于成渝地区双城经济圈范围内的金融基础设施机构为被告或者第三人,与其履行职责相关的第一审金融民商事案件和涉金融行政案件;

(四)重庆市以及四川省属于成渝地区双城经济圈范围内的基层人民法院第一审金融民商事案件和涉金融行政案件判决、裁定的上诉、抗诉案件以及再审案件；

（五）依照法律规定应由其执行的案件；

（六）最高人民法院确定由其管辖的其他金融案件。

成渝金融法院第一审判决、裁定的上诉案件，由重庆市高级人民法院审理。

三、成渝金融法院对重庆市人民代表大会常务委员会负责并报告工作。

成渝金融法院审判工作受最高人民法院和重庆市高级人民法院监督。成渝金融法院依法接受人民检察院法律监督。

四、成渝金融法院院长由重庆市人民代表大会常务委员会主任会议提请重庆市人民代表大会常务委员会任免。

成渝金融法院副院长、审判委员会委员、庭长、副庭长、审判员由成渝金融法院院长提请重庆市人民代表大会常务委员会任免。

五、本决定自 2022 年 3 月 1 日起施行。

特别行政区

全国人民代表大会常务委员会关于《中华人民共和国香港特别行政区维护国家安全法》第十四条和第四十七条的解释

（2022年12月30日第十三届全国人民代表大会常务委员会第三十八次会议通过）

第十三届全国人民代表大会常务委员会第三十八次会议审议了《国务院关于提请解释〈中华人民共和国香港特别行政区维护国家安全法〉有关条款的议案》。国务院的议案是应香港特别行政区行政长官向中央人民政府提交的有关报告提出的。根据《中华人民共和国宪法》第六十七条第四项和《中华人民共和国香港特别行政区维护国家安全法》第六十五条的规定，全国人民代表大会常务委员会对《中华人民共和国香港特别行政区维护国家安全法》第十四条和第四十七条规定的含义和适用作如下解释：

一、根据《中华人民共和国香港特别行政区维护国家安全法》第十四条的规定，香港特别行政区维护国家安全委员会承担香港特别行政区维护国家安全的法定职责，有权对是否涉及国家安全问题作出判断和决定，工作信息不予公开。香港特别行政区维护国家安全委员会作出的决定不受司法复核，具有可执行的法律效力。香港特别行政区任何行政、立法、司法等机构和任何组织、个人均不得干涉香港特别行政区维护国家安全委员会的工作，均应当尊重并执行香港特别行政区维护国家安全委员会的决定。

二、根据《中华人民共和国香港特别行政区维护国家安全法》第四十七条的规定，香港特别行政区法院在审理危害国家安全犯罪案件中遇有涉及有关行为是否涉及国家安全或者有关证据材料是否涉及国家秘密的认定问题，应当向行政长官提出并取得行政长官就该等问题发出的证明书，上述证明书对法院有约束力。

三、香港特别行政区行政长官依据《中华人民共和国香港特别行政区维护国家安全法》第十一条的规定于11月28日向中央人民政府提交的有关报告认为，不具有香港特别行政区全面执业资格的海外律师担任危害国家安全犯罪案件的辩护人或者诉讼代理人可能引发国家安全风险。不具有香港特别行政区全面执业资格的海外律师是否可以担任危害国家安全犯罪案件的辩护人或者诉讼代理人的问题，属于《中华人民共和国香港特别行政区维护国家安全法》第四十七条所规定的需要认定的问题，应当取得行政长官发出的证明书。如香港特别行政区法院没有向行政长官提出并取得行政长官就该等问题发出的证明书，香港特别行政区维护国家安全委员会应当根据《中华人民共和国香港特别行政区维护国家安全法》第十四条的规定履行法定职责，对该等情况和问题作出相关判断和决定。

现予公告。

民法商法

证券、期货、基金

中华人民共和国期货和衍生品法

（2022年4月20日第十三届全国人民代表大会常务委员会第三十四次会议通过 2022年4月20日中华人民共和国主席令第111号公布 自2022年8月1日起施行）

目 录

第一章 总 则
第二章 期货交易和衍生品交易
　第一节 一般规定
　第二节 期货交易
　第三节 衍生品交易
第三章 期货结算与交割
第四章 期货交易者
第五章 期货经营机构
第六章 期货交易场所
第七章 期货结算机构
第八章 期货服务机构
第九章 期货业协会

第十章　监督管理
第十一章　跨境交易与监管协作
第十二章　法律责任
第十三章　附　　则

第一章　总　　则

第一条　为了规范期货交易和衍生品交易行为，保障各方合法权益，维护市场秩序和社会公共利益，促进期货市场和衍生品市场服务国民经济，防范化解金融风险，维护国家经济安全，制定本法。

第二条　在中华人民共和国境内，期货交易和衍生品交易及相关活动，适用本法。

在中华人民共和国境外的期货交易和衍生品交易及相关活动，扰乱中华人民共和国境内市场秩序，损害境内交易者合法权益的，依照本法有关规定处理并追究法律责任。

第三条　本法所称期货交易，是指以期货合约或者标准化期权合约为交易标的的交易活动。

本法所称衍生品交易，是指期货交易以外的，以互换合约、远期合约和非标准化期权合约及其组合为交易标的的交易活动。

本法所称期货合约，是指期货交易场所统一制定的、约定在将来某一特定的时间和地点交割一定数量标的物的标准化合约。

本法所称期权合约，是指约定买方有权在将来某一时间以特定价格买入或者卖出约定标的物（包括期货合约）的标准化或非标准化合约。

本法所称互换合约，是指约定在将来某一特定时间内相互交换特定标的物的金融合约。

本法所称远期合约，是指期货合约以外的，约定在将来某一特定的时间和地点交割一定数量标的物的金融合约。

第四条　国家支持期货市场健康发展，发挥发现价格、管理风险、配置资源的功能。

国家鼓励利用期货市场和衍生品市场从事套期保值等风险管理活动。

国家采取措施推动农产品期货市场和衍生品市场发展，引导国内农产品生产经营。

本法所称套期保值,是指交易者为管理因其资产、负债等价值变化产生的风险而达成与上述资产、负债等基本吻合的期货交易和衍生品交易的活动。

第五条 期货市场和衍生品市场应当建立和完善风险的监测监控与化解处置制度机制,依法限制过度投机行为,防范市场系统性风险。

第六条 期货交易和衍生品交易活动,应当遵守法律、行政法规和国家有关规定,遵循公开、公平、公正的原则,禁止欺诈、操纵市场和内幕交易的行为。

第七条 参与期货交易和衍生品交易活动的各方具有平等的法律地位,应当遵守自愿、有偿、诚实信用的原则。

第八条 国务院期货监督管理机构依法对全国期货市场实行集中统一监督管理。国务院对利率、汇率期货的监督管理另有规定的,适用其规定。

衍生品市场由国务院期货监督管理机构或者国务院授权的部门按照职责分工实行监督管理。

第九条 期货和衍生品行业协会依法实行自律管理。

第十条 国家审计机关依法对期货经营机构、期货交易场所、期货结算机构、国务院期货监督管理机构进行审计监督。

第二章 期货交易和衍生品交易

第一节 一般规定

第十一条 期货交易应当在依法设立的期货交易所或者国务院期货监督管理机构依法批准组织开展期货交易的其他期货交易场所(以下统称期货交易场所),采用公开的集中交易方式或者国务院期货监督管理机构批准的其他方式进行。

禁止在期货交易场所之外进行期货交易。

衍生品交易,可以采用协议交易或者国务院规定的其他交易方式进行。

第十二条 任何单位和个人不得操纵期货市场或者衍生品市场。

禁止以下列手段操纵期货市场,影响或者意图影响期货交易价格或者期货交易量：

（一）单独或者合谋,集中资金优势、持仓优势或者利用信息优势联合或者连续买卖合约；

（二）与他人串通,以事先约定的时间、价格和方式相互进行期货交易；

（三）在自己实际控制的账户之间进行期货交易；

（四）利用虚假或者不确定的重大信息,诱导交易者进行期货交易；

（五）不以成交为目的,频繁或者大量申报并撤销申报；

（六）对相关期货交易或者合约标的物的交易作出公开评价、预测或者投资建议,并进行反向操作或者相关操作；

（七）为影响期货市场行情囤积现货；

（八）在交割月或者临近交割月,利用不正当手段规避持仓限额,形成持仓优势；

（九）利用在相关市场的活动操纵期货市场；

（十）操纵期货市场的其他手段。

第十三条 期货交易和衍生品交易的内幕信息的知情人和非法获取内幕信息的人,在内幕信息公开前不得从事相关期货交易或者衍生品交易,明示、暗示他人从事与内幕信息有关的期货交易或者衍生品交易,或者泄露内幕信息。

第十四条 本法所称内幕信息,是指可能对期货交易或者衍生品交易的交易价格产生重大影响的尚未公开的信息。

期货交易的内幕信息包括：

（一）国务院期货监督管理机构以及其他相关部门正在制定或者尚未发布的对期货交易价格可能产生重大影响的政策、信息或者数据；

（二）期货交易场所、期货结算机构作出的可能对期货交易价格产生重大影响的决定；

（三）期货交易场所会员、交易者的资金和交易动向；

（四）相关市场中的重大异常交易信息；

（五）国务院期货监督管理机构规定的对期货交易价格有重大影响的其他信息。

第十五条 本法所称内幕信息的知情人,是指由于经营地位、管理地位、监督地位或者职务便利等,能够接触或者获得内幕信息的单位和个人。

期货交易的内幕信息的知情人包括：

（一）期货经营机构、期货交易场所、期货结算机构、期货服务机构的有关人员；

（二）国务院期货监督管理机构和其他有关部门的工作人员；

（三）国务院期货监督管理机构规定的可以获取内幕信息的其他单位和个人。

第十六条 禁止任何单位和个人编造、传播虚假信息或者误导性信息，扰乱期货市场和衍生品市场。

禁止期货经营机构、期货交易场所、期货结算机构、期货服务机构及其从业人员，组织、开展衍生品交易的场所、机构及其从业人员，期货和衍生品行业协会、国务院期货监督管理机构、国务院授权的部门及其工作人员，在期货交易和衍生品交易及相关活动中作出虚假陈述或者信息误导。

各种传播媒介传播期货市场和衍生品市场信息应当真实、客观，禁止误导。传播媒介及其从事期货市场和衍生品市场信息报道的工作人员不得从事与其工作职责发生利益冲突的期货交易和衍生品交易及相关活动。

第二节 期货交易

第十七条 期货合约品种和标准化期权合约品种的上市应当符合国务院期货监督管理机构的规定，由期货交易场所依法报经国务院期货监督管理机构注册。

期货合约品种和标准化期权合约品种的中止上市、恢复上市、终止上市应当符合国务院期货监督管理机构的规定，由期货交易场所决定并向国务院期货监督管理机构备案。

期货合约品种和标准化期权合约品种应当具有经济价值，合约不易被操纵，符合社会公共利益。

第十八条 期货交易实行账户实名制。交易者进行期货交易的，应当持有证明身份的合法证件，以本人名义申请开立账户。

任何单位和个人不得违反规定，出借自己的期货账户或者借用他人的期货账户从事期货交易。

第十九条 在期货交易场所进行期货交易的，应当是期货交易场所会员或者符合国务院期货监督管理机构规定的其他参与者。

第二十条 交易者委托期货经营机构进行交易的,可以通过书面、电话、自助终端、网络等方式下达交易指令。交易指令应当明确、具体、全面。

第二十一条 通过计算机程序自动生成或者下达交易指令进行程序化交易的,应当符合国务院期货监督管理机构的规定,并向期货交易场所报告,不得影响期货交易场所系统安全或者正常交易秩序。

第二十二条 期货交易实行保证金制度,期货结算机构向结算参与人收取保证金,结算参与人向交易者收取保证金。保证金用于结算和履约保障。

保证金的形式包括现金,国债、股票、基金份额、标准仓单等流动性强的有价证券,以及国务院期货监督管理机构规定的其他财产。以有价证券等作为保证金的,可以依法通过质押等具有履约保障功能的方式进行。

期货结算机构、结算参与人收取的保证金的形式、比例等应当符合国务院期货监督管理机构的规定。

交易者进行标准化期权合约交易的,卖方应当缴纳保证金,买方应当支付权利金。

前款所称权利金是指买方支付的用于购买标准化期权合约的资金。

第二十三条 期货交易实行持仓限额制度,防范合约持仓过度集中的风险。

从事套期保值等风险管理活动的,可以申请持仓限额豁免。

持仓限额、套期保值的管理办法由国务院期货监督管理机构制定。

第二十四条 期货交易实行交易者实际控制关系报备管理制度。交易者应当按照国务院期货监督管理机构的规定向期货经营机构或者期货交易场所报备实际控制关系。

第二十五条 期货交易的收费应当合理,收费项目、收费标准和管理办法应当公开。

第二十六条 依照期货交易场所依法制定的业务规则进行的交易,不得改变其交易结果,本法第八十九条第二款规定的除外。

第二十七条 期货交易场所会员和交易者应当按照国务院期货监督管理机构的规定,报告有关交易、持仓、保证金等重大事项。

第二十八条 任何单位和个人不得违规使用信贷资金、财政资金进行期货交易。

第二十九条　期货经营机构、期货交易场所、期货结算机构、期货服务机构等机构及其从业人员对发现的禁止的交易行为,应当及时向国务院期货监督管理机构报告。

第三节　衍生品交易

第三十条　依法设立的场所,经国务院授权的部门或者国务院期货监督管理机构审批,可以组织开展衍生品交易。

组织开展衍生品交易的场所制定的交易规则,应当公平保护交易参与各方合法权益和防范市场风险,并报国务院授权的部门或者国务院期货监督管理机构批准。

第三十一条　金融机构开展衍生品交易业务,应当依法经过批准或者核准,履行交易者适当性管理义务,并应当遵守国家有关监督管理规定。

第三十二条　衍生品交易采用主协议方式的,主协议、主协议项下的全部补充协议以及交易双方就各项具体交易作出的约定等,共同构成交易双方之间一个完整的单一协议,具有法律约束力。

第三十三条　本法第三十二条规定的主协议等合同范本,应当按照国务院授权的部门或者国务院期货监督管理机构的规定报送备案。

第三十四条　进行衍生品交易,可以依法通过质押等方式提供履约保障。

第三十五条　依法采用主协议方式从事衍生品交易的,发生约定的情形时,可以依照协议约定终止交易,并按净额对协议项下的全部交易盈亏进行结算。

依照前款规定进行的净额结算,不因交易任何一方依法进入破产程序而中止、无效或者撤销。

第三十六条　国务院授权的部门、国务院期货监督管理机构应当建立衍生品交易报告库,对衍生品交易标的、规模、对手方等信息进行集中收集、保存、分析和管理,并按照规定及时向市场披露有关信息。具体办法由国务院授权的部门、国务院期货监督管理机构规定。

第三十七条　衍生品交易,由国务院授权的部门或者国务院期货监督管理机构批准的结算机构作为中央对手方进行集中结算的,可以依法进行终止净额结算；结算财产应当优先用于结算和交割，不得被查封、冻结、扣押或者强制执行；在结算和交割完成前，任何人不得动用。

依法进行的集中结算，不因参与结算的任何一方依法进入破产程序而中止、无效或者撤销。

第三十八条 对衍生品交易及相关活动进行规范和监督管理的具体办法，由国务院依照本法的原则规定。

第三章 期货结算与交割

第三十九条 期货交易实行当日无负债结算制度。在期货交易场所规定的时间，期货结算机构应当在当日按照结算价对结算参与人进行结算；结算参与人应当根据期货结算机构的结算结果对交易者进行结算。结算结果应当在当日及时通知结算参与人和交易者。

第四十条 期货结算机构、结算参与人收取的保证金、权利金等，应当与其自有资金分开，按照国务院期货监督管理机构的规定，在期货保证金存管机构专户存放，分别管理，禁止违规挪用。

第四十一条 结算参与人的保证金不符合期货结算机构业务规则规定标准的，期货结算机构应当按照业务规则的规定通知结算参与人在规定时间内追加保证金或者自行平仓；结算参与人未在规定时间内追加保证金或者自行平仓的，通知期货交易场所强行平仓。

交易者的保证金不符合结算参与人与交易者约定标准的，结算参与人应当按照约定通知交易者在约定时间内追加保证金或者自行平仓；交易者未在约定时间内追加保证金或者自行平仓的，按照约定强行平仓。

以有价证券等作为保证金，期货结算机构、结算参与人按照前两款规定强行平仓的，可以对有价证券等进行处置。

第四十二条 结算参与人在结算过程中违约的，期货结算机构按照业务规则动用结算参与人的保证金、结算担保金以及结算机构的风险准备金、自有资金等完成结算；期货结算机构以其风险准备金、自有资金等完成结算的，可以依法对该结算参与人进行追偿。

交易者在结算过程中违约的，其委托的结算参与人按照合同约定动用该交易者的保证金以及结算参与人的风险准备金和自有资金完成结算；结算参与人以其风险准备金和自有资金完成结算的，可以依法对该交易者进行追偿。

本法所称结算担保金,是指结算参与人以自有资金向期货结算机构缴纳的,用于担保履约的资金。

第四十三条 期货结算机构依照其业务规则收取和提取的保证金、权利金、结算担保金、风险准备金等资产,应当优先用于结算和交割,不得被查封、冻结、扣押或者强制执行。

在结算和交割完成之前,任何人不得动用用于担保履约和交割的保证金、进入交割环节的交割财产。

依法进行的结算和交割,不因参与结算的任何一方依法进入破产程序而中止、无效或者撤销。

第四十四条 期货合约到期时,交易者应当通过实物交割或者现金交割,了结到期未平仓合约。

在标准化期权合约规定的时间,合约的买方有权以约定的价格买入或者卖出标的物,或者按照约定进行现金差价结算,合约的卖方应当按照约定履行相应的义务。标准化期权合约的行权,由期货结算机构组织进行。

第四十五条 期货合约采取实物交割的,由期货结算机构负责组织货款与标准仓单等合约标的物权利凭证的交付。

期货合约采取现金交割的,由期货结算机构以交割结算价为基础,划付持仓双方的盈亏款项。

本法所称标准仓单,是指交割库开具并经期货交易场所登记的标准化提货凭证。

第四十六条 期货交易的实物交割在期货交易场所指定的交割库、交割港口或者其他符合期货交易场所要求的地点进行。实物交割不得限制交割总量。采用标准仓单以外的单据凭证或者其他方式进行实物交割的,期货交易场所应当明确规定交割各方的权利和义务。

第四十七条 结算参与人在交割过程中违约的,期货结算机构有权对结算参与人的标准仓单等合约标的物权利凭证进行处置。

交易者在交割过程中违约的,结算参与人有权对交易者的标准仓单等合约标的物权利凭证进行处置。

第四十八条 不符合结算参与人条件的期货经营机构可以委托结算参与人代为其客户进行结算。不符合结算参与人条件的期货经营机构与结算参与人、交易者之间的权利义务关系,参照本章关于结算参与人与交易者之间权利义务的规定执行。

第四章　期货交易者

第四十九条　期货交易者是指依照本法从事期货交易,承担交易结果的自然人、法人和非法人组织。

期货交易者从事期货交易,除国务院期货监督管理机构另有规定外,应当委托期货经营机构进行。

第五十条　期货经营机构向交易者提供服务时,应当按照规定充分了解交易者的基本情况、财产状况、金融资产状况、交易知识和经验、专业能力等相关信息;如实说明服务的重要内容,充分揭示交易风险;提供与交易者上述状况相匹配的服务。

交易者在参与期货交易和接受服务时,应当按照期货经营机构明示的要求提供前款所列真实信息。拒绝提供或者未按照要求提供信息的,期货经营机构应当告知其后果,并按照规定拒绝提供服务。

期货经营机构违反第一款规定导致交易者损失的,应当承担相应的赔偿责任。

第五十一条　根据财产状况、金融资产状况、交易知识和经验、专业能力等因素,交易者可以分为普通交易者和专业交易者。专业交易者的标准由国务院期货监督管理机构规定。

普通交易者与期货经营机构发生纠纷的,期货经营机构应当证明其行为符合法律、行政法规以及国务院期货监督管理机构的规定,不存在误导、欺诈等情形。期货经营机构不能证明的,应当承担相应的赔偿责任。

第五十二条　参与期货交易的法人和非法人组织,应当建立与其交易合约类型、规模、目的等相适应的内部控制制度和风险控制制度。

第五十三条　期货经营机构、期货交易场所、期货结算机构的从业人员,国务院期货监督管理机构、期货业协会的工作人员,以及法律、行政法规和国务院期货监督管理机构规定禁止参与期货交易的其他人员,不得进行期货交易。

第五十四条　交易者有权查询其委托记录、交易记录、保证金余额、与其接受服务有关的其他重要信息。

第五十五条　期货经营机构、期货交易场所、期货结算机构、期货服务机构及其工作人员应当依法为交易者的信息保密,不得非法买卖、提供或者公开交易者的信息。

期货经营机构、期货交易场所、期货结算机构、期货服务机构及其工作人员不得泄露所知悉的商业秘密。

第五十六条 交易者与期货经营机构等发生纠纷的，双方可以向行业协会等申请调解。普通交易者与期货经营机构发生期货业务纠纷并提出调解请求的，期货经营机构不得拒绝。

第五十七条 交易者提起操纵市场、内幕交易等期货民事赔偿诉讼时，诉讼标的是同一种类，且当事人一方人数众多的，可以依法推选代表人进行诉讼。

第五十八条 国家设立期货交易者保障基金。期货交易者保障基金的筹集、管理和使用的具体办法，由国务院期货监督管理机构会同国务院财政部门制定。

第五章　期货经营机构

第五十九条 期货经营机构是指依照《中华人民共和国公司法》和本法设立的期货公司以及国务院期货监督管理机构核准从事期货业务的其他机构。

第六十条 设立期货公司，应当具备下列条件，并经国务院期货监督管理机构核准：

（一）有符合法律、行政法规规定的公司章程；

（二）主要股东及实际控制人具有良好的财务状况和诚信记录，净资产不低于国务院期货监督管理机构规定的标准，最近三年无重大违法违规记录；

（三）注册资本不低于人民币一亿元，且应当为实缴货币资本；

（四）从事期货业务的人员符合本法规定的条件，董事、监事和高级管理人员具备相应的任职条件；

（五）有良好的公司治理结构、健全的风险管理制度和完善的内部控制制度；

（六）有合格的经营场所、业务设施和信息技术系统；

（七）法律、行政法规和国务院期货监督管理机构规定的其他条件。

国务院期货监督管理机构根据审慎监管原则和各项业务的风险程度，可以提高注册资本最低限额。

国务院期货监督管理机构应当自受理期货公司设立申请之日起六个月内依照法定条件、法定程序和审慎监管原则进行审查,作出核准或者不予核准的决定,并通知申请人;不予核准的,应当说明理由。

第六十一条　期货公司应当在其名称中标明"期货"字样,国务院期货监督管理机构另有规定的除外。

第六十二条　期货公司办理下列事项,应当经国务院期货监督管理机构核准:

(一)合并、分立、停业、解散或者申请破产;
(二)变更主要股东或者公司的实际控制人;
(三)变更注册资本且调整股权结构;
(四)变更业务范围;
(五)国务院期货监督管理机构规定的其他重大事项。

前款第三项、第五项所列事项,国务院期货监督管理机构应当自受理申请之日起二十日内作出核准或者不予核准的决定;前款所列其他事项,国务院期货监督管理机构应当自受理申请之日起六十日内作出核准或者不予核准的决定。

第六十三条　期货公司经国务院期货监督管理机构核准可以从事下列期货业务:

(一)期货经纪;
(二)期货交易咨询;
(三)期货做市交易;
(四)其他期货业务。

期货公司从事资产管理业务的,应当符合《中华人民共和国证券投资基金法》等法律、行政法规的规定。

未经国务院期货监督管理机构核准,任何单位和个人不得设立或者变相设立期货公司,经营或者变相经营期货经纪业务、期货交易咨询业务,也不得以经营为目的使用"期货"、"期权"或者其他可能产生混淆或者误导的名称。

第六十四条　期货公司的董事、监事、高级管理人员,应当正直诚实、品行良好,熟悉期货法律、行政法规,具有履行职责所需的经营管理能力。期货公司任免董事、监事、高级管理人员,应当报国务院期货监督管理机构备案。

有下列情形之一的,不得担任期货公司的董事、监事、高级管理人员:

（一）存在《中华人民共和国公司法》规定的不得担任公司董事、监事和高级管理人员的情形；

（二）因违法行为或者违纪行为被解除职务的期货经营机构的董事、监事、高级管理人员，或者期货交易场所、期货结算机构的负责人，自被解除职务之日起未逾五年；

（三）因违法行为或者违纪行为被吊销执业证书或者被取消资格的注册会计师、律师或者其他期货服务机构的专业人员，自被吊销执业证书或者被取消资格之日起未逾五年。

第六十五条 期货经营机构应当依法经营，勤勉尽责，诚实守信。期货经营机构应当建立健全内部控制制度，采取有效隔离措施，防范经营机构与客户之间、不同客户之间的利益冲突。

期货经营机构应当将其期货经纪业务、期货做市交易业务、资产管理业务和其他相关业务分开办理，不得混合操作。

期货经营机构应当依法建立并执行反洗钱制度。

第六十六条 期货经营机构接受交易者委托为其进行期货交易，应当签订书面委托合同，以自己的名义为交易者进行期货交易，交易结果由交易者承担。

期货经营机构从事经纪业务，不得接受交易者的全权委托。

第六十七条 期货经营机构从事资产管理业务，接受客户委托，运用客户资产进行投资的，应当公平对待所管理的不同客户资产，不得违背受托义务。

第六十八条 期货经营机构不得违反规定为其股东、实际控制人或者股东、实际控制人的关联人提供融资或者担保，不得违反规定对外担保。

第六十九条 期货经营机构从事期货业务的人员应当正直诚实、品行良好，具备从事期货业务所需的专业能力。

期货经营机构从事期货业务的人员不得私下接受客户委托从事期货交易。

期货经营机构从事期货业务的人员在从事期货业务活动中，执行所属的期货经营机构的指令或者利用职务违反期货交易规则的，由所属的期货经营机构承担全部责任。

第七十条 国务院期货监督管理机构应当制定期货经营机构持续性经营规则，对期货经营机构及其分支机构的经营条件、风险管理、内部控制、保证金存管、合规管理、风险监管指标、关联交易等方面作出规定。期货经营机构应当符合持续性经营规则。

第七十一条　期货经营机构应当按照规定向国务院期货监督管理机构报送业务、财务等经营管理信息和资料。国务院期货监督管理机构有权要求期货经营机构及其主要股东、实际控制人、其他关联人在指定的期限内提供有关信息、资料。

期货经营机构及其主要股东、实际控制人或者其他关联人向国务院期货监督管理机构报送或者提供的信息、资料,应当真实、准确、完整。

第七十二条　期货经营机构涉及重大诉讼、仲裁,股权被冻结或者用于担保,以及发生其他重大事件时,应当自该事件发生之日起五日内向国务院期货监督管理机构提交书面报告。

期货经营机构的控股股东或者实际控制人应当配合期货经营机构履行前款规定的义务。

第七十三条　期货经营机构不符合持续性经营规则或者出现经营风险的,国务院期货监督管理机构应当责令其限期改正;期货经营机构逾期未改正的,或者其行为严重危及该期货经营机构的稳健运行、损害交易者合法权益的,或者涉嫌严重违法违规正在被国务院期货监督管理机构调查的,国务院期货监督管理机构可以区别情形,对其采取下列措施:

(一)限制或者暂停部分业务;

(二)停止核准新增业务;

(三)限制分配红利,限制向董事、监事、高级管理人员支付报酬、提供福利;

(四)限制转让财产或者在财产上设定其他权利;

(五)责令更换董事、监事、高级管理人员或者有关业务部门、分支机构的负责人员,或者限制其权利;

(六)限制期货经营机构自有资金或者风险准备金的调拨和使用;

(七)认定负有责任的董事、监事、高级管理人员为不适当人选;

(八)责令负有责任的股东转让股权,限制负有责任的股东行使股东权利。

对经过整改符合有关法律、行政法规规定以及持续性经营规则要求的期货经营机构,国务院期货监督管理机构应当自验收完毕之日起三日内解除对其采取的有关措施。

对经过整改仍未达到持续性经营规则要求,严重影响正常经营的期货经营机构,国务院期货监督管理机构有权撤销其部分或者全部期货业务许可、关闭其部分或者全部分支机构。

第七十四条　期货经营机构违法经营或者出现重大风险,严重危害期货市场秩序、损害交易者利益的,国务院期货监督管理机构可以对该期货经营机构采取责令停业整顿、指定其他机构托管或者接管等监督管理措施。

期货经营机构有前款所列情形,经国务院期货监督管理机构批准,可以对该期货经营机构直接负责的董事、监事、高级管理人员和其他直接责任人员采取以下措施:

(一)决定并通知出境入境管理机关依法阻止其出境;

(二)申请司法机关禁止其转移、转让或者以其他方式处分财产,或者在财产上设定其他权利。

第七十五条　期货经营机构的股东有虚假出资、抽逃出资行为的,国务院期货监督管理机构应当责令其限期改正,并可责令其转让所持期货经营机构的股权。

在股东依照前款规定的要求改正违法行为、转让所持期货经营机构的股权前,国务院期货监督管理机构可以限制其股东权利。

第七十六条　期货经营机构有下列情形之一的,国务院期货监督管理机构应当依法办理相关业务许可证注销手续:

(一)营业执照被依法吊销;

(二)成立后无正当理由超过三个月未开始营业,或者开业后无正当理由停业连续三个月以上;

(三)主动提出注销申请;

(四)《中华人民共和国行政许可法》和国务院期货监督管理机构规定应当注销行政许可的其他情形。

期货经营机构在注销相关业务许可证前,应当结清相关期货业务,并依法返还交易者的保证金和其他资产。

第七十七条　国务院期货监督管理机构认为必要时,可以委托期货服务机构对期货经营机构的财务状况、内部控制状况、资产价值进行审计或者评估。具体办法由国务院期货监督管理机构会同有关主管部门制定。

第七十八条　禁止期货经营机构从事下列损害交易者利益的行为:

（一）向交易者作出保证其资产本金不受损失或者取得最低收益承诺；

（二）与交易者约定分享利益、共担风险；

（三）违背交易者委托进行期货交易；

（四）隐瞒重要事项或者使用其他不正当手段，诱骗交易者交易；

（五）以虚假或者不确定的重大信息为依据向交易者提供交易建议；

（六）向交易者提供虚假成交回报；

（七）未将交易者交易指令下达到期货交易场所；

（八）挪用交易者保证金；

（九）未依照规定在期货保证金存管机构开立保证金账户，或者违规划转交易者保证金；

（十）利用为交易者提供服务的便利，获取不正当利益或者转嫁风险；

（十一）其他损害交易者权益的行为。

第六章　期货交易场所

第七十九条　期货交易场所应当遵循社会公共利益优先原则，为期货交易提供场所和设施，组织和监督期货交易，维护市场的公平、有序和透明，实行自律管理。

第八十条　设立、变更和解散期货交易所，应当由国务院期货监督管理机构批准。

设立期货交易所应当制定章程。期货交易所章程的制定和修改，应当经国务院期货监督管理机构批准。

第八十一条　期货交易所应当在其名称中标明"商品交易所"或者"期货交易所"等字样。其他任何单位或者个人不得使用期货交易所或者其他可能产生混淆或者误导的名称。

第八十二条　期货交易所可以采取会员制或者公司制的组织形式。

会员制期货交易所的组织机构由其章程规定。

第八十三条　期货交易所依照法律、行政法规和国务院期货监督管理机构的规定，制定有关业务规则；其中交易规则的制定和修改应当报国务院期货监督管理机构批准。

期货交易所业务规则应当体现公平保护会员、交易者等市场相关各方合法权益的原则。

在期货交易所从事期货交易及相关活动,应当遵守期货交易所依法制定的业务规则。违反业务规则的,由期货交易所给予纪律处分或者采取其他自律管理措施。

第八十四条 期货交易所的负责人由国务院期货监督管理机构提名或者任免。

有《中华人民共和国公司法》规定的不适合担任公司董事、监事、高级管理人员的情形或者下列情形之一的,不得担任期货交易所的负责人:

(一)因违法行为或者违纪行为被解除职务的期货经营机构的董事、监事、高级管理人员,或者期货交易场所、期货结算机构的负责人,自被解除职务之日起未逾五年;

(二)因违法行为或者违纪行为被吊销执业证书或者被取消资格的注册会计师、律师或者其他期货服务机构的专业人员,自被吊销执业证书或者被取消资格之日起未逾五年。

第八十五条 期货交易场所应当依照本法和国务院期货监督管理机构的规定,加强对交易活动的风险控制和对会员以及交易场所工作人员的监督管理,依法履行下列职责:

(一)提供交易的场所、设施和服务;

(二)设计期货合约、标准化期权合约品种,安排期货合约、标准化期权合约品种上市;

(三)对期货交易进行实时监控和风险监测;

(四)依照章程和业务规则对会员、交易者、期货服务机构等进行自律管理;

(五)开展交易者教育和市场培育工作;

(六)国务院期货监督管理机构规定的其他职责。

期货交易场所不得直接或者间接参与期货交易。未经国务院批准,期货交易场所不得从事信托投资、股票投资、非自用不动产投资等与其职责无关的业务。

第八十六条 期货交易所的所得收益按照国家有关规定管理和使用,应当首先用于保证期货交易的场所、设施的运行和改善。

第八十七条 期货交易场所应当加强对期货交易的风险监测,出现异常情况的,期货交易场所可以依照业务规则,单独或者会同期

货结算机构采取下列紧急措施,并立即报告国务院期货监督管理机构:

(一)调整保证金;

(二)调整涨跌停板幅度;

(三)调整会员、交易者的交易限额或持仓限额标准;

(四)限制开仓;

(五)强行平仓;

(六)暂时停止交易;

(七)其他紧急措施。

异常情况消失后,期货交易场所应当及时取消紧急措施。

第八十八条 期货交易场所应当实时公布期货交易即时行情,并按交易日制作期货市场行情表,予以公布。

期货交易行情的权益由期货交易场所享有。未经期货交易场所许可,任何单位和个人不得发布期货交易行情。

期货交易场所不得发布价格预测信息。

期货交易场所应当依照国务院期货监督管理机构的规定,履行信息报告义务。

第八十九条 因突发性事件影响期货交易正常进行时,为维护期货交易正常秩序和市场公平,期货交易场所可以按照本法和业务规则规定采取必要的处置措施,并应当及时向国务院期货监督管理机构报告。

因前款规定的突发性事件导致期货交易结果出现重大异常,按交易结果进行结算、交割将对期货交易正常秩序和市场公平造成重大影响的,期货交易场所可以按照业务规则采取取消交易等措施,并应当及时向国务院期货监督管理机构报告并公告。

第九十条 期货交易场所对其依照本法第八十七条、第八十九条规定采取措施造成的损失,不承担民事赔偿责任,但存在重大过错的除外。

第七章 期货结算机构

第九十一条 期货结算机构是指依法设立,为期货交易提供结算、交割服务,实行自律管理的法人。

期货结算机构包括内部设有结算部门的期货交易场所、独立的期货结算机构和经国务院期货监督管理机构批准从事与证券业务相关的期货交易结算、交割业务的证券结算机构。

第九十二条　独立的期货结算机构的设立、变更和解散,应当经国务院期货监督管理机构批准。

设立独立的期货结算机构,应当具备下列条件:

(一)具备良好的财务状况,注册资本最低限额符合国务院期货监督管理机构的规定;

(二)有具备任职专业知识和业务工作经验的高级管理人员;

(三)具备完善的治理结构、内部控制制度和风险控制制度;

(四)具备符合要求的营业场所、信息技术系统以及与期货交易的结算有关的其他设施;

(五)国务院期货监督管理机构规定的其他条件。

承担期货结算机构职责的期货交易场所,应当具备本条第二款规定的条件。

国务院期货监督管理机构应当根据审慎监管原则进行审查,在六个月内作出批准或者不予批准的决定。

第九十三条　期货结算机构作为中央对手方,是结算参与人共同对手方,进行净额结算,为期货交易提供集中履约保障。

第九十四条　期货结算机构履行下列职责:

(一)组织期货交易的结算、交割;

(二)按照章程和业务规则对交易者、期货经营机构、期货服务机构、非期货经营机构结算参与人等进行自律管理;

(三)办理与期货交易的结算、交割有关的信息查询业务;

(四)国务院期货监督管理机构规定的其他职责。

第九十五条　期货结算机构应当按照国务院期货监督管理机构的规定,在其业务规则中规定结算参与人制度、风险控制制度、信息安全管理制度、违规违约处理制度、应急处理及临时处置措施等事项。期货结算机构制定和修改章程、业务规则,应当经国务院期货监督管理机构批准。参与期货结算,应当遵守期货结算机构制定的业务规则。

期货结算机构制定和执行业务规则,应当与期货交易场所的相关制度衔接、协调。

第九十六条　期货结算机构应当建立流动性管理制度,保障结算活动的稳健运行。

第九十七条 本法第八十四条、第八十五条第二款、第八十六条、第八十八条第三款、第四款的规定，适用于独立的期货结算机构和经批准从事期货交易结算、交割业务的证券结算机构。

第八章　期货服务机构

第九十八条 会计师事务所、律师事务所、资产评估机构、期货保证金存管机构、交割库、信息技术服务机构等期货服务机构，应当勤勉尽责、恪尽职守，按照相关业务规则为期货交易及相关活动提供服务，并按照国务院期货监督管理机构的要求提供相关资料。

第九十九条 会计师事务所、律师事务所、资产评估机构等期货服务机构接受期货经营机构、期货交易场所、期货结算机构的委托出具审计报告、法律意见书等文件，应当对所依据的文件资料内容的真实性、准确性、完整性进行核查和验证。

第一百条 交割库包括交割仓库和交割厂库等。交割库为期货交易的交割提供相关服务，应当符合期货交易场所规定的条件。期货交易场所应当与交割库签订协议，明确双方的权利和义务。

交割库不得有下列行为：

（一）出具虚假仓单；

（二）违反期货交易场所的业务规则，限制交割商品的出库、入库；

（三）泄露与期货交易有关的商业秘密；

（四）违反国家有关规定参与期货交易；

（五）违反国务院期货监督管理机构规定的其他行为。

第一百零一条 为期货交易及相关活动提供信息技术系统服务的机构，应当符合国家及期货行业信息安全相关的技术管理规定和标准，并向国务院期货监督管理机构备案。

国务院期货监督管理机构可以依法要求信息技术服务机构提供前款规定的信息技术系统的相关材料。

第九章　期货业协会

第一百零二条 期货业协会是期货行业的自律性组织，是社会团体法人。

期货经营机构应当加入期货业协会。期货服务机构可以加入期货业协会。

第一百零三条 期货业协会的权力机构为会员大会。

期货业协会的章程由会员大会制定,并报国务院期货监督管理机构备案。

期货业协会设理事会。理事会成员依照章程的规定选举产生。

第一百零四条 期货业协会履行下列职责:

(一)制定和实施行业自律规则,监督、检查会员的业务活动及从业人员的执业行为,对违反法律、行政法规、国家有关规定、协会章程和自律规则的,按照规定给予纪律处分或者实施其他自律管理措施;

(二)对会员之间、会员与交易者之间发生的纠纷进行调解;

(三)依法维护会员的合法权益,向国务院期货监督管理机构反映会员的建议和要求;

(四)组织期货从业人员的业务培训,开展会员间的业务交流;

(五)教育会员和期货从业人员遵守期货法律法规和政策,组织开展行业诚信建设,建立行业诚信激励约束机制;

(六)开展交易者教育和保护工作,督促会员落实交易者适当性管理制度,开展期货市场宣传;

(七)对会员的信息安全工作实行自律管理,督促会员执行国家和行业信息安全相关规定和技术标准;

(八)组织会员就期货行业的发展、运作及有关内容进行研究,收集整理、发布期货相关信息,提供会员服务,组织行业交流,引导行业创新发展;

(九)期货业协会章程规定的其他职责。

第十章 监督管理

第一百零五条 国务院期货监督管理机构依法对期货市场实行监督管理,维护期货市场公开、公平、公正,防范系统性风险,维护交易者合法权益,促进期货市场健康发展。

国务院期货监督管理机构在对期货市场实施监督管理中,依法履行下列职责:

(一)制定有关期货市场监督管理的规章、规则,并依法进行审批、核准、注册,办理备案;

(二)对品种的上市、交易、结算、交割等期货交易及相关活动,进行监督管理;

(三)对期货经营机构、期货交易场所、期货结算机构、期货服务机构和非期货经营机构结算参与人等市场相关参与者的期货业务活动,进行监督管理;

(四)制定期货从业人员的行为准则,并监督实施;

(五)监督检查期货交易的信息公开情况;

(六)维护交易者合法权益、开展交易者教育;

(七)对期货违法行为进行查处;

(八)监测监控并防范、处置期货市场风险;

(九)对期货行业金融科技和信息安全进行监管;

(十)对期货业协会的自律管理活动进行指导和监督;

(十一)法律、行政法规规定的其他职责。

国务院期货监督管理机构根据需要可以设立派出机构,依照授权履行监督管理职责。

第一百零六条 国务院期货监督管理机构依法履行职责,有权采取下列措施:

(一)对期货经营机构、期货交易场所、期货结算机构进行现场检查,并要求其报送有关的财务会计、业务活动、内部控制等资料;

(二)进入涉嫌违法行为发生场所调查取证;

(三)询问当事人和与被调查事件有关的单位和个人,要求其对与被调查事件有关的事项作出说明,或者要求其按照指定的方式报送与被调查事件有关的文件和资料;

(四)查阅、复制与被调查事件有关的财产权登记、通讯记录等文件和资料;

(五)查阅、复制当事人和与被调查事件有关的单位和个人的期货交易记录、财务会计资料及其他相关文件和资料;对可能被转移、隐匿或者毁损的文件资料,可以予以封存、扣押;

(六)查询当事人和与被调查事件有关的单位和个人的保证金账户和银行账户以及其他具有支付、托管、结算等功能的账户信息,可以对有关文件和资料进行复制;对有证据证明已经或者可能转移或者隐匿违法资金等涉案财产或者隐匿、伪造、毁损重要证据的,经国务院期货监督管理机构主要负责人或者其授权的其他负责人批准,可以冻结、查封,期限为六个月;因特殊原因需要延长的,每次延长期

限不得超过三个月,最长期限不得超过二年;

(七)在调查操纵期货市场、内幕交易等重大违法行为时,经国务院期货监督管理机构主要负责人或者其授权的其他负责人批准,可以限制被调查事件当事人的交易,但限制的时间不得超过三个月;案情复杂的,可以延长三个月;

(八)决定并通知出境入境管理机关依法阻止涉嫌违法人员、涉嫌违法单位的主管人员和其他直接责任人员出境。

为防范期货市场风险,维护市场秩序,国务院期货监督管理机构可以采取责令改正、监管谈话、出具警示函等措施。

第一百零七条 国务院期货监督管理机构依法履行职责,进行监督检查或者调查,其监督检查、调查的人员不得少于二人,并应当出示执法证件和检查、调查、查询等相关执法文书。监督检查、调查的人员少于二人或者未出示执法证件和有关执法文书的,被检查、调查的单位或者个人有权拒绝。

第一百零八条 国务院期货监督管理机构的工作人员,应当依法办事,忠于职守,公正廉洁,保守国家秘密和有关当事人的商业秘密,不得利用职务便利牟取不正当利益。

第一百零九条 国务院期货监督管理机构依法履行职责,被检查、调查的单位和个人应当配合,如实作出说明或者提供有关文件和资料,不得拒绝、阻碍和隐瞒。

国务院期货监督管理机构与其他相关部门,应当建立信息共享等监督管理协调配合机制。国务院期货监督管理机构依法履行职责,进行监督检查或者调查时,有关部门应当予以配合。

第一百一十条 对涉嫌期货违法、违规行为,任何单位和个人有权向国务院期货监督管理机构举报。

对涉嫌重大违法、违规行为的实名举报线索经查证属实的,国务院期货监督管理机构按照规定给予举报人奖励。

国务院期货监督管理机构应当对举报人的身份信息保密。

第一百一十一条 国务院期货监督管理机构制定的规章、规则和监督管理工作制度应当依法公开。

国务院期货监督管理机构依据调查结果,对期货违法行为作出的处罚决定,应当依法公开。

第一百一十二条 国务院期货监督管理机构对涉嫌期货违法的单位或者个人进行调查期间,被调查的当事人书面申请,承诺在国务院期货监督管理机构认可的期限内纠正涉嫌违法行为,赔偿有关交易者损失,消除损害或者不良影响的,国务院期货监督管理机构可以决定中止调查。被调查的当事人履行承诺的,国务院期货监督管理机构可以决定终止调查;被调查的当事人未履行承诺或者有国务院规定的其他情形的,应当恢复调查。具体办法由国务院规定。

国务院期货监督管理机构中止或者终止调查的,应当按照规定公开相关信息。

第一百一十三条 国务院期货监督管理机构依法将有关期货市场主体遵守本法的情况纳入期货市场诚信档案。

第一百一十四条 国务院期货监督管理机构依法履行职责,发现期货违法行为涉嫌犯罪的,应当依法将案件移送司法机关处理;发现公职人员涉嫌职务违法或者职务犯罪的,应当依法移送监察机关处理。

第一百一十五条 国务院期货监督管理机构应当建立健全期货市场监测监控制度,通过专门机构加强保证金安全存管监控。

第一百一十六条 为防范交易及结算的风险,期货经营机构、期货交易场所、期货结算机构和非期货经营机构结算参与人应当从业务收入中按照国务院期货监督管理机构、国务院财政部门的规定提取、管理和使用风险准备金。

第一百一十七条 期货经营机构、期货交易场所、期货结算机构、期货服务机构和非期货经营机构结算参与人等应当按照规定妥善保存与业务经营相关的资料和信息,任何人不得泄露、隐匿、伪造、篡改或者毁损。期货经营机构、期货交易场所、期货结算机构和非期货经营机构结算参与人的信息和资料的保存期限不得少于二十年;期货服务机构的信息和资料的保存期限不得少于十年。

第十一章　跨境交易与监管协作

第一百一十八条 境外期货交易场所向境内单位或者个人提供直接接入该交易场所交易系统进行交易服务的,应当向国务院期货监督管理机构申请注册,接受国务院期货监督管理机构的监督管理,国务院期货监督管理机构另有规定的除外。

第一百一十九条 境外期货交易场所上市的期货合约、期权合约和衍生品合约,以境内期货交易场所上市的合约价格进行挂钩结算的,应当符合国务院期货监督管理机构的规定。

第一百二十条 境内单位或者个人从事境外期货交易,应当委托具有境外期货经纪业务资格的境内期货经营机构进行,国务院另有规定的除外。

境内期货经营机构转委托境外期货经营机构从事境外期货交易的,该境外期货经营机构应当向国务院期货监督管理机构申请注册,接受国务院期货监督管理机构的监督管理,国务院期货监督管理机构另有规定的除外。

第一百二十一条 境外期货交易场所在境内设立代表机构的,应当向国务院期货监督管理机构备案。

境外期货交易场所代表机构及其工作人员,不得从事或者变相从事任何经营活动。

第一百二十二条 境外机构在境内从事期货市场营销、推介及招揽活动,应当经国务院期货监督管理机构批准,适用本法的相关规定。

境内机构为境外机构在境内从事期货市场营销、推介及招揽活动,应当经国务院期货监督管理机构批准。

任何单位或者个人不得从事违反前两款规定的期货市场营销、推介及招揽活动。

第一百二十三条 国务院期货监督管理机构可以和境外期货监督管理机构建立监督管理合作机制,或者加入国际组织,实施跨境监督管理。

国务院期货监督管理机构应境外期货监督管理机构请求提供协助的,应当遵循国家法律、法规的规定和对等互惠的原则,不得泄露国家秘密,不得损害国家利益和社会公共利益。

第一百二十四条 国务院期货监督管理机构可以按照与境外期货监督管理机构达成的监管合作安排,接受境外期货监督管理机构的请求,依照本法规定的职责和程序为其进行调查取证。境外期货监督管理机构应当提供有关案件材料,并说明其正在就被调查当事人涉嫌违反请求方当地期货法律法规的行为进行调查。境外期货监督管理机构不得在中华人民共和国境内直接进行调查取证等活动。

未经国务院期货监督管理机构和国务院有关主管部门同意,任何单位和个人不得擅自向境外监督管理机构提供与期货业务活动有关的文件和资料。

国务院期货监督管理机构可以依照与境外期货监督管理机构达成的监管合作安排,请求境外期货监督管理机构进行调查取证。

第十二章 法 律 责 任

第一百二十五条 违反本法第十二条的规定,操纵期货市场或者衍生品市场的,责令改正,没收违法所得,并处以违法所得一倍以上十倍以下的罚款;没有违法所得或者违法所得不足一百万元的,处以一百万元以上一千万元以下的罚款。单位操纵市场的,还应当对直接负责的主管人员和其他直接责任人员给予警告,并处以五十万元以上五百万元以下的罚款。

操纵市场行为给交易者造成损失的,应当依法承担赔偿责任。

第一百二十六条 违反本法第十三条的规定从事内幕交易的,责令改正,没收违法所得,并处以违法所得一倍以上十倍以下的罚款;没有违法所得或者违法所得不足五十万元的,处以五十万元以上五百万元以下的罚款。单位从事内幕交易的,还应当对直接负责的主管人员和其他直接责任人员给予警告,并处以二十万元以上二百万元以下的罚款。

国务院期货监督管理机构、国务院授权的部门、期货交易场所、期货结算机构的工作人员从事内幕交易的,从重处罚。

内幕交易行为给交易者造成损失的,应当依法承担赔偿责任。

第一百二十七条 违反本法第十六条第一款、第三款的规定,编造、传播虚假信息或者误导性信息,扰乱期货市场、衍生品市场的,没收违法所得,并处以违法所得一倍以上十倍以下的罚款;没有违法所得或者违法所得不足二十万元的,处以二十万元以上二百万元以下的罚款。对直接负责的主管人员和其他直接责任人员给予警告,并处以十万元以上一百万元以下的罚款。

违反本法第十六条第二款的规定,在期货交易、衍生品交易活动中作出虚假陈述或者信息误导的,责令改正,处以二十万元以上二百万元以下的罚款;属于国家工作人员的,还应当依法给予处分。

传播媒介及其从事期货市场、衍生品市场信息报道的工作人员违反本法第十六条第三款的规定,从事与其工作职责发生利益冲突的期货交易、衍生品交易的,没收违法所得,并处以违法所得一倍以下的罚款,没有违法所得或者违法所得不足十万元的,处以十万元以下的罚款。

编造、传播有关期货交易、衍生品交易的虚假信息,或者在期货交易、衍生品交易中作出信息误导,给交易者造成损失的,应当依法承担赔偿责任。

第一百二十八条 违反本法第十八条第二款的规定,出借自己的期货账户或者借用他人的期货账户从事期货交易的,责令改正,给予警告,可以处五十万元以下的罚款。

第一百二十九条 违反本法第二十一条的规定,采取程序化交易影响期货交易场所系统安全或者正常交易秩序的,责令改正,并处以五十万元以上五百万元以下的罚款。对直接负责的主管人员和其他直接责任人员给予警告,并处以十万元以上一百万元以下的罚款。

第一百三十条 违反本法第二十七条规定,未报告有关重大事项的,责令改正,给予警告,可以处一百万元以下的罚款。

第一百三十一条 法律、行政法规和国务院期货监督管理机构规定禁止参与期货交易的人员,违反本法第五十三条的规定,直接或者以化名、借他人名义参与期货交易的,责令改正,给予警告,没收违法所得,并处以五万元以上五十万元以下的罚款;属于国家工作人员的,还应当依法给予处分。

第一百三十二条 非法设立期货公司,或者未经核准从事相关期货业务的,予以取缔,没收违法所得,并处以违法所得一倍以上十倍以下的罚款;没有违法所得或者违法所得不足一百万元的,处以一百万元以上一千万元以下的罚款。对直接负责的主管人员和其他直接责任人员给予警告,并处以二十万元以上二百万元以下的罚款。

第一百三十三条 提交虚假申请文件或者采取其他欺诈手段骗取期货公司设立许可、重大事项变更核准或者期货经营机构期货业务许可的,撤销相关许可,没收违法所得,并处以违法所得一倍以上十倍以下的罚款;没有违法所得或者违法所得不足二十万元的,处以二十万元以上二百万元以下的罚款。对直接负责的主管人员和其他直接责任人员给予警告,并处以二十万元以上二百万元以下的罚款。

第一百三十四条 期货经营机构违反本法第四十条、第六十二条、第六十五条、第六十八条、第七十一条、第七十二条的,责令改正,给予警告,没收违法所得,并处以违法所得一倍以上十倍以下的罚款;没有违法所得或者违法所得不足二十万元的,处以二十万元以上二百万元以下的罚款;情节严重的,责令停业整顿或者吊销期货业务许可证。对直接负责的主管人员和其他直接责任人员给予警告,并处以五万元以上五十万元以下的罚款。

期货经营机构有前款所列违法情形,给交易者造成损失的,应当依法承担赔偿责任。

期货经营机构的主要股东、实际控制人或者其他关联人违反本法第七十一条规定的,依照本条第一款的规定处罚。

第一百三十五条 期货经营机构违反本法第五十条交易者适当性管理规定,或者违反本法第六十六条规定从事经纪业务接受交易者全权委托,或者有第七十八条损害交易者利益行为的,责令改正,给予警告,没收违法所得,并处以违法所得一倍以上十倍以下的罚款;没有违法所得或者违法所得不足五十万元的,处以五十万元以上五百万元以下的罚款;情节严重的,吊销相关业务许可。对直接负责的主管人员和其他直接责任人员给予警告,并处以二十万元以上二百万元以下的罚款。

期货经营机构有本法第七十八条规定的行为,给交易者造成损失的,应当依法承担赔偿责任。

第一百三十六条 违反本法第十一条、第八十条、第九十二条规定,非法设立期货交易场所、期货结算机构,或者以其他形式组织期货交易的,没收违法所得,并处以违法所得一倍以上十倍以下的罚款;没有违法所得或者违法所得不足一百万元的,处以一百万元以上一千万元以下的罚款。对直接负责的主管人员和其他直接责任人员给予警告,并处以二十万元以上二百万元以下的罚款。非法设立期货交易场所的,由县级以上人民政府予以取缔。

违反本法第三十条规定,未经批准组织开展衍生品交易的,或者金融机构违反本法第三十一条规定,未经批准、核准开展衍生品交易的,依照前款规定处罚。

第一百三十七条 期货交易场所、期货结算机构违反本法第十七条、第四十条、第八十五条第二款规定的,责令改正,给予警告,没收违法所得,并处以违法所得一倍以上十倍以下的罚款;没有违法所得或者违法所得不足二十万元的,处以二十万元以上二百万元以下的罚款;情节严重的,责令停业整顿。对直接负责的主管人员和其他直接责任人员处以五万元以上五十万元以下的罚款。

第一百三十八条 期货交易场所、期货结算机构违反本法第八十八条第三款规定发布价格预测信息的,责令改正,给予警告,并处以二十万元以上二百万元以下的罚款。对直接负责的主管人员和其他直接责任人员处以五万元以上五十万元以下的罚款。

第一百三十九条 期货服务机构违反本法第九十八条的规定,从事期货服务业务未按照要求提供相关资料的,责令改正,可以处二十万元以下的罚款。

第一百四十条 会计师事务所、律师事务所、资产评估机构等期货服务机构违反本法第九十九条的规定,未勤勉尽责,所制作、出具的文件有虚假记载、误导性陈述或者重大遗漏的,责令改正,没收业务收入,并处以业务收入一倍以上十倍以下的罚款;没有业务收入或者业务收入不足五十万元的,处以五十万元以上五百万元以下的罚款。对直接负责的主管人员和其他直接责任人员给予警告,并处以二十万元以上二百万元以下的罚款。

期货服务机构有前款所列违法行为,给他人造成损失的,依法承担赔偿责任。

第一百四十一条 交割库有本法第一百条所列行为之一的,责令改正,给予警告,没收违法所得,并处以违法所得一倍以上十倍以下的罚款;没有违法所得或者违法所得不足十万元的,处以十万元以上一百万元以下的罚款;情节严重的,责令期货交易场所暂停或者取消其交割库资格。对直接负责的主管人员和其他直接责任人员给予警告,并处以五万元以上五十万元以下的罚款。

第一百四十二条 信息技术服务机构违反本法第一百零一条规定未报备案的,责令改正,可以处二十万元以下的罚款。

信息技术服务机构违反本法第一百零一条规定,提供的服务不符合国家及期货行业信息安全相关的技术管理规定和标准的,责令改正,没收业务收入,并处以业务收入一倍以上十倍以下的罚款;没有业务收入或者业务收入不足五十万元的,处以五十万元以上五百万元以下的罚款。对直接负责的主管人员和其他直接责任人员给予警告,并处以二十万元以上二百万元以下的罚款。

第一百四十三条 违反本法第一百一十六条的规定,期货经营机构、期货交易场所、期货结算机构和非期货经营机构结算参与人未按照规定提取、管理和使用风险准备金的,责令改正,给予警告。对直接负责的主管人员和其他直接责任人员给予警告,并处以十万元以上一百万元以下的罚款。

第一百四十四条 违反本法第一百一十七条的规定,期货经营机构、期货交易场所、期货结算机构、期货服务机构和非期货经营机构结算参与人等未按照规定妥善保存与业务经营相关的资料和信息的,责令改正,给予警告,并处以十万元以上一百万元以下的罚款;泄露、隐匿、伪造、篡改或者毁损有关文件资料的,责令改正,给予警告,并处以二十万元以上二百万元以下的罚款;情节严重的,处以五十万元以上五百万元以下的罚款,并暂停、吊销相关业务许可或者禁止从事相关业务。对直接负责的主管人员和其他直接责任人员给予警告,并处以十万元以上一百万元以下的罚款。

第一百四十五条 境外期货交易场所和期货经营机构违反本法第一百一十八条和第一百二十条的规定,未向国务院期货监督管理机构申请注册的,责令改正,没收违法所得,并处以违法所得一倍以上十倍以下的罚款;没有违法所得或者违法所得不足五十万元的,处以五十万元以上五百万元以下的罚款。对直接负责的主管人员和其他直接责任人员给予警告,并处以十万元以上一百万元以下的罚款。

第一百四十六条 境内单位或者个人违反本法第一百二十条第一款规定的,责令改正,给予警告,没收违法所得,并处以十万元以上一百万元以下的罚款;情节严重的,暂停其境外期货交易。对直接负责的主管人员和其他直接责任人员给予警告,并处以五万元以上五十万元以下的罚款。

第一百四十七条 境外期货交易场所在境内设立的代表机构及其工作人员违反本法第一百二十一条的规定,从事或者变相从事任何经营活动的,责令改正,给予警告,没收违法所得,并处以违法所得一倍以上十倍以下的罚款;没有违法所得或者违法所得不足五十万元的,处以五十万元以上五百万元以下的罚款。对直接负责的主管人员和其他直接责任人员给予警告,并处以十万元以上一百万元以下的罚款。

第一百四十八条 违反本法第一百二十二条的规定在境内从事市场营销、推介及招揽活动的,责令改正,给予警告,没收违法所得,并处以违法所得一倍以上十倍以下的罚款;没有违法所得或者违法所得不足五十万元的,处以五十万元以上五百万元以下的罚款。对直接负责的主管人员和其他直接责任人员给予警告,并处以十万元以上一百万元以下的罚款。

第一百四十九条 拒绝、阻碍国务院期货监督管理机构或者国务院授权的部门及其工作人员依法行使监督检查、调查职权的,责令改正,处以十万元以上一百万元以下的罚款,并由公安机关依法给予治安管理处罚。

第一百五十条　违反法律、行政法规或者国务院期货监督管理机构的有关规定,情节严重的,国务院期货监督管理机构可以对有关责任人员采取期货市场禁入的措施。

前款所称期货市场禁入,是指在一定期限内直至终身不得进行期货交易、从事期货业务,不得担任期货经营机构、期货交易场所、期货结算机构的董事、监事、高级管理人员或者负责人的制度。

第一百五十一条　本法规定的行政处罚,由国务院期货监督管理机构、国务院授权的部门按照国务院规定的职责分工作出决定;法律、行政法规另有规定的,适用其规定。

第一百五十二条　国务院期货监督管理机构或者国务院授权的部门的工作人员,不履行本法规定的职责,滥用职权、玩忽职守,利用职务便利牟取不正当利益,或者泄露所知悉的有关单位和个人的商业秘密的,依法追究法律责任。

第一百五十三条　违反本法规定,构成犯罪的,依法追究刑事责任。

第一百五十四条　违反本法规定,应当承担民事赔偿责任和缴纳罚款、罚金、违法所得,违法行为人的财产不足以支付的,优先用于承担民事赔偿责任。

第十三章　附　　则

第一百五十五条　本法自 2022 年 8 月 1 日起施行。

行政法

总法

地名管理条例

(2021年9月1日国务院第147次常务会议修订通过 2022年3月30日中华人民共和国国务院令第753号公布 自2022年5月1日起施行)

第一章 总 则

第一条 为了加强和规范地名管理,适应经济社会发展、人民生活和国际交往的需要,传承发展中华优秀文化,制定本条例。

第二条 中华人民共和国境内地名的命名、更名、使用、文化保护及其相关管理活动,适用本条例。

第三条 本条例所称地名包括:

(一)自然地理实体名称;

(二)行政区划名称;

(三)村民委员会、居民委员会所在地名称;

(四)城市公园、自然保护地名称;

(五)街路巷名称;

(六)具有重要地理方位意义的住宅区、楼宇名称;

(七)具有重要地理方位意义的交通运输、水利、电力、通信、气象

等设施名称;

(八)具有重要地理方位意义的其他地理实体名称。

第四条 地名管理应当坚持和加强党的领导。县级以上行政区划命名、更名,以及地名的命名、更名、使用涉及国家领土主权、安全、外交、国防等重大事项的,应当按照有关规定报党中央。

地名管理应当有利于维护国家主权和民族团结,有利于弘扬社会主义核心价值观,有利于推进国家治理体系和治理能力现代化,有利于传承发展中华优秀文化。

地名应当保持相对稳定。未经批准,任何单位和个人不得擅自决定对地名进行命名、更名。

第五条 地名的命名、更名、使用、文化保护应当遵守法律、行政法规和国家有关规定,反映当地地理、历史和文化特征,尊重当地群众意愿,方便生产生活。

第六条 县级以上人民政府应当建立健全地名管理工作协调机制,指导、督促、监督地名管理工作。

第七条 国务院民政部门(以下称国务院地名行政主管部门)负责全国地名工作的统一监督管理。

国务院外交、公安、自然资源、住房和城乡建设、交通运输、水利、文化和旅游、市场监管、林业草原、语言文字工作、新闻出版等其他有关部门,在各自职责范围内负责相关的地名管理工作。

县级以上地方人民政府地名行政主管部门负责本行政区域的地名管理工作。县级以上地方人民政府其他有关部门按照本级人民政府规定的职责分工,负责本行政区域的相关地名管理工作。

第八条 县级以上地方人民政府地名行政主管部门会同有关部门编制本行政区域的地名方案,经本级人民政府批准后组织实施。

第二章 地名的命名、更名

第九条 地名由专名和通名两部分组成。地名的命名应当遵循下列规定:

(一)含义明确、健康,不违背公序良俗;

(二)符合地理实体的实际地域、规模、性质等特征;

(三)使用国家通用语言文字,避免使用生僻字;

(四)一般不以人名作地名,不以国家领导人的名字作地名;

（五）不以外国人名、地名作地名；

（六）不以企业名称或者商标名称作地名；

（七）国内著名的自然地理实体名称，全国范围内的县级以上行政区划名称，不应重名，并避免同音；

（八）同一个省级行政区域内的乡、镇名称，同一个县级行政区域内的村民委员会、居民委员会所在地名称，同一个建成区内的街路巷名称，同一个建成区内的具有重要地理方位意义的住宅区、楼宇名称，不应重名，并避免同音；

（九）不以国内著名的自然地理实体、历史文化遗产遗址、超出本行政区域范围的地理实体名称作行政区划专名；

（十）具有重要地理方位意义的交通运输、水利、电力、通信、气象等设施名称，一般应当与所在地地名统一。

法律、行政法规对地名命名规则另有规定的，从其规定。

第十条 地名依法命名后，因行政区划变更、城乡建设、自然变化等原因导致地名名实不符的，应当及时更名。地名更名应当符合本条例第九条的规定。

具有重要历史文化价值、体现中华历史文脉的地名，一般不得更名。

第十一条 机关、企业事业单位、基层群众性自治组织等申请地名命名、更名应当提交申请书。申请书应当包括下列材料：

（一）命名、更名的方案及理由；

（二）地理实体的位置、规模、性质等基本情况；

（三）国务院地名行政主管部门规定应当提交的其他材料。

行政区划的命名、更名，应当按照《行政区划管理条例》的规定，提交风险评估报告、专家论证报告、征求社会公众等意见报告。其他地名的命名、更名，应当综合考虑社会影响、专业性、技术性以及与群众生活的密切程度等因素，组织开展综合评估、专家论证、征求意见并提交相关报告。

第十二条 批准地名命名、更名应当遵循下列规定：

（一）具有重要历史文化价值、体现中华历史文脉以及有重大社会影响的国内著名自然地理实体或者涉及两个省、自治区、直辖市以上的自然地理实体的命名、更名，边境地区涉及国界线走向和海上涉及岛屿、岛礁归属界线以及载入边界条约和议定书中的自然地理实体和村民委员会、居民委员会所在地等居民点的命名、更名，由相关省、自治区、直辖市人民政府提出申请,报国务院批准;无居民海岛、海域、海底地理实体的命名、更名,由国务院自然资源主管部门会同有关部门批准;其他自然地理实体的命名、更名,按照省、自治区、直辖市人民政府的规定批准;

(二)行政区划的命名、更名,按照《行政区划管理条例》的规定批准;

(三)本条第一项规定以外的村民委员会、居民委员会所在地的命名、更名,按照省、自治区、直辖市人民政府的规定批准;

(四)城市公园、自然保护地的命名、更名,按照国家有关规定批准;

(五)街路巷的命名、更名,由直辖市、市、县人民政府批准;

(六)具有重要地理方位意义的住宅区、楼宇的命名、更名,由直辖市、市、县人民政府住房和城乡建设主管部门征求同级人民政府地名行政主管部门的意见后批准;

(七)具有重要地理方位意义的交通运输、水利、电力、通信、气象等设施的命名、更名,应当根据情况征求所在地相关县级以上地方人民政府的意见,由有关主管部门批准。

第十三条 地名命名、更名后,由批准机关自批准之日起15日内按照下列规定报送备案:

(一)国务院有关部门批准的地名报送国务院备案,备案材料径送国务院地名行政主管部门;

(二)县级以上地方人民政府批准的地名报送上一级人民政府备案,备案材料径送上一级人民政府地名行政主管部门;

(三)县级以上地方人民政府地名行政主管部门批准的地名报送上一级人民政府地名行政主管部门备案;

(四)其他有关部门批准的地名报送同级人民政府地名行政主管部门备案。

第十四条 按照本条例规定,县级以上人民政府或者由县级以上地方人民政府地名行政主管部门批准的地名,自批准之日起15日内,由同级人民政府地名行政主管部门向社会公告;县级以上人民政府其他有关部门批准的地名,自按规定报送备案之日起15日内,由同级人民政府地名行政主管部门向社会公告。

第三章 地名使用

第十五条 地名的使用应当标准、规范。

地名的罗马字母拼写以《汉语拼音方案》作为统一规范,按照国务院地名行政主管部门会同国务院有关部门制定的规则拼写。

按照本条例规定批准的地名为标准地名。

标准地名应当符合地名的用字读音审定规范和少数民族语地名、外国语地名汉字译写等规范。

第十六条 国务院地名行政主管部门统一建立国家地名信息库,公布标准地名等信息,充分发挥国家地名信息库在服务群众生活、社会治理、科学研究、国防建设等方面的积极作用,提高服务信息化、智能化、便捷化水平,方便公众使用。

第十七条 县级以上地方人民政府地名行政主管部门和其他有关部门之间应当建立健全地名信息资源共建共享机制。

第十八条 下列范围内必须使用标准地名:

(一)地名标志、交通标志、广告牌匾等标识;

(二)通过报刊、广播、电视等新闻媒体和政府网站等公共平台发布的信息;

(三)法律文书、身份证明、商品房预售许可证明、不动产权属证书等各类公文、证件;

(四)辞书等工具类以及教材教辅等学习类公开出版物;

(五)向社会公开的地图;

(六)法律、行政法规规定应当使用标准地名的其他情形。

第十九条 标准地名及相关信息应当在地名标志上予以标示。任何单位和个人不得擅自设置、拆除、移动、涂改、遮挡、损毁地名标志。

第二十条 县级以上地方人民政府应当加强地名标志的设置和管理。

第二十一条 直辖市、市、县人民政府地名行政主管部门和其他有关部门应当在各自职责范围内,依据标准地名编制标准地址并设置标志。

第二十二条 标准地名出版物由地名机构负责汇集出版。其中行政区划名称,由负责行政区划具体管理工作的部门汇集出版。

第四章　地名文化保护

第二十三条　县级以上人民政府应当从我国地名的历史和实际出发,加强地名文化公益宣传,组织研究、传承地名文化。

第二十四条　县级以上人民政府应当加强地名文化遗产保护,并将符合条件的地名文化遗产依法列入非物质文化遗产保护范围。

第二十五条　县级以上地方人民政府地名行政主管部门应当对本行政区域内具有重要历史文化价值、体现中华历史文脉的地名进行普查,做好收集、记录、统计等工作,制定保护名录。列入保护名录的地名确需更名的,所在地县级以上地方人民政府应当预先制定相应的保护措施。

第二十六条　县级以上地方人民政府应当做好地名档案管理工作。地名档案管理的具体办法,由国务院地名行政主管部门会同国家档案行政管理部门制定。

第二十七条　国家鼓励公民、企业和社会组织参与地名文化保护活动。

第五章　监督检查

第二十八条　上级人民政府地名行政主管部门应当加强对下级人民政府地名行政主管部门地名管理工作的指导、监督。上级人民政府其他有关部门应当加强对下级人民政府相应部门地名管理工作的指导、监督。

第二十九条　县级以上人民政府地名行政主管部门和其他有关部门应当依法加强对地名的命名、更名、使用、文化保护的监督检查。

县级以上人民政府应当加强地名管理能力建设。

第三十条　县级以上人民政府地名行政主管部门和其他有关部门对地名管理工作进行监督检查时,有权采取下列措施:

(一)询问有关当事人,调查与地名管理有关的情况;

(二)查阅、复制有关资料;

(三)对涉嫌存在地名违法行为的场所实施现场检查;

(四)检查与涉嫌地名违法行为有关的物品;

(五)法律、行政法规规定的其他措施。

县级以上人民政府地名行政主管部门和其他有关部门依法行使前款规定的职权时,当事人应当予以协助、配合,不得拒绝、阻挠。

第三十一条　县级以上人民政府地名行政主管部门和其他有关部门在监督检查中发现地名的命名、更名、使用、文化保护存在问题的,应当及时提出整改建议,下达整改通知书,依法向有关部门提出处理建议;对涉嫌违反本条例规定的有关责任人员,必要时可以采取约谈措施,并向社会通报。

第三十二条　县级以上人民政府地名行政主管部门和其他有关部门可以委托第三方机构对地名的命名、更名、使用、文化保护等情况进行评估。

第三十三条　任何单位和个人发现违反本条例规定行为的,可以向县级以上地方人民政府地名行政主管部门或者其他有关部门举报。接到举报的部门应当依法处理。有关部门应当对举报人的相关信息予以保密。

第六章　法　律　责　任

第三十四条　县级以上地方人民政府地名批准机关违反本条例规定进行地名命名、更名的,由其上一级行政机关责令改正,对该批准机关负有责任的领导人员和其他直接责任人员依法给予处分。

第三十五条　县级以上地方人民政府地名批准机关不报送备案或者未按时报送备案的,由国务院地名行政主管部门或者上一级人民政府地名行政主管部门通知该批准机关,限期报送;逾期仍未报送的,对直接责任人员依法给予处分。

第三十六条　违反本条例第四条、第九条、第十条、第十二条规定,擅自进行地名命名、更名的,由有审批权的行政机关责令限期改正;逾期不改正的,予以取缔,并对违法单位通报批评。

第三十七条　违反本条例第十八条规定,未使用或者未规范使用标准地名的,由县级以上地方人民政府地名行政主管部门或者其他有关部门责令限期改正;逾期不改正的,对违法单位通报批评,并通知有关主管部门依法处理;对违法单位的法定代表人或者主要负责人、直接负责的主管人员和其他直接责任人员,处2000元以上1万元以下罚款。

第三十八条　擅自设置、拆除、移动、涂改、遮挡、损毁地名标志的,由地名标志设置、维护和管理部门责令改正并对责任人员处1000元以上5000元以下罚款。

第三十九条 第三方机构对地名的命名、更名、使用、文化保护等情况出具虚假评估报告的,由县级以上地方人民政府地名行政主管部门给予警告,有违法所得的,没收违法所得;情节严重的,5年内禁止从事地名相关评估工作。

第四十条 公职人员在地名管理工作中有滥用职权、玩忽职守、徇私舞弊行为的,依法给予处分。

第七章 附 则

第四十一条 各国管辖范围外区域的地理实体和天体地理实体命名、更名的规则和程序,由国务院地名行政主管部门会同有关部门制定。

第四十二条 纪念设施、遗址的命名、更名,按照国家有关规定办理。

第四十三条 国务院地名行政主管部门可以依据本条例的规定,制定具体实施办法。

第四十四条 本条例自2022年5月1日起施行。

政府法制

国务院关于修改和废止部分行政法规的决定

（2022年3月29日中华人民共和国国务院令第752号公布 自2022年5月1日起施行）

为深化"证照分离"改革，进一步推进"放管服"改革，激发市场主体发展活力，维护国家法制统一、尊严和权威，国务院对"证照分离"改革涉及的行政法规，以及与民法典规定和原则不一致的行政法规进行了清理。同时，做好与《信访工作条例》出台的衔接。为此，国务院决定：

一、对14部行政法规的部分条款予以修改。（附件1）
二、对6部行政法规予以废止。（附件2）
本决定自2022年5月1日起施行。

附件：1. 国务院决定修改的行政法规
　　　2. 国务院决定废止的行政法规

附件1

国务院决定修改的行政法规

一、将《外商投资电信企业管理规定》第二条修改为"外商投资电信企业，是指外国投资者依法在中华人民共和国境内设立的经营电信业务的企业。"

将第六条修改为"经营基础电信业务(无线寻呼业务除外)的外商投资电信企业的外方投资者在企业中的出资比例,最终不得超过49%,国家另有规定的除外。

"经营增值电信业务(包括基础电信业务中的无线寻呼业务)的外商投资电信企业的外方投资者在企业中的出资比例,最终不得超过50%,国家另有规定的除外。"

删去第九条第一款第(四)项、第十条、第十二条、第十四条、第十五条、第十六条、第十九条。

将第十一条改为第十条,修改为"外商投资电信企业,经依法办理市场主体登记后,向国务院工业和信息化主管部门申请电信业务经营许可并报送下列文件:

"(一)投资者情况说明书;

"(二)本规定第八条、第九条规定的投资者的资格证明或者有关确认文件;

"(三)电信条例规定的经营基础电信业务或者增值电信业务应当具备的其他条件的证明或者确认文件。

"国务院工业和信息化主管部门应当自收到申请之日起对前款规定的有关文件进行审查。属于基础电信业务的,应当在受理申请之日起180日内审查完毕,作出批准或者不予批准的决定;属于增值电信业务的,应当在收到申请之日起60日内审查完毕,作出批准或者不予批准的决定。予以批准的,颁发《电信业务经营许可证》;不予批准的,应当书面通知申请人并说明理由。"

将第十三条改为第十一条,修改为"外商投资电信企业投资者情况说明书的主要内容包括:投资者的名称和基本情况、各方出资比例、外方投资者对外商投资电信企业的控制情况等。"

将第十八条改为第十三条,修改为"违反本规定第六条规定的,由国务院工业和信息化主管部门责令限期改正,并处10万元以上50万元以下的罚款;逾期不改正的,吊销《电信业务经营许可证》。"

将第二十条改为第十四条,删去其中的"并由原颁发《外商投资企业批准证书》的商务主管部门撤销其《外商投资企业批准证书》"。

二、将《医疗机构管理条例》第九条修改为"单位或者个人设置医疗机构,按照国务院的规定应当办理设置医疗机构批准书的,应当经县级以上地方人民政府卫生行政部门审查批准,并取得设置医疗机构批准书。"

删去第十四条。

将第十五条改为第十四条，修改为"医疗机构执业，必须进行登记，领取《医疗机构执业许可证》；诊所按照国务院卫生行政部门的规定向所在地的县级人民政府卫生行政部门备案后，可以执业。"

将第十六条改为第十五条，将第一项修改为"（一）按照规定应当办理设置医疗机构批准书的，已取得设置医疗机构批准书"。

将第十七条改为第十六条，将第一款修改为"医疗机构的执业登记，由批准其设置的人民政府卫生行政部门办理；不需要办理设置医疗机构批准书的医疗机构的执业登记，由所在地的县级以上地方人民政府卫生行政部门办理。"将第三款修改为"机关、企业和事业单位设置的为内部职工服务的门诊部、卫生所（室）、诊所的执业登记或者备案，由所在地的县级人民政府卫生行政部门办理。"

将第二十条改为第十九条，修改为"医疗机构改变名称、场所、主要负责人、诊疗科目、床位，必须向原登记机关办理变更登记或者向原备案机关备案。"

将第二十一条改为第二十条，将第一款修改为"医疗机构歇业，必须向原登记机关办理注销登记或者向原备案机关备案。经登记机关核准后，收缴《医疗机构执业许可证》。"

将第二十四条改为第二十三条，修改为"任何单位或者个人，未取得《医疗机构执业许可证》或者未经备案，不得开展诊疗活动。"

将第二十七条改为第二十六条，修改为"医疗机构必须按照核准登记或者备案的诊疗科目开展诊疗活动。"

将第三十三条改为第三十二条，修改为"医务人员在诊疗活动中应当向患者说明病情和医疗措施。需要实施手术、特殊检查、特殊治疗的，医务人员应当及时向患者具体说明医疗风险、替代医疗方案等情况，并取得其明确同意；不能或者不宜向患者说明的，应当向患者的近亲属说明，并取得其明确同意。因抢救生命垂危的患者等紧急情况，不能取得患者或者其近亲属意见的，经医疗机构负责人或者授权的负责人批准，可以立即实施相应的医疗措施。"

将第四十条改为第三十九条，将第一项修改为"（一）负责医疗机构的设置审批、执业登记、备案和校验"。

将第四十四条改为第四十三条，修改为"违反本条例第二十三条规定，未取得《医疗机构执业许可证》擅自执业的，依照《中华人民共和国基本医疗卫生与健康促进法》的规定予以处罚。

"违反本条例第二十三条规定，诊所未经备案执业的，由县级以上人民政府卫生行政部门责令其改正，没收违法所得，并处3万元以下罚款；拒不改正的，责令其停止执业活动。"

将第四十五条改为第四十四条，修改为"违反本条例第二十一条规定，逾期不校验《医疗机构执业许可证》仍从事诊疗活动的，由县级以上人民政府卫生行政部门责令其限期补办校验手续；拒不校验的，吊销其《医疗机构执业许可证》。"

将第四十六条改为第四十五条，修改为"违反本条例第二十二条规定，出卖、转让、出借《医疗机构执业许可证》的，依照《中华人民共和国基本医疗卫生与健康促进法》的规定予以处罚。"

将第四十七条改为第四十六条，修改为"违反本条例第二十六条规定，诊疗活动超出登记或者备案范围的，由县级以上人民政府卫生行政部门予以警告、责令其改正，没收违法所得，并可以根据情节处以1万元以上10万元以下的罚款；情节严重的，吊销其《医疗机构执业许可证》或者责令其停止执业活动。"

将第四十八条改为第四十七条，修改为"违反本条例第二十七条规定，使用非卫生技术人员从事医疗卫生技术工作的，由县级以上人民政府卫生行政部门责令其限期改正，并可以处以1万元以上10万元以下的罚款；情节严重的，吊销其《医疗机构执业许可证》或者责令其停止执业活动。"

将第四十九条改为第四十八条，修改为"违反本条例第三十一条规定，出具虚假证明文件的，由县级以上人民政府卫生行政部门予以警告；对造成危害后果的，可以处以1万元以上10万元以下的罚款；对直接责任人员由所在单位或者上级机关给予行政处分。"

删去第五十四条。

三、删去《中华人民共和国进出口商品检验法实施条例》第三十七条。

将第五十四条改为第五十三条，删去其中的"超出其业务范围，或者"和"情节严重的，由海关总署吊销其检验鉴定资格证书"。

将第五十九条改为第五十八条，将其中的"经许可"修改为"依法设立"。

四、删去《保安服务管理条例》第三十二条中的"依法设立的保安服务公司或者"，将第二项修改为"（二）有保安培训所需的专兼职师资力量"。

将第三十三条修改为"从事保安培训的单位,应当自开展保安培训之日起 30 日内向所在地设区的市级人民政府公安机关备案,提交能够证明其符合本条例第三十二条规定条件的材料。

"保安培训单位出资人、法定代表人(主要负责人)、住所、名称发生变化的,应当到原备案公安机关办理变更。

"保安培训单位终止培训的,应当自终止培训之日起 30 日内到原备案公安机关撤销备案。"

删去第四十一条中的"、保安培训"。

将第四十七条修改为"从事保安培训的单位有下列情形之一的,责令限期改正,给予警告;情节严重的,并处 1 万元以上 5 万元以下的罚款:

"(一)未按照本条例的规定进行备案或者办理变更的;

"(二)不符合本条例规定条件的;

"(三)隐瞒有关情况、提供虚假材料或者拒绝提供反映其活动情况的真实材料的;

"(四)未按照本条例规定开展保安培训的。

"以保安培训为名进行诈骗活动的,依法给予治安管理处罚;构成犯罪的,依法追究刑事责任。"

删去第五十条中的"保安培训许可证以及"。

删去第五十一条中的"、保安培训单位"和"、保安培训许可证"。

五、将《中华人民共和国道路运输条例》第七条修改为"国务院交通运输主管部门主管全国道路运输管理工作。

"县级以上地方人民政府交通运输主管部门负责本行政区域的道路运输管理工作。"

将第十条修改为"申请从事客运经营的,应当依法向市场监督管理部门办理有关登记手续后,按照下列规定提出申请并提交符合本条例第八条规定条件的相关材料:

"(一)从事县级行政区域内和毗邻县行政区域间客运经营的,向所在地县级人民政府交通运输主管部门提出申请;

"(二)从事省际、市际、县际(除毗邻县行政区域间外)客运经营的,向所在地设区的市级人民政府交通运输主管部门提出申请;

"(三)在直辖市申请从事客运经营的,向所在地直辖市人民政府确定的交通运输主管部门提出申请。

"依照前款规定收到申请的交通运输主管部门,应当自受理申请之日起20日内审查完毕,作出许可或者不予许可的决定。予以许可的,向申请人颁发道路运输经营许可证,并向申请人投入运输的车辆配发车辆营运证;不予许可的,应当书面通知申请人并说明理由。

"对从事省际和市际客运经营的申请,收到申请的交通运输主管部门依照本条第二款规定颁发道路运输经营许可证前,应当与运输线路目的地的相应交通运输主管部门协商,协商不成的,应当按程序报省、自治区、直辖市人民政府交通运输主管部门协商决定。对从事设区的市内毗邻县客运经营的申请,有关交通运输主管部门应当进行协商,协商不成的,报所在地市级人民政府交通运输主管部门决定。"

将第二十四条修改为"申请从事货运经营的,应当依法向市场监督管理部门办理有关登记手续后,按照下列规定提出申请并分别提交符合本条例第二十一条、第二十三条规定条件的相关材料:

"(一)从事危险货物运输经营以外的货运经营的,向县级人民政府交通运输主管部门提出申请;

"(二)从事危险货物运输经营的,向设区的市级人民政府交通运输主管部门提出申请。

"依照前款规定收到申请的交通运输主管部门,应当自受理申请之日起20日内审查完毕,作出许可或者不予许可的决定。予以许可的,向申请人颁发道路运输经营许可证,并向申请人投入运输的车辆配发车辆营运证;不予许可的,应当书面通知申请人并说明理由。

"使用总质量4500千克及以下普通货运车辆从事普通货运经营的,无需按照本条规定申请取得道路运输经营许可证及车辆营运证。"

删去第三十六条、第三十八条、第四十八条中的"申请"。

将第三十九条修改为"申请从事道路旅客运输站(场)经营业务的,应当在依法向市场监督管理部门办理有关登记手续后,向所在地县级人民政府交通运输主管部门提出申请,并附送符合本条例第三十六条规定条件的相关材料。县级人民政府交通运输主管部门应当自受理申请之日起15日内审查完毕,作出许可或者不予许可的决定,并书面通知申请人。

"从事道路货物运输站(场)经营、机动车维修经营和机动车驾驶员培训业务的,应当在依法向市场监督管理部门办理有关登记手续后,向所在地县级人民政府交通运输主管部门进行备案,并分别附送符合本条例第三十六条、第三十七条、第三十八条规定条件的相关材料。"

将第四十九条修改为"申请从事国际道路旅客运输经营的,应当向省、自治区、直辖市人民政府交通运输主管部门提出申请并提交符合本条例第四十八条规定条件的相关材料。省、自治区、直辖市人民政府交通运输主管部门应当自受理申请之日起 20 日内审查完毕,作出批准或者不予批准的决定。予以批准的,应当向国务院交通运输主管部门备案;不予批准的,应当向当事人说明理由。

"从事国际道路货物运输经营的,应当向省、自治区、直辖市人民政府交通运输主管部门进行备案,并附送符合本条例第四十八条规定条件的相关材料。

"国际道路运输经营者应当持有关文件依法向有关部门办理相关手续。"

将第五十三条修改为"县级以上地方人民政府交通运输、公安、市场监督管理等部门应当建立信息共享和协同监管机制,按照职责分工加强对道路运输及相关业务的监督管理。"

将第五十五条修改为"上级交通运输主管部门应当对下级交通运输主管部门的执法活动进行监督。

"县级以上人民政府交通运输主管部门应当建立健全内部监督制度,对其工作人员执法情况进行监督检查。"

将第五十七条修改为"县级以上人民政府交通运输主管部门应当建立道路运输举报制度,公开举报电话号码、通信地址或者电子邮件信箱。

"任何单位和个人都有权对县级以上人民政府交通运输主管部门的工作人员滥用职权、徇私舞弊的行为进行举报。县级以上人民政府交通运输主管部门及其他有关部门收到举报后,应当依法及时查处。"

将第六十五条修改为"违反本条例的规定,未经许可擅自从事道路旅客运输站(场)经营的,由县级以上地方人民政府交通运输主管部门责令停止经营;有违法所得的,没收违法所得,处违法所得 2 倍以上 10 倍以下的罚款;没有违法所得或者违法所得不足 1 万元的,处 2 万元以上 5 万元以下的罚款;构成犯罪的,依法追究刑事责任。

"从事机动车维修经营业务不符合国务院交通运输主管部门制定的机动车维修经营业务标准的,由县级以上地方人民政府交通运输主管部门责令改正;情节严重的,由县级以上地方人民政府交通运输主管部门责令停业整顿。

"从事道路货物运输站(场)经营、机动车维修经营和机动车驾驶员培训业务,未按规定进行备案的,由县级以上地方人民政府交通运输主管部门责令改正;拒不改正的,处5000元以上2万元以下的罚款。备案时提供虚假材料情节严重的,其直接负责的主管人员和其他直接责任人员5年内不得从事原备案的业务。"

将第七十四条修改为"违反本条例的规定,机动车驾驶员培训机构不严格按照规定进行培训或者在培训结业证书发放时弄虚作假的,由县级以上地方人民政府交通运输主管部门责令改正;拒不改正的,责令停业整顿。"

将第七十五条修改为"违反本条例的规定,外国国际道路运输经营者未按照规定的线路运输,擅自从事中国境内道路运输或者未标明国籍识别标志的,由省、自治区、直辖市人民政府交通运输主管部门责令停止运输;有违法所得的,没收违法所得,处违法所得2倍以上10倍以下的罚款;没有违法所得或者违法所得不足1万元的,处3万元以上6万元以下的罚款。

"从事国际道路货物运输经营,未按规定进行备案的,由省、自治区、直辖市人民政府交通运输主管部门责令改正;拒不改正的,处5000元以上2万元以下的罚款。"

将第九条、第二十二条、第七十六条中的"道路运输管理机构"统一修改为"人民政府交通运输主管部门"。

将第十二条、第十三条、第六十三条、第六十四条、第六十六条、第六十七条、第六十八条、第六十九条、第七十条、第七十一条、第七十二条、第七十三条中的"道路运输管理机构"统一修改为"地方人民政府交通运输主管部门"。

将第二十三条、第三十七条、第四十二条、第四十四条、第四十六条、第四十七条、第八十一条中的"交通主管部门"统一修改为"交通运输主管部门"。

将第五十四条、第五十六条、第五十八条、第五十九条、第六十条、第六十一条、第六十二条、第七十七条中的"道路运输管理机构"统一修改为"县级以上人民政府交通运输主管部门"。

将第八十一条中的"道路运输管理机构"修改为"县级以上地方人民政府交通运输主管部门"。

六、删去《农药管理条例》第九条第三款。

七、将《中华人民共和国海关统计条例》第三条中的"《中华人民共和国统计法实施细则》"修改为"《中华人民共和国统计法实施条例》"。

将第六条第一款第三项中的"经营单位"修改为"进出口货物收发货人"。

将第十条中的"的经营单位"修改为"收发货人",删去该条中的"在海关注册登记、"。

八、将《中华人民共和国海关行政处罚实施条例》第十一条修改为"海关准予从事海关监管货物的运输、储存、加工、装配、寄售、展示等业务的企业,构成走私犯罪或者1年内有2次以上走私行为的,海关可以撤销其注册登记;报关企业、报关人员有上述情形的,禁止其从事报关活动。"

将第十七条中的"暂停其6个月以内从事报关业务或者执业;情节严重的,撤销其报关注册登记、取消其报关从业资格"修改为"暂停其6个月以内从事报关活动;情节严重的,禁止其从事报关活动"。

将第二十六条修改为"海关准予从事海关监管货物的运输、储存、加工、装配、寄售、展示等业务的企业,有下列情形之一的,责令改正,给予警告,可以暂停其6个月以内从事有关业务:

"(一)拖欠税款或者不履行纳税义务的;

"(二)损坏或者丢失海关监管货物,不能提供正当理由的;

"(三)有需要暂停其从事有关业务的其他违法行为的。"

将第二十七条修改为"海关准予从事海关监管货物的运输、储存、加工、装配、寄售、展示等业务的企业,有下列情形之一的,海关可以撤销其注册登记:

"(一)被海关暂停从事有关业务,恢复从事有关业务后1年内再次发生本实施条例第二十六条规定情形的;

"(二)有需要撤销其注册登记的其他违法行为的。"

将第二十八条修改为"报关企业、报关人员非法代理他人报关的,责令改正,处5万元以下罚款;情节严重的,禁止其从事报关活动。"

将第二十九条中的"撤销其报关注册登记、取消其报关从业资格"修改为"由海关禁止其从事报关活动",删去该条中的"并不得重新注册登记为报关企业和取得报关从业资格"。

将第三十条修改为"未经海关备案从事报关活动的,责令改正,没收违法所得,可以并处10万元以下罚款。"

将第三十一条修改为"提供虚假资料骗取海关注册登记,撤销其注册登记,并处30万元以下罚款。"

将第四十九条第一款中的"海关作出暂停从事有关业务、暂停报关执业、撤销海关注册登记、取消报关从业资格"修改为"海关作出暂停从事有关业务、撤销海关注册登记、禁止从事报关活动"。

将第六十二条第一款中的"依照《中华人民共和国行政处罚法》第二十五条、第二十六条规定"修改为"依照《中华人民共和国行政处罚法》第三十条、第三十一条规定"。

九、将《中华人民共和国海关稽查条例》第三十条、第三十一条中的"撤销其报关注册登记"修改为"禁止其从事报关活动"。

十、将《互联网上网服务营业场所管理条例》第十一条第二款中的"申请信息网络安全审核。公安机关应当自收到申请之日起20个工作日内作出决定;经实地检查并审核合格的,发给批准文件"修改为"承诺符合信息网络安全审核条件,并经公安机关确认当场签署承诺书";第三款中的"申请人取得信息网络安全和消防安全批准文件后"修改为"申请人执信息网络安全承诺书并取得消防安全批准文件后";在第四款后增加一款,作为第五款:"文化行政部门发放《网络文化经营许可证》的情况或互联网上网服务营业场所经营单位拟开展经营活动的情况,应当向同级公安机关通报或报备。"

增加一条,作为第三十二条:"公安机关应当自互联网上网服务营业场所经营单位正式开展经营活动20个工作日内,对其依法履行信息网络安全职责情况进行实地检查。检查发现互联网上网服务营业场所经营单位未履行承诺的信息网络安全责任的,由公安机关给予警告,可以并处15000元以下罚款;情节严重的,责令停业整顿,直至由文化行政部门吊销《网络文化经营许可证》。"

十一、将《旅馆业治安管理办法》第三条修改为"开办旅馆,要具备必要的防盗等安全设施。"

将第四条第一款修改为"申请开办旅馆,应取得市场监管部门核发的营业执照,向当地公安机关申领特种行业许可证后,方准开业。"第二款中的"工商行政管理"修改为"市场监管"。

十二、将《中华人民共和国计量法实施细则》第三十一条修改为"产品质量检验机构提出计量认证申请后,省级以上人民政府计量行政部门应指定所属的计量检定机构或者被授权的技术机构按照本细则第三十条规定的内容进行考核。考核合格后,由接受申请的省级以上人民政府计量行政部门发给计量认证合格证书。产品质量检验机构自愿签署告知承诺书并按要求提交材料的,按照告知承诺相关程序办理。未取得计量认证合格证书的,不得开展产品质量检验工作。"

十三、将《中华人民共和国母婴保健法实施办法》第十一条修改为"从事婚前医学检查的医疗、保健机构,由其所在地县级人民政府卫生行政部门进行审查;符合条件的,在其《医疗机构执业许可证》上注明。"

将第三十五条第一款、第二款修改为"从事遗传病诊断、产前诊断的医疗、保健机构和人员,须经省、自治区、直辖市人民政府卫生行政部门许可;但是,从事产前诊断中产前筛查的医疗、保健机构,须经县级人民政府卫生行政部门许可。

"从事婚前医学检查的医疗、保健机构和人员,须经县级人民政府卫生行政部门许可。"

十四、将《放射性药品管理办法》第十条修改为"开办放射性药品生产、经营企业,必须具备《药品管理法》规定的条件,符合国家有关放射性同位素安全和防护的规定与标准,并履行环境影响评价文件的审批手续;开办放射性药品生产企业,经所在省、自治区、直辖市国防科技工业主管部门审查同意,所在省、自治区、直辖市药品监督管理部门审核批准后,由所在省、自治区、直辖市药品监督管理部门发给《放射性药品生产企业许可证》;开办放射性药品经营企业,经所在省、自治区、直辖市药品监督管理部门审核并征求所在省、自治区、直辖市国防科技工业主管部门意见后批准的,由所在省、自治区、直辖市药品监督管理部门发给《放射性药品经营企业许可证》。无许可证的生产、经营企业,一律不准生产、销售放射性药品。"

此外,对相关行政法规中的条文序号作相应调整。

附件2

国务院决定废止的行政法规

一、国务院关于通用航空管理的暂行规定(1986年1月8日国务院发布 根据2014年7月29日《国务院关于修改部分行政法规的决定》修订)

二、工业产品质量责任条例(1986年4月5日国务院发布)

三、水路货物运输合同实施细则(1986年11月8日国务院批准 1986年12月1日交通部发布 根据2011年1月8日《国务院关于废止和修改部分行政法规的决定》修订)

四、铁路货物运输合同实施细则(1986年11月8日国务院批准 1986年12月1日铁道部发布 根据2011年1月8日《国务院关于废止和修改部分行政法规的决定》修订)

五、国有企业监事会暂行条例(2000年3月15日中华人民共和国国务院令第283号发布)

六、信访条例(2005年1月10日中华人民共和国国务院令第431号公布)

国务院办公厅关于印发国务院2022年度立法工作计划的通知

(2022年7月5日 国办发〔2022〕24号)

《国务院2022年度立法工作计划》已经党中央、国务院同意,现印发给你们,请认真贯彻执行。

(本文有删减)

国务院2022年度立法工作计划

2022年是进入全面建设社会主义现代化国家、向第二个百年奋斗目标进军新征程的重要一年,我们党将召开第二十次全国代表大会。国务院2022年度立法工作的总体要求是:在以习近平同志为核心的党中央坚强领导下,高举中国特色社会主义伟大旗帜,坚持以习近平新时代中国特色社会主义思想为指导,深入学习贯彻习近平法治思想,全面贯彻落实党的十九大和十九届历次全会精神,弘扬伟大建党精神,深刻认识"两个确立"的决定性意义,增强"四个意识"、坚定"四个自信"、做到"两个维护",坚定不移走中国特色社会主义法治道路,坚持党的领导、人民当家作主、依法治国有机统一,坚持稳中求进工作总基调,把握新发展阶段、贯彻新发展理念、构建新发展格局、推动高质量发展,加强重点领域、新兴领域、涉外领域立法,不断提高立法质量和效率,以高质量立法保障高质量发展,加快完善中国特色社会主义法律体系,为推进国家治理体系和治理能力现代化、全面建设社会主义现代化国家提供有力的法治保障,以实际行动迎接党的二十大胜利召开。

一、深入学习贯彻党的十九届六中全会精神,以习近平法治思想为指导做好新时代立法工作

党的十九届六中全会是在建党百年之际召开的一次具有重大历史意义的会议。全会通过的《中共中央关于党的百年奋斗重大成就和历史经验的决议》,系统回顾了中国共产党成立以来特别是党的十八大以来党和国家事业取得的历史性成就、发生的历史性变革,全面总结了党百年奋斗积累的宝贵历史经验。党确立习近平同志党中央的核心、全党的核心地位,确立习近平新时代中国特色社会主义思想的指导地位,反映了全党全军全国各族人民共同心愿,对新时代党和国家事业发展、对推进中华民族伟大复兴历史进程具有决定性意义。要深入学习贯彻党的十九届六中全会精神,深刻认识"两个确立"的决定性意义,从党的百年奋斗重大成就和历史经验中汲取前进的智慧和力量,以实际工作成效担当起新时代赋予立法工作的历史使命。

习近平法治思想是习近平新时代中国特色社会主义思想的重要组成部分,是新时代全面依法治国的根本遵循和行动指南。要深入学习贯彻习近平法治思想,全面把握重要意义、核心要义、丰富内涵、实践要求,准确理解"十一个坚持"的精髓实质,切实把习近平法治思想贯彻落实到立法工作的全过程和各方面,深入推进科学立法、民主立法、依法立法,不断增强立法的系统性、整体性、协同性,使每一项立法都符合中央精神、体现时代特点、反映人民意愿。

二、科学合理安排立法项目,更好服务保障党和国家重大决策部署

坚持围绕中心、服务大局、突出重点,适应立足新发展阶段、贯彻新发展理念、构建新发展格局、推动高质量发展要求,紧跟党中央重大决策部署,紧贴人民群众美好生活对立法工作的呼声期盼,紧扣国家治理体系和治理能力现代化提出的立法需求实际,科学合理安排立法项目,以高质量立法保障和促进经济社会发展目标任务顺利实现。

围绕全面深化改革开放、推动经济高质量发展,提请全国人大常委会审议关税法草案、增值税法草案、金融稳定法草案、铁路法修订草案。制定城市公共交通条例、国务院关于反走私综合治理的若干规定,修订商用密码管理条例、专利法实施细则。预备提请全国人大常委会审议国家发展规划法草案、消费税法草案、电信法草案、反不正当竞争法修订草案、会计法修订草案、银行业监督管理法修订草案、中国人民银行法修订草案、商业银行法修订草案、反洗钱法修订草案、保险法修订草案、计量法修订草案、对外贸易法修订草案、仲裁法修订草案。预备制定国有金融资本管理条例、地方金融监督管理条例、上市公司监督管理条例,预备修订发票管理办法、国家自然科学基金条例、植物新品种保护条例、国有资产评估管理办法、国务院关于股份有限公司境外募集股份及上市的特别规定、国务院关于经营者集中申报标准的规定。

围绕坚持依法行政、加强政府自身建设,提请全国人大常委会审议治安管理处罚法修订草案、行政复议法修订草案。预备提请全国人大常委会审议机关运行保障法草案、人民警察法修订草案、海关法修订草案、统计法修正草案。预备修订事业单位登记管理暂行条例。完善道路交通安全管理等方面的法律制度。

围绕发展社会主义先进文化、增强文化自信,提请全国人大常委会审议文物保护法修订草案。制定未成年人网络保护条例,修订水下文物保护管理条例。预备提请全国人大常委会审议广播电视法草案。

围绕在发展中保障和改善民生、增进民生福祉,提请全国人大常委会审议学前教育法草案、学位法草案、社会救助法草案、突发公共卫生事件应对法草案、传染病防治法修订草案、国境卫生检疫法修订草案。制定社会保险经办条例、生物技术研究开发安全管理条例、生物医学新技术临床研究和转化应用管理条例,修订人体器官移植条例。预备提请全国人大常委会审议医疗保障法草案、城市居民委员会组织法修订草案、教师法修订草案。推动校外教育培训监管立法。推进社会组织登记管理法治化建设。

围绕加强生态环境保护、建设美丽中国,提请全国人大常委会审议能源法草案、矿产资源法修订草案。制定生态保护补偿条例、碳排放权交易管理暂行条例,修订放射性同位素与射线装置安全和防护条例。预备提请全国人大常委会审议耕地保护法草案、进出境动植物检疫法修正草案。

围绕统筹发展和安全、完善国家安全法治体系,提请全国人大常委会审议粮食安全保障法草案。制定网络数据安全管理条例、领事保护与协助条例、无人驾驶航空器飞行管理暂行条例。预备提请全国人大常委会审议危险化学品安全法草案、国家综合性消防救援队伍和人员法草案、保守国家秘密法修订草案。预备制定煤矿安全条例。

深化国防和军队改革需要提请全国人大及其常委会审议的法律草案,以及需要制定、修订的行政法规,适时提请国务院、中央军委审议。

抓紧做好政府职能转变、"放管服"改革、"证照分离"改革、优化营商环境等涉及的法律法规清理工作。

为实行高水平对外开放,开拓合作共赢新局面,推动构建新型国际关系和人类命运共同体,开展有关国际条约审核工作。

对于党中央、国务院交办的其他立法项目,抓紧办理,尽快完成起草和审查任务。

对于其他正在研究但未列入立法工作计划的立法项目,由有关部门继续研究论证。

三、健全完善立法工作机制,以良法促进发展、保障善治

始终坚持党对立法工作的集中统一领导。紧紧围绕党和国家工作大局开展立法工作,推动党中央有关立法工作的重大决策部署落到实处,加快完成党中央交办的重大立法项目,不断强化对国家重大发展战略的法治保障。严格执行向党中央请示报告制度,党中央确定的重大立法事项,以及立法工作中涉及重大体制、重大政策调整问题的,及时按程序向党中央请示报告。立法工作计划、重大立法项目按要求提交中央全面依法治国委员会审议,支持中央全面依法治国委员会及其立法协调小组、办公室发挥职能作用。推进党的领导入法入规,健全党领导各项事业的法律制度,不断提高党的领导制度化、法治化水平。深入分析社会主义核心价值观建设的立法需求,推动社会主义核心价值观融入立法。

支持配合人大发挥在立法工作中的主导作用。深入学习贯彻习近平总书记关于坚持和完善人民代表大会制度的重要思想以及中央人大工作会议精神,支持全国人大及其常委会发挥在确定立法选题、组织法案起草、审议把关等方面的主导作用,配合全国人大专门委员会、常委会工作机构牵头起草重要法律草案。全面贯彻落实全国人大常委会立法规划、有关立法工作计划,做好法律项目的衔接,加强沟通协调。增强政府立法与人大立法的协同性,统筹安排相关联相配套的法律法规规章立改废释纂工作。充分发挥人大代表作用,起草、审查重要法律法规草案要认真听取人大代表的意见建议,使立法更好地接地气、察民情、聚民智、惠民生。

深入践行以人民为中心的立法理念。坚持问需于民、问计于民、问效于民,积极回应人民群众对立法工作的新要求新期待,不断健全满足人民日益增长的美好生活需要必备的法律制度,把体现人民利益、反映人民意愿、维护人民权益、增进人民福祉落实到立法工作各领域全过程,努力让人民群众在每一项法律制度中都感受到公平正义。贯彻和体现发展全过程人民民主的重大理念和实践要求,健全吸纳民意、汇聚民智的工作机制,积极运用新媒体新技术拓宽社会公众参与立法的渠道,注重听取基层立法联系点意见,努力做到民有所呼、我有所应,充分凝聚立法共识。聚焦人民群众急盼,加强民生领域立法。对人民群众反映强烈的突出问题,加快完善相关法律制度,补齐监管漏洞和短板。加强对立法工作的宣传,把普法融入立法过程,及时宣传解读新出台的法律法规,特别是人民群众普遍关心关注、与推动经济社会高质量发展密切相关的法律法规,积极回应立法热点问题,讲好新时代立法工作的成就和故事,不断提升人民群众对法律制度的认同感。

着力提升立法的科学性和针对性。把改革发展决策同立法决策更好结合起来,在研究改革方案和改革措施时,要同步考虑改革涉及的立法问题,及时提出立法需求和立法建议,确保国家发展、重大改革于法有据。不断丰富立法形式,统筹谋划和整体推进立改废释纂各项工作,切实避免越权立法、重复立法、盲目立法,有效防止部门利益影响。起草、审查法律法规草案时,同一或相近领域有关法律法规应相互衔接,避免出现法律规定之间不一致、不协调、不适应问题。聚焦法律制度的空白点和冲突点,既注重"大块头",也注重"小快灵",从"小切口"入手,切实增强立法的针对性、适用性、可操作性,着力解决现实问题。统筹推进国内法治和涉外法治,加强涉外领域立法,补齐涉外法律制度短板,加快我国法域外适用的法律体系建设,坚决维护国家主权、安全和发展利益。

健全完善立法风险防范机制。立法工作事关国家安全、政治安全和社会稳定,必须贯彻落实总体国家安全观,坚持底线思维、增强忧患意识,加强立法战略研究,对立法时机和各环节工作进行综合考虑和评估论证,把风险评估贯穿立法全过程,着力防范各种重大风险隐患,为党的二十大胜利召开创造安全稳定的政治社会环境。

切实加强法规规章备案审查工作。充分发挥立法监督作用,严格落实"有件必备、有备必审、有错必纠"工作要求,不断提升法规规章备案审查工作质效,切实维护国家法治统一。对报送备案的法规规章依法审查,着重对法规规章是否全面贯彻党的路线方针政策、是否违背法定程序、是否超越法定权限、是否违反上位法规定等进行审查,对发现的问题坚决依法作出处理。持续加强备案审查能力建设,研究修改备案审查法律制度,优化完善备案法规规章数据库,及时向国务院报告年度备案审查工作情况,不断提高备案审查工作规范化、科学化、精细化水平。

持续推进立法工作队伍建设。牢牢把握忠于党、忠于国家、忠于人民、忠于法律的总要求,大力提高立法工作队伍思想政治素质、业务工作能力、职业道德水准。教育引导立法工作队伍把政治建设摆在首位,坚持以习近平新时代中国特色社会主义思想武装头脑,不断提高政治判断力、政治领悟力、政治执行力,加快推进革命化、正规化、专业化、职业化建设。落实党中央关于法治人才培养的决策部署,健全招录制度,加大交流力度,加强教育培训,不断提升立法工作人员遵循规律、发扬民主、加强协调、凝聚共识的能力。

四、切实加强组织领导,确保高质高效完成立法工作任务

国务院各部门要深刻认识立法工作在全面建设社会主义现代化国家中的基础性、保障性作用,高度重视立法工作计划的贯彻执行,聚焦重大部署、重要任务、重点工作,加强组织领导,明确责任分工,主动担当作为,狠抓贯彻落实,在确保立法质量的前提下加快立法工作步伐,高质高效完成各项立法工作任务。

起草部门要紧紧抓住提高立法质量这个关键,遵循立法程序,严守立法权限,深入调查研究,总结实践经验,广泛听取意见,认真做好向社会公开征求意见工作。送审稿涉及其他部门的职责或者与其他部门关系紧密的,应当与有关部门充分协商;涉及部门职责分工、行政许可、财政支持、税收优惠政策的,应当征得机构编制、审改、财政、税务等相关部门同意。起草过程中遇到意见分歧的,应当主动沟通协调,难以解决的重大意见分歧应当及时按程序请示汇报。对于改革发展稳定急需的重大立法项目,必要时成立立法工作专班,协调推动立法进程,集中力量攻坚,确保按时完成起草任务。送审稿涉及重大体制改革、重要改革事项的,应当按照中央已经确定的改革方案对有关内容进行修改完善后再报送。起草部门要按时向国务院报送送审稿、说明和有关材料,为审查、审议等工作预留合理时间。报送送审稿前,起草部门应当与司法部做好沟通,如实说明征求各方意见、公开征求意见、协调重大分歧、落实改革方案以及设定行政许可、行政强制、行政处罚等情况。

司法部要及时跟踪了解立法工作计划执行情况,加强组织协调和督促指导。对于党中央、国务院高度重视,时间要求紧迫的重大立法项目,要加强与起草部门的沟通,必要时提前介入、加快推动,确保程序不减、标准不降、无缝衔接、按时完成。起草部门报送的送审稿存在《行政法规制定程序条例》第十九条规定的情形的,司法部可以缓办或者将送审稿退回起草部门。在审查过程中,有关部门对送审稿涉及的主要制度、方针政策、管理体制、权限分工等有不同意见的,司法部应当加大协调力度,提高协调层级,妥善处理分歧,避免久拖不决。经过充分协调不能达成一致意见的,司法部、起草部门应当及时按程序上报。

附件:《国务院2022年度立法工作计划》明确的立法项目及负责起草的单位

附件

《国务院2022年度立法工作计划》明确的立法项目及负责起草的单位

一、拟提请全国人大常委会审议的法律案(16件)
1. 关税法草案(财政部、海关总署起草)
2. 增值税法草案(财政部、税务总局起草)
3. 金融稳定法草案(人民银行起草)
4. 学前教育法草案(教育部起草)
5. 学位法草案(教育部起草)
6. 社会救助法草案(民政部、财政部起草)

7. 突发公共卫生事件应对法草案(卫生健康委、疾控局起草)
8. 能源法草案(发展改革委、能源局起草)
9. 粮食安全保障法草案(发展改革委、粮食和储备局起草)
10. 铁路法修订草案(交通运输部、铁路局起草)
11. 治安管理处罚法修订草案(公安部起草)
12. 行政复议法修订草案(司法部起草)
13. 文物保护法修订草案(文化和旅游部、文物局起草)
14. 传染病防治法修订草案(卫生健康委、疾控局起草)
15. 国境卫生检疫法修订草案(海关总署起草)
16. 矿产资源法修订草案(自然资源部起草)

此外,预备提请全国人大常委会审议国家发展规划法草案、消费税法草案、电信法草案、耕地保护法草案、机关运行保障法草案、广播电视法草案、医疗保障法草案、危险化学品安全法草案、国家综合性消防救援队伍和人员法草案、反不正当竞争法修订草案、会计法修订草案、银行业监督管理法修订草案、中国人民银行法修订草案、商业银行法修订草案、反洗钱法修订草案、保险法修订草案、计量法修订草案、对外贸易法修订草案、仲裁法修订草案、人民警察法修订草案、海关法修订草案、统计法修正草案、城市居民委员会组织法修订草案、教师法修订草案、进出境动植物检疫法修正草案、保守国家秘密法修订草案。

二、拟制定、修订的行政法规(16件)
1. 城市公共交通条例(交通运输部起草)
2. 国务院关于反走私综合治理的若干规定(海关总署起草)
3. 未成年人网络保护条例(网信办起草)
4. 社会保险经办条例(人力资源社会保障部、医保局起草)
5. 生物技术研究开发安全管理条例(科技部起草)
6. 生物医学新技术临床研究和转化应用管理条例(卫生健康委起草)
7. 生态保护补偿条例(发展改革委起草)
8. 碳排放权交易管理暂行条例(生态环境部起草)
9. 网络数据安全管理条例(网信办组织起草)
10. 领事保护与协助条例(外交部起草)
11. 无人驾驶航空器飞行管理暂行条例(中央军委联合参谋部、交通运输部起草)

12. 商用密码管理条例(修订)(密码局起草)

13. 专利法实施细则(修订)(市场监管总局、知识产权局起草)

14. 水下文物保护管理条例(修订)(文化和旅游部、文物局起草)

15. 人体器官移植条例(修订)(卫生健康委起草)

16. 放射性同位素与射线装置安全和防护条例(修订)(生态环境部起草)

此外,预备制定国有金融资本管理条例、地方金融监督管理条例、上市公司监督管理条例、煤矿安全条例,预备修订发票管理办法、国家自然科学基金条例、植物新品种保护条例、国有资产评估管理办法、国务院关于股份有限公司境外募集股份及上市的特别规定、国务院关于经营者集中申报标准的规定、事业单位登记管理暂行条例。

三、拟完成的其他立法项目

1. 深化国防和军队改革需要提请全国人大及其常委会审议的法律草案,以及需要制定、修订的行政法规

2. 政府职能转变、"放管服"改革、"证照分离"改革、优化营商环境等涉及的法律法规清理项目

3. 党中央、国务院交办的其他立法项目

国务院办公厅关于进一步规范行政裁量权基准制定和管理工作的意见

(2022年7月29日　国办发〔2022〕27号)

行政裁量权基准是行政机关结合本地区本部门行政管理实际,按照裁量涉及的不同事实和情节,对法律、法规、规章中的原则性规定或者具有一定弹性的执法权限、裁量幅度等内容进行细化量化,以特定形式向社会公布并施行的具体执法尺度和标准。规范行政裁量权基准制定和管理,对保障法律、法规、规章有效实施,规范行政执法行为,维护社会公平正义具有重要意义。近年来,各地区各部门不断加强制度建设,细化量化行政裁量权基准,执法能力和水平有了较大提高,但仍存在行政裁量权基准制定主体不明确、制定程序不规范、裁量幅度不合理等问题,导致行政执法该严不严、该宽不宽、畸轻畸

重、类案不同罚等现象时有发生。为建立健全行政裁量权基准制度，规范行使行政裁量权，更好保护市场主体和人民群众合法权益，切实维护公平竞争市场秩序，稳定市场预期，经国务院同意，现提出以下意见。

一、总体要求

（一）指导思想。坚持以习近平新时代中国特色社会主义思想为指导，全面贯彻党的十九大和十九届历次全会精神，深入贯彻习近平法治思想，认真落实党中央、国务院决策部署，立足新发展阶段，完整、准确、全面贯彻新发展理念，构建新发展格局，切实转变政府职能，建立健全行政裁量权基准制度，规范行使行政裁量权，完善执法程序，强化执法监督，推动严格规范公正文明执法，提高依法行政水平，为推进政府治理体系和治理能力现代化提供有力法治保障。

（二）基本原则。

坚持法制统一。 行政裁量权基准的设定要于法于规有据，符合法律、法规、规章有关行政执法事项、条件、程序、种类、幅度的规定，充分考虑调整共同行政行为的一般法与调整某种具体社会关系或者某一方面内容的单行法之间的关系，做到相互衔接，确保法制的统一性、系统性和完整性。

坚持程序公正。 严格依照法定程序科学合理制定行政裁量权基准，广泛听取公民、法人和其他组织的意见，依法保障行政相对人、利害关系人的知情权和参与权。行政裁量权基准一律向社会公开，接受市场主体和人民群众监督。

坚持公平合理。 制定行政裁量权基准要综合考虑行政职权的种类，以及行政执法行为的事实、性质、情节、法律要求和本地区经济社会发展状况等因素，应确属必要、适当，并符合社会公序良俗和公众合理期待。要平等对待公民、法人和其他组织，对类别、性质、情节相同或者相近事项处理结果要基本一致。

坚持高效便民。 牢固树立执法为民理念，积极履行法定职责，简化流程、明确条件、优化服务，切实提高行政效能，避免滥用行政裁量权，防止执法扰民和执法简单粗暴"一刀切"，最大程度为市场主体和人民群众提供便利。

（三）工作目标。到 2023 年底前，行政裁量权基准制度普遍建立，基本实现行政裁量标准制度化、行为规范化、管理科学化，确保行政机关在具体行政执法过程中有细化量化的执法尺度,行政裁量权边界明晰,行政处罚、行政许可、行政征收征用、行政确认、行政给付、行政强制、行政检查等行为得到有效规范,行政执法质量和效能大幅提升,社会满意度显著提高。

二、明确行政裁量权基准制定职责权限

(四)严格履行行政裁量权基准制定职责。国务院有关部门可以依照法律、行政法规等制定本部门本系统的行政裁量权基准。制定过程中,要统筹考虑其他部门已制定的有关规定,确保衔接协调。省、自治区、直辖市和设区的市、自治州人民政府及其部门可以依照法律、法规、规章以及上级行政机关制定的行政裁量权基准,制定本行政区域内的行政裁量权基准。县级人民政府及其部门可以在法定范围内,对上级行政机关制定的行政裁量权基准适用的标准、条件、种类、幅度、方式、时限予以合理细化量化。地方人民政府及其部门在制定行政裁量权基准过程中,可以参考与本地区经济发展水平、人口规模等相近地方的有关规定。

(五)严格规范行政裁量权基准制定权限。行政机关可以根据工作需要依法制定行政裁量权基准。无法律、法规、规章依据,不得增加行政相对人的义务或者减损行政相对人的权益。对同一行政执法事项,上级行政机关已经制定行政裁量权基准的,下级行政机关原则上应直接适用;如下级行政机关不能直接适用,可以结合本地区经济社会发展状况,在法律、法规、规章规定的行政裁量权范围内进行合理细化量化,但不能超出上级行政机关划定的阶次或者幅度。下级行政机关制定的行政裁量权基准与上级行政机关制定的行政裁量权基准冲突的,应适用上级行政机关制定的行政裁量权基准。

三、准确规定行政裁量权基准内容

(六)推动行政处罚裁量适当。对同一种违法行为,法律、法规、规章规定可以选择处罚种类、幅度,或者法律、法规、规章对不予处罚、免予处罚、从轻处罚、减轻处罚、从重处罚的条件只有原则性规定的,要根据违法行为的事实、性质、情节以及社会危害程度细化量化行政处罚裁量权基准,防止过罚不相适应、重责轻罚、轻责重罚。行政处罚裁量权基准应当包括违法行为、法定依据、裁量阶次、适用条件和具体标准等内容。要严格依照《中华人民共和国行政处罚法》有关规定,明确不予处罚、免予处罚、从轻处罚、减轻处罚、从重处罚的裁量阶次,有处罚幅度的要明确情节轻微、情节较轻、情节较重、情节严重的具体情形。

要坚持过罚相当、宽严相济,避免畸轻畸重、显失公平。坚持处罚与教育相结合,发挥行政处罚教育引导公民、法人和其他组织自觉守法的作用。对违法行为依法不予行政处罚的,行政机关要加强对当事人的批评教育,防止违法行为再次发生。

要依法合理细化具体情节、量化罚款幅度,坚决避免乱罚款,严格禁止以罚款进行创收,严格禁止以罚款数额进行排名或者作为绩效考核的指标。罚款数额的从轻、一般、从重档次情形要明确具体,严格限定在法定幅度内,防止简单地一律就高或者就低处罚;罚款数额为一定金额的倍数的,要在最高倍数与最低倍数之间划分阶次;罚款数额有一定幅度的,要在最高额与最低额之间划分阶次,尽量压缩裁量空间。需要在法定处罚种类或幅度以下减轻处罚的,要严格进行评估,明确具体情节、适用条件和处罚标准。

(七)推动行政许可便捷高效。法律、法规、规章对行政许可的条件、程序、办理时限、不予受理以及行政许可的变更、撤回、撤销、注销只有原则性规定,或者对行政许可的申请材料没有明确规定的,有关行政机关可以对相关内容进行细化量化,但不得增加许可条件、环节,不得增加证明材料,不得设置或者变相设置歧视性、地域限制等不公平条款,防止行业垄断、地方保护、市场分割。拟在法律、法规、国务院决定中设定行政许可的,应当同时规定行政许可的具体条件;暂时没有规定的,原则上有关行政机关应以规章形式制定行政许可实施规范,进一步明确行政许可的具体条件。对法定的行政许可程序,有关行政机关要优化简化内部工作流程,合理压缩行政许可办理时限。

行政许可需要由不同层级行政机关分别实施的,要明确不同层级行政机关的具体权限、流程和办理时限,不得无故拖延办理、逾期办理;不同层级行政机关均有权实施同一行政许可的,有关行政机关不得推诿或者限制申请人的自主选择权。法律、法规、规章没有对行政许可规定数量限制的,不得以数量控制为由不予审批。实施行政许可需要申请人委托中介服务机构提供资信证明、检验检测、评估等中介服务的,行政机关不得指定中介服务机构。

(八)推动行政征收征用公平合理。制定行政征收征用裁量权基准要遵循征收征用法定、公平公开、尊重行政相对人财产权等原则,重点对行政征收征用的标准、程序和权限进行细化量化,合理确定征收征用财产和物品的范围、数量、数额、期限、补偿标准等。对行政征收项目的征收、停收、减收、缓收、免收情形,要明确具体情形、审批权限和程序。除法律、法规规定的征收征用项目外,一律不得增设新的征收征用项目。法律、法规规定可以委托实施征收征用事务的,要明确委托的具体事项、条件、权限、程序和责任。不得将法定职责范围内的征收征用事务通过购买服务的方式交由其他单位或者个人实施。

(九)规范行政确认、行政给付、行政强制和行政检查行为。法律、法规、规章对行政确认、行政给付、行政强制的条件、程序和办理时限只有原则性规定,对行政检查的职责和范围只有原则性规定,对行政确认的申请材料没有明确规定,对行政给付数额规定一定幅度的,有关行政机关可以依照法定权限和程序对相关内容进行细化量化。

四、严格行政裁量权基准制定程序

(十)明确制定程序。加强行政裁量权基准制发程序管理,健全工作机制,根据行政裁量权的类型确定行政裁量权基准的发布形式。以规章形式制定行政裁量权基准的,要按照《规章制定程序条例》规定,认真执行立项、起草、审查、决定、公布等程序。行政机关为实施法律、法规、规章需要对裁量的阶次、幅度、程序等作出具体规定的,可以在法定权限内以行政规范性文件形式作出规定。以行政规范性文件形式制定行政裁量权基准的,要按照《国务院办公厅关于加强行政规范性文件制定和监督管理工作的通知》(国办发〔2018〕37号)要求,严格执行评估论证、公开征求意见、合法性审核、集体审议决定、公开发布等程序。

(十一)充分研究论证。制定行政裁量权基准,要根据管理需要,科学分析影响行政执法行为的裁量因素,充分考量行政裁量权基准的实施效果,做好裁量阶次与裁量因素的科学衔接、有效结合,实现各裁量阶次适当、均衡,确保行政执法适用的具体标准科学合理、管用好用。

五、加强行政裁量权基准管理

(十二)规范适用行政裁量权基准。行政机关在作出行政执法决定前,要告知行政相对人有关行政执法行为的依据、内容、事实、理由,有行政裁量权基准的,要在行政执法决定书中对行政裁量权基准的适用情况予以明确。适用本行政机关制定的行政裁量权基准可能出现明显不当、显失公平，或者行政裁量权基准适用的客观情况发生变化的，经本行政机关主要负责人批准或者集体讨论通过后可以调整适用，批准材料或者集体讨论记录应作为执法案卷的一部分归档保存。适用上级行政机关制定的行政裁量权基准可能出现明显不当、显失公平，或者行政裁量权基准适用的客观情况发生变化的，报请该基准制定机关批准后，可以调整适用。对调整适用的行政裁量权基准，制定机关要及时修改。因不规范适用行政裁量权基准造成严重后果的，要依规依纪依法严格追究有关人员责任。

（十三）强化日常监督管理。各地区各部门要通过行政执法情况检查、行政执法案卷评查、依法行政考核、行政执法评议考核、行政复议附带审查、行政执法投诉举报处理等方式，加强对行政裁量权基准制度执行情况的监督检查。要建立行政裁量权基准动态调整机制，行政裁量权基准所依据的法律、法规、规章作出修改，或者客观情况发生重大变化的，要及时进行调整。行政裁量权基准制定后，要按照规章和行政规范性文件备案制度确定的程序和时限报送备案，主动接受备案审查机关监督。备案审查机关发现行政裁量权基准与法律、法规、规章相抵触的，要依法予以纠正。

（十四）大力推进技术应用。要推进行政执法裁量规范化、标准化、信息化建设，充分运用人工智能、大数据、云计算、区块链等技术手段，将行政裁量权基准内容嵌入行政执法信息系统，为行政执法人员提供精准指引，有效规范行政裁量权行使。

六、加大实施保障力度

（十五）加强组织实施。各地区各部门要高度重视行政裁量权基准制定和管理工作，加强统筹协调，明确任务分工，落实责任。要将行政裁量权基准制定和管理工作纳入法治政府建设考评指标体系，列入法治政府建设督察内容。国务院有关部门要加强对本系统行政裁量权基准制定和管理工作的指导，推进相关标准统一，及时研究解决重点难点问题。司法行政部门要充分发挥组织协调、统筹推进、指导监督作用，总结推广典型经验，研究解决共性问题，督促做好贯彻落实工作。

（十六）强化宣传培训。各地区各部门要加大宣传力度，通过政府网站、新闻发布会以及报刊、广播、电视、新媒体等方式开展多种形式宣传，使广大公民、法人和其他组织充分了解建立健全行政裁量权基准制度的重要性、积极参与监督和评议行政执法活动。司法行政部门要结合实际,综合采取举办培训班和专题讲座等多种方式,组织开展业务培训。国务院部门和地方各级行政机关要加强对行政执法人员的培训,通过专业讲解、案例分析、情景模拟等方式,提高行政执法人员熟练运用行政裁量权基准解决执法问题的能力。

各地区各部门要按照本意见要求,及时做好行政裁量权基准制定和管理工作,并将本意见的贯彻落实情况和工作中遇到的重要事项及时报司法部。

国务院关于取消
和调整一批罚款事项的决定

(2022年7月30日　国发〔2022〕15号)

为进一步推进"放管服"改革、优化营商环境,国务院开展了清理行政法规和规章中不合理罚款规定工作。经清理,决定取消公安、交通运输、市场监管领域29个罚款事项,调整交通运输、市场监管领域24个罚款事项。

国务院有关部门要自本决定印发之日起60日内向国务院报送有关行政法规修改草案送审稿,并完成有关部门规章修改和废止工作,部门规章需要根据修改后的行政法规调整的,要在相关行政法规公布后60日内完成修改和废止工作。罚款事项取消后,确需制定替代监管措施的,有关部门要依法认真研究,严格落实监管责任,创新和完善监管方法,规范监管程序,提高监管的科学性和精准性,进一步提升监管效能,为推动高质量发展提供有力支撑。

附件:国务院决定取消和调整的罚款事项目录

附件

国务院决定取消和调整的罚款事项目录

序号	罚款事项	实施部门	设定依据	处理决定	替代监管措施
1	对取得生产许可证后企业未依照规定定期提交报告，逾期未改正行为的罚款	市场监管部门	《中华人民共和国工业产品生产许可证管理条例》第五十三条	取消	强化落实企业主体责任，通过"双随机、一公开"等方式改进行事中事后监管，督促相关主体及时改正。
2	对擅自出厂、销售、进口或者在其他经营活动中使用未经认证的产品行为中轻微行为的罚款	市场监管部门	《中华人民共和国认证认可条例》第六十六条	下调罚款数额	
3	对产品不符合认证标准而使用认证标志出厂销售行为中轻微行为的罚款	市场监管部门	《中华人民共和国标准化法实施条例》第三十五条	取消	与《中华人民共和国标准化法》保持一致，取消后，按照《中华人民共和国产品质量法》有关规定进行监管。
4	对产品未经认证使用认证标志出厂销售行为中轻微行为的罚款	市场监管部门	《中华人民共和国标准化法实施条例》第三十六条	下调罚款数额	
5	对违反《产品质量监督试行办法》有关规定行为的罚款	市场监管部门	《产品质量监督试行办法》第十三条	取消	按照《中华人民共和国产品质量法》有关规定进行监管，避免重复罚款。
6	对未经许可制造、修理计量器具等行为的罚款	市场监管部门	《计量违法行为处罚细则》第十四条第（二）、（三）项	取消	与上位法保持一致，按照《中华人民共和国计量法》、《中华人民共和国计量法实施细则》有关规定进行监管。

134

续表

序号	罚款事项	实施部门	设定依据	处理决定	替代监管措施
7	对眼镜制配使用属于强制检定的计量器具,经检定不合格继续使用行为的罚款	市场监管部门	《眼镜制配计量监督管理办法》第九条第(一)项	下调罚款数额	
8	对企业在生产许可证有效期内,企业名称、住所或者生产地址名称发生变化未在规定期限内提出变更申请行为的罚款	市场监管部门	《中华人民共和国工业产品生产许可证管理条例实施办法》第三十条、第四十九条	取消	强化落实企业主体责任,通过"双随机、一公开"等方式进行事中事后监管,督促相关主体及时改正。
9	对委托企业和被委托企业未按规定注生产许可证标志和编号行为的罚款	市场监管部门	《中华人民共和国工业产品生产许可证管理条例实施办法》第四十一条	取消	与上位法保持一致,按照《中华人民共和国工业产品生产许可证管理条例》有关规定进行监管。
10	对企业冒用他人的生产许可证书、生产许可证标志和编号行为的罚款	市场监管部门	《中华人民共和国工业产品生产许可证管理条例实施办法》第四十二条	调整罚款数额的计算方式	
11	对企业试生产的产品未在产品或者包装、说明书标明"试制品"即销售行为的罚款	市场监管部门	《中华人民共和国工业产品生产许可证管理条例实施办法》第五十二条	取消	与上位法保持一致,按照《中华人民共和国产品质量法》《中华人民共和国工业产品生产许可证管理条例》有关规定进行监管。

续表

序号	罚款事项	实施部门	设定依据	处理决定	替代监管措施
12	对企业未向市场监督管理部门提交自查报告行为的罚款	市场监管部门	《中华人民共和国工业产品生产许可证管理条例实施办法》第四十八条、第五十五条	取消	强化落实企业主体责任，通过"双随机、一公开"等方式进行事中事后监管，督促相关主体及时改正。
13	对未取得生产许可证自行生产销售防伪技术产品行为的罚款	市场监管部门	《产品防伪监督管理办法》第二十六条	取消	与上位法保持一致，按照《中华人民共和国产品质量法》有关规定进行监管。
14	对未订立合同或者违背合同非法生产、买卖防伪技术产品行为的罚款	市场监管部门	《产品防伪监督管理办法》第二十七条第（二）项	取消	与上位法保持一致，按照《中华人民共和国产品质量法》有关规定进行监管。
15	对防伪技术产品使用者选用未获得生产许可证的防伪技术产品生产企业生产的防伪技术产品等行为的罚款	市场监管部门	《产品防伪监督管理办法》第二十八条第（一）、（二）项	取消	与上位法保持一致，按照《中华人民共和国产品质量法》有关规定进行监管。
16	对伪造或者冒用防伪技术产品生产许可证及防伪注册登记等证书行为的罚款	市场监管部门	《产品防伪监督管理办法》第二十九条	取消	与上位法保持一致，按照《中华人民共和国产品质量法》有关规定进行监管。
17	对茧丝经营加工者茧丝不符合地方标准、行业标准行为的罚款	市场监管部门	《茧丝质量监督管理办法》第十条第（一）项、第十八条	取消	与上位法保持一致，按照《棉花质量监督管理条例》有关规定进行监管。

续表

序号	罚款事项	实施部门	设定依据	处理决定	替代监管措施
18	对认证及认证培训、咨询机构未有效管理其执业人员等行为的罚款	市场监管部门	《认证及认证培训、咨询人员管理办法》第十九条	取消	与上位法保持一致，按照《中华人民共和国认证认可条例》、《认证机构管理办法》有关规定进行监管。
19	对认证机构向不符合要求的认证委托人出具有机产品认证书行为的罚款	市场监管部门	《有机产品认证管理办法》第八条第二款、第四十九条	取消	与上位法保持一致，按照《中华人民共和国认证认可条例》有关规定进行监管。
20	对认证机构出具有机产品认证超过获证有机产品实际生产、加工数量行为的罚款	市场监管部门	《有机产品认证管理办法》第十四条、第五十二条	取消	与上位法保持一致，按照《中华人民共和国认证认可条例》有关规定进行监管。
21	对未获得有机产品认证进行有机产品认证标识标注等行为的罚款	市场监管部门	《有机产品认证管理办法》第五十五条	调整罚款数额的计算方式	
22	对未领取特种行业许可证收购生产性废旧金属行为的罚款	公安机关	《废旧金属收购业治安管理办法》第四条第一款、第十三条第一款第（一）项	取消	有关行政许可取消后，改为备案管理，对违反备案管理的行为规定相对较轻的处罚。
23	对违反禁止性规定利用公路桥梁（含桥下空间）、公路隧道、涵洞堆放物品行为中轻微违法行为的罚款	交通运输部门	《公路安全保护条例》第二十二条第二款、第五十九条	下调罚款起罚数额	

137

续表

序号	罚款事项	实施部门	设定依据	处理决定	替代监管措施
24	对未取得道路运输经营许可擅自从事道路普通货物运输经营行为的罚款	交通运输部门	《中华人民共和国道路运输条例》第六十三条《道路货物运输及站场管理规定》第五十七条	下调罚款数额	
25	对未取得道路运输经营许可擅自从事道路旅客运输（含国际道路旅客运输）经营行为中轻微行为的罚款	交通运输部门	《中华人民共和国道路运输条例》第六十三条《道路旅客运输及客运站管理规定》第九十三条《国际道路运输管理规定》第三十八条	下调罚款起罚数额	
26	对从事机动车维修经营业务未按规定进行备案且拒不改正行为的罚款	交通运输部门	《中华人民共和国道路运输条例》第六十五条《机动车维修管理规定》第四十九条	下调罚款数额	
27	对道路货运经营者不按照规定随车携带道路运输证行为的罚款	交通运输部门	《中华人民共和国道路运输条例》第六十八条《道路货物运输及站场管理规定》第五十九条第二款	取消	通过信息化等手段进行查验和监管。

续表

序号	罚款事项	实施部门	设定依据	处理决定	替代监管措施
28	对道路客运经营者不按照规定随车携带道路运输证行为的罚款	交通运输部门	《中华人民共和国道路运输条例》第六十八条《道路旅客运输及客运站管理规定》第九十七条第二款	取消	通过信息化等手段进行查验和监管。
29	对道路危险货物运输企业或者单位不按照规定随车携带道路运输证行为的罚款	交通运输部门	《中华人民共和国道路运输条例》第六十八条《道路危险货物运输管理规定》第五十九条	取消	通过信息化等手段进行查验和监管。
30	对客运班车不按照批准的配客站点停靠或者不按照规定的线路、日发班次下限行驶行为的罚款	交通运输部门	《中华人民共和国道路运输条例》第六十九条第（一）、（三）、（四）项《道路旅客运输及客运站管理规定》第一百条第一款第（一）、（二）、（四）（九）项	下调罚款数额	
31	对货运站经营者对超限、超越车辆配载,放行出站行为中经督管为的罚款	交通运输部门	《中华人民共和国道路运输条例》第七十一条第一款《道路货物运输及站场管理规定》第六十三条	下调罚款起罚数额	

139

续表

序号	罚款事项	实施部门	设定依据	处理决定	替代监管措施
32	对外国国际道路运输经营者未标明国籍识别标志行为的罚款	交通运输部门	《中华人民共和国道路运输条例》第七十五条第一款 《国际道路运输管理规定》第四十三条第(五)项	下调罚款数额	
33	对违反《中华人民共和国国际海运条例》拒绝调查实施调查，或者隐匿、谎报有关情况和资料行为中轻微行为的罚款	交通运输部门	《中华人民共和国国际海运条例》第四十五条	下调罚款数额	
34	对从事水路运输经营的船舶未随船携带船舶营运证件行为的罚款	交通运输部门	《国内水路运输管理条例》第三十四条第二款	取消	通过信息化等手段进行查验和监管。
35	对擅自买卖内河船舶运证书行为中轻微行为的罚款	交通运输部门	《中华人民共和国船员条例》第四十九条	下调罚款数额	
36	对在船工作期间未携带规定的有效证书行为的罚款	交通运输部门	《中华人民共和国船员条例》第五十一条	取消	通过信息化等手段进行查验和监管。
37	对船长未保证船舶和船员携带符合法定要求的证书行为的罚款	交通运输部门	《中华人民共和国船员条例》第五十三条第(一)项	取消	通过信息化等手段进行检验和监管。

续表

序号	罚款事项	实施部门	设定依据	处理决定	替代监管措施
38	对内河交通运输船员用人单位,船舶所有人招用未依照规定取得相应有效证件的人员上船工作行为的罚款	交通运输部门	《中华人民共和国船员条例》第五十五条第(一)项	下调罚款数额	
39	对内河交通运输中伪造船舶检验证书行为的罚款	交通运输部门	《中华人民共和国船舶和海上设施检验条例》第二十七条	区分违法情形,调整罚款数额的计算方式	
40	对取得道路普通货物运输经营许可的经营者使用无道路运输证的车辆参加货运运输行为的罚款	交通运输部门	《道路货物运输及站场管理规定》第五十九条第一款	下调罚款数额	
41	对未取得相应从业资格证件驾驶道路普通货物运输车辆等行为的罚款	交通运输部门	《道路运输从业人员管理规定》第四十五条	下调罚款数额	
42	对客运经营者等不按规定使用道路运输业专用票证等行为的罚款	交通运输部门	《道路旅客运输及客运站管理规定》第九十八条	取消	通过"双随机、一公开"等方式进行事中事后监管,督促相关主体及时改正。
43	对非法转让、出租国际道路运输国籍识别标志等业务证件行为的罚款	交通运输部门	《国际道路运输管理规定》第三十九条	下调罚款数额	

141

续表

序号	罚款事项	实施部门	设定依据	处理决定	替代监管措施
44	对国际道路运输经营者的运输车辆不按照规定标明相关标志、携带相关证件行为的罚款	交通运输部门	《国际道路运输管理规定》第四十条	取消	通过信息化等手段进行检验和监管。
45	对建立道路运输车辆技术档案或者档案不符合规定、未做好车辆维护记录行为的罚款	交通运输部门	《道路运输车辆技术管理规定》第三十一条（四）、（五）项	取消	通过"双随机、一公开"等方式进行事中事后监管，督促相关主体及时改正。
46	对游艇驾驶操作人员操作游艇时未携带合格的适任证书行为的罚款	交通运输部门	《游艇安全管理规定》第三十八条	取消	通过信息化等手段进行查验和监管。
47	对按照规定随船携带或者保存船舶现场监督检查报告、港口国监督检查报告、船旗国监督检查报告行为的罚款	交通运输部门	《中华人民共和国船舶安全监督规则》第五十四条	取消	通过信息化等手段进行查验和监管。
48	对船舶进出沿海港口未按照规定向海事管理机构报告出港进港信息行为中轻微行为的罚款	交通运输部门	《中华人民共和国船舶安全监督规则》第五十五条第二款	下调罚款起罚数额	
49	对船舶在进出港口前未向海事管理机构报告等行为中轻微行为的罚款	交通运输部门	《海运固体散装货物安全监督管理规定》第三十六条	下调罚款起罚数额	
50	对船长违反船舶安全管理证书有关规定行为的罚款	交通运输部门	《中华人民共和国内河海事行政处罚规定》第六条	下调罚款数额	

续表

序号	罚款事项	实施部门	设定依据	处理决定	替代监管措施
51	对船舶未按规定保存相关记录簿行为的罚款	交通运输部门	《中华人民共和国防治船舶污染内河水域环境管理规定》第四十六条第（二）项	下调罚款数额	
52	对未取得网络预约出租汽车运输证、网络预约出租汽车驾驶员证擅自从事相从事网络约车经营活动等行为的罚款	交通运输部门	《网络预约出租汽车经营服务管理暂行办法》第三十四条	下调罚款数额	
53	对未按照规定携带网络预约出租汽车运输证、网络预约出租汽车驾驶员证行为的罚款	交通运输部门	《网络预约出租汽车经营服务管理暂行办法》第三十六条第一款第（一）项	取消	通过信息化等手段进行查验和监管。

143

政　务

国务院办公厅关于加快推进电子证照扩大应用领域和全国互通互认的意见

（2022年1月20日　国办发〔2022〕3号）

近年来，随着"互联网+政务服务"深入推进，各地区各部门依托全国一体化政务服务平台，积极推进电子证照应用，持续优化政务服务，在支撑政务服务事项办理减环节、减材料、减时限、减费用等方面取得了初步成效，政务服务便捷度、企业和群众获得感明显提升。但从全国层面看，电子证照还存在标准规范不健全、互通互认机制不完善、共享服务体系不完备、应用场景不丰富等突出问题。为加快推进电子证照扩大应用领域和全国互通互认，实现更多政务服务事项网上办、掌上办、一次办，进一步助力深化"放管服"改革和优化营商环境，经国务院同意，现提出以下意见。

一、总体要求

（一）指导思想。以习近平新时代中国特色社会主义思想为指导，全面贯彻落实党的十九大和十九届历次全会精神，按照党中央、国务院决策部署，坚持以人民为中心的发展思想，创新行政管理和服务方式，提升政务服务水平，优化营商环境，聚焦企业和群众经常办理的服务事项，充分依托全国一体化政务服务平台，推动电子证照在更多领域应用并实现全国互通互认，让数据多跑路，让群众少跑腿，更好发挥电子证照应用在深化"放管服"改革、推进数字政府建设、建设人民满意的服务型政府中的支撑保障作用,不断提升企业和群众的获得感和满意度。

(二)基本原则。

——坚持系统观念。注重顶层设计,建立完善协同高效的电子证照应用和全国互通互认工作推进机制,加强电子证照应用与"证照分离"、"一业一证"等改革的紧密衔接,做好与政务服务"跨省通办"、"一网通办"的统筹推进。

——坚持便民高效。聚焦惠企利民,提供多种渠道便利企业和群众申请、使用电子证照,实现线上线下一体化应用。凡是通过电子证照可以获取的信息,不再要求企业和群众提供相应材料。

——坚持需求导向。围绕企业生产经营和群众生产生活中的高频应用场景,紧贴企业和群众普遍需求,着力破解电子证照应用中的难点堵点问题,积极拓展电子证照应用和服务领域,推动实现全国互通互认。

——坚持创新引领。创新工作理念和制度机制,深入推进电子证照应用技术创新、管理创新、模式创新,鼓励先行先试,积极运用新技术,探索电子证照应用新机制、新渠道和新方式。

——坚持安全可控。统筹发展和安全,加强电子证照应用全过程规范管理,严格保护商业秘密和个人信息安全,切实筑牢电子证照应用安全防线。

(三)工作目标。2022年底前,全国一体化政务服务平台电子证照共享服务体系基本建立,电子证照制发机制建立健全,企业和群众常用证照基本实现电子化,与实体证照同步制发和应用,在全国范围内标准统一、互通互认;电子证照在政务服务领域广泛应用,社会化应用取得积极进展,"减证便民"取得明显成效。到2025年,电子证照应用制度规则更加健全,应用领域更加广泛,支撑政务服务标准化、规范化、便利化取得显著成效,进一步方便企业和群众办事。

二、扩大电子证照应用领域

(四)聚焦深化便民服务,扩大个人电子证照应用领域。加快推进出生医学证明、户口簿、身份证、社会保障卡、学历学位证、职业资格证、驾驶证和新申领的结(离)婚证、不动产权证书、不动产登记证明等个人常用证照电子化应用,覆盖与群众生产生活密切相关的婚姻登记、生育登记、住房公积金异地转移接续、就业创业、户籍迁移、社会保障卡申领、养老保险关系转移接续、异地就医报销、不动产登记等应用场景,并根据群众需求不断丰富其他应用场景,推动相关电子证照普遍使用。政府部门能够通过电子证照共享方式对关联信息进行查询、核验的,不再要求个人提供实体证照或纸质复印件,推动办事所需相关信息免填写。(教育部、公安部、民政部、人力资源社会保障部、住房城乡建设部、自然资源部、国家卫生健康委、国家医保局等相关部门及各地区按职责分工负责)

(五)助力优化营商环境,拓展企业电子证照应用领域。推动营业执照、生产经营许可证、检测认证等电子证照在企业登记、经营、投资和工程建设等高频政务服务事项中的应用,并进一步拓展到纳税缴费、社会保障、医疗保障、住房公积金、交通运输、公共资源交易、金融服务、行政执法、市场监管等领域。通过电子营业执照关联企业相关信息,支撑涉企政务服务事项办理所需信息免填写、纸质材料免提交,推动实现企业相关信息"最多报一次"。政府部门能够通过电子证照共享方式查询、核验企业办事所需信息的,不再要求企业提供实体证照或纸质材料,切实为企业降成本、增便利。(国家发展改革委、人力资源社会保障部、住房城乡建设部、交通运输部、商务部、税务总局、市场监管总局、国家医保局、银保监会等相关部门及各地区按职责分工负责)

(六)面向社会多样化需求,促进电子证照社会化应用。在不断推动电子证照在政务服务领域广泛应用的同时,依托全国一体化政务服务平台电子证照共享服务体系,围绕合同订立、人员招聘、交通出行、文化和旅游等场景与领域,积极推动电子证照在企业、社会组织、个人等持证主体之间的社会化应用。电子证照制发部门应通过政务服务平台、政务服务大厅等渠道定期向社会发布本行业、本领域电子证照技术和使用规范并提供必要的服务保障,电子证照使用部门应及时发布电子证照社会化应用场景清单和应用指南,不断提升电子证照社会认可度,推动电子证照在全社会广泛应用。(民政部、人力资源社会保障部、住房城乡建设部、交通运输部、文化和旅游部、国家卫生健康委、市场监管总局、银保监会等相关部门及各地区按职责分工负责)

（七）加大新技术运用力度，积极开展电子证照应用创新。加快推进大数据、云计算、人工智能等新技术应用，不断提升电子证照应用智能化水平。以身份证、营业执照等为身份信任源点，全面关联企业和群众各类常用电子证照的相关信息，推动电子证照一体化、便利化应用。支持各地区探索以电子社保卡等常用电子证照为载体建立居民服务"一卡通"，在城市交通出行、旅游观光、文化体验等方面实现"同城待遇"。在保护个人隐私和确保数据安全的前提下，研究探索企业、社会组织等参与提供电子证照服务的模式。（工业和信息化部、科技部、公安部、人力资源社会保障部、市场监管总局等相关部门及各地区按职责分工负责）

（八）加强线上线下融合，保留传统服务方式。通过政务服务平台及其移动端、自助终端、人工服务窗口等渠道，便捷企业和群众依申请领取和使用电子证照，并做到线上线下融合、数据同源、同步更新。坚持传统服务方式与智能化服务创新并行，加强实体证照服务保障，满足老年人、残疾人等各类群体需求。（国务院办公厅、国家发展改革委、国家卫生健康委等相关部门及各地区按职责分工负责）

三、推动电子证照全国互通互认

（九）健全电子证照应用协同推进机制。加强电子证照应用跨地区、跨部门工作协同，推动解决电子证照扩大应用领域和全国互通互认中的重点难点问题。制定完善电子证照全国互通互认工作流程，明确电子证照发证、持证、用证、共享、留存等各环节的责任和义务，确保权责清晰。（国务院办公厅、公安部、市场监管总局等相关部门及各地区按职责分工负责）

（十）推进电子证照标准化规范化。建立健全涵盖电子证照应用业务、数据、技术、管理、安全等的标准体系，制定电子证照签章、电子印章密码应用等规范，完善电子证照在移动服务、自助服务等领域的使用规范。建立电子证照发证、用证清单，并纳入全国一体化政务服务平台动态管理。行业主管部门组织制定完善本行业、本领域电子证照相关标准、签发规则，推动身份证、户口簿、营业执照、社会组织登记证、经营许可证、职业资格证等常用电子证照全面实现标准化。加快标准实施，抓紧完成存量证照标准化改造，全面支撑开展电子化应用和全国互通互认。建立健全电子证照归档标准规范，进一步推进政务服务办件归档全程电子化管理,确保形成的电子档案来源可靠、程序规范、要素合规。(公安部、民政部、市场监管总局、人力资源社会保障部、国家档案局、国家密码局等相关部门及各地区按职责分工负责)

（十一）着力提升电子证照数据质量。各地区各有关部门应统筹建设完善本地区本部门电子证照库,按照"应归尽归"原则将电子证照信息汇聚至国家政务服务平台。对于实体证照数据要素缺失、颁发机构调整等特殊情况,行业主管部门应明确电子证照制发相关办法。依托全国一体化政务服务平台、政务服务便民热线等渠道,建立健全电子证照数据质量问题异议、投诉处理机制和快速校核更新工作流程,不断提高电子证照数据完整性、准确性和共享时效性。(国务院办公厅、教育部、公安部、民政部、市场监管总局等相关部门及各地区按职责分工负责)

四、全面提升电子证照应用支撑能力

（十二）进一步强化电子证照应用平台支撑。依托全国一体化政务服务平台提供电子证照公共验证服务,为政府部门、企业和群众提供便捷的电子证照核验服务。按照"谁制发、谁核验"原则,各省(自治区、直辖市)和新疆生产建设兵团政务服务平台负责提供本地区制发电子证照的核验服务,各部门负责提供本部门本行业本领域制发电子证照的核验服务,国家政务服务平台提供跨地区、跨部门应用的电子证照核验数据流转服务。优化完善全国一体化政务服务平台电子证照共享服务体系,推进政府部门间电子证照信息共享,加强与公安、海关、税务等部门垂直管理信息系统的关联应用,避免"点对点"、"多对多"重复对接,为电子证照应用提供及时准确、安全稳定的共享调用服务。(国务院办公厅、公安部、海关总署、税务总局、市场监管总局、国家密码局等相关部门及各地区按职责分工负责)

（十三）提升电子印章的支撑保障能力。加快制发各级政务部门电子印章,加强跨层级签章、多部门联合签章支撑。依法推进企事业单位、社会组织、个人等各类主体电子签名、电子印章的应用和互认。以电子营业执照为依托,以电子认证服务为支撑,构建统一的电子营业执照和企业电子印章同步制作、发放、使用服务体系,推动实现电子营业执照和企业电子印章同步发放、跨地区跨部门互信互认,拓展电子营业执照、电子签名和电子印章在涉企服务领域应用；加快建设形成事业单位、社会组织、个人等各类主体电子签名、电子印章的服务机制和体系，鼓励第三方电子认证服务机构加快创新，实现不同形式的电子证照与电子签名、电子印章融合发展。依托全国一体化政务服务平台，按照"谁签章（签名）、谁核验"原则，提供电子证明、电子发票、电子合同等电子文件跨地区、跨部门验章验签服务，便利企业和群众使用电子签名、电子印章办理政务服务事项。鼓励企事业单位、社会组织、个人等各类主体开展电子签名、电子印章社会化应用。（国务院办公厅、工业和信息化部、税务总局、市场监管总局、国家密码局等相关部门及各地区按职责分工负责）

（十四）加强电子证照应用安全管理和监管。加强电子证照签发、归集、存储、使用等各环节安全管理，严格落实网络安全等级保护制度等要求，强化密码应用安全性评估，探索运用区块链、新兴密码技术、隐私计算等手段提升电子证照安全防护、追踪溯源和精准授权等能力。按照信息采集最小化原则归集数据，对共享的电子证照进行分类分级管理，避免信息泄露。加快推进国家网络身份认证公共服务基础设施建设和应用，加强对电子证照持证主体、用证人员的身份认证、授权管理和个人信息保护。强化企业和群众身份认证支撑，增强电子证照签发和使用等环节的统一身份认证能力。建立健全严格的责任追究制度，依法严厉打击电子证照制作生成过程中的造假行为，杜绝未经授权擅自调用、留存电子证照信息，切实保障电子证照及相关信息合法合规使用，保护持证主体的商业秘密和个人信息。（工业和信息化部、公安部、市场监管总局、国家密码局等相关部门及各地区按职责分工负责）

五、保障措施

（十五）加强组织领导。各省（自治区、直辖市）和新疆生产建设兵团要加强对本地区电子证照应用和全国互通互认工作的统筹，明确目标任务和落实措施，加强经费保障，压实工作责任，加大工作力度。各有关部门要按照职责分工，指导、协调推进本行业、本领域电子证照应用和全国互通互认工作，加强部门间工作协同和数据共享。各地区各部门要落实和强化监管责任，确保电子证照应用和全国互通互认工作安全有序推进。（各地区各部门按职责分工负责）

（十六）完善法律制度。建立健全与电子证照应用相适应的法律法规规章制度体系，推动相关法律、法规、规章立改废释，保障电子证照合法合规应用。制定完善电子证照、电子印章、电子签名、可信身份认证、电子档案等方面配套制度，完善行政机关、企事业单位、社会组织电子印章申请和制发管理办法，明确电子印章制发主体、制作标准和应用规则。（国务院办公厅、工业和信息化部、公安部、司法部、国家密码局等相关部门及各地区按职责分工负责）

（十七）加强督促落实。国务院办公厅加强对各地区各部门电子证照应用和全国互通互认工作的督促指导，及时完善相关政策措施，确保有序推进、取得实效。各地区各部门要抓好本意见的贯彻落实，加强日常督促，定期通报情况，确保各项任务和措施落实到位，充分运用政务服务"好差评"等方式，引导促进电子证照应用拓展和服务提升。（各地区各部门按职责分工负责）

（十八）加强宣传推广。各地区各部门要加大对电子证照应用的宣传力度，及时回应社会关切，营造良好氛围，让企业和群众充分了解电子证照应用场景和使用方式。对电子证照应用的有效做法、典型案例及时进行宣传报道，适时组织开展经验交流，加快应用推广。（各地区各部门按职责分工负责）

国务院关于加快推进政务服务标准化规范化便利化的指导意见

（2022年2月7日　国发〔2022〕5号）

持续优化政务服务是便利企业和群众生产经营与办事创业、畅通国民经济循环、加快构建新发展格局的重要支撑，是建设人民满意的服务型政府、推进国家治理体系和治理能力现代化的内在要求。党的十八大以来，各地区各部门认真贯彻党中央、国务院决策部署，深入推进政务服务"一网、一门、一次"改革，积极探索创新审批服务便民化措施，全国一体化政务服务平台初步建成并发挥成效，政务服务水平大幅提升,营商环境显著改善,企业和群众获得感不断增强。同时,政务服务标准不统一、线上线下服务不协同、数据共享不充分、区域和城乡政务服务发展不平衡等问题仍然不同程度存在。为加快推进政务服务标准化、规范化、便利化,更好满足企业和群众办事需求,现提出如下意见。

一、**总体要求**

(一)指导思想。以习近平新时代中国特色社会主义思想为指导,全面贯彻落实党的十九大和十九届历次全会精神,按照党中央、国务院决策部署,立足新发展阶段,完整、准确、全面贯彻新发展理念,构建新发展格局,加快转变政府职能、深化"放管服"改革、持续优化营商环境,加强跨层级、跨地域、跨系统、跨部门、跨业务协同管理和服务,充分发挥全国一体化政务服务平台"一网通办"支撑作用,进一步推进政务服务运行标准化、服务供给规范化、企业和群众办事便利化,有效服务生产要素自由流动和畅通国民经济循环,更好满足人民日益增长的美好生活需要,为推动高质量发展、创造高品质生活、推进国家治理体系和治理能力现代化提供有力支撑。

(二)基本原则。

坚持党的领导。在党中央集中统一领导下,把党的领导贯穿优化政务服务的全过程和各方面,深入贯彻党中央、国务院关于优化政务服务的决策部署,不断提升政务服务标准化、规范化、便利化水平。

坚持以人民为中心。聚焦企业和群众反映强烈的办事堵点难点问题,完善落实有关标准和政策措施,着力破解关键掣肘和体制机制障碍,提供更加优质高效的政务服务。

坚持系统观念。加强整体谋划,强化政务服务一体化建设,分级负责、协同联动,统筹线上线下政务服务资源,推动政务服务与事前事中事后监管有机衔接,构建高效运行的政务服务体系。

坚持公平可及。坚持传统服务方式与智能化服务创新并行,为老年人、残疾人等特殊群体提供多元化、个性化、贴心暖心的高质量服务。不断提升基层、边远和欠发达地区政务服务能力,推动政务服务区域间均衡发展。

(三)总体目标。2022年底前,国家、省、市、县、乡五级政务服务能力和水平显著提升;国家政务服务事项基本目录统一编制、联合审核、动态管理、全面实施机制基本建立;政务服务中心综合窗口全覆盖,全国一体化政务服务平台全面建成,"一网通办"服务能力显著增强,企业和群众经常办理的政务服务事项实现"跨省通办"。2025年底前,政务服务标准化、规范化、便利化水平大幅提升,高频政务服务事项实现全国无差别受理、同标准办理;高频电子证照实现全国互通互认,"免证办"全面推行;集约化办事、智慧化服务实现新的突破,"网上办、掌上办、就近办、一次办"更加好办易办,政务服务线上线下深度融合、协调发展,方便快捷、公平普惠、优质高效的政务服务体系全面建成。

二、推进政务服务标准化

(一)推进政务服务事项标准化。

明确政务服务事项范围。政务服务事项包括依申请办理的行政权力事项和公共服务事项。所涉及的行政权力事项包括行政许可、行政确认、行政裁决、行政给付、行政奖励、行政备案及其他行政权力事项。公共教育、劳动就业、社会保险、医疗卫生、养老服务、社会服务、住房保障、文化体育、残疾人服务等领域依申请办理的公共服务事项全部纳入政务服务事项范围。

建立国家政务服务事项基本目录审核制度。国务院有关部门负责编制和修订主管行业领域的政务服务事项基本目录,包括中央层面实施的和中央指定地方(涵盖省、市、县、乡)实施的政务服务事项。国务院办公厅负责组织对政务服务事项合法性,基本目录及其要素信息的完整度、准确性,以及与权责清单和行政许可事项清单的一致性、与地方政务服务业务开展的适用性等进行联合审核,修订印发统一的国家政务服务事项基本目录,并在国家政务服务平台和中国政府网发布。各地区要根据国家政务服务事项基本目录和本地实际,明确应承接的事项,并全面梳理依法依规自行设立的事项,修订完善本地区政务服务事项基本目录。

建立健全政务服务事项动态管理机制。建立健全国家和地方政务服务事项管理和动态调整机制。行业主管部门或政务服务审批部门要根据业务变化和实施情况及时向本级政务服务管理机构提出调整政务服务事项基本目录或实施清单的申请,政务服务管理机构负责政务服务事项基本目录、实施清单的审核发布。基于国家政务服务平台事项库、汇聚政务服务事项基本目录和实施清单，实现政务服务事项数据同源、动态更新、联动管理。推动实现市场准入负面清单、投资审批管理事项清单、工程建设项目审批事项清单等与政务服务事项基本目录的同类事项名称、类型等要素一致。

（二）推进政务服务事项实施清单标准化。国务院有关部门要依据国家政务服务事项基本目录，明确主管行业领域的政务服务事项拆分标准，在推进名称、编码、依据、类型等基本要素"四级四同"基础上，推动逐步实现同一政务服务事项受理条件、服务对象、办理流程、申请材料、法定办结时限、办理结果等要素在全国范围内统一，形成政务服务事项实施清单，统筹制定政务服务事项"跨省通办"全程网办、异地代收代办、多地联办的流程规则，明确收件地和办理地的权责划分、业务流转程序等内容。各地区要对依法依规自行设立的地方政务服务事项做好实施清单要素统一工作。

（三）健全政务服务标准体系。加强国家政务服务标准总体框架设计，研究制定政务服务标准化发展规划。依托全国行政管理和服务标准化技术委员会，制定国家政务服务标准化工作指南和制修订计划，建立健全政务服务事项管理、政务服务中心建设、政务服务实施、便民热线运行、服务评估评价等标准规范，持续完善全国一体化政务服务平台标准规范体系。建立标准研制、试点验证、审查发布、推广实施、效果评估和监督保障等闭环运行机制。

三、推进政务服务规范化

（一）规范审批服务。

规范审批服务行为。推进政务服务事项依法依规办理，严格按照政务服务事项实施清单提供办事服务，不得额外增加或变相增加办理环节和申请材料。严格执行首问负责、一次性告知和限时办结等制度。优化前置服务，加强政务服务事项申报辅导。对现场勘验、技术审查、听证论证等程序实施清单化管理，建立限时办结机制并向社会公布。

规范审批监管协同。按照"谁审批、谁监管，谁主管、谁监管"原则，健全审管衔接机制，实现审批和监管信息实时共享。实行相对集中行政许可权改革的地区，要明确政务服务审批部门、行业主管部门的监管职责和边界，加强协同配合，政务服务审批部门应将有关政务服务事项办理信息和结果同步推送至行业主管部门,行业主管部门应将相关的行政检查、行政处罚等监管信息与政务服务审批部门同步共享。

规范中介服务。各地区各部门要进一步清理政务服务领域没有法律法规或国务院决定依据的中介服务事项,对确需保留的强制性中介服务事项,实行清单管理并向社会公布。各地区要加强对中介服务的规范管理,完善中介服务网上交易平台,推动中介服务机构公开服务指南,明确服务条件、流程、时限和收费标准等要素。各有关部门不得强制企业选择特定中介服务机构。加强对中介服务机构的信用监管,实行信用等级评价、资质动态管理,解决中介服务环节多、耗时长、市场垄断、"红顶中介"等问题。

(二)规范政务服务场所办事服务。

规范政务服务场所设立。统一各地区设立的集中提供政务服务的综合性场所名称,县级以上为政务服务中心,乡镇(街道)为便民服务中心,村(社区)为便民服务站。各地区要建立政务服务中心进驻事项负面清单制度,除场地限制或涉及国家秘密等情形外,原则上政务服务事项均应纳入政务服务中心集中办理。地方部门单设的政务服务窗口原则上应整合并入本级政务服务中心,确不具备整合条件的要纳入本级政务服务中心一体化管理,按照统一要求提供规范化服务。未设立省级政务服务中心的地区,可探索依托省会城市政务服务中心共建运行模式。国务院部门可根据实际需要设立政务服务大厅,集中提供办事服务。

规范政务服务窗口设置。政务服务中心要设置综合咨询窗口,统一提供咨询、引导等服务。设置综合办事窗口,逐步整合部门单设的办事窗口,按照"前台综合受理、后台分类审批、综合窗口出件"模式,合理设置无差别或分领域综合办事窗口,实现"一窗受理、综合服务"。设置帮办代办窗口,为老年人、残疾人等特殊群体提供帮办代办服务。设置"跨省通办"、"省内通办"窗口,为企业和群众提供异地办事服务。设置"办不成事"反映窗口,提供兜底服务,解决企业和群众办事过程中遇到的疑难事项和复杂问题。

规范政务服务窗口业务办理。进驻的政务服务事项必须在政务服务中心实质运行,严禁"明进暗不进"。对适用"收件即受理"方式的政务服务事项，有关部门要授权窗口工作人员接收申请材料并出具受理凭证。建立部门业务综合授权的"首席事务代表"制度，推动更多政务服务事项当场办理、简单事项即时办结。

（三）规范网上办事服务。

统筹网上办事入口。各地区要依托全国一体化政务服务平台，统一提供政务服务，实现网上办事"一次注册、多点互认、全网通行"。推进各级政府网站、政务服务平台适老化、无障碍改造。各地区要整合本级部门的各类政务服务移动端应用，原则上通过本级统一的政务服务平台移动端（含小程序等）提供服务，解决政务移动应用程序（APP）数量多、重复注册等问题。

规范网上办事指引。进一步完善网上办事引导功能，优化页面设计、简化办事操作、提高系统稳定性，规范在线咨询、引导服务，提供更加简明易懂实用的办事指南和网上办事操作说明，创新在线导办帮办、智能客服等方式，辅助在线办理，解决网上办事看不懂、操作不便、容易出错、系统卡顿等问题，实现"一看就能懂、一点就能办"。

提升网上办事深度。深化政务服务"一网通办"，加大办事环节精简和流程再造力度，提升政务服务事项网上办理深度，提供申请受理、审查决定、结果送达等全流程、全环节网上服务，推动更多适合网上办理的政务服务事项由网上可办向全程网办、好办易办转变。

（四）规范政务服务线上线下融合发展。

规范政务服务办理方式。线上线下并行提供服务，满足企业和群众的多样化办事需求。对已实现线上办理的政务服务事项，原则上要同步提供线下窗口办事服务，由企业和群众自主选择办理渠道。申请人在线下办理业务时，不得强制要求其先到线上预约或在线提交申请材料。已在线收取申请材料或通过部门间共享能获取规范化电子材料的，不得要求申请人重复提交纸质材料。

合理配置政务服务资源。各地区要根据本地区政务服务发展水平、保障能力等实际情况，合理配置线上线下政务服务资源，协同推进政务服务中心（便民服务中心〔站〕）与政务服务平台建设，在推动更多政务服务事项线上办理的同时，同步提升线下服务能力。推进政务服务事项、办事指南等在线上线下服务渠道同源发布、同步更新，做到线上线下无差别受理、同标准办理。

（五）规范开展政务服务评估评价。落实政务服务"好差评"制度，在各级政务服务机构、政务服务平台、政务服务便民热线全面开展"好差评"工作，建立健全全国一体化政务服务平台"好差评"管理体系，确保评价数据客观、真实，形成评价、整改、反馈、监督全流程衔接的政务服务评价机制。坚持评价人自愿自主评价原则，不得强迫或者干扰评价人的评价行为。国务院办公厅负责统筹国家层面开展的政务服务相关评估评价工作，优化评价方式方法，科学引导政务服务优化提升。各地区要建立健全政务服务督查考核机制，将政务服务工作纳入本地区政府年度绩效考核范围。规范政务服务社会第三方评估，更好发挥社会监督作用，及时回应社会关切。

四、推进政务服务便利化

（一）推进政务服务事项集成化办理。从便利企业和群众办事角度出发，围绕企业从设立到注销、个人从出生到身后的全生命周期，推动关联性强、办事需求量大、企业和群众获得感强的多个跨部门、跨层级政务服务事项集成化办理，提供主题式、套餐式服务。按照"一次告知、一表申请、一套材料、一窗（端）受理、一网办理"的要求，优化业务流程，通过系统对接整合和数据共享，减少办事环节、精简申请材料、压缩办理时限。

（二）推广"免证办"服务。在保护个人隐私、商业秘密和确保数据安全的前提下，通过流程优化、机制创新和技术保障，推进电子证照在政务服务领域应用和全国互通互认。全面开展证照梳理，通过直接取消证照材料或数据共享、在线核验等方式，推动实现政府部门核发的材料一律免于提交，能够提供电子证照的一律免于提交实体证照。

（三）推动更多政务服务事项"就近办"。推动公共教育、劳动就业、社会保险、医疗卫生、养老服务、社会服务、户籍管理等领域群众经常办理且基层能有效承接的政务服务事项以委托受理、授权办理、帮办代办等方式下沉至便民服务中心（站）办理。推广24小时自助服务，推动集成式自助终端向村（社区）、园区、商场、楼宇和银行、邮政、电信网点等场所延伸，鼓励各地区整合公安、税务、社会保障、医疗保障等自助服务功能，推动更多事项全程自助办理，实现政务服务"就近办、家门口办"。

（四）推动更多政务服务事项"网上办、掌上办"。按照"应上尽上"原则，除涉及国家秘密等情形外，推动各地区各部门政务服务事项全部纳入全国一体化政务服务平台管理和运行，加快实现"一网通办"。加快全国一体化政务服务平台移动端建设，推动企业和群众经常办理的政务服务事项"掌上办、指尖办"，推进身份证电子证照、电子社保卡、电子驾驶证、电子行驶证、电子营业执照等高频电子证照在政务服务平台移动端汇聚，并在日常生产生活各领域中应用。在确保安全可控的前提下，发挥第三方平台渠道优势，拓展政务服务移动应用。

（五）推行告知承诺制和容缺受理服务模式。除直接涉及国家安全、国家秘密、公共安全、金融业审慎监管、生态环境保护，直接关系人身健康、生命财产安全，以及重要涉外等风险较大、纠错成本较高、损害难以挽回的政务服务事项外，各地区各有关部门要按照最大限度利企便民原则梳理可采取告知承诺制方式的政务服务事项，明确承诺的具体内容、要求以及违反承诺应承担的法律责任，细化办事承诺方式和承诺事项监管细则，并向社会公布。各地区各有关部门要完善容缺受理服务机制，依法依规编制并公布可容缺受理的政务服务事项清单，明确事项名称、主要申请材料和可容缺受理的材料。

（六）提升智慧化精准化个性化服务水平。依托全国一体化政务服务平台，建设企业和个人专属服务空间，完善"一企一档"、"一人一档"，规范和拓展二维码、数字名片等场景应用，实现个性化精准服务。充分运用大数据、人工智能、物联网等新技术，推出"免申即享"、政务服务地图、"一码办事"、智能审批等创新应用模式。

（七）提供更多便利服务。各类政务服务场所要加强无障碍环境建设和改造，为老年人、残疾人等特殊群体提供便利服务。推进水电气热、电信、公证、法律援助等与企业和群众生产生活密切相关的服务进驻政务服务中心和政务服务平台。政务服务中心（便民服务中心〔站〕）要依法加强与各类寄递企业的合作，降低企业和群众办事成本。鼓励各地区政务服务中心开展延时错时服务。

五、全面提升全国一体化政务服务平台服务能力

（一）加强平台建设统筹。充分发挥全国一体化在线政务服务平台建设和管理协调小组作用，统筹全国一体化政务服务平台建设和管理,加快地方、部门政务服务业务系统与国家政务服务平台全面对接融合。各级部门能依托全国一体化政务服务平台支撑政务服务业务办理的,不再单独建设相关业务系统,确需单独建设业务系统的,要把与全国一体化政务服务平台对接融合和数据共享作为项目立项及验收条件。各地区政务服务平台应由省级统筹建设,原则上不再单独建设地市级以下政务服务平台。

(二)强化平台公共支撑。充分发挥国家政务服务平台公共入口、公共通道、公共支撑的总枢纽作用,建立完善政务服务统一身份认证系统,规范各地区各部门电子印章制发核验和用印,加快电子证照归集共享应用,建立电子证照签发以及跨地区跨层级互通互认、异议处理、反馈纠错规则机制。推行政务服务电子文件单套归档和电子档案单套管理。

(三)提升数据共享能力。以全国一体化政务服务平台为数据共享总枢纽,在确保数据安全的基础上,充分发挥政务数据共享协调机制作用,建立政务数据共享供需对接机制,推进国务院部门垂直管理业务信息系统与地方政务服务平台深度对接和数据双向共享,强化部门之间、部门与地方之间、地方之间政务数据共享,提高数据质量和可用性、时效性,满足不动产登记、社会保障、户籍管理、市场主体准入准营等重点领域以及人口、法人、地名、教育、婚姻、生育、住房、信用等普遍性数据需求。

六、保障措施

(一)加强组织领导。各地区各部门要充分认识推进政务服务标准化、规范化、便利化工作的重要意义,切实加强组织领导,层层压实责任,强化经费、人员、场地、信息化保障。明确国家、省、市、县、乡五级政务服务责任体系。国务院办公厅负责全国政务服务工作的顶层设计、统筹推进、监督检查,组织建立健全政务服务责任和标准体系,完善政务数据共享协调机制,指导、协调和督促各地区各部门提供优质、规范、高效的政务服务,组织推进全国一体化政务服务平台建设。国务院各部门负责指导、协调和督促主管行业领域的政务服务工作。县级以上地方人民政府对本地区政务服务工作负主要责任,政府办公厅(室)要充分发挥统筹协调作用,细化任务分工,推动解决有关重点难点问题,确保改革任务尽快落地见效。乡镇人民政府和街道办事处负责本辖区政务服务具体工作,接受上级政务服务管理机构指导和监督。

(二)加强地方政务服务体系建设。县级以上地方人民政府要建立健全政务服务体系,加强政务服务中心、便民服务中心(站)、政务服务平台和政务服务便民热线建设运行管理,组织推进政务服务事项梳理、政务数据共享、标准实施、人员管理培训、日常考核、指导监督等工作,统筹做好便民服务中心(站)人员和经费保障工作。

(三)加强人员队伍建设。政务服务中心综合窗口工作人员由政务服务管理机构统一配备,支持有条件的地区推进便民服务中心(站)窗口工作人员由政务服务管理机构统一配备。政务服务管理机构负责部门派驻人员的日常管理、服务规范,并对其年度考核等次提出建议。通过政府购买服务提供办事窗口服务的地区,要健全完善和督促落实相关服务标准,合理确定政府购买服务价格,支持有条件的地区按照行政办事员(政务服务综合窗口办事员)国家职业技能标准开展等级认定、定岗晋级等工作,增强人员队伍的稳定性。健全培训管理制度,不断提升工作人员服务意识、业务能力和办事效率。加强全国一体化政务服务平台运营管理队伍建设,强化各级政务服务管理机构相关人员力量配备。

(四)加强法治保障。聚焦政务服务优化面临的政策制度障碍,及时清理和修改完善与推进政务服务标准化、规范化、便利化不相适应的行政法规、规章和行政规范性文件。推动将行之有效并可长期坚持的做法以立法形式予以固化,发挥法治引领和保障作用。

(五)加强安全保障。强化各级政务服务平台安全保障系统建设,落实安全管理主体责任,分级做好政务服务平台建设运营和网络数据安全保障工作,构建全方位、多层次、一致性的安全防护体系,不断提升全国一体化政务服务平台风险防控能力。加强政务数据全生命周期安全防护,强化政务服务和数据共享利用中的个人隐私、商业秘密保护,确保政务网络和数据安全。

(六)加强宣传推广。各地区各部门要加强政策宣传,通过政府网站、政务新媒体、政务服务平台等向社会及时提供通俗易懂的政策解读,对关联性较强的政策要一并解读。加强对推进政务服务标准化、规范化、便利化进展成效和经验做法的总结和复制推广。

国务院关于落实《政府工作报告》重点工作分工的意见

(2022年3月21日　国发〔2022〕9号)

为全面贯彻党的十九大和十九届历次全会精神,深入落实中央经济工作会议精神和十三届全国人大五次会议通过的《政府工作报告》部署,做好今年政府工作,实现经济社会发展目标任务,现就《政府工作报告》确定的重点工作,提出分工意见如下:

一、2022年经济社会发展总体要求和政策取向

(一)总体要求和主要预期目标。

1. 要在以习近平同志为核心的党中央坚强领导下,以习近平新时代中国特色社会主义思想为指导,全面贯彻落实党的十九大和十九届历次全会精神,弘扬伟大建党精神,坚持稳中求进工作总基调,完整、准确、全面贯彻新发展理念,加快构建新发展格局,全面深化改革开放,坚持创新驱动发展,推动高质量发展,坚持以供给侧结构性改革为主线,统筹疫情防控和经济社会发展,统筹发展和安全,继续做好"六稳"、"六保"工作,持续改善民生,着力稳定宏观经济大盘,保持经济运行在合理区间,保持社会大局稳定,迎接党的二十大胜利召开。(国务院各部门分别负责,年内持续推进)

2. 今年发展主要预期目标是:国内生产总值增长5.5%左右;城镇新增就业1100万人以上,城镇调查失业率全年控制在5.5%以内;居民消费价格涨幅3%左右;居民收入增长与经济增长基本同步;进出口保稳提质,国际收支基本平衡;粮食产量保持在1.3万亿斤以上;生态环境质量持续改善,主要污染物排放量继续下降;能耗强度目标在"十四五"规划期内统筹考核,并留有适当弹性,新增可再生能源和原料用能不纳入能源消费总量控制。(国家发展改革委、财政部、人力资源社会保障部、生态环境部、农业农村部、商务部、人民银行、海关总署、国家能源局、国家外汇局等按职责分工负责,12月底前完成)

(二)重大政策取向和要求。

3. 完成今年发展目标任务,宏观政策要稳健有效,微观政策要持续激发市场主体活力,结构政策要着力畅通国民经济循环,科技政策要扎实落地,改革开放政策要激活发展动力,区域政策要增强发展的平衡性协调性,社会政策要兜住兜牢民生底线。各方面要围绕贯彻这些重大政策和要求,细化实化具体举措,形成推动发展的合力。(国务院各部门分别负责,年内持续推进)

4. 要保持宏观政策连续性,强化跨周期和逆周期调节,增强有效性。积极的财政政策要提升效能,更加注重精准、可持续。稳健的货币政策要灵活适度,保持流动性合理充裕。就业优先政策要提质加力。政策发力适当靠前,及时动用储备政策工具,确保经济平稳运行。(国家发展改革委、财政部、人力资源社会保障部、人民银行等按职责分工负责,年内持续推进)

5. 继续做好常态化疫情防控。坚持外防输入、内防反弹,不断优化完善防控措施,加强口岸城市疫情防控,加大对病毒变异的研究和防范力度,加快新型疫苗和特效药物研发,持续做好疫苗接种工作,更好发挥中医药独特作用,科学精准处置局部疫情,保持正常生产生活秩序。(国务院各部门分别负责,年内持续推进)

6. 要坚持稳字当头、稳中求进。面对新的下行压力,要把稳增长放在更加突出的位置。各地区各部门要切实担负起稳定经济的责任,积极推出有利于经济稳定的政策。要统筹稳增长、调结构、推改革,加快转变发展方式,不搞粗放型发展。坚持实事求是,立足社会主义初级阶段基本国情,着力办好自己的事,尊重发展规律、客观实际和群众需求,因地制宜创造性开展工作,把各方面干事创业积极性充分调动起来。推动有效市场和有为政府更好结合,善于运用改革创新办法,激发市场活力和社会创造力。要坚持以人民为中心的发展思想,依靠共同奋斗,扎实推进共同富裕,不断实现人民对美好生活的向往。(国务院各部门分别负责,年内持续推进)

二、着力稳定宏观经济大盘,保持经济运行在合理区间

(三)提升积极的财政政策效能。

7. 今年赤字率拟按2.8%左右安排、比去年有所下调,有利于增强财政可持续性。预计今年财政收入继续增长,加之特定国有金融机构和专营机构依法上缴近年结存的利润、调入预算稳定调节基金等,支出规模比去年扩大2万亿元以上,可用财力明显增加。新增财力要下沉基层,主要用于落实助企纾困、稳就业保民生政策,促进消费、扩大需求。今年安排中央本级支出增长3.9%,其中中央部门支出继续负增长。中央对地方转移支付增加约1.5万亿元、规模近9.8万亿元,增长18%,为多年来最大增幅。中央财政将更多资金纳入直达范围,省级财政也要加大对市县的支持,务必使基层落实惠企利民政策更有能力、更有动力。(财政部牵头,国家发展改革委、人力资源社会保障部、人民银行、税务总局、国家烟草局等按职责分工负责,12月底前完成)

8. 要用好政府投资资金,带动扩大有效投资。今年拟安排地方政府专项债券3.65万亿元。强化绩效导向,坚持"资金、要素跟着项目走",合理扩大使用范围,支持在建项目后续融资,开工一批具备条件的重大工程、新型基础设施、老旧公用设施改造等建设项目。民间投资在投资中占大头,要发挥重大项目牵引和政府投资撬动作用,完善相关支持政策,充分调动民间投资积极性。(国家发展改革委、财政部牵头,住房城乡建设部、自然资源部、生态环境部等按职责分工负责,年内持续推进)

9. 要坚持政府过紧日子,更好节用裕民。大力优化支出结构,保障重点支出,严控一般性支出。盘活财政存量资金和闲置资产。各级政府必须艰苦奋斗、勤俭节约,中央政府和省级政府要带头。加强收支管理,严禁铺张浪费,不得违规新建楼堂馆所,不得搞形象工程,对违反财经纪律、肆意挥霍公款的要严查重处,一定要把宝贵资金用在发展紧要处、民生急需上。(财政部牵头,国家发展改革委、国管局等按职责分工负责,年内持续推进)

(四)加大稳健的货币政策实施力度。

10. 发挥货币政策工具的总量和结构双重功能,为实体经济提供更有力支持。扩大新增贷款规模,保持货币供应量和社会融资规模增速与名义经济增速基本匹配,保持宏观杠杆率基本稳定。(人民银行牵头,年内持续推进)保持人民币汇率在合理均衡水平上的基本稳定。(人民银行、国家外汇局牵头,年内持续推进)进一步疏通货币政策传导机制,引导资金更多流向重点领域和薄弱环节,扩大普惠金融覆盖面。(人民银行、银保监会等按职责分工负责,年内持续推进)推动金融机构降低实际贷款利率、减少收费,让广大市场主体切身感受到融资便利度提升、综合融资成本实实在在下降。(人民银行、银保监会、证监会、国家外汇局、国家发展改革委等按职责分工负责,年内持续推进)

(五)强化就业优先政策。

11. 大力拓宽就业渠道,注重通过稳市场主体来稳就业,增强创业带动就业作用。财税、金融等政策都要围绕就业优先实施,加大对企业稳岗扩岗的支持力度。(国家发展改革委、工业和信息化部、财政部、人力资源社会保障部、人民银行、税务总局、市场监管总局、银保监会、证监会等按职责分工负责,年内持续推进)各类专项促就业政策要强化优化,对就业创业的不合理限制要坚决清理取消。(人力资源社会保障部、国家发展改革委牵头,年内持续推进)各地都要千方百计稳定和扩大就业。(人力资源社会保障部牵头,年内持续推进)

(六)确保粮食能源安全。

12. 保障粮食等重要农产品供应。(国家发展改革委、农业农村部、交通运输部、财政部、商务部、国家粮食和储备局等按职责分工负责,年内持续推进)继续做好能源、重要原材料保供稳价工作,保障民生和企业正常生产经营用电。(国家发展改革委、国家能源局牵头,年内持续推进)实施全面节约战略。增强国内资源生产保障能力,加快油气、矿产等资源勘探开发,完善国家战略物资储备制度,保障初级产品供给。(国家发展改革委、工业和信息化部、自然资源部、交通运输部、财政部、国家粮食和储备局、国家能源局等按职责分工负责,年内持续推进)打击哄抬物价等行为。保持物价水平基本稳定。(国家发展改革委、市场监管总局牵头,年内持续推进)

(七)防范化解重大风险。

13. 继续按照稳定大局、统筹协调、分类施策、精准拆弹的基本方针,做好经济金融领域风险防范和处置工作。(国家发展改革委、财政部、人民银行、银保监会、证监会、国家外汇局等按职责分工负责,年内持续推进)压实地方属地责任、部门监管责任和企业主体责任,加强风险预警、防控机制和能力建设,设立金融稳定保障基金,发挥存款保险制度和行业保障基金的作用,运用市场化、法治化方式化解风险隐患,有效应对外部冲击,牢牢守住不发生系统性风险的底线。(人民银行牵头,国家发展改革委、司法部、财政部、银保监会、证监会、国家外汇局等按职责分工负责,9月底前完成金融稳定保障基金筹集相关工作,年内持续推进)

三、着力稳市场主体保就业,加大宏观政策实施力度

(八)实施新的组合式税费支持政策。

14. 坚持阶段性措施和制度性安排相结合,减税与退税并举。一方面,延续实施扶持制造业、小微企业和个体工商户的减税降费政策,并提高减免幅度、扩大适用范围。对小规模纳税人阶段性免征增值税。对小微企业年应纳税所得额100万元至300万元部分,再减半征收企业所得税。各地也要结合实际,依法出台税费减免等有力措施,使减税降费力度只增不减,以稳定市场预期。另一方面,综合考虑为企业提供现金流支持、促进就业消费投资,大力改进因增值税税制设计类似于先缴后退的留抵退税制度,今年对留抵税额提前实行大规模退税。优先安排小微企业,对小微企业的存量留抵税额于6月底前一次性全部退还,增量留抵税额足额退还。重点支持制造业,全面解决制造业、科研和技术服务、生态环保、电力燃气、交通运输等行业留抵退税问题。增值税留抵退税力度显著加大,以有力提振市场信心。预计全年退税减税约2.5万亿元,其中留抵退税约1.5万亿元,退税资金全部直达企业。中央财政将加大对地方财力支持,补助资金直达市县,地方政府及有关部门要建立健全工作机制,加强资金调度,确保退税减税这项关键性举措落实到位,为企业雪中送炭,助企业焕发生机。(财政部、税务总局牵头,4月底前出台相关政策,年内持续推进)

(九)加强金融对实体经济的有效支持。

15. 用好普惠小微贷款支持工具,增加支农支小再贷款,优化监管考核,推动普惠小微贷款明显增长、信用贷款和首贷户比重继续提升。(人民银行、银保监会等按职责分工负责,6月底前出台相关政策,年内持续推进)引导金融机构准确把握信贷政策,继续对受疫情影响严重的行业企业给予融资支持,避免出现行业性限贷、抽贷、断贷。对市场前景好的特殊困难行业企业给予"无缝续贷"。(人民银行、银保监会等按职责分工负责,年内持续推进)发挥好政策性、开发性金融作用。(财政部、人民银行、银保监会等按职责分工负责,6月底前出台分类分账改革相关方案,年内持续推进)推进涉企信用信息整合共享,加快税务、海关、电力等单位与金融机构信息联通,扩大政府性融资担保对小微企业的覆盖面,努力营造良好融资生态,进一步推动解决实体经济特别是中小微企业融资难题。(国家发展改革委、工业和信息化部、财政部、商务部、人民银行、海关总署、税务总局、市场监管总局、银保监会、国家能源局等按职责分工负责,年内持续推进)

(十)推动降低企业生产经营成本。

16. 清理转供电环节不合理加价,支持地方对特殊困难行业用电实行阶段性优惠政策。(国家发展改革委、市场监管总局牵头,年内持续推进)引导大型平台企业降低收费,减轻中小商户负担。进一步清理规范行业协会商会、中介机构等收费。(国家发展改革委、市场监管总局、民政部等按职责分工负责,年内持续推进)要开展涉企违规收费专项整治行动,建立协同治理和联合惩戒机制,坚决查处乱收费、乱罚款、乱摊派。(国家发展改革委、工业和信息化部、财政部、市场监管总局牵头,有关部门按职责分工负责,12月底前完成)要加大拖欠中小企业账款清理力度,规范商业承兑汇票使用,机关、事业单位和国有企业要带头清欠。(工业和信息化部牵头,财政部、人民银行、国务院国资委等按职责分工负责,年内持续推进)餐饮、住宿、零售、文化、旅游、客运等行业就业容量大、受疫情影响重,各项帮扶政策都要予以倾斜,支持这些行业企业挺得住、过难关、有奔头。(国家发展改革委、财政部、交通运输部、住房城乡建设部、商务部、文化和旅游部、人民银行、税务总局、中国民航局、中国国家铁路集团有限公司等按职责分工负责,年内持续推进)

(十一)落实落细稳就业举措。

17. 延续执行降低失业和工伤保险费率等阶段性稳就业政策。(人力资源社会保障部、财政部、税务总局牵头,4月底前出台相关政策,年内持续推进)对不裁员少裁员的企业,继续实施失业保险稳岗返还政策,明显提高中小微企业返还比例。(人力资源社会保障部、财政部牵头,4月底前出台相关政策,年内持续推进)今年高校毕生超过1000万人,要加强就业创业指导、政策支持和不断线服务。(人力资源社会保障部、教育部、国家发展改革委、财政部等按职责分工负责,5月底前出台相关政策,年内持续推进)做好退役军人安置和就业保障,促进农民工就业,帮扶残疾人、零就业家庭成员就业。(人力资源社会保障部、国家发展改革委、财政部、农业农村部、退役军人部、国家乡村振兴局、中国残联等按职责分工负责,年内持续推进)深入开展大众创业万众创新,增强双创平台服务能力。(国家发展改革委牵头,年内持续推进)加强灵活就业服务,完善灵活就业社会保障政策,开展新就业形态职业伤害保障试点。(人力资源社会保障部、国家医保局、财政部、税务总局等按职责分工负责,年内持续推进)坚决防止和纠正性别、年龄、学历等就业歧视,大力营造公平就业环境。加强劳动保障监察执法,着力解决侵害劳动者合法权益的突出问题。(人力资源社会保障部、教育部、全国总工会、全国妇联等按职责分工负责,年内持续推进)增强公共就业服务针对性。(人力资源社会保障部牵头,年内持续推进)继续开展大规模职业技能培训,共建共享一批公共实训基地。(国家发展改革委、财政部、人力资源社会保障部等按职责分工负责,年内持续推进)使用1000亿元失业保险基金支持稳岗和培训,加快培养制造业高质量发展的急需人才,让更多劳动者掌握一技之长、让三百六十行行行人才辈出。(人力资源社会保障部、财政部牵头,4月底前出台相关政策,年内持续推进)

四、坚定不移深化改革,更大激发市场活力和发展内生动力

(十二)加快转变政府职能。

18. 加强高标准市场体系建设,抓好要素市场化配置综合改革试点,加快建设全国统一大市场。继续扩大市场准入。(国家发展改革委牵头,有关部门按职责分工负责,年内持续推进)围绕打造市场化法治化国际化营商环境,持续推进"放管服"改革,对取消和下放审批事项要同步落实监管责任和措施。全面实行行政许可事项清单管理。(国务院办公厅牵头,有关部门按职责分工负责,年内持续推进)加强数字政府建设。(国务院办公厅牵头,国家发展改革委、科技部、工业和信息化部、财政部等按职责分工负责,年内持续推进)推动政务数据共享。(国务院办公厅牵头,有关部门按职责分工负责,年内持续推进)进一步压减各类证明事项。(国务院办公厅、司法部牵头,有关部门按职责分工负责,年内持续推进)扩大"跨省通办"范围,基本实现电子证照互通互认,便利企业跨区域经营,加快解决群众关切事项的异地办理问题。(国务院办公厅牵头,有关部门按职责分工负责,年内持续推进)推进居民身份证电子化,实现通过扫码办理需要用身份证的服务事项,同时保障好群众信息安全和隐私。(公安部、国务院办公厅牵头,有关部门按职责分工负责,年内持续推进)推进政务服务事项集成化办理。(国务院办公厅牵头,有关部门按职责分工负责,6月底前出台相关政策,年内持续推进)推出优化不动产登记、车辆检测等便民举措。(自然资源部、公安部、市场监管总局牵头,有关部门按职责分工负责,9月底前出台相关政策,年内持续推进)强化政府监管责任,严格落实行业主管部门、相关部门监管责任和地方政府属地监管责任,防止监管缺位。加快建立健全全方位、多层次、立体化监管体系,实现事前事中事后全链条全领域监管,提高监管效能。(国务院办公厅牵头,有关部门按职责分工负责,年内持续推进)抓紧完善重点领域、新兴领域、涉外领域监管规则,创新监管方法,提升监管精准性和有效性。(国务院办公厅牵头,国家发展改革委、工业和信息化部、生态环境部、商务部、应急部、人民银行、海关总署、市场监管总局、银保监会、证监会、国家药监局等按职责分工负责,年内持续推进)深入推进公平竞争政策实施,加强反垄断和反不正当竞争,维护公平有序的市场环境。(市场监管总局牵头,国家发展改革委、科技部、工业和信息化部、财政部、商务部、人民银行、银保监会、证监会、全国工商联等按职责分工负责,年内持续推进)

(十三)促进多种所有制经济共同发展。

19. 坚持和完善社会主义基本经济制度,坚持"两个毫不动摇"。要正确认识和把握资本的特性和行为规律,支持和引导资本规范健康发展。依法平等保护企业产权、自主经营权和企业家合法权益,营造各类所有制企业竞相发展的良好环境。(国家发展改革委、工业和信息化部、商务部、人民银行、国务院国资委、市场监管总局、银保监会、证监会、全国工商联等按职责分工负责,年内持续推进)完成国企改革三年行动任务,加快国有经济布局优化和结构调整,深化混合所有制改革,加强国有资产监管,促进国企聚焦主责主业、提升产业链供应链支撑和带动能力。(国务院国资委、国家发展改革委、财政部等按职责分工负责,年内持续推进)落实支持民营经济发展的政策措施,鼓励引导民营企业改革创新,构建亲清政商关系。弘扬企业家精神,制定涉企政策要多听市场主体意见,尊重市场规律,支持企业家专注创业创新、安心经营发展。(国家发展改革委、工业和信息化部、国务院国资委、全国工商联、中国贸促会等按职责分工负责,年内持续推进)

(十四)推进财税金融体制改革。

20. 深化预算绩效管理改革,增强预算的约束力和透明度。(财政部牵头,年内持续推进)推进省以下财政体制改革。(财政部牵头,9月底前出台相关政策,年内持续推进)完善税收征管制度,依法打击偷税骗税。(税务总局牵头,9月底前出台相关政策,年内持续推进)加强和改进金融监管。(人民银行、银保监会、证监会、国家外汇局等按职责分工负责,年内持续推进)深化中小银行股权结构和公司治理改革,加快不良资产处置。(银保监会牵头,年内持续推进)完善民营企业债券融资支持机制,全面实行股票发行注册制,促进资本市场平稳健康发展。(人民银行、国家发展改革委、证监会等按职责分工负责,年内持续推进)

五、深入实施创新驱动发展战略,巩固壮大实体经济根基

(十五)提升科技创新能力。

21. 实施基础研究十年规划,加强长期稳定支持,提高基础研究经费占全社会研发经费比重。(科技部、财政部、教育部、国务院国资委、中科院、工程院、国家自然科学基金委等按职责分工负责,年内持续推进)实施科技体制改革三年攻坚方案,强化国家战略科技力量,加强国家实验室和全国重点实验室建设,发挥好高校和科研院所作用,改进重大科技项目立项和管理方式,深化科技评价激励制度改革。(科技部、国家发展改革委、财政部牵头,国家国防科工局等按职责分工负责,年内持续推进)支持各地加大科技投入,开展各具特色的区域创新。(科技部、国家发展改革委牵头,有关部门按职责分工负责,年内持续推进)加强科普工作。推进国际科技合作。(科技部牵头,外交部、国家发展改革委、中科院、工程院、中国科协、国家自然科学基金委等按职责分工负责,年内持续推进)加快建设世界重要人才中心和创新高地,完善人才发展体制机制,弘扬科学家精神,加大

对青年科研人员支持力度,让各类人才潜心钻研、尽展其能。(科技部、教育部、中国科协等按职责分工负责,年内持续推进)

(十六)加大企业创新激励力度。

22.强化企业创新主体地位,持续推进关键核心技术攻关,深化产学研用结合,促进科技成果转移转化。(科技部、国家发展改革委、工业和信息化部、教育部、财政部、农业农村部、国务院国资委、国家国防科工局牵头,有关部门按职责分工负责,年内持续推进)加强知识产权保护和运用。(国家知识产权局牵头,教育部、科技部、工业和信息化部、司法部、市场监管总局等按职责分工负责,年内持续推进)促进创业投资发展,创新科技金融产品和服务,提升科技中介服务专业化水平。(人民银行、银保监会、证监会、科技部、国家发展改革委、税务总局等按职责分工负责,6月底前出台相关政策,年内持续推进)加大研发费用加计扣除政策实施力度,将科技型中小企业加计扣除比例从75%提高到100%,对企业投入基础研究实行税收优惠,完善设备器具加速折旧、高新技术企业所得税优惠等政策,这相当于国家对企业创新给予大规模资金支持。(财政部、税务总局、科技部牵头,9月底前出台相关政策,年内持续推进)要落实好各类创新激励政策,以促进企业加大研发投入,培育壮大新动能。(科技部、国家发展改革委、财政部、税务总局、国务院国资委牵头,年内持续推进)

(十七)增强制造业核心竞争力。

23.促进工业经济平稳运行,加强原材料、关键零部件等供给保障,实施龙头企业保链稳链工程,维护产业链供应链安全稳定。(国家发展改革委、工业和信息化部牵头,年内持续推进)引导金融机构增加制造业中长期贷款。(人民银行、银保监会牵头,年内持续推进)启动一批产业基础再造工程项目,促进传统产业升级,大力推进智能制造,加快发展先进制造业集群,实施国家战略性新兴产业集群工程。(工业和信息化部、国家发展改革委牵头,年内持续推进)着力培育"专精特新"企业,在资金、人才、孵化平台搭建等方面给予大力支持。(工业和信息化部牵头,财政部、人力资源社会保障部、人民银行、银保监会、证监会等按职责分工负责,年内持续推进)推进质量强国建设,推动产业向中高端迈进。(市场监管总局、国家发展改革委、

科技部、工业和信息化部等按职责分工负责,年内持续推进)

(十八)促进数字经济发展。

24.加强数字中国建设整体布局。建设数字信息基础设施,逐步构建全国一体化大数据中心体系,推进5G规模化应用,促进产业数字化转型。(国家发展改革委、工业和信息化部牵头,年内持续推进)发展智慧城市、数字乡村。(国家发展改革委、工业和信息化部、住房城乡建设部、农业农村部等按职责分工负责,年内持续推进)加快发展工业互联网,培育壮大集成电路、人工智能等数字产业,提升关键软硬件技术创新和供给能力。(国家发展改革委、工业和信息化部、科技部等按职责分工负责,年内持续推进)完善数字经济治理,培育数据要素市场,释放数据要素潜力,提高应用能力,更好赋能经济发展、丰富人民生活。(国家发展改革委、工业和信息化部、商务部、市场监管总局等按职责分工负责,年内持续推进)

六、坚定实施扩大内需战略,推进区域协调发展和新型城镇化

(十九)推动消费持续恢复。

25.多渠道促进居民增收,完善收入分配制度,提升消费能力。(国家发展改革委牵头,财政部、人力资源社会保障部等按职责分工负责,年内持续推进)推动线上线下消费深度融合,促进生活服务消费恢复,发展消费新业态新模式。(商务部、国家发展改革委牵头,年内持续推进)继续支持新能源汽车消费,鼓励地方开展绿色智能家电下乡和以旧换新。(国家发展改革委、工业和信息化部、财政部、生态环境部、住房城乡建设部、商务部、国家能源局等按职责分工负责,年内持续推进)加大社区养老、托幼等配套设施建设力度,在规划、用地、用房等方面给予更多支持。(住房城乡建设部、民政部、国家发展改革委、自然资源部、国家卫生健康委等按职责分工负责,年内持续推进)促进家政服务业提质扩容。(国家发展改革委、商务部牵头,年内持续推进)加强县域商业体系建设,发展农村电商和快递物流配送。(商务部、国家邮政局牵头,农业农村部、交通运输部、供销合作总社、中国邮政集团有限公司等按职责分工负责,年内持续推进)提高产品和服务质量,强化消费者权益保护,着力适应群众需求,增强消费意愿。(市场监管总局牵头,国家发展改革委、科技部、工业和信息化部、农业农村部等按职责分工负责,年内持续推进)

（二十）积极扩大有效投资。

26. 围绕国家重大战略部署和"十四五"规划,适度超前开展基础设施投资。建设重点水利工程、综合立体交通网、重要能源基地和设施,加快城市燃气管道、给排水管道等管网更新改造,完善防洪排涝设施,继续推进地下综合管廊建设。中央预算内投资安排6400亿元。政府投资更多向民生项目倾斜,加大社会民生领域补短板力度。(国家发展改革委、工业和信息化部、民政部、财政部、住房城乡建设部、交通运输部、水利部、农业农村部、国家卫生健康委、应急部、国家能源局、中国民航局、中国国家铁路集团有限公司等按职责分工负责,年内持续推进)深化投资审批制度改革,做好用地、用能等要素保障,对国家重大项目要实行能耗单列。要优化投资结构,破解投资难题,切实把投资关键作用发挥出来。(国家发展改革委、财政部、自然资源部、生态环境部、人民银行、银保监会、国家能源局等按职责分工负责,年内持续推进)

（二十一）增强区域发展平衡性协调性。

27. 深入实施区域重大战略和区域协调发展战略。推进京津冀协同发展、长江经济带发展、粤港澳大湾区建设、长三角一体化发展、黄河流域生态保护和高质量发展,高标准高质量建设雄安新区,支持北京城市副中心建设。推动西部大开发形成新格局,推动东北振兴取得新突破,推动中部地区高质量发展,鼓励东部地区加快推进现代化,支持产业梯度转移和区域合作。支持革命老区、民族地区、边疆地区加快发展。发展海洋经济,建设海洋强国。经济大省要充分发挥优势,增强对全国发展的带动作用。经济困难地区要用好国家支持政策,挖掘自身潜力,努力促进经济恢复发展。(国家发展改革委牵头,年内持续推进)

（二十二）提升新型城镇化质量。

28. 有序推进城市更新,加强市政设施和防灾减灾能力建设,开展老旧建筑和设施安全隐患排查整治,再开工改造一批城镇老旧小区,支持加装电梯等设施,推进无障碍环境建设和公共设施适老化改造。(住房城乡建设部牵头,国家发展改革委、财政部、自然资源部、应急部、中国残联等按职责分工负责,年内持续推进)健全常住地提供基本公共服务制度。(国家发展改革委、财政部、教育部、公安部、民政部、人力资源社会保障部、住房城乡建设部、国家卫生健康委、退役军人部、国家医保局等按职责分工负责,年内持续推进)加强县城基础设施建设。稳步推进城市群、都市圈建设,促进大中小城市和小城镇协调发展。(国家发展改革委、住房城乡建设部牵头,年内持续推进)推进成渝地区双城经济圈建设。(国家发展改革委牵头,有关部门与重庆市人民政府、四川省人民政府等按职责分工负责,年内持续推进)严控撤县建市设区。(民政部牵头,有关部门按职责分工负责,年内持续推进)在城乡规划建设中做好历史文化保护传承,节约集约用地。(自然资源部、住房城乡建设部、文化和旅游部、国家文物局等按职责分工负责,年内持续推进)要深入推进以人为核心的新型城镇化,不断提高人民生活质量。(国家发展改革委牵头,年内持续推进)

七、大力抓好农业生产,促进乡村全面振兴

(二十三)加强粮食等重要农产品稳产保供。

29.稳定粮食播种面积,优化粮食结构,针对小麦晚播强化夏粮田间管理,促进大豆和油料增产。(农业农村部、国家林草局等按职责分工负责,年内持续推进)适当提高稻谷、小麦最低收购价。(国家发展改革委牵头,财政部、农业农村部、国家粮食和储备局等按职责分工负责,4月底前完成)保障化肥等农资供应和价格稳定,给种粮农民再次发放农资补贴,加大对主产区支持力度,让农民种粮有合理收益、主产区抓粮有内在动力。(国家发展改革委、财政部、农业农村部、工业和信息化部、生态环境部、交通运输部、商务部、市场监管总局、供销合作总社等按职责分工负责,年内持续推进)坚决守住18亿亩耕地红线,划足划实永久基本农田,切实遏制耕地"非农化"、防止"非粮化"。(自然资源部、农业农村部等按职责分工负责,年内持续推进)加强中低产田改造,新建1亿亩高标准农田,新建改造一批大中型灌区。(农业农村部、水利部牵头,年内持续推进)加大黑土地保护和盐碱地综合利用力度。(国家发展改革委、农业农村部、财政部、水利部、科技部、中科院、国家林草局、自然资源部等按职责分工负责,年内持续推进)支持黄河流域发展节水农业、旱作农业。(农业农村部、水利部、国家发展改革委、财政部等按职责分工负责,年内持续推进)启动第三次全国土壤普查。(农业农村部牵头,自然资源部、国家发展改革委、财政部、生态环境部、水利部、国家统计局、中科院、国家林草局等按职责分工负责,年内持续推进)加快推进种业振兴,加强农业科技攻关和推广应用,提高农机装备水平。(农业农村部、科技部、国家发展改革委、工业和信息化部、国家林草局等按职责分工负责,年内持续推进)提升农业气象灾害防控和动植物疫病防治能力。(农业农村部牵头,中国气象局、海关总署、国家林草局等按职责分工负责,年内持续推进)加强生猪产能调控,抓好畜禽、水产、蔬菜等生产供应,加快发展现代化设施种养业。支持棉花、甘蔗等生产。(农业农村部牵头,年内持续推进)保障国家粮食安全各地区都有责任,粮食调入地区更要稳定粮食生产。各方面要共同努力,装满"米袋子"、充实"菜篮子",把14亿多中国人的饭碗牢牢端在自己手中。(国家发展改革委、农业农村部、财政部、商务部、国家粮食和储备局等按职责分工负责,年内持续推进)

(二十四)全面巩固拓展脱贫攻坚成果。

30. 完善落实防止返贫监测帮扶机制,确保不发生规模性返贫。(国家乡村振兴局牵头,年内持续推进)支持脱贫地区发展特色产业,加强劳务协作、职业技能培训,促进脱贫人口持续增收。(农业农村部、国家乡村振兴局、人力资源社会保障部、全国工商联等按职责分工负责,年内持续推进)强化国家乡村振兴重点帮扶县帮扶措施,做好易地搬迁后续扶持,深化东西部协作、定点帮扶和社会力量帮扶,大力实施"万企兴万村"行动,增强脱贫地区自我发展能力。(国家乡村振兴局、国家发展改革委、农业农村部、全国工商联等按职责分工负责,年内持续推进)

(二十五)扎实稳妥推进农村改革发展。

31. 开展好第二轮土地承包到期后再延长30年整县试点。(农业农村部牵头,年内持续推进)深化供销社、集体产权、集体林权、国有林区林场、农垦等改革。积极发展新型农村集体经济。(国家发展改革委、自然资源部、农业农村部、国家林草局、供销合作总社等按职责分工负责,年内持续推进)加强农村金融服务,加快发展乡村产业。(人民银行、银保监会、证监会、国家外汇局、农业农村部、国家乡村振兴局、国家发展改革委、财政部、农业发展银行等按职责分工负责,年内持续推进)壮大县域经济。(国家发展改革委、工业和信息化部、农业农村部、商务部、国家乡村振兴局等按职责分工负责,年内持续推进)严格规范村庄撤并,保护传统村落和乡村风貌。启动乡村建设行动,强化规划引领,加强水电路气信邮等基础设施建设,因地制宜推进农村改厕和污水垃圾处理。(农业农村部、国家乡村振兴局、国家发展改革委、工业和信息化部、民政部、财政部、自然资源部、生态环境部、住房城乡建设部、交通运输部、水利部、文化和旅游部、国家卫生健康委、国家邮政局、国家文物局等按职责分工负责,年内持续推进)深入开展文明村镇建设。(有关部门按职责分工负责,年内持续推进)强化农民工工资拖欠治理,支持农民工就业创业,一定要让广大农民有更多务工增收的渠道。(人力资源社会保障部、住房城乡建设部、交通运输部、水利部、农业农村部、国家乡村振兴局等按职责分工负责,年内持续推进)

八、扩大高水平对外开放,推动外贸外资平稳发展

(二十六)多措并举稳定外贸。

32. 扩大出口信用保险对中小微外贸企业的覆盖面,加强出口信贷支持,优化外汇服务,加快出口退税进度,帮助外贸企业稳订单稳生产。(商务部、财政部、人民银行、税务总局、银保监会、国家外汇局、进出口银行、中国出口信用保险公司、中国贸促会等按职责分工负责,年内持续推进)加快发展外贸新业态新模式,充分发挥跨境电商作用,支持建设一批海外仓。(商务部牵头,年内持续推进)积极扩大优质产品和服务进口。(商务部、财政部、海关总署牵头,年内持续推进)创新发展服务贸易、数字贸易,推进实施跨境服务贸易负面清单。(商务部牵头,年内持续推进)深化通关便利化改革,加快国际物流体系建设,助力外贸降成本、提效率。(海关总署、商务部、交通运输部、国家发展改革委、国家移民局、中国贸促会、中国国家铁路集团有限公司等按职责分工负责,年内持续推进)

(二十七)积极利用外资。

33. 深入实施外资准入负面清单,落实好外资企业国民待遇。扩大鼓励外商投资范围,支持外资加大中高端制造、研发、现代服务等领域和中西部、东北地区投资。优化外资促进服务,推动重大项目加快落地。(国家发展改革委、商务部等按职责分工负责,年内持续推进)扎实推进自贸试验区、海南自由贸易港建设,推动开发区改革创新,提高综合保税区发展水平,增设服务业扩大开放综合试点。(国家发展改革委、商务部、科技部、海关总署与海南省人民政府等按职责分工负责,年内持续推进)开放的中国大市场,必将为各国企业在华发展提供更多机遇。(国家发展改革委、商务部等按职责分工负责,年内持续推进)

(二十八)高质量共建"一带一路"。

34. 坚持共商共建共享,巩固互联互通合作基础,稳步拓展合作新领域。推进西部陆海新通道建设。有序开展对外投资合作,有效防范海外风险。(国家发展改革委、商务部、外交部牵头,有关部门按职责分工负责,年内持续推进)

(二十九)深化多双边经贸合作。

35. 区域全面经济伙伴关系协定形成了全球最大自由贸易区,要支持企业用好优惠关税、原产地累积等规则,扩大贸易和投资合作。(商务部、海关总署牵头,年内持续推进)推动与更多国家和地区商签高标准自贸协定。坚定维护多边贸易体制,积极参与世贸组织改革。中国愿与世界各国加强互利合作,实现共赢多赢。(商务部牵头,年内持续推进)

九、持续改善生态环境,推动绿色低碳发展

(三十)加强生态环境综合治理。

36. 深入打好污染防治攻坚战。强化大气多污染物协同控制和区域协同治理,加大重要河湖、海湾污染整治力度,持续推进土壤污染防治。(生态环境部、国家发展改革委、工业和信息化部、财政部、自然资源部、住房城乡建设部、交通运输部、水利部、农业农村部、公安部、应急部、市场监管总局、国家能源局等按职责分工负责,年内持续推进)加强固体废物和新污染物治理,推行垃圾分类和减量化、资源化。(生态环境部、住房城乡建设部、国家发展改革委、工业和信息化部、农业农村部、国家卫生健康委、商务部、市场监管总局等按职责分工负责,年内持续推进)完善节能节水、废旧物资循环利用等环保产业支持政策。(国家发展改革委、住房城乡建设部、水利部、商务部等按职责分工负责,年内持续推进)加强生态环境分区管控,科学开展国土绿化,统筹山水林田湖草沙系统治理,保护生物多样性,推进以国家公园为主体的自然保护地体系建设,要让我们生活的家园更绿更美。(生态环境部、自然资源部、国家发展改革委、财政部、住房

城乡建设部、水利部、农业农村部、国家林草局等按职责分工负责,年内持续推进)

(三十一)有序推进碳达峰碳中和工作。

37.落实碳达峰行动方案。(国家发展改革委牵头,有关部门按职责分工负责,年内持续推进)推动能源革命,确保能源供应,立足资源禀赋,坚持先立后破、通盘谋划,推进能源低碳转型。加强煤炭清洁高效利用,有序减量替代,推动煤电节能降碳改造、灵活性改造、供热改造。推进大型风光电基地及其配套调节性电源规划建设,加强抽水蓄能电站建设,提升电网对可再生能源发电的消纳能力。支持生物质能发展。(国家发展改革委、科技部、工业和信息化部、国家能源局等按职责分工负责,年内持续推进)推进绿色低碳技术研发和推广应用,建设绿色制造和服务体系,推进钢铁、有色、石化、化工、建材等行业节能降碳,强化交通和建筑节能。坚决遏制高耗能、高排放、低水平项目盲目发展。(国家发展改革委牵头,科技部、工业和信息化部、生态环境部、住房城乡建设部、交通运输部等按职责分工负责,年内持续推进)提升生态系统碳汇能力。推动能耗"双控"向碳排放总量和强度"双控"转变,完善减污降碳激励约束政策,发展绿色金融,加快形成绿色低碳生产生活方式。(国家发展改革委、自然资源部、生态环境部、人民银行、国家统计局、国家林草局等按职责分工负责,年内持续推进)

十、切实保障和改善民生,加强和创新社会治理

(三十二)促进教育公平与质量提升。

38.落实立德树人根本任务。推动义务教育优质均衡发展和城乡一体化,依据常住人口规模配置教育资源,保障适龄儿童就近入学,解决好进城务工人员子女就学问题。加强乡村教师定向培养、在职培训与待遇保障。继续做好义务教育阶段减负工作。多渠道增加普惠性学前教育资源。加强县域普通高中建设。办好特殊教育、继续教育、专门教育,支持和规范民办教育发展。提升国家通用语言文字普及程度和质量。发展现代职业教育,改善职业教育办学条件,完善产教融合办学体制,增强职业教育适应性。推进高等教育内涵式发展,优化高等教育布局,分类建设一流大学和一流学科,加快培养理工农医类专业紧缺人才,支持中西部高等教育发展。高校招生继续加大对中西部和农村地区倾斜力度。加强师德师风建设。健全学校家庭社会协同育人机制。发展在线教育。完善终身学习体系。倡导全社会尊师重教。我国有2.9亿在校学生,要坚持把教育这个关乎千家万户和中华民族未来的大事办好。(教育部牵头,国家发展改革委、科技部、工业和信息化部、国家民委、民政部、财政部、人力资源社会保障部、自然资源部、住房城乡建设部、农业农村部、国家卫生健康委、市场监管总局、体育总局、国家疾控局、银保监会、全国妇联、国务院妇儿工委办公室、中国残联等按职责分工负责,年内持续推进)全面落实义务教育教师工资待遇。(人力资源社会保障部、教育部、财政部牵头,年内持续推进)进一步加大向农村和边远地区义务教育的投入力度。(教育部牵头,财政部、国家发展改革委等按职责分工负责,年内持续推进)

(三十三)提高医疗卫生服务能力。

39. 居民医保和基本公共卫生服务经费人均财政补助标准分别再提高30元和5元。(财政部、国家卫生健康委、国家医保局、国家疾控局牵头,6月底前出台相关政策,年内持续推进)推动基本医保省级统筹。(国家医保局、财政部、税务总局牵头,年内持续推进)推进药品和高值医用耗材集中带量采购,确保生产供应。(国家医保局、工业和信息化部、财政部等按职责分工负责,年内持续推进)强化药品疫苗质量安全监管。(国家药监局牵头,工业和信息化部、公安部、商务部、国家卫生健康委、市场监管总局、国家医保局、国家中医药局、国家疾控局等按职责分工负责,年内持续推进)深化医保支付方式改革,加强医保基金监管。(国家医保局牵头,财政部、国家卫生健康委等按职责分工负责,年内持续推进)完善跨省异地就医直接结算办法。(国家医保局牵头,财政部等按职责分工负责,6月底前出台相关政策,年内持续推进)实现全国医保用药范围基本统一。(国家医保局牵头,12月底前完成)

40. 坚持预防为主,加强健康教育和健康管理,深入推进健康中国行动。(国家卫生健康委、教育部、体育总局牵头,国家发展改革委、民政部、生态环境部、住房城乡建设部、农业农村部、市场监管总局、国家中医药局、国家疾控局等按职责分工负责,年内持续推进)逐步提高心脑血管病、癌症等慢性病和肺结核、肝炎等传染病防治服务保障水平,加强罕见病研究和用药保障。(工业和信息化部、国家卫生健康委、科技部、国家医保局、国家药监局等按职责分工负责,年内持续推进)健全疾病预防控制网络,促进医防协同,加强公共卫生队伍建设,提高重大疫情监测预警、流调溯源和应急处置能力。(国家卫生健康委、国家疾控局、公安部、工业和信息化部、国家发展改革委、教育部、科技部、财政部、人力资源社会保障部、交通运输部、商务部、市场监管总局、海关总署、国家移民局、中国民航局、国家中医药局、国家药监局等按职责分工负责,年内持续推进)推动公立医院综合改革和高质量发展。规范医疗机构收费和服务,继续帮扶因疫情遇困的医疗机构,补齐妇幼儿科、精神卫生、老年医学等服务短板。(国家卫生健康委、国家发展改革委、市场监管总局、财政部、教育部、人力资源社会保障部、民政部、国务院国资委、国家医保局、国家中医药局、国家疾控局等按职责分工负责,年内持续推进)坚持中西医并重,加大中医药振兴发展支持力度,推进中医药综合改革。(国家中医药局、国家卫生健康委、国家发展改革委牵头,教育部、科技部、工业和信息化部、财政部、人力资源社会保障部、农业农村部、国家医保局、国家林草局、国家药监局、国家知识产权局等按职责分工负责,年内持续推进)落实和完善乡村医生待遇保障与激励政策。持续推进分级诊疗和优化就医秩序,加快建设国家、省级区域医疗中心,推动优质医疗资源向市县延伸,提升基层防病治病能力,使群众就近得到更好医疗卫生服务。(国家卫生健康委、国家发展改革委、财政部、教育部、人力资源社会保障部、国家中医药局、国家疾控局、国家医保局等按职责分工负责,年内持续推进)

(三十四)加强社会保障和服务。

41.稳步实施企业职工基本养老保险全国统筹。(人力资源社会保障部、财政部、税务总局牵头,年内持续推进)适当提高退休人员基本养老金和城乡居民基础养老金标准,确保按时足额发放。(人力资源社会保障部、财政部牵头,6月底前出台相关政策,年内持续推进)继续规范发展第三支柱养老保险。(人力资源社会保障部、财政部、银保监会牵头,4月底前出台相关政策,年内持续推进)加快推进工伤和失业保险省级统筹。(人力资源社会保障部、财政部、税务总局牵头,6月底前出台相关政策,年内持续推进)做好军人军属、退役军人和其他优抚对象优待抚恤工作。(退役军人部牵头,财政部等按职责分工负责,年内持续推进)积极应对人口老龄化,加快构建居家社区机构相协调、医养康养相结合的养老服务体系。优化城乡养老服务供给,支持社会力量提供日间照料、助餐助洁、康复护理等服务,稳步推进长期护理保险制度试点,鼓励发展农村互助式养老服务,创新发展老年教育,推动老龄事业和产业高质量发展。(国家发展改革委、民政部、国家卫生健康委、教育部、财政部、人力资源社会保障部、自然资源部、住房城乡建设部、商务部、农业农村部、市场监管总局、国家医保局、银保监会、国家中医药局、国家乡村振兴局、全国老龄办、中国残联等按职责分工负责,年内持续推进)完善三孩生育政策配套措施,多渠道发展普惠托育服务,减轻家庭生育、养育、教育负担。(国家卫生健康委、国家发展改革委、财政部、人力资源社会保障部、教育部、商务部、住房城乡建设部、自然资源部、国家医保局等按职责分工负责,年内持续推进)将3岁以下婴幼儿照护费用纳入个人所得税专项附加扣除。(财政部、税务总局牵头,公安部、民政部、国家卫生健康委等按职责分工负责,3月底前出台相关政策,年内持续推进)强化未成年人保护和心理健康教育。(民政部牵头,有关部门按职责分工负责,年内持续推进)提升残疾预防和康复服务水平。(民政部、国家卫生健康委、中国残联牵头,有关部门按职责分工负责,年内持续推进)加强民生兜底保障和遇困群众救助,努力做到应保尽保、应助尽助。(民政部、国家卫生健康委、应急部、国家医保局牵头,年内持续推进)

(三十五)继续保障好群众住房需求。

42. 坚持房子是用来住的、不是用来炒的定位,探索新的发展模式,坚持租购并举,加快发展长租房市场,推进保障性住房建设,支持商品房市场更好满足购房者的合理住房需求,稳地价、稳房价、稳预期,因城施策促进房地产业良性循环和健康发展。(住房城乡建设部牵头,国家发展改革委、财政部、自然资源部、人民银行、税务总局、银保监会、证监会等按职责分工负责,年内持续推进)

(三十六)丰富人民群众精神文化生活。

43. 培育和践行社会主义核心价值观,深化群众性精神文明创建。繁荣新闻出版、广播影视、文学艺术、哲学社会科学和档案等事业。深入推进全民阅读。加强和创新互联网内容建设,深化网络生态治理。推进公共文化数字化建设,促进基层文化设施布局优化和资源共享,扩大优质文化产品和服务供给,支持文化产业发展。传承弘扬中华优秀传统文化,加强文物古籍保护利用和非物质文化遗产保护传承,推进国家文化公园建设。(文化和旅游部、国家发展改革委、广电总局、教育部、社科院、国家文物局等按职责分工负责,年内持续推进)用好北京冬奥会、冬残奥会遗产,发展冰雪运动和冰雪产业。建设群众身边的体育场地设施,促进全民健身蔚然成风。(体育总局、国家发展改革委、住房城乡建设部与北京市人民政府、河北省人民政府等按职责分工负责,年内持续推进)

(三十七)推进社会治理共建共治共享。

44. 促进人民安居乐业、社会安定有序。创新和完善基层社会治理,强化社区服务功能,加强社会动员体系建设,提升基层治理能力。(民政部、工业和信息化部、公安部、司法部、住房城乡建设部、农业农村部、国家卫生健康委、国家乡村振兴局等按职责分工负责,年内持续推进)健全社会信用体系。(国家发展改革委、人民银行牵头,有关部门按职责分工负责,6月底前出台相关政策,年内持续推进)发展社会工作,支持社会组织、人道救助、志愿服务、公益慈善等健康发展。健全老年人、残疾人关爱服务体系。(民政部、国务院妇儿工委办公室、共青团中央、全国老龄办、全国妇联、中国残联、中国红十字会总会等按职责分工负责,年内持续推进)严厉打击拐卖、收买妇女儿童犯罪行为,坚决保障妇女儿童合法权益。(公安部、民政部、司法部、国务院妇儿工委办公室、全国妇联、共青团中央等按职责分工负责,年内持续推进)完善信访制度,加强矛盾纠纷排查化解,依法及时解决群众合理诉求。(国家信访局牵头,中央信访工作联席会议成员单位和有关部门按职责分工负责,年内持续推进)重视社会心理服务。(有关部门按职责分工负责,年内持续推进)强化公共法律服务和法律援助。(司法部牵头,年内持续推进)

45. 提高防灾减灾救灾和应急救援能力,做好洪涝干旱、森林草原火灾、地质灾害、地震等防御和气象服务。(应急部、自然资源部、住房城乡建设部、水利部、工业和信息化部、中国气象局、国家粮食和储备局、国家林草局、中国地震局等按职责分工负责,年内持续推进)

严格食品全链条质量安全监管。(市场监管总局、公安部、农业农村部、国家卫生健康委、海关总署、教育部、生态环境部、国家粮食和储备局、工业和信息化部等按职责分工负责,年内持续推进)落实安全生产责任和管理制度,深入开展安全生产专项整治三年行动,有效遏制重特大事故发生。(应急部牵头,工业和信息化部、公安部、自然资源部、住房城乡建设部、交通运输部、农业农村部、生态环境部、国家能源局、国家矿山安监局等按职责分工负责,年内持续推进)推进国家安全体系和能力建设。(安全部等按职责分工负责,年内持续推进)强化网络安全、数据安全和个人信息保护。(有关部门按职责分工负责,年内持续推进)加强社会治安综合治理,推动扫黑除恶常态化,坚决防范和打击各类违法犯罪,建设更高水平的平安中国、法治中国。(公安部牵头,年内持续推进)

十一、全面加强政府自身建设

(三十八)坚持不懈推进全面从严治党,加强法治政府、廉洁政府建设。

46. 各级政府要全面贯彻落实党的十九大和十九届历次全会精神,深刻认识"两个确立"的决定性意义,增强"四个意识"、坚定"四个自信"、做到"两个维护",自觉在思想上政治上行动上同以习近平同志为核心的党中央保持高度一致。依法接受同级人大及其常委会的监督,自觉接受人民政协的民主监督,主动接受社会和舆论监督。加强统计监督。支持工会、共青团、妇联等群团组织更好发挥作用。坚持不懈推进全面从严治党,深入开展党风廉政建设和反腐败斗争。加强廉洁政府建设。巩固党史学习教育成果。政府工作人员要自觉接受法律监督、监察监督和人民监督,始终把人民放在心中最高位置,无愧于人民公仆称号。(国务院各部门分别负责,年内持续推进)坚持依法行政,加强法治政府建设。(司法部牵头,有关部门按职责分工负责,年内持续推进)深化政务公开。(国务院办公厅牵头,年内持续推进)加强审计监督。(审计署牵头,年内持续推进)

(三十九)必须恪尽职守、勤政为民,凝心聚力抓发展、保民生。

47. 坚持发展是第一要务,必须全面落实新发展理念,推动高质量发展。要锲而不舍落实中央八项规定精神,驰而不息纠治"四风"特别是形式主义、官僚主义,坚决反对敷衍应付、推诿扯皮,坚决纠治任性用权、工作方法简单粗暴。要始终把人民群众安危冷暖放在心上,察实情、办实事、求实效,及时回应民生关切,坚决严肃处理漠视群众合法权益的严重失职失责问题。要充分发挥中央和地方两个积极性,尊重人民群众首创精神,防止政策执行"一刀切"、层层加码,持续为基层减负。健全激励和保护机制,支持广大干部敢担当、善作为。全国上下毕力同心、苦干实干,就一定能创造新的发展业绩。(国务院各部门分别负责,年内持续推进)

十二、做好民族、宗教、侨务、国防、港澳台、外交工作

(四十)坚持和全面贯彻党的民族政策、宗教政策、侨务政策。

48. 要坚持和完善民族区域自治制度,以铸牢中华民族共同体意识为主线,促进各民族交往交流交融,推动民族地区加快现代化建设步伐。(国家民委牵头,有关部门按职责分工负责,年内持续推进)坚持党的宗教工作基本方针,坚持我国宗教的中国化方向,积极引导宗教与社会主义社会相适应。(有关部门按职责分工负责,年内持续推进)全面贯彻党的侨务政策,维护海外侨胞和归侨侨眷合法权益,激励海内外中华儿女携手共创新的辉煌。(有关部门按职责分工负责,年内持续推进)

(四十一)大力支持国防和军队建设。

49. 要深入贯彻习近平强军思想,贯彻新时代军事战略方针,扣牢建军一百年奋斗目标,全面加强党的领导和党的建设,全面深化练兵备战,坚定灵活开展军事斗争,捍卫国家主权、安全、发展利益。加快现代军事物流体系、军队现代资产管理体系建设,构建武器装备现代化管理体系,持续深化国防和军队改革,加强国防科技创新,深入实施新时代人才强军战略,推进依法治军、从严治军,推动军队高质量发展。加强全民国防教育。各级政府要大力支持国防和军队建设,深入开展"双拥"活动,让军政军民团结坚如磐石。(有关部门按职责分工负责,年内持续推进)优化国防科技工业布局。(国家国防科工局牵头,9月底前出台相关政策,年内持续推进)完成国防动员体制改革。(国家发展改革委等按职责分工负责,12月底前完成)

(四十二)继续全面准确、坚定不移贯彻"一国两制"、"港人治港"、"澳人治澳"、高度自治的方针。

50. 落实中央对特别行政区全面管治权,坚定落实"爱国者治

港"、"爱国者治澳"。全力支持特别行政区政府依法施政。支持港澳防控疫情、发展经济、改善民生,更好融入国家发展大局,保持香港、澳门长期繁荣稳定。(国务院港澳办牵头,有关部门按职责分工负责,年内持续推进)

(四十三)坚持对台工作大政方针。

51. 贯彻新时代党解决台湾问题的总体方略,坚持一个中国原则和"九二共识",推进两岸关系和平发展和祖国统一。坚决反对"台独"分裂行径,坚决反对外部势力干涉。两岸同胞要和衷共济,共创民族复兴的光荣伟业。(有关部门按职责分工负责,年内持续推进)

(四十四)坚持独立自主的和平外交政策。

52. 坚定不移走和平发展道路,推动建设新型国际关系,推动构建人类命运共同体。推进落实全球发展倡议,弘扬全人类共同价值。中国始终是世界和平的建设者、全球发展的贡献者、国际秩序的维护者,愿同国际社会一道,为促进世界和平稳定与发展繁荣作出新的更大贡献。(外交部、国家发展改革委、商务部、工业和信息化部、财政部、生态环境部、交通运输部、农业农村部、文化和旅游部、国家卫生健康委、国际发展合作署、国家乡村振兴局、国家疾控局等按职责分工负责,年内持续推进)

今年将召开中国共产党第二十次全国代表大会,是党和国家事业发展进程中十分重要的一年。我们要更加紧密地团结在以习近平同志为核心的党中央周围,高举中国特色社会主义伟大旗帜,以习近平新时代中国特色社会主义思想为指导,认真落实党中央、国务院决策部署,攻坚克难,砥砺奋进,努力完成全年目标任务,确保兑现对人民的承诺。一是强化组织领导。今年经济社会发展任务重、挑战多,各地区、各部门要进一步增强责任感、紧迫感,把责任扛在肩上,对各项工作早安排早部署,争取时间及早抓落实,细化时间表、路线图、优先序。有关地区和部门要对照分工意见,抓紧制定本地区、本部门落实重点工作分工的实施方案,于4月6日前报国务院。二是加强统筹协调。各地区、各部门要尊重发展规律、客观实际和群众需求,强化系统思维和科学谋划,力戒形式主义、官僚主义。要统筹稳增长、调结构、推改革,注重实际效果和可持续性,扎实做好稳中求进各项工作,脚踏实地为群众办实事、解难题,为市场主体减负纾困。三是密切协作配合。要加强跨部门、跨区域分工协作，形成工作合力。各部门要强化政策支撑和要素保障，加强调查研究，密切关注政策落实进展情况、困难问题和成效经验，根据形势变化调整完善政策。各地区要因地制宜创造性开展工作，有针对性地采取措施，确保政策落地见效。四是抓好监督落实。各地区、各部门要坚持言必信、行必果，以钉钉子精神坚韧不拔抓部署、抓落实、抓督查，有力有序推动各项重点工作如期完成，重大情况要及时报告。要规范督查督办，加大监督问责力度，防止和纠正推诿扯皮、敷衍塞责、"一刀切"特别是漠视群众合法权益受侵害等不作为乱作为，确保执行不偏向、不变通、不走样。国务院办公厅要建立《政府工作报告》督查总台账，定期对账督办，推动党中央、国务院重大决策部署不折不扣落到实处。

国务院办公厅关于印发 2022年政务公开工作要点的通知

（2022年4月11日　国办发〔2022〕8号）

《2022年政务公开工作要点》已经国务院同意，现印发给你们，请结合实际认真贯彻落实。

2022年政务公开工作要点

做好2022年政务公开工作，要坚持以习近平新时代中国特色社会主义思想为指导，全面贯彻党的十九大和十九届历次全会精神，坚持稳中求进工作总基调，加快转变政务公开职能，服务党和国家中心工作，重点围绕助力经济平稳健康发展和保持社会和谐稳定、提高政策公开质量、夯实公开工作基础等方面深化政务公开，更好发挥以公开促落实、强监管功能，以实际行动迎接党的二十大胜利召开。

一、以公开助力经济平稳健康发展

（一）加强涉及市场主体的信息公开。增强政策制定实施的透明度和可预期性，提振市场主体信心，持续打造市场化法治化国际化营商环境。加大受疫情影响重的餐饮、住宿、零售、文化、旅游、客运等行业帮扶政策的公开力度，促进稳就业和消费恢复。建立市场主体反映投资和工程建设项目审批问题的办理和反馈机制，及时回应和解决"堵点"问题，推动优化投资和建设环境。持续推进反垄断和反不正当竞争执法信息公开工作，为各类市场主体规范健康发展营造诚信守法、公平竞争的市场环境。

（二）加强涉及减税降费的信息公开。系统集成、智能推送已出台各项减税降费政策特别是大规模增值税留抵退税政策，帮助基层执行机关和纳税人缴费人第一时间全面准确了解政策，做到应知尽知、应享尽享。开展税收优惠政策咨询和政策辅导，优化12366纳税服务平台智能咨询功能。依托税务网站完善统一规范的税费政策库，动态更新并免费开放。加大对骗取税费优惠典型案例的曝光力度，形成有效震慑。

（三）加强涉及扩大有效投资的信息公开。认真贯彻落实中央经济工作会议精神和《政府工作报告》要求，依法依规做好扩大有效投资相关规划、政策文件及重大建设项目信息公开，积极引导市场预期。密切关注重大建设项目舆情并及时作出回应。聚焦基础设施补短板等重点领域，加大政策解读力度，加强政策咨询服务，推动扩大有效投资。

二、以公开助力保持社会和谐稳定

（四）持续做好疫情防控信息公开。严格执行疫情防控信息发布各项制度，统筹用好各类信息发布平台，持续发布疫情防控进展信息，及时充分回应社会关切，防止引发疑虑和不实炒作。加强疫情防控信息发布工作协调，行政机关向社会公开发布的信息，要与上级单位对下级单位下达的工作指令保持一致，增强多方协同合力。进一步规范流调信息发布和管理，保护个人隐私，避免对当事人正常生活产生不当影响。

（五）强化稳就业保就业信息公开。加强政策宣讲和推送工作，将各级政府出台的就业支持政策及时传达至相关群体，帮助他们更好就业创业。加大减负稳岗扩就业政策解读和政策培训工作力度，重点对基层执行机关开展政策培训，使各项政策能够落得快、落得准、落得实，最大限度利企惠民。动态公开技能培训政策规定及经办流程，让更多群众能够知悉，并获得就业培训机会。

（六）推进公共企事业单位信息公开。严格执行已出台的公共企事业单位信息公开制度，深入推进公共企事业单位信息公开，以有力有效的信息公开，助力监督管理的强化和服务水平的提升。重点加强具有市场支配地位、公共属性较强、需要重点监管的公共企事业单位的信息公开，更好维护市场经济秩序和人民群众切身利益。

三、提高政策公开质量

（七）深化行政法规和规章集中公开。完善中国政府法制信息网行政法规库，2022年底前完成现行有效行政法规历史文本收录工作，规范网络文本格式，优化数据下载功能。巩固规章集中公开工作成果，建立健全规章动态更新工作机制，高质量发布现行有效规章正式版本，稳步推进规章历史文本收录工作，探索构建统一的国家规章库。

（八）开展行政规范性文件集中公开。高质量发布行政规范性文件正式版本，在政府网站的政府信息公开专栏集中公开并动态更新现行有效行政规范性文件，2022年底前国务院部门、省级政府及其部门率先完成，市、县级政府及其部门结合实际情况有序推进。各政府信息公开工作主管部门逐步探索建立本地区、本系统统一的现行有效行政规范性文件库，建立健全动态更新工作机制。

（九）加强政策集中公开成果运用。各政府信息公开工作主管部门要加强统筹，更好发挥政策集中公开成果的积极作用，以完整准确、动态更新的现行有效制度体系，为行政机关办理政务服务事项、编制各类权责清单提供基本依据。加强政策集中公开成果的推广使用，方便社会公众全面了解各项制度规定，保障和监督行政机关有效实施行政管理。

（十）优化政策咨询服务。加大政策咨询窗口建设力度，提高政务服务便民热线、实体服务大厅的政策咨询服务水平，更好解答生育、上学、就业、创业、养老、医疗、纳税、疫情防控等方面与人民群众切身利益密切相关的问题。加强人工智能等技术运用，建设统一的智能化政策问答平台，围绕各类高频政策咨询事项，以视频、图解、文字等形式予以解答，形成政策问答库并不断丰富完善。

四、夯实公开工作基础

（十一）规范执行政府信息公开制度。在公开工作中增强规范意识，完善政府信息公开保密审查制度，对拟公开的政府信息依法依规严格做好保密审查，防止泄露国家秘密、工作秘密和敏感信息，防范数据汇聚引发泄密风险。认真执行政府信息公开行政复议案件审理制度，依法审理政府信息公开行政复议案件。

（十二）科学合理确定公开方式。准确把握不同类型公开要求，综合考虑公开目的、公开效果、后续影响等因素，科学合理确定公开方式。公开内容涉及社会公众利益调整、需要广泛知晓的，可通过互联网等渠道公开。公开内容仅涉及部分特定对象，或者相关规定明确要求在特定范围内公示的，要选择适当的公开方式，防止危害国家安全、公共安全、经济安全、社会稳定或者泄露个人隐私、商业秘密。

（十三）加强公开平台建设。严格落实网络意识形态责任制，确保政府网站与政务新媒体安全平稳运行。2022年底前，国务院部门主管的政府网站和省级政府部门网站全面支持互联网协议第6版，推进省部级政务类移动客户端支持互联网协议第6版。深入推进政府网站集约化，强化政务新媒体矩阵建设，加强地方和部门协同，及时准确传递党和政府权威声音。规范高效办理"我为政府网站找错"平台网民留言。持续做好政府公报工作。

（十四）扎实推进基层政务公开。以公开促规范，县级政府要及时公开涉农补贴申报信息，同时汇总当年面向农村的各类惠民惠农财政补贴资金实际发放结果，年底前将发放结果以村为单位通过村务公开栏公开，公开期满相关材料留存村委会供村民查询。以公开促服务，更好适应基层群众信息获取习惯和现实条件，着力加强电话解答、现场解答等政策咨询渠道建设，推动政务公开与村（居）务公开的协调联动。务实推进政务公开专区建设，为基层群众提供政府信息网上查询、政府信息公开申请接收、政策咨询等服务。

五、强化工作指导监督

（十五）严格落实主体责任。推动落实信息发布、政策解读和政务舆情回应主体责任。在发布重大政策的同时做好解读工作，主动解疑释惑,积极引导舆论,有效管理预期。充分评估政策本身可能带来的各种影响,以及时机和形势可能产生的附加作用,避免发生误解误读。加强政务舆情监测和风险研判,前瞻性做好引导工作,更好回应人民群众和市场主体关切,为经济社会发展营造良好氛围。

(十六)有效改进工作作风。各政府信息公开工作主管部门要切实履行法定职责,进一步加强工作指导,积极主动帮助下级单位解决工作中存在的重大疑难问题,确保各项工作平稳有序。进一步规范政务公开第三方评估工作,地市级以下政府不再开展政务公开第三方评估。下级单位不得与上级单位委托的第三方评估机构开展政务公开咨询、培训、外包等业务合作。行政机关向社会公开发布排名结果或问题通报的,要按程序报本行政机关主要负责同志批准。

(十七)认真抓好工作落实。各政府信息公开工作主管部门要对照本要点提出的重点任务,梳理形成本地区、本系统工作台账,明确责任主体和时限要求,逐项推动落实。对上一年度工作要点落实情况开展"回头看",未完成的要督促整改。要将本要点落实情况纳入政府信息公开工作年度报告予以公开,接受社会监督。

国务院办公厅关于推动 12345 政务服务便民热线与 110 报警服务台高效对接联动的意见

(2022 年 4 月 23 日 国办发〔2022〕12 号)

近年来,一些地区推动 12345 政务服务便民热线(以下简称 12345)与 110 报警服务台(以下简称 110)建立非警务警情分流联动机制,在提升协同联动处置效率、缓解非警务警情占用警力资源方面开展了积极探索。同时,实践中仍存在 12345 与 110 职责边界不清晰、联动机制不健全、数据共享不充分、信息化支撑不到位等问题,12345 与 110 对接联动工作效率不高,非警务警情占用警力资源情况仍较为普遍。为推动 12345 与 110 高效对接联动,科学合理分流非警务求助、快速有效处置突发警情，进一步提升协同服务效能，经国务院同意，现提出以下意见。

一、总体要求

（一）指导思想。以习近平新时代中国特色社会主义思想为指导，全面贯彻落实党的十九大和十九届历次全会精神，坚持以人民为中心，坚持系统观念，加快转变政府职能，加强12345与110能力建设，以对接联动机制顺畅运行为目标，以分流联动事项高效办理为重点，以平台数据智能应用为支撑，加快建立职责明晰、优势互补、科技支撑、高效便捷的12345与110高效对接联动机制，进一步提升政务服务水平，不断增强人民群众的获得感、幸福感、安全感。

（二）工作目标。2022年底前，各地区基本建成12345与110高效对接联动机制，形成12345推动部门协同高效履职、及时解决涉及政府管理和服务的非紧急诉求，110依法打击违法犯罪活动、及时处置紧急危难警情、更好维护社会治安秩序的工作格局。2023年底前，全面实现12345与110平台互联互通、相关数据资源共享，不断提升对接联动工作规范化、专业化、智能化水平。

二、推动高效对接联动

（一）明确职责边界。

12345是地方人民政府受理企业和群众对政府管理和服务的非紧急诉求的便民热线平台，受理范围为：企业和群众关于经济调节、市场监管、社会管理、公共服务、生态环境保护等领域的咨询、非紧急求助、投诉、举报和意见建议等。

110是公安机关受理处置企业和群众报警、紧急求助和警务投诉的报警服务平台，受理范围为：刑事类警情、治安类警情、道路交通类警情、危及人身和财产安全或者社会治安秩序的群体性事件以及其他需要公安机关处置的与违法犯罪有关的报警；公共设施险情、灾害事故以及其他危及人身和财产安全、公共安全等需要公安机关参与处置的紧急求助；对公安机关及其人民警察正在发生的违法违纪或者失职行为的投诉。

（二）建立健全对接联动机制。

1. 建立健全转办机制。各地区12345或者110通过电话接到明确属于对方受理范围内的事项，以一键转接方式及时转交对方受理。

责任单位不明确或者职责交叉的,可以通过三方通话(诉求方、12345、110)方式了解具体诉求后,由 12345 与 110 协商确定受理平台,对协商后仍无法确定的,由首先接到企业和群众诉求的平台先行受理,如存在危及人身和财产安全、公共安全的紧急情况,由 110 及时派警先行处置。12345 或者 110 通过互联网渠道接到明确属于对方受理范围内的事项,可在线转交对方受理。对明确不属于 12345 与 110 受理范围的事项,话务人员要做好合理引导和解释工作。

2. 建立健全日常联动机制。各地区 110 接到可能引发违法犯罪特别是暴力事件、个人极端事件的矛盾纠纷时,第一时间派警处置,属于 12345 受理范围的转交 12345,12345 及时将诉求事项转至属地政府和相关职能部门办理,开展联合调处,推动矛盾隐患源头化解。12345 接到影响社会稳定的线索,第一时间转交 110 处置,12345 工单承办单位发现矛盾纠纷激化、事态难以控制或者涉及违法犯罪的,应当联动 110 派警处置。

3. 建立健全应急联动机制。各地区 12345、110 都要建立与 119、120、122 等紧急热线和水电气热等公共事业服务热线的应急联动机制,确保一旦发生自然灾害、事故灾难、公共卫生事件、社会安全事件等突发事件,能够快速响应、高效处置,为企业和群众提供更加及时、专业、高效的紧急救助服务。同时,要建立健全 12345 与 110 应急联动机制,遇到突发事件时及时启动应急联动方案,话务座席严重不足时由上级政务服务便民热线管理机构和公安机关统筹协调其他地区远程话务座席给予支持。

4. 建立健全会商交流机制。各地区要建立健全 12345 与 110 会商机制,对职责边界不清、存在管辖争议的高频诉求事项,及时召集相关职能部门研究会商,逐一厘清职责权限、明确管辖主体、制定处置规范,确保企业和群众诉求有人管、管得好。同时,建立健全 12345 与 110 定期交流机制,通报工作运行情况,及时研究解决对接联动工作中存在的问题,有条件的地方可互派工作人员进驻对方平台,切实提升对接联动工作效能。

(三)强化系统支撑和数据共享应用。

1. 推动平台融合互通。各地区要科学规划设计,有效整合资源,加大投入力度,加快 12345 与 110 平台对接联通,鼓励有条件的地方建设一体化联动工作平台。12345 与 110 平台要按照统一的组织机构和行政区划代码，规范工单和警单标准、受理反馈项目等数据格式，梳理整合平台融合互通的建设需求和业务流程，实现信息数据互联互通、工单警单双向流转、受理反馈闭环运行、对接事项跟踪督办和智能监管。

2. 加强数据共享应用。对各地区 12345 与 110 双向分流联动事项相关数据，要在确保安全的前提下，采取统一开放数据或者服务接口、共建中间数据库等方式共享，做到可查、可看、可追溯、可批量应用。最大限度挖掘数据价值，综合应用数据分析成果，常态化开展政务服务诉求和警情数据融合研判，有效排查民意热点、风险隐患、矛盾问题，为部门履职、效能监管和科学决策提供支撑。

三、加强能力建设

（一）提升 12345 接办质效。

各地区要进一步加大政务服务便民热线归并力度，对按照双号并行、设分中心形式已经完成归并但仍保留话务座席的热线号码，不具备"7×24 小时"人工服务能力或者人工接通率低于 60%的，将话务座席并入 12345 统一管理，可以保留号码。加强对 12345 工单承办单位办理工作的督查考核，及时公开办理情况，不断提高响应率、问题解决率和满意度，确保企业和群众诉求事项办得成、办得快、办得好。结合各地实际，配足话务座席，切实提高热线接通率。加强热线知识库建设，协调相关部门对高频问题动态制定"一问一答"口径，提高解答准确性和效率。积极推行"即问即答"、"接诉即办"、"工单直转办理一线"等工作方式，强化值班值守，缩短办理时限。

各地区要加强 12345 平台与部门业务系统的互联互通，实现信息实时全量共享。12345 定期汇总企业和群众高频咨询类问题，督促相关部门主动发布信息。强化科技赋能，进一步加强 12345 平台和网上 12345 能力建设，开发智能推荐、语音自动转写、自助派单功能。加强智能化客服系统建设，遇突发情况话务量激增、人工服务无法有效满足企业和群众需求时，智能化客服系统要能对高频问题进行自动解答，并引导企业和群众通过网上 12345 咨询反映情况。注重运用大数据、人工智能等技术手段，服务科学决策和促进社会治理水平提高，进一步提升企业和群众体验。

（二）提升110接处警工作效能。

各地公安机关要根据本地区110接警量，科学合理设置接警座席，配齐配强接警人员和指挥调度民警，强化设备和系统保障，确保110"生命线"全天候畅通，并拓宽互联网报警渠道，满足企业和群众需求。建立各警种和实战单位与110接处警工作相衔接的快速响应机制，加强对一线处警工作的数据赋能和后台支撑，积极探索推行预防警务，有效提升接处警工作效能。

四、保障措施

（一）加强组织领导。坚持党对12345与110对接联动工作的全面领导，确保正确政治方向。国务院办公厅、公安部负责统筹协调12345与110对接联动工作，加强对各地区对接联动工作的指导，及时研究解决工作中的重大问题，并分别负责建立完善12345、110评估指标体系，委托第三方机构进行常态化评估评价，以规范有效的考核评估促进各地区12345、110不断提高服务效能。地方各级人民政府要加强组织领导，压实工作责任，强化监督考核，健全问责机制，各地区政务服务便民热线管理机构和公安机关具体负责12345与110高效对接联动的实施工作，制定政策措施，细化分流转办具体规则和事项清单，确保对接联动工作落地见效。

（二）加强支持保障。各地区要加大对12345与110对接联动工作、系统建设、人员培训等的财政保障力度。组织开展12345与110业务培训，持续提升工作人员的综合素质和服务水平。落实好对一线人员的政策保障、权益保护等措施，对表现突出或者贡献突出的单位和个人，按照国家有关规定给予表彰奖励。

（三）加强宣传引导。各地区各有关部门要充分利用政府网站、政务服务平台、新闻媒体等，广泛宣传12345与110的工作职责、受理范围等，引导企业和群众正确使用12345与110。同时，加强经验做法总结和复制推广，巩固和拓展12345与110对接联动工作成果。对恶意骚扰12345与110等违法行为，加大打击和曝光力度。

国务院办公厅关于对 2021 年落实有关重大政策措施真抓实干成效明显地方予以督查激励的通报

（2022 年 6 月 2 日　国办发〔2022〕21 号）

为进一步推动党中央、国务院重大决策部署贯彻落实，充分激发和调动各地担当作为、干事创业的积极性、主动性和创造性，根据《国务院办公厅关于新形势下进一步加强督查激励的通知》（国办发〔2021〕49 号），结合国务院大督查、专项督查、"互联网+督查"和部门日常督查情况，经国务院同意，对 2021 年落实打好三大攻坚战、深化"放管服"改革优化营商环境、推动创新驱动发展、扩大内需、实施乡村振兴战略、保障和改善民生等有关重大政策措施真抓实干、取得明显成效的 199 个地方予以督查激励，相应采取 30 项激励支持措施。希望受到督查激励的地方再接再厉，取得新的更好成绩。

2022 年将召开中国共产党第二十次全国代表大会，是党和国家事业发展进程中十分重要的一年。各地区、各部门要在以习近平同志为核心的党中央坚强领导下，以习近平新时代中国特色社会主义思想为指导，全面贯彻落实党的十九大和十九届历次全会精神，弘扬伟大建党精神，坚持稳中求进工作总基调，完整、准确、全面贯彻新发展理念，加快构建新发展格局，高效统筹疫情防控和经济社会发展，继续做好"六稳"、"六保"工作，严格落实责任，强化实干担当，勇于改革创新，狠抓督查落实，力戒形式主义、官僚主义，以实际行动迎接党的二十大胜利召开。

附件：2021 年落实有关重大政策措施真抓实干成效明显的地方名单及激励措施

附件

2021年落实有关重大政策措施真抓实干成效明显的地方名单及激励措施

一、实施创新驱动发展战略、营造良好创新生态、提升自主创新能力、强化企业创新主体地位、加速推进科技成果转化应用等方面成效明显的地方

江苏省,浙江省,安徽省,山东省,湖北省。(按行政区划排列,下同)

2022年对上述地方在分配中央引导地方科技发展资金时给予一定激励,优先支持其行政区域内1家符合条件且发展基础较好的省级高新技术产业开发区升级为国家高新技术产业开发区。(科技部、财政部组织实施)

二、推动"双创"政策落地、促进创业带动就业、加强融通创新、扶持"双创"支撑平台、构建"双创"发展生态、打造"双创"升级版等方面成效明显的区域"双创"示范基地

北京市海淀区,天津滨海高新技术产业开发区,辽宁省沈阳市浑南区,江苏省常州市武进区,安徽省合肥高新技术产业开发区,福建省厦门火炬高技术产业开发区,山东省淄博市张店区,河南省鹿邑县,湖北省武汉东湖新技术开发区,四川省成都高新技术产业开发区。

2022年对上述地方优先支持创新创业支撑平台建设,在中央预算内投资安排等方面予以重点倾斜;对区域内符合条件的创新创业项目,优先推介与国家新兴产业创业投资引导基金、国家级战略性新兴产业发展基金、国家中小企业发展基金等对接。(国家发展改革委组织实施)

三、知识产权创造、运用、保护、管理和服务工作成效突出的地方

北京市,上海市,江苏省,浙江省,湖北省。

2022年对上述地方优先支持开展地理标志专用标志使用核准改革试点,优先支持建设知识产权保护中心、知识产权快速维权中心、知识产权专题数据库,在专利转化专项计划实施中予以倾斜支持。

（国家知识产权局组织实施）

四、促进工业稳增长、推动先进制造业集群发展、实施产业基础再造工程、保持制造业比重基本稳定等方面成效明显的地方

北京市大兴区，内蒙古自治区包头市，江苏省常州市，浙江省绍兴市，福建省厦门市，江西省上饶市，湖北省武汉市，湖南省株洲市，广东省深圳市，重庆市巴南区。

2022年对上述地方在传统产业改造提升、智能制造试点示范等工作中给予优先支持。（工业和信息化部组织实施）

五、推进质量强国建设工作成效突出的地方

北京市海淀区，上海市闵行区，江苏省南京市，浙江省宁波市，安徽省芜湖市，江西省会昌县，山东省威海市，广东省东莞市，广西壮族自治区柳州市，四川省绵阳市。

2022年对上述地方在质量工作改革创新试点示范、国家质量基础设施布局建设、质量提升行动重点帮扶、参与国际标准和国家标准制定等方面给予倾斜支持。（市场监管总局组织实施）

六、大力培育发展战略性新兴产业、产业特色优势明显、技术创新能力强的地方

天津市滨海新区，黑龙江省哈尔滨市，江苏省苏州市，安徽省合肥市，福建省厦门市，山东省青岛市，湖北省武汉市，湖南省长沙市，广东省深圳市，四川省自贡市。

2022年对上述地方在典型经验做法宣传、国家认定企业技术中心等创新平台建设等方面加大政策支持力度。同时，对其中通用航空发展成效显著并符合相关条件的产业集群所在地方，在运输机场建设等方面予以优先支持。（国家发展改革委、中国民航局组织实施）

七、建设信息基础设施、推进产业数字化、加快工业互联网创新发展、促进网络与数据安全能力建设等工作成效明显的地方

辽宁省沈阳市，上海市浦东新区，江苏省南京市，浙江省杭州市，安徽省合肥市，福建省福州市，河南省洛阳市，湖北省武汉市，广东省深圳市，四川省成都市。

2022年对上述地方在申报中国软件名城（园）、网络安全技术应用试点示范、工业互联网试点示范等工作中给予优先支持。（工业和信息化部组织实施）

八、公路水路交通建设年度投资保持稳定增长、通过车辆购置税收入补助地方资金投资项目完成情况好的地方

山东省、河南省、湖南省、广西壮族自治区、云南省。

2022年对上述地方通过车辆购置税收入补助地方资金各安排5000万元，用于交通项目建设。(交通运输部、财政部组织实施)

九、地方水利建设投资落实情况好、中央水利建设投资计划完成率高的地方

江苏省、浙江省、安徽省、江西省、重庆市。

2022年对上述地方各增加安排中央预算内投资5000万元，相应减少所安排项目的地方建设投资。(水利部、国家发展改革委组织实施)

十、推动外贸稳定和创新发展成效明显的地方

上海市浦东新区、江苏省苏州市、浙江省宁波市、福建省厦门市、山东省青岛市、河南省郑州市、湖北省武汉市、广东省深圳市、四川省成都市、陕西省西安市。

2022年对上述地方在安排年度中央外经贸发展专项资金、认定加工贸易承接转移示范地、培育进口贸易促进创新示范区、中国进出口商品交易会等重要展会开展宣传推介等方面给予倾斜支持。(商务部组织实施)

十一、年度固定资产投资保持稳定增长，中央预算内投资项目开工、投资完成等情况好的地方

安徽省、江西省、湖北省、湖南省、新疆维吾尔自治区。

2022年对上述地方在中央预算内投资既有专项中安排投资，用于激励支持其相关专项项目建设。(国家发展改革委组织实施)

十二、直达资金下达使用、落实财政支出责任、国库库款管理、预决算公开等财政工作绩效突出的地方

浙江省、山东省、湖南省、广东省、四川省。

2022年对上述地方在中央财政预算中单独安排激励资金，每个省原则上不低于1亿元，由省级财政统筹使用。(财政部组织实施)

十三、金融服务实体经济、防范化解金融风险、维护良好金融秩序成效好的地方

北京市、上海市、江苏省、浙江省、山东省。

2022年支持上述地方或其辖内地区开展金融改革创新先行先

试,在同等条件下对其申报金融改革试验区等方面给予重点考虑和支持,鼓励符合条件的全国性股份制银行、保险公司在上述地区开设分支机构,支持符合条件的企业发行"双创"、绿色公司信用类债券等金融创新产品。(人民银行、银保监会、证监会组织实施)

十四、推进企业登记注册便利化、深化"双随机、一公开"监管和信用监管、落实公平竞争审查制度等深化商事制度改革成效明显的地方

北京市朝阳区,河北省保定市,山西省运城市,辽宁省大连市,江苏省宿迁市,浙江省台州市,安徽省合肥市,福建省福州市,江西省南昌县,山东省烟台市,河南省濮阳市,湖北省潜江市,湖南省益阳市,广东省佛山市,广西壮族自治区凭祥市,海南省澄迈县,四川省绵竹市,甘肃省玉门市,宁夏回族自治区银川市金凤区,新疆生产建设兵团第一师阿拉尔市。

2022年对上述地方优先选择为企业登记注册便利化改革、企业年度报告制度改革、企业信用监管、智慧监管、重点领域监管、公平竞争审查等试点地区,优先授予外商投资企业登记注册权限,优先支持创建网络市场监管与服务示范区,优先支持建设公益广告创新研究基地。(市场监管总局组织实施)

十五、耕地保护工作突出、土地节约集约利用成效好、闲置土地比例低且用地需求量大的地方

河北省石家庄市鹿泉区、栾城区,江苏省靖江市、泗阳县,安徽省芜湖市弋江区、马鞍山市博望区,江西省瑞昌市、横峰县,山东省禹城市、高唐县,湖南省宜章县、江永县,广东省深圳市光明区、肇庆市鼎湖区,陕西省铜川市,甘肃省酒泉市,青海省海南藏族自治州。

2022年对上述地方给予每个市(州)2000亩、每个县(市、区)1000亩用地计划指标支持,在安排全国土地利用计划时单独列出。(自然资源部组织实施)

十六、高标准农田建设投入力度大、任务完成质量高、建后管护效果好的地方

江苏省、江西省、山东省、湖北省、湖南省。

2022年对上述地方在分配中央财政资金时通过定额补助予以倾斜支持(原则上不低于上年激励力度),用于高标准农田建设。(农业农村部、财政部组织实施)

十七、促进乡村产业振兴、改善农村人居环境等乡村振兴重点工作成效明显的地方

北京市平谷区，天津市宝坻区，河北省正定县，江苏省苏州市，浙江省湖州市，安徽省金寨县，江西省信丰县，山东省诸城市，河南省西峡县，湖北省潜江市，湖南省津市市，广西壮族自治区百色市，海南省琼海市，重庆市荣昌区，四川省达州市，陕西省延安市，甘肃省张掖市，青海省互助土族自治县，宁夏回族自治区吴忠市红寺堡区，新疆维吾尔自治区阿克苏市。

2022年对上述地方在分配中央财政衔接推进乡村振兴补助资金时，给予每个市5000万元、每个县(市、区)2000万元支持，主要用于乡村产业发展、农村人居环境整治提升领域相关建设。(农业农村部、国家乡村振兴局、财政部组织实施)

十八、易地扶贫搬迁后续扶持工作成效明显的地方

河北省张家口市，山西省忻州市，江西省赣州市，湖北省十堰市，湖南省怀化市，四川省凉山彝族自治州，贵州省黔西南布依族苗族自治州，云南省昭通市，陕西省安康市，甘肃省武威市。

2022年对上述地方进一步加大后续扶持政策支持力度，在安排以工代赈资金时予以倾斜支持。(国家发展改革委组织实施)

十九、城镇老旧小区改造、棚户区改造、发展保障性租赁住房成效明显的地方

河北省石家庄市，浙江省杭州市，江西省赣州市，山东省济南市，湖北省武汉市，广东省深圳市，重庆市渝中区，四川省成都市，陕西省西安市。

2022年对上述地方所属省份在安排保障性安居工程中央预算内投资和中央财政城镇保障性安居工程补助资金时予以适当倾斜支持，由相关省份在安排中央预算内投资和中央财政补助资金时分别对上述地方给予激励支持。(住房城乡建设部、国家发展改革委、财政部组织实施)

二十、老工业基地调整改造力度大，支持传统产业改造、推进产业转型升级等工作成效突出的地方

北京市石景山区，山西省长治市，辽宁省沈阳市，安徽省芜湖市，江西省萍乡市，山东省淄博市，河南省鹤壁市，湖北省襄阳市，湖南省邵阳市,重庆市大渡口区。

2022年对上述地方优先支持在老工业基地振兴有关重大改革和重大政策方面先行先试,优先支持建设国家创新型产业集群和新型工业化产业示范基地,在安排产业转型升级示范区和重点园区建设中央预算内投资时各激励2500万元。(国家发展改革委组织实施)

二十一、文化产业和旅游产业发展势头良好、文化和旅游企业服务体系建设完善、消费质量水平高的地方

北京市朝阳区,江苏省南京市,浙江省宁波市,江西省景德镇市,山东省青岛市,湖北省武汉市,湖南省长沙市,广东省深圳市,重庆市渝中区,四川省成都市。

从2022年起两年内,对上述地方在创建国家文化和旅游消费示范城市、国家级文化产业示范园区(基地)、国家级夜间文化和旅游消费集聚区时予以倾斜支持,择优确定为国家文化与金融合作示范区、国家对外文化贸易基地。(文化和旅游部组织实施)

二十二、生态文明体制改革、制度创新、模式探索等方面成效显著的地方

辽宁省大连市,上海市崇明区,江苏省南通市,浙江省湖州市,福建省南平市,江西省赣州市,山东省东营市,重庆市渝北区,四川省自贡市。

2022年对上述地方在国家层面宣传推广改革经验做法;对其在既有资金渠道范围内的相关项目,中央预算内投资予以适当支持。(国家发展改革委组织实施)

二十三、环境治理工程项目推进快,重点区域大气、重点流域水环境质量改善明显的地方

河北省衡水市,山西省长治市,黑龙江省齐齐哈尔市,安徽省马鞍山市,山东省潍坊市,广西壮族自治区桂林市,海南省三亚市,四川省甘孜藏族自治州,甘肃省嘉峪关市。

2022年对上述地方在安排中央财政大气、水污染防治资金时予以适当激励。(生态环境部、财政部组织实施)

二十四、河长制湖长制工作推进力度大、成效明显,全面推行林长制工作成效明显的地方

河长制湖长制:北京市延庆区,河北省滦平县,辽宁省桓仁满族自治县,黑龙江省哈尔滨市道外区,江苏省淮安市,浙江省丽水市,安徽省蚌埠市,福建省福州市,江西省宜春市,山东省威海市,湖南省临湘市,广东省东莞市,重庆市璧山区,四川省遂宁市安居区,西藏自治区朗县;林长制:辽宁省桓仁满族自治县,安徽省宣城市,福建省南平市,江西省上饶市,湖北省十堰市,湖南省浏阳市,重庆市云阳县,新疆维吾尔自治区温宿县。

2022年对河长制湖长制工作推进力度大、成效明显的地方,在安排中央财政水利发展资金时适当倾斜,给予每个市2000万元、每个县(市、区)1000万元激励,用于河长制湖长制及河湖管理保护工作;对全面推行林长制工作成效明显的地方,在安排中央财政林业改革发展资金时,给予每个市2000万元、每个县(市)1000万元激励。(水利部、财政部、国家林草局组织实施)

二十五、改善职业教育办学条件、创新校企合作办学机制、推进职业教育改革等方面成效明显的地方

天津市,辽宁省,安徽省,山东省,湖南省。

2022年对上述地方在职业教育改革试点、中国特色高水平高职学校和专业建设、现代职业教育质量提升计划资金等方面予以倾斜支持。(教育部组织实施)

二十六、深化医药卫生体制改革成效明显的地方

河北省唐山市,上海市崇明区,浙江省台州市,安徽省池州市,福建省三明市,江西省赣州市,山东省济宁市,河南省周口市,广东省深圳市,四川省成都市。

2022年对上述地方在安排中央财政医疗服务与保障能力提升补助资金时,按照每个地方1000万元的标准予以激励支持。(国家卫生健康委、财政部组织实施)

二十七、优化医保领域便民服务、推进医保经办管理服务体系建设、提升医保规范化管理水平等方面成效明显的地方

北京市,上海市,江西省,山东省,四川省。

2022年对上述地方在安排中央财政医疗服务与保障能力提升补助资金时,按照每个地方2000万元的标准予以激励支持。(国家医保局、财政部组织实施)

二十八、养老兜底保障、发展普惠型养老服务、完善社区居家养老服务网络等工作成效明显的地方

江苏省南京市，安徽省合肥市，福建省福州市，山东省青岛市，河南省驻马店市，湖北省武汉市，广东省广州市，广西壮族自治区南宁市，重庆市九龙坡区，陕西省西安市。

2022年对上述地方在国家层面宣传推广经验做法；在中央预算内投资下达积极应对人口老龄化工程和托育建设专项资金时，按照每个地方5000万元的额度予以安排。（国家发展改革委、财政部、民政部组织实施）

二十九、落实就业优先政策、推动就业扩容提质、促进重点群体就业创业等任务完成好的地方

山东省，湖北省，湖南省，广东省，新疆维吾尔自治区。

2022年对上述地方在分配中央财政就业补助资金时予以适当激励。（财政部、人力资源社会保障部组织实施）

三十、高度重视重大决策部署督查落实工作，在创新优化督查落实方式方法、推动地区经济社会发展等方面成效明显的地方

北京市朝阳区，天津市滨海新区，河北省阜平县，山西省长治市屯留区，内蒙古自治区突泉县，辽宁省沈阳市浑南区，吉林省梅河口市，黑龙江省齐齐哈尔市龙沙区，上海市松江区，江苏省南京市建邺区，浙江省绍兴市柯桥区，安徽省金寨县，福建省厦门市海沧区，江西省井冈山市，山东省济南市历下区，河南省驻马店市，湖北省枣阳市，湖南省浏阳市，广东省佛山市顺德区，广西壮族自治区南宁市青秀区，海南省琼中黎族苗族自治县，重庆市渝北区，四川省成都市青白江区，贵州省福泉市，云南省蒙自市，西藏自治区拉萨市城关区，陕西省凤县，甘肃省瓜州县，青海省海东市，宁夏回族自治区吴忠市红寺堡区，新疆维吾尔自治区博乐市，新疆生产建设兵团第三师图木舒克市。

2022年对上述地方在国务院办公厅组织开展的国务院大督查及专项督查中予以"免督查"。（国务院办公厅组织实施）

国务院关于加强数字
政府建设的指导意见

（2022年6月6日　国发〔2022〕14号）

加强数字政府建设是适应新一轮科技革命和产业变革趋势、引领驱动数字经济发展和数字社会建设、营造良好数字生态、加快数字化发展的必然要求，是建设网络强国、数字中国的基础性和先导性工程，是创新政府治理理念和方式、形成数字治理新格局、推进国家治理体系和治理能力现代化的重要举措，对加快转变政府职能，建设法治政府、廉洁政府和服务型政府意义重大。为贯彻落实党中央、国务院关于加强数字政府建设的重大决策部署，现提出以下意见。

一、发展现状和总体要求

（一）发展现状。

党的十八大以来，党中央、国务院从推进国家治理体系和治理能力现代化全局出发，准确把握全球数字化、网络化、智能化发展趋势和特点，围绕实施网络强国战略、大数据战略等作出了一系列重大部署。经过各方面共同努力，各级政府业务信息系统建设和应用成效显著，数据共享和开发利用取得积极进展，一体化政务服务和监管效能大幅提升，"最多跑一次"、"一网通办"、"一网统管"、"一网协同"、"接诉即办"等创新实践不断涌现，数字技术在新冠肺炎疫情防控中发挥重要支撑作用，数字治理成效不断显现，为迈入数字政府建设新阶段打下了坚实基础。但同时，数字政府建设仍存在一些突出问题，主要是顶层设计不足，体制机制不够健全，创新应用能力不强，数据壁垒依然存在，网络安全保障体系还有不少突出短板，干部队伍数字意识和数字素养有待提升，政府治理数字化水平与国家治理现代化要求还存在较大差距。

当前,我国已经开启全面建设社会主义现代化国家的新征程,推进国家治理体系和治理能力现代化、适应人民日益增长的美好生活需要,对数字政府建设提出了新的更高要求。要主动顺应经济社会数字化转型趋势,充分释放数字化发展红利,进一步加大力度,改革突破,创新发展,全面开创数字政府建设新局面。

(二)总体要求。

1. 指导思想。

高举中国特色社会主义伟大旗帜,坚持以习近平新时代中国特色社会主义思想为指导,全面贯彻党的十九大和十九届历次全会精神,深入贯彻习近平总书记关于网络强国的重要思想,认真落实党中央、国务院决策部署,立足新发展阶段,完整、准确、全面贯彻新发展理念,构建新发展格局,将数字技术广泛应用于政府管理服务,推进政府治理流程优化、模式创新和履职能力提升,构建数字化、智能化的政府运行新形态,充分发挥数字政府建设对数字经济、数字社会、数字生态的引领作用,促进经济社会高质量发展,不断增强人民群众获得感、幸福感、安全感,为推进国家治理体系和治理能力现代化提供有力支撑。

2. 基本原则。

坚持党的全面领导。充分发挥党总揽全局、协调各方的领导核心作用,全面贯彻党中央、国务院重大决策部署,将坚持和加强党的全面领导贯穿数字政府建设各领域各环节,贯穿政府数字化改革和制度创新全过程,确保数字政府建设正确方向。

坚持以人民为中心。始终把满足人民对美好生活的向往作为数字政府建设的出发点和落脚点,着力破解企业和群众反映强烈的办事难、办事慢、办事繁问题,坚持数字普惠,消除"数字鸿沟",让数字政府建设成果更多更公平惠及全体人民。

坚持改革引领。围绕经济社会发展迫切需要,着力强化改革思维,注重顶层设计和基层探索有机结合、技术创新和制度创新双轮驱动,以数字化改革助力政府职能转变,促进政府治理各方面改革创新,推动政府治理法治化与数字化深度融合。

坚持数据赋能。建立健全数据治理制度和标准体系,加强数据汇聚融合、共享开放和开发利用,促进数据依法有序流动,充分发挥数据的基础资源作用和创新引擎作用,提高政府决策科学化水平和管理服务效率,催生经济社会发展新动能。

坚持整体协同。强化系统观念,加强系统集成,全面提升数字政府集约化建设水平,统筹推进技术融合、业务融合、数据融合,提升跨层级、跨地域、跨系统、跨部门、跨业务的协同管理和服务水平,做好与相关领域改革和"十四五"规划的有效衔接、统筹推进,促进数字政府建设与数字经济、数字社会协调发展。

坚持安全可控。全面落实总体国家安全观,坚持促进发展和依法管理相统一、安全可控和开放创新并重,严格落实网络安全各项法律法规制度,全面构建制度、管理和技术衔接配套的安全防护体系,切实守住网络安全底线。

3. 主要目标。

到2025年,与政府治理能力现代化相适应的数字政府顶层设计更加完善、统筹协调机制更加健全,政府数字化履职能力、安全保障、制度规则、数据资源、平台支撑等数字政府体系框架基本形成,政府履职数字化、智能化水平显著提升,政府决策科学化、社会治理精准化、公共服务高效化取得重要进展,数字政府建设在服务党和国家重大战略、促进经济社会高质量发展、建设人民满意的服务型政府等方面发挥重要作用。

到2035年,与国家治理体系和治理能力现代化相适应的数字政府体系框架更加成熟完备,整体协同、敏捷高效、智能精准、开放透明、公平普惠的数字政府基本建成,为基本实现社会主义现代化提供有力支撑。

二、构建协同高效的政府数字化履职能力体系

全面推进政府履职和政务运行数字化转型,统筹推进各行业各领域政务应用系统集约建设、互联互通、协同联动,创新行政管理和服务方式,全面提升政府履职效能。

(一)强化经济运行大数据监测分析,提升经济调节能力。

将数字技术广泛应用于宏观调控决策、经济社会发展分析、投资监督管理、财政预算管理、数字经济治理等方面,全面提升政府经济调节数字化水平。加强经济数据整合、汇聚、治理。全面构建经济治理基础数据库,加强对涉及国计民生关键数据的全链条全流程治理

和应用,赋能传统产业转型升级和新兴产业高质量发展。运用大数据强化经济监测预警。加强覆盖经济运行全周期的统计监测和综合分析能力,强化经济趋势研判,助力跨周期政策设计,提高逆周期调节能力。提升经济政策精准性和协调性。充分发挥国家规划综合管理信息平台作用,强化经济运行动态感知,促进各领域经济政策有效衔接,持续提升经济调节政策的科学性、预见性和有效性。

(二)大力推行智慧监管,提升市场监管能力。

充分运用数字技术支撑构建新型监管机制,加快建立全方位、多层次、立体化监管体系,实现事前事中事后全链条全领域监管,以有效监管维护公平竞争的市场秩序。以数字化手段提升监管精准化水平。加强监管事项清单数字化管理,运用多源数据为市场主体精准"画像",强化风险研判与预测预警。加强"双随机、一公开"监管工作平台建设,根据企业信用实施差异化监管。加强重点领域的全主体、全品种、全链条数字化追溯监管。以一体化在线监管提升监管协同化水平。大力推行"互联网+监管",构建全国一体化在线监管平台,推动监管数据和行政执法信息归集共享和有效利用,强化监管数据治理,推动跨地区、跨部门、跨层级协同监管,提升数字贸易跨境监管能力。以新型监管技术提升监管智能化水平。充分运用非现场、物联感知、掌上移动、穿透式等新型监管手段,弥补监管短板,提升监管效能。强化以网管网,加强平台经济等重点领域监管执法,全面提升对新技术、新产业、新业态、新模式的监管能力。

(三)积极推动数字化治理模式创新,提升社会管理能力。

推动社会治理模式从单向管理转向双向互动、从线下转向线上线下融合,着力提升矛盾纠纷化解、社会治安防控、公共安全保障、基层社会治理等领域数字化治理能力。提升社会矛盾化解能力。坚持和发展新时代"枫桥经验",提升网上行政复议、网上信访、网上调解、智慧法律援助等水平,促进矛盾纠纷源头预防和排查化解。推进社会治安防控体系智能化。加强"雪亮工程"和公安大数据平台建设,深化数字化手段在国家安全、社会稳定、打击犯罪、治安联动等方面的应用,提高预测预警预防各类风险的能力。推进智慧应急建设。优化完善应急指挥通信网络,全面提升应急监督管理、指挥救援、物资保障、社会动员的数字化、智能化水平。提高基层社会治理精准化水平。实施"互联网+基层治理"行动,构建新型基层管理服务平台,推进智慧社区建设,提升基层智慧治理能力。

(四)持续优化利企便民数字化服务,提升公共服务能力。

持续优化全国一体化政务服务平台功能,全面提升公共服务数字化、智能化水平,不断满足企业和群众多层次多样化服务需求。打造泛在可及的服务体系。充分发挥全国一体化政务服务平台"一网通办"枢纽作用,推动政务服务线上线下标准统一、全面融合、服务同质,构建全时在线、渠道多元、全国通办的一体化政务服务体系。提升智慧便捷的服务能力。推行政务服务事项集成化办理,推广"免申即享"、"民生直达"等服务方式,打造掌上办事服务新模式,提高主动服务、精准服务、协同服务、智慧服务能力。提供优质便利的涉企服务。以数字技术助推深化"证照分离"改革,探索"一业一证"等照后减证和简化审批新途径,推进涉企审批减环节、减材料、减时限、减费用。强化企业全生命周期服务,推动涉企审批一网通办、惠企政策精准推送、政策兑现直达直享。拓展公平普惠的民生服务。探索推进"多卡合一"、"多码合一",推进基本公共服务数字化应用,积极打造多元参与、功能完备的数字化生活网络,提升普惠性、基础性、兜底性服务能力。围绕老年人、残疾人等特殊群体需求,完善线上线下服务渠道,推进信息无障碍建设,切实解决特殊群体在运用智能技术方面遇到的突出困难。

(五)强化动态感知和立体防控,提升生态环境保护能力。

全面推动生态环境保护数字化转型,提升生态环境承载力、国土空间开发适宜性和资源利用科学性,更好支撑美丽中国建设。提升生态环保协同治理能力。建立一体化生态环境智能感知体系,打造生态环境综合管理信息化平台,强化大气、水、土壤、自然生态、核与辐射、气候变化等数据资源综合开发利用,推进重点流域区域协同治理。提高自然资源利用效率。构建精准感知、智慧管控的协同治理体系,完善自然资源三维立体"一张图"和国土空间基础信息平台,持续提升自然资源开发利用、国土空间规划实施、海洋资源保护利用、水资源管理调配水平。推动绿色低碳转型。加快构建碳排放智能监测和动态核算体系,推动形成集约节约、循环高效、普惠共享的绿色低碳发展新格局,服务保障碳达峰、碳中和目标顺利实现。

（六）加快推进数字机关建设，提升政务运行效能。

提升辅助决策能力。建立健全大数据辅助科学决策机制，统筹推进决策信息资源系统建设，充分汇聚整合多源数据资源，拓展动态监测、统计分析、趋势研判、效果评估、风险防控等应用场景，全面提升政府决策科学化水平。提升行政执行能力。深化数字技术应用，创新行政执行方式，切实提高政府执行力。加快一体化协同办公体系建设，全面提升内部办公、机关事务管理等方面共性办公应用水平，推动机关内部服务事项线上集成化办理，不断提高机关运行效能。提升行政监督水平。以信息化平台固化行政权力事项运行流程，推动行政审批、行政执法、公共资源交易等全流程数字化运行、管理和监督，促进行政权力规范透明运行。优化完善"互联网+督查"机制，形成目标精准、讲求实效、穿透性强的新型督查模式，提升督查效能，保障政令畅通。

（七）推进公开平台智能集约发展，提升政务公开水平。

优化政策信息数字化发布。完善政务公开信息化平台，建设分类分级、集中统一、共享共用、动态更新的政策文件库。加快构建以网上发布为主、其他发布渠道为辅的政策发布新格局。优化政策智能推送服务，变"人找政策"为"政策找人"。顺应数字化发展趋势，完善政府信息公开保密审查制度，严格审查标准，消除安全隐患。发挥政务新媒体优势做好政策传播。积极构建政务新媒体矩阵体系，形成整体联动、同频共振的政策信息传播格局。适应不同类型新媒体平台传播特点，开发多样化政策解读产品。依托政务新媒体做好突发公共事件信息发布和政务舆情回应工作。紧贴群众需求畅通互动渠道。以政府网站集约化平台统一知识问答库为支撑，灵活开展政民互动，以数字化手段感知社会态势，辅助科学决策，及时回应群众关切。

三、构建数字政府全方位安全保障体系

全面强化数字政府安全管理责任，落实安全管理制度，加快关键核心技术攻关，加强关键信息基础设施安全保障，强化安全防护技术应用，切实筑牢数字政府建设安全防线。

（一）强化安全管理责任。

各地区各部门按照职责分工，统筹做好数字政府建设安全和保密工作,落实主体责任和监督责任,构建全方位、多层级、一体化安全防护体系,形成跨地区、跨部门、跨层级的协同联动机制。建立数字政府安全评估、责任落实和重大事件处置机制,加强对参与政府信息化建设、运营企业的规范管理,确保政务系统和数据安全管理边界清晰、职责明确、责任落实。

(二)落实安全制度要求。

建立健全数据分类分级保护、风险评估、检测认证等制度,加强数据全生命周期安全管理和技术防护。加大对涉及国家秘密、工作秘密、商业秘密、个人隐私和个人信息等数据的保护力度,完善相应问责机制,依法加强重要数据出境安全管理。加强关键信息基础设施安全保护和网络安全等级保护,建立健全网络安全、保密监测预警和密码应用安全性评估的机制,定期开展网络安全、保密和密码应用检查,提升数字政府领域关键信息基础设施保护水平。

(三)提升安全保障能力。

建立健全动态监控、主动防御、协同响应的数字政府安全技术保障体系。充分运用主动监测、智能感知、威胁预测等安全技术,强化日常监测、通报预警、应急处置,拓展网络安全态势感知监测范围,加强大规模网络安全事件、网络泄密事件预警和发现能力。

(四)提高自主可控水平。

加强自主创新,加快数字政府建设领域关键核心技术攻关,强化安全可靠技术和产品应用,切实提高自主可控水平。强化关键信息基础设施保护,落实运营者主体责任。开展对新技术新应用的安全评估,建立健全对算法的审核、运用、监督等管理制度和技术措施。

四、构建科学规范的数字政府建设制度规则体系

以数字化改革促进制度创新,保障数字政府建设和运行整体协同、智能高效、平稳有序,实现政府治理方式变革和治理能力提升。

(一)以数字化改革助力政府职能转变。

推动政府履职更加协同高效。充分发挥数字技术创新变革优势,优化业务流程,创新协同方式,推动政府履职效能持续优化。坚持以优化政府职责体系引领政府数字化转型,以数字政府建设支撑加快转变政府职能,推进体制机制改革与数字技术应用深度融合,推动政府运行更加协同高效。健全完善与数字化发展相适应的政府职责体系,强化数字经济、数字社会、数字和网络空间等治理能力。助力优化营商环境。加快建设全国行政许可管理等信息系统,实现行政许可规范管理和高效办理,推动各类行政权力事项网上运行、动态管理。强化审管协同,打通审批和监管业务信息系统,形成事前事中事后一体化监管能力。充分发挥全国一体化政务服务平台作用,促进政务服务标准化、规范化、便利化水平持续提升。

(二)创新数字政府建设管理机制。

明确运用新技术进行行政管理的制度规则,推进政府部门规范有序运用新技术手段赋能管理服务。推动技术部门参与业务运行全过程,鼓励和规范政产学研用等多方力量参与数字政府建设。健全完善政务信息化建设管理会商机制,推进建设管理模式创新,鼓励有条件的地方探索建立综合论证、联合审批、绿色通道等项目建设管理新模式。做好数字政府建设经费保障,统筹利用现有资金渠道,建立多渠道投入的资金保障机制。推动数字普惠,加大对欠发达地区数字政府建设的支持力度,加强对农村地区资金、技术、人才等方面的支持,扩大数字基础设施覆盖范围,优化数字公共产品供给,加快消除区域间"数字鸿沟"。依法加强审计监督,强化项目绩效评估,避免分散建设、重复建设,切实提高数字政府建设成效。

(三)完善法律法规制度。

推动形成国家法律和党内法规相辅相成的格局,全面建设数字法治政府,依法依规推进技术应用、流程优化和制度创新,消除技术歧视,保障个人隐私,维护市场主体和人民群众利益。持续抓好现行法律法规贯彻落实,细化完善配套措施,确保相关规定落到实处、取得实效。推动及时修订和清理现行法律法规中与数字政府建设不相适应的条款,将经过实践检验行之有效的做法及时上升为制度规范,加快完善与数字政府建设相适应的法律法规框架体系。

(四)健全标准规范。

推进数据开发利用、系统整合共享、共性办公应用、关键政务应用等标准制定,持续完善已有关键标准,推动构建多维标准规范体系。加大数字政府标准推广执行力度,建立评估验证机制,提升应用水平,以标准化促进数字政府建设规范化。研究设立全国数字政府标准化技术组织,统筹推进数字政府标准化工作。

(五)开展试点示范。

坚持加强党的领导和尊重人民首创精神相结合,坚持全面部署和试点带动相促进。立足服务党和国家工作大局,聚焦基础性和具有重大牵引作用的改革举措,探索开展综合性改革试点,为国家战略实施创造良好条件。围绕重点领域、关键环节、共性需求等有序开展试点示范,鼓励各地区各部门开展应用创新、服务创新和模式创新,实现"国家统筹、一地创新、各地复用"。科学把握时序、节奏和步骤,推动创新试点工作总体可控、走深走实。

五、构建开放共享的数据资源体系

加快推进全国一体化政务大数据体系建设,加强数据治理,依法依规促进数据高效共享和有序开发利用,充分释放数据要素价值,确保各类数据和个人信息安全。

(一)创新数据管理机制。

强化政府部门数据管理职责,明确数据归集、共享、开放、应用、安全、存储、归档等责任,形成推动数据开放共享的高效运行机制。优化完善各类基础数据库、业务资源数据库和相关专题库,加快构建标准统一、布局合理、管理协同、安全可靠的全国一体化政务大数据体系。加强对政务数据、公共数据和社会数据的统筹管理,全面提升数据共享服务、资源汇聚、安全保障等一体化水平。加强数据治理和全生命周期质量管理,确保政务数据真实、准确、完整。建立健全数据质量管理机制,完善数据治理标准规范,制定数据分类分级标准,提升数据治理水平和管理能力。

(二)深化数据高效共享。

充分发挥政务数据共享协调机制作用,提升数据共享统筹协调力度和服务管理水平。建立全国标准统一、动态管理的政务数据目录,实行"一数一源一标准",实现数据资源清单化管理。充分发挥全国一体化政务服务平台的数据共享枢纽作用,持续提升国家数据共享交换平台支撑保障能力,实现政府信息系统与党委、人大、政协、法院、检察院等信息系统互联互通和数据按需共享。有序推进国务院部门垂直管理业务系统与地方数据平台、业务系统数据双向共享。以应用场景为牵引,建立健全政务数据供需对接机制,推动数据精准高效共享,大力提升数据共享的实效性。

(三)促进数据有序开发利用。

编制公共数据开放目录及相关责任清单,构建统一规范、互联互通、安全可控的国家公共数据开放平台,分类分级开放公共数据,有序推动公共数据资源开发利用,提升各行业各领域运用公共数据推动经济社会发展的能力。推进社会数据"统采共用",实现数据跨地区、跨部门、跨层级共享共用,提升数据资源使用效益。推进公共数据、社会数据融合应用,促进数据流通利用。

六、构建智能集约的平台支撑体系

强化安全可信的信息技术应用创新,充分利用现有政务信息平台,整合构建结构合理、智能集约的平台支撑体系,适度超前布局相关新型基础设施,全面夯实数字政府建设根基。

(一)强化政务云平台支撑能力。

依托全国一体化政务大数据体系,统筹整合现有政务云资源,构建全国一体化政务云平台体系,实现政务云资源统筹建设、互联互通、集约共享。国务院各部门政务云纳入全国一体化政务云平台体系统筹管理。各地区按照省级统筹原则开展政务云建设,集约提供政务云服务。探索建立政务云资源统一调度机制,加强一体化政务云平台资源管理和调度。

(二)提升网络平台支撑能力。

强化电子政务网络统筹建设管理,促进高效共建共享,降低建设运维成本。推动骨干网扩容升级,扩大互联网出口带宽,提升网络支撑能力。提高电子政务外网移动接入能力,强化电子政务外网服务功能,并不断向乡镇基层延伸,在安全可控的前提下按需向企事业单位拓展。统筹建立安全高效的跨网数据传输机制,有序推进非涉密业务专网向电子政务外网整合迁移,各地区各部门原则上不再新建业务专网。

(三)加强重点共性应用支撑能力。

推进数字化共性应用集约建设。依托身份认证国家基础设施、国家人口基础信息库、国家法人单位信息资源库等认证资源,加快完善线上线下一体化统一身份认证体系。持续完善电子证照共享服务体系,推动电子证照扩大应用领域和全国互通互认。完善电子印章制发、管理和使用规范,健全全国统一的电子印章服务体系。深化电子文件资源开发利用,建设数字档案资源体系,提升电子文件(档案)管理和应用水平。发挥全国统一的财政电子票据政务服务平台作用,实现全国财政电子票据一站式查验,推动财政电子票据跨省报销。开展各级非税收入收缴相关平台建设,推动非税收入收缴电子化全覆盖。完善信用信息公共服务平台功能,提升信息查询和智能分析能力。推进地理信息协同共享,提升公共服务能力,更好发挥地理信息的基础性支撑作用。

七、以数字政府建设全面引领驱动数字化发展

围绕加快数字化发展、建设数字中国重大战略部署,持续增强数字政府效能,更好激发数字经济活力,优化数字社会环境,营造良好数字生态。

(一)助推数字经济发展。

以数字政府建设为牵引,拓展经济发展新空间,培育经济发展新动能,提高数字经济治理体系和治理能力现代化水平。准确把握行业和企业发展需求,打造主动式、多层次创新服务场景,精准匹配公共服务资源,提升社会服务数字化普惠水平,更好满足数字经济发展需要。完善数字经济治理体系,探索建立与数字经济持续健康发展相适应的治理方式,创新基于新技术手段的监管模式,把监管和治理贯穿创新、生产、经营、投资全过程。壮大数据服务产业,推动数字技术在数据汇聚、流通、交易中的应用,进一步释放数据红利。

(二)引领数字社会建设。

推动数字技术和传统公共服务融合,着力普及数字设施、优化数字资源供给,推动数字化服务普惠应用。推进智慧城市建设,推动城市公共基础设施数字转型、智能升级、融合创新,构建城市数据资源体系,加快推进城市运行"一网统管",探索城市信息模型、数字孪生等新技术运用,提升城市治理科学化、精细化、智能化水平。推进数字乡村建设,以数字化支撑现代乡村治理体系,加快补齐乡村信息基础设施短板,构建农业农村大数据体系,不断提高面向农业农村的综合信息服务水平。

(三)营造良好数字生态。

建立健全数据要素市场规则,完善数据要素治理体系,加快建立数据资源产权等制度,强化数据资源全生命周期安全保护,推动数据跨境安全有序流动。完善数据产权交易机制,规范培育数据交易市场主体。规范数字经济发展,健全市场准入制度、公平竞争审查制度、公平竞争监管制度,营造规范有序的政策环境。不断夯实数字政府网络安全基础,加强对关键信息基础设施、重要数据的安全保护,提升全社会网络安全水平,为数字化发展营造安全可靠环境。积极参与数字化发展国际规则制定,促进跨境信息共享和数字技术合作。

八、加强党对数字政府建设工作的领导

以习近平总书记关于网络强国的重要思想为引领,始终把党的全面领导作为加强数字政府建设、提高政府管理服务能力、推进国家治理体系和治理能力现代化的根本保证,坚持正确政治方向,把党的政治优势、组织优势转化为数字政府建设的强大动力和坚强保障,确保数字政府建设重大决策部署贯彻落实。

(一)加强组织领导。

加强党中央对数字政府建设工作的集中统一领导。各级党委要切实履行领导责任,及时研究解决影响数字政府建设重大问题。各级政府要在党委统一领导下,履行数字政府建设主体责任,谋划落实好数字政府建设各项任务,主动向党委报告数字政府建设推进中的重大问题。各级政府及有关职能部门要履职尽责,将数字政府建设工作纳入重要议事日程,结合实际抓好组织实施。

(二)健全推进机制。

成立数字政府建设工作领导小组,统筹指导协调数字政府建设,由国务院领导同志任组长,办公室设在国务院办公厅,具体负责组织推进落实。各地区各部门要建立健全数字政府建设领导协调机制,强化统筹规划,明确职责分工,抓好督促落实,保障数字政府建设有序推进。发挥我国社会主义制度集中力量办大事的政治优势,建立健全全国一盘棋的统筹推进机制,最大程度凝聚发展合力,更好服务党和国家重大战略,更好服务经济社会发展大局。

(三)提升数字素养。

着眼推动建设学习型政党、学习大国,搭建数字化终身学习教育平台,构建全民数字素养和技能培育体系。把提高领导干部数字治理能力作为各级党校(行政学院)的重要教学培训内容,持续提升干部队伍数字思维、数字技能和数字素养,创新数字政府建设人才引进培养使用机制,建设一支讲政治、懂业务、精技术的复合型干部队伍。深入研究数字政府建设中的全局性、战略性、前瞻性问题,推进实践基础上的理论创新。成立数字政府建设专家委员会,引导高校和科研机构设置数字政府相关专业,加快形成系统完备的数字政府建设理论体系。

(四)强化考核评估。

在各级党委领导下,建立常态化考核机制,将数字政府建设工作作为政府绩效考核的重要内容,考核结果作为领导班子和有关领导干部综合考核评价的重要参考。建立完善数字政府建设评估指标体系,树立正确评估导向,重点分析和考核统筹管理、项目建设、数据共享开放、安全保障、应用成效等方面情况,确保评价结果的科学性和客观性。加强跟踪分析和督促指导,重大事项及时向党中央、国务院请示报告,促进数字政府建设持续健康发展。

国务院办公厅关于加快推进"一件事一次办"打造政务服务升级版的指导意见

(2022年9月26日 国办发〔2022〕32号)

优化政务服务是加快转变政府职能、深化"放管服"改革、持续优化营商环境的重要内容,是加快构建新发展格局、建设人民满意的服务型政府的重要支撑。近年来,在深入推进政务服务"一网、一门、一次"改革、"互联网+政务服务"的基础上,一些地区进一步加大改革创新力度,将多个部门相关联的"单项事"整合为企业和群众视角的"一件事",推行集成化办理,实现"一件事一次办",大幅减少办事环节、申请材料、办理时间和跑动次数,得到企业和群众的普遍认可。同时,各地区在实施过程中还存在系统对接深度不够,数据共享难,不同地区集成化办理服务的名称、标准、规则不一致等问题,制约了"一件事一次办"推广。为加快推进"一件事一次办",打造政务服务升级版,提升政务服务标准化、规范化、便利化水平,更好满足企业和群众办事需求,经国务院同意,现提出以下意见。

一、总体要求

（一）指导思想。以习近平新时代中国特色社会主义思想为指导,深入贯彻落实党的十九大和十九届历次全会精神,坚持以人民为中心的发展思想,坚持系统观念,推动数字技术广泛应用于政府管理服务,优化业务流程、打通业务系统、强化数据共享,推动更多关联性强、办事需求量大的跨部门、跨层级政务服务事项实现"一件事一次办",进一步提高企业和群众办事的体验感和获得感。

（二）基本原则。

坚持需求导向。从企业和群众实际需求出发,聚焦企业和个人全生命周期涉及面广、办理量大、办理频率高、办理时间相对集中的政务服务事项,实行"一件事一次办",实现企业和群众办事由"多地、多窗、多次"向"一地、一窗、一次"转变,最大程度利企便民。

坚持系统集成。围绕企业从开办到注销、个人从出生到身后的重要阶段,按照不同应用场景、业务情形,将多个相关联的"单项事"合理归集,科学设计办理流程,梳理形成政务服务"一件事一次办"事项清单,提供主题式、套餐式服务。

坚持协同高效。强化部门间业务协同、系统联通和数据共享,围绕业务流程、办理要素、申报方式、受理方式、联办机制、出件方式等进行优化,大幅减时间、减环节、减材料、减跑动,实现多个事项"一次告知、一表申请、一套材料、一窗（端）受理、一网办理"。

坚持依法监管。按照"谁审批、谁监管,谁主管、谁监管"的原则,在推进"一件事一次办"过程中,强化审管衔接,严格落实有关部门监管责任,健全各司其职、各负其责、相互配合、齐抓共管的协同监管机制,确保事有人管、责有人负,实现无缝衔接。

（三）工作目标。2022年底前,各地区要建立部门协同、整体联动的工作机制,完成企业和个人政务服务"一件事一次办"事项基础清单中的任务,并结合各地实际拓展本地区"一件事一次办"事项范围。2025年底前,各地区"一件事一次办"事项范围进一步扩大,服务领域进一步拓展,企业和个人全生命周期重要阶段涉及的更多政务服务事项实现"一件事一次办",打造政务服务升级版,更好满足企业和群众办事需求。

二、重点任务

（一）推进企业全生命周期相关政务服务事项"一件事一次办"。围绕企业从开办到注销全生命周期的重要阶段，梳理集成同一阶段内需要到政府部门、公用企事业单位和服务机构办理的多个单一政务服务事项，为企业提供开办、工程建设、生产经营、惠企政策兑现、员工录用、不动产登记、注销等集成化办理服务，提高办事效率，降低办事成本。

（二）推进个人全生命周期相关政务服务事项"一件事一次办"。围绕个人从出生到身后全生命周期的重要阶段，梳理集成同一阶段内需要办理的多个单一政务服务事项，为群众提供新生儿出生、入园入学、大中专学生毕业、就业、就医、婚育、扶残助困、军人退役、二手房交易及水电气联动过户、退休、身后等集成化办理服务，切实提升群众办事便捷度，减少跑动次数。

三、优化"一件事一次办"服务模式

（一）科学设计流程。对"一件事一次办"涉及的多个政务服务事项的设定依据、受理条件、申请材料、办结时限、收费标准、办理结果等要素进行梳理，合理调整前后置顺序，优化办理要素和业务流程，形成"一件事一次办"事项办理标准化工作规程和办事指南，在线上线下服务渠道同源发布、同步更新。

（二）简化申报方式。对"一件事一次办"涉及的多个政务服务事项的申请材料和表单，通过归并、数据共享等方式进行精简、优化，推行共享数据自动调用、个性信息自行填报、申请表单自动生成，实现"多表合一、一表申请"、"一套材料、一次提交"。除法律法规规定应当并行办理的事项外，企业和群众可根据实际需求自主选择"一件事一次办"涉及的全部或部分事项。

（三）统一受理方式。根据企业和群众办事实际场景需求，科学合理设立线下"一件事一次办"综合受理窗口，在一个窗口综合收件，实现"一窗受理"。在全国一体化政务服务平台设立"一件事一次办"专栏，通过统一入口实现"一端受理"。

（四）建立联办机制。厘清部门职责，加强部门协作。依托全国一体化政务服务平台，同步获取受理信息和有关部门的办理信息，开展联动审批，推行联合评审、联合勘验、联合验收等，强化线上线下审批协同。

（五）提高出件效率。优化整合"一件事一次办"涉及的出件环节，按照集约化、高效化的原则，采取窗口发放、物流快递送达等灵活多样的方式，将办理结果和实体证照第一时间送达申请人。支持以信息化方式推送办理结果和电子证照，依托政务服务平台实现"一端出件"。

（六）加强综合监管。针对"一件事一次办"跨部门、跨业务的特点，健全监管制度，明确各环节监管部门及职责，完善监管规则和标准，落实监管措施，实施事前事中事后全链条监管。实行相对集中行政许可权改革的地区，要明确政务服务审批部门、行业主管部门的监管职责和边界，强化审管协同和信息共享，推进"一件事一次办"事项依法依规办理，促进集成化办理服务提升。

四、加强"一件事一次办"支撑能力建设

（一）推进线下综合受理窗口和线上受理专栏建设。县级以上政务服务中心和乡镇（街道）便民服务中心要将"一件事一次办"事项纳入综合受理窗口办理，全面推行"前台综合受理、后台分类审批"。有条件的地区可将"一件事一次办"事项延伸到村（社区）便民服务站。各地区要充分利用国家政务服务平台统一事项管理、身份认证、数据共享等公共支撑能力，加快本地区政务服务平台"一件事一次办"事项办理系统建设，在政务服务平台设立专栏，并向政务服务移动端（含APP、小程序等）、集成化自助服务终端等拓展，便利企业和群众线上申办、自助申办。

（二）推动"一件事一次办"事项办理相关业务系统互联互通。各地区要加大对"一件事一次办"事项办理相关业务系统的整合力度，推动相关独立办理系统与本地区政务服务平台互联互通、业务协同。国务院有关部门要以全国一体化政务服务平台为数据共享总枢纽，加快推动本部门涉及"一件事一次办"事项办理的垂直管理业务信息系统与地方政务服务平台深度对接，有效满足各地区需求，实现"一次登录、全网通办"。

（三）推进"一件事一次办"事项办理数据按需共享应用。各地区要按照"一件事一次办"事项办理业务流程，梳理数据共享需求、电子证照社会化应用场景清单，发挥政务数据共享协调机制作用，明确数据共享供需对接、规范使用、争议处理、安全管理、技术支撑等制度

流程,推进跨部门、跨层级数据依法依规有序共享。国务院有关部门要推动部门之间、部门与地方之间政务数据双向共享,不断提高共享数据质量和可用性、时效性。

(四)建立健全"一件事一次办"标准规范。制定政务服务"一件事一次办"国家标准,围绕事项名称与编码规则、事项管理、办事流程、服务规范、服务质量、监督评价等方面,建立健全标准体系,细化评价指标,完善评价方法。

五、保障措施

(一)加强组织领导。坚持党对推进政务服务"一件事一次办"工作的全面领导。国务院办公厅负责统筹推进全国政务服务"一件事一次办"工作,对各地区各部门推进情况进行跟踪督促和业务指导,组织编制并发布企业和个人政务服务"一件事一次办"事项基础清单,明确"一件事一次办"事项名称、涉及事项、责任单位。各省(自治区、直辖市)人民政府要统筹推进本地区政务服务"一件事一次办"工作,围绕基础清单细化分解任务,明确时间节点、部门分工和监管责任,并因地制宜拓展本地区"一件事一次办"事项范围。各有关部门要积极推进主管行业领域政务服务"一件事一次办"工作,并提供必要的政策、业务、系统、数据等支持。

(二)加强协同配合。各地区要建立跨部门协同推进机制,结合实际明确"一件事一次办"事项核心环节或第一个环节的办理单位作为牵头单位。牵头单位要会同配合单位编制"一件事一次办"事项办理标准化工作规程和办事指南,做好流程优化、系统对接、信息共享、电子证照应用、业务培训等工作。配合单位要与牵头单位密切协作,主动按时完成相关工作。

(三)加强评价监督。各地区要推进政务服务"一件事一次办"好差评工作,让企业和群众评判政务服务绩效。加强对"一件事一次办"事项办理情况的跟踪评估,对工作推进不及时、工作落实不到位、企业和群众反映问题突出的,给予通报批评,并限期整改。

(四)加强宣传引导。各地区各有关部门要通过政府网站、政务新媒体、政务服务平台等及时发布政务服务"一件事一次办"相关信息,同时做好政策解读,不断提高社会知晓度,积极营造有利于推进"一件事一次办"的良好氛围。

附件：1. 企业政务服务"一件事一次办"事项基础清单（2022年版）
　　　2. 个人政务服务"一件事一次办"事项基础清单（2022年版）

附件1

企业政务服务"一件事一次办"事项基础清单（2022年版）

序号	名称	涉及事项	责任单位
1	企业开办	企业设立登记	市场监管部门
		公章刻制备案	公安部门
		发票领用	税务部门
		企业社会保险登记	人力资源社会保障部门
		住房公积金单位登记开户	住房城乡建设部门
2	企业准营（以餐饮店为例）	食品经营许可	市场监管部门
		设置大型户外广告及在城市建筑物、设施上悬挂、张贴宣传品审批	住房城乡建设（城市管理）部门
		公众聚集场所投入使用、营业前消防安全检查	消防救援机构
3	员工录用	就业登记	人力资源社会保障部门
		职工参保登记（社会保险）	
		社会保障卡申领	
		档案的接收和转递（流动人员）	
		职工参保登记（基本医疗保险）	医保部门
		个人住房公积金账户设立	住房城乡建设部门
4	涉企不动产登记	不动产统一登记	自然资源部门
		房地产交易税费申报	税务部门
5	企业简易注销	税务注销	税务部门
		企业注销登记	市场监管部门

附件2

个人政务服务"一件事一次办"事项基础清单(2022年版)

序号	名称	涉及事项	责任单位
1	新生儿出生	出生医学证明签发	卫生健康部门
		预防接种证办理	疾控部门、卫生健康部门按职责分工落实
		户口登记	公安部门
		城乡居民参保登记(基本医疗保险)	医保部门
		社会保障卡申领	人力资源社会保障部门
2	灵活就业	就业登记	人力资源社会保障部门
		档案的接收和转递(流动人员)	
		社会保险登记	
		基本医疗保险参保和变更登记	医保部门
		灵活就业人员社会保险费申报	税务部门
3	公民婚育	内地居民婚姻登记	民政部门
		户口登记项目变更	公安部门
		户口迁移	
		生育登记	卫生健康部门
4	扶残助困	残疾人证办理	残联
		困难残疾人生活补贴和重度残疾人护理补贴资格认定	民政部门
		低保、特困等困难群众医疗救助	医保部门
		城乡居民基本养老保险补助	人力资源社会保障部门
5	军人退役	退役报到	退役军人事务部门
		户口登记(退役军人恢复户口)	公安部门
		核发居民身份证	

续表

序号	名称	涉及事项		责任单位
5	军人退役	预备役登记		人民武装部门
		社会保险登记		人力资源社会保障部门
		军地养老保险关系转移接续		
		基本医疗保险参保和变更登记		医保部门
		基本医疗保险关系转移接续		
		退役士兵自主就业一次性经济补助金的给付		退役军人事务部门
6	二手房转移登记及水电气联动过户	房屋交易合同网签备案	并行办理	住房城乡建设部门
		房地产交易税费申报		税务部门
		不动产统一登记		自然资源部门
		电表过户		能源主管部门
		水表过户		住房城乡建设部门
		天然气表过户		
7	企业职工退休	职工正常退休(职)申请		人力资源社会保障部门
		职工提前退休(退职)申请		
		职工参保登记(基本医疗保险)		医保部门
		住房公积金提取(离休、退休)		住房城乡建设部门
8	公民身后	出具死亡证明(正常死亡)		卫生健康部门
		出具死亡证明(非正常死亡)		公安部门
		出具火化证明		民政部门
		参保人员个人账户一次性支取(基本医疗保险)		医保部门
		个人账户一次性待遇申领(养老保险)		人力资源社会保障部门
		遗属待遇申领		
		死亡、宣告死亡办理户口注销		公安部门
		注销驾驶证		
		住房公积金提取(死亡)		住房城乡建设部门

221

国务院办公厅关于对国务院第九次大督查发现的典型经验做法给予表扬的通报

(2022年9月27日　国办发〔2022〕33号)

为进一步推动中央经济工作会议部署和《政府工作报告》确定的重点任务以及稳住经济一揽子政策措施和接续政策措施落地见效，国务院部署开展了第九次大督查。从督查情况看，各有关地区在以习近平同志为核心的党中央坚强领导下，以习近平新时代中国特色社会主义思想为指导，认真贯彻落实党中央、国务院重大决策部署，统筹推进新冠肺炎疫情防控和经济社会发展，扎实做好"六稳"工作、全面落实"六保"任务，有效应对各种困难挑战，保持经济社会发展大局总体稳定。在对19个省（自治区、直辖市）和新疆生产建设兵团开展实地督查时发现，有关地方围绕稳增长、稳市场主体、稳就业保民生、保产业链供应链稳定、深化"放管服"改革优化营商环境等方面，结合实际积极探索、主动作为，创造和形成了一批好的经验做法。

为表扬先进，宣传典型，进一步调动和激发各方面干事创业、改革创新的积极性、主动性和创造性，推动形成克难攻坚、奋勇争先的良好局面，经国务院同意，对山西省强化煤炭增产保供保障能源安全等60项典型经验做法予以通报表扬。希望受到表扬的地方珍惜荣誉，再接再厉，充分发挥模范示范和引领带动作用，不断取得新的更大成绩。

各地区各部门要全面贯彻党的十九大和十九届历次全会精神，坚持稳中求进工作总基调，完整、准确、全面贯彻新发展理念，加快构建新发展格局，着力推动高质量发展，全面落实"疫情要防住、经济要稳住、发展要安全"的要求，尽责担当、扎实工作。要学习借鉴典型经验做法,加大宣传推广力度,结合实际迎难而上、砥砺奋进,为保持经济平稳运行和社会大局稳定作出积极贡献,以实际行动迎接党的二十大胜利召开。

附件:国务院第九次大督查发现的典型经验做法(共60项)

附件

国务院第九次大督查发现的典型经验做法
(共60项)

1. 山西省强化煤炭增产保供保障能源安全。
2. 山西省吕梁市打造"吕梁山护工"特色劳务品牌助力乡村振兴。
3. 山西省阳泉市创新运用"一账清"工作法推动退税红利精准惠企。
4. 内蒙古自治区多措并举推进能源保供加快能源结构调整。
5. 内蒙古自治区全力扩大有效投资取得新进展。
6. 内蒙古自治区"全链条协同"落实退税减税降费政策助企稳企。
7. 黑龙江省聚焦黑土地保护利用筑牢国家粮食安全"压舱石"。
8. 黑龙江省积极培育高新技术企业加快壮大振兴发展新动能。
9. 黑龙江省绥化市精准施策有力推动玉米生物经济发展。
10. 上海市推进项目经费"包干制"有效激发科研人员创新活力。
11. 上海市探索打造"以数治税"优化服务企业新模式。
12. 上海自由贸易试验区临港新片区深化投资建设审批制度改革跑出发展"加速度"。
13. 江苏省建设"热线百科"平台助力政策透明直达。
14. 江苏省聚焦稳增长促发展打好资源要素保障"组合拳"。
15. 江苏省南京市创新建设"质量小站"惠及中小微企业。
16. 浙江省打造"一指减负"数字化改革场景应用提升企业获

223

得感。

17. 浙江省杭州市精准发力保障物流畅通促进产业链供应链稳定。

18. 浙江省温州市深化企业投资项目审批改革加快项目建设。

19. 福建省建设"闽捷办"智慧税务平台打造"不打烊"的网上税务服务厅。

20. 福建省厦门市实施"财政政策+金融工具"纾解企业流动性困难。

21. 福建省莆田市实施"党建引领、夯基惠民"工程推动基层治理上台阶。

22. 江西省以改革为动力持续优化升级营商环境。

23. 江西省坚持"五链合一"有序保障产业链供应链稳定。

24. 江西省强力推进扩消费"三年行动"促进消费稳定增长。

25. 河南省积极探索高效统筹疫情防控和经济社会发展有效路径。

26. 河南省漯河市助推民营企业扩投资强活力。

27. 河南省鹤壁市供需两端发力着力破解"就业难"、"用工缺"。

28. 湖北省全力以赴抓项目促投资稳增长。

29. 湖北省荆州市强化劳务品牌建设打造就业"金名片"。

30. 湖北省潜江市打造"虾—稻"特色产业链构筑现代农业发展高地。

31. 湖南省"万名干部联万企"常态化解难题优服务促发展。

32. 湖南省"促创业保用工强服务"用心用情做实家门口就业。

33. 湖南省湘潭市健全"引育用留"新机制促进人才强市。

34. 广东省大力发展跨境电商积聚外贸发展新动能。

35. 广东省编密织牢民生"兜底网"切实保障困难群众基本生活。

36. 广东省深圳市大力发展零工市场服务灵活就业人员。

37. 广西壮族自治区推出"桂惠贷"提升市场主体融资便利度。

38. 广西壮族自治区钦州市创新模式夯实工业发展根基。

39. 广西壮族自治区北海市推行"三色管理"打好保通保畅"攻坚战"。

40. 云南省建立教师"省管校用"帮扶机制探索破解"县中困境"

难题。

41. 昆明海关实施"互联网+边民互市"助力边贸发展。
42. 云南省曲靖市聚焦产业链延伸全力打造产业集群。
43. 西藏自治区标本兼治着力构建根治欠薪长效机制。
44. 西藏自治区精准发力促进产业链供应链稳定。
45. 西藏自治区山南市坚持"退减免降缓"助力经济高质量发展。
46. 陕西省推进"三项改革"试点加快科技成果转化。
47. 陕西省实施零基预算改革更好集中财力办大事。
48. 陕西省推出"税务管家"服务确保留抵退税政策落实落细。
49. 甘肃省庆阳市全力打造"东数西算"大数据产业集群。
50. 甘肃省定西市创新运用"五式工作法"稳市场主体助力经济增长。
51. 甘肃省酒泉市全产业链推进新能源装备制造业基地建设。
52. 青海省靶向发力深入推进生态文明建设。
53. 青海省聚力"源网荷储"打造国家清洁能源产业高地。
54. 青海省西宁市"双轮驱动"助力稳经济大盘。
55. 新疆维吾尔自治区突出重点推动中欧班列高效开行。
56. 新疆维吾尔自治区突出"四个注重"全力以赴稳增长。
57. 新疆维吾尔自治区博尔塔拉蒙古自治州坚持补短板优环境抓关键全力推进"口岸强州"战略。
58. 新疆生产建设兵团第十二师坚决守护全疆"菜篮子"、"果盘子"安全。
59. 新疆生产建设兵团第一师阿拉尔市挖潜力添动力激活力探索发展荒漠经济。
60. 新疆生产建设兵团第六师五家渠市促进市场主体提质扩量增效。

国务院办公厅关于扩大政务服务"跨省通办"范围进一步提升服务效能的意见

（2022年9月28日　国办发〔2022〕34号）

《国务院办公厅关于加快推进政务服务"跨省通办"的指导意见》（国办发〔2020〕35号）印发以来，各地区各部门大力推进与企业发展、群众生活密切相关的高频政务服务事项"跨省通办"，企业和群众异地办事越来越便捷。为贯彻党中央、国务院关于加强数字政府建设、持续优化政务服务的决策部署，落实《政府工作报告》要求，扩大政务服务"跨省通办"范围，进一步提升服务效能，更好满足企业和群众异地办事需求，经国务院同意，现提出以下意见。

一、总体要求

以习近平新时代中国特色社会主义思想为指导，全面贯彻落实党的十九大和十九届历次全会精神，按照党中央、国务院决策部署，坚持以人民为中心的发展思想，聚焦企业和群众反映突出的异地办事难点堵点，统一服务标准、优化服务流程、创新服务方式，充分发挥全国一体化政务服务平台"一网通办"枢纽作用，推动线上线下办事渠道深度融合，持续深化政务服务"跨省通办"改革，不断提升政务服务标准化、规范化、便利化水平，有效服务人口流动、生产要素自由流动和全国统一大市场建设，为推动高质量发展、创造高品质生活、推进国家治理体系和治理能力现代化提供有力支撑。

二、扩大"跨省通办"事项范围

（一）新增一批高频政务服务"跨省通办"事项。在深入落实国办发〔2020〕35号文件部署的基础上，聚焦便利企业跨区域经营和加快解决群众关切事项的异地办理问题，健全清单化管理和更新机制，按照需求量大、覆盖面广、办理频次高的原则，推出新一批政务服务

"跨省通办"事项,组织实施《全国政务服务"跨省通办"新增任务清单》(见附件)。

(二)扎实推进地区间"跨省通办"合作。围绕实施区域重大战略,聚焦城市群都市圈一体化发展、主要劳务输入输出地协作、毗邻地区交流合作等需求,进一步拓展"跨省通办"范围和深度。有关地区开展省际"跨省通办"合作要务实高效,科学合理新增区域通办事项,避免层层签订协议、合作流于形式、企业和群众获得感不强等问题。及时梳理地区间"跨省通办"合作中共性、高频的异地办事需求,加强业务统筹,并纳入全国"跨省通办"事项范围。

三、提升"跨省通办"服务效能

(三)改进网上办事服务体验。加快整合网上办事入口,依托全国一体化政务服务平台健全统一身份认证体系,着力解决网上办事"门难找"、页面多次跳转等问题。进一步简化"跨省通办"网上办理环节和流程,丰富网上办事引导、智能客服功能,提供更加简单便捷、好办易办的服务体验。完善国家政务服务平台"跨省通办"服务专区,推动更多"跨省通办"事项网上一站式办理。完善全国一体化政务服务平台移动端应用,推进证明证照查验、信息查询变更、资格认证、年审年报等更多简易高频事项"掌上办"。

(四)优化"跨省通办"线下服务。推动县级以上政务服务中心"跨省通办"窗口全覆盖,建立完善收件、办理两地窗口工作人员和后台审批人员协同联动工作机制,为全程网办提供业务咨询、申报辅导、沟通协调等服务。推行帮办代办、引导教办等线下服务,为老年人等特殊群体和不熟悉网络操作的办事人提供更多便利,更好满足多样化、个性化办事需求,确保线上能办的线下也能办。探索通过自助服务终端等渠道,推进"跨省通办"服务向基层延伸。

(五)提升"跨省通办"协同效率。依托全国一体化政务服务平台,完善"跨省通办"业务支撑系统办件流转功能,推动优化"跨省通办"事项异地代收代办、多地联办服务。通过收件标准查询、材料电子化流转、线上审核、视频会商等辅助方式,同步提供具体事项办理的工作联络功能,提高协同办理效率,加快解决"跨省通办"事项受理和收办件审核补齐补正次数多,资料传递、审查、核验、送达耗时长,跨地区、跨层级经办机构沟通效率低等问题。

四、加强"跨省通办"服务支撑

（六）完善"跨省通办"事项标准和业务规则。国务院有关部门要结合推进统一的政务服务事项基本目录和实施清单编制工作，2023年6月底前实现已确定的政务服务"跨省通办"事项名称、编码、依据、类型等基本要素和受理条件、服务对象、办理流程、申请材料、办结时限、办理结果等在全国范围统一，并在国家政务服务平台发布。国务院有关部门要加快制定完善全程网办、异地代收代办、多地联办的业务标准和操作规程，明确收件地和办理地的权责划分、业务流转程序、联动模式、联系方式等内容，进一步细化和统一申请表单通用格式、申请材料文本标准等，优化办理流程，及时更新办事指南。

（七）加强"跨省通办"平台支撑和系统对接。充分发挥全国一体化政务服务平台公共入口、公共通道、公共支撑作用，在确保安全性和稳定性的前提下，加快推动国务院部门垂直管理业务信息系统、地方各级政府部门业务信息系统与各地区政务服务平台深度对接融合，明确对接标准、对接方式、完成时限等要求，为部门有效协同、业务高效办理提供有力支撑。

（八）增强"跨省通办"数据共享支撑能力。充分发挥政务数据共享协调机制作用，强化全国一体化政务服务平台的数据共享枢纽功能，推动更多直接关系企业和群众异地办事、应用频次高的医疗、养老、住房、就业、社保、户籍、税务等领域数据纳入共享范围，提升数据共享的稳定性、及时性。依法依规有序推进常用电子证照全国互认共享，加快推进电子印章、电子签名应用和跨地区、跨部门互认，为提高"跨省通办"服务效能提供有效支撑。加强政务数据共享安全保障，依法保护个人信息、隐私和企业商业秘密，切实守住数据安全底线。

五、强化组织保障

（九）健全工作推进机制。国务院办公厅负责全国政务服务"跨省通办"的统筹协调，推动解决有关重大问题。国务院各有关部门要加大业务统筹力度，按照有关任务时限要求，抓紧出台新增"跨省通办"事项的配套政策、实施方案、试点计划等，加强对主管行业领域"跨省通办"工作的指导和规范。强化跨部门协同联动，有关配合部门要加大业务、数据、信息系统等方面的支持力度。各地区要加强对政务服务"跨省通办"任务落实的省级统筹,强化上下联动、横向协同,加快实现同一事项无差别受理、同标准办理。各级政务服务管理机构要会同本级业务主管部门建立常见问题解答知识库,开展常态化业务培训,切实提升窗口工作人员办理"跨省通办"事项的业务能力。

(十)加强监测评估。国务院办公厅会同有关部门加强对政务服务"跨省通办"工作推进情况的监测分析,了解和掌握"跨省通办"事项实际办理情况,及时跟进协调解决有关难点堵点问题。地方各级政务服务管理机构要会同本级业务主管部门加强对具体事项办理的日常监测管理,强化审管协同,推动审批、监管信息实时共享。国务院办公厅适时组织开展"跨省通办"落实情况评估工作。

(十一)加大宣传推广力度。各地区各有关部门要通过政府网站、政务新媒体、政务服务平台等及时发布政务服务"跨省通办"有关信息,做好政策解读,确保企业和群众在各个层级办事时充分知晓和享受到"跨省通办"带来的便利。及时梳理总结各地区各有关部门政务服务"跨省通办"的好经验好做法,加大推广力度,积极支持"一地创新、全国复用"。

附件:全国政务服务"跨省通办"新增任务清单

附件

全国政务服务"跨省通办"新增任务清单

（共 22 项）

序号	"跨省通办"事项	应用场景	牵头单位	配合单位	完成时间
1	临时居民身份证办理	申请人可异地申请办理临时居民身份证，不受户籍地限制。	公安部		2022年底前，在长三角、川渝黔地区启动试点工作；2023年底前全部省份全部完成
2	子女投靠父母户口迁移	申请人因投靠父母需要迁移户口的，只需在迁入地申请，迁入地和迁出地公安部门协同办理户口迁移，申请人不再需要到迁出地办理相关手续。	公安部		2022年底前
3	城乡居民养老保险参保登记	申请人可异地网上申请城乡居民养老保险参保登记，不受场地限制。	人力资源社会保障部		2022年底前，建成全国统一的线上服务人口，50%以上省份开通"跨省通办"服务；2023年6月底前，全部省份开通"跨省通办"服务
4	城乡居民养老保险待遇申请	申请人可异地网上申请城乡居民养老保险待遇，不受地域限制。	人力资源社会保障部		2022年底前，建成全国统一的线上服务人口，50%以上省份开通"跨省通办"服务；2023年6月底前，全部省份开通"跨省通办"服务

230

续表

序号	"跨省通办"事项	应用场景	牵头单位	配合单位	完成时间
5	住房公积金汇缴	申请人可异地向缴存地住房公积金管理中心申请住房公积金汇缴,不受地域限制。	住房城乡建设部		2022年底前
6	住房公积金补缴	申请人可异地向缴存地住房公积金管理中心申请住房公积金补缴,不受地域限制。	住房城乡建设部		2022年底前
7	提前部分偿还住房公积金贷款	申请人可异地向住房公积金贷款发放地住房公积金管理中心申请提前部分偿还住房公积金贷款,不受地域限制。	住房城乡建设部		2022年底前
8	租房提取住房公积金	申请人在缴存地无自有住房且租赁住房的,可异地向缴存地住房公积金管理中心申请提取住房公积金,不受地域限制。	住房城乡建设部	自然资源部	2023年底前
9	提前退休提取住房公积金	申请人未到法定退休年龄但已办理相关退休手续的,可异地向缴存地住房公积金管理中心申请提取住房公积金,不受地域限制。	住房城乡建设部	人力资源社会保障部	2023年底前
10	航运公司符合证明查询、核验	申请人可异地查询、核验航运公司符合证明,不受地域限制。	交通运输部		2022年底前

231

续表

序号	"跨省通办"事项	应用场景	牵头单位	配合单位	完成时间
11	船舶安全管理证书查询、核验	申请人可异地查询、核验船舶安全管理证书,不受地域限制。	交通运输部		2022年底前
12	水利水电工程施工企业主要负责人、项目负责人和专职安全生产管理人员安全生产考核变更	申请人在申请证书变更时,考核管理部门发生改变的,只需向新考核管理部门提出申请,新考核管理部门协同办理,申请人不需要到原考核管理部门办理变更手续。	水利部		2023年6月底前
13	异地电子缴税	因跨省经营或管理需要,申请人可将税款从异地银行结算账户跨省缴入经营地国库。	税务总局	人民银行	2022年底前
14	开具税收完税证明	申请人可异地通过电子税务局开具税收完税证明,不受地域限制。	税务总局		2022年底前
15	单位社会保险费申报	申请人可异地网上申报单位社会保险费,不受地域限制。	税务总局		2022年底前
16	灵活就业人员社会保险费申报	申请人可异地网上申报灵活就业人员社会保险费,不受地域限制。	税务总局		2022年底前
17	城乡居民社会保险费申报	申请人可异地网上申报城乡居民社会保险费,不受地域限制。	税务总局		2022年底前

续表

序号	"跨省通办"事项	应用场景	牵头单位	配合单位	完成时间
18	社会保险费特殊缴费申报	申请人可异地网上申报社会保险费特殊缴费，不受地域限制。	税务总局	人力资源社会保障部、国家医保局	2022年底前
19	工程项目工伤保险费申报	申请人可异地网上申报工程项目工伤保险费，不受地域限制。	税务总局		2022年底前
20	开具社会保险费缴费证明	申请人可异地网上开具社会保险费缴费证明，不受地域限制。	税务总局		2022年底前
21	退还误收多缴保险费申请	申请人可异地网上申请退还误收多缴保险费，不受地域限制。	税务总局	人力资源社会保障部、国家医保局	2022年底前
22	高血压、糖尿病、恶性肿瘤门诊放化疗、尿毒症透析、器官移植术后抗排异治疗等5种门诊慢特病相关治疗费用跨省直接结算	具有门诊慢特病认定资格的参保人员在参保地备案后，按照参保地相关要求可在高血压、糖尿病、恶性肿瘤门诊放化疗、尿毒症透析、器官移植术后抗排异治疗等5种门诊慢特病治疗费用享受直接结算服务。	国家医保局		2022年底前

233

外　　交

缔结条约管理办法

（2022年10月16日中华人民共和国国务院令第756号公布　自2023年1月1日起施行）

第一条　为了规范缔结条约工作程序，加强对缔结条约事务的管理，根据《中华人民共和国缔结条约程序法》（以下简称缔约程序法）和有关法律规定，制定本办法。

第二条　国务院或者国务院有关部门缔结条约、协定和其他具有条约、协定性质的文件（以下统称条约），办理相关事务，适用本办法。

第三条　外交部在国务院领导下管理缔结条约的具体事务，指导、督促国务院有关部门依照法定程序办理缔结条约工作。

国务院有关部门在各自职权范围内负责办理缔结条约的相关工作。

第四条　除中华人民共和国宪法、法律和国务院另有授权外，地方各级政府无权缔结条约。

第五条　下列条约，除法律另有规定外，应当以中华人民共和国名义缔结：

（一）友好合作条约、和平条约等政治性条约；

（二）有关领土和划定边界的条约，包括划定陆地边界和海域边界的条约；

（三）有关司法合作的条约，包括司法协助、引渡、被判刑人移管、承认与执行外国法院判决或者仲裁裁决的条约；

(四)其他涉及重大国家利益的条约。

特殊情况下,经国务院审核决定,前款所列条约可以中华人民共和国政府名义缔结。

第六条 下列条约,应当以中华人民共和国政府名义缔结:

(一)涉及国务院职权范围的条约;

(二)涉及两个以上国务院有关部门职权范围的条约;

(三)其他需要以中华人民共和国政府名义缔结的条约。

特殊情况下,经国务院审核决定,前款所列条约可以中华人民共和国政府部门名义缔结。

第七条 国务院各部、委员会、中国人民银行、审计署、具有行政管理职能的直属机构、根据法律规定或者国务院授权承担行政管理职能的国务院其他机构,可以就本部门职权范围内的事项,以中华人民共和国政府部门名义缔结条约。

第八条 条约内容涉及政治、外交、经济、社会、安全等领域重大国家利益的,应当将条约草案及条约草案涉及的重大问题按照有关规定报告党中央。

第九条 以中华人民共和国名义或者中华人民共和国政府名义谈判条约的,由外交部或者国务院有关部门会同外交部在启动谈判前不少于20个工作日报请国务院决定。

第十条 以中华人民共和国政府部门名义谈判条约,有下列情形之一的,由国务院有关部门会同外交部在启动谈判前不少于20个工作日报请国务院决定:

(一)条约内容涉及外交、经济、安全等领域的重大国家利益;

(二)条约内容涉及国务院其他部门职权范围;

(三)其他应当报请国务院决定的情形。

第十一条 条约谈判中,对经国务院决定的条约中方草案所作改动有下列情形之一的,应当重新报请国务院决定:

(一)对中华人民共和国依据该条约享有的权利或者承担的义务有重大影响;

(二)对中华人民共和国在有关重大问题上的立场有影响;

(三)与中华人民共和国法律、行政法规或者中华人民共和国依据其他条约承担的国际义务不一致;

（四）其他应当报请国务院决定的情形。

第十二条 以中华人民共和国名义或者中华人民共和国政府名义签署条约，或者有本办法第十条规定情形之一的，应当由外交部或者国务院有关部门会同外交部在签署前不少于10个工作日报请国务院决定。

确因特殊情况未按前款规定时限报批的，应当向国务院说明理由。

第十三条 条约签署前，国务院有关部门法制机构应当从法律角度对条约进行审查。

以中华人民共和国名义或者中华人民共和国政府名义签署，且根据缔约程序法或者有关规定应当报请国务院审核并建议提请全国人民代表大会常务委员会决定批准或者加入，或者报请国务院核准、决定加入或者接受的条约，内容与中华人民共和国法律、行政法规或者与中华人民共和国依据其他条约承担的国际义务不一致的，国务院有关部门应当在条约签署前不少于30个工作日征求司法部的意见。

第十四条 下列情形，国务院有关部门应当在签署条约的请示中予以说明：

（一）拟签署的条约内容与中华人民共和国法律、行政法规或者与中华人民共和国依据其他条约承担的国际义务是否一致；有不一致的，应当提出解决方案；根据本办法第十三条规定应当征求司法部意见的，还应当附司法部的意见；

（二）拟签署的条约是否需要征询香港特别行政区政府、澳门特别行政区政府的意见以及征询意见的情况；

（三）拟签署的条约属于多边条约的，是否需要作出声明或者保留以及声明或者保留的内容。

第十五条 条约的谈判代表或者签署代表需要出具全权证书的，国务院有关部门应当至少提前10个工作日书面通知外交部办理相关手续，并向外交部提供国务院同意委派该谈判代表或者签署代表的批件。

条约的谈判代表或者签署代表需要出具授权证书的，由谈判代表或者签署代表所属的国务院有关部门办理。授权证书的格式由外交部规定。

第十六条 下列条约,应当由外交部或者国务院有关部门会同外交部自签署之日起180日内报请国务院审核,并建议提请全国人民代表大会常务委员会决定批准:

(一)友好合作条约、和平条约等政治性条约;

(二)有关领土和划定边界的条约,包括划定陆地边界和海域边界的条约;

(三)有关司法合作的条约,包括司法协助、引渡、被判刑人移管、承认与执行外国法院判决或者仲裁裁决的条约;

(四)与中华人民共和国法律有不同规定或者履行条约需要新制定法律的条约;

(五)涉及中央预算调整的条约;

(六)内容涉及立法法第八条规定的只能制定法律的条约;

(七)有关参加政治、经济、安全等领域重要国际组织的条约;

(八)对外交、经济、安全等领域国家利益有重大影响的条约;

(九)条约规定或者缔约各方议定须经批准的条约;

(十)外交部或者国务院有关部门商外交部建议须经批准的条约。

因特殊情况需要延长前款规定时限的,应当在期限届满前向国务院说明理由。

第十七条 下列条约,应当由外交部或者国务院有关部门会同外交部自签署之日起180日内报请国务院核准:

(一)有关边界管理和边防事务的条约;

(二)有关管制物资贸易或者技术合作的条约;

(三)有关军工贸易和军控的条约;

(四)与中华人民共和国行政法规有不同规定或者履行条约需要新制定行政法规的条约;

(五)影响中央预算执行但不涉及预算调整的条约;

(六)涉及中华人民共和国行政法规规定的税收制度的条约;

(七)涉及扩大重要和关键行业外资准入的条约;

(八)对外交、经济、安全等领域国家利益有较大影响的条约;

(九)条约规定或者缔约各方议定须经核准的条约;

（十）外交部或者国务院有关部门商外交部建议须经核准的条约。

因特殊情况需要延长前款规定时限的，应当在期限届满前向国务院说明理由。

第十八条 加入本办法第十六条所列范围的多边条约，应当由外交部或者国务院有关部门会同外交部报请国务院审核，并建议提请全国人民代表大会常务委员会决定。

第十九条 接受多边条约或者加入本办法第十七条所列范围的多边条约，应当由外交部或者国务院有关部门会同外交部报请国务院决定。

第二十条 报请国务院审核并建议提请全国人民代表大会常务委员会决定批准或者加入条约的，应当由外交部或者国务院有关部门会同外交部向国务院报送请示，并附送国务院提请全国人民代表大会常务委员会决定批准或者加入该条约的议案说明、条约作准中文本及其电子文本或者中译本及其电子文本，以及国务院审核同意的条约谈判和签署请示。

属于多边条约的，还应当附送多边条约缔约方的批准、核准、加入和接受情况或者缔约方清单。

第二十一条 报请国务院核准、决定加入或者接受条约的，应当由外交部或者国务院有关部门会同外交部向国务院报送审核并建议核准、决定加入或者接受该条约的请示，并附送条约作准中文本及其电子文本或者中译本及其电子文本，以及国务院审核同意的条约谈判和签署请示。

属于多边条约的，还应当附送多边条约缔约方的批准、核准、加入和接受情况或者缔约方清单。

第二十二条 条约报送部门在将条约报请国务院审核前，应当对条约作准中文本或者中译本进行认真审核，确保内容及其文字表述准确、中外文本一致，格式符合规范要求。

条约报送部门在将条约报请国务院审核前发现条约作准中文本有重大错误的，应当与相关国家、国际组织或者国际会议沟通，并在报送国务院的请示中就沟通情况和修改结果作出说明。

第二十三条 根据缔约程序法和有关规定，需要报国务院备案或者送外交部登记的条约,国务院有关部门应当自条约签署之日起90日内办理。

第二十四条 根据本办法第十六条、第十七条、第十八条、第十九条规定报请国务院审核并建议提请全国人民代表大会常务委员会决定批准或者加入,或者报请国务院核准、决定加入或者接受的条约由司法部审查,提出法律意见。

第二十五条 缔结多边条约,除本办法第二十七条规定的情形外,国务院有关部门应当在报请国务院审核并建议提请全国人民代表大会常务委员会决定批准或者加入前,或者报请国务院核准、决定加入或者接受前,通过外交部分别征询香港特别行政区政府、澳门特别行政区政府意见。多边条约规定缔约方不限于主权国家,且根据《中华人民共和国香港特别行政区基本法》和《中华人民共和国澳门特别行政区基本法》,香港特别行政区、澳门特别行政区有权单独签订的,可以不征询香港特别行政区政府、澳门特别行政区政府意见。

缔结双边条约,需要征询香港特别行政区政府、澳门特别行政区政府意见的,由国务院有关部门会同外交部和国务院港澳事务机构参照前款规定办理。

第二十六条 根据本办法第二十五条规定,外交部征询香港特别行政区政府、澳门特别行政区政府意见的事项包括:

(一)条约是否适用于香港特别行政区、澳门特别行政区;

(二)拟对条约作出的有关声明或者保留是否适用于香港特别行政区、澳门特别行政区;

(三)香港特别行政区、澳门特别行政区是否需要作出其他声明或者保留;

(四)条约已经适用于香港特别行政区、澳门特别行政区,且为香港特别行政区、澳门特别行政区作出声明或者保留的,原声明或者保留是否继续有效。

第二十七条 涉及外交、国防事务的条约,或者根据条约性质、规定应当适用于中华人民共和国全部领土的条约,国务院有关部门应当在报请国务院审核并建议提请全国人民代表大会常务委员会决定批准或者加入前,或者报请国务院核准、决定加入或者接受前,通过外交部通知香港特别行政区政府、澳门特别行政区政府条约将适用于香港特别行政区、澳门特别行政区。

拟对条约作出的声明或者保留，涉及外交、国防事务的，依照前款规定办理。

第二十八条　国务院有关部门应当自收到全国人民代表大会常务委员会批准或者加入条约的决定之日起或者自收到国务院核准、决定加入或者接受条约的批复之日起20个工作日内，书面通知外交部办理制作、交存或者交换批准书、核准书、加入书或者接受书的具体手续。国务院有关部门对于交存或者交换时机有特别安排的，应当作出说明。

需要向多边条约保存机关通知不接受多边条约的，国务院有关部门应当于条约规定的期限届满至少10个工作日前书面通知外交部办理具体手续。

外交部在交存或者交换批准书、核准书、加入书或者接受书时应当提交政府声明。政府声明应当包括条约是否适用于香港特别行政区、澳门特别行政区的内容。

第二十九条　缔结双边条约，需要与缔约另一方相互通知已完成条约生效需要履行的国内法律程序的，国务院有关部门应当自完成批准、核准或者备案手续之日起20个工作日内或者在报送外交部登记时，书面通知外交部办理。

第三十条　适用于香港特别行政区、澳门特别行政区的条约，国务院有关部门应当自条约对中华人民共和国生效的手续办理完毕之日起20个工作日内，将条约适用于香港特别行政区、澳门特别行政区的情况，通过外交部通知香港特别行政区政府、澳门特别行政区政府。

第三十一条　条约扩展适用于香港特别行政区、澳门特别行政区的，国务院有关部门应当参照本办法第二十五条、第二十六条的规定通过外交部分别征询香港特别行政区政府、澳门特别行政区政府意见，并会同外交部提出建议，报请国务院决定。

外交部应当根据国务院批复，向多边条约保存机关提交多边条约扩展适用于香港特别行政区、澳门特别行政区的政府声明，或者与双边条约缔约方达成条约适用于香港特别行政区、澳门特别行政区的具体安排。

第三十二条 根据缔约程序法第十四条的规定保存条约签字正本的,国务院有关部门应当自条约签署之日起 90 日内将条约签字正本送外交部保存,并附送条约作准中文本或者中译本、作准外文本和相关电子文本。

多边条约拟由中华人民共和国作为正本保存国的,国务院有关部门应当事先商外交部同意,并由外交部履行保存机关职责。

第三十三条 国务院核准、决定加入或者接受的条约或者向国务院备案的条约,应当及时由国务院公报予以公布。

以中华人民共和国政府部门名义缔结的条约,国务院有关部门应当及时予以公布。

第三十四条 外交部应当编辑出版《中华人民共和国条约集》,并建设和维护数字化的条约数据库。

第三十五条 撤回或者修改对条约作出的声明或者保留,依照作出声明或者保留的程序办理,但本办法第三十一条规定的情形除外。

全国人民代表大会常务委员会或者国务院决定撤回或者修改对条约作出的声明或者保留的,国务院有关部门应当自撤回或者修改决定作出之日起 20 个工作日内,书面通知外交部办理通知多边条约保存机关的手续。

第三十六条 本办法自 2023 年 1 月 1 日起施行。

国　　防

全国人民代表大会常务委员会关于中国人民解放军现役士兵衔级制度的决定

（2022年2月28日第十三届全国人民代表大会常务委员会第三十三次会议通过　2022年2月28日中华人民共和国主席令第108号公布　自2022年3月31日起施行）

为了深化国防和军队改革，加强军队的指挥和管理，推进国防和军队现代化，根据宪法，现就中国人民解放军现役士兵衔级制度作如下决定：

一、士兵军衔是表明士兵身份、区分士兵等级的称号和标志，是党和国家给予士兵的地位和荣誉。

士兵军衔分为军士军衔、义务兵军衔。

二、军士军衔设三等七衔：

（一）高级军士：一级军士长、二级军士长、三级军士长；

（二）中级军士：一级上士、二级上士；

（三）初级军士：中士、下士。

军士军衔中，一级军士长为最高军衔，下士为最低军衔。

三、义务兵军衔由高至低分为上等兵、列兵。

四、士兵军衔按照军种划分种类，在军衔前冠以军种名称。

五、军衔高的士兵与军衔低的士兵，军衔高的为上级。军衔高的士兵在职务上隶属于军衔低的士兵的，职务高的为上级。

六、士兵军衔的授予、晋升,以本人任职岗位、德才表现和服役贡献为依据。

七、士兵军衔的标志式样和佩带办法,由中央军事委员会规定。

士兵必须按照规定佩带与其军衔相符的军衔标志。

八、士兵服现役的衔级年限和军衔授予、晋升、降级、剥夺以及培训、考核、任用等管理制度,由中央军事委员会规定。

九、中国人民武装警察部队现役警士、义务兵的衔级制度,适用本决定。

十、本决定自2022年3月31日起施行。

中华人民共和国预备役人员法

(2022年12月30日第十三届全国人民代表大会常务委员会第三十八次会议通过 2022年12月30日中华人民共和国主席令第127号公布 自2023年3月1日起施行)

目　　录

第一章　总　　则
第二章　预备役军衔
第三章　选拔补充
第四章　教育训练和晋升任用
第五章　日常管理
第六章　征　　召
第七章　待遇保障
第八章　退出预备役
第九章　法律责任
第十章　附　　则

第一章　总　　则

第一条　为了健全预备役人员制度,规范预备役人员管理,维护预备役人员合法权益,保障预备役人员有效履行职责使命,加强国防力量建设,根据宪法和《中华人民共和国国防法》、《中华人民共和国兵役法》,制定本法。

第二条　本法所称预备役人员,是指依法履行兵役义务,预编到中国人民解放军现役部队或者编入中国人民解放军预备役部队服预备役的公民。

预备役人员分为预备役军官和预备役士兵。预备役士兵分为预备役军士和预备役兵。

预备役人员是国家武装力量的成员,是战时现役部队兵员补充的重要来源。

第三条　预备役人员工作坚持中国共产党的领导,贯彻习近平强军思想,坚持总体国家安全观,贯彻新时代军事战略方针,以军事需求为牵引,以备战打仗为指向,以质量建设为着力点,提高预备役人员履行使命任务的能力和水平。

第四条　预备役人员必须服从命令、严守纪律,英勇顽强、不怕牺牲,按照规定参加政治教育和军事训练、担负战备勤务、执行非战争军事行动任务,随时准备应召参战,保卫祖国。

国家依法保障预备役人员的地位和权益。预备役人员享有与其履行职责相应的荣誉和待遇。

第五条　中央军事委员会领导预备役人员工作。

中央军事委员会政治工作部门负责组织指导预备役人员管理工作,中央军事委员会国防动员部门负责组织预备役人员编组、动员征集等有关工作,中央军事委员会机关其他部门按照职责分工负责预备役人员有关工作。

中央国家机关、县级以上地方人民政府和同级军事机关按照职责分工做好预备役人员有关工作。

编有预备役人员的部队(以下简称部队)负责所属预备役人员政治教育、军事训练、执行任务和有关选拔补充、日常管理、退出预备役等工作。

第六条　县级以上地方人民政府和有关军事机关应当根据预备役人员工作需要召开军地联席会议,协调解决有关问题。

县级以上地方人民政府和同级军事机关,应当将预备役人员工作情况作为拥军优属、拥政爱民评比和有关单位及其负责人考核评价的内容。

第七条 机关、团体、企业事业组织和乡镇人民政府、街道办事处应当支持预备役人员履行预备役职责，协助做好预备役人员工作。

第八条 国家加强预备役人员工作信息化建设。

中央军事委员会政治工作部门会同中央国家机关、中央军事委员会机关有关部门，统筹做好信息数据系统的建设、维护、应用和信息安全管理等工作。

有关部门和单位、个人应当对在预备役人员工作过程中知悉的国家秘密、军事秘密和个人隐私、个人信息予以保密，不得泄露或者向他人非法提供。

第九条 预备役人员工作所需经费，按照财政事权和支出责任划分原则列入中央和地方预算。

第十条 预备役人员在履行预备役职责中做出突出贡献的，按照国家和军队有关规定给予表彰和奖励。

组织和个人在预备役人员工作中做出突出贡献的，按照国家和军队有关规定给予表彰和奖励。

第二章 预备役军衔

第十一条 国家实行预备役军衔制度。

预备役军衔是区分预备役人员等级、表明预备役人员身份的称号和标志，是党和国家给予预备役人员的地位和荣誉。

第十二条 预备役军衔分为预备役军官军衔、预备役军士军衔和预备役兵军衔。

预备役军官军衔设二等七衔：

（一）预备役校官：预备役大校、上校、中校、少校；

（二）预备役尉官：预备役上尉、中尉、少尉。

预备役军士军衔设三等七衔：

（一）预备役高级军士：预备役一级军士长、二级军士长、三级军士长；

（二）预备役中级军士：预备役一级上士、二级上士；

（三）预备役初级军士：预备役中士、下士。

预备役兵军衔设两衔：预备役上等兵、列兵。

第十三条 预备役军衔按照军种划分种类，在预备役军衔前冠以军种名称。

预备役军官分为预备役指挥管理军官和预备役专业技术军官，分别授予预备役指挥管理军官军衔和预备役专业技术军官军衔。

预备役军衔标志式样和佩带办法由中央军事委员会规定。

第十四条 预备役军衔的授予和晋升，以预备役人员任职岗位、德才表现、服役时间和做出的贡献为依据，具体办法由中央军事委员会规定。

第十五条 预备役人员退出预备役的，其预备役军衔予以保留，在其军衔前冠以"退役"。

第十六条 对违反军队纪律的预备役人员，按照中央军事委员会的有关规定，可以降低其预备役军衔等级。

依照本法规定取消预备役人员身份的，相应取消其预备役军衔；预备役人员犯罪或者退出预备役后犯罪，被依法判处剥夺政治权利或者有期徒刑以上刑罚的，应当剥夺其预备役军衔。

批准取消或者剥夺预备役军衔的权限，与批准授予相应预备役军衔的权限相同。

第三章　选拔补充

第十七条 预备役人员应当符合下列条件：

（一）忠于祖国，忠于中国共产党，拥护社会主义制度，热爱人民，热爱国防和军队；

（二）遵守宪法和法律，具有良好的政治素质和道德品行；

（三）年满十八周岁；

（四）具有履行职责的身体条件和心理素质；

（五）具备岗位要求的文化程度和工作能力；

（六）法律、法规规定的其他条件。

第十八条 预备役人员主要从符合服预备役条件、经过预备役登记的退役军人和专业技术人才、专业技能人才中选拔补充。

预备役登记依照《中华人民共和国兵役法》有关规定执行。

第十九条 预备役人员的选拔补充计划由中央军事委员会确定。中央军事委员会机关有关部门会同有关中央国家机关,指导部队和县级以上地方人民政府兵役机关实施。

第二十条 部队应当按照规定的标准条件,会同县级以上地方人民政府兵役机关遴选确定预备役人员。

预备役人员服预备役的时间自批准服预备役之日起算。

第二十一条 县级以上地方人民政府兵役机关应当向部队及时、准确地提供本行政区域公民预备役登记信息,组织预备役人员选拔补充对象的政治考核、体格检查等工作,办理相关入役手续。

第二十二条 机关、团体、企业事业组织和乡镇人民政府、街道办事处,应当根据部队需要和县、自治县、不设区的市、市辖区人民政府兵役机关的安排,组织推荐本单位、本行政区域符合条件的人员参加预备役人员选拔补充。

被推荐人员应当按照规定参加预备役人员选拔补充。

第二十三条 部队应当按照规定,对选拔补充的预备役人员授予预备役军衔、任用岗位职务。

第四章 教育训练和晋升任用

第二十四条 预备役人员的教育训练,坚持院校教育、训练实践、职业培训相结合,纳入国家和军队教育培训体系。

军队和预备役人员所在单位应当按照有关规定开展预备役人员教育训练。

第二十五条 预备役人员在被授予和晋升预备役军衔、任用岗位职务前,应当根据需要接受相应的教育训练。

第二十六条 预备役人员应当按照规定参加军事训练,达到军事训练大纲规定的训练要求。

年度军事训练时间由战区级以上军事机关根据需要确定。

中央军事委员会可以决定对预备役人员实施临战训练,预备役人员必须按照要求接受临战训练。

第二十七条 预备役人员在服预备役期间应当按照规定参加职

业培训，提高履行预备役职责的能力。

第二十八条　对预备役人员应当进行考核。考核工作由部队按照规定组织实施，考核结果作为其预备役军衔晋升、职务任用、待遇调整、奖励惩戒等的依据。

预备役人员的考核结果应当通知本人和其预备役登记地县、自治县、不设区的市、市辖区人民政府兵役机关以及所在单位，并作为调整其职位、职务、职级、级别、工资和评定职称等的依据之一。

第二十九条　预备役人员表现优秀、符合条件的，可以按照规定晋升预备役军衔、任用部队相应岗位职务。

预备役兵服预备役满规定年限，根据军队需要和本人自愿，经批准可以选改为预备役军士。

预备役人员任用岗位职务的批准权限由中央军事委员会规定。

第五章　日常管理

第三十条　预备役人员有单位变更、迁居、出国（境）、患严重疾病、身体残疾等重要事项以及联系方式发生变化的，应当及时向部队报告。

预备役人员有前款规定情况或者严重违纪违法、失踪、死亡的，预备役人员所在单位和乡镇人民政府、街道办事处应当及时报告县、自治县、不设区的市、市辖区人民政府兵役机关。

部队应当与县、自治县、不设区的市、市辖区人民政府兵役机关建立相互通报制度，准确掌握预备役人员动态情况。

第三十一条　预备役人员因迁居等原因需要变更预备役登记地的，相关县、自治县、不设区的市、市辖区人民政府兵役机关应当及时变更其预备役登记信息。

第三十二条　预备役人员参加军事训练、担负战备勤务、执行非战争军事行动任务等的召集，由部队通知本人，并通报其所在单位和预备役登记地县、自治县、不设区的市、市辖区人民政府兵役机关。

召集预备役人员担负战备勤务、执行非战争军事行动任务，应当经战区级以上军事机关批准。

预备役人员所在单位和预备役登记地县、自治县、不设区的市、市辖区人民政府兵役机关,应当协助召集预备役人员。

预备役人员应当按照召集规定时间到指定地点报到。

第三十三条 预备役人员参加军事训练、担负战备勤务、执行非战争军事行动任务等期间,由部队按照军队有关规定管理。

第三十四条 预备役人员按照军队有关规定穿着预备役制式服装、佩带预备役标志服饰。

任何单位和个人不得非法生产、买卖预备役制式服装和预备役标志服饰。

第三十五条 预备役人员应当落实军队战备工作有关规定,做好执行任务的准备。

第六章 征 召

第三十六条 在国家发布动员令或者国务院、中央军事委员会依法采取必要的国防动员措施后,部队应当根据上级的命令,迅速向被征召的预备役人员下达征召通知,并通报其预备役登记地县、自治县、不设区的市、市辖区人民政府兵役机关和所在单位。

预备役人员接到征召通知后,必须按照要求在规定时间到指定地点报到。国家发布动员令后,尚未接到征召通知的预备役人员,未经部队和预备役登记地兵役机关批准,不得离开预备役登记地;已经离开的,应当立即返回或者原地待命。

第三十七条 预备役登记地县、自治县、不设区的市、市辖区人民政府兵役机关,预备役人员所在单位和乡镇人民政府、街道办事处,应当督促预备役人员响应征召,为预备役人员征召提供必要的支持和协助,帮助解决困难,维护预备役人员合法权益。

从事交通运输的单位和个人应当优先运送被征召的预备役人员。

预备役人员因被征召,诉讼、行政复议、仲裁活动不能正常进行的,适用有关时效中止和程序中止的规定,但是法律另有规定的除外。

第三十八条 预备役人员有下列情形之一的,经其预备役登记地县、自治县、不设区的市、市辖区人民政府兵役机关核实,并经部队批准,可以暂缓征召:

（一）患严重疾病处于治疗期间暂时无法履行预备役职责；

（二）家庭成员生活不能自理，且本人为唯一监护人、赡养人、扶养人，或者家庭发生重大变故必须由本人亲自处理；

（三）女性预备役人员在孕期、产假、哺乳期内；

（四）涉嫌严重职务违法或者职务犯罪正在被监察机关调查，或者涉嫌犯罪正在被侦查、起诉、审判；

（五）法律、法规规定的其他情形。

第三十九条　被征召的预备役人员，根据军队有关规定转服现役。

预备役人员转服现役，由其预备役登记地县、自治县、不设区的市、市辖区人民政府兵役机关办理入伍手续。预备役人员转服现役的，按照有关规定改授相应军衔、任用相应岗位职务，履行军人职责。

第四十条　国家解除国防动员后，由预备役人员转服现役的军人需要退出现役的，按照军人退出现役的有关规定由各级人民政府妥善安置。被征召的预备役人员未转服现役的，部队应当安排其返回，并通知其预备役登记地县、自治县、不设区的市、市辖区人民政府兵役机关和所在单位。

第七章　待遇保障

第四十一条　国家建立激励与补偿相结合的预备役人员津贴补贴制度。

预备役人员按照规定享受服役津贴；参战、参加军事训练、担负战备勤务、执行非战争军事行动任务期间，按照规定享受任务津贴。

预备役人员参战、参加军事训练、担负战备勤务、执行非战争军事行动任务期间，按照规定享受相应补贴和伙食、交通等补助；其中，预备役人员是机关、团体、企业事业组织工作人员的，所在单位应当保持其原有的工资、奖金、福利和保险等待遇。

预备役人员津贴补贴的标准及其调整办法由中央军事委员会规定。

第四十二条　预备役人员参战，享受军人同等医疗待遇；参加军事训练、担负战备勤务、执行非战争军事行动任务期间，按照规定享受国家和军队相应医疗待遇。

军队医疗机构按照规定为预备役人员提供优先就医等服务。

第四十三条 预备役人员参加军事训练、担负战备勤务、执行非战争军事行动任务期间,军队为其购买人身意外伤害保险。

第四十四条 预备役人员参战、参加军事训练、担负战备勤务、执行非战争军事行动任务期间,其家庭因自然灾害、意外事故、重大疾病等原因,基本生活出现严重困难的,地方人民政府和部队应当按照有关规定给予救助和慰问。

国家鼓励和支持人民团体、企业事业组织、社会组织和其他组织以及个人,为困难预备役人员家庭提供援助服务。

第四十五条 预备役人员所在单位不得因预备役人员履行预备役职责,对其作出辞退、解聘或者解除劳动关系、免职、降低待遇、处分等处理。

第四十六条 预备役人员所在单位按照国家有关规定享受优惠和扶持政策。

预备役人员创办小微企业、从事个体经营等活动,可以按照国家有关规定享受融资优惠等政策。

第四十七条 预备役人员按照规定享受优待。

预备役人员因参战、参加军事训练、担负战备勤务、执行非战争军事行动任务伤亡的,由县级以上地方人民政府按照国家有关规定给予抚恤。

第四十八条 预备役人员被授予和晋升预备役军衔,获得功勋荣誉表彰,以及退出预备役时,部队应当举行仪式。

第四十九条 女性预备役人员的合法权益受法律保护。部队应当根据女性预备役人员的特点,合理安排女性预备役人员的岗位和任务。

第五十条 预备役人员退出预备役后,按照规定享受相应的荣誉和待遇。

第八章 退出预备役

第五十一条 预备役军官、预备役军士在本衔级服预备役的最低年限为四年。

预备役军官、预备役军士服预备役未满本衔级最低年限的,不得申请退出预备役;满最低年限的,本人提出申请、经批准可以退出预备役。

预备役兵服预备役年限为四年,其中,预备役列兵、上等兵各为二年。预备役兵服预备役未满四年的,不得申请退出预备役。预备役兵服预备役满四年未被选改为预备役军士的,应当退出预备役。

第五十二条　预备役人员服预备役达到最高年龄的,应当退出预备役。预备役人员服预备役的最高年龄:

(一)预备役指挥管理军官:预备役尉官为四十五周岁,预备役校官为六十周岁;

(二)预备役专业技术军官:预备役尉官为五十周岁,预备役校官为六十周岁;

(三)预备役军士:预备役下士、中士、二级上士均为四十五周岁,预备役一级上士、三级军士长、二级军士长、一级军士长均为五十五周岁;

(四)预备役兵为三十周岁。

第五十三条　预备役军官、预备役军士服预备役未满本衔级最低年限或者未达到最高年龄,预备役兵服预备役未满规定年限或者未达到最高年龄,有下列情形之一的,应当安排退出预备役:

(一)被征集或者选拔补充服现役的;

(二)因军队体制编制调整改革或者优化预备役人员队伍结构需要退出的;

(三)因所在单位或者岗位变更等原因,不适合继续服预备役的;

(四)因伤病残无法履行预备役职责的;

(五)法律、法规规定的其他情形。

第五十四条　预备役军官、预备役军士服预备役满本衔级最低年限或者达到最高年龄,预备役兵服预备役满规定年限或者达到最高年龄,有下列情形之一的,不得退出预备役:

(一)国家发布动员令或者国务院、中央军事委员会依法采取国防动员措施要求的;

(二)正在参战或者担负战备勤务、执行非战争军事行动任务的;

(三)涉嫌违反军队纪律正在接受审查或者调查、尚未作出结论的;

(四)法律、法规规定的其他情形。

前款规定的情形消失的,预备役人员可以提出申请,经批准后退出预备役。

第五十五条　预备役人员有下列情形之一的,应当取消预备役人员身份:

(一)预备役军官、预备役军士服预备役未满本衔级最低年限,预备役兵服预备役未满规定年限,本人要求提前退出预备役,经教育仍坚持退出预备役的;

(二)连续两年部队考核不称职的;

(三)因犯罪被追究刑事责任的;

(四)法律、法规规定的其他情形。

第五十六条　预备役人员退出预备役的时间为下达退出预备役命令之日。

第五十七条　批准预备役人员退出预备役的权限,与批准晋升相应预备役军衔的权限相同。

第九章　法律责任

第五十八条　经过预备役登记的公民拒绝、逃避参加预备役人员选拔补充的,预备役人员拒绝、逃避参加军事训练、担负战备勤务、执行非战争军事行动任务和征召的,由县级人民政府责令限期改正;逾期不改的,由县级人民政府强制其履行兵役义务,并处以罚款;属于公职人员的,还应当依法给予处分。

预备役人员有前款规定行为的,部队应当按照有关规定停止其相关待遇。

第五十九条　预备役人员参战、参加军事训练、担负战备勤务、执行非战争军事行动任务期间,违反纪律的,由部队按照有关规定给予处分。

第六十条　国家机关及其工作人员、军队单位及其工作人员在预备役人员工作中滥用职权、玩忽职守、徇私舞弊,或者有其他违反本法规定行为的,由其所在单位、主管部门或者上级机关责令改正;对负有责任的领导人员和直接责任人员,依法给予处分。

第六十一条　机关、团体、企业事业组织拒绝完成本法规定的预备役人员工作任务的,阻挠公民履行预备役义务的,或者有其他妨害预备役人员工作行为的,由县级以上地方人民政府责令改正,并可以处以罚款;对负有责任的领导人员和直接责任人员,依法给予处分、处罚。

非法生产、买卖预备役制式服装和预备役标志服饰的,依法予以处罚。

第六十二条 违反本法规定,构成犯罪的,依法追究刑事责任。

第六十三条 本法第五十八条、第六十一条第一款规定的处罚,由县级以上地方人民政府兵役机关会同有关部门查明事实,经同级地方人民政府作出处罚决定后,由县级以上地方人民政府兵役机关和有关部门按照职责分工具体执行。

第十章 附 则

第六十四条 中国人民武装警察部队退出现役的人员服预备役的,适用本法。

第六十五条 本法自2023年3月1日起施行。《中华人民共和国预备役军官法》同时废止。

中国人民解放军文职人员条例

(2005年6月23日中华人民共和国国务院、中华人民共和国中央军事委员会令第438号公布 2017年9月27日中华人民共和国国务院、中华人民共和国中央军事委员会令第689号第一次修订 2022年12月10日中华人民共和国国务院、中华人民共和国中央军事委员会令第757号第二次修订 自2023年1月1日起施行)

第一章 总 则

第一条 为了规范文职人员的管理,保障文职人员合法权益,建设德才兼备的高素质、专业化文职人员队伍,促进军事人员现代化建设,根据《中华人民共和国国防法》等有关法律,制定本条例。

第二条 本条例所称文职人员,是指在军队编制岗位依法履行职责的非服兵役人员,是军队人员的组成部分,依法享有国家工作人员相应的权利、履行相应的义务。

第三条 文职人员管理坚持中国共产党的绝对领导,深入贯彻习近平强军思想,贯彻军委主席负责制,落实新时代党的组织路线,坚持党管干部、党管人才,坚持人才是第一资源,坚持公开、平等、竞争、择优,依照法定的权限、条件、标准和程序进行。

第四条 文职人员主要编配在军民通用、非直接参与作战,且专业性、保障性、稳定性较强的岗位,按照岗位性质分为管理类文职人员、专业技术类文职人员、专业技能类文职人员。管理类文职人员和专业技术类文职人员是党的干部队伍的重要组成部分。

第五条 军队建立与军人、公务员、事业单位工作人员相独立的文职人员政策制度体系。文职人员政策制度应当体现军事职业特点,构建完善的管理、保障机制。

军队对文职人员实行分类分级管理,提高管理效能和科学化水平。

第六条 中央军事委员会统一领导全军文职人员管理工作,中央军事委员会政治工作部负责组织指导全军文职人员管理工作。团级以上单位的政治工作部门在党委领导下,负责本单位的文职人员管理工作。

中央和国家有关机关、地方有关机关、军队有关单位应当按照职责分工,做好文职人员的招录聘用、教育培训、户籍管理、社会保障、人力资源管理、抚恤优待、退休管理等工作,为文职人员提供公共服务和便利。

第七条 国家和军队依法保障文职人员享有与其身份属性、职业特点、职责使命和所作贡献相称的地位和权益,鼓励文职人员长期稳定地为国防和军队建设服务。

军队有关单位会同中央和国家有关机关、地方有关机关建立文职人员联合工作机制,协调做好跨军地文职人员管理有关工作。

第八条 对在文职人员管理工作中作出突出贡献的单位和个人,按照国家和军队有关规定给予表彰、奖励。

第二章　基本条件、职责、义务和权利

第九条　文职人员应当具备下列基本条件：

（一）具有中华人民共和国国籍；

（二）年满18周岁；

（三）符合军队招录聘用文职人员的政治条件；

（四）志愿服务国防和军队建设；

（五）符合岗位要求的文化程度、专业水平和工作能力；

（六）具有正常履行职责的身体条件和心理素质；

（七）法律、法规规定的其他条件。

第十条　文职人员主要履行下列职责：

（一）根据所任岗位，从事行政事务等管理工作，教育教学、科学研究、工程技术、医疗卫生等专业技术工作，操作维护、勤务保障等专业技能工作；

（二）根据需要，参加军事训练和战备值勤；

（三）根据需要，在作战和有作战背景的军事行动中承担支援保障任务，以及参加非战争军事行动；

（四）法律、法规规定的其他职责。

第十一条　文职人员应当履行下列义务：

（一）忠于中国共产党，忠于社会主义，忠于祖国，忠于人民，努力为国防和军队建设服务；

（二）遵守宪法、法律、法规和军队有关规章制度；

（三）服从命令，听从指挥，遵守纪律，保守秘密，发扬军队优良传统，维护军队良好形象；

（四）认真履职尽责，团结协作，勤奋敬业，努力提高工作质量和效率；

（五）学习和掌握履行职责所需要的科学文化、专业知识和技术技能，提高职业能力；

（六）清正廉洁，公道正派，恪守职业道德，模范遵守社会公德、家庭美德；

（七）根据需要，依法转服现役；

（八）法律、法规规定的其他义务。

第十二条 文职人员享有下列权利：

（一）获得勋章、荣誉称号、奖励、表彰以及纪念章等；

（二）获得工资报酬，享受相应的福利待遇、抚恤优待和社会保障；

（三）获得履行职责应当具有的工作条件和劳动保护；

（四）参加培训；

（五）非因法定事由、非经法定程序，不被免职、降职（级）、辞退、终止或者解除聘用合同、处分等；

（六）申请辞职或者解除聘用合同，申请人事争议处理，提出申诉和控告；

（七）法律、法规规定的其他权利。

第三章 岗位设置与级别

第十三条 军队建立文职人员岗位管理制度。

军队根据职责任务、人员编制设定文职人员岗位，明确岗位类别、岗位职务层级、岗位等级。

文职人员岗位类别，分为管理岗位、专业技术岗位、专业技能岗位。根据岗位特点和管理需要，可以划分若干具体类别。

文职人员岗位职务层级，在管理岗位和专业技术岗位设置。

文职人员岗位等级，根据岗位类别，分为文员等级、专业技术岗位等级、专业技能岗位等级。

第十四条 管理类文职人员实行岗位职务层级与文员等级并行制度。

担任领导职务的管理类文职人员的岗位职务层级，由高到低分为七个层级，即军队文职部级副职、军队文职局级正职、军队文职局级副职、军队文职处级正职、军队文职处级副职、军队文职科级正职、军队文职科级副职。

文员等级在军队文职局级以下设置，由高到低分为十二个等级，即一级文员至十二级文员。

军队文职局级以下岗位职务层级对应的最低文员等级是：

（一）军队文职局级正职：一级文员；

（二）军队文职局级副职：二级文员；

（三）军队文职处级正职：四级文员；

（四）军队文职处级副职：六级文员；

（五）军队文职科级正职：八级文员；

（六）军队文职科级副职：十级文员。

第十五条　专业技术类文职人员实行岗位职务层级和专业技术岗位等级管理制度。

专业技术类文职人员岗位职务层级的设置和管理，按照军队有关规定执行。

专业技术类文职人员的专业技术岗位等级，由高到低分为十三个等级，即专业技术一级至十三级。

第十六条　专业技能类文职人员岗位分为技术工岗位和普通工岗位。

技术工岗位文职人员实行专业技能岗位等级管理制度，由高到低分为五个等级，即专业技能一级至五级；普通工岗位文职人员不分等级。

第十七条　文职人员实行级别管理制度。

文职人员级别，根据所任岗位职务层级、岗位等级及其德才表现、工作实绩和资历确定。

文职人员级别的设置和管理，以及与岗位职务层级、岗位等级的对应关系，按照军队有关规定执行。

文职人员的岗位职务层级、岗位等级与级别是确定文职人员工资以及其他待遇的主要依据。

第四章　招　录　聘　用

第十八条　军队实行公开招考、直接引进、专项招录相结合的文职人员招录聘用制度。

公开招考，适用于新招录聘用七级文员、专业技术八级、专业技能三级以下和普通工岗位的文职人员。

直接引进，适用于选拔高层次人才和特殊专业人才。

专项招录,适用于从退役军人等特定群体中招录聘用文职人员。

第十九条　新招录聘用的文职人员,除应当具备本条例第九条规定的基本条件以外,还应当具备军队规定的拟任岗位有关资格条件。其中,文职人员首次招录聘用的最高年龄分别为:

(一)军队文职局级副职、二级文员以上岗位,以及专业技术七级以上岗位的,50周岁;

(二)军队文职处级正职至军队文职科级正职、三级文员至八级文员、专业技术八级至专业技术十级岗位,以及专业技能二级以上岗位的,45周岁;

(三)军队文职科级副职、九级文员至十二级文员、专业技术十一级至专业技术十三级岗位,以及专业技能三级以下和普通工岗位的,35周岁。

根据军队建设和执行任务需要,可以按照军队有关规定适当放宽文职人员招录聘用的最高年龄限制等条件。

文职人员岗位应当优先招录聘用符合条件的退役军人。

第二十条　公开招考文职人员,一般按照制定计划、发布信息、资格审查、统一笔试、面试、体格检查、政治考核、结果公示、审批备案的程序进行。

直接引进和专项招录文职人员的程序,按照国家和军队有关规定执行。

第二十一条　招录聘用军队文职部级副职和专业技术三级以上岗位文职人员,由中央军事委员会审批。招录聘用其他管理类文职人员和专业技术类文职人员,由中央军事委员会机关部委、中央军事委员会直属机构、战区、军兵种、中央军事委员会直属单位审批。招录聘用专业技能类文职人员,由师级以上单位审批。

第二十二条　新招录聘用的文职人员按照军队有关规定实行试用期。试用期满考核合格的,按照规定任职定级;考核不合格的或者试用期内本人自愿放弃的,取消录用。

第五章　培　　训

第二十三条　军队根据文职人员履行职责、改善知识结构和提高职业能力需要,对文职人员实施分类分级培训。

文职人员的培训,坚持军队院校教育、部队训练实践、军事职业教育相结合。

第二十四条 文职人员的培训,分为初任培训、晋升培训、岗位培训。

对新招录聘用的文职人员应当进行初任培训,使其具备适应岗位必备的军政素质和基本业务能力。

对拟晋升岗位职务层级的文职人员应当进行晋升培训,提高其政治能力、管理能力和专业能力。

根据岗位特点和工作需要,应当对文职人员进行岗位培训,提高其履行职责能力。

第二十五条 文职人员培训纳入军队人员培训体系统一组织实施。

军队可以利用国家和社会资源,对文职人员进行培训。中央和国家有关机关、地方有关机关应当积极支持军队开展文职人员培训工作。

第二十六条 军队根据工作需要,可以安排文职人员参加学历升级教育,选派文职人员参加有关学习培训。

第二十七条 用人单位应当对文职人员培训情况进行登记,并归入文职人员人事档案。

培训情况作为文职人员资格评定、考核、任用等的依据之一。

第六章 考 核

第二十八条 文职人员实行分类分级考核。

文职人员的考核,应当全面考核文职人员的政治品质、专业能力、担当精神、工作实绩、廉洁自律等情况。

第二十九条 文职人员的考核,分为年度考核、聘(任)期考核、专项考核。

年度考核,主要考核文职人员年度履行职责的总体情况。

聘(任)期考核,主要考核文职人员在一个聘(任)期内的总体情况。

专项考核,主要考核拟任用文职人员的总体情况,以及文职人员执行任务、参加教育培训、试用期表现等情况。

第三十条 文职人员的考核工作,由用人单位或者其上级单位按照军队有关规定组织实施。

第三十一条 文职人员的考核,应当形成考核报告、评语、鉴定或者等次等结果。其中,文职人员年度考核结果,分为优秀、称职、基本称职、不称职四个等次;聘(任)期考核和专项考核,根据需要明确考核结果等次。

考核结果作为文职人员任用、工资待遇确定、奖惩实施、续聘竞聘和辞退解聘等的主要依据。

第七章 任 用

第三十二条 文职人员的任用,包括岗位职务任免、岗位职务层级升降,以及岗位等级和级别的确定与调整。

第三十三条 文职人员实行委任制和聘用制相结合的任用方式。对实行聘用制的文职人员,用人单位应当与其签订聘用合同。

担任领导职务的管理类文职人员实行任期制。

文职人员的任用条件、权限和办理程序,以及聘用合同管理和领导职务任期管理的具体办法,由中央军事委员会规定。

第三十四条 对不适宜或者不胜任现岗位的文职人员,用人单位应当调整其岗位,并重新确定其岗位职务层级、岗位等级和级别。

文职人员调整任职、辞职、被辞退、终止和解除聘用合同、退休、岗位编制撤销,以及受到开除处分的,原职务自行免除;因其他情形需要免职的,按照军队有关规定执行。

第三十五条 文职人员职称、职业资格和职业技能等级的取得,按照国家和军队有关规定执行。

文职人员在招录聘用前取得的职称、职业资格和职业技能等级,用人单位应当予以认可。

文职人员退出军队后,在军队工作期间取得的职称、职业资格和职业技能等级仍然有效。

第八章 交　　流

第三十六条 文职人员在用人单位本专业领域岗位长期稳定工作，根据需要可以组织交流。

第三十七条 文职人员的交流分为军队内部交流和跨军地交流两种方式，以军队内部交流为主。

文职人员交流，应当具备拟任岗位资格条件，且相应岗位编制有空缺。

第三十八条 符合下列情形之一的，文职人员可以在军队内部交流：

（一）因执行任务需要充实力量的；

（二）本单位无合适人选且不宜通过招录聘用补充的；

（三）改善队伍结构需要调整任职的；

（四）任期届满需要调整任职，或者按照规定需要任职回避的；

（五）法律、法规等有关规定明确的其他情形。

第三十九条 因国家重大战略以及重大工程、重大项目、重大任务急需干部或者紧缺专业技术人才的，军队有关单位可以根据具体需求，按照干部管理权限商中央和国家有关机关、地方有关机关、国有企业和事业单位选调干部或者专业技术人才到文职人员岗位工作。

根据工作需要，中央和国家有关机关、地方有关机关、国有企业和事业单位可以按照干部管理权限，根据国家和军队有关规定，通过"一事一议"方式选调文职人员到有关单位工作。

第四十条 文职人员有下列情形之一的，除本条例第三十八条第一项规定情形外，不得交流：

（一）招录聘用后工作未满2年的；

（二）工作特别需要、暂无合适接替人选的；

（三）因涉嫌违纪违法正在接受纪律审查、监察调查，或者涉嫌犯罪，司法程序尚未终结的；

（四）法律、法规规定其他不得交流的情形。

第九章　教育管理

第四十一条　用人单位应当根据军队有关规定,结合文职人员身份属性和岗位职责,坚持统分结合、注重效能原则,坚持尊重激励与监督约束并重,做好文职人员的教育管理工作,营造干事创业的良好环境。

第四十二条　用人单位应当加强文职人员队伍的思想政治建设,引导文职人员投身强军兴军实践,培养政治合格、业务熟练、敢于担当、积极作为、恪尽职守、遵规守纪的职业操守,培育热爱军队、服务国防的职业认同。

第四十三条　用人单位应当加强对文职人员的安全管理和保密教育,对涉密岗位文职人员,按照国家和军队有关规定进行管理。

文职人员因公、因私出国(境)的管理,按照国家和军队有关规定执行。

第四十四条　文职人员可以按照军队有关规定,参加军地本专业领域学术组织,以及社会团体的组织及其活动。军队鼓励支持从事专业技术工作的文职人员参加国家和地方的人才工程计划、军民科技协同创新等活动。

从事专业技术工作的文职人员,在履行好岗位职责、完成本职工作的前提下,经批准可以到军队以外单位兼职。

第四十五条　军队建立文职人员宣誓制度。

文职人员应当严格遵守军队内务管理有关规定。

文职人员服装的制式及其标志服饰由中央军事委员会规定。

第四十六条　对在国防和军队建设中取得突出成绩、为国家和人民作出突出贡献的文职人员,按照国家和军队有关规定给予勋章、荣誉称号、奖励、表彰以及纪念章等。

文职人员可以按照国家和军队有关规定接受地方人民政府、群团组织和社会组织,以及国际组织和其他国家、军队给予的荣誉。

第四十七条　文职人员与用人单位发生的人事争议,按照国家和军队有关规定依法处理。

文职人员对涉及本人的考核结果、辞职辞退、处分决定等不服的,可以申请复核、提出申诉。

文职人员认为用人单位及有关人员侵犯其合法权益的,可以依法提出控告。

对文职人员的复核申请、申诉或者控告,军队有关单位应当及时受理。

第四十八条　文职人员招录聘用、考核、任用、奖惩、人事争议处理等工作,实行回避制度。

第四十九条　文职人员的人事档案,按照军队有关规定进行管理。

第五十条　军队用人单位按照国家有关规定,进行组织机构登记。

第十章　待遇保障

第五十一条　军队建立与国家机关事业单位工作人员待遇政策相衔接、体现"优才优待、优绩优奖"激励导向的文职人员待遇保障体系。

第五十二条　文职人员依法享受相应的政治待遇、工作待遇和生活待遇。

文职人员的政治待遇,按照国家和军队有关规定执行。

文职人员在军队工作期间根据所任岗位职务层级和岗位等级等,享受军队规定的办公用房、公务用车等工作待遇;免职、退出军队的,调整或者取消相应的工作待遇。

第五十三条　军队建立统一的文职人员工资制度。文职人员工资包括基本工资、津贴、补贴等。

在军队技术密集型单位,可以实行文职人员绩效工资。

第五十四条　用人单位及其文职人员应当按照国家有关规定参加社会保险,依法缴纳社会保险费。

军队根据国家有关规定,为文职人员建立补充保障。

第五十五条　文职人员享受国家和军队规定的社会化、货币化住房保障政策。

用人单位及其文职人员应当按照规定缴存、使用住房公积金,缴存的住房公积金由所在地住房公积金管理中心统一管理。

文职人员可以按照军队有关规定租住军队集体宿舍或者公寓住房。

第五十六条　文职人员享受国家和军队规定的医疗补助和医疗保健政策。文职人员在作战和有作战背景的军事行动中承担支援保障任务，以及参加非战争军事行动期间，实行军队免费医疗。

第五十七条　文职人员的抚恤优待，按照国家和军队有关规定执行。

文职人员因在作战和有作战背景的军事行动中承担支援保障任务，参加非战争军事行动以及军级以上单位批准且列入军事训练计划的军事训练造成伤亡的，其抚恤优待参照有关军人抚恤优待的规定执行。

第五十八条　文职人员按照军队有关规定享受探亲休假、交通补助、看望慰问、困难救济和子女入托等福利待遇。

第五十九条　文职人员办理落户，以及配偶子女随迁等，按照国家和军队有关规定执行。

第六十条　对文职人员中的高层次人才和特殊专业人才，按照国家和军队有关规定给予相关优惠待遇。对符合规定条件的，军队可以实行年薪制、协议工资、项目工资等市场化薪酬制度。

军队可以为文职人员岗位重要人才购买相关保险。文职人员可以享受科技成果转化收益。

第十一章　退　　出

第六十一条　实行委任制的文职人员辞职，或者被用人单位辞退的；实行聘用制的文职人员解除、终止聘用合同，或者用人单位解除、终止聘用合同的，按照军队有关规定执行。

第六十二条　文职人员因用人单位精简整编等原因需要退出军队的，由军队有关单位会同中央和国家有关机关、地方有关机关根据不同情形按照有关政策予以妥善安排。

第六十三条　用人单位可以依法辞退文职人员或者单方面解除聘用合同。

有下列情形之一的,用人单位不得辞退文职人员或者单方面解除聘用合同:

(一)因公(工)负伤或者患职业病,经劳动能力鉴定机构鉴定为一级至六级伤残的;

(二)患病或者负伤,在规定的医疗期内的;

(三)女性文职人员在孕期、产期、哺乳期内的;

(四)法律、法规规定的其他情形。

第六十四条 文职人员可以依法辞职或者单方面解除聘用合同。

有下列情形之一的,文职人员不得辞职或者单方面解除聘用合同:

(一)未满军队规定最低工作年限的;

(二)国家发布动员令或者宣布进入战争状态时;

(三)部队受领作战任务或者遭敌突然袭击时;

(四)在作战和有作战背景的军事行动中承担支援保障任务,参加非战争军事行动以及军级以上单位批准且列入军事训练计划的军事训练期间;

(五)在涉及核心、重要军事秘密等特殊岗位任职或者离开上述岗位不满军队规定的脱密期限的;

(六)正在接受审计、纪律审查、监察调查,或者涉嫌犯罪,司法程序尚未终结的;

(七)法律、法规规定或者聘用合同约定的其他情形。

第六十五条 文职人员符合国家和军队规定退休条件的,应当退休。

文职人员退休后,享受国家和军队规定的相应待遇。各级人民政府退役军人工作主管部门牵头承担退休文职人员服务管理工作,人力资源社会保障、医保等相关部门和街道(乡镇)、社区(村)按照职责分工做好相关工作。

第六十六条 文职人员退出军队的,由军队有关单位按照任用权限审批。

第六十七条 文职人员自退出军队之日起,与用人单位的人事关系即行终止。用人单位应当按照国家和军队有关规定,及时办理文职人员人事档案、社会保险、住房公积金等关系转移的相关手续。

符合国家和军队规定的补偿情形的,用人单位应当给予文职人员经济补偿。

文职人员退出军队后,从业限制和脱密期管理按照国家和军队有关规定执行。

第十二章　法　律　责　任

第六十八条　军队有关单位及其工作人员,在文职人员管理工作中违反本条例规定,有下列情形之一的,由其所在单位或者上级单位给予通报批评,责令限期改正;对负有责任的领导人员和直接责任人员,依法给予处分;构成犯罪的,依法追究刑事责任:

(一)不按照编制限额、资格条件、规定程序进行文职人员招录聘用的;

(二)在招录聘用等工作中发生泄露试题、违反考场纪律以及其他严重影响公开、公正行为的;

(三)不按照规定进行文职人员培训、考核、任用、交流、回避、奖惩以及办理退出的;

(四)违反规定调整文职人员工资、福利、保险待遇标准的;

(五)不按照规定受理和处理文职人员申诉、控告的;

(六)违反本条例规定的其他情形。

第六十九条　中央和国家有关机关、地方有关机关及其工作人员,在文职人员管理工作中滥用职权、玩忽职守、徇私舞弊的,对负有责任的领导人员和直接责任人员依法给予处分;构成犯罪的,依法追究刑事责任。

第七十条　文职人员违纪违法、失职失责的,按照规定给予处理;构成犯罪的,依法追究刑事责任。

文职人员违反国家和军队有关规定或者聘用合同约定,给用人单位造成损失的,依法承担赔偿责任。

第七十一条　文职人员辞职或者被辞退、解除聘用合同,且存在严重违约失信行为的,或者被军队开除的,不得再次进入军队工作。

第十三章　附　　则

第七十二条　对军队建设急需的高层次人才和特殊专业人才，可以在文职人员岗位设置、人事管理和待遇保障等方面采取特殊措施，具体办法由中央军事委员会规定。

第七十三条　国家和军队对深化国防和军队改革期间现役军人转改的文职人员另有规定的，从其规定。

第七十四条　本条例下列用语的含义：

（一）用人单位，是指与文职人员建立人事关系的军队团级以上建制单位；

（二）聘用制，是指以签订聘用合同的形式确定用人单位与文职人员基本人事关系的用人方式；

（三）委任制，是指不签订聘用合同、以直接任用的形式确定用人单位与文职人员基本人事关系的用人方式。

第七十五条　中国人民武装警察部队文职人员，适用本条例。

第七十六条　本条例自2023年1月1日起施行。

教 育

中华人民共和国职业教育法

（1996年5月15日第八届全国人民代表大会常务委员会第十九次会议通过 2022年4月20日第十三届全国人民代表大会常务委员会第三十四次会议修订 2022年4月20日中华人民共和国主席令第112号公布 自2022年5月1日起施行）

目 录

第一章 总 则
第二章 职业教育体系
第三章 职业教育的实施
第四章 职业学校和职业培训机构
第五章 职业教育的教师与受教育者
第六章 职业教育的保障
第七章 法律责任
第八章 附 则

第一章 总 则

第一条 为了推动职业教育高质量发展，提高劳动者素质和技术技能水平，促进就业创业，建设教育强国、人力资源强国和技能型社会，推进社会主义现代化建设，根据宪法，制定本法。

第二条 本法所称职业教育,是指为了培养高素质技术技能人才,使受教育者具备从事某种职业或者实现职业发展所需要的职业道德、科学文化与专业知识、技术技能等职业综合素质和行动能力而实施的教育,包括职业学校教育和职业培训。

机关、事业单位对其工作人员实施的专门培训由法律、行政法规另行规定。

第三条 职业教育是与普通教育具有同等重要地位的教育类型,是国民教育体系和人力资源开发的重要组成部分,是培养多样化人才、传承技术技能、促进就业创业的重要途径。

国家大力发展职业教育,推进职业教育改革,提高职业教育质量,增强职业教育适应性,建立健全适应社会主义市场经济和社会发展需要、符合技术技能人才成长规律的职业教育制度体系,为全面建设社会主义现代化国家提供有力人才和技能支撑。

第四条 职业教育必须坚持中国共产党的领导,坚持社会主义办学方向,贯彻国家的教育方针,坚持立德树人、德技并修,坚持产教融合、校企合作,坚持面向市场、促进就业,坚持面向实践、强化能力,坚持面向人人、因材施教。

实施职业教育应当弘扬社会主义核心价值观,对受教育者进行思想政治教育和职业道德教育,培育劳模精神、劳动精神、工匠精神,传授科学文化与专业知识,培养技术技能,进行职业指导,全面提高受教育者的素质。

第五条 公民有依法接受职业教育的权利。

第六条 职业教育实行政府统筹、分级管理、地方为主、行业指导、校企合作、社会参与。

第七条 各级人民政府应当将发展职业教育纳入国民经济和社会发展规划,与促进就业创业和推动发展方式转变、产业结构调整、技术优化升级等整体部署、统筹实施。

第八条 国务院建立职业教育工作协调机制,统筹协调全国职业教育工作。

国务院教育行政部门负责职业教育工作的统筹规划、综合协调、宏观管理。国务院教育行政部门、人力资源社会保障行政部门和其他有关部门在国务院规定的职责范围内,分别负责有关的职业教育工作。

省、自治区、直辖市人民政府应当加强对本行政区域内职业教育工作的领导,明确设区的市、县级人民政府职业教育具体工作职责,统筹协调职业教育发展,组织开展督导评估。

县级以上地方人民政府有关部门应当加强沟通配合,共同推进职业教育工作。

第九条 国家鼓励发展多种层次和形式的职业教育,推进多元办学,支持社会力量广泛、平等参与职业教育。

国家发挥企业的重要办学主体作用,推动企业深度参与职业教育,鼓励企业举办高质量职业教育。

有关行业主管部门、工会和中华职业教育社等群团组织、行业组织、企业、事业单位等应当依法履行实施职业教育的义务,参与、支持或者开展职业教育。

第十条 国家采取措施,大力发展技工教育,全面提高产业工人素质。

国家采取措施,支持举办面向农村的职业教育,组织开展农业技能培训、返乡创业就业培训和职业技能培训,培养高素质乡村振兴人才。

国家采取措施,扶持革命老区、民族地区、边远地区、欠发达地区职业教育的发展。

国家采取措施,组织各类转岗、再就业、失业人员以及特殊人群等接受各种形式的职业教育,扶持残疾人职业教育的发展。

国家保障妇女平等接受职业教育的权利。

第十一条 实施职业教育应当根据经济社会发展需要,结合职业分类、职业标准、职业发展需求,制定教育标准或者培训方案,实行学历证书及其他学业证书、培训证书、职业资格证书和职业技能等级证书制度。

国家实行劳动者在就业前或者上岗前接受必要的职业教育的制度。

第十二条 国家采取措施,提高技术技能人才的社会地位和待遇,弘扬劳动光荣、技能宝贵、创造伟大的时代风尚。

国家对在职业教育工作中做出显著成绩的单位和个人按照有关

规定给予表彰、奖励。

每年5月的第二周为职业教育活动周。

第十三条 国家鼓励职业教育领域的对外交流与合作,支持引进境外优质资源发展职业教育,鼓励有条件的职业教育机构赴境外办学,支持开展多种形式的职业教育学习成果互认。

第二章　职业教育体系

第十四条 国家建立健全适应经济社会发展需要,产教深度融合,职业学校教育和职业培训并重,职业教育与普通教育相互融通,不同层次职业教育有效贯通,服务全民终身学习的现代职业教育体系。

国家优化教育结构,科学配置教育资源,在义务教育后的不同阶段因地制宜、统筹推进职业教育与普通教育协调发展。

第十五条 职业学校教育分为中等职业学校教育、高等职业学校教育。

中等职业学校教育由高级中等教育层次的中等职业学校(含技工学校)实施。

高等职业学校教育由专科、本科及以上教育层次的高等职业学校和普通高等学校实施。根据高等职业学校设置制度规定,将符合条件的技师学院纳入高等职业学校序列。

其他学校、教育机构或者符合条件的企业、行业组织按照教育行政部门的统筹规划,可以实施相应层次的职业学校教育或者提供纳入人才培养方案的学分课程。

第十六条 职业培训包括就业前培训、在职培训、再就业培训及其他职业性培训,可以根据实际情况分级分类实施。

职业培训可以由相应的职业培训机构、职业学校实施。

其他学校或者教育机构以及企业、社会组织可以根据办学能力、社会需求,依法开展面向社会的、多种形式的职业培训。

第十七条 国家建立健全各级各类学校教育与职业培训学分、资历以及其他学习成果的认证、积累和转换机制,推进职业教育国家学分银行建设,促进职业教育与普通教育的学习成果融通、互认。

军队职业技能等级纳入国家职业资格认证和职业技能等级评价

体系。

第十八条 残疾人职业教育除由残疾人教育机构实施外,各级各类职业学校和职业培训机构及其他教育机构应当按照国家有关规定接纳残疾学生,并加强无障碍环境建设,为残疾学生学习、生活提供必要的帮助和便利。

国家采取措施,支持残疾人教育机构、职业学校、职业培训机构及其他教育机构开展或者联合开展残疾人职业教育。

从事残疾人职业教育的特殊教育教师按照规定享受特殊教育津贴。

第十九条 县级以上人民政府教育行政部门应当鼓励和支持普通中小学、普通高等学校,根据实际需要增加职业教育相关教学内容,进行职业启蒙、职业认知、职业体验,开展职业规划指导、劳动教育,并组织、引导职业学校、职业培训机构、企业和行业组织等提供条件和支持。

第三章 职业教育的实施

第二十条 国务院教育行政部门会同有关部门根据经济社会发展需要和职业教育特点,组织制定、修订职业教育专业目录,完善职业教育教学等标准,宏观管理指导职业学校教材建设。

第二十一条 县级以上地方人民政府应当举办或者参与举办发挥骨干和示范作用的职业学校、职业培训机构,对社会力量依法举办的职业学校和职业培训机构给予指导和扶持。

国家根据产业布局和行业发展需要,采取措施,大力发展先进制造等产业需要的新兴专业,支持高水平职业学校、专业建设。

国家采取措施,加快培养托育、护理、康养、家政等方面技术技能人才。

第二十二条 县级人民政府可以根据县域经济社会发展的需要,设立职业教育中心学校,开展多种形式的职业教育,实施实用技术培训。

教育行政部门可以委托职业教育中心学校承担教育教学指导、教育质量评价、教师培训等职业教育公共管理和服务工作。

第二十三条　行业主管部门按照行业、产业人才需求加强对职业教育的指导,定期发布人才需求信息。

行业主管部门、工会和中华职业教育社等群团组织、行业组织可以根据需要,参与制定职业教育专业目录和相关职业教育标准,开展人才需求预测、职业生涯发展研究及信息咨询,培育供需匹配的产教融合服务组织,举办或者联合举办职业学校、职业培训机构,组织、协调、指导相关企业、事业单位、社会组织举办职业学校、职业培训机构。

第二十四条　企业应当根据本单位实际,有计划地对本单位的职工和准备招用的人员实施职业教育,并可以设置专职或者兼职实施职业教育的岗位。

企业应当按照国家有关规定实行培训上岗制度。企业招用的从事技术工种的劳动者,上岗前必须进行安全生产教育和技术培训;招用的从事涉及公共安全、人身健康、生命财产安全等特定职业(工种)的劳动者,必须经过培训并依法取得职业资格或者特种作业资格。

企业开展职业教育的情况应当纳入企业社会责任报告。

第二十五条　企业可以利用资本、技术、知识、设施、设备、场地和管理等要素,举办或者联合举办职业学校、职业培训机构。

第二十六条　国家鼓励、指导、支持企业和其他社会力量依法举办职业学校、职业培训机构。

地方各级人民政府采取购买服务,向学生提供助学贷款、奖助学金等措施,对企业和其他社会力量依法举办的职业学校和职业培训机构予以扶持;对其中的非营利性职业学校和职业培训机构还可以采取政府补贴、基金奖励、捐资激励等扶持措施,参照同级同类公办学校生均经费等相关经费标准和支持政策给予适当补助。

第二十七条　对深度参与产教融合、校企合作,在提升技术技能人才培养质量、促进就业中发挥重要主体作用的企业,按照规定给予奖励;对符合条件认定为产教融合型企业的,按照规定给予金融、财政、土地等支持,落实教育费附加、地方教育附加减免及其他税费优惠。

第二十八条　联合举办职业学校、职业培训机构的,举办者应当签订联合办学协议,约定各方权利义务。

地方各级人民政府及行业主管部门支持社会力量依法参与联合

办学,举办多种形式的职业学校、职业培训机构。

行业主管部门、工会等群团组织、行业组织、企业、事业单位等委托学校、职业培训机构实施职业教育的,应当签订委托合同。

第二十九条　县级以上人民政府应当加强职业教育实习实训基地建设,组织行业主管部门、工会等群团组织、行业组织、企业等根据区域或者行业职业教育的需要建设高水平、专业化、开放共享的产教融合实习实训基地,为职业学校、职业培训机构开展实习实训和企业开展培训提供条件和支持。

第三十条　国家推行中国特色学徒制,引导企业按照岗位总量的一定比例设立学徒岗位,鼓励和支持有技术技能人才培养能力的企业特别是产教融合型企业与职业学校、职业培训机构开展合作,对新招用职工、在岗职工和转岗职工进行学徒培训,或者与职业学校联合招收学生,以工学结合的方式进行学徒培养。有关企业可以按照规定享受补贴。

企业与职业学校联合招收学生,以工学结合的方式进行学徒培养的,应当签订学徒培养协议。

第三十一条　国家鼓励行业组织、企业等参与职业教育专业教材开发,将新技术、新工艺、新理念纳入职业学校教材,并可以通过活页式教材等多种方式进行动态更新;支持运用信息技术和其他现代化教学方式,开发职业教育网络课程等学习资源,创新教学方式和学校管理方式,推动职业教育信息化建设与融合应用。

第三十二条　国家通过组织开展职业技能竞赛等活动,为技术技能人才提供展示技能、切磋技艺的平台,持续培养更多高素质技术技能人才、能工巧匠和大国工匠。

第四章　职业学校和职业培训机构

第三十三条　职业学校的设立,应当符合下列基本条件:
(一)有组织机构和章程;
(二)有合格的教师和管理人员;
(三)有与所实施职业教育相适应、符合规定标准和安全要求的教学及实习实训场所、设施、设备以及课程体系、教育教学资源等;

（四）有必备的办学资金和与办学规模相适应的稳定经费来源。

设立中等职业学校，由县级以上地方人民政府或者有关部门按照规定的权限审批；设立实施专科层次教育的高等职业学校，由省、自治区、直辖市人民政府审批，报国务院教育行政部门备案；设立实施本科及以上层次教育的高等职业学校，由国务院教育行政部门审批。

专科层次高等职业学校设置的培养高端技术技能人才的部分专业，符合产教深度融合、办学特色鲜明、培养质量较高等条件的，经国务院教育行政部门审批，可以实施本科层次的职业教育。

第三十四条 职业培训机构的设立，应当符合下列基本条件：

（一）有组织机构和管理制度；

（二）有与培训任务相适应的课程体系、教师或者其他授课人员、管理人员；

（三）有与培训任务相适应、符合安全要求的场所、设施、设备；

（四）有相应的经费。

职业培训机构的设立、变更和终止，按照国家有关规定执行。

第三十五条 公办职业学校实行中国共产党职业学校基层组织领导的校长负责制，中国共产党职业学校基层组织按照中国共产党章程和有关规定，全面领导学校工作，支持校长独立负责地行使职权。民办职业学校依法健全决策机制，强化学校的中国共产党基层组织政治功能，保证其在学校重大事项决策、监督、执行各环节有效发挥作用。

校长全面负责本学校教学、科学研究和其他行政管理工作。校长通过校长办公会或者校务会议行使职权，依法接受监督。

职业学校可以通过咨询、协商等多种形式，听取行业组织、企业、学校毕业生等方面代表的意见，发挥其参与学校建设、支持学校发展的作用。

第三十六条 职业学校应当依法办学，依据章程自主管理。

职业学校在办学中可以开展下列活动：

（一）根据产业需求，依法自主设置专业；

（二）基于职业教育标准制定人才培养方案，依法自主选用或者编写专业课程教材；

(三)根据培养技术技能人才的需要,自主设置学习制度,安排教学过程;

(四)在基本学制基础上,适当调整修业年限,实行弹性学习制度;

(五)依法自主选聘专业课教师。

第三十七条 国家建立符合职业教育特点的考试招生制度。

中等职业学校可以按照国家有关规定,在有关专业实行与高等职业学校教育的贯通招生和培养。

高等职业学校可以按照国家有关规定,采取文化素质与职业技能相结合的考核方式招收学生;对有突出贡献的技术技能人才,经考核合格,可以破格录取。

省级以上人民政府教育行政部门会同同级人民政府有关部门建立职业教育统一招生平台,汇总发布实施职业教育的学校及其专业设置、招生情况等信息,提供查询、报考等服务。

第三十八条 职业学校应当加强校风学风、师德师风建设,营造良好学习环境,保证教育教学质量。

第三十九条 职业学校应当建立健全就业创业促进机制,采取多种形式为学生提供职业规划、职业体验、求职指导等就业创业服务,增强学生就业创业能力。

第四十条 职业学校、职业培训机构实施职业教育应当注重产教融合,实行校企合作。

职业学校、职业培训机构可以通过与行业组织、企业、事业单位等共同举办职业教育机构、组建职业教育集团、开展订单培养等多种形式进行合作。

国家鼓励职业学校在招生就业、人才培养方案制定、师资队伍建设、专业规划、课程设置、教材开发、教学设计、教学实施、质量评价、科学研究、技术服务、科技成果转化以及技术技能创新平台、专业化技术转移机构、实习实训基地建设等方面,与相关行业组织、企业、事业单位等建立合作机制。开展合作的,应当签订协议,明确双方权利义务。

第四十一条 职业学校、职业培训机构开展校企合作、提供社会服务或者以实习实训为目的举办企业、开展经营活动取得的收入用于改善办学条件;收入的一定比例可以用于支付教师、企业专家、外聘人员和受教育者的劳动报酬,也可以作为绩效工资来源,符合国家规定的可以不受绩效工资总量限制。

职业学校、职业培训机构实施前款规定的活动,符合国家有关规定的,享受相关税费优惠政策。

第四十二条 职业学校按照规定的收费标准和办法,收取学费和其他必要费用;符合国家规定条件的,应当予以减免;不得以介绍工作、安排实习实训等名义违法收取费用。

职业培训机构、职业学校面向社会开展培训的,按照国家有关规定收取费用。

第四十三条 职业学校、职业培训机构应当建立健全教育质量评价制度,吸纳行业组织、企业等参与评价,并及时公开相关信息,接受教育督导和社会监督。

县级以上人民政府教育行政部门应当会同有关部门、行业组织建立符合职业教育特点的质量评价体系,组织或者委托行业组织、企业和第三方专业机构,对职业学校的办学质量进行评估,并将评估结果及时公开。

职业教育质量评价应当突出就业导向,把受教育者的职业道德、技术技能水平、就业质量作为重要指标,引导职业学校培养高素质技术技能人才。

有关部门应当按照各自职责,加强对职业学校、职业培训机构的监督管理。

第五章 职业教育的教师与受教育者

第四十四条 国家保障职业教育教师的权利,提高其专业素质与社会地位。

县级以上人民政府及其有关部门应当将职业教育教师的培养培训工作纳入教师队伍建设规划,保证职业教育教师队伍适应职业教育发展的需要。

第四十五条 国家建立健全职业教育教师培养培训体系。

各级人民政府应当采取措施,加强职业教育教师专业化培养培训,鼓励设立专门的职业教育师范院校,支持高等学校设立相关专业,培养职业教育教师;鼓励行业组织、企业共同参与职业教育教师培养培训。

产教融合型企业、规模以上企业应当安排一定比例的岗位,接纳职业学校、职业培训机构教师实践。

第四十六条 国家建立健全符合职业教育特点和发展要求的职业学校教师岗位设置和职务(职称)评聘制度。

职业学校的专业课教师(含实习指导教师)应当具有一定年限的相应工作经历或者实践经验,达到相应的技术技能水平。

具备条件的企业、事业单位经营管理和专业技术人员,以及其他有专业知识或者特殊技能的人员,经教育教学能力培训合格的,可以担任职业学校的专职或者兼职专业课教师;取得教师资格的,可以根据其技术职称聘任为相应的教师职务。取得职业学校专业课教师资格可以视情况降低学历要求。

第四十七条 国家鼓励职业学校聘请技能大师、劳动模范、能工巧匠、非物质文化遗产代表性传承人等高技能人才,通过担任专职或者兼职专业课教师、设立工作室等方式,参与人才培养、技术开发、技能传承等工作。

第四十八条 国家制定职业学校教职工配备基本标准。省、自治区、直辖市应当根据基本标准,制定本地区职业学校教职工配备标准。

县级以上地方人民政府应当根据教职工配备标准、办学规模等,确定公办职业学校教职工人员规模,其中一定比例可以用于支持职业学校面向社会公开招聘专业技术人员、技能人才担任专职或者兼职教师。

第四十九条 职业学校学生应当遵守法律、法规和学生行为规范,养成良好的职业道德、职业精神和行为习惯,努力学习,完成规定的学习任务,按照要求参加实习实训,掌握技术技能。

职业学校学生的合法权益,受法律保护。

第五十条 国家鼓励企业、事业单位安排实习岗位,接纳职业学校和职业培训机构的学生实习。接纳实习的单位应当保障学生在实习期间按照规定享受休息休假、获得劳动安全卫生保护、参加相关保险、接受职业技能指导等权利;对上岗实习的,应当签订实习协议,给予适当的劳动报酬。

职业学校和职业培训机构应当加强对实习实训学生的指导,加强安全生产教育,协商实习单位安排与学生所学专业相匹配的岗位,明确实习实训内容和标准,不得安排学生从事与所学专业无关的实习实训,不得违反相关规定通过人力资源服务机构、劳务派遣单位,或者通过非法从事人力资源服务、劳务派遣业务的单位或个人组织、安排、管理学生实习实训。

第五十一条 接受职业学校教育,达到相应学业要求,经学校考核合格的,取得相应的学业证书;接受职业培训,经职业培训机构或者职业学校考核合格的,取得相应的培训证书;经符合国家规定的专门机构考核合格的,取得相应的职业资格证书或者职业技能等级证书。

学业证书、培训证书、职业资格证书和职业技能等级证书,按照国家有关规定,作为受教育者从业的凭证。

接受职业培训取得的职业技能等级证书、培训证书等学习成果,经职业学校认定,可以转化为相应的学历教育学分;达到相应职业学校学业要求的,可以取得相应的学业证书。

接受高等职业学校教育,学业水平达到国家规定的学位标准的,可以依法申请相应学位。

第五十二条 国家建立对职业学校学生的奖励和资助制度,对特别优秀的学生进行奖励,对经济困难的学生提供资助,并向艰苦、特殊行业等专业学生适当倾斜。国家根据经济社会发展情况适时调整奖励和资助标准。

国家支持企业、事业单位、社会组织及公民个人按照国家有关规定设立职业教育奖学金、助学金,奖励优秀学生,资助经济困难的学生。

职业学校应当按照国家有关规定从事业收入或者学费收入中提取一定比例资金,用于奖励和资助学生。

省、自治区、直辖市人民政府有关部门应当完善职业学校资助资金管理制度,规范资助资金管理使用。

第五十三条 职业学校学生在升学、就业、职业发展等方面与同层次普通学校学生享有平等机会。

高等职业学校和实施职业教育的普通高等学校应当在招生计划中确定相应比例或者采取单独考试办法,专门招收职业学校毕业生。

各级人民政府应当创造公平就业环境。用人单位不得设置妨碍职业学校毕业生平等就业、公平竞争的报考、录用、聘用条件。机关、事业单位、国有企业在招录、招聘技术技能岗位人员时,应当明确技术技能要求,将技术技能水平作为录用、聘用的重要条件。事业单位公开招聘中有职业技能等级要求的岗位,可以适当降低学历要求。

第六章 职业教育的保障

第五十四条 国家优化教育经费支出结构,使职业教育经费投入与职业教育发展需求相适应,鼓励通过多种渠道依法筹集发展职业教育的资金。

第五十五条 各级人民政府应当按照事权和支出责任相适应的原则,根据职业教育办学规模、培养成本和办学质量等落实职业教育经费,并加强预算绩效管理,提高资金使用效益。

省、自治区、直辖市人民政府应当制定本地区职业学校生均经费标准或者公用经费标准。职业学校举办者应当按照生均经费标准或者公用经费标准按时、足额拨付经费,不断改善办学条件。不得以学费、社会服务收入冲抵生均拨款。

民办职业学校举办者应当参照同层次职业学校生均经费标准,通过多种渠道筹措经费。

财政专项安排、社会捐赠指定用于职业教育的经费,任何组织和个人不得挪用、克扣。

第五十六条 地方各级人民政府安排地方教育附加等方面的经费,应当将其中可用于职业教育的资金统筹使用;发挥失业保险基金作用,支持职工提升职业技能。

第五十七条 各级人民政府加大面向农村的职业教育投入,可以将农村科学技术开发、技术推广的经费适当用于农村职业培训。

第五十八条 企业应当根据国务院规定的标准,按照职工工资总额一定比例提取和使用职工教育经费。职工教育经费可以用于举办职业教育机构、对本单位的职工和准备招用人员进行职业教育等合理用途,其中用于企业一线职工职业教育的经费应当达到国家规定的比例。用人单位安排职工到职业学校或者职业培训机构接受职业教育的,应当在其接受职业教育期间依法支付工资,保障相关待遇。

企业设立具备生产与教学功能的产教融合实习实训基地所发生的费用,可以参照职业学校享受相应的用地、公用事业费等优惠。

第五十九条　国家鼓励金融机构通过提供金融服务支持发展职业教育。

第六十条　国家鼓励企业、事业单位、社会组织及公民个人对职业教育捐资助学,鼓励境外的组织和个人对职业教育提供资助和捐赠。提供的资助和捐赠,必须用于职业教育。

第六十一条　国家鼓励和支持开展职业教育的科学技术研究、教材和教学资源开发,推进职业教育资源跨区域、跨行业、跨部门共建共享。

国家逐步建立反映职业教育特点和功能的信息统计和管理体系。

县级以上人民政府及其有关部门应当建立健全职业教育服务和保障体系,组织、引导工会等群团组织、行业组织、企业、学校等开展职业教育研究、宣传推广、人才供需对接等活动。

第六十二条　新闻媒体和职业教育有关方面应当积极开展职业教育公益宣传,弘扬技术技能人才成长成才典型事迹,营造人人努力成才、人人皆可成才、人人尽展其才的良好社会氛围。

第七章　法律责任

第六十三条　在职业教育活动中违反《中华人民共和国教育法》、《中华人民共和国劳动法》等有关法律规定的,依照有关法律的规定给予处罚。

第六十四条　企业未依照本法规定对本单位的职工和准备招用的人员实施职业教育、提取和使用职工教育经费的,由有关部门责令改正;拒不改正的,由县级以上人民政府收取其应当承担的职工教育经费,用于职业教育。

第六十五条 职业学校、职业培训机构在职业教育活动中违反本法规定的,由教育行政部门或者其他有关部门责令改正;教育教学质量低下或者管理混乱,造成严重后果的,责令暂停招生、限期整顿;逾期不整顿或者经整顿仍达不到要求的,吊销办学许可证或者责令停止办学。

第六十六条 接纳职业学校和职业培训机构学生实习的单位违反本法规定,侵害学生休息休假、获得劳动安全卫生保护、参加相关保险、接受职业技能指导等权利的,依法承担相应的法律责任。

职业学校、职业培训机构违反本法规定,通过人力资源服务机构、劳务派遣单位或者非法从事人力资源服务、劳务派遣业务的单位或个人组织、安排、管理学生实习实训的,由教育行政部门、人力资源社会保障行政部门或者其他有关部门责令改正,没收违法所得,并处违法所得一倍以上五倍以下的罚款;违法所得不足一万元的,按一万元计算。

对前款规定的人力资源服务机构、劳务派遣单位或者非法从事人力资源服务、劳务派遣业务的单位或个人,由人力资源社会保障行政部门或者其他有关部门责令改正,没收违法所得,并处违法所得一倍以上五倍以下的罚款;违法所得不足一万元的,按一万元计算。

第六十七条 教育行政部门、人力资源社会保障行政部门或者其他有关部门的工作人员违反本法规定,滥用职权、玩忽职守、徇私舞弊的,依法给予处分;构成犯罪的,依法追究刑事责任。

第八章　附　　则

第六十八条 境外的组织和个人在境内举办职业学校、职业培训机构,适用本法;法律、行政法规另有规定的,从其规定。

第六十九条 本法自 2022 年 5 月 1 日起施行。

国务院办公厅关于进一步做好高校毕业生等青年就业创业工作的通知

（2022年5月5日　国办发〔2022〕13号）

高校毕业生等青年就业关系民生福祉、经济发展和国家未来。为贯彻落实党中央、国务院决策部署，做好当前和今后一段时期高校毕业生等青年就业创业工作，经国务院同意，现就有关事项通知如下。

一、多渠道开发就业岗位

（一）扩大企业就业规模。坚持在推动高质量发展中强化就业优先导向，加快建设现代化经济体系，推进制造业转型升级，壮大战略性新兴产业，大力发展现代服务业，提供更多适合高校毕业生的就业岗位。支持中小微企业更多吸纳高校毕业生就业，按规定给予社会保险补贴、创业担保贷款及贴息、税费减免等扶持政策，对吸纳高校毕业生就业达到一定数量且符合相关条件的中小微企业，在安排纾困资金、提供技术改造贷款贴息时予以倾斜；对招用毕业年度高校毕业生并签订1年以上劳动合同的中小微企业，给予一次性吸纳就业补贴，政策实施期限截至2022年12月31日；建立中小微企业专业技术人员职称评定绿色通道和申报兜底机制，健全职业技能等级（岗位）设置，完善职业技能等级认定机制，落实科研项目经费申请、科研成果等申报与国有企事业单位同类人员同等待遇。设置好"红灯"、"绿灯"，促进平台经济健康发展，带动更多就业。稳定扩大国有企业招聘规模，指导企业规范发布招聘信息，推进公开招聘。（国家发展改革委、科技部、工业和信息化部、财政部、人力资源社会保障部、商务部、人民银行、国务院国资委、税务总局、市场监管总局等按职责分工负责）

（二）拓宽基层就业空间。结合实施区域协调发展、乡村振兴等战略，适应基层治理能力现代化建设需要，统筹用好各方资源，挖掘基层就业社保、医疗卫生、养老服务、社会工作、司法辅助等就业机会。社区专职工作岗位出现空缺要优先招用或拿出一定数量专门招用高校毕业生。继续实施"三支一扶"计划、农村特岗教师计划、大学生志愿服务西部计划等基层服务项目，合理确定招募规模。对到中西部地区、艰苦边远地区、老工业基地县以下基层单位就业的高校毕业生，按规定给予学费补偿和国家助学贷款代偿、高定工资等政策，对其中招聘为事业单位正式工作人员的，可按规定提前转正定级。（中央组织部、最高人民法院、最高人民检察院、教育部、民政部、财政部、人力资源社会保障部、农业农村部、国家卫生健康委、共青团中央等按职责分工负责）

（三）支持自主创业和灵活就业。落实大众创业、万众创新相关政策，深化高校创新创业教育改革，健全教育体系和培养机制，汇集优质创新创业培训资源，对高校毕业生开展针对性培训，按规定给予职业培训补贴。支持高校毕业生自主创业，按规定给予一次性创业补贴、创业担保贷款及贴息、税费减免等政策，政府投资开发的创业载体要安排30%左右的场地免费向高校毕业生创业者提供。支持高校毕业生发挥专业所长从事灵活就业，对毕业年度和离校2年内未就业高校毕业生实现灵活就业的，按规定给予社会保险补贴。（国家发展改革委、教育部、科技部、财政部、人力资源社会保障部、人民银行、税务总局、市场监管总局等按职责分工负责）

（四）稳定公共部门岗位规模。今明两年要继续稳定机关事业单位招录（聘）高校毕业生的规模。深化落实基层法官检察官助理规范便捷招录机制，畅通政法专业高校毕业生进入基层司法机关就业渠道。支持承担国家科技计划（专项、基金等）的高校、科研院所和企业扩大科研助理岗位规模。充分考虑新冠肺炎疫情影响和高校毕业生就业需要，合理安排公共部门招录（聘）和相关职业资格考试时间。受疫情影响严重地区，在2022年12月31日前可实施中小学、幼儿园、中等职业学校教师资格"先上岗、再考证"阶段性措施。（中央组织部、最高人民法院、最高人民检察院、教育部、科技部、人力资源社会保障部等按职责分工负责）

二、强化不断线就业服务

（五）精准开展困难帮扶。要把有劳动能力和就业意愿的脱贫家庭、低保家庭、零就业家庭高校毕业生，以及残疾高校毕业生和长期失业高校毕业生作为就业援助的重点对象，提供"一人一档"、"一人一策"精准服务，为每人至少提供3—5个针对性岗位信息，优先组织参加职业培训和就业见习，及时兑现一次性求职创业补贴，千方百计促进其就业创业。对通过市场渠道确实难以就业的困难高校毕业生，可通过公益性岗位兜底安置。实施"中央专项彩票公益金宏志助航计划"，面向困难高校毕业生开展就业能力培训。实施共青团促进大学生就业行动，面向低收入家庭高校毕业生开展就业结对帮扶。及时将符合条件的高校毕业生纳入临时救助等社会救助范围。实施国家助学贷款延期还款、减免利息等支持举措，延期期间不计复利、不收罚息、不作为逾期记录报送。（教育部、民政部、财政部、人力资源社会保障部、人民银行、共青团中央、中国残联、开发银行等按职责分工负责）

（六）优化招聘服务。推进公共就业服务进校园，逐步实现公共就业招聘平台和高校校园网招聘信息共享。建立高校毕业生就业岗位归集机制，广泛收集机关事业单位、各类企业、重大项目等高校毕业生就业岗位需求计划，集中向社会发布并动态更新。构建权威公信的高校毕业生就业服务平台，密集组织线上线下专项招聘服务，扩大国家24365大学生就业服务平台、百日千万网络招聘、"千校万岗"、中小企业网上百日招聘等招聘平台和活动影响力。积极组织服务机构、用人单位进校园招聘。（教育部、工业和信息化部、人力资源社会保障部、国务院国资委、共青团中央、全国工商联等按职责分工负责）

（七）加强就业指导。健全高校学生生涯规划与就业指导体系，开展就业育人主题教育活动，引导高校毕业生树立正确的职业观、就业观和择业观。注重理论与实践相结合，开展多种形式的模拟实训、职业体验等实践教学，组织高校毕业生走进人力资源市场，参加职业能力测评，接受现场指导。高校要按一定比例配齐配强就业指导教师，就业指导教师可参加相关职称评审。打造一批大学生就业指导名师、优秀职业指导师、优秀就业指导课程和教材。举办全国大学生职业规划大赛，增强大学生生涯规划意识，指导其及早做好就业准备。（教育部、人力资源社会保障部、共青团中央等按职责分工负责）

（八）落实实名服务。深入实施离校未就业高校毕业生就业创业促进计划，强化教育、人力资源社会保障部门离校前后信息衔接，持续跟进落实实名服务。运用线上失业登记、求职登记小程序、基层摸排等各类渠道，与有就业意愿的离校未就业高校毕业生普遍联系，为每人免费提供1次职业指导、3次岗位推荐、1次职业培训或就业见习机会。(人力资源社会保障部牵头，教育部等按职责分工负责)

（九）维护就业权益。开展平等就业相关法律法规和政策宣传，坚决防止和纠正性别、年龄、学历等就业歧视，依法打击"黑职介"、虚假招聘、售卖简历等违法犯罪活动，坚决治理付费实习、滥用试用期、拖欠试用期工资等违规行为。督促用人单位与高校毕业生签订劳动（聘用）合同或就业协议书，明确双方的权利义务、违约责任及处理方式，维护高校毕业生合法就业权益。对存在就业歧视、欺诈等问题的用人单位，及时向高校毕业生发布警示提醒。(教育部、公安部、人力资源社会保障部、市场监管总局、全国妇联等按职责分工负责)

三、简化优化求职就业手续

（十）稳妥有序推动取消就业报到证。从2023年起，不再发放《全国普通高等学校本专科毕业生就业报到证》和《全国毕业研究生就业报到证》(以下统称就业报到证)，取消就业报到证补办、改派手续，不再将就业报到证作为办理高校毕业生招聘录用、落户、档案接收转递等手续的必需材料。(中央组织部、教育部、公安部、人力资源社会保障部等按职责分工负责)

（十一）提供求职就业便利。取消高校毕业生离校前公共就业人才服务机构在就业协议书上签章环节，取消高校毕业生离校后到公共就业人才服务机构办理报到手续。应届高校毕业生可凭普通高等教育学历证书、与用人单位签订的劳动（聘用）合同或就业协议书，在就业地办理落户手续(超大城市按现有规定执行)；可凭普通高等教育学历证书，在原户籍地办理落户手续。教育部门要健全高校毕业生网上签约系统，方便用人单位与高校毕业生网上签约，鼓励受疫情影响地区用人单位与高校毕业生实行网上签约。对延迟离校的应届高校毕业生，相应延长报到入职、档案转递、落户办理时限。(教育部、公安部、人力资源社会保障部等按职责分工负责)

（十二）积极稳妥转递档案。高校要及时将毕业生登记表、成绩单等重要材料归入学生档案,按照有关规定有序转递。到机关、国有企事业单位就业或定向招生就业的,转递至就业单位或定向单位;到非公单位就业的,转递至就业地或户籍地公共就业人才服务机构;暂未就业的,转递至户籍地公共就业人才服务机构。档案涉密的应通过机要通信或派专人转递。公共就业人才服务机构要主动加强与高校的沟通衔接,动态更新机构服务信息,积极推进档案政策宣传服务进校园,及时接收符合转递规定的学生档案。档案管理部门要及时向社会公布服务机构名录和联系方式。(中央组织部、教育部、人力资源社会保障部、国家邮政局等按职责分工负责)

(十三)完善毕业去向登记。从2023年起,教育部门建立高校毕业生毕业去向登记制度,作为高校为毕业生办理离校手续的必要环节。高校要指导毕业生(含结业生)及时完成毕业去向登记,核实信息后及时报省级教育部门备案。实行定向招生就业办法的高校毕业生,省级教育部门和高校要指导其严格按照定向协议就业并登记去向信息。高校毕业生到户籍和档案接收管理部门办理相关手续时,教育部门应根据有关部门需要和毕业生本人授权,提供毕业生离校时相应去向登记信息查询核验服务。(教育部、人力资源社会保障部等按职责分工负责)

(十四)推进体检结果互认。指导用人单位根据工作岗位实际,合理确定入职体检项目,不得违法违规开展乙肝、孕检等检测。对外科、内科、胸透X线片等基本健康体检项目,高校毕业生近6个月内已在合规医疗机构进行体检的,用人单位应当认可其结果,原则上不得要求其重复体检,法律法规另有规定的从其规定。用人单位或高校毕业生对体检结果有疑问的,经协商可提出复检、补检要求。高校可不再组织毕业体检。(教育部、人力资源社会保障部、国家卫生健康委等按职责分工负责)

四、着力加强青年就业帮扶

(十五)健全青年就业服务机制。强化户籍地、常住地就业失业管理服务责任,允许到本地就业创业的往届高校毕业生、留学回国毕业生及失业青年进行求职登记、失业登记,提供均等化基本公共就业服务,按规定落实就业创业扶持政策。实施青年就业启航计划,对有就业意愿的失业青年,开展职业素质测评,制定求职就业计划,提供针对性岗位信息,组织志愿服务、创业实践等活动。对长期失业青年,开展实践引导、分类指导、跟踪帮扶,提供就业援助,引导他们自强自立、及早就业创业。(人力资源社会保障部、共青团中央等按职责分工负责)

(十六)提升职业技能水平。适应产业转型升级和市场需求,高质量推动产训结合和职业技能培训资源共建共享,扩大青年职业技能培训规模,拓展学徒培训、技能研修、新职业培训等多种模式,举办各类职业技能竞赛活动。鼓励高校毕业生等青年在获得学历证书的同时获得相关职业资格证书或职业技能等级证书,对需要学历学位证书作为报考条件的,允许先参加考试评定,通过考试评定的,待取得相关学历学位证书后再发放职业资格证书或职业技能等级证书。(国家发展改革委、教育部、财政部、人力资源社会保障部等按职责分工负责)

(十七)扩大就业见习规模。实施百万就业见习岗位募集计划,支持企事业单位、社会组织、政府投资项目、科研项目等设立见习岗位,按规定给予就业见习补贴。鼓励有条件的地方或用人单位为见习人员购买商业医疗保险,提高见习保障水平。离校未就业高校毕业生到基层实习见习基地参加见习或者到企事业单位参加项目研究的,视同基层工作经历,自报到之日起算。实施大学生实习"扬帆计划",广泛开展各级政务实习、企业实习和职业体验活动。(人力资源社会保障部牵头,中央组织部、教育部、科技部、工业和信息化部、民政部、财政部、商务部、国务院国资委、共青团中央、全国工商联等按职责分工负责)

五、压紧压实工作责任

(十八)加强组织领导。各地区各部门各高校要以习近平新时代中国特色社会主义思想为指导,认真贯彻落实党中央、国务院决策部署,把高校毕业生等青年就业作为就业工作重中之重,作为政府绩效考核和高校绩效考核内容,将帮扶困难高校毕业生就业作为重点,明确目标任务,细化具体举措,强化督促检查。各有关部门要立足职责,密切配合,同向发力,积极拓宽就业渠道,加快政策落实。(各有关部门和单位、各省级人民政府按职责分工负责)

(十九)强化工作保障。要根据本地区高校毕业生等青年就业形势和实际需要,统筹安排资金,加强人员保障,确保工作任务和政策服务落实。健全公共就业服务体系,实施提升就业服务质量工程,增强对高校毕业生等青年就业指导服务的针对性有效性。运用政府购买服务机制,支持经营性人力资源服务机构、社会组织等市场力量参与就业服务、职业指导、职业培训等工作。(各有关部门和单位、各省级人民政府按职责分工负责)

(二十)做好宣传引导。开展就业政策服务专项宣传,及时提供通俗易懂的政策解读。开展"最美基层高校毕业生"、"基层就业出征仪式"等典型宣传活动,引导高校毕业生等青年将职业选择融入国家发展,在奋斗中实现人生价值。做好舆论引导,及时回应社会关切,稳定就业预期。(各有关部门和单位、各省级人民政府按职责分工负责)

文化、体育

中华人民共和国体育法

（1995年8月29日第八届全国人民代表大会常务委员会第十五次会议通过 根据2009年8月27日第十一届全国人民代表大会常务委员会第十次会议《关于修改部分法律的决定》第一次修正 根据2016年11月7日第十二届全国人民代表大会常务委员会第二十四次会议《关于修改〈中华人民共和国对外贸易法〉等十二部法律的决定》第二次修正 2022年6月24日第十三届全国人民代表大会常务委员会第三十五次会议修订 2022年6月24日中华人民共和国主席令第114号公布 自2023年1月1日起施行）

目　　录

第一章　总　　则
第二章　全民健身
第三章　青少年和学校体育
第四章　竞技体育
第五章　反兴奋剂
第六章　体育组织
第七章　体育产业
第八章　保障条件
第九章　体育仲裁

第十章　监督管理
第十一章　法律责任
第十二章　附　　则

第一章　总　　则

第一条　为了促进体育事业,弘扬中华体育精神,培育中华体育文化,发展体育运动,增强人民体质,根据宪法,制定本法。

第二条　体育工作坚持中国共产党的领导,坚持以人民为中心,以全民健身为基础,普及与提高相结合,推动体育事业均衡、充分发展,推进体育强国和健康中国建设。

第三条　县级以上人民政府应当将体育事业纳入国民经济和社会发展规划。

第四条　国务院体育行政部门主管全国体育工作。国务院其他有关部门在各自的职责范围内管理相关体育工作。

县级以上地方人民政府体育行政部门主管本行政区域内的体育工作。县级以上地方人民政府其他有关部门在各自的职责范围内管理相关体育工作。

第五条　国家依法保障公民平等参与体育活动的权利,对未成年人、妇女、老年人、残疾人等参加体育活动的权利给予特别保障。

第六条　国家扩大公益性和基础性公共体育服务供给,推动基本公共体育服务均等化,逐步健全全民覆盖、普惠共享、城乡一体的基本公共体育服务体系。

第七条　国家采取财政支持、帮助建设体育设施等措施,扶持革命老区、民族地区、边疆地区、经济欠发达地区体育事业的发展。

第八条　国家鼓励、支持优秀民族、民间、民俗传统体育项目的发掘、整理、保护、推广和创新,定期举办少数民族传统体育运动会。

第九条　开展和参加体育活动,应当遵循依法合规、诚实守信、尊重科学、因地制宜、勤俭节约、保障安全的原则。

第十条　国家优先发展青少年和学校体育,坚持体育和教育融合,文化学习和体育锻炼协调,体魄与人格并重,促进青少年全面发展。

第十一条 国家支持体育产业发展,完善体育产业体系,规范体育市场秩序,鼓励扩大体育市场供给,拓宽体育产业投融资渠道,促进体育消费。

第十二条 国家支持体育科学研究和技术创新,培养体育科技人才,推广应用体育科学技术成果,提高体育科学技术水平。

第十三条 国家对在体育事业发展中做出突出贡献的组织和个人,按照有关规定给予表彰和奖励。

第十四条 国家鼓励开展对外体育交往,弘扬奥林匹克精神,支持参与国际体育运动。

对外体育交往坚持独立自主、平等互利、相互尊重的原则,维护国家主权、安全、发展利益和尊严,遵守中华人民共和国缔结或者参加的国际条约。

第十五条 每年8月8日全民健身日所在周为体育宣传周。

第二章 全民健身

第十六条 国家实施全民健身战略,构建全民健身公共服务体系,鼓励和支持公民参加健身活动,促进全民健身与全民健康深度融合。

第十七条 国家倡导公民树立和践行科学健身理念,主动学习健身知识,积极参加健身活动。

第十八条 国家推行全民健身计划,制定和实施体育锻炼标准,定期开展公民体质监测和全民健身活动状况调查,开展科学健身指导工作。

国家建立全民健身工作协调机制。

县级以上人民政府应当定期组织有关部门对全民健身计划实施情况进行评估,并将评估情况向社会公开。

第十九条 国家实行社会体育指导员制度。社会体育指导员对全民健身活动进行指导。

社会体育指导员管理办法由国务院体育行政部门规定。

第二十条 地方各级人民政府和有关部门应当为全民健身活动提供必要的条件,支持、保障全民健身活动的开展。

第二十一条　国家机关、企业事业单位和工会、共产主义青年团、妇女联合会、残疾人联合会等群团组织应当根据各自特点,组织开展日常体育锻炼和各级各类体育运动会等全民健身活动。

第二十二条　居民委员会、村民委员会以及其他社区组织应当结合实际,组织开展全民健身活动。

第二十三条　全社会应当关心和支持未成年人、妇女、老年人、残疾人参加全民健身活动。各级人民政府应当采取措施,为未成年人、妇女、老年人、残疾人安全参加全民健身活动提供便利和保障。

第三章　青少年和学校体育

第二十四条　国家实行青少年和学校体育活动促进计划,健全青少年和学校体育工作制度,培育、增强青少年体育健身意识,推动青少年和学校体育活动的开展和普及,促进青少年身心健康和体魄强健。

第二十五条　教育行政部门和学校应当将体育纳入学生综合素质评价范围,将达到国家学生体质健康标准要求作为教育教学考核的重要内容,培养学生体育锻炼习惯,提升学生体育素养。

体育行政部门应当在传授体育知识技能、组织体育训练、举办体育赛事活动、管理体育场地设施等方面为学校提供指导和帮助,并配合教育行政部门推进学校运动队和高水平运动队建设。

第二十六条　学校必须按照国家有关规定开齐开足体育课,确保体育课时不被占用。

学校应当在体育课教学时,组织病残等特殊体质学生参加适合其特点的体育活动。

第二十七条　学校应当将在校内开展的学生课外体育活动纳入教学计划,与体育课教学内容相衔接,保障学生在校期间每天参加不少于一小时体育锻炼。

鼓励学校组建运动队、俱乐部等体育训练组织,开展多种形式的课余体育训练,有条件的可组建高水平运动队,培养竞技体育后备人才。

第二十八条　国家定期举办全国学生(青年)运动会。地方各级人民政府应当结合实际,定期组织本地区学生(青年)运动会。

学校应当每学年至少举办一次全校性的体育运动会。

鼓励公共体育场地设施免费向学校开放使用,为学校举办体育运动会提供服务保障。

鼓励学校开展多种形式的学生体育交流活动。

第二十九条 国家将体育科目纳入初中、高中学业水平考试范围,建立符合学科特点的考核机制。

病残等特殊体质学生的体育科目考核,应当充分考虑其身体状况。

第三十条 学校应当建立学生体质健康检查制度。教育、体育和卫生健康行政部门应当加强对学生体质的监测和评估。

第三十一条 学校应当按照国家有关规定,配足合格的体育教师,保障体育教师享受与其他学科教师同等待遇。

学校可以设立体育教练员岗位。

学校优先聘用符合相关条件的优秀退役运动员从事学校体育教学、训练活动。

第三十二条 学校应当按照国家有关标准配置体育场地、设施和器材,并定期进行检查、维护,适时予以更新。

学校体育场地必须保障体育活动需要,不得随意占用或者挪作他用。

第三十三条 国家建立健全学生体育活动意外伤害保险机制。

教育行政部门和学校应当做好学校体育活动安全管理和运动伤害风险防控。

第三十四条 幼儿园应当为学前儿童提供适宜的室内外活动场地和体育设施、器材,开展符合学前儿童特点的体育活动。

第三十五条 各级教育督导机构应当对学校体育实施督导,并向社会公布督导报告。

第三十六条 教育行政部门、体育行政部门和学校应当组织、引导青少年参加体育活动,预防和控制青少年近视、肥胖等不良健康状况,家庭应当予以配合。

第三十七条 体育行政部门会同有关部门引导和规范企业事业单位、社会组织和体育专业人员等为青少年提供体育培训等服务。

第三十八条　各级各类体育运动学校应当对适龄学生依法实施义务教育,并根据国务院体育行政部门制定的教学训练大纲开展业余体育训练。

教育行政部门应当将体育运动学校的文化教育纳入管理范围。

各级人民政府应当在场地、设施、资金、人员等方面对体育运动学校予以支持。

第四章　竞技体育

第三十九条　国家促进竞技体育发展,鼓励运动员提高竞技水平,在体育赛事中创造优异成绩,为国家和人民争取荣誉。

第四十条　国家促进和规范职业体育市场化、职业化发展,提高职业体育赛事能力和竞技水平。

第四十一条　国家加强体育运动学校和体育传统特色学校建设,鼓励、支持开展业余体育训练,培养优秀的竞技体育后备人才。

第四十二条　国家加强对运动员的培养和管理,对运动员进行爱国主义、集体主义和社会主义教育,以及道德、纪律和法治教育。

运动员应当积极参加训练和竞赛,团结协作,勇于奉献,顽强拼搏,不断提高竞技水平。

第四十三条　国家加强体育训练科学技术研究、开发和应用,对运动员实行科学、文明的训练,维护运动员身心健康。

第四十四条　国家依法保障运动员接受文化教育的权利。

体育行政部门、教育行政部门应当保障处于义务教育阶段的运动员完成义务教育。

第四十五条　国家依法保障运动员选择注册与交流的权利。

运动员可以参加单项体育协会的注册,并按照有关规定进行交流。

第四十六条　国家对优秀运动员在就业和升学方面给予优待。

第四十七条　各级人民政府加强对退役运动员的职业技能培训和社会保障,为退役运动员就业、创业提供指导和服务。

第四十八条　国家实行体育运动水平等级、教练员职称等级和裁判员技术等级制度。

第四十九条 代表国家和地方参加国际、国内重大体育赛事的运动员和运动队,应当按照公开、公平、择优的原则选拔和组建。

运动员选拔和运动队组建办法由国务院体育行政部门规定。

第五十条 国家对体育赛事活动实行分级分类管理,具体办法由国务院体育行政部门规定。

第五十一条 体育赛事实行公平竞争的原则。

体育赛事活动组织者和运动员、教练员、裁判员应当遵守体育道德和体育赛事规则,不得弄虚作假、营私舞弊。

严禁任何组织和个人利用体育赛事从事赌博活动。

第五十二条 在中国境内举办的体育赛事,其名称、徽记、旗帜及吉祥物等标志按照国家有关规定予以保护。

未经体育赛事活动组织者等相关权利人许可,不得以营利为目的采集或者传播体育赛事活动现场图片、音视频等信息。

第五章 反兴奋剂

第五十三条 国家提倡健康文明、公平竞争的体育运动,禁止在体育运动中使用兴奋剂。

任何组织和个人不得组织、强迫、欺骗、教唆、引诱体育运动参加者在体育运动中使用兴奋剂,不得向体育运动参加者提供或者变相提供兴奋剂。

第五十四条 国家建立健全反兴奋剂制度。

县级以上人民政府体育行政部门会同卫生健康、教育、公安、工信、商务、药品监管、交通运输、海关、农业、市场监管等部门,对兴奋剂问题实施综合治理。

第五十五条 国务院体育行政部门负责制定反兴奋剂规范。

第五十六条 国务院体育行政部门会同国务院药品监管、卫生健康、商务、海关等部门制定、公布兴奋剂目录,并动态调整。

第五十七条 国家设立反兴奋剂机构。反兴奋剂机构及其检查人员依照法定程序开展检查,有关单位和人员应当予以配合,任何单位和个人不得干涉。

反兴奋剂机构依法公开反兴奋剂信息,并接受社会监督。

第五十八条　县级以上人民政府体育行政部门组织开展反兴奋剂宣传、教育工作,提高体育活动参与者和公众的反兴奋剂意识。

第五十九条　国家鼓励开展反兴奋剂科学技术研究,推广先进的反兴奋剂技术、设备和方法。

第六十条　国家根据缔结或者参加的有关国际条约,开展反兴奋剂国际合作,履行反兴奋剂国际义务。

第六章　体育组织

第六十一条　国家鼓励、支持体育组织依照法律法规和章程开展体育活动,推动体育事业发展。

国家鼓励体育组织积极参加国际体育交流合作,参与国际体育运动规则的制定。

第六十二条　中华全国体育总会和地方各级体育总会是团结各类体育组织和体育工作者、体育爱好者的群众性体育组织,应当在发展体育事业中发挥作用。

第六十三条　中国奥林匹克委员会是以发展体育和推动奥林匹克运动为主要任务的体育组织,代表中国参与国际奥林匹克事务。

第六十四条　体育科学社会团体是体育科学技术工作者的学术性体育社会组织,应当在发展体育科技事业中发挥作用。

第六十五条　全国性单项体育协会是依法登记的体育社会组织,代表中国参加相应的国际单项体育组织,根据章程加入中华全国体育总会、派代表担任中国奥林匹克委员会委员。

全国性单项体育协会负责相应项目的普及与提高,制定相应项目技术规范、竞赛规则、团体标准,规范体育赛事活动。

第六十六条　单项体育协会应当依法维护会员的合法权益,积极向有关单位反映会员的意见和建议。

第六十七条　单项体育协会应当接受体育行政部门的指导和监管,健全内部治理机制,制定行业规则,加强行业自律。

第六十八条　国家鼓励发展青少年体育俱乐部、社区健身组织等各类自治性体育组织。

第七章 体育产业

第六十九条 国家制定体育产业发展规划,扩大体育产业规模,增强体育产业活力,促进体育产业高质量发展,满足人民群众多样化体育需求。

县级以上人民政府应当建立政府多部门合作的体育产业发展工作协调机制。

第七十条 国家支持和规范发展体育用品制造、体育服务等体育产业,促进体育与健康、文化、旅游、养老、科技等融合发展。

第七十一条 国家支持体育用品制造业创新发展,鼓励企业加大研发投入,采用新技术、新工艺、新材料,促进体育用品制造业转型升级。

国家培育健身休闲、竞赛表演、场馆服务、体育经纪、体育培训等服务业态,提高体育服务业水平和质量。

符合条件的体育产业,依法享受财政、税收、土地等优惠政策。

第七十二条 国家完善职业体育发展体系,拓展职业体育发展渠道,支持运动员、教练员职业化发展,提高职业体育的成熟度和规范化水平。

职业体育俱乐部应当健全内部治理机制,完善法人治理结构,充分发挥其市场主体作用。

第七十三条 国家建立健全区域体育产业协调互动机制,推动区域间体育产业资源交流共享,促进区域体育协调发展。

国家支持地方发挥资源优势,发展具有区域特色、民族特色的体育产业。

第七十四条 国家鼓励社会资本投入体育产业,建设体育设施,开发体育产品,提供体育服务。

第七十五条 国家鼓励有条件的高等学校设置体育产业相关专业,开展校企合作,加强职业教育和培训,培养体育产业专业人才,形成有效支撑体育产业发展的人才队伍。

第七十六条 国家完善体育产业统计体系,开展体育产业统计监测,定期发布体育产业数据。

第八章 保障条件

第七十七条 县级以上人民政府应当将体育事业经费列入本级预算,建立与国民经济和社会发展相适应的投入机制。

第七十八条 国家鼓励社会力量发展体育事业,鼓励对体育事业的捐赠和赞助,保障参与主体的合法权益。

通过捐赠财产等方式支持体育事业发展的,依法享受税收优惠等政策。

第七十九条 国家有关部门应当加强对体育资金的管理,任何单位和个人不得侵占、挪用、截留、克扣、私分体育资金。

第八十条 国家支持通过政府购买服务的方式提供公共体育服务,提高公共体育服务水平。

第八十一条 县级以上地方人民政府应当按照国家有关规定,根据本行政区域经济社会发展水平、人口结构、环境条件以及体育事业发展需要,统筹兼顾,优化配置各级各类体育场地设施,优先保障全民健身体育场地设施的建设和配置。

第八十二条 县级以上地方人民政府应当将本行政区域内公共体育场地设施的建设纳入国民经济和社会发展规划、国土空间规划,未经法定程序不得变更。

公共体育场地设施的规划设计和竣工验收,应当征求本级人民政府体育行政部门意见。

公共体育场地设施的设计和建设,应当符合国家无障碍环境建设要求,有效满足老年人、残疾人等特定群体的无障碍需求。

第八十三条 新建、改建、扩建居住社区,应当按照国家有关规定,同步规划、设计、建设用于居民日常健身的配套体育场地设施。

第八十四条 公共体育场地设施管理单位应当公开向社会开放的办法,并对未成年人、老年人、残疾人等实行优惠。

免费和低收费开放的体育场地设施,按照有关规定享受补助。

第八十五条 国家推进体育公园建设,鼓励地方因地制宜发展特色体育公园,推动体育公园免费开放,满足公民体育健身需求。

第八十六条 国家鼓励充分、合理利用旧厂房、仓库、老旧商业设施等闲置资源建设用于公民日常健身的体育场地设施,鼓励和支持机关、学校、企业事业单位的体育场地设施向公众开放。

第八十七条 任何单位和个人不得侵占公共体育场地设施及其建设用地,不得擅自拆除公共体育场地设施,不得擅自改变公共体育场地设施的功能、用途或者妨碍其正常使用。

因特殊需要临时占用公共体育场地设施超过十日的,应当经本级人民政府体育行政部门同意;超过三个月的,应当报上一级人民政府体育行政部门批准。

经批准拆除公共体育场地设施或者改变其功能、用途的,应当依照国家有关法律、行政法规的规定先行择地重建。

第八十八条 县级以上地方人民政府应当建立全民健身公共场地设施的维护管理机制,明确管理和维护责任。

第八十九条 国家发展体育专业教育,鼓励有条件的高等学校培养教练员、裁判员、体育教师等各类体育专业人才,鼓励社会力量依法开展体育专业教育。

第九十条 国家鼓励建立健全运动员伤残保险、体育意外伤害保险和场所责任保险制度。

大型体育赛事活动组织者应当和参与者协商投保体育意外伤害保险。

高危险性体育赛事活动组织者应当投保体育意外伤害保险。

高危险性体育项目经营者应当投保体育意外伤害保险和场所责任保险。

第九章 体育仲裁

第九十一条 国家建立体育仲裁制度,及时、公正解决体育纠纷,保护当事人的合法权益。

体育仲裁依法独立进行,不受行政机关、社会组织和个人的干涉。

第九十二条 当事人可以根据仲裁协议、体育组织章程、体育赛事规则等,对下列纠纷申请体育仲裁:

(一)对体育社会组织、运动员管理单位、体育赛事活动组织者按照兴奋剂管理或者其他管理规定作出的取消参赛资格、取消比赛成绩、禁赛等处理决定不服发生的纠纷；

（二）因运动员注册、交流发生的纠纷；

（三）在竞技体育活动中发生的其他纠纷。

《中华人民共和国仲裁法》规定的可仲裁纠纷和《中华人民共和国劳动争议调解仲裁法》规定的劳动争议，不属于体育仲裁范围。

第九十三条 国务院体育行政部门依照本法组织设立体育仲裁委员会，制定体育仲裁规则。

体育仲裁委员会由体育行政部门代表、体育社会组织代表、运动员代表、教练员代表、裁判员代表以及体育、法律专家组成，其组成人数应当是单数。

体育仲裁委员会应当设仲裁员名册。仲裁员具体条件由体育仲裁规则规定。

第九十四条 体育仲裁委员会裁决体育纠纷实行仲裁庭制。仲裁庭组成人数应当是单数，具体组成办法由体育仲裁规则规定。

第九十五条 鼓励体育组织建立内部纠纷解决机制，公平、公正、高效地解决纠纷。

体育组织没有内部纠纷解决机制或者内部纠纷解决机制未及时处理纠纷的，当事人可以申请体育仲裁。

第九十六条 对体育社会组织、运动员管理单位、体育赛事活动组织者的处理决定或者内部纠纷解决机制处理结果不服的，当事人自收到处理决定或者纠纷处理结果之日起二十一日内申请体育仲裁。

第九十七条 体育仲裁裁决书自作出之日起发生法律效力。

裁决作出后，当事人就同一纠纷再申请体育仲裁或者向人民法院起诉的，体育仲裁委员会或者人民法院不予受理。

第九十八条 有下列情形之一的，当事人可以自收到仲裁裁决书之日起三十日内向体育仲裁委员会所在地的中级人民法院申请撤销裁决：

（一）适用法律、法规确有错误的；

（二）裁决的事项不属于体育仲裁受理范围的；

（三）仲裁庭的组成或者仲裁的程序违反有关规定，足以影响公正裁决的；

（四）裁决所根据的证据是伪造的；

（五）对方当事人隐瞒了足以影响公正裁决的证据的；

（六）仲裁员在仲裁该案时有索贿受贿、徇私舞弊、枉法裁决行为的。

人民法院经组成合议庭审查核实裁决有前款规定情形之一的，或者认定裁决违背社会公共利益的，应当裁定撤销。

人民法院受理撤销裁决的申请后，认为可以由仲裁庭重新仲裁的，通知仲裁庭在一定期限内重新仲裁，并裁定中止撤销程序。仲裁庭拒绝重新仲裁的，人民法院应当裁定恢复撤销程序。

第九十九条 当事人应当履行体育仲裁裁决。一方当事人不履行的，另一方当事人可以依照《中华人民共和国民事诉讼法》的有关规定向人民法院申请执行。

第一百条 需要即时处理的体育赛事活动纠纷，适用体育仲裁特别程序。

特别程序由体育仲裁规则规定。

第十章　监督管理

第一百零一条 县级以上人民政府体育行政部门和有关部门应当积极履行监督检查职责，发现违反本法规定行为的，应当及时做出处理。对不属于本部门主管事项的，应当及时书面通知并移交相关部门查处。

第一百零二条 县级以上人民政府体育行政部门对体育赛事活动依法进行监管，对赛事活动场地实施现场检查，查阅、复制有关合同、票据、账簿，检查赛事活动组织方案、安全应急预案等材料。

县级以上人民政府公安、市场监管、应急管理等部门按照各自职责对体育赛事活动进行监督管理。

体育赛事活动组织者应当履行安全保障义务，提供符合要求的安全条件，制定风险防范及应急处置预案等保障措施，维护体育赛事活动的安全。

体育赛事活动因发生极端天气、自然灾害、公共卫生事件等突发事件，不具备办赛条件的，体育赛事活动组织者应当及时予以中止；未中止的，县级以上人民政府应当责令其中止。

第一百零三条 县级以上人民政府市场监管、体育行政等部门按照各自职责对体育市场进行监督管理。

第一百零四条 国家建立体育项目管理制度，新设体育项目由国务院体育行政部门认定。

体育项目目录每四年公布一次。

第一百零五条 经营高危险性体育项目，应当符合下列条件，并向县级以上地方人民政府体育行政部门提出申请：

（一）相关体育设施符合国家标准；

（二）具有达到规定数量的取得相应国家职业资格证书或者职业技能等级证书的社会体育指导人员和救助人员；

（三）具有相应的安全保障、应急救援制度和措施。

县级以上地方人民政府体育行政部门应当自收到申请之日起三十日内进行实地核查，并作出批准或者不予批准的决定。予以批准的，应当发给许可证；不予批准的，应当书面通知申请人并说明理由。

国务院体育行政部门会同有关部门制定、调整高危险性体育项目目录并予以公布。

第一百零六条 举办高危险性体育赛事活动，应当符合下列条件，并向县级以上地方人民政府体育行政部门提出申请：

（一）配备具有相应资格或者资质的专业技术人员；

（二）配置符合相关标准和要求的场地、器材和设施；

（三）制定通信、安全、交通、卫生健康、食品、应急救援等相关保障措施。

县级以上地方人民政府体育行政部门应当自收到申请之日起三十日内进行实地核查，并作出批准或者不予批准的决定。

国务院体育行政部门会同有关部门制定、调整高危险性体育赛事活动目录并予以公布。

第一百零七条 县级以上地方人民政府应当建立体育执法机制，为体育执法提供必要保障。体育执法情况应当向社会公布，接受社会监督。

第一百零八条 县级以上地方人民政府每届任期内至少向本级

人民代表大会或者其常务委员会报告一次全民健身、青少年和学校体育工作。

第十一章　法律责任

第一百零九条　国家机关及其工作人员违反本法规定,有下列行为之一的,由其所在单位、主管部门或者上级机关责令改正;对负有责任的领导人员和直接责任人员依法给予处分:

(一)对违法行为不依法查处的;

(二)侵占、挪用、截留、克扣、私分体育资金的;

(三)在组织体育赛事活动时,有违反体育道德和体育赛事规则、弄虚作假、营私舞弊等行为的;

(四)其他不依法履行职责的行为。

第一百一十条　体育组织违反本法规定的,由相关部门责令改正,给予警告,对负有责任的领导人员和直接责任人员依法给予处分;可以限期停止活动,并可责令撤换直接负责的主管人员;情节严重的,予以撤销登记。

第一百一十一条　学校违反本法有关规定的,由有关主管部门责令改正;对负有责任的领导人员和直接责任人员依法给予处分。

第一百一十二条　运动员、教练员、裁判员违反本法规定,有违反体育道德和体育赛事规则、弄虚作假、营私舞弊等行为的,由体育组织按照有关规定给予处理;情节严重、社会影响恶劣的,由县级以上人民政府体育行政部门纳入限制、禁止参加竞技体育活动名单;有违法所得的,没收违法所得,并处一万元以上十万元以下的罚款。

利用体育赛事从事赌博活动的,由公安机关依法查处。

第一百一十三条　体育赛事活动组织者有下列行为之一的,由县级以上地方人民政府体育行政部门责令改正,处五万元以上五十万元以下的罚款;有违法所得的,没收违法所得;情节严重的,给予一年以上三年以下禁止组织体育赛事活动的处罚:

(一)未经许可举办高危险性体育赛事活动的;

(二)体育赛事活动因突发事件不具备办赛条件时,未及时中止的;

（三）安全条件不符合要求的；

（四）有违反体育道德和体育赛事规则、弄虚作假、营私舞弊等行为的；

（五）未按要求采取风险防范及应急处置预案等保障措施的。

第一百一十四条 违反本法规定，侵占、破坏公共体育场地设施的，由县级以上地方人民政府体育行政部门会同有关部门予以制止，责令改正，并可处实际损失五倍以下的罚款。

第一百一十五条 违反本法规定，未经批准临时占用公共体育场地设施的，由县级以上地方人民政府体育行政部门会同有关部门责令限期改正；逾期未改正的，对公共体育场地设施管理单位处十万元以上五十万元以下的罚款；有违法所得的，没收违法所得。

第一百一十六条 未经许可经营高危险性体育项目的，由县级以上地方人民政府体育行政部门会同有关部门责令限期关闭；逾期未关闭的，处十万元以上五十万元以下的罚款；有违法所得的，没收违法所得。

违法经营高危险性体育项目的，由县级以上地方人民政府体育行政部门责令改正；逾期未改正的，处五万元以上五十万元以下的罚款；有违法所得的，没收违法所得；造成严重后果的，由主管部门责令关闭，吊销许可证照，五年内不得再从事该项目经营活动。

第一百一十七条 运动员违规使用兴奋剂的，由有关体育社会组织、运动员管理单位、体育赛事活动组织者作出取消参赛资格、取消比赛成绩或者禁赛等处理。

第一百一十八条 组织、强迫、欺骗、教唆、引诱运动员在体育运动中使用兴奋剂的，由国务院体育行政部门或者省、自治区、直辖市人民政府体育行政部门没收非法持有的兴奋剂；直接负责的主管人员和其他直接责任人员四年内不得从事体育管理工作和运动员辅助工作；情节严重的，终身不得从事体育管理工作和运动员辅助工作。

向运动员提供或者变相提供兴奋剂的，由国务院体育行政部门或者省、自治区、直辖市人民政府体育行政部门没收非法持有的兴奋剂，并处五万元以上五十万元以下的罚款；有违法所得的，没收违法所得；并给予禁止一定年限直至终身从事体育管理工作和运动员辅助工作的处罚。

第一百一十九条 违反本法规定,造成财产损失或者其他损害的,依法承担民事责任;构成违反治安管理行为的,由公安机关依法给予治安管理处罚;构成犯罪的,依法追究刑事责任。

第十二章 附　　则

第一百二十条 任何国家、地区或者组织在国际体育运动中损害中华人民共和国主权、安全、发展利益和尊严的,中华人民共和国可以根据实际情况采取相应措施。

第一百二十一条 中国人民解放军和中国人民武装警察部队开展体育活动的具体办法,由中央军事委员会依照本法制定。

第一百二十二条 本法自2023年1月1日起施行。

中华人民共和国水下文物保护管理条例

(1989年10月20日中华人民共和国国务院令第42号发布　根据2011年1月8日《国务院关于废止和修改部分行政法规的决定》第一次修订　2022年1月23日中华人民共和国国务院令第751号第二次修订　自2022年4月1日起施行)

第一条 为了加强水下文物保护工作的管理,根据《中华人民共和国文物保护法》的有关规定,制定本条例。

第二条 本条例所称水下文物,是指遗存于下列水域的具有历史、艺术和科学价值的人类文化遗产:

(一)遗存于中国内水、领海内的一切起源于中国的、起源国不明的和起源于外国的文物;

(二)遗存于中国领海以外依照中国法律由中国管辖的其他海域内的起源于中国的和起源国不明的文物;

(三)遗存于外国领海以外的其他管辖海域以及公海区域内的起源于中国的文物。

前款规定内容不包括1911年以后的与重大历史事件、革命运动以及著名人物无关的水下遗存。

第三条 本条例第二条第一款第一项、第二项所规定的水下文物属于国家所有,国家对其行使管辖权;本条例第二条第一款第三项所规定的水下文物,遗存于外国领海以外的其他管辖海域以及公海区域内的起源国不明的文物,国家享有辨认器物物主的权利。

第四条 国务院文物主管部门负责全国水下文物保护工作。县级以上地方人民政府文物主管部门负责本行政区域内的水下文物保护工作。

县级以上人民政府其他有关部门在各自职责范围内,负责有关水下文物保护工作。

中国领海以外依照中国法律由中国管辖的其他海域内的水下文物,由国务院文物主管部门负责保护工作。

第五条 任何单位和个人都有依法保护水下文物的义务。

各级人民政府应当重视水下文物保护,正确处理经济社会发展与水下文物保护的关系,确保水下文物安全。

第六条 根据水下文物的价值,县级以上人民政府依照《中华人民共和国文物保护法》有关规定,核定公布文物保护单位,对未核定为文物保护单位的不可移动文物予以登记公布。

县级以上地方人民政府文物主管部门应当根据不同文物的保护需要,制定文物保护单位和未核定为文物保护单位的不可移动文物的具体保护措施,并公告施行。

第七条 省、自治区、直辖市人民政府可以将水下文物分布较为集中、需要整体保护的水域划定公布为水下文物保护区,并根据实际情况进行调整。水下文物保护区涉及两个以上省、自治区、直辖市或者涉及中国领海以外依照中国法律由中国管辖的其他海域的,由国务院文物主管部门划定和调整,报国务院核定公布。

划定和调整水下文物保护区,应当征求有关部门和水域使用权人的意见,听取专家和公众的意见,涉及军事管理区和军事用海的还应当征求有关军事机关的意见。

划定和调整水下文物保护区的单位应当制定保护规划。国务院文物主管部门或者省、自治区、直辖市人民政府文物主管部门应当根据保护规划明确标示水下文物保护区的范围和界线,制定具体保护措施并公告施行。

在水下文物保护区内,禁止进行危及水下文物安全的捕捞、爆破等活动。

第八条 严禁破坏、盗捞、哄抢、私分、藏匿、倒卖、走私水下文物等行为。

在中国管辖水域内开展科学考察、资源勘探开发、旅游、潜水、捕捞、养殖、采砂、排污、倾废等活动的,应当遵守有关法律、法规的规定,并不得危及水下文物的安全。

第九条 任何单位或者个人以任何方式发现疑似本条例第二条第一款第一项、第二项所规定的水下文物的,应当及时报告所在地或者就近的地方人民政府文物主管部门,并上交已经打捞出水的文物。

文物主管部门接到报告后,如无特殊情况,应当在24小时内赶赴现场,立即采取措施予以保护,并在7日内提出处理意见;发现水下文物已经移动位置或者遭受实际破坏的,应当进行抢救性保护,并作详细记录;对已经打捞出水的文物,应当及时登记造册、妥善保管。

文物主管部门应当保护水下文物发现现场,必要时可以会同公安机关或者海上执法机关开展保护工作,并将保护工作情况报本级人民政府和上一级人民政府文物主管部门;发现重要文物的,应当逐级报至国务院文物主管部门,国务院文物主管部门应当在接到报告后15日内提出处理意见。

第十条 任何单位或者个人以任何方式发现疑似本条例第二条第一款第三项所规定的水下文物的,应当及时报告就近的地方人民政府文物主管部门或者直接报告国务院文物主管部门。接到报告的地方人民政府文物主管部门应当逐级报至国务院文物主管部门。国务院文物主管部门应当及时提出处理意见并报国务院。

第十一条 在中国管辖水域内进行水下文物的考古调查、勘探、发掘活动,应当由具有考古发掘资质的单位向国务院文物主管部门提出申请。申请材料包括工作计划书和考古发掘资质证书。拟开展的考古调查、勘探、发掘活动在中国内水、领海内的,还应当提供活动所在地省、自治区、直辖市人民政府文物主管部门出具的意见。

　　国务院文物主管部门应当自收到申请材料之日起30日内,作出准予许可或者不予许可的决定。准予许可的,发给批准文件;不予许可的,应当书面告知申请人并说明理由。

　　国务院文物主管部门在作出决定前,应当征求有关科研机构和专家的意见,涉及军事管理区和军事用海的还应当征求有关军事机关的意见;涉及在中国领海以外依照中国法律由中国管辖的其他海域内进行水下文物的考古调查、勘探、发掘活动的,还应当报国务院同意。

　　第十二条　任何外国组织、国际组织在中国管辖水域内进行水下文物考古调查、勘探、发掘活动,都应当采取与中方单位合作的方式进行,并取得许可。中方单位应当具有考古发掘资质;外方单位应当是专业考古研究机构,有从事该课题方向或者相近方向研究的专家和一定的实际考古工作经历。

　　中外合作进行水下文物考古调查、勘探、发掘活动的,由中方单位向国务院文物主管部门提出申请。申请材料应当包括中外合作单位合作意向书、工作计划书,以及合作双方符合前款要求的有关材料。拟开展的考古调查、勘探、发掘活动在中国内水、领海内的,还应当提供活动所在地省、自治区、直辖市人民政府文物主管部门出具的意见。

　　国务院文物主管部门收到申请材料后,应当征求有关科研机构和专家的意见,涉及军事管理区和军事用海的还应当征求有关军事机关的意见,并按照国家有关规定送请有关部门审查。审查合格的,报请国务院特别许可;审查不合格的,应当书面告知申请人并说明理由。

　　中外合作考古调查、勘探、发掘活动所取得的水下文物、自然标本以及考古记录的原始资料,均归中国所有。

　　第十三条　在中国管辖水域内进行大型基本建设工程,建设单位应当事先报请国务院文物主管部门或者省、自治区、直辖市人民政府文物主管部门组织在工程范围内有可能埋藏文物的地方进行考古调查、勘探;需要进行考古发掘的,应当依照《中华人民共和国文物保护法》有关规定履行报批程序。

第十四条 在中国管辖水域内进行水下文物的考古调查、勘探、发掘活动,应当以文物保护和科学研究为目的,并遵守相关法律、法规,接受有关主管部门的管理。

考古调查、勘探、发掘活动结束后,从事考古调查、勘探、发掘活动的单位应当向国务院文物主管部门和省、自治区、直辖市人民政府文物主管部门提交结项报告、考古发掘报告和取得的实物图片、有关资料复制件等。

考古调查、勘探、发掘活动中取得的全部出水文物应当及时登记造册、妥善保管,按照国家有关规定移交给由国务院文物主管部门或者省、自治区、直辖市人民政府文物主管部门指定的国有博物馆、图书馆或者其他国有收藏文物的单位收藏。

中外合作进行考古调查、勘探、发掘活动的,由中方单位提交前两款规定的实物和资料。

第十五条 严禁未经批准进行水下文物考古调查、勘探、发掘等活动。

严禁任何个人以任何形式进行水下文物考古调查、勘探、发掘等活动。

第十六条 文物主管部门、文物收藏单位等应当通过举办展览、开放参观、科学研究等方式,充分发挥水下文物的作用,加强中华优秀传统文化、水下文物保护法律制度等的宣传教育,提高全社会水下文物保护意识和参与水下文物保护的积极性。

第十七条 文物主管部门、公安机关、海上执法机关按照职责分工开展水下文物保护执法工作,加强执法协作。

县级以上人民政府文物主管部门应当在水下文物保护工作中加强与有关部门的沟通协调,共享水下文物执法信息。

第十八条 任何单位和个人有权向文物主管部门举报违反本条例规定、危及水下文物安全的行为。文物主管部门应当建立举报渠道并向社会公开,依法及时处理有关举报。

第十九条 保护水下文物有突出贡献的,按照国家有关规定给予精神鼓励或者物质奖励。

第二十条 文物主管部门和其他有关部门的工作人员,在水下文物保护工作中滥用职权、玩忽职守、徇私舞弊的,对直接负责的主管人员和其他直接责任人员依法给予处分;构成犯罪的,依法追究刑事责任。

第二十一条 擅自在文物保护单位的保护范围内进行建设工程或者爆破、钻探、挖掘等作业的,依照《中华人民共和国文物保护法》追究法律责任。

第二十二条 违反本条例规定,有下列行为之一的,由县级以上人民政府文物主管部门或者海上执法机关按照职责分工责令改正,追缴有关文物,并给予警告;有违法所得的,没收违法所得,违法经营额 10 万元以上的,并处违法经营额 5 倍以上 15 倍以下的罚款,违法经营额不足 10 万元的,并处 10 万元以上 100 万元以下的罚款;情节严重的,由原发证机关吊销资质证书,10 年内不受理其相应申请:

(一)未经批准进行水下文物的考古调查、勘探、发掘活动;

(二)考古调查、勘探、发掘活动结束后,不按照规定移交有关实物或者提交有关资料;

(三)未事先报请有关主管部门组织进行考古调查、勘探,在中国管辖水域内进行大型基本建设工程;

(四)发现水下文物后未及时报告。

第二十三条 本条例自 2022 年 4 月 1 日起施行。

卫生医药

国务院办公厅关于印发"十四五"中医药发展规划的通知

（2022年3月3日　国办发〔2022〕5号）

《"十四五"中医药发展规划》已经国务院同意，现印发给你们，请认真贯彻执行。

"十四五"中医药发展规划

为贯彻落实党中央、国务院关于中医药工作的决策部署，明确"十四五"时期中医药发展目标任务和重点措施，依据《中华人民共和国国民经济和社会发展第十四个五年规划和2035年远景目标纲要》，制定本规划。

一、规划背景

"十三五"期间，中医药发展顶层设计加快完善，政策环境持续优化，支持力度不断加大。2017年，中医药法施行。2019年，中共中央、国务院印发《关于促进中医药传承创新发展的意见》，国务院召开全国中医药大会。中医药服务体系进一步健全，截至2020年底，全国中医医院达到5482家，每千人口公立中医医院床位数达到0.68张，每千人口卫生机构中医类别执业（助理）医师数达到0.48人，99%的社区卫生服务中心、98%的乡镇卫生院、90.6%的社区卫生服务站、74.5%的村卫生室能够提供中医药服务,设置中医临床科室的二级以上公立综合医院占比达到86.75%,备案中医诊所达到2.6万家。中医药传承发展能力不断增强,中医药防控心脑血管疾病、糖尿病等重大慢病及重大传染性疾病临床研究取得积极进展,屠呦呦研究员获得国家最高科学技术奖,中医药人才培养体系持续完善,中成药和中药饮片产品标准化建设扎实推进,第四次全国中药资源普查基本完成,公民中医药健康文化素养水平达20.69%。中医药开放发展取得积极成效,已传播到196个国家和地区,中药类商品进出口贸易总额大幅增长。特别是新冠肺炎疫情发生以来,坚持中西医结合、中西药并用,中医药全面参与疫情防控救治,作出了重要贡献。

当前,全球新冠肺炎疫情仍处于大流行状态,新发传染病不断出现,我国慢性病发病率总体呈上升趋势,传统传染病防控形势仍然严峻。随着经济社会发展和生活水平提高,人民群众更加重视生命安全和健康质量,健康需求不断增长,并呈现多样化、差异化特点。有效应对多种健康挑战、更好满足人民群众健康需求,迫切需要加快推进中医药事业发展,更好发挥其在健康中国建设中的独特优势。同时也应看到,中医药发展不平衡不充分问题仍然突出,中医药优质医疗服务资源总体不足,基层中医药服务能力仍较薄弱,中西医协同作用发挥不够,中医药参与公共卫生和应急救治机制有待完善,传承创新能力有待持续增强,中药材质量良莠不齐,中医药特色人才培养质量仍需提升,符合中医药特点的政策体系需进一步健全。

二、总体要求

(一)指导思想。以习近平新时代中国特色社会主义思想为指导,深入贯彻党的十九大和十九届历次全会精神,统筹推进"五位一体"总体布局,协调推进"四个全面"战略布局,认真落实党中央、国务院决策部署,坚持稳中求进工作总基调,立足新发展阶段,完整、准确、全面贯彻新发展理念,构建新发展格局,坚持中西医并重,传承精华、守正创新,实施中医药振兴发展重大工程,补短板、强弱项、扬优势、激活力,推进中医药和现代科学相结合,推动中医药和西医药相互补充、协调发展,推进中医药现代化、产业化,推动中医药高质量发展和走向世界,为全面推进健康中国建设、更好保障人民健康提供有力支撑。

(二)基本原则。

坚持以人民为中心。把人民群众生命安全和身体健康放在第一位,加强服务体系和人才队伍建设,提升中医药服务能力,充分发挥中医药在治未病、重大疾病治疗、疾病康复中的重要作用,全方位全周期保障人民健康。

坚持遵循发展规律。正确把握继承与创新的关系,坚持中医药原创思维,坚持创造性转化、创新性发展,注重利用现代科学技术和方法,深入发掘中医药精华,在创新中形成新特色新优势,促进中医药特色发展。

坚持深化改革创新。破除体制机制和政策障碍,完善政策举措和评价标准体系,持续推进中医药领域改革创新,建立符合中医药特点的服务体系、服务模式、管理模式、人才培养模式,推动中医药事业和产业高质量发展。

坚持统筹协调推进。坚持中西医并重,提升中西医结合能力,促进优势互补,共同维护人民健康。统筹谋划推进中医药服务、人才、传承创新、产业、文化、开放发展、深化改革等工作,形成促进中医药事业发展的合力。

(三)发展目标。到2025年,中医药健康服务能力明显增强,中医药高质量发展政策和体系进一步完善,中医药振兴发展取得积极成效,在健康中国建设中的独特优势得到充分发挥。

——中医药服务体系进一步健全。融预防保健、疾病治疗和康复于一体的中医药服务体系逐步健全,中医药基层服务能力持续提升,中西医结合服务水平不断提高,中医药参与新发突发传染病防治和公共卫生事件应急处置能力显著增强。

——中医药特色人才建设加快推进。中医药教育改革深入推进,具有中医药特色的人才培养模式逐步完善,人才成长途径和队伍结构持续优化,队伍素质不断提升,基层中医药人才数量和质量进一步提高。

——中医药传承创新能力持续增强。中医药传承创新体系进一步健全,有利于传承创新的政策机制逐步完善,基础理论和重大疾病防治研究取得积极进展,临床与科研结合更为紧密,多学科融合创新持续推进。

——中医药产业和健康服务业高质量发展取得积极成效。中药材质量水平持续提升,供应保障能力逐步提高,中药注册管理不断优化,中药新药创制活力增强。中医药养生保健服务有序发展,中医药与相关业态持续融合发展。

——中医药文化大力弘扬。中医药文化产品和服务供给更为优质丰富,中医药博物馆事业加快发展,文化传播覆盖面进一步拓宽,公民中医药健康文化素养水平持续提高,中医药文化影响力进一步提升。

——中医药开放发展积极推进。中医药积极参与重大传染病防控国际合作,助力构建人类卫生健康共同体的作用更加显著。中医药高质量融入"一带一路"建设,国际交流不断深化,服务贸易积极发展。

——中医药治理水平进一步提升。中医药领域改革持续深化,遵循中医药发展规律的治理体系逐步完善,中医药信息化、综合统计、法治、监管等支撑保障不断加强,中医药治理水平持续提升。

主要发展指标

主 要 指 标	2020年	2025年	指标性质
1. 中医医疗机构数(万个)	7.23	9.50	预期性
2. 中医医院数(个)	5482	6300	预期性
3. 每千人口公立中医医院床位数(张)	0.68	0.85	预期性
4. 每千人口中医类别执业(助理)医师数(人)	0.48	0.62	预期性
5. 每万人口中医类别全科医生数(人)	0.66	0.79	预期性
6. 二级以上公立中医医院中医类别执业(助理)医师比例(%)	51.58	60	预期性
7. 二级以上中医医院设置康复(医学)科的比例(%)	59.43	70	预期性
8. 三级公立中医医院和中西医结合医院(不含中医专科医院)设置发热门诊的比例(%)	—	100	约束性
9. 二级以上公立中医医院设置老年病科的比例(%)	36.57	60	预期性
10. 县办中医医疗机构(医院、门诊部、诊所)覆盖率(%)	85.86	100	预期性
11. 公立综合医院中医床位数(万张)	6.75	8.43	预期性
12. 二级以上公立综合医院设置中医临床科室的比例(%)	86.75	90	预期性
13. 二级妇幼保健院设置中医临床科室的比例(%)	43.56	70	预期性

续表

主　要　指　标	2020年	2025年	指标性质
14.社区卫生服务中心和乡镇卫生院设置中医馆的比例（%）	81.29	力争到2022年全部设置	预期性
15.公民中医药健康文化素养水平（%）	20.69	25	预期性

注：1.中医医疗机构包括中医医院（含中西医结合医院、少数民族医院）、中医门诊部（含中西医结合门诊部、少数民族医门诊部）、中医诊所（含中西医结合诊所、少数民族医诊所）。
2.二级以上公立中医医院中医类别执业（助理）医师比例统计范围不含中西医结合医院和少数民族医医院。

三、主要任务

（一）建设优质高效中医药服务体系。

1. 做强龙头中医医院。依托综合实力强、管理水平高的中医医院，建设一批国家中医医学中心，在疑难危重症诊断与治疗、高层次中医药人才培养、高水平研究与创新转化、解决重大公共卫生问题、现代医院管理、传统医学国际交流等方面代表全国一流水平。将全国高水平中医医院作为输出医院，推进国家区域医疗中心建设项目，在优质中医药资源短缺或患者转外就医多的省份设置分中心、分支机构，促进优质中医医疗资源扩容和均衡布局。

2. 做优骨干中医医院。加强各级各类中医医院建设，强化以中医药服务为主的办院模式和服务功能，规范科室设置，推进执行建设标准，补齐资源配置不平衡的短板，优化就医环境，持续改善基础设施条件。建设一批中医特色重点医院。提升地市级中医医院综合服务能力。支持中医医院牵头组建医疗联合体。

3. 做实基层中医药服务网络。实施基层中医药服务能力提升工程"十四五"行动计划，全面提升基层中医药在治未病、疾病治疗、康复、公共卫生、健康宣教等领域的服务能力。持续加强县办中医医疗机构建设，基本实现县办中医医疗机构全覆盖。加强基层医疗卫生机构中医药科室建设，力争实现全部社区卫生服务中心和乡镇卫生院设置中医馆、配备中医医师，100%的社区卫生服务站和80%以上的村卫生室能够提供中医药服务。实施名医堂工程，打造一批名医团队运营的精品中医机构。鼓励有资质的中医专业技术人员特别是名老中医开办中医诊所。鼓励有条件的中医诊所组建家庭医生团队开展签约服务。推动中医门诊部和诊所提升管理水平。

4. 健全其他医疗机构中医药科室。强化综合医院、专科医院和妇幼保健机构中医临床科室、中药房建设,有条件的二级以上公立综合医院设立中医病区和中医综合治疗区。鼓励社会办医疗机构设置中医药科室。

专栏1　高质量中医药服务体系建设

1. 国家中医医学中心建设。依托综合实力强、管理水平高的中医医院建设国家中医医学中心,推动解决重大问题,引领国家中医学术发展方向。
2. 国家区域医疗中心建设。将优质医疗资源富集地区的全国高水平中医医院作为输出医院,实施国家区域医疗中心建设项目,促进优质中医医疗资源均衡布局。
3. 中医特色重点医院建设。以地市级中医医院为重点,建设130个左右中医特色突出、临床疗效显著、示范带动作用明显的中医特色重点医院。
4. 县级中医医院建设。加强县级中医医院能力建设。支持脱贫地区、"三区三州"、原中央苏区、易地扶贫搬迁安置地区县级中医医院基础设施建设。
5. 名医堂工程。按照品牌化、优质化、规范化、标准化的要求,分层级规划布局建设一批名医堂,创新机制,打造可推广、可复制、可持续的示范性名医堂运营模式。
6. 基层中医馆建设。加强基层医疗卫生机构中医馆建设。鼓励有条件的地方完成15%的社区卫生服务中心和乡镇卫生院中医馆服务内涵建设;在10%的社区卫生服务站和村卫生室开展"中医阁"建设。

(二)提升中医药健康服务能力。

1. 彰显中医药在健康服务中的特色优势。

提升疾病预防能力。实施中医药健康促进行动,推进中医治未病健康工程升级。开展儿童青少年近视、脊柱侧弯、肥胖等中医适宜技术防治。规范二级以上中医医院治未病科室建设。在各级妇幼保健机构推广中医治未病理念和方法。继续实施癌症中西医结合防治行动,加快构建癌症中医药防治网络。推广一批中医治未病干预方案,制定中西医结合的基层糖尿病、高血压防治指南。在国家基本公共卫生服务项目中优化中医药健康管理服务,鼓励家庭医生提供中医治未病签约服务。持续开展0—36个月儿童、65岁以上老年人等重点人群的中医药健康管理,逐步提高覆盖率。

增强疾病治疗能力。开展国家中医优势专科建设,以满足重大疑难疾病防治临床需求为导向，做优做强骨伤、肛肠、儿科、皮肤科、妇科、针灸、推拿及脾胃病、心脑血管病、肾病、肿瘤、周围血管病等中医优势专科专病，巩固扩大优势，带动特色发展。制定完善并推广实施一批中医优势病种诊疗方案和临床路径，逐步提高重大疑难疾病诊疗能力和疗效水平。加强中药药事管理，落实处方专项点评制度，促进合理使用中药。鼓励依托现有资源建设中医医疗技术中心，挖掘整理并推广应用安全有效的中医医疗技术。大力发展中医非药物疗法，充分发挥其在常见病、多发病和慢性病防治中的独特作用。加强护理人员中医药知识与技能培训，开展中医护理门诊试点。

强化特色康复能力。实施中医药康复服务能力提升工程。依托现有资源布局一批中医康复中心，二级以上中医医院加强康复（医学）科建设，康复医院全部设置传统康复治疗室，其他提供康复服务的医疗机构普遍能够提供中医药服务。探索有利于发挥中医药优势的康复服务模式。促进中医药、中华传统体育与现代康复技术融合，发展中国特色康复医学。针对心脑血管病、糖尿病、尘肺病等慢性病和伤残等，制定推广中医康复方案，推动研发中医康复器具。大力开展培训，推动中医康复技术进社区、进家庭、进机构。

专栏2　中医药服务"扬优强弱补短"建设

1. 国家中医优势专科建设。建设一批国家中医优势专科，强化设备配置，优化完善中医诊疗方案，提升中医临床疗效。
2. 地市级中医医院综合服务能力建设。推动地市级中医医院加强专科和中医综合治疗区建设，全面提升医院综合服务能力。
3. 基层中医药服务能力提升。推动县级中医医院加强特色优势专科建设，将县级中医医院建设成县域中医适宜技术推广中心。实施对口支援提升项目，提高被支援单位综合诊疗能力。加强三级中医医院对口帮扶国家乡村振兴重点帮扶县中医医院工作，推动30万人口以上国家乡村振兴重点帮扶县的中医医院达到二级甲等水平。开展国家中医医疗队巡回医疗。
4. 中医治未病服务能力建设。针对重点人群和重大疾病，制定并推广20个中医治未病干预方案。
5. 重点人群中医药健康促进项目。开展儿童青少年近视防治中医适宜技术试点，推广运用中医适宜技术干预儿童青少年近视。依托现有资源，推动省级老年人中医药健康中心建设，推广应用老年期常见疾病中医诊疗方案和技术。针对妇女围绝经期、孕育调养、产后康复、亚健康状态和儿童生长发育、脊柱侧弯、肥胖等，开展中医药适宜技术和方法试点。
6. 中医药康复服务能力提升工程。依托现有资源布局一批中医康复中心。加强中医医院康复（医学）科和康复医院中医科室建设。

2. 提升中医药参与新发突发传染病防治和公共卫生事件应急处置能力。

完善中医药参与应急管理的制度。在传染病防治法、突发公共卫生事件应对法等法律法规制修订中,研究纳入坚持中西医并重以及中西医结合、中西药并用、加强中医救治能力建设等相关内容,推动建立有效机制,促进中医药在新发突发传染病防治和公共卫生事件应急处置中发挥更大作用。

加强中医药应急救治能力建设。依托高水平三级甲等中医医院,建设覆盖所有省份的国家中医疫病防治基地,依托基地组建中医疫病防治队伍,提升中医紧急医学救援能力。三级公立中医医院和中西医结合医院(不含中医专科医院)全部设置发热门诊,加强感染性疾病、急诊、重症、呼吸、检验等相关科室建设,提升服务能力。

强化中医药应急救治支撑保障。加强中医药应急科研平台建设,合理布局生物安全三级水平实验室。加大国家中医药应对重大公共卫生事件和疫病防治骨干人才培养力度,形成人员充足、结构合理、动态调整的人才库,提高中医药公共卫生应急和重症救治能力。完善中药应急物资保障供应机制。

专栏3　少数民族医医院能力建设项目

1. 国家中医疫病防治基地建设。建设35个左右国家中医疫病防治基地,提升中医药应急服务能力。

2. 中医医院应急救治能力建设。推动三级中医医院提高感染性疾病科、呼吸科、重症医学科服务能力,建成生物安全二级以上水平实验室。二级中医医院设置感染性疾病科、急诊科、呼吸科等。开展人员培训,加强院感防控管理,按照要求配备管控人员,提升新发突发传染病防治和公共卫生事件应急处置能力。

---

3. 发展少数民族医药。加强少数民族医医疗机构建设,提高民族地区基层医疗卫生机构少数民族医药服务能力。改善少数民族医医院基础设施条件,加强少数民族医医院专科能力、制剂能力和信息化能力建设。建立符合少数民族医医疗机构自身特点和发展规律的绩效评价指标体系。加大少数民族医药防治重大疾病和优势病种研究力度,有效传承特色诊疗技术和方法。鼓励和扶持少数民族医药院校教育、师承教育和继续教育。加大对少数民族医药的传承保护

力度,持续开展少数民族医药文献抢救整理工作,推动理论创新和技术创新。

> **专栏4　少数民族医医院能力建设项目**
>
> 　　少数民族医医院能力建设。推动建设一批少数民族医重点专科,提高少数民族医医院制剂能力。推动地市级以上少数民族医医院信息化能力建设。在部分少数民族医医院开展以双语电子病历为核心的信息化能力建设。

4. 提高中西医结合水平。

推动综合医院中西医协同发展。在综合医院推广"有机制、有团队、有措施、有成效"的中西医结合医疗模式,将中医纳入多学科会诊体系,加强中西医协作和协同攻关,制定实施"宜中则中、宜西则西"的中西医结合诊疗方案。将中西医协同发展工作纳入医院评审和公立医院绩效考核。推动三级综合医院全部设置中医临床科室,设立中医门诊和中医病床。打造一批中西医协同"旗舰"医院、"旗舰"科室,开展重大疑难疾病、传染病、慢性病等中西医联合攻关。

加强中西医结合医院服务能力建设。建立符合中西医结合医院特点和规律的绩效评价指标体系,修订中西医结合医院工作指南。加强中西医结合医院业务用房等基础设施建设,强化设备配置。开展中西医结合学科和专科建设,促进中西医联合诊疗模式改革创新。

提升相关医疗机构中医药服务水平。引导专科医院、传染病医院、妇幼保健机构规范建设中医临床科室、中药房,普遍开展中医药服务,创新中医药服务模式,加强相关领域中医优势专科建设。优化妇幼中医药服务网络,提升妇女儿童中医药预防保健和疾病诊疗服务能力。

> **专栏5　中西医结合能力提升项目**
>
> 　　1. 中西医协同"旗舰"医院、"旗舰"科室建设。支持建设50个左右中西医协同"旗舰"医院,建设一批中西医协同"旗舰"科室,加强基础设施建设和设备配置。
> 　　2. 中西医临床协作能力建设。持续开展中西医临床协作,围绕重大疑难疾病、传染病和慢性病等进行中西医联合攻关,逐步建立中西医结合临床疗效评价标准、遴选形成优势病种目录,形成100个左右中西医结合诊疗方案或专家共识。

5. 优化中医医疗服务模式。完善以病人为中心的服务功能,优化服务流程和方式,总结推广中医综合诊疗模式、多专业一体化诊疗模式和集预防、治疗、康复于一体的全链条服务模式。推进智慧医疗、智慧服务、智慧管理"三位一体"的智慧中医医院建设。建设中医互联网医院,发展远程医疗和互联网诊疗。持续推进"互联网+医疗健康"、"五个一"服务行动。构建覆盖诊前、诊中、诊后的线上线下一体化中医医疗服务模式,让患者享有更加便捷、高效的中医药服务。

(三)建设高素质中医药人才队伍。

1. 深化中医药院校教育改革。深化医教协同,进一步推动中医药教育改革与高质量发展。建立以中医药课程为主线、先中后西的中医药类专业课程体系,优化专业设置、课程设置和教材组织,增设中医疫病课程,增加经典课程内容,开展中医药经典能力等级考试。强化中医思维培养,建立早跟师、早临床学习制度,将师承教育贯穿临床实践教学全过程。加大对省(部)局共建中医药院校改革发展的支持力度,推动建设100个左右中医药类一流本科专业建设点。加强中医临床教学能力建设,提升高校附属医院和中医医师规范化培训基地教学能力。实施卓越中医药师资培训计划。依托现有资源,支持建设一批中医药高水平高等职业学校和专业(群)。

2. 强化中医药特色人才队伍建设。实施中医药特色人才培养工程(岐黄工程)。打造岐黄学者品牌,持续开展岐黄学者培养、全国中医临床优秀人才研修等项目,做强领军人才、优秀人才、骨干人才梯次衔接的高层次人才队伍。建设一批高水平中医药重点学科。构建符合中医药特点的人才培养模式,发展中医药师承教育,建立高年资中医医师带徒制度,与职称评审、评优评先等挂钩,持续推进全国名老中医药专家传承工作室、全国基层名老中医药专家传承工作室建设。将综合医院、妇幼保健院等医疗机构中医药人才纳入各类中医药人才培养项目。按照"下得去、留得住、用得上"的要求,加强基层中医药人才队伍建设,根据需求合理确定中医专业农村订单定向免费培养医学生规模,在全科医生特岗计划中积极招收中医医师。推广中医药人员"县管乡用",探索推进轮岗制与职称评审相衔接。适当放宽长期服务基层的中医医师职称晋升条件,表彰奖励评优向基层一线和艰苦地区倾斜,引导中医药人才向基层流动。

3. 完善落实西医学习中医制度。开展九年制中西医结合教育试点。增加临床医学类专业中医药课程学时,将中医药课程列为本科临床医学类专业必修课和毕业实习内容,在临床类别医师资格考试中增加中医知识。落实允许攻读中医专业学位的临床医学类专业学生参加中西医结合医师资格考试和中医医师规范化培训的政策要求。在高职临床医学类专业中开设中医基础与适宜技术必修课程。临床、口腔、公共卫生类别医师接受必要的中医药继续教育,综合医院对临床医师开展中医药专业知识轮训,使其具备本科室专业领域的常规中医诊疗能力。加强中西医结合学科建设,培育一批中西医结合多学科交叉创新团队。实施西医学习中医人才专项,培养一批中西医结合人才。

专栏6　中医药特色人才培养工程(岐黄工程)

1. 高层次人才计划。

"国医大师"和"全国名中医"表彰奖励项目。表彰30名国医大师和100名全国名中医。

中医药领军人才支持项目。遴选50名岐黄学者和200名青年岐黄学者,遴选组建10个左右国家中医药多学科交叉创新团队和一批国家中医药传承创新团队。

中医药优秀人才研修项目。培养1200名中医临床、少数民族医药、西医学习中医等优秀人才。

中医药骨干人才培养项目。持续开展全国老中医药专家学术经验继承工作,遴选指导老师,培养一批继承人。为二级以上中医疗机构培养一批骨干师资及中药、护理、康复、管理等骨干人才。支持一批中医医师开展规范化培训。

综合医院中医药高层次人才支持项目。面向省级以上综合医院、妇幼保健院等医疗机构,开展西医学习中医高级人才培养和全国老中医药专家学术经验继承工作,建设一批传承工作室,培养一批中医药骨干人才。

2. 基层人才计划。

基层中医药人才培训项目。招录一定数量的中医专业农村订单定向免费培养医学生。支持一批中医类别全科医生开展规范化培训、转岗培训。支持一批中医医师开展中医助理全科医生培训。为中医馆培训一批骨干人才。

革命老区等中医药人才振兴项目。在革命老区、国家乡村振兴重点帮扶县等地区,加大中医专业农村订单定向免费培养医学生支持力度;支持建设一批全国基层名老中医药专家传承工作室。

3. 人才平台建设计划。

高水平中医药重点学科建设项目。重点建设一批中医基础类、经典类、疫病防治类、中药类和多学科交叉重点学科,加强学科内涵建设,培养一批学科团队和学科带头人。

中医临床教学基地能力建设。支持一批中医医师规范化培训基地加强培训能力建设,遴选若干个标准化规范化培训实践技能考核基地。

续表

传承工作室建设。新增建设一批国医大师、全国名中医及全国名老中医药专家传承工作室。新增建设一批全国基层名老中医药专家传承工作室，覆盖二级以上中医院。启动建设一批老药工传承工作室。

（四）建设高水平中医药传承保护与科技创新体系。

1. 加强中医药传承保护。实施中医药古籍文献和特色技术传承专项，编纂出版《中华医藏》，建立国家中医药古籍和传统知识数字图书馆。加强对名老中医学术经验、老药工传统技艺等的活态传承，支持中医学术流派发展。推动出台中医药传统知识保护条例，建立中医药传统知识数据库、保护名录和保护制度。

2. 加强重点领域攻关。在科技创新2030—重大项目、重点研发计划等国家科技计划中加大对中医药科技创新的支持力度。深化中医原创理论、中药作用机理等重大科学问题研究。开展中医药防治重大、难治、罕见疾病和新发突发传染病等诊疗规律与临床研究。加强中医药临床疗效评价研究。加强开展基于古代经典名方、名老中医经验方、有效成分或组分等的中药新药研发。支持儿童用中成药创新研发。推动设立中医药关键技术装备项目。

3. 建设高层次科技平台。依托现有资源，建设一批国家级中医药研究平台，研究布局全国重点实验室、国家临床医学研究中心、国家工程研究中心和国家技术创新中心；推进国家中医药传承创新中心、国家中医临床研究基地和中国中医药循证医学中心建设。发挥中国中医科学院"国家队"作用，实施中医药科技创新工程。

4. 促进科技成果转化。建设一批中医药科技成果孵化转化基地。支持中医医院与企业、科研机构、高等院校等加强协作、共享资源。鼓励高等院校、科研院所、医疗机构建立专业化技术转移机构，在成果转化收益分配、团队组建等方面赋予科研单位和科研人员更大自主权。

专栏7　国家中医药传承创新平台工程
1.培育和建设国家重大科技创新平台。 全国重点实验室。支持在中医理论、中药资源、中药创新、中医药疗效评价等重要领域方向建设多学科交叉融合的全国重点实验室或全国重点实验室培育基地。

国家临床医学研究中心。围绕心血管疾病、神经系统疾病、恶性肿瘤、代谢性疾病等重大慢性病,妇科、骨伤、免疫等优势病种,以及针灸、其他非药物疗法等特色疗法,建设一批中医类国家临床医学研究中心及其协同创新网络。

深化建设国家工程研究中心。对已建的中医药国家工程研究中心和国家工程实验室明确功能定位,优化运行,符合条件的纳入国家工程研究中心序列管理。围绕制约中医药发展的关键技术和核心装备,在中医药标准化、中医药临床疗效与安全性评价、中药质量控制等方向深化研究。

培育国家技术创新中心。围绕中药现代化重大共性技术突破、产品研发和成果转化应用示范,培育建设一批中医药国家技术创新中心。

2. 国家中医药传承创新中心。建设30个左右国家中医药传承创新中心。

3. 做大做强中国中医科学院专项工程。实施中国中医科学院中医药科技创新工程,做强一批在国内外有影响力的优势学科,加强科技创新平台建设,打造成为中医药科技创新核心基地和创新人才高地。

4. 国家中医药局重点实验室。优化整合国家中医药局重点研究室、三级实验室,建设一批国家中医药局重点实验室,形成相关领域关键科学问题研究链。

5. 中医药活态传承工程。开展当代名老中医药专家学术经验、技术方法和临证方药挖掘整理和应用推广。开展老药工鉴定、炮制、制药技术传承。开展民间中医药技术方法整理和利用。开展中医理论、技术、方法原态保护和存续。

6. 中医药科技研究项目。实施中医药现代化研究重点专项,开展中医药循证评价研究,推进中医药理论创新。开展经典名方类中药复方制剂研发、应用。推动设立中医药关键技术装备项目。

(五)推动中药产业高质量发展。

1. 加强中药资源保护与利用。支持珍稀濒危中药材人工繁育。公布实施中药材种子管理办法。制定中药材采收、产地加工、野生抚育及仿野生栽培技术规范和标准。完成第四次全国中药资源普查,建立全国中药资源共享数据集和实物库,并利用实物样本建立中药材质量数据库,编纂中国中药资源大典。

2. 加强道地药材生产管理。制定发布全国道地药材目录,构建中药材良种繁育体系。加强道地药材良种繁育基地和生产基地建设,鼓励利用山地、林地推行中药材生态种植,优化生产区域布局和产品结构,开展道地药材产地和品质快速检测技术研发,集成创新、示范推广一批以稳定提升中药材质量为目标的绿色生产技术和种植模式,制定技术规范,形成全国道地药材生产技术服务网络,加强对道地药材的地理标志保护,培育一批道地药材知名品牌。

3. 提升中药产业发展水平。健全中药材种植养殖、仓储、物流、初加工规范标准体系。鼓励中药材产业化、商品化和适度规模化发展,推进中药材规范化种植、养殖。鼓励创建以中药材为主的优势特色产业集群和以中药材为主导的农业产业强镇。制定实施全国中药饮片炮制规范,继续推进中药炮制技术传承基地建设,探索将具有独特炮制方法的中药饮片纳入中药品种保护范围。加强中药材第三方质量检测平台建设。研究推进中药材、中药饮片信息化追溯体系建设,强化多部门协同监管。加快中药制造业数字化、网络化、智能化建设,加强技术集成和工艺创新,提升中药装备制造水平,加速中药生产工艺、流程的标准化和现代化。

4. 加强中药安全监管。提升药品检验机构的中药质量评价能力,建立健全中药质量全链条安全监管机制,建设中药外源性有害残留物监测体系。加强中药饮片源头监管,严厉打击生产销售假劣中药饮片、中成药等违法违规行为。建立中成药监测、预警、应急、召回、撤市、淘汰的风险管理长效机制。加强中药说明书和标签管理,提升说明书临床使用指导效果。

专栏8 中药质量提升工程

1. 全国中药资源普查成果转化。完善全国中药资源普查数据库及中药资源动态监测数据,建设重点区域常态化管理机制。
2. 中药材种质资源保护和发展。支持国家药用植物种质资源库建设。加强道地药材良种繁育基地建设。
3. 中药材规范化种植提升行动。加快中药材品种培优、品质提升、品牌打造和标准化生产,集成推广中药材标准化种植模式。开展适宜品种林下种植示范研究,形成生态种植技术体系。建设一批道地药材标准化生产基地。
4. 中药智能制造提升行动。研发中药材种植、采收、产地加工装备,中药饮片自动化、智能化生产装备,以及中成药共性技术环节数字化、网络化生产装备,提高中药生产智能化水平。

(六)发展中医药健康服务业。

1. 促进和规范中医药养生保健服务发展。促进中医健康状态辨识与评估、咨询指导、健康干预、健康管理等服务规范开展。推广太极拳、八段锦等中医药养生保健方法和中华传统体育项目,推动形成体医结合的健康服务模式。鼓励中医医疗机构为中医养生保健机构提供技术支持,支持中医医师依照规定提供服务。

2. 发展中医药老年健康服务。强化中医药与养老服务衔接,推进中医药老年健康服务向农村、社区、家庭下沉。逐步在二级以上中医医院设置老年病科,增加老年病床数量,开展老年病、慢性病防治和康复护理。推动二级以上中医医院与养老机构合作共建,鼓励有条件的中医医院开展社区和居家中医药老年健康服务。鼓励中医医师加入老年医学科工作团队和家庭医生签约团队,鼓励中医医师在养老机构提供保健咨询和调理服务。推动养老机构开展中医特色老年健康管理服务。在全国医养结合示范项目中培育一批具有中医药特色的医养结合示范机构,在医养结合机构推广中医药适宜技术。

3. 拓展中医药健康旅游市场。鼓励地方结合本地区中医药资源特色,开发更多体验性强、参与度高的中医药健康旅游线路和旅游产品,吸引境内外消费者。完善中医药健康旅游相关标准体系,推动中医药健康旅游高质量发展。

4. 丰富中医药健康产品供给。以保健食品、特殊医学用途配方食品、功能性化妆品、日化产品为重点,研发中医药健康产品。鼓励围绕中医养生保健、诊疗与康复,研制便于操作、适于家庭的健康检测、监测产品及自我保健、功能康复等器械。

(七)推动中医药文化繁荣发展。

1. 加强中医药文化研究和传播。深入挖掘中医药精华精髓,阐释中医药文化与中华优秀传统文化的内在联系。加强中医药学与相关领域协同创新研究。实施中医药文化传播行动,推动建设体验场馆,培育传播平台,丰富中医药文化产品和服务供给。推动中医药文化贯穿国民教育始终,进一步丰富中医药文化教育。加强中医药机构文化建设。加大对传统医药类非物质文化遗产代表性项目的保护传承力度。加强中医药科普专家队伍建设,推动中医医疗机构开展健康讲座等科普活动。建设中医药健康文化知识角。开展公民中医药健康文化素养水平监测。

2. 发展中医药博物馆事业。开展国家中医药博物馆基本建设,建成国家中医药数字博物馆。促进中医药博物馆体系建设,强化各级各类中医药博物馆收藏研究、社会教育、展览策划和文化服务功能,加强数字化建设,组织内容丰富的中医药专题展览。

3. 做大中医药文化产业。鼓励引导社会力量通过各种方式发展中医药文化产业。实施中医药文化精品行动,引导创作一批质量高、社会影响力大的中医药文化精品和创意产品。促进中医药与动漫游戏、旅游餐饮、体育演艺等融合发展。培育一批知名品牌和企业。

> **专栏9　中医药文化弘扬工程及博物馆建设**
>
> 1. 中医药文化研究阐释。深入挖掘中医药精华精髓，做好研究阐释。编写若干种针对不同受众的中医药文化读物。
> 2. 中医药文化传播行动。广泛开展群众性中医药文化活动。充分依托地方现有资源，推动一批中医药文化体验场馆、中医药文化宣传教育基地达到国家级建设标准。推动开展中医药文化教育活动。持续开展公民中医药健康文化素养水平监测。
> 3. 中医药文化精品行动。扶持创作一批中医药文学、影视和网络视听优秀作品，支持制作一批中医药新媒体产品。
> 4. 国家中医药博物馆建设。开展国家中医药博物馆基本建设，打造中医药文化重要高地。建成国家中医数字博物馆，建立中医药资源藏品信息数据库。开展各级中医药博物馆能力建设。
> 5. 中医药科普项目。推出一批中医药科普节目、栏目、读物及产品。建设中医药健康文化知识角。加强中医药文化科普巡讲专家队伍建设。推广中医药传统保健体育运动，举办全国中医药院校传统保健体育运动会。

（八）加快中医药开放发展。

1. 助力构建人类卫生健康共同体。积极参与全球卫生健康治理，推进中医药参与新冠肺炎等重大传染病防控国际合作，分享中医药防控疫情经验。在夯实传播应用基础上，推进中医药高质量融入"一带一路"建设，实施中医药国际合作专项，推动社会力量提升中医药海外中心、中医药国际合作基地建设质量，依托现有机构建设传统医学领域的国际临床试验注册平台。指导和鼓励社会资本设立中医药"一带一路"发展基金。推进在相关国家实施青蒿素控制疟疾项目。

2. 深化中医药交流合作。巩固拓展与有关国家的政府间中医药合作，加强相关政策法规、人员资质、产品注册、市场准入、质量监管等方面的交流。鼓励和支持有关中医药机构和团体以多种形式开展产学研用国际交流与合作。促进中医药文化海外传播与技术国际推广相结合。鼓励和支持社会力量采用市场化方式，与有合作潜力和意愿的国家共同建设一批友好中医医院、中医药产业园。加强与港澳台地区的中医药交流合作，建设粤港澳大湾区中医药高地，打造高水平中医医院、中医优势专科、人才培养基地和科技创新平台。

3. 扩大中医药国际贸易。大力发展中医药服务贸易,高质量建设国家中医药服务出口基地。推动中医药海外本土化发展,促进产业协作和国际贸易。鼓励发展"互联网+中医药贸易"。逐步完善中医药"走出去"相关措施,开展中医药海外市场政策研究,助力中医药企业"走出去"。推动中药类产品海外注册和应用。

专栏10　中医药开放发展工程

1. 中医药国际抗疫合作计划。组织中医药国际抗疫学术交流活动,举办中医药防控重大传染病等培训班,组建中医药国际抗疫合作专家团队,完善中医药国际疫情防控线上指导平台。
2. 中医药开放发展平台建设。在共建"一带一路"国家的重要节点城市,鼓励社会力量持续建设一批高质量中医药海外中心。依托国内中医药机构,拓展建设一批高质量中医药国际合作基地。鼓励和支持社会力量采用市场化方式,与有合作潜力和意愿的国家共同建设一批友好中医医院、中医药产业园。
3. 中医药国际影响力提升计划。扩大中医药学术期刊的国际影响力。在跨国科研合作计划中加大中医药参与力度。
4. 中医药国际贸易促进计划。高质量建设国家中医药服务出口基地,努力形成一批中医药服务知名品牌。建设中医药服务贸易统计体系。
5. 粤港澳大湾区中医药高地建设工程。支持粤港澳大湾区建设成为国际中医医疗先行区,建成多学科融合的科研平台,建立中医药人才协同培养机制。支持建设香港中医医院、粤澳合作中医药科技产业园,推进中医药产品创新研发。

(九)深化中医药领域改革。

1. 建立符合中医药特点的评价体系。建立完善科学合理的中医医疗机构、特色人才、临床疗效、科研成果等评价体系。健全公立中医医院绩效考核机制,常态化开展三级和二级公立中医医院绩效考核工作。完善各类中医临床教学基地标准和准入制度。建立完善符合中医药特点的人才评价体系,强化中医思维与临床能力考核,将会看病、看好病作为中医医师的主要评价内容。研究建立中医药人才表彰奖励制度。研究优化中医临床疗效评价体系,探索制定符合中医药规律的评价指标。通过同行评议、引进第三方评估等方式,完善有利于中医药创新的科研评价机制。

2. 健全现代医院管理制度。建立体现中医医院特点的现代医院管理制度,落实党委领导下的院长负责制,推动公立中医医院发展方式从规模扩张转向提质增效和中医内涵式特色发展,运行模式从粗放管理转向精细化管理,资源配置从注重物质要素转向更加注重人才技术要素。推进公立中医医院人事管理制度和薪酬分配制度改革,落实"两个允许"要求。落实公立中医医院总会计师制度。建立完善中医医疗质量管理与控制体系,推进中医病案质量控制中心和中药药事管理质控中心建设。完善中医医院院感防控体系。构建和谐医患关系,改善中医医务人员工作环境和条件,在全社会营造尊重中医的良好氛围。

3. 完善中医药价格和医保政策。建立以临床价值和技术劳务价值为主要依据、体现中医药特点的中医医疗服务卫生技术评估体系,优化中医医疗服务价格政策。在医疗服务价格动态调整中重点考虑中医医疗服务项目。医疗机构炮制使用的中药饮片、中药制剂实行自主定价,符合条件的按程序纳入基本医疗保险支付范围。改善市场竞争环境,引导形成以质量为导向的中药饮片市场价格机制。将符合条件的中医医疗服务项目和中药按程序纳入基本医疗保险支付范围。探索符合中医药特点的医保支付方式,遴选和发布中医优势病种,鼓励实行中西医同病同效同价。一般中医诊疗项目可继续按项目付费。继续深化中医药参与按床日付费、按人头付费等研究。支持保险公司、中医药机构合作开展健康管理服务,鼓励商业保险机构开发中医治未病等保险产品。

4. 改革完善中药注册管理。优化中药临床证据体系,建立中医药理论、人用经验和临床试验"三结合"的中药注册审评证据体系,积极探索建立中药真实世界研究证据体系。探索中药饮片备案、审批管理,优化医疗机构中药制剂注册管理。推进古代经典名方目录制定发布,加快收载方剂的关键信息考证。

5. 推进中医药领域综合改革。建设10个左右国家中医药综合改革示范区,鼓励在服务模式、产业发展、质量监管等方面先行先试,打造中医药事业和产业高质量发展高地。开展全国基层中医药工作示范市(县)创建工作。开展医疗、医保、医药联动促进中医药传承创新发展试点,发扬基层首创精神,完善更好发挥中医药特色优势的医改政策。

(十)强化中医药发展支撑保障。

1. 提升中医药信息化水平。依托现有资源持续推进国家和省级中医药数据中心建设。优化升级中医馆健康信息平台,扩大联通范围。落实医院信息化建设标准与规范要求，推进中医医院及中医馆健康信息平台规范接入全民健康信息平台。加强关键信息基础设施、数据应用服务的安全防护，增强自主可控技术应用。开展电子病历系统应用水平分级评价和医院信息互联互通标准化成熟度测评。鼓励中医辨证论治智能辅助诊疗系统等具有中医药特色的信息系统研发应用。

2. 建立国家中医药综合统计制度。逐步完善统计直报体系，建立与卫生健康统计信息共享机制。加强综合统计人才队伍建设，构建统一规范的国家中医药数据标准和资源目录体系，建设国家、省级中医药综合统计信息平台，建立统计数据定期发布机制，稳步推动数据资源共享开放。

3. 加强中医药法治建设。深入推进中医药法贯彻实施，完善中医药法相关配套制度。推动制修订相关法律法规和规章，加强对地方性法规建设的指导。进一步推进全国人大常委会中医药法执法检查报告及审议意见落实工作。建立不良执业记录制度，将提供中医药健康服务的机构及其人员诚信经营和执业情况依法依规纳入全国信用信息共享平台。强化中医药监督执法工作，健全长效机制，落实执法责任，加强人员培训，完善监督执法规范，全面提高中医药监督能力和水平。

4. 深化中医药军民融合发展。加强军地双方在中医药学科建设、科技创新、人才培养等方面的合作，完善工作机制和政策措施，畅通信息交流渠道，加快军事中医药学科全面建设与发展，提高军队中医药整体保障水平。

专栏11　中医药支撑保障建设

1. 基层中医药信息化能力提升项目。推动中医馆健康信息平台升级改造，扩大中医馆联通范围。以县级中医医院为重点，提升基层中医医疗机构信息化水平。

2. 中医药综合统计体系建设。依托现有机构建设国家、省级中医药综合统计平台，构建统一规范的国家中医药数据标准和资源目录体系，加强人才队伍建设，构建中医药综合统计体系。

3. 新兴信息技术与中医药结合应用研究项目。支持中医医院应用人工智能、大数据、第五代移动通信（5G）、区块链、物联网等新兴信息技术，推动中医辨证论治智能辅助诊疗系统、名老中医经验传承系统等临床应用。

4. 中医药监督能力建设。开展虚假违法中医医疗广告监测，建立健全会商机制，提高有关突发事件处置能力。加强人员培训，提高专业水平和业务能力。

四、强化组织实施

（一）加强组织领导。强化国务院中医药工作部际联席会议办公室统筹职能，加强工作协调，及时研究和推动解决中医药发展重要问题。各省（自治区、直辖市）要完善中医药工作跨部门协调机制，支持和促进中医药发展，推动将中医药相关工作纳入政府绩效考核。建立健全省、市、县级中医药管理体系，合理配置人员力量。

（二）强化投入保障。各级政府通过现有资金渠道积极支持中医药发展，落实对公立中医医院的办医主体责任。支持通过地方政府专项债券等渠道，推进符合条件的公立中医医院建设项目。引导社会投入，打造中医药健康服务高地和学科、产业集聚区。鼓励金融机构依法依规为符合条件的中医药领域项目提供金融支持，进一步完善中医药发展多元化投入机制。

（三）健全实施机制。加强国家和省（自治区、直辖市）两级规划衔接。强化规划编制实施的制度保障，建立监测评估机制，监测重点任务、重大项目、重大改革举措的执行情况，进行中期、末期评估，及时发现并解决重要问题，确保本规划顺利实施。

（四）注重宣传引导。做好政策解读和培训，加强正面宣传和科学引导，大力宣传中医药传承创新发展成效，及时回应群众关切，营造良好社会氛围。及时总结提炼地方好的做法和经验，加强典型报道，发挥示范引领作用。充分发挥各方面积极作用，形成全社会共同关心和支持中医药发展的良好格局。

国务院办公厅关于印发"十四五"国民健康规划的通知

（2022年4月27日　国办发〔2022〕11号）

《"十四五"国民健康规划》已经国务院同意，现印发给你们，请认真贯彻执行。

"十四五"国民健康规划

为全面推进健康中国建设,根据《中华人民共和国国民经济和社会发展第十四个五年规划和2035年远景目标纲要》、《"健康中国2030"规划纲要》,编制本规划。

一、规划背景

"十三五"时期,以习近平同志为核心的党中央把保障人民健康放在优先发展的战略位置,作出实施健康中国战略的决策部署。党中央、国务院召开全国卫生与健康大会,印发《"健康中国2030"规划纲要》。国务院印发《关于实施健康中国行动的意见》。各地各有关部门认真贯彻落实,扎实推进健康中国建设,启动实施健康中国行动,深入开展爱国卫生运动,持续完善国民健康政策。重大疾病防治成效显著,居民健康素养水平从10.25%提高到23.15%,人均基本公共卫生服务经费补助标准提高到74元,多数疫苗可预防传染病发病率降至历史最低水平,重大慢性病过早死亡率呈现下降趋势。重点人群健康服务不断完善,危重孕产妇和新生儿救治转运体系基本建立,儿童青少年近视监测和干预持续加强,老年健康与医养结合服务列入基本公共卫生服务。医药卫生体制改革深入推进,公立医院综合改革全面推开,药品和医用耗材加成全部取消,二级以上公立医院绩效考核全面实施;职工基本医疗保险、城乡居民基本医疗保险政策范围内住院费用支付比例分别稳定在80%和70%左右;基本药物数量从520种增加到685种,药品集中带量采购改革形成常态化机制,国家集中采购中选药品价格平均下降53%;医疗卫生服务体系不断完善,分级诊疗制度建设有序推进;社会办医稳步发展,健康产业规模显著扩大。健康扶贫任务全面完成,832个脱贫县县级医院服务能力全面提升,远程医疗服务覆盖全部脱贫县并向乡镇卫生院延伸,历史性消除脱贫地区乡村医疗卫生机构和人员"空白点";大病专项救治病种扩大到30种,高血压等4种慢性病患者优先纳入家庭医生签约服务,2000多万贫困患者得到分类救治,近1000万因病致贫返贫户成功脱贫,基本医疗有保障全面实现。中医药服务体系持续完善,独特优势日益彰显。

经过努力,人民健康水平不断提高。2015年至2020年,人均预期寿命从76.34岁提高到77.93岁,婴儿死亡率从8.1‰降至5.4‰,5岁以下儿童死亡率从10.7‰降至7.5‰,孕产妇死亡率从20.1/10万降至16.9/10万,主要健康指标居于中高收入国家前列,个人卫生支出占卫生总费用的比重下降到27.7%。同时也应看到,我国仍面临多重疾病威胁并存、多种健康影响因素交织的复杂局面。全球新冠肺炎疫情仍处于大流行状态,新发突发传染病风险持续存在,一些已经控制或消除的传染病面临再流行风险。慢性病发病率上升且呈年轻化趋势,患有常见精神障碍和心理行为问题人数逐年增多,食品安全、环境卫生、职业健康等问题仍较突出。同时,人口老龄化进程加快,康复、护理等需求迅速增长。优生优育、婴幼儿照护服务供给亟待加强。需要加快完善国民健康政策,持续推进健康中国建设,不断满足人民群众日益增长的健康需求。

二、总体要求

(一)指导思想。坚持以习近平新时代中国特色社会主义思想为指导,全面贯彻党的十九大和十九届历次全会精神,统筹推进"五位一体"总体布局,协调推进"四个全面"战略布局,认真落实党中央、国务院决策部署,坚持稳中求进工作总基调,立足新发展阶段,完整、准确、全面贯彻新发展理念,构建新发展格局,把人民群众生命安全和身体健康放在第一位,贯彻新时代党的卫生健康工作方针,全面推进健康中国建设,实施积极应对人口老龄化国家战略,加快实施健康中国行动,深化医药卫生体制改革,持续推动发展方式从以治病为中心转变为以人民健康为中心,为群众提供全方位全周期健康服务,不断提高人民健康水平。

(二)基本原则。

健康优先,共建共享。加快构建保障人民健康优先发展的制度体系,推动把健康融入所有政策,形成有利于健康的生活方式、生产方式,完善政府、社会、个人共同行动的体制机制,形成共建共治共享格局。

预防为主,强化基层。把预防摆在更加突出的位置,聚焦重大疾病、主要健康危险因素和重点人群健康,强化防治结合和医防融合。坚持以基层为重点,推动资源下沉,密切上下协作,提高基层防病治病和健康管理能力。

提高质量,促进均衡。把提高卫生健康服务供给质量作为重点,加快优质医疗卫生资源扩容和区域均衡布局,不断提升基本医疗卫生服务公平性和可及性,缩小城乡、区域、人群之间资源配置、服务能力和健康水平差异。

改革创新,系统整合。坚持基本医疗卫生事业公益性,破除重点领域关键环节体制机制障碍。统筹发展和安全,提高重大风险防范处置能力。统筹预防、诊疗、康复,优化生命全周期、健康全过程服务。发挥中医药独特优势,促进中西医相互补充、协调发展。

(三)发展目标。到2025年,卫生健康体系更加完善,中国特色基本医疗卫生制度逐步健全,重大疫情和突发公共卫生事件防控应对能力显著提升,中医药独特优势进一步发挥,健康科技创新能力明显增强,人均预期寿命在2020年基础上继续提高1岁左右,人均健康预期寿命同比例提高。

——公共卫生服务能力显著增强。基本建成能有效应对重大疫情和突发公共卫生事件、适应国家公共卫生安全形势需要的强大公共卫生体系,早期监测、智能预警、快速反应、高效处置、综合救治能力显著提升。

——一批重大疾病危害得到控制和消除。艾滋病疫情继续控制在低流行水平,结核病发病率进一步降低,寄生虫病、重点地方病和人畜共患病危害持续得到控制和消除,重大慢性病发病率上升趋势得到遏制,心理相关疾病发生的上升趋势减缓,严重精神障碍、职业病得到有效控制。

——医疗卫生服务质量持续改善。基层医疗卫生服务能力不断提升,全方位全周期健康服务体系逐步健全,分级诊疗格局逐步构建,中医药特色优势进一步彰显。

——医疗卫生相关支撑能力和健康产业发展水平不断提升。适应行业特点的医学教育和人才培养体系逐步健全,卫生健康科技创新能力进一步增强,卫生健康信息化建设加快推进,健康服务、医药制造等健康产业持续发展。

——国民健康政策体系进一步健全。卫生健康法律法规体系更加完善,医药卫生体制改革持续深化,保障人民健康优先发展的制度体系和健康影响评价评估制度逐步建立,卫生健康治理能力和治理水平进一步提升。

主要发展指标

领域	主要指标	2020年	2025年	性质
健康水平	人均预期寿命(岁)	77.93	提高1岁	预期性
	人均健康预期寿命(岁)	—	同比例提高	预期性
	孕产妇死亡率(1/10万)	16.9	≤14.5	预期性
	婴儿死亡率(‰)	5.4	≤5.2	预期性
	5岁以下儿童死亡率(‰)	7.5	≤6.6	预期性
	重大慢性病过早死亡率(%)	16.0	≤15.0	预期性
健康生活	居民健康素养水平(%)	23.15	25.0	预期性
	经常参加体育锻炼人数比例(%)	37.2	38.5	预期性
	15岁以上人群吸烟率(%)	25.8	23.3	预期性
健康服务	孕产妇系统管理率和3岁以下儿童系统管理率(%)	>85	>85	预期性
	以乡(镇、街道)为单位适龄儿童免疫规划疫苗接种率(%)	>90	>90	约束性
	严重精神障碍管理率(%)	87	≥90	约束性
健康服务	全国儿童青少年总体近视率(%)	52.7	力争每年降低0.5个百分点以上	约束性
	设置中医临床科室的二级以上公立综合医院比例(%)	86.75	90	预期性
健康保障	个人卫生支出占卫生总费用的比重(%)	27.7	27	约束性
	职工基本医疗保险政策范围内住院费用基金支付比例(%)	85.2	保持稳定	预期性
	城乡居民基本医疗保险政策范围内住院费用基金支付比例(%)	70	保持稳定	预期性

续表

领 域	主 要 指 标	2020年	2025年	性 质
健康环境	地级及以上城市空气质量优良天数比率（%）	87	87.50	约束性
	地表水达到或好于Ⅲ类水体比例（%）	83.4	85	约束性
	国家卫生城市占比（%）	57.5	持续提升	预期性
健康产业	健康服务业总规模（万亿元）	—	>11.5	预期性

展望2035年,建立与基本实现社会主义现代化相适应的卫生健康体系,中国特色基本医疗卫生制度更加完善,人均预期寿命达到80岁以上,人均健康预期寿命逐步提高。

三、织牢公共卫生防护网

(一)提高疾病预防控制能力。明确各级疾病预防控制机构职责定位,强化疾病预防控制体系军民融合、防治结合、全社会协同,强化上级疾病预防控制机构对下级机构的业务领导和工作协同,强化医疗机构公共卫生责任。落实城乡基层医疗卫生机构疾病预防控制、公共卫生管理服务职责,完善疾病预防控制部门与城乡社区联动机制,夯实联防联控、群防群控的基础。创新医防协同机制,加强疾病预防控制机构对医疗机构疾病预防控制工作的技术指导和监督考核,建立完善人员通、信息通、资源通和监督监管相互制约的机制。探索推进疾病预防控制机构专业人员参与医疗联合体工作,推动县级疾病预防控制机构与县域医共体协同发展。持续完善国家基本公共卫生服务项目和重大传染病防控等项目,优化服务内涵,提高服务质量,实行科学动态调整,做到有进有出,提高防治结合和健康管理服务水平,推进基本公共卫生服务均等化。

(二)完善监测预警机制。完善传染病疫情和突发公共卫生事件监测系统,改进不明原因疾病和异常健康事件监测机制,强化公共卫生信息系统与医疗机构信息系统对接协同。充分发挥国家监测预警信息平台作用,探索建立跨区域疫情监测站点,实现不明原因传染病疫情和突发公共卫生事件实时分析、集中研判、及时报告。研究建立完善新发未知传染病多点触发预警机制,依托公共卫生、动物疫病、口岸检疫、食品安全、生态环境等系统拓展信息报告渠道,打通科研院所和第三方检测机构报告渠道,开通社会公众主动报告渠道。压实信息报告责任,明确传染病疫情和突发公共卫生事件的报告内容、程序、方式和时限等具体要求。健全风险评估方法和制度,提高监测分析、综合评价和潜在隐患早期识别能力。

(三)健全应急响应和处置机制。发挥集中统一高效的应急指挥体系作用,完善体制机制,实现监测预警、发现报告、风险评估、信息发布、应急处置和医疗救治等环节职责清晰、无缝对接,确保指令清晰、系统有序、条块畅达、执行有力。构建分层分类、高效实用的应急预案体系。完善传染病疫情和突发公共卫生事件分级应急响应机制,规范决策主体和处置原则,明确相关部门及机构的职责分工和工作机制。提升医务人员早期识别和应急处置水平,完善首诊负责、联合会诊等制度和处置流程,提高各级各类医疗卫生机构规范化处置能力。完善重大疫情医疗废物应急处置机制。依托大型综合医院,建立健全分级分类的卫生应急队伍,提高紧急医学救援能力。建立重大传染病疫情和突发事件国家救援力量整体调动与支援机制。

(四)提高重大疫情救治能力。全面提高二级以上综合医院(含中医医院,下同)感染性疾病科和发热门诊、留观室服务能力,全面提升急诊、重症、呼吸、检验、麻醉、消化、心血管、护理、康复等专科服务能力。提高医疗卫生机构实验室检测能力。依托高水平医疗卫生机构,发挥国家重大传染病防治基地作用,提高辐射带动能力。提高中医疫病防治能力。进一步完善地市级传染病救治网络,提高县级医院传染病检测和诊治能力。强化基层医疗卫生机构传染病防控能力。提升边境地区执法执勤力量科学应对重大疫情能力。加强医疗机构应急物资配置,鼓励企业、机关单位和居民参与储备,建立健全应急物资调配协同联动机制。

专栏1　构建强大公共卫生体系项目

国家基本公共卫生服务项目:优化服务内涵,提高服务质量。
重大疫情防控救治能力提升:提升监测预警能力、实验室检测能力、应急响应和处置能力、紧急医学救援能力、传染病救治能力、边境地区疫情防控救治能力。

四、全方位干预健康问题和影响因素

(一)普及健康生活方式。

加强健康促进与教育。完善国家健康科普专家库和资源库,构建全媒体健康科普知识发布和传播机制,鼓励医疗机构和医务人员开展健康促进与健康教育。深入开展健康知识宣传普及,提升居民健康素养。开展健康县区建设,国家和省级健康县区比例不低于40%。进一步推进健康促进医院建设,二级以上医院中健康促进医院比例不低于50%。持续推进中小学健康促进专项行动,深化学校健康教育改革,切实保证学校健康教育时间,提升健康教育教学效果。

推行健康生活方式。全面实施全民健康生活方式行动,推进"三减三健"(减盐、减油、减糖,健康口腔、健康体重、健康骨骼)等专项行动。实施国民营养计划和合理膳食行动,倡导树立珍惜食物的意识和养成平衡膳食的习惯,推进食品营养标准体系建设,健全居民营养监测制度,强化重点区域、重点人群营养干预。开展控烟行动,大力推进无烟环境建设,持续推进控烟立法,综合运用价格、税收、法律等手段提高控烟成效,强化戒烟服务。加强限酒健康教育,控制酒精过度使用,减少酗酒。

开展全民健身运动。深化体卫融合,举办全民健身主题示范活动,倡导主动健康理念,普及运动促进健康知识。构建更高水平的全民健身公共服务体系,推进公共体育场馆和学校体育场馆开放共享,提高健身步道等便民健身场所覆盖面。保障学校体育课和课外锻炼时间。落实国民体质监测制度,推动国民体质监测站点与医疗卫生机构合作,在有条件的社区医疗卫生机构设立科学健身门诊。针对特殊人群开展体育健身指导,加强非医疗健康干预,建立完善运动处方库,推进处方应用。

(二)加强传染病、寄生虫病和地方病防控。

做好重点传染病防控。做好新冠肺炎疫情防控,完善落实常态化防控措施,巩固疫情防控成果。坚持多病共防,进一步加强流感、登革热等重点传染病监测和分析研判,统筹做好人感染禽流感、埃博拉出血热等新发突发传染病防控,有效防控霍乱、手足口病、麻疹等重点传染病疫情。强化鼠疫自然疫源地、重点地区和疫源不明地区动物间鼠疫的监测、疫源性调查、风险评估和及时处置,加强区域鼠疫联防联控。继续将艾滋病疫情控制在低流行水平,突出重点地区、重点人群和重点环节,有效落实宣传教育、综合干预、检测咨询、治疗随访、综合治理等防治措施。全面实施病毒性肝炎防治措施,开展消除丙肝公共卫生危害行动。全面落实结核病防治策略,加强肺结核患者发现和规范化诊疗,实施耐药高危人群筛查,强化基层医疗卫生机构结核病患者健康管理,加大肺结核患者保障力度。实施以传染源控制为主的狂犬病、布病等人畜共患病综合治理,加大动物源头防控力度。

强化疫苗预防接种。加强疫苗可预防传染病监测。稳妥有序做好新冠病毒疫苗接种工作,加强全流程管理,确保接种安全,逐步提高人群接种率。做好流感疫苗供应保障,推动重点人群流感疫苗接种。根据需要适时调整国家免疫规划疫苗种类。加强免疫规划冷链系统管理,提升追溯能力。加大疑似预防接种异常反应监测力度。

巩固重点寄生虫病、地方病防治成果。在血吸虫病流行区坚持以控制传染源为主的综合防治策略,加强黑热病等虫媒传染病防控,实施包虫病综合防治策略,持续保持消除疟疾状态。完善地方病防控策略,确保持续消除碘缺乏危害,保持基本消除燃煤污染型氟砷中毒、大骨节病和克山病危害,有效控制饮水型氟砷中毒、饮茶型地氟病和水源性高碘危害。

(三)强化慢性病综合防控和伤害预防干预。

实施慢性病综合防控策略。加强国家慢性病综合防控示范区建设,到2025年覆盖率达到20%。提高心脑血管疾病、癌症、慢性呼吸系统疾病、糖尿病等重大慢性病综合防治能力,强化预防、早期筛查和综合干预,逐步将符合条件的慢性病早诊早治适宜技术按规定纳入诊疗常规。针对35岁以上门诊首诊患者,积极推进二级以下医院和基层医疗卫生机构开展血压普查工作。在医院就诊人群中开展心脑血管疾病机会性筛查。推进机关、企事业单位、公共场所设置免费自助血压检测点,引导群众定期检测。推进"三高"(高血压、高血糖、高血脂)共管,高血压、Ⅱ型糖尿病患者基层规范管理服务率达到65%以上。将肺功能检查纳入40岁以上人群常规体检,推行高危人群首诊测量肺功能,提升呼吸系统疾病早期筛查和干预能力。多渠道扩大癌症早诊早治覆盖范围,指导各地结合实际普遍开展重点癌症机会性筛查。以龋病、牙周病等口腔常见病防治为重点,加强口腔健康工作,12岁儿童龋患率控制在30%以内。强化死因监测、肿瘤随访登记和慢性病与营养监测体系建设,探索建立健康危险因素监测评估制度。逐步建立完善慢性病健康管理制度和管理体系,推动防、治、康、管整体融合发展。

加强伤害预防干预。完善全国伤害监测体系,拓展儿童伤害监测,开发重点伤害干预技术标准和指南。实施交通安全生命防护工程,减少交通伤害事件的发生。加强儿童和老年人伤害预防和干预,减少儿童溺水和老年人意外跌倒。完善产品伤害监测体系,建立健全消费品质量安全事故强制报告制度,加强召回管理,减少消费品安全伤害。

(四)完善心理健康和精神卫生服务。

促进心理健康。健全社会心理健康服务体系,加强心理援助热线的建设与宣传,为公众提供公益服务。加强抑郁症、焦虑障碍、睡眠障碍、儿童心理行为发育异常、老年痴呆等常见精神障碍和心理行为问题干预。完善心理危机干预机制,将心理危机干预和心理援助纳入突发事件应急预案。

提高精神卫生服务能力。推广精神卫生综合管理机制,完善严重精神障碍患者多渠道管理服务。按规定做好严重精神障碍患者等重点人群救治救助综合保障。提高常见精神障碍规范化诊疗能力,鼓励上级精神卫生专业机构为县(市、区、旗)、乡镇(街道)开展远程服务。建立精神卫生医疗机构、社区康复机构及社会组织、家庭相衔接的精神障碍社区康复服务模式。

(五)维护环境健康与食品药品安全。

加强环境健康管理。深入开展污染防治行动,基本消除重污染天气,完善水污染防治流域协同机制,基本消除劣Ⅴ类国控断面和城市黑臭水体。加强噪声污染治理,全国声环境功能区夜间达标率达到85%。加强噪声对心脑血管、心理等疾病的健康风险研究。加强餐饮油烟治理。持续推进北方地区城市清洁取暖,加强农村生活和冬季取暖散煤替代。开展新污染物健康危害识别和风险评估。强化公共场所及室内环境健康风险评价。完善环境健康风险评估技术方法、监测体系和标准体系,逐步建立国家环境与健康监测、调查和风险评估制度。探索建立重大工程、重大项目健康影响评估技术体系。开展药品环境风险评估制度研究。加强医疗机构内部废弃物源头分类和管理，加快建设地级及以上城市医疗废弃物集中处置设施。加强排放物中粪大肠菌群、肠道病毒等指标监测。提升居民环境与健康素养，构建各方积极参与、协作共建健康环境的格局。

强化食品安全标准与风险监测评估。完善食品安全风险监测与评估工作体系和食品安全技术支持体系，提高食品安全标准和风险监测评估能力。实施风险评估和标准制定专项行动，加快制修订食品安全国家标准，基本建成涵盖从农田到餐桌全过程的最严谨食品安全标准体系，提高食品污染物风险识别能力。全面提升食源性疾病调查溯源能力。

保障药品质量安全。完善国家药品标准体系，推进仿制药质量和疗效一致性评价。建立符合中药特点的质量和疗效评价体系。构建药品和疫苗全生命周期质量管理机制，推动信息化追溯体系建设，实现重点类别来源可溯、去向可追。稳步实施医疗器械唯一标识制度。

（六）深入开展爱国卫生运动。

全面推进卫生城镇和健康城镇建设。深入推进国家卫生城镇创建，优化评审流程，引导推进全域创建和城乡均衡发展。总结推广健康城市试点的有效经验，打造一批健康城市样板，创造健康支持性环境。广泛开展健康县区、健康乡镇和健康细胞（健康村、健康社区、健康企业、健康机关、健康学校、健康促进医院、健康家庭等）建设，培育一批健康细胞建设特色样板。

改善城乡环境卫生。完善城乡环境卫生治理长效机制，提高基础设施现代化水平，统筹推进城乡环境卫生整治。加强城市垃圾和污水处理设施建设，推进城市生活垃圾分类和资源回收利用。推行县域生活垃圾和污水统筹治理，持续开展村庄清洁行动，建立健全农村村庄保洁机制和垃圾收运处置体系，选择符合农村实际的生活污水处理技术，推进农村有机废弃物资源化利用。加快研发干旱寒冷地区卫生厕所适用技术和产品，加强中西部地区农村户用厕所改造，加强厕所粪污无害化处理和资源化利用，务实推进农村厕所革命。实施农村供水保障工程。推进农贸市场标准化建设。强化以环境治理为主、以专业防制为辅的病媒生物防制工作。

创新社会动员机制。推动爱国卫生运动与传染病、慢性病防控等紧密结合,通过爱国卫生月等活动,加大科普力度,倡导文明健康、绿色环保的生活方式。制止餐饮浪费行为,坚决革除滥食野生动物等陋习,推广分餐公筷、垃圾分类投放等生活习惯。促进爱国卫生与基层治理工作相融合,发挥村规民约、居民公约的积极作用,推广居民健康管理互助小组、周末大扫除、卫生清洁日、环境卫生红黑榜、积分兑换等经验,完善社会力量参与机制,培育相关领域社会组织和专业社工、志愿者队伍,推动爱国卫生运动融入群众日常生活。

专栏2　全方位干预主要健康问题和影响因素项目

重大疾病及危害因素监测:人禽流感、非典型性肺炎(SARS)监测,鼠疫监测,麻风病监测,流感、手足口病、病毒性腹泻、布病、狂犬病、出血热、登革热等重点传染病监测和评估,疟疾等寄生虫病监测,青少年、成年人、高校大学生烟草流行监测,慢性病与营养监测、肿瘤随访登记、死因监测,饮用水和环境卫生及学生常见病监测,全国伤害监测。

健康促进与教育:居民健康素养监测,健康素养促进,健康知识进万家,基层健康教育讲堂试点,健康小屋,烟草控制。

重点传染病和地方病防控:根据需要适时调整国家免疫规划疫苗种类,艾滋病、结核病、包虫病、血吸虫病、地方病防治,鼠疫防控。

慢性病综合防控:癌症早诊早治,心脑血管疾病、慢性阻塞性肺疾病高危人群筛查干预,口腔疾病综合干预,"三高"(高血压、高血糖、高血脂)共管,糖尿病高危人群干预试点,糖尿病患者并发症早期筛查试点。

心理健康和精神卫生促进:精神障碍管理治疗,农村癫痫防治管理,精神科医师转岗培训,心理治疗师培训,心理援助热线建设。

环境健康促进:公共卫生危害治理,饮用水、公共场所、人体生物监测等环境健康监测,消毒支撑体系建设。

食品安全:食品安全风险监测评估,食品安全国家标准制修订。

爱国卫生:卫生城镇创建,健康县区、健康细胞建设。

五、全周期保障人群健康

(一)完善生育和婴幼儿照护服务。

优化生育服务与保障。实施三孩生育政策,完善相关配套支持措施。继续做好生育保险对参保女职工生育医疗费用、生育津贴待遇等的保障,做好城乡居民医保参保人生育医疗费用保障,减轻生育医疗费用负担。做好生育咨询指导服务。推进"出生一件事"联办。完善国家生命登记管理制度,建立人口长期均衡发展指标体系,健全覆盖全人群、全生命周期的人口监测体系和预测预警制度。发挥计生协会组织作用,深入开展家庭健康促进行动。对全面两孩政策实施前的独生子女家庭和农村计划生育双女家庭,继续实行现行各项奖励扶助制度和优惠政策。动态调整扶助标准,建立健全计划生育特殊家庭全方位帮扶保障制度。支持有资质的社会组织接受计划生育特殊家庭委托,开展生活照料、精神慰藉等服务,依法代办入住养老机构、就医陪护等事务。

促进婴幼儿健康成长。完善托育服务机构设置标准和管理规范,建立健全备案登记、信息公示和质量评估等制度,加快推进托育服务专业化、标准化、规范化。研究制定托育从业人员学历教育和相关职业标准,提高保育保教质量和水平。鼓励和引导社会力量提供普惠托育服务,发展集中管理运营的社区托育服务网络,完善社区婴幼儿活动场所和设施。支持有条件的用人单位单独或联合相关单位在工作场所为职工提供托育服务。加强对家庭的婴幼儿早期发展指导,研究出台家庭托育点管理办法,支持隔代照料、家庭互助等照护模式,鼓励专业机构和社会组织提供家庭育儿指导服务。支持"互联网+托育服务"发展,打造一批关键共性技术网络平台及直播教室,支持优质机构、行业协会开发公益课程,增强家庭的科学育儿能力。加强婴幼儿照护服务机构的卫生保健工作,预防控制传染病,降低常见病的发病率,保障婴幼儿的身心健康。

(二)保护妇女和儿童健康。

改善优生优育全程服务。实施母婴安全行动提升计划,全面落实妊娠风险筛查与评估、高危孕产妇专案管理、危急重症救治、孕产妇死亡个案报告和约谈通报等母婴安全五项制度,提供优质生育全程医疗保健服务。实施出生缺陷综合防治能力提升计划,构建覆盖城乡居民,涵盖婚前、孕前、孕期、新生儿和儿童各阶段的出生缺陷防治体系。加强婚前保健,推广婚姻登记、婚育健康宣传教育、生育指导"一站式"服务,为拟生育家庭提供科学备孕指导、孕前优生健康检查和增补叶酸指导服务,加强产前筛查和产前诊断。到 2025 年,孕前优生健康检查目标人群覆盖率不低于 80%,产前筛查率不低于75%,新生儿遗传代谢性疾病筛查率达到 98% 以上。强化先天性心脏病、听力障碍、苯丙酮尿症、地中海贫血等重点疾病防治,推动围孕期、产前产后一体化管理服务和多学科诊疗协作。医疗卫生机构开展孕育能力提升专项攻关,规范人类辅助生殖技术应用,做好不孕不育诊治服务。支持妇幼保健机构整合预防保健和临床医疗服务。

加强妇女健康服务。发展妇女保健特色专科,提高服务能力,针对青春期、育龄期、孕产期、更年期和老年期妇女的健康需求,提供女性内分泌调节、心理、营养等预防保健服务以及妇女常见疾病治疗等涵盖生理、心理和社会适应的整合型医疗保健服务。促进生殖健康服务,推进妇女宫颈癌、乳腺癌防治,进一步提高筛查率和筛查质量。

促进儿童和青少年健康。实施母乳喂养促进行动,开展婴幼儿养育专业指导,加强婴幼儿辅食添加指导,实施学龄前儿童营养改善计划,降低儿童贫血患病率和生长迟缓率。实施健康儿童行动提升计划,完善儿童健康服务网络,建设儿童友好医院,加强儿科建设,推动儿童保健门诊标准化、规范化建设,加强儿童保健和医疗服务。加强对儿童青少年贫血、视力不良、肥胖、龋齿、心理行为发育异常、听力障碍、脊柱侧弯等风险因素和疾病的筛查、诊断和干预。指导学校和家长对学生实施防控综合干预,抓好儿童青少年近视防控。加强儿童心理健康教育和服务,强化儿童孤独症筛查和干预。推广青春健康教育工作,开展青少年性与生殖健康教育。统筹推进各级疾病预防控制机构学校卫生队伍和能力建设,加强对辖区学校卫生工作的指导。开展儿童健康综合发展示范县(市、区、旗)创建活动。

(三)促进老年人健康。

强化老年预防保健。开发老年健康教育科普教材,开展老年人健康素养促进项目,做好老年健康教育。加强老年期重点疾病的早期筛查和健康管理,到2025年,65岁及以上老年人城乡社区规范健康管理服务率达到65%以上。实施老年人失能预防与干预、老年人心理关爱、老年口腔健康、老年营养改善和老年痴呆防治等行动,延缓功能衰退。

提升老年医疗和康复护理服务水平。推动开展老年人健康综合评估和老年综合征诊治,促进老年医疗服务从单病种向多病共治转变。到2025年,二级以上综合医院设立老年医学科的比例达到60%以上。完善从居家、社区到专业机构的长期照护服务模式。提升基层医疗卫生机构康复护理服务能力,开展老年医疗照护、家庭病床、居家护理等服务,推动医疗卫生服务向社区、家庭延伸。支持有条件的医疗机构与残疾人康复机构等开展合作。稳步扩大安宁疗护试点。

提升医养结合发展水平。健全医疗卫生机构和养老服务机构合作机制,为老年人提供治疗期住院、康复期护理、稳定期生活照料、安宁疗护一体化的服务。进一步增加居家、社区、机构等医养结合服务供给。鼓励农村地区通过托管运营、毗邻建设、签约合作等多种方式实现医养资源共享。开展医养结合示范项目,提升服务质量和水平。

(四)加强职业健康保护。

强化职业健康危害源头防控和风险管控。建立健全职业病和职业病危害因素监测评估制度,扩大主动监测范围,到2025年,工作场所职业病危害因素监测合格率达到85%以上。开展尘肺病筛查和新兴行业及工作相关疾病等职业健康损害监测。完善用人单位职业健康信息及风险评估基础数据库,构建职业病危害风险分类分级、预测预警和监管机制,对职业病危害高风险企业实施重点监管。强化重点行业职业病危害专项治理。鼓励企业完善职业病防护设施,改善工作场所劳动条件。

完善职业病诊断和救治保障。健全职业病诊断与鉴定制度,优化诊断鉴定程序。强化尘肺病等职业病救治保障,实施分类救治救助,对未参加工伤保险且用人单位不存在或无法确定劳动关系的尘肺病患者,按规定落实基本医疗保障和基本生活救助政策。

加强职业健康促进。推动用人单位开展职工健康管理,加强职业健康管理队伍建设,提升职业健康管理能力。全面提高劳动者职业健康素养,倡导健康工作方式,显著提升工作相关的肌肉骨骼疾病、精神和心理疾病等防治知识普及率。推动健康企业建设,培育一批健康企业特色样板。深入开展争做"职业健康达人"活动。

(五)保障相关重点人群健康服务。

巩固拓展健康扶贫成果同乡村振兴有效衔接。过渡期内保持现有健康帮扶政策总体稳定,调整优化支持政策,健全因病返贫致贫动态监测机制,建立农村低收入人口常态化精准健康帮扶机制。加大对脱贫地区、"三区三州"、原中央苏区、易地扶贫搬迁安置地区等县级医院支持力度,鼓励开展对口帮扶、合作共建医疗联合体,重点提高传染病疫情和突发公共卫生事件监测预警、应急处置和医疗救治能力。加强脱贫地区乡村医疗卫生服务体系达标提质建设,支持采用巡诊派驻等方式保障乡村医疗卫生服务覆盖面,确保乡村医疗卫生机构和人员"空白点"持续实现动态清零。结合脱贫地区实际,推广大病专项救治模式,巩固并逐步提高重点人群家庭医生签约服务覆盖面和服务质量。

维护残疾人健康。加强残疾人健康管理,全面推进残疾人家庭医生签约服务。加强和改善残疾人医疗服务,完善医疗机构无障碍设施,强化残疾人服务设施和综合服务能力建设。建成康复大学,加快培养高素质、专业化康复人才。加强残疾人康复服务,提升康复医疗、康复训练、辅助器具适配等服务质量。建立儿童残疾筛查、诊断、康复救助衔接机制,确保残疾儿童得到及时有效的康复服务。加强残疾人心理健康工作,做好残疾人健康状况评估。贯彻实施《国家残疾预防行动计划(2021—2025年)》。继续开展防盲治盲,推动实施全面眼健康行动。继续推进防聋治聋,提升耳与听力健康水平。

专栏3　生命全周期健康保障项目

优生优育:孕前优生健康检查,基本避孕服务,人口监测体系建设。

妇女儿童健康:妇幼健康监测,0—6岁儿童健康管理,0—6岁儿童孤独症筛查和干预,农村妇女"两癌"(乳腺癌、宫颈癌)筛查,增补叶酸预防神经管缺陷,地中海贫血防治,脱贫地区儿童营养改善,母婴安全和健康儿童行动提升计划,近视、肥胖、脊柱侧弯等学生常见病监测与干预行动,适宜技术试点,农村义务教育学生营养改善计划,学校卫生队伍建设。

职业健康保护:职业病监测,尘肺病患者健康管理,职业性放射性疾病监测,工作场所职业病危害因素监测,医疗机构放射性危害因素监测。

老年健康促进:医院老年医学科、社区护理站建设,安宁疗护试点,老年人失能预防干预。

巩固拓展健康扶贫成果:因病返贫致贫动态监测。

残疾人健康维护:残疾人家庭医生签约,医疗机构无障碍设施建设,残疾人康复服务,防盲治盲,防聋治聋。

六、提高医疗卫生服务质量

(一)优化医疗服务模式。

推行预约诊疗和日间服务。建立健全预约诊疗制度,全面推行分时段预约诊疗和检查检验集中预约服务,有序推进检查检验结果互认。推动三级医院日间手术等服务常态化、制度化,逐步扩大日间手术病种范围,稳步提高日间手术占择期手术的比例。鼓励有条件的医院设置日间病房、日间治疗中心等，为患者提供日间化疗、日间照射治疗等服务。

推广多学科诊疗。针对肿瘤、多系统多器官疾病、疑难复杂疾病等，推动建立多学科诊疗制度。鼓励将麻醉、医学检验、医学影像、病理、药学等专业技术人员纳入多学科诊疗团队，提升综合诊治水平。鼓励医疗机构采取多种方式设置服务协调员，在患者诊疗过程中予以指导协助和跟踪管理。

创新急诊急救服务。优化院前医疗急救网络。继续推进胸痛、卒中、创伤、危重孕产妇救治、危重新生儿和儿童救治等中心建设，为患者提供医疗救治绿色通道和一体化综合救治服务，提升重大急性疾病医疗救治质量和效率。完善智能化调度系统，推动院前医疗急救网络与院内急诊有效衔接，实现患者信息院前院内共享，构建快速、高效、全覆盖的急危重症医疗救治体系。

强化医防融合。依托国家基本公共卫生服务项目，以高血压和Ⅱ型糖尿病为切入点，实施城乡社区慢病医防融合能力提升工程，为每个乡镇卫生院和社区卫生服务中心培养1—2名具备医防管等能力的复合型骨干人员，探索建立以基层医生团队为绩效考核单元、以健康结果和居民满意度为导向的考核体系。推动预防、治疗、护理、康复有机衔接，形成"病前主动防，病后科学管，跟踪服务不间断"的一体化健康管理服务。

（二）加强医疗质量管理。

完善医疗质量管理与控制体系。强化医疗质量安全核心制度，健全国家、省、市三级质控组织体系，完善覆盖主要专业和重点病种的质控指标。完善国家、省、医疗机构三级感染监测体系，逐步将基层医疗卫生机构纳入监测。完善诊疗规范和技术指南，全面实施临床路径管理。可以在有条件的医疗联合体内探索建立一体化临床路径，为患者提供顺畅转诊和连续诊疗服务。

优化护理服务。健全护理服务体系，增加护士配备。强化基础护理，实施以病人为中心的责任制整体护理，开展延续护理服务。进一步扩大优质护理服务覆盖面，逐步实现二级以上医院全覆盖。通过培训、指导、远程等方式，在医疗联合体内将优质护理、康复护理、安宁疗护等延伸至基层医疗卫生机构。

提高合理用药水平。完善覆盖全国二级以上医院的合理用药监测系统,逐步将基层医疗卫生机构纳入监测。加强医疗机构药事管理,以抗菌药物、抗肿瘤药物、其他重点监控药物等为重点,加强用药监测和合理用药考核,抗菌药物使用强度符合规定要求。以临床需求为导向,推进药品使用监测和药品临床综合评价体系建设。加强药品不良反应监测。发挥临床药师作用,开设合理用药咨询或药物治疗管理门诊,开展精准用药服务。推动医疗联合体内药学服务下沉,临床药师指导基层医疗卫生机构提高合理用药水平,重点为签约服务的慢性病患者提供用药指导。

加强平安医院建设。严格落实医院安保主体责任,健全涉医矛盾纠纷多元化解机制,构建系统、科学、智慧的医院安全防范体系。建立完善医警数据共享和联动处置机制,依法严厉打击涉医违法犯罪特别是伤害医务人员的暴力犯罪行为。加强医疗服务人文关怀,大力推行医务社工、志愿者服务,构建和谐医患关系。

(三)加快补齐服务短板。

巩固提升基层服务网络。把乡村医疗卫生服务体系纳入乡村振兴战略全局统筹推进,提高县域医疗卫生服务整体水平。采取派驻、邻村延伸服务、流动巡诊等方式,保障乡、村两级医疗卫生服务全覆盖。开展基层卫生健康综合试验区建设。

提升血液供应保障能力。完善采供血网络布局。巩固血液核酸检测全覆盖成果。建立血液应急保障指挥平台,健全巩固常态化全国血液库存监测制度和血液联动保障机制,提高血液应急保障能力。加大无偿献血宣传动员力度,提升献血率。

七、促进中医药传承创新发展

(一)充分发挥中医药在健康服务中的作用。实施中医药振兴发展重大工程。实施中医药健康促进行动,推进中医治未病健康工程升级。提升地市级以上中医医院优势专科和县级中医医院特色专科服务能力,力争全部县级中医医院达到医疗服务能力基本标准。丰富中医馆服务内涵,促进中医适宜技术推广应用。探索有利于发挥中医药优势的康复服务模式。建立和完善国家重大疑难疾病中西医协作工作机制与模式。推进中医药博物馆事业发展,实施中医药文化传播行动,推动中医药文化进校园。发展中医药健康旅游。

（二）夯实中医药高质量发展基础。开展中医药活态传承、古籍文献资源保护与利用。提升中医循证能力。促进中医药科技创新。加快古代经典名方制剂研发。加强中药质量保障，建设药材质量标准体系、监测体系、可追溯体系。推动教育教学改革，构建符合中医药特点的人才培养模式。健全中医医师规范化培训制度和全科医生、乡村医生中医药知识培训机制。

八、做优做强健康产业

（一）推动医药工业创新发展。鼓励新药研发创新和使用，加快临床急需重大疾病治疗药物的研发和产业化，支持优质仿制药研发。加快构建药品快速应急研发生产体系，针对新发突发传染病以及其他涉及国家公共卫生安全的应急需求，加强对防控所需药品和医疗器械应急研发、检验检测、体系核查、审评审批、监测评价等工作的统一指挥与协调。建立国家参考品原料样本和病患信息应急调用机制，完善药品紧急研发攻关机制。深化药品医疗器械审评审批制度改革，对符合要求的创新药、临床急需的短缺药品和医疗器械、罕见病治疗药品等，加快审评审批。强化对经济实惠的精神疾病药物和长效针剂的研发攻坚。

（二）促进高端医疗装备和健康用品制造生产。优化创新医疗装备注册评审流程。开展原创性技术攻关，推出一批融合人工智能等新技术的高质量医疗装备。鼓励有条件的地方建设医疗装备应用推广基地，打造链条完善、特色鲜明的医疗装备产业集群。完善养老托育等相关用品标准体系，支持前沿技术和产品研发应用。围绕健康促进、慢病管理、养老服务等需求，重点发展健康管理、智能康复辅助器具、科学健身、中医药养生保健等新型健康产品，推动符合条件的人工智能产品进入临床试验。推进智能服务机器人发展，实施康复辅助器具、智慧老龄化技术推广应用工程。

（三）促进社会办医持续规范发展。鼓励社会力量在医疗资源薄弱区域和康复、护理、精神卫生等短缺领域举办非营利性医疗机构。引导促进医学检验中心、医学影像中心等独立设置机构规范发展，鼓励有经验的执业医师开办诊所。增加规范化健康管理服务供给，发展高危人群健康体检、健康风险评估、健康咨询和健康干预等服务。落实行业监管职责，促进社会办医规范发展。

（四）增加商业健康保险供给。鼓励围绕特需医疗、前沿医疗技术、创新药、高端医疗器械应用以及疾病风险评估、疾病预防、中医治未病、运动健身等服务，增加新型健康保险产品供给。鼓励保险机构开展管理式医疗试点，建立健康管理组织，提供健康保险、健康管理、医疗服务、长期照护等服务。在基本签约服务包基础上，鼓励社会力量提供差异化、定制化的健康管理服务包，探索将商业健康保险作为筹资或合作渠道。进一步完善商业长期护理保险支持政策。搭建高水平公立医院及其特需医疗部分与保险机构的对接平台，促进医、险定点合作。加快发展医疗责任险、医疗意外保险，鼓励保险机构开发托育机构责任险和运营相关保险。

（五）推进健康相关业态融合发展。促进健康与养老、旅游、互联网、健身休闲、食品等产业融合发展，壮大健康新业态、新模式。支持面向老年人的健康管理、预防干预、养生保健、健身休闲、文化娱乐、旅居养老等业态深度融合，创新发展健康咨询、紧急救护、慢性病管理、生活照护等智慧健康养老服务。强化国有经济在健康养老领域有效供给。推动健康旅游发展，加快健康旅游基地建设。选择教学科研资源丰富、医疗服务能力强、产业实力雄厚的城市或区域，以高水平医院为基础，完善综合协同政策，打造健康产业集群。

九、强化国民健康支撑与保障

（一）深化医药卫生体制改革。

加快建设分级诊疗体系。加强城市医疗集团网格化布局管理，整合医疗机构和专业公共卫生机构，为网格内居民提供一体化、连续性医疗卫生服务。加快推动县域综合医改，推进紧密型县域医共体建设，推进专科联盟和远程医疗协作网发展。稳步扩大家庭医生签约服务覆盖范围，加强基本公共卫生服务与家庭医生签约服务的衔接，提高签约服务质量。明确各级医疗卫生机构在相关疾病诊疗中的职责分工、转诊标准和转诊程序，形成连续通畅的双向转诊服务路径。推动三级医院提高疑难危重症和复杂手术占比，缩短平均住院日。

推动公立医院高质量发展。健全现代医院管理制度，充分发挥公立医院党委把方向、管大局、作决策、促改革、保落实的领导作用，健全全面预算管理、成本管理、预算绩效管理、内部审计和信息公开机制，推动医院管理科学化、精细化、规范化。全面开展公立医院绩效考核,持续优化绩效考核指标体系和方法。大力弘扬伟大抗疫精神和崇高职业精神,在全社会营造尊医重卫的良好氛围。推进优抚医院改革发展。提高监管场所医疗机构专业化水平。

深化相关领域联动改革。发挥好福建省三明市作为全国医改经验推广基地的作用,加大经验推广力度,按照"腾空间、调结构、保衔接"的路径,加快推进综合改革。健全全民医保制度,开展按疾病诊断相关分组、按病种分值付费,对于精神病、安宁疗护和医疗康复等需要长期住院治疗且日均费用较稳定的疾病推进按床日付费,将符合条件的互联网医疗服务按程序纳入医保支付范围。稳步建立长期护理保险制度。完善药品供应保障体系,扩大药品和高值医用耗材集中采购范围,落实集中采购医保资金结余留用政策,完善短缺药品监测网络和信息直报制度,保障儿童等特殊人群用药。深化医疗服务价格改革,规范管理医疗服务价格项目,建立灵敏有度的价格动态调整机制,优化中医医疗服务价格政策。深化人事薪酬制度改革,落实医疗卫生机构内部分配自主权,建立主要体现岗位职责和知识价值的薪酬体系。

健全医疗卫生综合监管制度。建立健全机构自治、行业自律、政府监管、社会监督相结合的医疗卫生综合监督管理体系,加强对服务要素准入、质量安全、公共卫生、机构运行、医疗保障基金、健康养老、托育服务和健康产业等的监管。积极培育医疗卫生行业组织,在制定行业管理规范和技术标准、规范执业行为、维护行业信誉、调解处理服务纠纷等方面更好发挥作用。提升卫生健康监督执法能力。构建更为严密的医疗卫生机构安全生产责任体系,加强医疗卫生机构危险化学品使用管理,落实医疗卫生机构消防安全管理责任,深入开展从业人员消防安全教育培训。

专栏4 深化医疗卫生体制改革项目

紧密型医疗联合体等网格化布局,公立医院高质量发展,公立医院综合改革示范,公立医院薪酬制度改革,医疗服务价格改革,药品、高值医用耗材集中采购,全国医疗服务成本价格监测网络,地方医改监测评价。

(二)强化卫生健康人才队伍建设。强化医教协同,推进以胜任力为导向的教育教学改革,优化医学专业结构。完善毕业后医学教育制度，支持新进医疗岗位的本科及以上学历临床医师均接受住院医师规范化培训。健全继续医学教育制度。强化基层人才队伍建设，加强全科医生临床培养培训，深入实施全科医生特岗计划、农村订单定向医学生免费培养和助理全科医生培训，有条件的地区探索实施"县聘乡用、乡聘村用"。开发退休医务人员人力资源，支持城市二级以上医院在职或退休医师到乡村医疗卫生机构多点执业或开办诊所。加强乡村卫生人才在岗培训和继续教育。加强疾控骨干人才队伍建设，提升现场流行病学调查等核心能力。完善公共卫生人员准入、使用和考核评价等机制。加强职业卫生复合型人才培养。加强药师队伍建设和配备使用。改革完善医务人员评价机制，坚持分层分类评价，突出品德能力业绩导向，增加临床工作数量和质量指标，探索试行成果代表作制度，淡化论文数量要求。

（三）加快卫生健康科技创新。推进医学科技创新体系的核心基地建设。新布局一批国家临床医学研究中心，形成覆盖全国的协同研究网络。加强疾病防控和公共卫生科研攻关体系与能力建设，汇聚力量协同开展重大传染病防控全链条研究。面向人民生命健康，开展卫生健康领域科技体制改革试点，启动卫生健康领域科技创新2030—重大项目、"十四五"重点研发计划等国家科技计划，实施"脑科学与类脑研究"等重大项目以及"常见多发病防治研究"、"生育健康及妇女儿童健康保障"等重点专项。健全涉及人的医学研究管理制度，规范生物医学新技术临床研究与转化应用管理。加快推广应用适合基层和边远地区的适宜医疗卫生技术。完善审批程序，加强实验室生物安全管理，强化运行评估和监管。完善高级别病原微生物实验室运行评价和保障体系，完善国家病原微生物菌（毒）种和实验细胞等可培养物保藏体系。

（四）促进全民健康信息联通应用。落实医疗卫生机构信息化建设标准与规范。依托实体医疗机构建设互联网医院，为签约服务重点人群和重点随访患者提供远程监测和远程治疗，推动构建覆盖诊前、诊中、诊后的线上线下一体化医疗服务模式。支持医疗联合体运用互联网技术便捷开展预约诊疗、双向转诊、远程医疗等服务。优化"互联网+"签约服务，全面对接居民电子健康档案、电子病历，逐步接入更广泛的健康数据，为签约居民在线提供健康咨询、预约转诊、慢性病随访、健康管理、延伸处方等服务。推动"互联网+慢性病(糖尿病、高血压)管理",实现慢性病在线复诊、处方流转、医保结算和药品配送。推广应用人工智能、大数据、第五代移动通信(5G)、区块链、物联网等新兴信息技术,实现智能医疗服务、个人健康实时监测与评估、疾病预警、慢病筛查等。指导医疗机构合理保留传统服务方式,着力解决老年人等群体运用智能技术困难的问题。构建权威统一、互联互通的全民健康信息平台,完善全民健康信息核心数据库,推进各级各类医疗卫生机构统一接入和数据共享。探索建立卫生健康、医疗保障、药监等部门信息共享机制,通过全国一体化政务服务平台,实现跨地区、跨部门数据共享。研究制定数据开放清单,开展政府医疗健康数据授权运营试点。严格规范公民健康信息管理使用,强化数据资源全生命周期安全保护。

(五)完善卫生健康法治体系。贯彻落实基本医疗卫生与健康促进法,加快推动传染病防治法、突发公共卫生事件应对法、职业病防治法、中医药传统知识保护条例等法律法规的制修订工作,构建系统完备的卫生健康法律体系。加快完善医疗卫生技术标准体系,针对"互联网+医疗健康"等新业态加快标准制修订。加强普法宣传。持续深化卫生健康领域"放管服"改革。

(六)加强交流合作。全方位推进卫生健康领域国际合作,推动构建人类卫生健康共同体。完善政策对话与协作机制,深入参与相关国际标准、规范、指南等的研究、谈判与制定。健全跨境卫生应急沟通协调机制。完善我国参与国际重特大突发公共卫生事件应对机制。深化中医药领域国际交流合作。促进"一带一路"卫生健康合作,推进健康丝绸之路建设。创新卫生发展援助与合作模式。深化与港澳台地区卫生健康交流合作。

十、强化组织实施

(一)加强组织领导。加强党对卫生健康工作的领导,强化政府责任,健全部门协作机制,及时细化完善政策措施,完善国民健康政策,推动各项任务落实。加快建立健康影响评价评估制度,推动经济社会发展规划中突出健康目标指标、公共政策制定实施中向健康倾斜、公共资源配置上优先满足健康发展需要。

(二)动员各方参与。强化跨部门协作,发挥工会、共青团、妇联、残联、计生协会等群团组织以及其他社会组织的作用,调动各企(事)业单位、学校、村(社区)积极性和创造性,鼓励相关行业学会、协会等充分发挥专业优势,将卫生健康工作纳入基层治理,引导群众主动落实健康主体责任、践行健康生活方式。

(三)做好宣传引导。发挥基层首创精神,鼓励地方结合实际积极探索创新。及时总结推广地方好的经验和做法,发挥示范引领作用。积极宣传推进健康中国建设相关政策措施,做好信息发布,加强正面宣传和典型报道。加强舆论引导,及时回应社会关切。

(四)强化监测评价。健全卫生健康规划体系,加强不同层级规划衔接。各有关部门要加强对地方的指导。建立健全规划实施监测评价机制,加强监测评估能力建设,对规划实施进行年度监测和中期、末期评估,及时发现和统筹研究解决实施中的问题。

国务院办公厅关于印发深化医药卫生体制改革 2022 年重点工作任务的通知

(2022 年 5 月 4 日　国办发〔2022〕14 号)

《深化医药卫生体制改革 2022 年重点工作任务》已经国务院同意,现印发给你们,请结合实际,认真组织实施。

深化医药卫生体制改革 2022 年重点工作任务

2022 年是进入全面建设社会主义现代化国家、向第二个百年奋斗目标进军新征程的重要一年。深化医药卫生体制改革要坚持以习近平新时代中国特色社会主义思想为指导,全面贯彻党的十九大和十九届历次全会精神,认真落实习近平总书记重要指示精神和党中央、国务院决策部署,全面推进健康中国建设,深入推广三明医改经验,促进优质医疗资源扩容和均衡布局,深化医疗、医保、医药联动改革,持续推动从以治病为中心转变为以人民健康为中心,持续推进解决看病难、看病贵问题。

一、加快构建有序的就医和诊疗新格局

(一)发挥国家医学中心、国家区域医疗中心的引领辐射作用。依托现有资源,加快推进国家医学中心设置和建设,开展国家区域医疗中心建设项目,深化运行机制改革,年内基本完成全国范围内国家区域医疗中心建设项目的规划布局。(国家发展改革委、国家卫生健康委、教育部、国家中医药局、国家疾控局等和地方人民政府按职责分工负责。以下均需地方人民政府负责,不再列出)

(二)发挥省级高水平医院的辐射带动作用。依托现有资源,指导地方建设一批省级区域医疗中心,完善体制机制,引导省会城市和超(特)大城市中心城区的医院支援资源薄弱地区,推动优质医疗资源向市县延伸。(国家发展改革委、国家卫生健康委、国家中医药局等按职责分工负责)

(三)增强市县级医院服务能力。每个省份在 2—3 个设区的市开展紧密型城市医疗集团试点,完善体制机制,实行网格化布局和规范化管理。支持社会办医持续健康规范发展,支持社会办医疗机构牵头组建或参加医疗联合体。在县域推广临床服务、急诊急救新模式。深入推进紧密型县域医共体建设和体制机制改革,推动在医共体内实行行政、人事、财务、业务、药品、信息系统等统筹管理,加强监测评价,强化评价结果应用。(国家卫生健康委、国家发展改革委、人力资源社会保障部、国家中医药局等按职责分工负责)

(四)提升基层医疗卫生服务水平。落实和完善村医待遇保障与激励政策。推进健康乡村建设,采取巡诊、派驻等方式确保村级医疗卫生服务全覆盖,有条件的地方可推进"县管乡用、乡聘村用"。加强基层医疗机构和家庭医生(团队)健康管理服务,推广长期处方服务并完善相关医保支付政策。有序扩大家庭医生队伍来源渠道,创新服务方式。优化基本公共卫生服务项目,提升服务质量。(国家卫生健康委、人力资源社会保障部、国家医保局、国家乡村振兴局、国家中

医药局等按职责分工负责）

（五）持续推进分级诊疗和优化就医秩序。组织制定疾病分级诊疗技术方案和入出院标准，引导有序就医。推进紧密型县域医共体总额付费，加强监督考核，结余留用、合理超支分担，促进区域或医疗联合体内合理就医。（国家卫生健康委、国家医保局、国家中医药局等按职责分工负责）

二、深入推广三明医改经验

（六）加大三明医改经验推广力度。跟踪评估各地深入推广三明医改经验工作进展，对工作滞后的及时通报并督促整改。落实《中共中央办公厅　国务院办公厅转发〈国务院深化医药卫生体制改革领导小组关于进一步推广深化医药卫生体制改革经验的若干意见〉的通知》等要求，推动由地方党委和政府主要负责同志或一位主要负责同志担任医改领导小组组长。（国务院医改领导小组秘书处、国家卫生健康委等按职责分工负责）

（七）开展药品耗材集中带量采购工作。扩大采购范围，力争每个省份国家和地方采购药品通用名数合计超过 350 个。国家层面开展一批脊柱类高值医用耗材集中带量采购。对国家组织采购以外用量大、采购金额高的药品耗材，指导各省份至少各实施或参与联盟采购实施 1 次集中带量采购，提高药品、高值医用耗材网采率。落实药品耗材集中采购医保资金结余留用政策，完善结余留用考核，激励合理优先使用中选产品。研究完善对抗菌药物等具有特殊性的药品集采规则和使用方案。加强医用耗材价格监测。（国家医保局、财政部、人力资源社会保障部、国家卫生健康委、国家中医药局等按职责分工负责）

（八）推进医疗服务价格改革。各省份 2022 年 6 月底前印发建立医疗服务价格动态调整机制相关文件，年底前将医疗服务价格调出成本监审和价格听证目录。指导地方科学设置医疗服务价格调整的启动条件、触发标准及约束条件，年内开展 1 次调价评估，符合条件的及时调价。指导 5 个医疗服务价格改革试点城市探索价格调整总量确定规则、调价综合评估指标体系等配套措施。（国家医保局、国家发展改革委、财政部、国家卫生健康委、国家中医药局等按职责分工负责）

（九）推进医保支付方式改革。推行以按病种付费为主的多元复合式医保支付方式,在全国40%以上的统筹地区开展按疾病诊断相关分组(DRG)付费或按病种分值(DIP)付费改革工作,DRG付费或DIP付费的医保基金占全部符合条件住院医保基金支出的比例达到30%。对已进入实际付费阶段的试点城市进行评估,根据评估结果完善支付政策。推进门诊按人头付费相关工作,完善有关技术规范。(国家医保局、国家卫生健康委、国家中医药局、财政部等按职责分工负责)

（十）深化公立医院人事薪酬制度改革。指导地方结合实际用足用好编制资源,对符合条件的现有编外聘用专业技术人员,可探索通过公开招聘等严格规范的程序择优聘用,纳入编制管理。落实"两个允许"要求,实施以增加知识价值为导向的分配政策,强化公益属性,健全考核机制,指导各地深化公立医院薪酬制度改革。指导符合条件的三级医院试点开展高级职称自主评审。(中央编办、财政部、人力资源社会保障部、国家卫生健康委、国家医保局、国家中医药局等按职责分工负责)

（十一）加强综合监管。进一步推进医疗卫生行业综合监管制度建设,严格落实行业主管部门监管职责和相关部门职责范围内的监管责任,推动地方政府全面落实属地监管责任,实现事前事中事后全链条监管,堵塞监管漏洞。督促指导地方规范医疗机构收费和服务,把合理用药、规范诊疗情况作为医疗机构信息公开的重要内容,定期向社会公布。制定医疗保障基金智能监控知识库、规则库管理办法,推动各地医保部门加强智能监控应用。严厉打击欺诈骗取医保基金行为。加强医药领域价格监管。制定药品经营和使用质量监督管理办法、药品网络销售监督管理办法。推进药品使用监测信息网络建设和药品编码应用,2022年力争覆盖所有二级及以上公立医疗机构和80%的政府办社区卫生服务中心、乡镇卫生院。扎实推进全国统一医保信息业务编码动态维护和深化应用。(国家卫生健康委、市场监管总局、国家医保局、国家中医药局、国家疾控局、国家药监局等按职责分工负责)

三、着力增强公共卫生服务能力

（十二）提升疾病预防控制能力。健全疾病预防控制网络、管理体系和运行机制,完善防治结合、联防联控、群防群控机制,加强公共卫生队伍建设,提高重大疫情监测预警、流调溯源和应急处置能力。平稳有序做好疾病预防控制机构改革相关工作。推进村(居)民委员会公共卫生委员会建设。(国家卫生健康委、国家疾控局、中央编办、民政部和各相关部门按职责分工负责)

(十三)加强医防协同。推进实施癌症、脑卒中、心血管病、慢阻肺等重大慢性病高危筛查干预项目。推进高血压、高血糖、高血脂"三高"共管试点,完善慢性病健康管理适宜技术和服务模式,推进基层慢性病医防融合管理。推进公立医疗机构设立公共卫生科等直接从事疾病预防控制工作的科室,探索设立医疗卫生机构专兼职疾病预防控制监督员。依托综合医院、职业病专科医院,加强尘肺病、化学中毒等职业病诊断救治康复能力建设。(国家卫生健康委、国家中医药局、国家疾控局等按职责分工负责)

(十四)做好新冠肺炎疫情防控。坚持"外防输入、内防反弹"总策略和"动态清零"总方针,坚持常态化科学精准防控和局部应急处置有机结合,落实"四方责任"和"四早"要求,加强疫情源头控制,突出口岸地区疫情防控,严格落实高风险人员闭环管理,科学精准处置局部疫情,持续做好新冠病毒疫苗接种工作,不断优化完善防控措施,坚决守住不出现疫情规模性反弹的底线,统筹疫情防控和经济社会发展,努力用最小的代价实现最大的防控效果。继续帮扶因疫情遇困的医疗机构。(国家卫生健康委、国家疾控局和各相关部门按职责分工负责)

(十五)深入实施健康中国行动。扎实推进健康中国行动,进一步完善工作机制,确保完成到2022年的阶段性目标任务。持续深入开展爱国卫生运动。推进医疗机构和医务人员开展健康教育和健康促进的绩效考核机制建设。(国家卫生健康委、教育部、体育总局、国家中医药局、国家疾控局和各相关部门按职责分工负责)

四、推进医药卫生高质量发展

(十六)推动公立医院综合改革和高质量发展。综合医改试点省份率先探索各级各类公立医院高质量发展的模式和路径。地方按照属地原则对辖区内公立医院高质量发展进行评价。积极发挥高水平公立医院高质量发展示范引领作用。推进建立健全现代医院管理制度试点。加强公立医院、妇幼保健机构绩效考核。深化医疗卫生领域军民融合。(国家卫生健康委、财政部、国家中医药局、中央军委后勤保障部卫生局等按职责分工负责)

(十七)发挥政府投入激励作用。坚持公益性,落实政府在卫生健康领域的投入责任,指导地方按规定落实政府对符合区域卫生规划公立医院的投入政策。继续支持公立医院综合改革,实施公立医院改革与高质量发展示范项目,激励引导一批有改革积极性的地市推广三明医改经验。遴选10个深化医改真抓实干成效明显的地市并给予奖励。(财政部、国家卫生健康委等按职责分工负责)

(十八)促进多层次医疗保障体系发展。推动基本医保省级统筹。完善跨省异地就医直接结算办法,进一步扩大门诊费用跨省直接结算,每个县至少有一家定点医疗机构能够提供包括门诊费用在内的医疗费用跨省直接结算服务。指导各地推进职工医保普通门诊统筹,对在基层医疗卫生机构就医实行差别化支付政策,逐步将多发病、常见病的普通门诊费用纳入统筹基金支付范围。实现全国医保用药范围基本统一。深化长期护理保险制度试点,及时总结推广经验。支持商业保险机构开发与基本医疗保险相衔接的商业健康保险产品,更好覆盖基本医保不予支付的费用,探索推进医保信息平台按规定与商业健康保险信息平台信息共享。(国家医保局、财政部、国家卫生健康委、税务总局、银保监会、国家中医药局等按职责分工负责)

(十九)强化药品供应保障能力。持续深化审评审批制度改革,加快有临床价值的创新药上市。持续推进仿制药质量和疗效一致性评价工作。优化国家基本药物目录,完善目录管理机制。完善公立医疗机构优先配备使用基本药物政策,鼓励城市医疗集团、县域医共体等建立药品联动管理机制,促进上下级医疗机构用药衔接。健全药品协同监测机制,强化药品短缺分级应对。加强小品种药(短缺药)集中生产基地建设。加强罕见病用药保障。健全药品临床综合评价工作机制和标准规范,将评价结果作为医疗机构用药目录遴选、上下级用药衔接等的重要依据。分类推进医疗器械唯一标识实施工作,深化唯一标识在监管、医疗、医保等领域的衔接应用。探索完善药品流通新业态新模式。(工业和信息化部、商务部、国家卫生健康委、国家医保局、国家药监局等按职责分工负责)

（二十）推动中医药振兴发展。推进中医药综合改革。开展医疗、医保、医药联动促进中医药传承创新发展试点。选择部分地区开展医保支持中医药发展试点，推动中医特色优势病种按病种付费。推进中西医协同"旗舰"医院建设和重大疑难疾病中西医临床协作试点项目。加强基层医疗卫生机构中医药服务能力建设，力争实现全部社区卫生服务中心和乡镇卫生院设置中医馆、配备中医医师。（国家中医药局、国家发展改革委、财政部、国家卫生健康委、国家医保局等按职责分工负责）

（二十一）协同推进相关领域改革。实施社区医养结合能力提升行动。开展医养结合示范项目。推进临床研究规范管理试点，扩大试点范围。年内通过农村订单定向免费医学生培养等多种途径培养培训全科医生3.5万人，培训住院医师（含专业硕士研究生）10万人，专业硕士研究生招生向全科、儿科、精神科等紧缺专业倾斜。落实住院医师规范化培训两个同等对待相关政策。支持职业院校增设"一老一小"等健康服务产业相关专业。深入推进"互联网+医疗健康""五个一"服务行动，推进全国医疗卫生机构信息互通共享。推进远程医疗服务覆盖全国95%的区县，并逐步向基层延伸。（教育部、公安部、民政部、人力资源社会保障部、国家卫生健康委、国家医保局、国家中医药局、国家疾控局等按职责分工负责）

各地各有关部门要切实加强组织领导，持续深化医改。综合医改试点省份要进一步发挥示范带动作用。国务院医改领导小组秘书处和各地医改领导小组牵头协调机构要会同有关部门加强统筹协调和督导评价，开展医改监测，建立任务台账，强化定期调度和通报。加强宣传引导，及时回应社会关切，凝聚改革共识。

城乡建设

国务院办公厅关于印发城市燃气管道等老化更新改造实施方案（2022—2025年）的通知

（2022年5月10日　国办发〔2022〕22号）

《城市燃气管道等老化更新改造实施方案（2022—2025年）》已经国务院同意，现印发给你们，请结合实际认真贯彻落实。

城市燃气管道等老化更新改造实施方案（2022—2025年）

城市（含县城，下同）燃气管道等老化更新改造是重要民生工程和发展工程，有利于维护人民群众生命财产安全，有利于维护城市安全运行，有利于促进有效投资、扩大国内需求，对推动城市更新、满足人民群众美好生活需要具有十分重要的意义。为加快城市燃气管道等老化更新改造，制定本方案。

一、总体要求

（一）指导思想。以习近平新时代中国特色社会主义思想为指导，全面贯彻党的十九大和十九届历次全会精神，按照党中央、国务院决策部署，坚持以人民为中心的发展思想，完整、准确、全面贯彻新发展理念,统筹发展和安全,坚持适度超前进行基础设施建设和老化更新改造,加快推进城市燃气管道等老化更新改造,加强市政基础设施体系化建设,保障安全运行,提升城市安全韧性,促进城市高质量发展,让人民群众生活更安全、更舒心、更美好。

(二)工作原则。

——聚焦重点、安全第一。以人为本,从保障人民群众生命财产安全出发,加快更新改造城市燃气等老化管道和设施;聚焦重点,排查治理城市管道安全隐患,立即改造存在安全隐患的城市燃气管道等,促进市政基础设施安全可持续发展。

——摸清底数、系统治理。全面普查、科学评估,抓紧编制各地方城市燃气管道等老化更新改造方案;坚持目标导向、问题导向,积极运用新设备、新技术、新工艺,系统开展城市燃气管道等老化更新改造。

——因地制宜、统筹施策。从各地实际出发,科学确定更新改造范围和标准,明确目标和任务,不搞"一刀切",不层层下指标,避免"运动式"更新改造;将城市作为有机生命体,统筹推进城市燃气管道等老化更新改造与市政建设,避免"马路拉链"。

——建管并重、长效管理。严格落实各方责任,加强普查评估和更新改造全过程管理,确保质量和安全;坚持标本兼治,完善管理制度规范,加强城市燃气管道等运维养护,健全安全管理长效机制。

(三)工作目标。在全面摸清城市燃气、供水、排水、供热等管道老化更新改造底数的基础上,马上规划部署,抓紧健全适应更新改造需要的政策体系和工作机制,加快开展城市燃气管道等老化更新改造工作,彻底消除安全隐患。2022年抓紧启动实施一批老化更新改造项目。2025年底前,基本完成城市燃气管道等老化更新改造任务。

二、明确任务

(一)明确更新改造对象范围。城市燃气管道等老化更新改造对象,应为材质落后、使用年限较长、运行环境存在安全隐患、不符合相关标准规范的城市燃气、供水、排水、供热等老化管道和设施。具体包括:

1. 燃气管道和设施。(1)市政管道与庭院管道。全部灰口铸铁管道;不满足安全运行要求的球墨铸铁管道;运行年限满20年,经评估存在安全隐患的钢质管道、聚乙烯（PE）管道；运行年限不足20年，存在安全隐患，经评估无法通过落实管控措施保障安全的钢质管道、聚乙烯（PE）管道；存在被建构筑物占压等风险的管道。（2）立管（含引入管、水平干管）。运行年限满20年，经评估存在安全隐患的立管；运行年限不足20年，存在安全隐患，经评估无法通过落实管控措施保障安全的立管。（3）厂站和设施。存在超设计运行年限、安全间距不足、临近人员密集区域、地质灾害风险隐患大等问题，经评估不满足安全运行要求的厂站和设施。（4）用户设施。居民用户的橡胶软管、需加装的安全装置等；工商业等用户存在安全隐患的管道和设施。

2. 其他管道和设施。（1）供水管道和设施。水泥管道、石棉管道、无防腐内衬的灰口铸铁管道；运行年限满30年，存在安全隐患的其他管道；存在安全隐患的二次供水设施。（2）排水管道。平口混凝土、无钢筋的素混凝土管道，存在混错接等问题的管道，运行年限满50年的其他管道。（3）供热管道。运行年限满20年的管道，存在泄漏隐患、热损失大等问题的其他管道。

各地可结合实际进一步细化更新改造对象范围。基础条件较好的地区可适当提高更新改造要求。

（二）合理确定更新改造标准。各地要根据本地实际，立足全面解决安全隐患、防范化解风险，坚持保障安全、满足需求，科学确定更新改造标准。城市燃气老化管道和设施更新改造所选用材料、规格、技术等应符合相关规范标准要求，注重立足当前兼顾长远。结合更新改造同步在燃气管道重要节点安装智能化感知设备，完善智能监控系统，实现智慧运行，完善消防设施设备，增强防范火灾等事故能力。城市供水、排水、供热等其他管道和设施老化更新改造标准，参照以上原则确定。

（三）组织开展城市燃气等管道和设施普查。城市政府统筹开展城市燃气管道普查，并组织符合规定要求的第三方检测评估机构和专业经营单位进行评估。充分利用城市信息模型（CIM）平台、地下管线普查及城市级实景三维建设成果等既有资料，运用调查、探测等多种手段，全面摸清城市燃气管道和设施种类、权属、构成、规模，摸清位置关系、运行安全状况等信息，掌握周边水文、地质等外部环境，明确老旧管道和设施底数,建立更新改造台账。同步推进城市供水、排水、供热等其他管道和设施普查,建立和完善城市市政基础设施综合管理信息平台,充实城市燃气管道等基础信息数据,完善平台信息动态更新机制,实时更新信息底图。

(四)编制地方城市燃气管道等老化更新改造方案。结合全国城镇燃气安全排查整治工作,省级政府要督促省级和城市(县)行业主管部门分别牵头组织编制本省份和本城市燃气管道老化更新改造方案。各城市(县)应区分轻重缓急,优先对安全隐患突出的管道和设施实施改造,明确项目清单和分年度改造计划并作为更新改造方案的附件。城市燃气管道等老化更新改造纳入国家"十四五"重大工程,各地要同步纳入本地区"十四五"重大工程,并纳入国家重大建设项目库。

省级政府要督促省级和城市(县)行业主管部门同步组织编制本省份和本城市供水、排水、供热等其他管道老化更新改造方案,明确项目清单和分年度改造计划并作为更新改造方案的附件,主动与城市燃气管道老化更新改造方案有效对接、同步推进实施,促进城市地下设施之间竖向分层布局、横向紧密衔接。

三、加快组织实施

(一)加强统筹协调。压实城市(县)政府责任,建立健全政府统筹、专业经营单位实施、有关各方齐抓共管的城市燃气管道等老化更新改造工作机制,明确各有关部门、街道(城关镇)、社区和专业经营单位责任分工,形成工作合力,及时破解难题。充分发挥街道和社区党组织的领导作用,统筹协调社区居民委员会、业主委员会、产权单位、物业服务企业、用户等,搭建沟通议事平台,共同推进城市燃气管道等老化更新改造工作。

(二)加快推进项目实施。专业经营单位切实承担主体责任,抓紧实施城市燃气管道等老化更新改造项目,有序安排施工区域、时序、工期,减少交通阻断。城市(县)政府切实履行属地责任,加强管理和监督,明确不同权属类型老化管道和设施更新改造实施主体,做好与城镇老旧小区改造、汛期防洪排涝等工作的衔接,推进相关消防设施设备补短板,推动城市燃气管道等分片区统筹改造、同步施工并做好废弃管道处置和资源化利用,避免改造工程碎片化、重复开挖、

"马路拉链"、多次扰民等。严格落实工程质量和施工安全责任,杜绝质量安全隐患,按规定做好改造后通气、通水等关键环节安全监控,做好工程验收移交。依法实施燃气压力管道施工告知和监督检验。

(三)同步推进数字化、网络化、智能化建设。结合更新改造工作,完善燃气监管系统,将城市燃气管道老化更新改造信息及时纳入,实现城市燃气管道和设施动态监管、互联互通、数据共享。有条件的地方可将燃气监管系统与城市市政基础设施综合管理信息平台、城市信息模型(CIM)平台等深度融合,与国土空间基础信息平台、城市安全风险监测预警平台充分衔接,提高城市管道和设施的运行效率及安全性能,促进对管网漏损、运行安全及周边重要密闭空间等的在线监测、及时预警和应急处置。

(四)加强管道和设施运维养护。严格落实专业经营单位运维养护主体责任和城市(县)政府监管责任。专业经营单位要加强运维养护能力建设,完善资金投入机制,定期开展检查、巡查、检测、维护,依法组织燃气压力管道定期检验,及时发现和消除安全隐患,防止管道和设施带病运行;健全应急抢险机制,提升迅速高效处置突发事件能力。鼓励专业经营单位承接非居民用户所拥有燃气等管道和设施的运维管理。对于业主共有燃气等管道和设施,更新改造后可依法移交给专业经营单位,由其负责后续运营维护和更新改造。

四、加大政策支持力度

(一)落实专业经营单位出资责任,建立资金合理共担机制。专业经营单位要依法履行对其服务范围内城市燃气管道等老化更新改造的出资责任。建立城市燃气管道等老化更新改造资金由专业经营单位、政府、用户合理共担机制。中央预算内投资和地方财政资金可给予适当补助。工商业等用户承担业主专有部分城市燃气管道等老化更新改造的出资责任。

(二)加大财政资金支持力度。省、市、县各级财政要按照尽力而为、量力而行的原则,落实出资责任,加大城市燃气管道等老化更新改造投入。将符合条件的城市燃气管道等老化更新改造项目纳入地方政府专项债券支持范围,不得违规举债融资用于城市燃气管道等老化更新改造,坚决遏制新增地方政府隐性债务。中央预算内投资视情对城市燃气管道等老化更新改造给予适当投资补助。

（三）加大融资保障力度。鼓励商业银行在风险可控、商业可持续前提下，依法合规加大对城市燃气管道等老化更新改造项目的信贷支持；引导开发性、政策性金融机构根据各自职能定位和业务范围，按照市场化、法治化原则，依法合规加大对城市燃气管道等老化更新改造项目的信贷支持力度。支持专业经营单位采取市场化方式，运用公司信用类债券、项目收益票据进行债券融资。优先支持符合条件、已完成更新改造任务的城市燃气管道等项目申报基础设施领域不动产投资信托基金（REITs）试点项目。

（四）落实税费减免政策。对城市燃气管道等老化更新改造涉及的道路开挖修复、园林绿地补偿等收费事项，各地应按照"成本补偿"原则做好统筹。更新改造后交由专业经营单位负责运营维护的业主共有燃气等管道和设施，移交之后所发生的维护管理费用，专业经营单位可按照规定进行税前扣除。

五、完善配套措施

（一）加快项目审批。各地要精简城市燃气管道等老化更新改造涉及的审批事项和环节，建立健全快速审批机制。可由城市（县）政府组织有关部门联合审查更新改造方案，认可后由相关部门依法直接办理相关审批手续。鼓励相关各方进行一次性联合验收。鼓励并加快核准规模较大、监管体系健全的燃气企业对燃气管道和设施进行检验检测。

（二）切实做好价格管理工作。城市燃气、供水、供热管道老化更新改造投资、维修以及安全生产费用等，根据政府制定价格成本监审办法有关规定核定，相关成本费用计入定价成本。在成本监审基础上，综合考虑当地经济发展水平和用户承受能力等因素，按照相关规定适时适当调整供气、供水、供热价格；对应调未调产生的收入差额，可分摊到未来监管周期进行补偿。

（三）加强技术标准支撑。推广应用新设备、新技术、新工艺，从源头提升管道和设施本质安全以及信息化、智能化建设运行水平。加快修订城镇燃气设施运行、维护和抢修安全技术规程等相关标准，完善城市管道安全保障与灾害应急管理等重点领域标准规范。各地城市燃气管道等老化更新改造要严格执行现行相关标准。

（四）强化市场治理和监管。完善燃气经营许可管理办法等规定,各地立足本地实际健全实施细则,完善准入条件,设立退出机制,严格燃气经营许可证管理,切实加强对燃气企业的监管。加强城市燃气管道等老化更新改造相关产品、器具、设备质量监管。支持燃气等行业兼并重组,确保完成老化更新改造任务,促进燃气市场规模化、专业化发展。

（五）推动法治化和规范化管理。研究推动地下管线管理立法工作,进一步规范行业秩序,加强城市燃气管道等建设、运营、维护和管理。推动有关地方加快燃气等管道相关立法工作,建立健全法规体系,因地制宜细化管理要求,切实加强违建拆除执法,积极解决第三方施工破坏、违规占压、安全间距不足、地下信息难以共享等城市管道保护突出问题。

（六）强化组织保障。省级政府要结合贯彻落实《国务院办公厅关于加强城市地下管线建设管理的指导意见》（国办发〔2014〕27号）和《国务院办公厅关于推进城市地下综合管廊建设的指导意见》（国办发〔2015〕61号）等文件要求,加强对本地区城市燃气管道等老化更新改造的统筹指导,明确城市（县）政府责任,加快推动相关工作。城市（县）政府要切实落实城市各类地下管道建设改造等的总体责任,主要负责同志亲自抓,把推进城市燃气管道等老化更新改造摆上重要议事日程,健全工作机制,落实各项政策,抓好组织实施。住房城乡建设部要进一步加强对城市地下管道建设改造等的统筹管理,会同国务院有关部门抓好相关工作的督促落实。各有关方面要加强城市燃气管道等老化更新改造工作和相关政策措施的宣传解读,及时回应社会关切。

环境保护

中华人民共和国野生动物保护法

（1988年11月8日第七届全国人民代表大会常务委员会第四次会议通过　根据2004年8月28日第十届全国人民代表大会常务委员会第十一次会议《关于修改〈中华人民共和国野生动物保护法〉的决定》第一次修正　根据2009年8月27日第十一届全国人民代表大会常务委员会第十次会议《关于修改部分法律的决定》第二次修正　2016年7月2日第十二届全国人民代表大会常务委员会第二十一次会议第一次修订　根据2018年10月26日第十三届全国人民代表大会常务委员会第六次会议《关于修改〈中华人民共和国野生动物保护法〉等十五部法律的决定》第三次修正　2022年12月30日第十三届全国人民代表大会常务委员会第三十八次会议第二次修订　2022年12月30日中华人民共和国主席令第126号公布　自2023年5月1日起施行）

目　　录

第一章　总　　则
第二章　野生动物及其栖息地保护
第三章　野生动物管理
第四章　法律责任
第五章　附　　则

第一章 总　则

第一条　为了保护野生动物，拯救珍贵、濒危野生动物，维护生物多样性和生态平衡，推进生态文明建设，促进人与自然和谐共生，制定本法。

第二条　在中华人民共和国领域及管辖的其他海域，从事野生动物保护及相关活动，适用本法。

本法规定保护的野生动物，是指珍贵、濒危的陆生、水生野生动物和有重要生态、科学、社会价值的陆生野生动物。

本法规定的野生动物及其制品，是指野生动物的整体（含卵、蛋）、部分及衍生物。

珍贵、濒危的水生野生动物以外的其他水生野生动物的保护，适用《中华人民共和国渔业法》等有关法律的规定。

第三条　野生动物资源属于国家所有。

国家保障依法从事野生动物科学研究、人工繁育等保护及相关活动的组织和个人的合法权益。

第四条　国家加强重要生态系统保护和修复，对野生动物实行保护优先、规范利用、严格监管的原则，鼓励和支持开展野生动物科学研究与应用，秉持生态文明理念，推动绿色发展。

第五条　国家保护野生动物及其栖息地。县级以上人民政府应当制定野生动物及其栖息地相关保护规划和措施，并将野生动物保护经费纳入预算。

国家鼓励公民、法人和其他组织依法通过捐赠、资助、志愿服务等方式参与野生动物保护活动，支持野生动物保护公益事业。

本法规定的野生动物栖息地，是指野生动物野外种群生息繁衍的重要区域。

第六条　任何组织和个人有保护野生动物及其栖息地的义务。禁止违法猎捕、运输、交易野生动物，禁止破坏野生动物栖息地。

社会公众应当增强保护野生动物和维护公共卫生安全的意识，防止野生动物源性传染病传播，抵制违法食用野生动物，养成文明健康的生活方式。

任何组织和个人有权举报违反本法的行为，接到举报的县级以上人民政府野生动物保护主管部门和其他有关部门应当及时依法处理。

第七条 国务院林业草原、渔业主管部门分别主管全国陆生、水生野生动物保护工作。

县级以上地方人民政府对本行政区域内野生动物保护工作负责，其林业草原、渔业主管部门分别主管本行政区域内陆生、水生野生动物保护工作。

县级以上人民政府有关部门按照职责分工，负责野生动物保护相关工作。

第八条 各级人民政府应当加强野生动物保护的宣传教育和科学知识普及工作，鼓励和支持基层群众性自治组织、社会组织、企业事业单位、志愿者开展野生动物保护法律法规、生态保护等知识的宣传活动；组织开展对相关从业人员法律法规和专业知识培训；依法公开野生动物保护和管理信息。

教育行政部门、学校应当对学生进行野生动物保护知识教育。

新闻媒体应当开展野生动物保护法律法规和保护知识的宣传，并依法对违法行为进行舆论监督。

第九条 在野生动物保护和科学研究方面成绩显著的组织和个人，由县级以上人民政府按照国家有关规定给予表彰和奖励。

第二章 野生动物及其栖息地保护

第十条 国家对野生动物实行分类分级保护。

国家对珍贵、濒危的野生动物实行重点保护。国家重点保护的野生动物分为一级保护野生动物和二级保护野生动物。国家重点保护野生动物名录，由国务院野生动物保护主管部门组织科学论证评估后，报国务院批准公布。

有重要生态、科学、社会价值的陆生野生动物名录，由国务院野生动物保护主管部门征求国务院农业农村、自然资源、科学技术、生态环境、卫生健康等部门意见，组织科学论证评估后制定并公布。

地方重点保护野生动物，是指国家重点保护野生动物以外，由省、自治区、直辖市重点保护的野生动物。地方重点保护野生动物名录，由省、自治区、直辖市人民政府组织科学论证评估，征求国务院野生动物保护主管部门意见后制定、公布。

对本条规定的名录，应当每五年组织科学论证评估，根据论证评估情况进行调整，也可以根据野生动物保护的实际需要及时进行调整。

第十一条 县级以上人民政府野生动物保护主管部门应当加强信息技术应用，定期组织或者委托有关科学研究机构对野生动物及其栖息地状况进行调查、监测和评估，建立健全野生动物及其栖息地档案。

对野生动物及其栖息地状况的调查、监测和评估应当包括下列内容：

（一）野生动物野外分布区域、种群数量及结构；

（二）野生动物栖息地的面积、生态状况；

（三）野生动物及其栖息地的主要威胁因素；

（四）野生动物人工繁育情况等其他需要调查、监测和评估的内容。

第十二条 国务院野生动物保护主管部门应当会同国务院有关部门，根据野生动物及其栖息地状况的调查、监测和评估结果，确定并发布野生动物重要栖息地名录。

省级以上人民政府依法将野生动物重要栖息地划入国家公园、自然保护区等自然保护地，保护、恢复和改善野生动物生存环境。对不具备划定自然保护地条件的，县级以上人民政府可以采取划定禁猎（渔）区、规定禁猎（渔）期等措施予以保护。

禁止或者限制在自然保护地内引入外来物种、营造单一纯林、过量施洒农药等人为干扰、威胁野生动物生息繁衍的行为。

自然保护地依照有关法律法规的规定划定和管理，野生动物保护主管部门依法加强对野生动物及其栖息地的保护。

第十三条 县级以上人民政府及其有关部门在编制有关开发利用规划时，应当充分考虑野生动物及其栖息地保护的需要，分析、预测和评估规划实施可能对野生动物及其栖息地保护产生的整体影响，避免或者减少规划实施可能造成的不利后果。

禁止在自然保护地建设法律法规规定不得建设的项目。机场、铁路、公路、航道、水利水电、风电、光伏发电、围堰、围填海等建设项目的选址选线,应当避让自然保护地以及其他野生动物重要栖息地、迁徙洄游通道;确实无法避让的,应当采取修建野生动物通道、过鱼设施等措施,消除或者减少对野生动物的不利影响。

　　建设项目可能对自然保护地以及其他野生动物重要栖息地、迁徙洄游通道产生影响的,环境影响评价文件的审批部门在审批环境影响评价文件时,涉及国家重点保护野生动物的,应当征求国务院野生动物保护主管部门意见;涉及地方重点保护野生动物的,应当征求省、自治区、直辖市人民政府野生动物保护主管部门意见。

　　第十四条　各级野生动物保护主管部门应当监测环境对野生动物的影响,发现环境影响对野生动物造成危害时,应当会同有关部门及时进行调查处理。

　　第十五条　国家重点保护野生动物和有重要生态、科学、社会价值的陆生野生动物或者地方重点保护野生动物受到自然灾害、重大环境污染事故等突发事件威胁时,当地人民政府应当及时采取应急救助措施。

　　国家加强野生动物收容救护能力建设。县级以上人民政府野生动物保护主管部门应当按照国家有关规定组织开展野生动物收容救护工作,加强对社会组织开展野生动物收容救护工作的规范和指导。

　　收容救护机构应当根据野生动物收容救护的实际需要,建立收容救护场所,配备相应的专业技术人员、救护工具、设备和药品等。

　　禁止以野生动物收容救护为名买卖野生动物及其制品。

　　第十六条　野生动物疫源疫病监测、检疫和与人畜共患传染病有关的动物传染病的防治管理,适用《中华人民共和国动物防疫法》等有关法律法规的规定。

　　第十七条　国家加强对野生动物遗传资源的保护,对濒危野生动物实施抢救性保护。

　　国务院野生动物保护主管部门应当会同国务院有关部门制定有关野生动物遗传资源保护和利用规划,建立国家野生动物遗传资源基因库,对原产我国的珍贵、濒危野生动物遗传资源实行重点保护。

　　第十八条　有关地方人民政府应当根据实际情况和需要建设隔

离防护设施、设置安全警示标志等,预防野生动物可能造成的危害。

县级以上人民政府野生动物保护主管部门根据野生动物及其栖息地调查、监测和评估情况,对种群数量明显超过环境容量的物种,可以采取迁地保护、猎捕等种群调控措施,保障人身财产安全、生态安全和农业生产。对种群调控猎捕的野生动物按照国家有关规定进行处理和综合利用。种群调控的具体办法由国务院野生动物保护主管部门会同国务院有关部门制定。

第十九条　因保护本法规定保护的野生动物,造成人员伤亡、农作物或者其他财产损失的,由当地人民政府给予补偿。具体办法由省、自治区、直辖市人民政府制定。有关地方人民政府可以推动保险机构开展野生动物致害赔偿保险业务。

有关地方人民政府采取预防、控制国家重点保护野生动物和其他致害严重的陆生野生动物造成危害的措施以及实行补偿所需经费,由中央财政予以补助。具体办法由国务院财政部门会同国务院野生动物保护主管部门制定。

在野生动物危及人身安全的紧急情况下,采取措施造成野生动物损害的,依法不承担法律责任。

第三章　野生动物管理

第二十条　在自然保护地和禁猎(渔)区、禁猎(渔)期内,禁止猎捕以及其他妨碍野生动物生息繁衍的活动,但法律法规另有规定的除外。

野生动物迁徙洄游期间,在前款规定区域外的迁徙洄游通道内,禁止猎捕并严格限制其他妨碍野生动物生息繁衍的活动。县级以上人民政府或者其野生动物保护主管部门应当规定并公布迁徙洄游通道的范围以及妨碍野生动物生息繁衍活动的内容。

第二十一条　禁止猎捕、杀害国家重点保护野生动物。

因科学研究、种群调控、疫源疫病监测或者其他特殊情况,需要猎捕国家一级保护野生动物的,应当向国务院野生动物保护主管部门申请特许猎捕证;需要猎捕国家二级保护野生动物的,应当向省、自治区、直辖市人民政府野生动物保护主管部门申请特许猎捕证。

第二十二条　猎捕有重要生态、科学、社会价值的陆生野生动物和地方重点保护野生动物的,应当依法取得县级以上地方人民政府野生动物保护主管部门核发的狩猎证,并服从猎捕量限额管理。

第二十三条　猎捕者应当严格按照特许猎捕证、狩猎证规定的种类、数量或者限额、地点、工具、方法和期限进行猎捕。猎捕作业完成后,应当将猎捕情况向核发特许猎捕证、狩猎证的野生动物保护主管部门备案。具体办法由国务院野生动物保护主管部门制定。猎捕国家重点保护野生动物应当由专业机构和人员承担;猎捕有重要生态、科学、社会价值的陆生野生动物,有条件的地方可以由专业机构有组织开展。

持枪猎捕的,应当依法取得公安机关核发的持枪证。

第二十四条　禁止使用毒药、爆炸物、电击或者电子诱捕装置以及猎套、猎夹、捕鸟网、地枪、排铳等工具进行猎捕,禁止使用夜间照明行猎、歼灭性围猎、捣毁巢穴、火攻、烟熏、网捕等方法进行猎捕,但因物种保护、科学研究确需网捕、电子诱捕以及植保作业等除外。

前款规定以外的禁止使用的猎捕工具和方法,由县级以上地方人民政府规定并公布。

第二十五条　人工繁育野生动物实行分类分级管理,严格保护和科学利用野生动物资源。国家支持有关科学研究机构因物种保护目的人工繁育国家重点保护野生动物。

人工繁育国家重点保护野生动物实行许可制度。人工繁育国家重点保护野生动物的,应当经省、自治区、直辖市人民政府野生动物保护主管部门批准,取得人工繁育许可证,但国务院对批准机关另有规定的除外。

人工繁育有重要生态、科学、社会价值的陆生野生动物的,应当向县级人民政府野生动物保护主管部门备案。

人工繁育野生动物应当使用人工繁育子代种源,建立物种系谱、繁育档案和个体数据。因物种保护目的确需采用野外种源的,应当遵守本法有关猎捕野生动物的规定。

本法所称人工繁育子代,是指人工控制条件下繁殖出生的子代个体且其亲本也在人工控制条件下出生。

人工繁育野生动物的具体管理办法由国务院野生动物保护主管

部门制定。

第二十六条 人工繁育野生动物应当有利于物种保护及其科学研究,不得违法猎捕野生动物,破坏野外种群资源,并根据野生动物习性确保其具有必要的活动空间和生息繁衍、卫生健康条件,具备与其繁育目的、种类、发展规模相适应的场所、设施、技术,符合有关技术标准和防疫要求,不得虐待野生动物。

省级以上人民政府野生动物保护主管部门可以根据保护国家重点保护野生动物的需要,组织开展国家重点保护野生动物放归野外环境工作。

前款规定以外的人工繁育的野生动物放归野外环境的,适用本法有关放生野生动物管理的规定。

第二十七条 人工繁育野生动物应当采取安全措施,防止野生动物伤人和逃逸。人工繁育的野生动物造成他人损害、危害公共安全或者破坏生态的,饲养人、管理人等应当依法承担法律责任。

第二十八条 禁止出售、购买、利用国家重点保护野生动物及其制品。

因科学研究、人工繁育、公众展示展演、文物保护或者其他特殊情况,需要出售、购买、利用国家重点保护野生动物及其制品的,应当经省、自治区、直辖市人民政府野生动物保护主管部门批准,并按照规定取得和使用专用标识,保证可追溯,但国务院对批准机关另有规定的除外。

出售、利用有重要生态、科学、社会价值的陆生野生动物和地方重点保护野生动物及其制品的,应当提供狩猎、人工繁育、进出口等合法来源证明。

实行国家重点保护野生动物和有重要生态、科学、社会价值的陆生野生动物及其制品专用标识的范围和管理办法,由国务院野生动物保护主管部门规定。

出售本条第二款、第三款规定的野生动物的,还应当依法附有检疫证明。

利用野生动物进行公众展示展演应当采取安全管理措施,并保障野生动物健康状态,具体管理办法由国务院野生动物保护主管部门会同国务院有关部门制定。

第二十九条 对人工繁育技术成熟稳定的国家重点保护野生动物或者有重要生态、科学、社会价值的陆生野生动物,经科学论证评估,纳入国务院野生动物保护主管部门制定的人工繁育国家重点保护野生动物名录或者有重要生态、科学、社会价值的陆生野生动物名录,并适时调整。对列入名录的野生动物及其制品,可以凭人工繁育许可证或者备案,按照省、自治区、直辖市人民政府野生动物保护主管部门或者其授权的部门核验的年度生产数量直接取得专用标识,凭专用标识出售和利用,保证可追溯。

对本法第十条规定的国家重点保护野生动物名录和有重要生态、科学、社会价值的陆生野生动物名录进行调整时,根据有关野外种群保护情况,可以对前款规定的有关人工繁育技术成熟稳定野生动物的人工种群,不再列入国家重点保护野生动物名录和有重要生态、科学、社会价值的陆生野生动物名录,实行与野外种群不同的管理措施,但应当依照本法第二十五条第二款、第三款和本条第一款的规定取得人工繁育许可证或者备案和专用标识。

对符合《中华人民共和国畜牧法》第十二条第二款规定的陆生野生动物人工繁育种群,经科学论证评估,可以列入畜禽遗传资源目录。

第三十条 利用野生动物及其制品的,应当以人工繁育种群为主,有利于野外种群养护,符合生态文明建设的要求,尊重社会公德,遵守法律法规和国家有关规定。

野生动物及其制品作为药品等经营和利用的,还应当遵守《中华人民共和国药品管理法》等有关法律法规的规定。

第三十一条 禁止食用国家重点保护野生动物和国家保护的有重要生态、科学、社会价值的陆生野生动物以及其他陆生野生动物。

禁止以食用为目的猎捕、交易、运输在野外环境自然生长繁殖的前款规定的野生动物。

禁止生产、经营使用本条第一款规定的野生动物及其制品制作的食品。

禁止为食用非法购买本条第一款规定的野生动物及其制品。

第三十二条 禁止为出售、购买、利用野生动物或者禁止使用的猎捕工具发布广告。禁止为违法出售、购买、利用野生动物制品发布广告。

第三十三条　禁止网络平台、商品交易市场、餐饮场所等，为违法出售、购买、食用及利用野生动物及其制品或者禁止使用的猎捕工具提供展示、交易、消费服务。

第三十四条　运输、携带、寄递国家重点保护野生动物及其制品，或者依照本法第二十九条第二款规定调出国家重点保护野生动物名录的野生动物及其制品出县境的，应当持有或者附有本法第二十一条、第二十五条、第二十八条或者第二十九条规定的许可证、批准文件的副本或者专用标识。

运输、携带、寄递有重要生态、科学、社会价值的陆生野生动物和地方重点保护野生动物，或者依照本法第二十九条第二款规定调出有重要生态、科学、社会价值的陆生野生动物名录的野生动物出县境的，应当持有狩猎、人工繁育、进出口等合法来源证明或者专用标识。

运输、携带、寄递前两款规定的野生动物出县境的，还应当依照《中华人民共和国动物防疫法》的规定附有检疫证明。

铁路、道路、水运、民航、邮政、快递等企业对托运、携带、交寄野生动物及其制品的，应当查验其相关证件、文件副本或者专用标识，对不符合规定的，不得承运、寄递。

第三十五条　县级以上人民政府野生动物保护主管部门应当对科学研究、人工繁育、公众展示展演等利用野生动物及其制品的活动进行规范和监督管理。

市场监督管理、海关、铁路、道路、水运、民航、邮政等部门应当按照职责分工对野生动物及其制品交易、利用、运输、携带、寄递等活动进行监督检查。

国家建立由国务院林业草原、渔业主管部门牵头，各相关部门配合的野生动物联合执法工作协调机制。地方人民政府建立相应联合执法工作协调机制。

县级以上人民政府野生动物保护主管部门和其他负有野生动物保护职责的部门发现违法事实涉嫌犯罪的，应当将犯罪线索移送具有侦查、调查职权的机关。

公安机关、人民检察院、人民法院在办理野生动物保护犯罪案件过程中认为没有犯罪事实，或者犯罪事实显著轻微，不需要追究刑事责任，但应当予以行政处罚的，应当及时将案件移送县级以上人民政府野生动物保护主管部门和其他负有野生动物保护职责的部门,有关部门应当依法处理。

第三十六条　县级以上人民政府野生动物保护主管部门和其他负有野生动物保护职责的部门,在履行本法规定的职责时,可以采取下列措施:

(一)进入与违反野生动物保护管理行为有关的场所进行现场检查、调查;

(二)对野生动物进行检验、检测、抽样取证;

(三)查封、复制有关文件、资料,对可能被转移、销毁、隐匿或者篡改的文件、资料予以封存;

(四)查封、扣押无合法来源证明的野生动物及其制品,查封、扣押涉嫌非法猎捕野生动物或者非法收购、出售、加工、运输猎捕野生动物及其制品的工具、设备或者财物。

第三十七条　中华人民共和国缔结或者参加的国际公约禁止或者限制贸易的野生动物或者其制品名录,由国家濒危物种进出口管理机构制定、调整并公布。

进出口列入前款名录的野生动物或者其制品,或者出口国家重点保护野生动物或者其制品的,应当经国务院野生动物保护主管部门或者国务院批准,并取得国家濒危物种进出口管理机构核发的允许进出口证明书。海关凭允许进出口证明书办理进出境检疫,并依法办理其他海关手续。

涉及科学技术保密的野生动物物种的出口,按照国务院有关规定办理。

列入本条第一款名录的野生动物,经国务院野生动物保护主管部门核准,按照本法有关规定进行管理。

第三十八条　禁止向境外机构或者人员提供我国特有的野生动物遗传资源。开展国际科学研究合作的,应当依法取得批准,有我国科研机构、高等学校、企业及其研究人员实质性参与研究,按照规定提出国家共享惠益的方案,并遵守我国法律、行政法规的规定。

第三十九条　国家组织开展野生动物保护及相关执法活动的国际合作与交流,加强与毗邻国家的协作,保护野生动物迁徙通道;建立防范、打击野生动物及其制品的走私和非法贸易的部门协调机制,开展防范、打击走私和非法贸易行动。

第四十条　从境外引进野生动物物种的,应当经国务院野生动物保护主管部门批准。从境外引进列入本法第三十七条第一款名录的野生动物,还应当依法取得允许进出口证明书。海关凭进口批准文件或者允许进出口证明书办理进境检疫,并依法办理其他海关手续。

从境外引进野生动物物种的,应当采取安全可靠的防范措施,防止其进入野外环境,避免对生态系统造成危害;不得违法放生、丢弃,确需将其放生至野外环境的,应当遵守有关法律法规的规定。

发现来自境外的野生动物对生态系统造成危害的,县级以上人民政府野生动物保护等有关部门应当采取相应的安全控制措施。

第四十一条　国务院野生动物保护主管部门应当会同国务院有关部门加强对放生野生动物活动的规范、引导。任何组织和个人将野生动物放生至野外环境,应当选择适合放生地野外生存的当地物种,不得干扰当地居民的正常生活、生产,避免对生态系统造成危害。具体办法由国务院野生动物保护主管部门制定。随意放生野生动物,造成他人人身、财产损害或者危害生态系统的,依法承担法律责任。

第四十二条　禁止伪造、变造、买卖、转让、租借特许猎捕证、狩猎证、人工繁育许可证及专用标识,出售、购买、利用国家重点保护野生动物及其制品的批准文件,或者允许进出口证明书、进出口等批准文件。

前款规定的有关许可证书、专用标识、批准文件的发放有关情况,应当依法公开。

第四十三条　外国人在我国对国家重点保护野生动物进行野外考察或者在野外拍摄电影、录像,应当经省、自治区、直辖市人民政府野生动物保护主管部门或者其授权的单位批准,并遵守有关法律法规的规定。

第四十四条　省、自治区、直辖市人民代表大会或者其常务委员会可以根据地方实际情况制定对地方重点保护野生动物等的管理办法。

第四章　法律责任

第四十五条　野生动物保护主管部门或者其他有关部门不依法作出行政许可决定，发现违法行为或者接到对违法行为的举报不依法处理，或者有其他滥用职权、玩忽职守、徇私舞弊等不依法履行职责的行为的，对直接负责的主管人员和其他直接责任人员依法给予处分；构成犯罪的，依法追究刑事责任。

第四十六条　违反本法第十二条第三款、第十三条第二款规定的，依照有关法律法规的规定处罚。

第四十七条　违反本法第十五条第四款规定，以收容救护为名买卖野生动物及其制品的，由县级以上人民政府野生动物保护主管部门没收野生动物及其制品、违法所得，并处野生动物及其制品价值二倍以上二十倍以下罚款，将有关违法信息记入社会信用记录，并向社会公布；构成犯罪的，依法追究刑事责任。

第四十八条　违反本法第二十条、第二十一条、第二十三条第一款、第二十四条第一款规定，有下列行为之一的，由县级以上人民政府野生动物保护主管部门、海警机构和有关自然保护地管理机构按照职责分工没收猎获物、猎捕工具和违法所得，吊销特许猎捕证，并处猎获物价值二倍以上二十倍以下罚款；没有猎获物或者猎获物价值不足五千元的，并处一万元以上十万元以下罚款；构成犯罪的，依法追究刑事责任：

（一）在自然保护地、禁猎（渔）区、禁猎（渔）期猎捕国家重点保护野生动物；

（二）未取得特许猎捕证、未按照特许猎捕证规定猎捕、杀害国家重点保护野生动物；

（三）使用禁用的工具、方法猎捕国家重点保护野生动物。

违反本法第二十三条第一款规定，未将猎捕情况向野生动物保护主管部门备案的，由核发特许猎捕证、狩猎证的野生动物保护主管部门责令限期改正；逾期不改正的，处一万元以上十万元以下罚款；情节严重的，吊销特许猎捕证、狩猎证。

第四十九条　违反本法第二十条、第二十二条、第二十三条第一款、第二十四条第一款规定,有下列行为之一的,由县级以上地方人民政府野生动物保护主管部门和有关自然保护地管理机构按照职责分工没收猎获物、猎捕工具和违法所得,吊销狩猎证,并处猎获物价值一倍以上十倍以下罚款;没有猎获物或者猎获物价值不足二千元的,并处二千元以上二万元以下罚款;构成犯罪的,依法追究刑事责任:

(一)在自然保护地、禁猎(渔)区、禁猎(渔)期猎捕有重要生态、科学、社会价值的陆生野生动物或者地方重点保护野生动物;

(二)未取得狩猎证、未按照狩猎证规定猎捕有重要生态、科学、社会价值的陆生野生动物或者地方重点保护野生动物;

(三)使用禁用的工具、方法猎捕有重要生态、科学、社会价值的陆生野生动物或者地方重点保护野生动物。

违反本法第二十条、第二十四条第一款规定,在自然保护地、禁猎区、禁猎期或者使用禁用的工具、方法猎捕其他陆生野生动物,破坏生态的,由县级以上地方人民政府野生动物保护主管部门和有关自然保护地管理机构按照职责分工没收猎获物、猎捕工具和违法所得,并处猎获物价值一倍以上三倍以下罚款;没有猎获物或者猎获物价值不足一千元的,并处一千元以上三千元以下罚款;构成犯罪的,依法追究刑事责任。

违反本法第二十三条第二款规定,未取得持枪证持枪猎捕野生动物,构成违反治安管理行为的,还应当由公安机关依法给予治安管理处罚;构成犯罪的,依法追究刑事责任。

第五十条 违反本法第三十一条第二款规定,以食用为目的猎捕、交易、运输在野外环境自然生长繁殖的国家重点保护野生动物或者有重要生态、科学、社会价值的陆生野生动物的,依照本法第四十八条、第四十九条、第五十二条的规定从重处罚。

违反本法第三十一条第二款规定,以食用为目的猎捕在野外环境自然生长繁殖的其他陆生野生动物的,由县级以上地方人民政府野生动物保护主管部门和有关自然保护地管理机构按照职责分工没收猎获物、猎捕工具和违法所得;情节严重的,并处猎获物价值一倍以上五倍以下罚款,没有猎获物或者猎获物价值不足二千元的,并处二千元以上一万元以下罚款;构成犯罪的,依法追究刑事责任。

违反本法第三十一条第二款规定,以食用为目的交易、运输在野外环境自然生长繁殖的其他陆生野生动物的,由县级以上地方人民政府野生动物保护主管部门和市场监督管理部门按照职责分工没收野生动物;情节严重的,并处野生动物价值一倍以上五倍以下罚款;构成犯罪的,依法追究刑事责任。

第五十一条 违反本法第二十五条第二款规定,未取得人工繁育许可证,繁育国家重点保护野生动物或者依照本法第二十九条第二款规定调出国家重点保护野生动物名录的野生动物的,由县级以上人民政府野生动物保护主管部门没收野生动物及其制品,并处野生动物及其制品价值一倍以上十倍以下罚款。

违反本法第二十五条第三款规定,人工繁育有重要生态、科学、社会价值的陆生野生动物或者依照本法第二十九条第二款规定调出有重要生态、科学、社会价值的陆生野生动物名录的野生动物未备案的,由县级人民政府野生动物保护主管部门责令限期改正;逾期不改正的,处五百元以上二千元以下罚款。

第五十二条 违反本法第二十八条第一款和第二款、第二十九条第一款、第三十四条第一款规定,未经批准、未取得或者未按照规定使用专用标识,或者未持有、未附有人工繁育许可证、批准文件的副本或者专用标识出售、购买、利用、运输、携带、寄递国家重点保护野生动物及其制品或者依照本法第二十九条第二款规定调出国家重点保护野生动物名录的野生动物及其制品的,由县级以上人民政府野生动物保护主管部门和市场监督管理部门按照职责分工没收野生动物及其制品和违法所得,责令关闭违法经营场所,并处野生动物及其制品价值二倍以上二十倍以下罚款;情节严重的,吊销人工繁育许可证、撤销批准文件、收回专用标识;构成犯罪的,依法追究刑事责任。

违反本法第二十八条第三款、第二十九条第一款、第三十四条第二款规定,未持有合法来源证明或者专用标识出售、利用、运输、携带、寄递有重要生态、科学、社会价值的陆生野生动物、地方重点保护野生动物或者依照本法第二十九条第二款规定调出有重要生态、科学、社会价值的陆生野生动物名录的野生动物及其制品的,由县级以上地方人民政府野生动物保护主管部门和市场监督管理部门按照职责分工没收野生动物,并处野生动物价值一倍以上十倍以下罚款;构成犯罪的,依法追究刑事责任。

违反本法第三十四条第四款规定,铁路、道路、水运、民航、邮政、快递等企业未按照规定查验或者承运、寄递野生动物及其制品的,由交通运输、铁路监督管理、民用航空、邮政管理等相关主管部门按照职责分工没收违法所得,并处违法所得一倍以上五倍以下罚款;情节严重的,吊销经营许可证。

第五十三条　违反本法第三十一条第一款、第四款规定,食用或者为食用非法购买本法规定保护的野生动物及其制品的,由县级以上人民政府野生动物保护主管部门和市场监督管理部门按照职责分工责令停止违法行为,没收野生动物及其制品,并处野生动物及其制品价值二倍以上二十倍以下罚款;食用或者为食用非法购买其他陆生野生动物及其制品的,责令停止违法行为,给予批评教育,没收野生动物及其制品,情节严重的,并处野生动物及其制品价值一倍以上五倍以下罚款;构成犯罪的,依法追究刑事责任。

违反本法第三十一条第三款规定,生产、经营使用本法规定保护的野生动物及其制品制作的食品的,由县级以上人民政府野生动物保护主管部门和市场监督管理部门按照职责分工责令停止违法行为,没收野生动物及其制品和违法所得,责令关闭违法经营场所,并处违法所得十五倍以上三十倍以下罚款;生产、经营使用其他陆生野生动物及其制品制作的食品的,给予批评教育,没收野生动物及其制品和违法所得,情节严重的,并处违法所得一倍以上十倍以下罚款;构成犯罪的,依法追究刑事责任。

第五十四条　违反本法第三十二条规定,为出售、购买、利用野生动物及其制品或者禁止使用的猎捕工具发布广告的,依照《中华人民共和国广告法》的规定处罚。

第五十五条　违反本法第三十三条规定,为违法出售、购买、食用及利用野生动物及其制品或者禁止使用的猎捕工具提供展示、交易、消费服务的,由县级以上人民政府市场监督管理部门责令停止违法行为,限期改正,没收违法所得,并处违法所得二倍以上十倍以下罚款;没有违法所得或者违法所得不足五千元的,处一万元以上十万元以下罚款;构成犯罪的,依法追究刑事责任。

第五十六条　违反本法第三十七条规定,进出口野生动物及其制品的,由海关、公安机关、海警机构依照法律、行政法规和国家有关规定处罚;构成犯罪的,依法追究刑事责任。

第五十七条　违反本法第三十八条规定,向境外机构或者人员提供我国特有的野生动物遗传资源的,由县级以上人民政府野生动物保护主管部门没收野生动物及其制品和违法所得,并处野生动物及其制品价值或者违法所得一倍以上五倍以下罚款;构成犯罪的,依法追究刑事责任。

第五十八条　违反本法第四十条第一款规定,从境外引进野生动物物种的,由县级以上人民政府野生动物保护主管部门没收所引进的野生动物,并处五万元以上五十万元以下罚款;未依法实施进境检疫的,依照《中华人民共和国进出境动植物检疫法》的规定处罚;构成犯罪的,依法追究刑事责任。

第五十九条　违反本法第四十条第二款规定,将从境外引进的野生动物放生、丢弃的,由县级以上人民政府野生动物保护主管部门责令限期捕回,处一万元以上十万元以下罚款;逾期不捕回的,由有关野生动物保护主管部门代为捕回或者采取降低影响的措施,所需费用由被责令限期捕回者承担;构成犯罪的,依法追究刑事责任。

第六十条　违反本法第四十二条第一款规定,伪造、变造、买卖、转让、租借有关证件、专用标识或者有关批准文件的,由县级以上人民政府野生动物保护主管部门没收违法证件、专用标识、有关批准文件和违法所得,并处五万元以上五十万元以下罚款;构成违反治安管理行为的,由公安机关依法给予治安管理处罚;构成犯罪的,依法追究刑事责任。

第六十一条　县级以上人民政府野生动物保护主管部门和其他负有野生动物保护职责的部门、机构应当按照有关规定处理罚没的野生动物及其制品,具体办法由国务院野生动物保护主管部门会同国务院有关部门制定。

第六十二条　县级以上人民政府野生动物保护主管部门应当加强对野生动物及其制品鉴定、价值评估工作的规范、指导。本法规定的猎获物价值、野生动物及其制品价值的评估标准和方法,由国务院野生动物保护主管部门制定。

第六十三条　对违反本法规定破坏野生动物资源、生态环境,损害社会公共利益的行为,可以依照《中华人民共和国环境保护法》、《中华人民共和国民事诉讼法》、《中华人民共和国行政诉讼法》等法律的规定向人民法院提起诉讼。

第五章　附　　则

第六十四条　本法自2023年5月1日起施行。

国务院办公厅关于印发
新污染物治理行动方案的通知

(2022年5月4日　国办发〔2022〕15号)

《新污染物治理行动方案》已经国务院同意,现印发给你们,请认真贯彻执行。

新污染物治理行动方案

有毒有害化学物质的生产和使用是新污染物的主要来源。目前,国内外广泛关注的新污染物主要包括国际公约管控的持久性有机污染物、内分泌干扰物、抗生素等。为深入贯彻落实党中央、国务院决策部署,加强新污染物治理,切实保障生态环境安全和人民健康,制定本行动方案。

一、总体要求

(一)指导思想。以习近平新时代中国特色社会主义思想为指导,全面贯彻党的十九大和十九届历次全会精神,深入贯彻习近平生态文明思想,立足新发展阶段,完整、准确、全面贯彻新发展理念,构建新发展格局,推动高质量发展,以有效防范新污染物环境与健康风险为核心,以精准治污、科学治污、依法治污为工作方针,遵循全生命周期环境风险管理理念,统筹推进新污染物环境风险管理,实施调查评估、分类治理、全过程环境风险管控,加强制度和科技支撑保障,健全新污染物治理体系,促进以更高标准打好蓝天、碧水、净土保卫战,提升美丽中国、健康中国建设水平。

(二)工作原则。

——科学评估,精准施策。开展化学物质调查监测,科学评估环境风险,精准识别环境风险较大的新污染物,针对其产生环境风险的主要环节,采取源头禁限、过程减排、末端治理的全过程环境风险管控措施。

——标本兼治,系统推进。"十四五"期间,对一批重点管控新污染物开展专项治理。同时,系统构建新污染物治理长效机制,形成贯穿全过程、涵盖各类别、采取多举措的治理体系,统筹推动大气、水、土壤多环境介质协同治理。

——健全体系,提升能力。建立健全管理制度和技术体系,强化法治保障。建立跨部门协调机制,落实属地责任。强化科技支撑与基础能力建设,加强宣传引导,促进社会共治。

(三)主要目标。到2025年,完成高关注、高产(用)量的化学物质环境风险筛查,完成一批化学物质环境风险评估;动态发布重点管控新污染物清单;对重点管控新污染物实施禁止、限制、限排等环境风险管控措施。有毒有害化学物质环境风险管理法规制度体系和管理机制逐步建立健全,新污染物治理能力明显增强。

二、行动举措

(一)完善法规制度,建立健全新污染物治理体系。

1. 加强法律法规制度建设。研究制定有毒有害化学物质环境风险管理条例。建立健全化学物质环境信息调查、环境调查监测、环境风险评估、环境风险管控和新化学物质环境管理登记、有毒化学品进出口环境管理等制度。加强农药、兽药、药品、化妆品管理等相关制度与有毒有害化学物质环境风险管理相关制度的衔接。(生态环境部、农业农村部、市场监管总局、国家药监局等按职责分工负责)

2. 建立完善技术标准体系。建立化学物质环境风险评估与管控技术标准体系,制定修订化学物质环境风险评估、经济社会影响分析、危害特性测试方法等标准。完善新污染物环境监测技术体系。（生态环境部牵头，工业和信息化部、国家卫生健康委、市场监管总局等按职责分工负责）

3. 建立健全新污染物治理管理机制。建立生态环境部门牵头，发展改革、科技、工业和信息化、财政、住房城乡建设、农业农村、商务、卫生健康、海关、市场监管、药监等部门参加的新污染物治理跨部门协调机制，统筹推进新污染物治理工作。加强部门联合调查、联合执法、信息共享，加强法律、法规、制度、标准的协调衔接。按照国家统筹、省负总责、市县落实的原则，完善新污染物治理的管理机制，全面落实新污染物治理属地责任。成立新污染物治理专家委员会，强化新污染物治理技术支撑。（生态环境部牵头，国家发展改革委、科技部、工业和信息化部、财政部、住房城乡建设部、农业农村部、商务部、国家卫生健康委、海关总署、市场监管总局、国家药监局等按职责分工负责，地方各级人民政府负责落实。以下均需地方各级人民政府落实，不再列出）

（二）开展调查监测，评估新污染物环境风险状况。

4. 建立化学物质环境信息调查制度。开展化学物质基本信息调查，包括重点行业中重点化学物质生产使用的品种、数量、用途等信息。针对列入环境风险优先评估计划的化学物质，进一步开展有关生产、加工使用、环境排放数量及途径、危害特性等详细信息调查。2023年年底前，完成首轮化学物质基本信息调查和首批环境风险优先评估化学物质详细信息调查。（生态环境部负责）

5. 建立新污染物环境调查监测制度。制定实施新污染物专项环境调查监测工作方案。依托现有生态环境监测网络，在重点地区、重点行业、典型工业园区开展新污染物环境调查监测试点。探索建立地下水新污染物环境调查、监测及健康风险评估技术方法。2025年年底前，初步建立新污染物环境调查监测体系。（生态环境部负责）

6. 建立化学物质环境风险评估制度。研究制定化学物质环境风险筛查和评估方案，完善评估数据库，以高关注、高产（用）量、高环境检出率、分散式用途的化学物质为重点，开展环境与健康危害测试和风险筛查。动态制定化学物质环境风险优先评估计划和优先控制化学品名录。2022年年底前，印发第一批化学物质环境风险优先评估

计划。(生态环境部、国家卫生健康委等按职责分工负责)

7. 动态发布重点管控新污染物清单。针对列入优先控制化学品名录的化学物质以及抗生素、微塑料等其他重点新污染物,制定"一品一策"管控措施,开展管控措施的技术可行性和经济社会影响评估,识别优先控制化学品的主要环境排放源,适时制定修订相关行业排放标准,动态更新有毒有害大气污染物名录、有毒有害水污染物名录、重点控制的土壤有毒有害物质名录。动态发布重点管控新污染物清单及其禁止、限制、限排等环境风险管控措施。2022年发布首批重点管控新污染物清单。鼓励有条件的地区在落实国家任务要求的基础上,参照国家标准和指南,先行开展化学物质环境信息调查、环境调查监测和环境风险评估,因地制宜制定本地区重点管控新污染物补充清单和管控方案,建立健全有关地方政策标准等。(生态环境部牵头,工业和信息化部、农业农村部、商务部、国家卫生健康委、海关总署、市场监管总局、国家药监局等按职责分工负责)

(三)严格源头管控,防范新污染物产生。

8. 全面落实新化学物质环境管理登记制度。严格执行《新化学物质环境管理登记办法》,落实企业新化学物质环境风险防控主体责任。加强新化学物质环境管理登记监督,建立健全新化学物质登记测试数据质量监管机制,对新化学物质登记测试数据质量进行现场核查并公开核查结果。建立国家和地方联动的监督执法机制,按照"双随机、一公开"原则,将新化学物质环境管理事项纳入环境执法年度工作计划,加大对违法企业的处罚力度。做好新化学物质和现有化学物质环境管理衔接,完善《中国现有化学物质名录》。(生态环境部负责)

9. 严格实施淘汰或限用措施。按照重点管控新污染物清单要求,禁止、限制重点管控新污染物的生产、加工使用和进出口。研究修订《产业结构调整指导目录》,对纳入《产业结构调整指导目录》淘汰类的工业化学品、农药、兽药、药品、化妆品等,未按期淘汰的,依法停止其产品登记或生产许可证核发。强化环境影响评价管理,严格涉新污染物建设项目准入管理。将禁止进出口的化学品纳入禁止进(出)口货物目录,加强进出口管控;将严格限制用途的化学品纳入《中国严格限制的有毒化学品名录》,强化进出口环境管理。依法严厉打击已淘汰持久性有机污染物的非法生产和加工使用。(国家发展改革委、工业和信息化部、生态环境部、农业农村部、商务部、海关总署、市场监管总局、国家药监局等按职责分工负责)

10. 加强产品中重点管控新污染物含量控制。对采取含量控制的重点管控新污染物，将含量控制要求纳入玩具、学生用品等相关产品的强制性国家标准并严格监督落实，减少产品消费过程中造成的新污染物环境排放。将重点管控新污染物限值和禁用要求纳入环境标志产品和绿色产品标准、认证、标识体系。在重要消费品环境标志认证中，对重点管控新污染物进行标识或提示。(工业和信息化部、生态环境部、农业农村部、市场监管总局等按职责分工负责)

(四)强化过程控制，减少新污染物排放。

11. 加强清洁生产和绿色制造。对使用有毒有害化学物质进行生产或者在生产过程中排放有毒有害化学物质的企业依法实施强制性清洁生产审核，全面推进清洁生产改造；企业应采取便于公众知晓的方式公布使用有毒有害原料的情况以及排放有毒有害化学物质的名称、浓度和数量等相关信息。推动将有毒有害化学物质的替代和排放控制要求纳入绿色产品、绿色园区、绿色工厂和绿色供应链等绿色制造标准体系。(国家发展改革委、工业和信息化部、生态环境部、住房城乡建设部、市场监管总局等按职责分工负责)

12. 规范抗生素类药品使用管理。研究抗菌药物环境危害性评估制度，在兽用抗菌药注册登记环节对新品种开展抗菌药物环境危害性评估。加强抗菌药物临床应用管理，严格落实零售药店凭处方销售处方药类抗菌药物。加强兽用抗菌药监督管理，实施兽用抗菌药使用减量化行动，推行凭兽医处方销售使用兽用抗菌药。(生态环境部、农业农村部、国家卫生健康委、国家药监局等按职责分工负责)

13. 强化农药使用管理。加强农药登记管理，健全农药登记后环境风险监测和再评价机制。严格管控具有环境持久性、生物累积性等特性的高毒高风险农药及助剂。2025年年底前，完成一批高毒高风险农药品种再评价。持续开展农药减量增效行动，鼓励发展高效低风险农药，稳步推进高毒高风险农药淘汰和替代。鼓励使用便于回收的大容量包装物，加强农药包装废弃物回收处理。(生态环境部、农业农村部等按职责分工负责)

（五）深化末端治理，降低新污染物环境风险。

14. 加强新污染物多环境介质协同治理。加强有毒有害大气污染物、水污染物环境治理，制定相关污染控制技术规范。排放重点管控新污染物的企事业单位应采取污染控制措施，达到相关污染物排放标准及环境质量目标要求；按照排污许可管理有关要求，依法申领排污许可证或填写排污登记表，并在其中载明执行的污染控制标准要求及采取的污染控制措施。排放重点管控新污染物的企事业单位和其他生产经营者应按照相关法律法规要求，对排放(污)口及其周边环境定期开展环境监测，评估环境风险，排查整治环境安全隐患，依法公开新污染物信息，采取措施防范环境风险。土壤污染重点监管单位应严格控制有毒有害物质排放，建立土壤污染隐患排查制度，防止有毒有害物质渗漏、流失、扬散。生产、加工使用或排放重点管控新污染物清单中所列化学物质的企事业单位应纳入重点排污单位。(生态环境部负责)

15. 强化含特定新污染物废物的收集利用处置。严格落实废药品、废农药以及抗生素生产过程中产生的废母液、废反应基和废培养基等废物的收集利用处置要求。研究制定含特定新污染物废物的检测方法、鉴定技术标准和利用处置污染控制技术规范。(生态环境部、农业农村部等按职责分工负责)

16. 开展新污染物治理试点工程。在长江、黄河等流域和重点饮用水水源地周边，重点河口、重点海湾、重点海水养殖区，京津冀、长三角、珠三角等区域，聚焦石化、涂料、纺织印染、橡胶、农药、医药等行业，选取一批重点企业和工业园区开展新污染物治理试点工程，形成一批有毒有害化学物质绿色替代、新污染物减排以及污水污泥、废液废渣中新污染物治理示范技术。鼓励有条件的地方制定激励政策，推动企业先行先试，减少新污染物的产生和排放。(工业和信息化部、生态环境部等按职责分工负责)

（六）加强能力建设，夯实新污染物治理基础。

17. 加大科技支撑力度。在国家科技计划中加强新污染物治理科技攻关，开展有毒有害化学物质环境风险评估与管控关键技术研究；加强新污染物相关新理论和新技术等研究，提升创新能力；加强抗生素、微塑料等生态环境危害机理研究。整合现有资源，重组环境

领域全国重点实验室,开展新污染物相关研究。(科技部、生态环境部、国家卫生健康委等按职责分工负责)

18.加强基础能力建设。加强国家和地方新污染物治理的监督、执法和监测能力建设。加强国家和区域(流域、海域)化学物质环境风险评估和新污染物环境监测技术支撑保障能力。建设国家化学物质环境风险管理信息系统,构建化学物质计算毒理与暴露预测平台。培育一批符合良好实验室规范的化学物质危害测试实验室。加强相关专业人才队伍建设和专项培训。(生态环境部、国家卫生健康委等部门按职责分工负责)

三、保障措施

(一)加强组织领导。坚持党对新污染物治理工作的全面领导。地方各级人民政府要加强对新污染物治理的组织领导,各省级人民政府是组织实施本行动方案的主体,于2022年年底前组织制定本地区新污染物治理工作方案,细化分解目标任务,明确部门分工,抓好工作落实。国务院各有关部门要加强分工协作,共同做好新污染物治理工作,2025年对本行动方案实施情况进行评估。将新污染物治理中存在的突出生态环境问题纳入中央生态环境保护督察。(生态环境部牵头,有关部门按职责分工负责)

(二)强化监管执法。督促企业落实主体责任,严格落实国家和地方新污染物治理要求。加强重点管控新污染物排放执法监测和重点区域环境监测。对涉重点管控新污染物企事业单位依法开展现场检查,加大对未按规定落实环境风险管控措施企业的监督执法力度。加强对禁止或限制类有毒有害化学物质及其相关产品生产、加工使用、进出口的监督执法。(生态环境部、农业农村部、海关总署、市场监管总局等按职责分工负责)

(三)拓宽资金投入渠道。鼓励社会资本进入新污染物治理领域,引导金融机构加大对新污染物治理的信贷支持力度。新污染物治理按规定享受税收优惠政策。(财政部、生态环境部、税务总局、银保监会等按职责分工负责)

(四)加强宣传引导。加强法律法规政策宣传解读。开展新污染物治理科普宣传教育,引导公众科学认识新污染物环境风险,树立绿色消费理念。鼓励公众通过多种渠道举报涉新污染物环境违法犯罪行为，充分发挥社会舆论监督作用。积极参与化学品国际环境公约和国际化学品环境管理行动，在全球环境治理中发挥积极作用。（生态环境部牵头，有关部门按职责分工负责）

国务院关于支持山东深化新旧动能转换推动绿色低碳高质量发展的意见

（2022年8月25日　国发〔2022〕18号）

山东是我国重要的工业基地和北方地区经济发展的战略支点。为支持山东在深化新旧动能转换基础上，着力探索转型发展之路，进一步增强区域发展活力动力，加快推动绿色低碳高质量发展，现提出如下意见。

一、总体要求

（一）指导思想。

以习近平新时代中国特色社会主义思想为指导，深入落实习近平总书记关于山东工作"走在前列、全面开创"的重要指示精神，坚持稳中求进工作总基调，完整、准确、全面贯彻新发展理念，坚持以人民为中心的发展思想，坚定不移走生态优先、绿色发展的现代化道路，以深化新旧动能转换为中心任务，以形成绿色低碳生产生活方式为主攻方向，以改革创新为根本动力，统筹发展和安全，改造提升传统动能和培育壮大新动能并举，努力建设绿色低碳高质量发展先行区，努力在服务和融入新发展格局上走在前、在增强经济社会发展创新力上走在前、在推动黄河流域生态保护和高质量发展上走在前，不断改善人民生活、促进共同富裕，开创新时代社会主义现代化强省建设新局面。

（二）发展导向。

——深化新旧动能转换。实施创新驱动发展战略，坚持腾笼换鸟、凤凰涅槃，依托新旧动能转换综合试验区，打造全国重要的区域创新高地和科技创新策源地，培育一批有重要影响力的战略性新兴产业集群，加快探索形成新旧动能转换的路径模式。

——推动绿色低碳转型发展。实施全面节约战略，围绕实现碳达峰碳中和，坚持降碳、减污、扩绿、增长协同推进，推动重化工业转型、低碳技术研发推广、绿色发展机制创新，加快形成节约资源和保护环境的产业结构、生产方式、生活方式、空间格局。

——促进工业化数字化深度融合。坚持走新型工业化道路，协同推进产业数字化和数字产业化，以制造业数字化、网络化、智能化发展为牵引，强化底层技术突破，汇聚海量数据，丰富产业应用场景，创新融合发展模式，促进数字技术全链条赋能实体经济，推动制造大省向制造强省转变。

——深入实施黄河流域生态保护和高质量发展战略。发挥山东半岛城市群龙头作用，全方位、多层次深化黄河流域大保护、大治理，在生态环境高水平保护、水资源深度节约集约利用和协同推进经济高质量发展方面加强探索创新。

（三）发展目标。

到2027年，山东深化新旧动能转换建设绿色低碳高质量发展先行区实现重大突破，形成一批可复制可推广的成功经验。产业数字化转型全面推进，新技术、新产业、新业态、新模式成为经济发展的主要驱动力。能源结构、产业结构显著优化，增量能源消费主要依靠非化石能源提供，重点行业和企业能效水平全国领先。水资源节约集约利用水平大幅提升，主要污染物排放总量持续下降，城乡人居环境和居民生活品质显著改善。重点领域改革取得重大突破，简政放权、放管结合、优化服务改革取得实质性进展，营商环境达到全国一流水平。

到2035年，山东成功跨越转变经济发展方式、优化经济结构、转换增长动力的常规性长期性关口，努力建成现代化经济体系，碳排放达峰后稳中有降，发展动能持续转换升级和绿色低碳发展的体制机制基本成熟定型，建成新时代社会主义现代化强省。

二、降碳提质并举，全面改造提升传统产业

（四）推动传统支柱产业绿色化高端化发展。以节能降碳和绿色转型为牵引，实施产业基础再造工程和质量提升行动，支持传统优势产业做精做强，向产业链中高端迈进。支持山东以化工、有色金属、建材、纺织、轻工等行业为重点,"一业一策"制定改造提升计划。推进产业园区循环化改造,促进废物综合利用、能量梯级利用、水资源循环利用。

(五)加快重化工业布局优化和结构调整。坚持高端化、绿色化、集约化,促进钢铁、石化企业兼并重组,实现产能向沿海地区园区集中。京津冀大气污染传输通道城市钢铁产能实现应退尽退,推动重要钢铁产业基地工艺流程优化和产品结构升级。深入推进化工园区整治提升,鼓励企业减油增化,延伸石化产业链,提高化工新材料保障能力。扎实推进裕龙岛炼化一体化项目建设,严格落实产能置换指标,稳妥推动后续地炼产能整合。

(六)坚决遏制高耗能高排放低水平项目盲目发展。聚焦重点耗能行业,强化环保、质量、技术、节能、安全标准引领,对高耗能高排放项目全面推行清单管理、分类处置、动态监控。新建高耗能高排放项目严格落实产能、煤耗、能耗、碳排放、污染物排放等减量替代要求,主要产品能效水平对标国家能耗限额先进标准并力争达到国际先进水平;对存量项目积极有序开展节能降碳技术改造,加快淘汰落后产能。

三、坚持清洁低碳安全高效,优化能源和交通结构

(七)推动化石能源清洁高效利用。在确保能源安全可靠稳定供应的基础上,严格合理控制煤炭消费增长,加快实施煤电机组节能降碳改造、供热改造、灵活性改造"三改联动",原则上不再新建自备燃煤机组。大幅压减散煤消费,因地制宜推进"煤改气"、"煤改电",推广工业余热余压综合利用。提升胜利油田、渤海油气资源勘探开发和清洁低碳生产水平,加强油气开发与新能源融合发展,推进中俄东线天然气管道(山东段)、沿海液化天然气(LNG)接收站等基础设施建设。

(八)促进非化石能源大规模高比例发展。支持山东大力发展可再生能源,打造千万千瓦级深远海海上风电基地,利用鲁北盐碱滩涂地、鲁西南采煤沉陷区等建设规模化风电光伏基地,探索分布式光伏融合发展模式。在确保绝对安全的前提下在胶东半岛有序发展核电,推动自主先进核电堆型规模化发展,拓展供热、海水淡化等综合利用。推动"绿电入鲁",支持山东加强与送端省份合作,积极参与大

型风电光伏基地建设,加快陇东至山东特高压输电通道建设,新建特高压输电通道中可再生能源电量比例原则上不低于50%。构建源网荷储协同互动的智慧能源系统,推动抽水蓄能电站建设,提升新型储能应用水平。

(九)优化交通设施布局和结构。推动青岛经济南至郑州、西安通道建设,加快建成京沪高铁辅助通道,推进京杭运河黄河以北段适宜河段复航。推动青岛港和日照港、烟台港等加快建设世界一流海港,强化与天津、河北、江苏等沿海省份港口合作互动,共同打造世界级港口群。完善多式联运体系,推进大宗货物运输"公转铁"、"公转水"。支持青岛港扩大氢能利用、日照港建设大宗干散货智慧绿色示范港口,构建以电气化铁路、节能环保船舶为主的中长途绿色货运系统。

四、推动数字绿色文化赋能,积极培育发展新兴产业

(十)全面推动制造业数字化转型。以石化、高端装备、纺织、家电等行业为重点,大力提升数字基础设施支撑、数据资源汇聚运用和信息安全保障能力,加快新一代信息技术与制造业全过程、全要素深度融合,推进特色优势产业补链强链,打造国际一流的智能家电、轨道交通、动力装备等先进制造业集群。培育具有国际影响力的工业互联网平台,提升标识解析体系层次和应用深度,积极发展网络协同制造、个性化定制、智能化管理等新模式。布局一批数字化转型促进中心,梯次培育"专精特新"中小企业和单项冠军企业。

(十一)培育壮大数字产业。构建"5G+光网"双千兆高速网络,建设国家级互联网骨干直联点和青岛国际通信业务出入口局。大力提升先进计算、新型智能终端、超高清视频、网络安全等数字优势产业竞争力,积极推进光电子、高端软件等核心基础产业创新突破,前瞻布局未来网络、碳基半导体、类脑计算等未来产业。建设济南、青岛国家E级超算中心,提升云计算能力,完善国家级、省级及边缘工业互联网大数据中心体系。

(十二)大力发展海洋特色新兴产业集群。面向深海大洋资源开发,突破海工高端装备关键核心技术,建设世界领先的海工装备基地。加快海洋新材料研发应用,延伸海洋化工产业链。促进海洋生物医药创新,实施现代渔业"蓝色良种"工程,建设国家深海基因库。

打造集成风能开发、氢能利用、海水淡化及海洋牧场建设等的海上"能源岛"。建设国家海洋综合试验场(威海),实施智慧海洋工程。

(十三)积极发展绿色低碳新兴产业。支持山东布局大功率海上风电、高效光伏发电、先进核电等清洁能源装备与关键零部件制造。实施"氢进万家"科技示范工程,构建制储输用全链条发展的创新应用生态。壮大污染治理、固体废物资源化利用、环境监测等节能环保装备产业,加快节能环保服务业发展,鼓励向价值链高端延伸。

(十四)实施文化赋能行动。深入发掘儒家文化、泰山文化、黄河文化、运河文化等中华优秀传统文化和红色文化独特魅力,为产品研发、设计制造、文旅发展铸魂赋能,塑造一批积淀深厚、特色鲜明的原创标识和国潮品牌。大力发展创意设计、网络视听、文化会展、数字出版等文化产业,推动文化和旅游融合发展,建设"好客山东"全域旅游示范区、国际著名文化旅游目的地。

五、实施创新驱动发展战略,加快塑造发展新优势

(十五)推动重大创新平台建设。发挥山东海洋科技资源雄厚、海洋产业基础较好的综合优势,高质量建设海洋领域国家实验室。支持在新一代信息技术、新材料、高端装备、绿色矿山等领域按程序稳步重组一批全国重点实验室,在工业互联网、生命健康、虚拟现实等新兴产业领域培育国家工程研究中心等重大创新平台。

(十六)强化企业创新主体地位。鼓励企业特别是国有企业加大研发投入力度,建立研发投入增长机制和研发准备金制度。支持产业链领航企业联合高校、科研院所和行业企业共建产业创新中心,承担国家重大科技项目,组织开展"技术攻关+产业化应用"重大科技示范工程。鼓励大型企业科技设施、科研数据、技术验证环境与中小企业共享共用,构建产业链上中下游、大中小企业融通创新生态。

(十七)激发人才创新创造活力。支持山东探索建立顶尖人才"直通车"机制,实行"一人一策"。通过事业育才、政策聚才、柔性引才等模式,聚集一批领军人才和青年科技人才,赋予更大技术路线决定权和经费使用权。创新高校人才培育和职业教育发展模式,建设适应产业升级需求的技术人才队伍。实行科技攻关"赛马制"、"揭榜挂帅",实施以增加知识价值为导向的分配政策,依法赋予科研人员职务科技成果所有权或长期使用权。

六、践行绿水青山就是金山银山理念,持续改善生态环境质量

(十八)加强水资源节约集约利用。坚持以水定城、以水定地、以水定人、以水定产,实施最严格的水资源保护利用制度,打好深度节水控水攻坚战。培育水权交易市场,实施国家节水行动,提升污水资源化利用比例和海水淡化利用规模。开展黄河下游"二级悬河"治理,实施黄河下游防洪工程、引黄涵闸改建工程,推动病险水库水闸除险加固,加强黄河口地区、东平湖蓄滞洪区综合治理,确保黄河下游长久安澜。研究论证南水北调东线山东境内工程线路布局,优化水资源配置。

(十九)提升生态系统功能和碳汇能力。坚持山水林田湖草沙一体化保护和修复,构建沿海岸带、沿黄河、沿大运河等生态廊道和鲁中山区、鲁东低山丘陵等生态屏障,实施重点区域生态保护和修复工程。深入推进黄河口国家公园创建,全面保护黄河三角洲湿地生态系统。加强沿海防护林、河口、岸线、海湾、湿地、海岛等保护修复,实施自然岸线保有率目标管控,探索建立海岸建筑退缩线制度。定期开展森林、湿地、海洋、土壤等碳汇本底调查、碳储量评估、潜力分析。

(二十)持续改善环境质量。打好蓝天保卫战,制定空气质量限期达标路线图,推动细颗粒物($PM_{2.5}$)浓度持续下降,有效遏制臭氧(O_3)浓度上升,消除重污染天气。打好碧水保卫战,规范入河(海)排污口设置,加快推进黄河干流及主要支流岸线 1 公里范围内高耗水、高污染企业搬迁入园,消除国控断面劣 V 类水体,加强南水北调东线工程沿线污染治理。打好净土保卫战,加强受污染耕地、矿区用地等土壤风险管控和修复,确保人口密集区化工企业腾退土地安全利用。全面排查、坚决防止污染项目向农村地区转移。持续推进蓝色海湾整治行动和海岸带保护修复工程,坚持"一湾一策"推进海湾综合治理,强化陆源污染排放项目和岸线、滩涂管理,布局建设北方海洋环境应急处置中心。

(二十一)加快形成绿色低碳生活方式。深入实施绿色低碳全民行动,扩大节能环保汽车、节能家电、高效照明等绿色产品供给,探索建立个人碳账户等绿色消费激励机制,全面推行城市生活垃圾分类,落实粮食节约行动方案。开展绿色生活创建活动,扩大政府绿色采购覆盖范围,引导企业深入执行绿色采购指南。城镇新建建筑全面

执行绿色建筑标准,推动建筑光伏一体化和超低能耗建筑规模化发展。

(二十二)建立绿色低碳发展体制机制。稳步推进能耗"双控"向碳排放总量和强度"双控"转变。探索生态产品价值实现机制、碳汇补偿和交易机制,支持山东更多行业企业参与全国碳排放权交易,开展重点产品全生命周期碳足迹核算。在具备条件的钢铁、水泥、化工等行业探索建设大型碳捕集利用与封存示范项目,通过市场化方式鼓励利用废弃油田、矿井等发展多样化低成本碳封存,拓展二氧化碳在油气开采、大棚种植、冷链运输等领域应用场景。引导金融机构按照市场化法治化原则开发绿色金融产品、扩大绿色信贷规模,支持符合条件企业发行绿色债券。

七、促进城乡区域协调,构筑高质量发展空间动力系统

(二十三)提升省内区域协调联动发展水平。推动山东半岛城市群集约发展,打造黄河流域增长极。培育发展济南、青岛现代化都市圈,高质量建设济南新旧动能转换起步区和青岛西海岸新区。提升鲁西、胶东、鲁南地区发展水平,促进协同互动。支持资源型城市、区域交界城市发展,因地制宜发展特色优势产业。推进以县城为重要载体的城镇化建设。

(二十四)提升城市建设和治理现代化水平。实施城市更新行动,加快城镇老旧小区改造,全面推进燃气管道等老化更新改造,建设活力街区。健全重大突发事件快速响应机制,加大城市防灾减灾设施建设力度,加强城市防洪排涝体系建设,严格保护生态空间、泄洪通道等。完善环境基础设施,健全废旧物资循环利用体系,推动城市雨污合流管网改造、城镇污水处理厂提标改造、公共供水管网漏损治理,实现城市建成区黑臭水体清零。加快新型城市基础设施建设,提升城市治理数字化网格化精细化水平。

(二十五)扎实推进乡村振兴。扛牢维护粮食安全大省责任,严守耕地保护红线,加快推进高标准农田建设,开展盐碱地等耕地后备资源利用。实施种业振兴行动,加快农产品仓储保鲜冷链物流设施建设,建设重要农产品和蔬果供应保障基地。推进绿色生态农业技术研发应用,实现化肥、农药、地膜使用量负增长,提升农业废弃物综合利用水平。实施农房质量安全提升工程,深化农村人居环境整治

提升。做好黄河滩区居民迁建后续扶持,统筹推进搬迁安置、产业就业、公共设施和社区服务体系建设。

八、创新体制机制,建设改革开放新高地

(二十六)健全动能转换的市场化机制。加快国有经济布局优化、结构调整和战略性重组,推动国有企业率先淘汰低效落后产能,促进国有资本向前瞻性战略性新兴产业集中。健全支持民营企业改革发展政策,依法平等保护民营企业产权和企业家权益,大力弘扬企业家精神。破除制约劳动力、技术、数据等要素自由流动的体制机制障碍,坚决废除妨碍统一市场和公平竞争的规定和做法,探索能源、公用事业等行业竞争性环节市场化改革路径。依法推动农村宅基地、集体建设用地等领域改革。

(二十七)建设高效能服务型政府。深化"放管服"改革,打造市场化法治化国际化营商环境。全面实行政府权责清单制度,结合山东实际深化"一网通办"、"一次办好"、"一链办理"改革,实现政务服务标准化、规范化、便利化。构建一体化政务大数据平台,打造场景牵引、数据驱动、智能高效的数字政府。聚焦企业、个人全生命周期政务服务事项,大力推进极简办、集成办、全域办,实现惠企利民政策"免申即享"、快速兑现。加快建立健全全方位、多层次、立体化监管体系,健全"双随机、一公开"和"互联网+监管"等监管手段,实现事前事中事后全链条全领域监管。

(二十八)拓展对外开放合作新优势。深度融入共建"一带一路",发挥中国—上合组织地方经贸合作示范区作用,深化与有关国家在能源等领域的投资合作,积极支持中欧班列高质量发展。积极参与区域全面经济伙伴关系协定(RCEP)实施,发挥与日韩等东亚国家深度合作优势,在服务贸易、电子商务、知识产权等领域加大开放合作力度,创建中日韩地方经贸合作示范区。深化绿色低碳技术、装备、服务、基础设施等领域国际合作,推动技术、产品走出去,合理调控高耗能、高排放产品出口,率先开展绿色贸易规则衔接。推动中国(山东)自由贸易试验区各项改革开放任务加快落地。

九、组织实施

(二十九)坚持党的全面领导。把党的领导贯穿到山东深化新旧动能转换建设绿色低碳高质量发展先行区的全过程和各领域各环节,充分发挥基层党组织战斗堡垒作用,全面调动广大党员、干部干事创业积极性、主动性、创造性,大力营造鼓励改革、支持创新、宽容失败的良好氛围。

(三十)强化政策支持和改革探索。赋予山东更大改革自主权,在科技创新、生态产品价值实现、绿色低碳技术应用、标准化创新发展等领域优先开展探索实践。健全有利于绿色低碳高质量发展的财政金融政策,与土地、价格、生态环境、社会等公共政策形成合力。发挥重大项目对促进新旧动能转换和绿色低碳高质量发展的牵引带动作用,将符合条件的项目纳入中央预算内投资、地方政府专项债券支持范围。

(三十一)加强统筹协调。国家发展改革委要会同有关部门认真贯彻党中央、国务院决策部署,加强对山东省的指导,统筹协调落实本意见提出的跨领域、跨区域重点任务,研究制定配套政策,帮助解决改革转型中的重点难点问题,及时总结推广经验做法。山东省要切实履行主体责任,制定具体实施方案,推进各项任务落实。重大情况及时向党中央、国务院报告。

气 象

国务院关于印发气象高质量发展纲要（2022—2035年）的通知

（2022年4月28日 国发〔2022〕11号）

现将《气象高质量发展纲要（2022—2035年）》印发给你们，请认真贯彻执行。

气象高质量发展纲要（2022—2035年）

气象事业是科技型、基础性、先导性社会公益事业。党的十八大以来，在以习近平同志为核心的党中央坚强领导下，各地区各有关部门不懈努力，推动我国气象事业发展取得显著成就。在全球气候变暖背景下，我国极端天气气候事件增多增强，统筹发展和安全对防范气象灾害重大风险的要求越来越高，人民群众美好生活对气象服务保障的需求越来越多样。为贯彻落实党中央、国务院决策部署，适应新形势新要求，加快推进气象高质量发展，制定本纲要。

一、总体要求

（一）指导思想。以习近平新时代中国特色社会主义思想为指导，完整、准确、全面贯彻新发展理念，加快构建新发展格局，面向国家重大战略、面向人民生产生活、面向世界科技前沿，以提供高质量气象服务为导向，坚持创新驱动发展、需求牵引发展、多方协同发展，加快推进气象现代化建设，努力构建科技领先、监测精密、预报精准、服务精细、人民满意的现代气象体系，充分发挥气象防灾减灾第一道防线作用，全方位保障生命安全、生产发展、生活富裕、生态良好，更好满足人民日益增长的美好生活需要，为加快生态文明建设、全面建成社会主义现代化强国、实现中华民族伟大复兴的中国梦提供坚强支撑。

（二）发展目标。

到 2025 年，气象关键核心技术实现自主可控，现代气象科技创新、服务、业务和管理体系更加健全，监测精密、预报精准、服务精细能力不断提升，气象服务供给能力和均等化水平显著提高，气象现代化迈上新台阶。

到 2035 年，气象关键科技领域实现重大突破，气象监测、预报和服务水平全球领先，国际竞争力和影响力显著提升，以智慧气象为主要特征的气象现代化基本实现。气象与国民经济各领域深度融合，气象协同发展机制更加完善，结构优化、功能先进的监测系统更加精密，无缝隙、全覆盖的预报系统更加精准，气象服务覆盖面和综合效益大幅提升，全国公众气象服务满意度稳步提高。

二、增强气象科技自主创新能力

（三）加快关键核心技术攻关。实施国家气象科技中长期发展规划，将气象重大核心技术攻关纳入国家科技计划（专项、基金等）予以重点支持。加强天气机理、气候规律、气候变化、气象灾害发生机理和地球系统多圈层相互作用等基础研究，强化地球系统数值预报模式、灾害性天气预报、气候变化、人工影响天气、气象装备等领域的科学研究和技术攻关。开展暴雨、强对流天气、季风、台风、青藏高原和海洋等大气科学试验。加强人工智能、大数据、量子计算与气象深度融合应用。推动国际气象科技深度合作，探索牵头组织地球系统、气候变化等领域国际大科学计划和大科学工程。

（四）加强气象科技创新平台建设。推进海洋、青藏高原、沙漠等区域气象研究能力建设，做强做优灾害性天气相关全国重点实验室，探索统筹重大气象装备、气象卫星、暴雨、台风等气象科技创新平台和能力建设。推进气象国家野外科学观测研究站建设，在关键区域建设一批气象野外科学试验基地。强化气象科研机构科技创新能力建设,探索发展新型研发机构和气象产业技术创新联盟。研究实施气象科技力量倍增计划。

（五）完善气象科技创新体制机制。建立数值预报等关键核心技术联合攻关机制,推动气象重点领域项目、人才、资金一体化配置。改进气象科技项目组织管理方式,完善"揭榜挂帅"制度。深化气象科研院所改革,扩大科研自主权。健全气象科技成果分类评价制度,完善气象科技成果转化应用和创新激励机制。建设气象科研诚信体系。

三、加强气象基础能力建设

（六）建设精密气象监测系统。按照相关规划统一布局,共同建设国家天气、气候及气候变化、专业气象和空间气象观测网,形成陆海空天一体化、协同高效的精密气象监测系统。持续健全气象卫星和雷达体系,强化遥感综合应用,做好频率使用需求分析和相关论证。加强全球气象监测,提升全球气象资料获取及共享能力。发展高精度、智能化气象探测装备,推进国产化和迭代更新,完善气象探测装备计量检定和试验验证体系。科学加密建设各类气象探测设施。健全气象观测质量管理体系。鼓励和规范社会气象观测活动。

（七）构建精准气象预报系统。加强地球系统数值预报中心能力建设,发展自主可控的地球系统数值预报模式,逐步形成"五个1"的精准预报能力,实现提前1小时预警局地强天气、提前1天预报逐小时天气、提前1周预报灾害性天气、提前1月预报重大天气过程、提前1年预测全球气候异常。完善台风、海洋、环境等专业气象预报模式,健全智能数字预报业务体系,提高全球重要城市天气预报、灾害性天气预报和重要气候事件预测水平。建立协同、智能、高效的气象综合预报预测分析平台。

（八）发展精细气象服务系统。推进气象服务数字化、智能化转型,发展基于场景、基于影响的气象服务技术,研究构建气象服务大数据、智能化产品制作和融媒体发布平台,发展智能研判、精准推送的智慧气象服务。建立气象部门与各类服务主体互动机制,探索打造面向全社会的气象服务支撑平台和众创平台,促进气象信息全领域高效应用。

（九）打造气象信息支撑系统。在确保气象数据安全的前提下,建设地球系统大数据平台,推进信息开放和共建共享。健全跨部门、跨地区气象相关数据获取、存储、汇交、使用监管制度,研制高质量气象数据集,提高气象数据应用服务能力。适度超前升级迭代气象超级计算机系统。研究建设固移融合、高速泛在的气象通信网络。构建数字孪生大气,提升大气仿真模拟和分析能力。制定气象数据产权保护政策。强化气象数据资源、信息网络和应用系统安全保障。

四、筑牢气象防灾减灾第一道防线

(十)提高气象灾害监测预报预警能力。坚持人民至上、生命至上,健全分灾种、分重点行业气象灾害监测预报预警体系,提高极端天气气候事件和中小河流洪水、山洪灾害、地质灾害、海洋灾害、流域区域洪涝、森林草原火灾等气象风险预报预警能力。完善国家突发事件预警信息发布系统。建设气象灾害风险评估和决策信息支持系统,建立气象灾害鉴定评估制度。发展太阳风暴、地球空间暴等空间天气灾害监测预报预警,加强国家空间天气监测预警中心能力建设。

(十一)提高全社会气象灾害防御应对能力。定期开展气象灾害综合风险普查和风险区划。加强气象灾害防御规划编制和设施建设,根据气象灾害影响修订基础设施标准、优化防御措施,提升重点区域、敏感行业基础设施设防水平和承灾能力。统筹制定气象灾害预警发布规程,建立重大气象灾害预警信息快速发布"绿色通道"制度,推动第五代移动通信(5G)、小区广播等技术在预警信息发布中的应用。实施"网格+气象"行动,将气象防灾减灾纳入乡镇、街道等基层网格化管理。加强科普宣传教育和气象文化基地建设。强化重大气象灾害应急演练。

(十二)提升人工影响天气能力。编制和实施全国人工影响天气发展规划。加强国家、区域、省级人工影响天气中心和国家人工影响天气试验基地建设。发展安全高效的人工影响天气作业技术和高性能增雨飞机等新型作业装备,提高防灾减灾救灾、生态环境保护与修复、国家重大活动保障、重大突发事件应急保障等人工影响天气作业水平。健全人工影响天气工作机制,完善统一协调的人工影响天气指挥和作业体系。加强人工影响天气作业安全管理。

(十三)加强气象防灾减灾机制建设。坚持分级负责、属地管理原则,健全气象防灾减灾体制机制。完善气象灾害应急预案和预警信息制作、发布规范。健全以气象灾害预警为先导的联动机制,提高突发事件应急救援气象保障服务能力,建立极端天气防灾避险制度。定期开展气象灾害防御水平评估,督促落实气象灾害防御措施。加强气象灾害风险管理,完善气象灾害风险转移制度。依法做好重大规划、重点工程项目气候可行性论证,强化国家重大工程建设气象服务保障。

五、提高气象服务经济高质量发展水平

（十四）实施气象为农服务提质增效行动。加强农业生产气象服务,强化高光谱遥感等先进技术及相关设备在农情监测中的应用,提升粮食生产全过程气象灾害精细化预报能力和粮食产量预报能力。面向粮食生产功能区、重要农产品生产保护区和特色农产品优势区,加强农业气象灾害监测预报预警能力建设,做好病虫害防治气象服务,开展种子生产气象服务。建立全球粮食安全气象风险监测预警系统。探索建设智慧农业气象服务基地,强化特色农业气象服务,实现面向新型农业经营主体的直通式气象服务全覆盖。充分利用气候条件指导农业生产和农业结构调整,加强农业气候资源开发利用。

（十五）实施海洋强国气象保障行动。加强海洋气象观测能力建设,实施远洋船舶、大型风电场等平台气象观测设备搭载计划,推进海洋和气象资料共享共用。加强海洋气象灾害监测预报预警,全力保障海洋生态保护、海上交通安全、海洋经济发展和海洋权益维护。强化全球远洋导航气象服务能力,为海上运输重要航路和重要支点提供气象信息服务。

（十六）实施交通强国气象保障行动。探索打造现代综合交通气象服务平台,加强交通气象监测预报预警能力建设。开展分灾种、分路段、分航道、分水域、分铁路线路的精细化交通气象服务。强化川藏铁路、西部陆海新通道、南水北调等重大工程和部分重点水域交通气象服务。加强危险天气咨询服务。建立多式联运物流气象服务体系,开展全球商贸物流气象保障服务。

（十七）实施"气象+"赋能行动。推动气象服务深度融入生产、流通、消费等环节。提升能源开发利用、规划布局、建设运行和调配储运气象服务水平。强化电力气象灾害预报预警,做好电网安全运行和电力调度精细化气象服务。积极发展金融、保险和农产品期货气象服务。健全相关制度政策,促进和规范气象产业有序发展,激发气象市场主体活力。

(十八)实施气象助力区域协调发展行动。在京津冀协同发展、长江经济带发展、粤港澳大湾区建设、长三角一体化发展、黄河流域生态保护和高质量发展等区域重大战略实施中,加强气象服务保障能力建设,提供优质气象服务。鼓励东部地区率先实现气象高质量发展,推动东北地区气象发展取得新突破,支持中西部地区气象加快发展,构建与区域协调发展战略相适应的气象服务保障体系。

六、优化人民美好生活气象服务供给

(十九)加强公共气象服务供给。创新公共气象服务供给模式,建立公共气象服务清单制度,形成保障公共气象服务体系有效运行的长效机制。推进公共气象服务均等化,加强气象服务信息传播渠道建设,实现各类媒体气象信息全接入。增强农村、山区、海岛、边远地区以及老年人、残疾人等群体获取气象信息的便捷性,扩大气象服务覆盖面。

(二十)加强高品质生活气象服务供给。开展个性化、定制化气象服务,推动气象服务向高品质和多样化升级。推进气象融入数字生活,加快数字化气象服务普惠应用。强化旅游资源开发、旅游出行安全气象服务供给。提升冰雪运动、水上运动等竞技体育和全民健身气象服务水平。

(二十一)建设覆盖城乡的气象服务体系。加强城市气象灾害监测预警,按照有关规划加密城市气象观测站点,发展分区、分时段、分强度精细化预报。在城市规划、建设、运行中充分考虑气象风险和气候承载力,增强城市气候适应性和重大气象灾害防控能力。将气象服务全面接入城市数据大脑,探索推广保障城市供水供电供气供热、防洪排涝、交通出行、建筑节能等智能管理的气象服务系统。将农村气象防灾减灾纳入乡村建设行动,构建行政村全覆盖的气象预警信息发布与响应体系,加强农村气象灾害高风险地区监测预警服务能力建设。

七、强化生态文明建设气象支撑

(二十二)强化应对气候变化科技支撑。加强全球变暖对青藏高原等气候承载力脆弱区影响的监测。开展气候变化对粮食安全、水安全、生态安全、交通安全、能源安全、国防安全等影响评估和应对措施研究。强化气候承载力评估，建立气候安全早期预警系统，在重点区域加强气候变化风险预警和智能决策能力建设。加强温室气体浓度监测与动态跟踪研究。建立气候变化监测发布制度。加强国际应对气候变化科学评估，增强参与全球气候治理科技支撑能力。

（二十三）强化气候资源合理开发利用。加强气候资源普查和规划利用工作，建立风能、太阳能等气候资源普查、区划、监测和信息统一发布制度，研究加快相关监测网建设。开展风电和光伏发电开发资源量评估，对全国可利用的风电和光伏发电资源进行全面勘查评价。研究建设气候资源监测和预报系统，提高风电、光伏发电功率预测精度。探索建设风能、太阳能等气象服务基地，为风电场、太阳能电站等规划、建设、运行、调度提供高质量气象服务。

（二十四）强化生态系统保护和修复气象保障。实施生态气象保障工程，加强重要生态系统保护和修复重大工程建设、生态保护红线管控、生态文明建设目标评价考核等气象服务。建立"三区四带"（青藏高原生态屏障区、黄河重点生态区、长江重点生态区和东北森林带、北方防沙带、南方丘陵山地带、海岸带）及自然保护地等重点区域生态气象服务机制。加强面向多污染物协同控制和区域协同治理的气象服务，提高重污染天气和突发环境事件应对气象保障能力。建立气候生态产品价值实现机制，打造气象公园、天然氧吧、避暑旅游地、气候宜居地等气候生态品牌。

八、建设高水平气象人才队伍

（二十五）加强气象高层次人才队伍建设。加大国家级人才计划和人才奖励对气象领域支持力度。实施专项人才计划，培养造就一批气象战略科技人才、科技领军人才和创新团队，打造具有国际竞争力的青年科技人才队伍，加快形成气象高层次人才梯队。京津冀、长三角、粤港澳大湾区及高层次人才集中的中心城市，要深化气象人才体制机制改革创新，进一步加强对气象高层次人才的吸引和集聚。

（二十六）强化气象人才培养。加强大气科学领域学科专业建设和拔尖学生培养。鼓励和引导高校设置气象类专业，扩大招生规模，优化专业结构，加强气象跨学科人才培养，促进气象基础学科和应用学科交叉融合，形成高水平气象人才培养体系。将气象人才纳入国家基础研究人才专项。强化气象人才培养国际合作。加强气象教育培训体系和能力建设，推动气象人才队伍转型发展和素质提升。

（二十七）优化气象人才发展环境。建立以创新价值、能力、贡献为导向的气象人才评价体系，健全与岗位职责、工作业绩、实际贡献等紧密联系，充分体现人才价值、鼓励创新创造的分配激励机制，落实好成果转化收益分配有关规定。统筹不同层级、不同区域、不同领域人才发展，将气象人才培养统筹纳入地方人才队伍建设。引导和支持高校毕业生到中西部和艰苦边远地区从事气象工作，优化基层岗位设置，在基层台站专业技术人才中实施"定向评价、定向使用"政策，夯实基层气象人才基础。大力弘扬科学家精神和工匠精神，加大先进典型宣传力度。对在气象高质量发展工作中作出突出贡献的单位和个人，按照国家有关规定给予表彰和奖励。

九、强化组织实施

（二十八）加强组织领导。坚持党对气象工作的全面领导，健全部门协同、上下联动的气象高质量发展工作机制，将气象高质量发展纳入相关规划，统筹做好资金、用地等保障。中国气象局要加强对纲要实施的综合协调和督促检查，开展气象高质量发展试点，探索形成可复制、可推广的经验和做法，为加快推进气象现代化建设作出示范。

（二十九）统筹规划布局。科学编制实施气象设施布局和建设规划，推进气象资源合理配置、高效利用和开放共享。深化气象服务供给侧结构性改革，推进气象服务供需适配、主体多元。建立相关行业气象统筹发展体制机制，将各部门各行业自建的气象探测设施纳入国家气象观测网络，由气象部门实行统一规划和监督协调。

（三十）加强法治建设。推动完善气象法律法规体系。依法保护气象设施和气象探测环境，实施公众气象预报、灾害性天气警报和气象灾害预警信号统一发布制度，规范人工影响天气、气象灾害防御、气候资源保护和开发利用、气象信息服务等活动。加强防雷安全、人工影响天气作业安全监管。健全气象标准体系。

（三十一）推进开放合作。深化气象领域产学研用融合发展。加强风云气象卫星全球服务，为共建"一带一路"国家气象服务提供有力支撑。加强气象开放合作平台建设，在世界气象组织等框架下积极参与国际气象事务规则、标准制修订。

（三十二）加强投入保障。加强对推动气象高质量发展工作的政策和资金支持。在国家科技计划实施中支持气象领域科学研究和科研项目建设。完善升级迭代及运行维护机制，支持基层和欠发达地区气象基础能力建设。按规定落实艰苦边远地区基层气象工作者有关待遇。积极引导社会力量推动气象高质量发展。

行政许可

国务院办公厅关于全面实行
行政许可事项清单管理的通知

(2022年1月10日 国办发〔2022〕2号)

行政许可是政府依法管理经济社会事务的重要手段。全面实行行政许可事项清单管理，是深化"放管服"改革优化营商环境的重要举措，有利于明晰行政许可权力边界、规范行政许可运行，为企业和群众打造更加公平高效的审批环境，对于推进政府治理体系和治理能力现代化意义重大。为做好全面实行行政许可事项清单管理工作，经国务院同意，现通知如下：

一、总体要求

（一）指导思想。以习近平新时代中国特色社会主义思想为指导，全面贯彻党的十九大和十九届历次全会精神，认真落实党中央、国务院关于深化"放管服"改革优化营商环境的决策部署，正确处理政府和市场、政府和社会的关系，依法编制、严格实施行政许可事项清单，持续推进行政许可标准化、规范化、便利化，加强事前事中事后全链条全领域监管，不断提高审批效率和监管效能，更大激发市场活力和社会创造力，促进经济社会高质量发展。

（二）工作目标。2022年底前，构建形成全国统筹、分级负责、事项统一、权责清晰的行政许可事项清单体系，编制并公布国家、省、市、县四级行政许可事项清单，将依法设定的行政许可事项全部纳入清单管理，清单之外一律不得违法实施行政许可。对清单内事项逐项编制完成行政许可实施规范,大幅提升行政许可标准化水平,"十四五"时期基本实现同一事项在不同地区和层级同要素管理、同标准办理。

二、依法编制行政许可事项清单

(三)明确清单编制责任。国务院审改办负责组织国务院有关部门编制《法律、行政法规、国务院决定设定的行政许可事项清单》,报国务院审定后向社会公布。县级以上地方人民政府牵头推进行政审批制度改革工作的机构(以下称审改牵头机构)负责组织梳理上级设定、本地区实施的行政许可事项和本地区地方性法规、省级政府规章设定的行政许可事项,编制本地区行政许可事项清单,报同级人民政府审定后向社会公布,并抄送上一级审改牵头机构。

(四)统一清单编制要求。各级行政许可事项清单应当逐项明确事项名称、主管部门、实施机关、设定和实施依据等基本要素。各地区行政许可事项清单中上级设定、本地区实施的事项及其基本要素,不得超出上级清单的范围,确保事项同源、统一规范。省、市、县三级清单应当于2022年底前编制完成。依托全国一体化政务服务平台,建设全国行政许可管理系统,将国家、省、市、县级行政许可事项清单全部纳入系统管理。

(五)及时动态调整清单。法律、法规、规章草案拟新设或者调整行政许可的,起草部门应当充分研究论证,并在起草说明中专门作出说明;司法行政部门在草案审查阶段,应当征求同级审改牵头机构意见。行政许可正式实施前,有关部门应当提出调整行政许可事项清单的申请,审改牵头机构应当及时进行调整,行政许可实施机关做好实施前准备。因深化行政审批制度改革需要动态调整行政许可事项清单的,参照上述程序办理。上级清单作出动态调整的,下级清单要及时相应调整。

(六)做好有关清单衔接。市场准入负面清单、政务服务事项基本目录、"互联网+监管"事项清单、投资项目审批事项清单、工程建设项目审批事项清单等中涉及的行政许可事项,应当严格与行政许可事项清单保持一致并做好衔接。行政许可事项清单调整的,有关清单要适时作出相应调整。健全审改牵头机构与其他清单主管部门的沟通协调机制,协同做好清单内容对接匹配。

三、严格依照清单实施行政许可

（七）科学制定行政许可实施规范。对清单内的行政许可事项要逐项制定实施规范，结合实施情况确定子项、办理项，明确许可条件、申请材料、中介服务、审批程序、审批时限、收费、许可证件、数量限制、年检年报等内容，并向社会公布。法律、行政法规、国务院决定设定的行政许可事项原则上由国务院有关部门制定实施规范。对各地区实施规范存在差异、影响跨区域通办的事项，国务院有关部门要研究提出解决方案，制定衔接办法。地方性法规、省级政府规章设定的行政许可事项，由省级、设区的市级人民政府有关部门制定实施规范。

（八）依法依规实施行政许可。行政许可实施机关要依照行政许可实施规范制定办事指南，并向社会公布。办事指南一经公布，必须严格遵照执行，不得随意增加许可条件、申请材料、中介服务、审批环节、收费、数量限制等，不得超时限办理行政许可，但可以作出有利于行政相对人的合理优化调整。在严格执行办事指南的同时，各地区、各部门要按照政务服务标准化、规范化、便利化要求，通过推行告知承诺、集成服务、一网通办、跨省通办等改革措施，更好满足企业和群众办事需求。

（九）严肃清查整治变相许可。各地区、各部门要严格落实清单之外一律不得违法实施行政许可的要求，大力清理整治变相许可。在行政许可事项清单之外，有关行政机关和其他具有管理公共事务职能的组织以备案、证明、目录、计划、规划、指定、认证、年检等名义，要求行政相对人经申请获批后方可从事特定活动的，应当认定为变相许可，要通过停止实施、调整实施方式、完善设定依据等予以纠正。

四、加强事前事中事后全链条全领域监管

（十）依托清单明确监管重点。行政许可事项清单是完善事前事中事后全链条全领域监管的重要基础。对列入清单的事项，各地区、各部门要充分评估实际情况和风险隐患，科学划分风险等级，明确监管重点环节，实施有针对性、差异化的监管政策，提升监管的精准性和有效性。其中，对直接涉及公共安全、公众健康，以及潜在风险大、社会风险高的重点领域，要依法依规重点监管，守牢质量和安全底线。与行政许可事项对应的监管事项，要纳入"互联网+监管"平台

监管事项动态管理系统。

（十一）对清单内事项逐项明确监管主体。严格依照法律法规和"三定"规定，确定监管主体；法律法规和"三定"规定未明确监管职责的，按照"谁审批、谁监管，谁主管、谁监管"的原则，确定监管主体。实行相对集中行政许可权改革的地区，按照改革方案确定监管职责。对多部门共同承担监管职责的事项，行业主管部门应当会同相关部门实施综合监管。有关部门之间就监管主体存在争议的，报同级人民政府决定。

（十二）结合清单完善监管规则标准。对于法律、行政法规、国务院决定设定的行政许可事项，国务院有关部门要逐事项或者分领域制定并公布全国统一、简明易行、科学合理的监管规则和标准。地方性法规、省级政府规章设定的行政许可事项，由省级、设区的市级人民政府有关部门制定并公布监管规则和标准。实行相对集中行政许可权改革的地区，要明晰审管边界，强化审管互动，确保无缝衔接。对取消和下放的行政许可事项，要明确监管层级、监管部门、监管规则和标准，对用不好授权、履职不到位的要问责，坚决杜绝一放了之、只批不管等问题。

五、做好清单实施保障

（十三）加强组织领导。各地区、各部门要高度重视全面实行行政许可事项清单管理工作，加强统筹协调，配齐配强审改工作力量，及时研究解决清单管理和行政许可实施中的重大问题，推动工作落地落实。国务院审改办要加强对各地区、各部门行政许可事项清单管理工作的指导、协调和督促，及时总结推广典型经验和做法。

（十四）强化监督问责。各级审改牵头机构要加强对行政许可事项清单实施情况的动态评估和全程监督。要畅通投诉举报渠道，依托"12345 政务服务便民热线"、政务服务"好差评"系统、政府门户网站等接受社会监督。针对违法违规编制清单、实施行政许可或者实施变相许可等问题，要主动加大监督力度，责成有关部门限期整改，情节严重的要依法依规严肃问责。

（十五）探索清单多元化运用。要依托全国行政许可管理系统，汇总公布清单内行政许可事项的线上线下办理渠道，逐步完善清单事项检索、办事指南查询、网上办理导流、疑难问题咨询、投诉举报留言等服务功能,方便企业和群众办理行政许可和开展监督。结合行政许可事项清单,推动各地区、各部门行政许可业务系统与全国行政许可管理系统深度对接,实现数据及时交互共享,对行政许可全流程开展"智慧监督"。鼓励各地区创新行政许可事项清单应用场景,提升企业和群众获得感、满意度。

附件:法律、行政法规、国务院决定设定的行政许可事项清单(2022年版)(略)

经济法

总　类

中华人民共和国黑土地保护法

（2022年6月24日第十三届全国人民代表大会常务委员会第三十五次会议通过　2022年6月24日中华人民共和国主席令第115号公布　自2022年8月1日起施行）

第一条　为了保护黑土地资源，稳步恢复提升黑土地基础地力，促进资源可持续利用，维护生态平衡，保障国家粮食安全，制定本法。

第二条　从事黑土地保护、利用和相关治理、修复等活动，适用本法。本法没有规定的，适用土地管理等有关法律的规定。

本法所称黑土地，是指黑龙江省、吉林省、辽宁省、内蒙古自治区（以下简称四省区）的相关区域范围内具有黑色或者暗黑色腐殖质表土层、性状好、肥力高的耕地。

第三条　国家实行科学、有效的黑土地保护政策，保障黑土地保护财政投入，综合采取工程、农艺、农机、生物等措施，保护黑土地的优良生产能力，确保黑土地总量不减少、功能不退化、质量有提升、产能可持续。

第四条　黑土地保护应当坚持统筹规划、因地制宜、用养结合、近期目标与远期目标结合、突出重点、综合施策的原则，建立健全政府主导、农业生产经营者实施、社会参与的保护机制。

国务院农业农村主管部门会同自然资源、水行政等有关部门，综合考虑黑土地开垦历史和利用现状，以及黑土层厚度、土壤性状、土壤类型等，按照最有利于全面保护、综合治理和系统修复的原则，科学合理确定黑土地保护范围并适时调整，有计划、分步骤、分类别地推进黑土地保护工作。历史上属黑土地的，除确无法修复的外，原则上都应列入黑土地保护范围进行修恢复。

第五条　黑土地应当用于粮食和油料作物、糖料作物、蔬菜等农产品生产。

黑土层深厚、土壤性状良好的黑土地应当按照规定的标准划入永久基本农田，重点用于粮食生产，实行严格保护，确保数量和质量长期稳定。

第六条　国务院和四省区人民政府加强对黑土地保护工作的领导、组织、协调、监督管理，统筹制定黑土地保护政策。四省区人民政府对本行政区域内的黑土地数量、质量、生态环境负责。

县级以上地方人民政府应当建立农业农村、自然资源、水行政、发展改革、财政、生态环境等有关部门组成的黑土地保护协调机制，加强协调指导，明确工作责任，推动黑土地保护工作落实。

乡镇人民政府应当协助组织实施黑土地保护工作，向农业生产经营者推广适宜其所经营耕地的保护、治理、修复和利用措施，督促农业生产经营者履行黑土地保护义务。

第七条　各级人民政府应当加强黑土地保护宣传教育，提高全社会的黑土地保护意识。

对在黑土地保护工作中做出突出贡献的单位和个人，按照国家有关规定给予表彰和奖励。

第八条　国务院标准化主管部门和农业农村、自然资源、水行政等主管部门按照职责分工，制定和完善黑土地质量和其他保护标准。

第九条　国家建立健全黑土地调查和监测制度。

县级以上人民政府自然资源主管部门会同有关部门开展土地调查时，同步开展黑土地类型、分布、数量、质量、保护和利用状况等情况的调查，建立黑土地档案。

国务院农业农村、水行政等主管部门会同四省区人民政府建立健全黑土地质量监测网络,加强对黑土地土壤性状、黑土层厚度、水蚀、风蚀等情况的常态化监测,建立黑土地质量动态变化数据库,并做好信息共享工作。

第十条　县级以上人民政府应当将黑土地保护工作纳入国民经济和社会发展规划。

国土空间规划应当充分考虑保护黑土地及其周边生态环境,合理布局各类用途土地,以利于黑土地水蚀、风蚀等的预防和治理。

县级以上人民政府农业农村主管部门会同有关部门以调查和监测为基础、体现整体集中连片治理,编制黑土地保护规划,明确保护范围、目标任务、技术模式、保障措施等,遏制黑土地退化趋势,提升黑土地质量,改善黑土地生态环境。县级黑土地保护规划应当与国土空间规划相衔接,落实到黑土地具体地块,并向社会公布。

第十一条　国家采取措施加强黑土地保护的科技支撑能力建设,将黑土地保护、治理、修复和利用的科技创新作为重点支持领域;鼓励高等学校、科研机构和农业技术推广机构等协同开展科技攻关。县级以上人民政府应当鼓励和支持水土保持、防风固沙、土壤改良、地力培肥、生态保护等科学研究和科研成果推广应用。

有关耕地质量监测保护和农业技术推广机构应当对农业生产经营者保护黑土地进行技术培训、提供指导服务。

国家鼓励企业、高等学校、职业学校、科研机构、科学技术社会团体、农民专业合作社、农业社会化服务组织、农业科技人员等开展黑土地保护相关技术服务。

国家支持开展黑土地保护国际合作与交流。

第十二条　县级以上人民政府应当采取以下措施加强黑土地农田基础设施建设:

(一)加强农田水利工程建设,完善水田、旱地灌排体系;

(二)加强田块整治,修复沟毁耕地,合理划分适宜耕作田块;

(三)加强坡耕地、侵蚀沟水土保持工程建设;

(四)合理规划修建机耕路、生产路;

(五)建设农田防护林网;

(六)其他黑土地保护措施。

第十三条 县级以上人民政府应当推广科学的耕作制度,采取以下措施提高黑土地质量:

(一)因地制宜实行轮作等用地养地相结合的种植制度,按照国家有关规定推广适度休耕;

(二)因地制宜推广免(少)耕、深松等保护性耕作技术,推广适宜的农业机械;

(三)因地制宜推广秸秆覆盖、粉碎深(翻)埋、过腹转化等还田方式;

(四)组织实施测土配方施肥,科学减少化肥施用量,鼓励增施有机肥料,推广土壤生物改良等技术;

(五)推广生物技术或者生物制剂防治病虫害等绿色防控技术,科学减少化学农药、除草剂使用量,合理使用农用薄膜等农业生产资料;

(六)其他黑土地质量提升措施。

第十四条 国家鼓励采取综合性措施,预防和治理水土流失,防止黑土地土壤侵蚀、土地沙化和盐渍化,改善和修复农田生态环境。

县级以上人民政府应当开展侵蚀沟治理,实施沟头沟坡沟底加固防护,因地制宜组织在侵蚀沟的沟坡和沟岸、黑土地周边河流两岸、湖泊和水库周边等区域营造植物保护带或者采取其他措施,防止侵蚀沟变宽变深变长。

县级以上人民政府应当按照因害设防、合理管护、科学布局的原则,制定农田防护林建设计划,组织沿农田道路、沟渠等种植农田防护林,防止违背自然规律造林绿化。农田防护林只能进行抚育、更新性质的采伐,确保防护林功能不减退。

县级以上人民政府应当组织开展防沙治沙,加强黑土地周边的沙漠和沙化土地治理,防止黑土地沙化。

第十五条 县级以上人民政府应当加强黑土地生态保护和黑土地周边林地、草原、湿地的保护修复,推动荒山荒坡治理,提升自然生态系统涵养水源、保持水土、防风固沙、维护生物多样性等生态功能,维持有利于黑土地保护的自然生态环境。

第十六条 县级人民政府应当依据黑土地调查和监测数据,并结合土壤类型和质量等级、气候特点、环境状况等实际情况,对本行政区域内的黑土地进行科学分区,制定并组织实施黑土地质量提升计划,因地制宜合理采取保护、治理、修复和利用的精细化措施。

第十七条　国有农场应当对其经营管理范围内的黑土地加强保护,充分发挥示范作用,并依法接受监督检查。

农村集体经济组织、村民委员会和村民小组应当依法发包农村土地,监督承包方依照承包合同约定的用途合理利用和保护黑土地,制止承包方损害黑土地等行为。

农村集体经济组织、农业企业、农民专业合作社、农户等应当十分珍惜和合理利用黑土地,加强农田基础设施建设,因地制宜应用保护性耕作等技术,积极采取提升黑土地质量和改善农田生态环境的养护措施,依法保护黑土地。

第十八条　农业投入品生产者、经营者和使用者应当依法对农药、肥料、农用薄膜等农业投入品的包装物、废弃物进行回收以及资源化利用或者无害化处理,不得随意丢弃,防止黑土地污染。

县级人民政府应当采取措施,支持农药、肥料、农用薄膜等农业投入品包装物、废弃物的回收以及资源化利用或者无害化处理。

第十九条　从事畜禽养殖的单位和个人,应当科学开展畜禽粪污无害化处理和资源化利用,以畜禽粪污就地就近还田利用为重点,促进黑土地绿色种养循环农业发展。

县级以上人民政府应当支持开展畜禽粪污无害化处理和资源化利用。

第二十条　任何组织和个人不得破坏黑土地资源和生态环境。禁止盗挖、滥挖和非法买卖黑土。国务院自然资源主管部门会同农业农村、水行政、公安、交通运输、市场监督管理等部门应当建立健全保护黑土地资源监督管理制度,提高对盗挖、滥挖、非法买卖黑土和其他破坏黑土地资源、生态环境行为的综合治理能力。

第二十一条　建设项目不得占用黑土地;确需占用的,应当依法严格审批,并补充数量和质量相当的耕地。

建设项目占用黑土地的,应当按照规定的标准对耕作层的土壤进行剥离。剥离的黑土应当就近用于新开垦耕地和劣质耕地改良、被污染耕地的治理、高标准农田建设、土地复垦等。建设项目主体应当制定剥离黑土的再利用方案,报自然资源主管部门备案。具体办法由四省区人民政府分别制定。

第二十二条　国家建立健全黑土地保护财政投入保障制度。县级以上人民政府应当将黑土地保护资金纳入本级预算。

国家加大对黑土地保护措施奖补资金的倾斜力度,建立长期稳定的奖励补助机制。

县级以上地方人民政府应当将黑土地保护作为土地使用权出让收入用于农业农村投入的重点领域,并加大投入力度。

国家组织开展高标准农田、农田水利、水土保持、防沙治沙、农田防护林、土地复垦等建设活动,在项目资金安排上积极支持黑土地保护需要。县级人民政府可以按照国家有关规定统筹使用涉农资金用于黑土地保护,提高财政资金使用效益。

第二十三条　国家实行用养结合、保护效果导向的激励政策,对采取黑土地保护和治理修复措施的农业生产经营者按照国家有关规定给予奖励补助。

第二十四条　国家鼓励粮食主销区通过资金支持、与四省区建立稳定粮食购销关系等经济合作方式参与黑土地保护,建立健全黑土地跨区域投入保护机制。

第二十五条　国家按照政策支持、社会参与、市场化运作的原则,鼓励社会资本投入黑土地保护活动,并保护投资者的合法权益。

国家鼓励保险机构开展黑土地保护相关保险业务。

国家支持农民专业合作社、企业等以多种方式与农户建立利益联结机制和社会化服务机制,发展适度规模经营,推动农产品品质提升、品牌打造和标准化生产,提高黑土地产出效益。

第二十六条　国务院对四省区人民政府黑土地保护责任落实情况进行考核,将黑土地保护情况纳入耕地保护责任目标。

第二十七条　县级以上人民政府自然资源、农业农村、水行政等有关部门按照职责,依法对黑土地保护和质量建设情况联合开展监督检查。

第二十八条　县级以上人民政府应当向本级人民代表大会或者其常务委员会报告黑土地保护情况,依法接受监督。

第二十九条　违反本法规定,国务院农业农村、自然资源等有关部门、县级以上地方人民政府及其有关部门有下列行为之一的,对直接负责的主管人员和其他直接责任人员给予警告、记过或者记大过处分;情节较重的,给予降级或者撤职处分;情节严重的,给予开除处分:

(一)截留、挪用或者未按照规定使用黑土地保护资金;

(二)对破坏黑土地的行为,发现或者接到举报未及时查处;

(三)其他不依法履行黑土地保护职责导致黑土地资源和生态环境遭受破坏的行为。

第三十条 非法占用或者损毁黑土地农田基础设施的,由县级以上地方人民政府农业农村、水行政等部门责令停止违法行为,限期恢复原状,处恢复费用一倍以上三倍以下罚款。

第三十一条 违法将黑土地用于非农建设的,依照土地管理等有关法律法规的规定从重处罚。

违反法律法规规定,造成黑土地面积减少、质量下降、功能退化或者生态环境损害的,应当依法治理修复、赔偿损失。

农业生产经营者未尽到黑土地保护义务,经批评教育仍不改正的,可以不予发放耕地保护相关补贴。

第三十二条 违反本法第二十条规定,盗挖、滥挖黑土的,依照土地管理等有关法律法规的规定从重处罚。

非法出售黑土的,由县级以上地方人民政府市场监督管理、农业农村、自然资源等部门按照职责分工没收非法出售的黑土和违法所得,并处每立方米五百元以上五千元以下罚款;明知是非法出售的黑土而购买的,没收非法购买的黑土,并处货值金额一倍以上三倍以下罚款。

第三十三条 违反本法第二十一条规定,建设项目占用黑土地未对耕作层的土壤实施剥离的,由县级以上地方人民政府自然资源主管部门处每平方米一百元以上二百元以下罚款;未按照规定的标准对耕作层的土壤实施剥离的,处每平方米五十元以上一百元以下罚款。

第三十四条 拒绝、阻碍对黑土地保护情况依法进行监督检查的,由县级以上地方人民政府有关部门责令改正;拒不改正的,处二千元以上二万元以下罚款。

第三十五条　造成黑土地污染、水土流失的,分别依照污染防治、水土保持等有关法律法规的规定从重处罚。

第三十六条　违反本法规定,构成犯罪的,依法追究刑事责任。

第三十七条　林地、草原、湿地、河湖等范围内黑土的保护,适用《中华人民共和国森林法》、《中华人民共和国草原法》、《中华人民共和国湿地保护法》、《中华人民共和国水法》等有关法律;有关法律对盗挖、滥挖、非法买卖黑土未作规定的,参照本法第三十二条的规定处罚。

第三十八条　本法自2022年8月1日起施行。

中华人民共和国黄河保护法

(2022年10月30日第十三届全国人民代表大会常务委员会第三十七次会议通过　2022年10月30日中华人民共和国主席令第123号公布　自2023年4月1日起施行)

目　录

第一章　总　则
第二章　规划与管控
第三章　生态保护与修复
第四章　水资源节约集约利用
第五章　水沙调控与防洪安全
第六章　污染防治
第七章　促进高质量发展
第八章　黄河文化保护传承弘扬
第九章　保障与监督
第十章　法律责任
第十一章　附　则

第一章　总　　则

第一条　为了加强黄河流域生态环境保护,保障黄河安澜,推进水资源节约集约利用,推动高质量发展,保护传承弘扬黄河文化,实现人与自然和谐共生、中华民族永续发展,制定本法。

第二条　黄河流域生态保护和高质量发展各类活动,适用本法;本法未作规定的,适用其他有关法律的规定。

本法所称黄河流域,是指黄河干流、支流和湖泊的集水区域所涉及的青海省、四川省、甘肃省、宁夏回族自治区、内蒙古自治区、山西省、陕西省、河南省、山东省的相关县级行政区域。

第三条　黄河流域生态保护和高质量发展,坚持中国共产党的领导,落实重在保护、要在治理的要求,加强污染防治,贯彻生态优先、绿色发展,量水而行、节水为重,因地制宜、分类施策,统筹谋划、协同推进的原则。

第四条　国家建立黄河流域生态保护和高质量发展统筹协调机制(以下简称黄河流域统筹协调机制),全面指导、统筹协调黄河流域生态保护和高质量发展工作,审议黄河流域重大政策、重大规划、重大项目等,协调跨地区跨部门重大事项,督促检查相关重要工作的落实情况。

黄河流域省、自治区可以根据需要,建立省级协调机制,组织、协调推进本行政区域黄河流域生态保护和高质量发展工作。

第五条　国务院有关部门按照职责分工,负责黄河流域生态保护和高质量发展相关工作。

国务院水行政主管部门黄河水利委员会(以下简称黄河流域管理机构)及其所属管理机构,依法行使流域水行政监督管理职责,为黄河流域统筹协调机制相关工作提供支撑保障。

国务院生态环境主管部门黄河流域生态环境监督管理机构(以下简称黄河流域生态环境监督管理机构)依法开展流域生态环境监督管理相关工作。

第六条　黄河流域县级以上地方人民政府负责本行政区域黄河流域生态保护和高质量发展工作。

黄河流域县级以上地方人民政府有关部门按照职责分工，负责本行政区域黄河流域生态保护和高质量发展相关工作。

黄河流域相关地方根据需要在地方性法规和地方政府规章制定、规划编制、监督执法等方面加强协作，协同推进黄河流域生态保护和高质量发展。

黄河流域建立省际河湖长联席会议制度。各级河湖长负责河道、湖泊管理和保护相关工作。

第七条　国务院水行政、生态环境、自然资源、住房和城乡建设、农业农村、发展改革、应急管理、林业和草原、文化和旅游、标准化等主管部门按照职责分工，建立健全黄河流域水资源节约集约利用、水沙调控、防汛抗旱、水土保持、水文、水环境质量和污染物排放、生态保护与修复、自然资源调查监测评价、生物多样性保护、文化遗产保护等标准体系。

第八条　国家在黄河流域实行水资源刚性约束制度，坚持以水定城、以水定地、以水定人、以水定产，优化国土空间开发保护格局，促进人口和城市科学合理布局，构建与水资源承载能力相适应的现代产业体系。

黄河流域县级以上地方人民政府按照国家有关规定，在本行政区域组织实施水资源刚性约束制度。

第九条　国家在黄河流域强化农业节水增效、工业节水减排和城镇节水降损措施，鼓励、推广使用先进节水技术，加快形成节水型生产、生活方式，有效实现水资源节约集约利用，推进节水型社会建设。

第十条　国家统筹黄河干支流防洪体系建设，加强流域及流域间防洪体系协同，推进黄河上中下游防汛抗旱、防凌联动，构建科学高效的综合性防洪减灾体系，并适时组织评估，有效提升黄河流域防治洪涝等灾害的能力。

第十一条　国务院自然资源主管部门应当会同国务院有关部门定期组织开展黄河流域土地、矿产、水流、森林、草原、湿地等自然资源状况调查，建立资源基础数据库，开展资源环境承载能力评价，并向社会公布黄河流域自然资源状况。

国务院野生动物保护主管部门应当定期组织开展黄河流域野生

动物及其栖息地状况普查，或者根据需要组织开展专项调查，建立野生动物资源档案，并向社会公布黄河流域野生动物资源状况。

国务院生态环境主管部门应当定期组织开展黄河流域生态状况评估，并向社会公布黄河流域生态状况。

国务院林业和草原主管部门应当会同国务院有关部门组织开展黄河流域土地荒漠化、沙化调查监测，并定期向社会公布调查监测结果。

国务院水行政主管部门应当组织开展黄河流域水土流失调查监测，并定期向社会公布调查监测结果。

第十二条　黄河流域统筹协调机制统筹协调国务院有关部门和黄河流域省级人民政府，在已经建立的台站和监测项目基础上，健全黄河流域生态环境、自然资源、水文、泥沙、荒漠化和沙化、水土保持、自然灾害、气象等监测网络体系。

国务院有关部门和黄河流域县级以上地方人民政府及其有关部门按照职责分工，健全完善生态环境风险报告和预警机制。

第十三条　国家加强黄河流域自然灾害的预防与应急准备、监测与预警、应急处置与救援、事后恢复与重建体系建设，维护相关工程和设施安全，控制、减轻和消除自然灾害引起的危害。

国务院生态环境主管部门应当会同国务院有关部门和黄河流域省级人民政府，建立健全黄河流域突发生态环境事件应急联动工作机制，与国家突发事件应急体系相衔接，加强对黄河流域突发生态环境事件的应对管理。

出现严重干旱、省际或者重要控制断面流量降至预警流量、水库运行故障、重大水污染事故等情形，可能造成供水危机、黄河断流时，黄河流域管理机构应当组织实施应急调度。

第十四条　黄河流域统筹协调机制设立黄河流域生态保护和高质量发展专家咨询委员会，对黄河流域重大政策、重大规划、重大项目和重大科技问题等提供专业咨询。

国务院有关部门和黄河流域省级人民政府及其有关部门按照职责分工，组织开展黄河流域建设项目、重要基础设施和产业布局相关规划等对黄河流域生态系统影响的第三方评估、分析、论证等工作。

第十五条　黄河流域统筹协调机制统筹协调国务院有关部门和

黄河流域省级人民政府,建立健全黄河流域信息共享系统,组织建立智慧黄河信息共享平台,提高科学化水平。国务院有关部门和黄河流域省级人民政府及其有关部门应当按照国家有关规定,共享黄河流域生态环境、自然资源、水土保持、防洪安全以及管理执法等信息。

第十六条　国家鼓励、支持开展黄河流域生态保护与修复、水资源节约集约利用、水沙运动与调控、防沙治沙、泥沙综合利用、河流动力与河床演变、水土保持、水文、气候、污染防治等方面的重大科技问题研究,加强协同创新,推动关键性技术研究,推广应用先进适用技术,提升科技创新支撑能力。

第十七条　国家加强黄河文化保护传承弘扬,系统保护黄河文化遗产,研究黄河文化发展脉络,阐发黄河文化精神内涵和时代价值,铸牢中华民族共同体意识。

第十八条　国务院有关部门和黄河流域县级以上地方人民政府及其有关部门应当加强黄河流域生态保护和高质量发展的宣传教育。

新闻媒体应当采取多种形式开展黄河流域生态保护和高质量发展的宣传报道,并依法对违法行为进行舆论监督。

第十九条　国家鼓励、支持单位和个人参与黄河流域生态保护和高质量发展相关活动。

对在黄河流域生态保护和高质量发展工作中做出突出贡献的单位和个人,按照国家有关规定予以表彰和奖励。

第二章　规划与管控

第二十条　国家建立以国家发展规划为统领,以空间规划为基础,以专项规划、区域规划为支撑的黄河流域规划体系,发挥规划对推进黄河流域生态保护和高质量发展的引领、指导和约束作用。

第二十一条　国务院和黄河流域县级以上地方人民政府应当将黄河流域生态保护和高质量发展工作纳入国民经济和社会发展规划。

国务院发展改革部门应当会同国务院有关部门编制黄河流域生态保护和高质量发展规划,报国务院批准后实施。

第二十二条　国务院自然资源主管部门应当会同国务院有关部门组织编制黄河流域国土空间规划，科学有序统筹安排黄河流域农业、生态、城镇等功能空间，划定永久基本农田、生态保护红线、城镇开发边界，优化国土空间结构和布局，统领黄河流域国土空间利用任务，报国务院批准后实施。涉及黄河流域国土空间利用的专项规划应当与黄河流域国土空间规划相衔接。

黄河流域县级以上地方人民政府组织编制本行政区域的国土空间规划，按照规定的程序报经批准后实施。

第二十三条　国务院水行政主管部门应当会同国务院有关部门和黄河流域省级人民政府，按照统一规划、统一管理、统一调度的原则，依法编制黄河流域综合规划、水资源规划、防洪规划等，对节约、保护、开发、利用水资源和防治水害作出部署。

黄河流域生态环境保护等规划依照有关法律、行政法规的规定编制。

第二十四条　国民经济和社会发展规划、国土空间总体规划的编制以及重大产业政策的制定，应当与黄河流域水资源条件和防洪要求相适应，并进行科学论证。

黄河流域工业、农业、畜牧业、林草业、能源、交通运输、旅游、自然资源开发等专项规划和开发区、新区规划等，涉及水资源开发利用的，应当进行规划水资源论证。未经论证或者经论证不符合水资源强制性约束控制指标的，规划审批机关不得批准该规划。

第二十五条　国家对黄河流域国土空间严格实行用途管制。黄河流域县级以上地方人民政府自然资源主管部门依据国土空间规划，对本行政区域黄河流域国土空间实行分区、分类用途管制。

黄河流域国土空间开发利用活动应当符合国土空间用途管制要求，并依法取得规划许可。

禁止违反国家有关规定、未经国务院批准，占用永久基本农田。禁止擅自占用耕地进行非农业建设，严格控制耕地转为林地、草地、园地等其他农用地。

黄河流域县级以上地方人民政府应当严格控制黄河流域以人工湖、人工湿地等形式新建人造水景观，黄河流域统筹协调机制应当组织有关部门加强监督管理。

第二十六条　黄河流域省级人民政府根据本行政区域的生态环境和资源利用状况,按照生态保护红线、环境质量底线、资源利用上线的要求,制定生态环境分区管控方案和生态环境准入清单,报国务院生态环境主管部门备案后实施。生态环境分区管控方案和生态环境准入清单应当与国土空间规划相衔接。

禁止在黄河干支流岸线管控范围内新建、扩建化工园区和化工项目。禁止在黄河干流岸线和重要支流岸线的管控范围内新建、改建、扩建尾矿库;但是以提升安全水平、生态环境保护水平为目的的改建除外。

干支流目录、岸线管控范围由国务院水行政、自然资源、生态环境主管部门按照职责分工,会同黄河流域省级人民政府确定并公布。

第二十七条　黄河流域水电开发,应当进行科学论证,符合国家发展规划、流域综合规划和生态保护要求。对黄河流域已建小水电工程,不符合生态保护要求的,县级以上地方人民政府应当组织分类整改或者采取措施逐步退出。

第二十八条　黄河流域管理机构统筹防洪减淤、城乡供水、生态保护、灌溉用水、水力发电等目标,建立水资源、水沙、防洪防凌综合调度体系,实施黄河干支流控制性水工程统一调度,保障流域水安全,发挥水资源综合效益。

第三章　生态保护与修复

第二十九条　国家加强黄河流域生态保护与修复,坚持山水林田湖草沙一体化保护与修复,实行自然恢复为主、自然恢复与人工修复相结合的系统治理。

国务院自然资源主管部门应当会同国务院有关部门编制黄河流域国土空间生态修复规划,组织实施重大生态修复工程,统筹推进黄河流域生态保护与修复工作。

第三十条　国家加强对黄河水源涵养区的保护,加大对黄河干流和支流源头、水源涵养区的雪山冰川、高原冻土、高寒草甸、草原、湿地、荒漠、泉域等的保护力度。

禁止在黄河上游约古宗列曲、扎陵湖、鄂陵湖、玛多河湖群等河道、湖泊管理范围内从事采矿、采砂、渔猎等活动,维持河道、湖泊天然状态。

第三十一条 国务院和黄河流域省级人民政府应当依法在重要生态功能区域、生态脆弱区域划定公益林,实施严格管护;需要补充灌溉的,在水资源承载能力范围内合理安排灌溉用水。

国务院林业和草原主管部门应当会同国务院有关部门、黄河流域省级人民政府,加强对黄河流域重要生态功能区域天然林、湿地、草原保护与修复和荒漠化、沙化土地治理工作的指导。

黄河流域县级以上地方人民政府应当采取防护林建设、禁牧封育、锁边防风固沙工程、沙化土地封禁保护、鼠害防治等措施,加强黄河流域重要生态功能区域天然林、湿地、草原保护与修复,开展规模化防沙治沙,科学治理荒漠化、沙化土地,在河套平原区、内蒙古高原湖泊萎缩退化区、黄土高原土地沙化区、汾渭平原区等重点区域实施生态修复工程。

第三十二条 国家加强对黄河流域子午岭—六盘山、秦岭北麓、贺兰山、白于山、陇中等水土流失重点预防区、治理区和渭河、洮河、汾河、伊洛河等重要支流源头区的水土流失防治。水土流失防治应当根据实际情况,科学采取生物措施和工程措施。

禁止在二十五度以上陡坡地开垦种植农作物。黄河流域省级人民政府根据本行政区域的实际情况,可以规定小于二十五度的禁止开垦坡度。禁止开垦的陡坡地范围由所在地县级人民政府划定并公布。

第三十三条 国务院水行政主管部门应当会同国务院有关部门加强黄河流域砒砂岩区、多沙粗沙区、水蚀风蚀交错区和沙漠入河区等生态脆弱区域保护和治理,开展土壤侵蚀和水土流失状况评估,实施重点防治工程。

黄河流域县级以上地方人民政府应当组织推进小流域综合治理、坡耕地综合整治、黄土高原塬面治理保护、适地植被建设等水土保持重点工程,采取塬面、沟头、沟坡、沟道防护等措施,加强多沙粗沙区治理,开展生态清洁流域建设。

国家支持在黄河流域上中游开展整沟治理。整沟治理应当坚持规划先行、系统修复、整体保护、因地制宜、综合治理、一体推进。

第三十四条　国务院水行政主管部门应当会同国务院有关部门制定淤地坝建设、养护标准或者技术规范，健全淤地坝建设、管理、安全运行制度。

黄河流域县级以上地方人民政府应当因地制宜组织开展淤地坝建设，加快病险淤地坝除险加固和老旧淤地坝提升改造，建设安全监测和预警设施，将淤地坝工程防汛纳入地方防汛责任体系，落实管护责任，提高养护水平，减少下游河道淤积。

禁止损坏、擅自占用淤地坝。

第三十五条　禁止在黄河流域水土流失严重、生态脆弱区域开展可能造成水土流失的生产建设活动。确因国家发展战略和国计民生需要建设的，应当进行科学论证，并依法办理审批手续。

生产建设单位应当依法编制并严格执行经批准的水土保持方案。

从事生产建设活动造成水土流失的，应当按照国家规定的水土流失防治相关标准进行治理。

第三十六条　国务院水行政主管部门应当会同国务院有关部门和山东省人民政府，编制并实施黄河入海河口整治规划，合理布局黄河入海流路，加强河口治理，保障入海河道畅通和河口防洪防凌安全，实施清水沟、刁口河生态补水，维护河口生态功能。

国务院自然资源、林业和草原主管部门应当会同国务院有关部门和山东省人民政府，组织开展黄河三角洲湿地生态保护与修复，有序推进退塘还河、退耕还湿、退田还滩，加强外来入侵物种防治，减少油气开采、围垦养殖、港口航运等活动对河口生态系统的影响。

禁止侵占刁口河等黄河备用入海流路。

第三十七条　国务院水行政主管部门确定黄河干流、重要支流控制断面生态流量和重要湖泊生态水位的管控指标，应当征求并研究国务院生态环境、自然资源等主管部门的意见。黄河流域省级人民政府水行政主管部门确定其他河流生态流量和其他湖泊生态水位的管控指标，应当征求并研究同级人民政府生态环境、自然资源等主管部门的意见，报黄河流域管理机构、黄河流域生态环境监督管理机构备案。确定生态流量和生态水位的管控指标，应当进行科学论证，综合考虑水资源条件、气候状况、生态环境保护要求、生活生产用水状况等因素。

黄河流域管理机构和黄河流域省级人民政府水行政主管部门按照职责分工,组织编制和实施生态流量和生态水位保障实施方案。

黄河干流、重要支流水工程应当将生态用水调度纳入日常运行调度规程。

第三十八条 国家统筹黄河流域自然保护地体系建设。国务院和黄河流域省级人民政府在黄河流域重要典型生态系统的完整分布区、生态环境敏感区以及珍贵濒危野生动植物天然集中分布区和重要栖息地、重要自然遗迹分布区等区域,依法设立国家公园、自然保护区、自然公园等自然保护地。

自然保护地建设、管理涉及河道、湖泊管理范围的,应当统筹考虑河道、湖泊保护需要,满足防洪要求,并保障防洪工程建设和管理活动的开展。

第三十九条 国务院林业和草原、农业农村主管部门应当会同国务院有关部门和黄河流域省级人民政府按照职责分工,对黄河流域数量急剧下降或者极度濒危的野生动植物和受到严重破坏的栖息地、天然集中分布区、破碎化的典型生态系统开展保护与修复,修建迁地保护设施,建立野生动植物遗传资源基因库,进行抢救性修复。

国务院生态环境主管部门和黄河流域县级以上地方人民政府组织开展黄河流域生物多样性保护管理,定期评估生物受威胁状况以及生物多样性恢复成效。

第四十条 国务院农业农村主管部门应当会同国务院有关部门和黄河流域省级人民政府,建立黄河流域水生生物完整性指数评价体系,组织开展黄河流域水生生物完整性评价,并将评价结果作为评估黄河流域生态系统总体状况的重要依据。黄河流域水生生物完整性指数应当与黄河流域水环境质量标准相衔接。

第四十一条 国家保护黄河流域水产种质资源和珍贵濒危物种,支持开展水产种质资源保护区、国家重点保护野生动物人工繁育基地建设。

禁止在黄河流域开放水域养殖、投放外来物种和其他非本地物种种质资源。

第四十二条 国家加强黄河流域水生生物产卵场、索饵场、越冬场、洄游通道等重要栖息地的生态保护与修复。对鱼类等水生生物洄游产生阻隔的涉水工程应当结合实际采取建设过鱼设施、河湖连通、增殖放流、人工繁育等多种措施,满足水生生物的生态需求。

国家实行黄河流域重点水域禁渔期制度,禁渔期内禁止在黄河流域重点水域从事天然渔业资源生产性捕捞,具体办法由国务院农业农村主管部门制定。黄河流域县级以上地方人民政府应当按照国家有关规定做好禁渔期渔民的生活保障工作。

禁止电鱼、毒鱼、炸鱼等破坏渔业资源和水域生态的捕捞行为。

第四十三条 国务院水行政主管部门应当会同国务院自然资源主管部门组织划定并公布黄河流域地下水超采区。

黄河流域省级人民政府水行政主管部门应当会同本级人民政府有关部门编制本行政区域地下水超采综合治理方案,经省级人民政府批准后,报国务院水行政主管部门备案。

第四十四条 黄河流域县级以上地方人民政府应当组织开展退化农用地生态修复,实施农田综合整治。

黄河流域生产建设活动损毁的土地,由生产建设者负责复垦。因历史原因无法确定土地复垦义务人以及因自然灾害损毁的土地,由黄河流域县级以上地方人民政府负责组织复垦。

黄河流域县级以上地方人民政府应当加强对矿山的监督管理,督促采矿权人履行矿山污染防治和生态修复责任,并因地制宜采取消除地质灾害隐患、土地复垦、恢复植被、防治污染等措施,组织开展历史遗留矿山生态修复工作。

第四章 水资源节约集约利用

第四十五条 黄河流域水资源利用,应当坚持节水优先、统筹兼顾、集约使用、精打细算,优先满足城乡居民生活用水,保障基本生态用水,统筹生产用水。

第四十六条 国家对黄河水量实行统一配置。制定和调整黄河水量分配方案,应当充分考虑黄河流域水资源条件、生态环境状况、区域用水状况、节水水平、洪水资源化利用等,统筹当地水和外调水、常规水和非常规水,科学确定水资源可利用总量和河道输沙入海水量,分配区域地表水取用水总量。

黄河流域管理机构商黄河流域省级人民政府制定和调整黄河水量分配方案和跨省支流水量分配方案。黄河水量分配方案经国务院发展改革部门、水行政主管部门审查后,报国务院批准。跨省支流水量分配方案报国务院授权的部门批准。

黄河流域省级人民政府水行政主管部门根据黄河水量分配方案和跨省支流水量分配方案,制定和调整本行政区域水量分配方案,经省级人民政府批准后,报黄河流域管理机构备案。

第四十七条　国家对黄河流域水资源实行统一调度,遵循总量控制、断面流量控制、分级管理、分级负责的原则,根据水情变化进行动态调整。

国务院水行政主管部门依法组织黄河流域水资源统一调度的实施和监督管理。

第四十八条　国务院水行政主管部门应当会同国务院自然资源主管部门制定黄河流域省级行政区域地下水取水总量控制指标。

黄河流域省级人民政府水行政主管部门应当会同本级人民政府有关部门,根据本行政区域地下水取水总量控制指标,制定设区的市、县级行政区域地下水取水总量控制指标和地下水水位控制指标,经省级人民政府批准后,报国务院水行政主管部门或者黄河流域管理机构备案。

第四十九条　黄河流域县级以上行政区域的地表水取用水总量不得超过水量分配方案确定的控制指标,并符合生态流量和生态水位的管控指标要求;地下水取水总量不得超过本行政区域地下水取水总量控制指标,并符合地下水水位控制指标要求。

黄河流域县级以上地方人民政府应当根据本行政区域取用水总量控制指标,统筹考虑经济社会发展用水需求、节水标准和产业政策,制定本行政区域农业、工业、生活及河道外生态等用水量控制指标。

第五十条　在黄河流域取用水资源,应当依法取得取水许可。

黄河干流取水,以及跨省重要支流指定河段限额以上取水,由黄河流域管理机构负责审批取水申请,审批时应当研究取水口所在地的省级人民政府水行政主管部门的意见;其他取水由黄河流域县级以上地方人民政府水行政主管部门负责审批取水申请。指定河段和限额标准由国务院水行政主管部门确定公布、适时调整。

第五十一条　国家在黄河流域实行水资源差别化管理。国务院水行政主管部门应当会同国务院自然资源主管部门定期组织开展黄河流域水资源评价和承载能力调查评估。评估结果作为划定水资源超载地区、临界超载地区、不超载地区的依据。

水资源超载地区县级以上地方人民政府应当制定水资源超载治理方案，采取产业结构调整、强化节水等措施，实施综合治理。水资源临界超载地区县级以上地方人民政府应当采取限制性措施，防止水资源超载。

除生活用水等民生保障用水外，黄河流域水资源超载地区不得新增取水许可；水资源临界超载地区应当严格限制新增取水许可。

第五十二条　国家在黄河流域实行强制性用水定额管理制度。国务院水行政、标准化主管部门应当会同国务院发展改革部门组织制定黄河流域高耗水工业和服务业强制性用水定额。制定强制性用水定额应当征求国务院有关部门、黄河流域省级人民政府、企业事业单位和社会公众等方面的意见，并依照《中华人民共和国标准化法》的有关规定执行。

黄河流域省级人民政府按照深度节水控水要求，可以制定严于国家用水定额的地方用水定额；国家用水定额未作规定的，可以补充制定地方用水定额。

黄河流域以及黄河流经省、自治区其他黄河供水区相关县级行政区域的用水单位，应当严格执行强制性用水定额；超过强制性用水定额的，应当限期实施节水技术改造。

第五十三条　黄河流域以及黄河流经省、自治区其他黄河供水区相关县级行政区域的县级以上地方人民政府水行政主管部门和黄河流域管理机构核定取水单位的取水量，应当符合用水定额的要求。

黄河流域以及黄河流经省、自治区其他黄河供水区相关县级行政区域取水量达到取水规模以上的单位，应当安装合格的在线计量设施，保证设施正常运行，并将计量数据传输至有管理权限的水行政主管部门或者黄河流域管理机构。取水规模标准由国务院水行政主管部门制定。

第五十四条　国家在黄河流域实行高耗水产业准入负面清单和淘汰类高耗水产业目录制度。列入高耗水产业准入负面清单和淘汰类高耗水产业目录的建设项目，取水申请不予批准。高耗水产业准入负面清单和淘汰类高耗水产业目录由国务院发展改革部门会同国务院水行政主管部门制定并发布。

严格限制从黄河流域向外流域扩大供水量，严格限制新增引黄灌溉用水量。因实施国家重大战略确需新增用水量的，应当严格进行水资源论证，并取得黄河流域管理机构批准的取水许可。

第五十五条　黄河流域县级以上地方人民政府应当组织发展高效节水农业，加强农业节水设施和农业用水计量设施建设，选育推广低耗水、高耐旱农作物，降低农业耗水量。禁止取用深层地下水用于农业灌溉。

黄河流域工业企业应当优先使用国家鼓励的节水工艺、技术和装备。国家鼓励的工业节水工艺、技术和装备目录由国务院工业和信息化主管部门会同国务院有关部门制定并发布。

黄河流域县级以上地方人民政府应当组织推广应用先进适用的节水工艺、技术、装备、产品和材料，推进工业废水资源化利用，支持企业用水计量和节水技术改造，支持工业园区企业发展串联用水系统和循环用水系统，促进能源、化工、建材等高耗水产业节水。高耗水工业企业应当实施用水计量和节水技术改造。

黄河流域县级以上地方人民政府应当组织实施城乡老旧供水设施和管网改造，推广普及节水型器具，开展公共机构节水技术改造，控制高耗水服务业用水，完善农村集中供水和节水配套设施。

黄河流域县级以上地方人民政府及其有关部门应当加强节水宣传教育和科学普及，提高公众节水意识，营造良好节水氛围。

第五十六条　国家在黄河流域建立促进节约用水的水价体系。城镇居民生活用水和具备条件的农村居民生活用水实行阶梯水价，高耗水工业和服务业水价实行高额累进加价，非居民用水水价实行超定额累进加价，推进农业水价综合改革。

国家在黄河流域对节水潜力大、使用面广的用水产品实行水效标识管理，限期淘汰水效等级较低的用水产品，培育合同节水等节水市场。

第五十七条　国务院水行政主管部门应当会同国务院有关部门制定黄河流域重要饮用水水源地名录。黄河流域省级人民政府水行政主管部门应当会同本级人民政府有关部门制定本行政区域的其他饮用水水源地名录。

黄河流域省级人民政府组织划定饮用水水源保护区，加强饮用水水源保护，保障饮用水安全。黄河流域县级以上地方人民政府及其有关部门应当合理布局饮用水水源取水口，加强饮用水应急水源、备用水源建设。

第五十八条　国家综合考虑黄河流域水资源条件、经济社会发展需要和生态环境保护要求，统筹调出区和调入区供水安全和生态安全，科学论证、规划和建设跨流域调水和重大水源工程，加快构建国家水网，优化水资源配置，提高水资源承载能力。

黄河流域县级以上地方人民政府应当组织实施区域水资源配置工程建设，提高城乡供水保障程度。

第五十九条　黄河流域县级以上地方人民政府应当推进污水资源化利用，国家对相关设施建设予以支持。

黄河流域县级以上地方人民政府应当将再生水、雨水、苦咸水、矿井水等非常规水纳入水资源统一配置，提高非常规水利用比例。景观绿化、工业生产、建筑施工等用水，应当优先使用符合要求的再生水。

第五章　水沙调控与防洪安全

第六十条　国家依据黄河流域综合规划、防洪规划，在黄河流域组织建设水沙调控和防洪减灾工程体系，完善水沙调控和防洪防凌调度机制，加强水文和气象监测预报预警、水沙观测和河势调查，实施重点水库和河段清淤疏浚、滩区放淤，提高河道行洪输沙能力，塑造河道主槽，维持河势稳定，保障防洪安全。

第六十一条　国家完善以骨干水库等重大水工程为主的水沙调控体系，采取联合调水调沙、泥沙综合处理利用等措施，提高拦沙输沙能力。纳入水沙调控体系的工程名录由国务院水行政主管部门制定。

国务院有关部门和黄河流域省级人民政府应当加强黄河干支流控制性水工程、标准化堤防、控制引导河水流向工程等防洪工程体系建设和管理,实施病险水库除险加固和山洪、泥石流灾害防治。

黄河流域管理机构及其所属管理机构和黄河流域县级以上地方人民政府应当加强防洪工程的运行管护,保障工程安全稳定运行。

第六十二条　国家实行黄河流域水沙统一调度制度。黄河流域管理机构应当组织实施黄河干支流水库群统一调度,编制水沙调控方案,确定重点水库水沙调控运用指标、运用方式、调控起止时间,下达调度指令。水沙调控应当采取措施尽量减少对水生生物及其栖息地的影响。

黄河流域县级以上地方人民政府、水库主管部门和管理单位应当执行黄河流域管理机构的调度指令。

第六十三条　国务院水行政主管部门组织编制黄河防御洪水方案,经国家防汛抗旱指挥机构审核后,报国务院批准。

黄河流域管理机构应当会同黄河流域省级人民政府根据批准的黄河防御洪水方案,编制黄河干流和重要支流、重要水工程的洪水调度方案,报国务院水行政主管部门批准并抄送国家防汛抗旱指挥机构和国务院应急管理部门,按照职责组织实施。

黄河流域县级以上地方人民政府组织编制和实施黄河其他支流、水工程的洪水调度方案,并报上一级人民政府防汛抗旱指挥机构和有关主管部门备案。

第六十四条　黄河流域管理机构制定年度防凌调度方案,报国务院水行政主管部门备案,按照职责组织实施。

黄河流域有防凌任务的县级以上地方人民政府应当把防御凌汛纳入本行政区域的防洪规划。

第六十五条　黄河防汛抗旱指挥机构负责指挥黄河流域防汛抗旱工作,其办事机构设在黄河流域管理机构,承担黄河防汛抗旱指挥机构的日常工作。

第六十六条　黄河流域管理机构应当会同黄河流域省级人民政府依据黄河流域防洪规划,制定黄河滩区名录,报国务院水行政主管部门批准。黄河流域省级人民政府应当有序安排滩区居民迁建,严格控制向滩区迁入常住人口,实施滩区综合提升治理工程。

黄河滩区土地利用、基础设施建设和生态保护与修复应当满足河道行洪需要,发挥滩区滞洪、沉沙功能。

在黄河滩区内,不得新规划城镇建设用地、设立新的村镇,已经规划和设立的,不得扩大范围;不得新划定永久基本农田,已经划定为永久基本农田、影响防洪安全的,应当逐步退出;不得新开垦荒地、新建生产堤,已建生产堤影响防洪安全的应当及时拆除,其他生产堤应当逐步拆除。

因黄河滩区自然行洪、蓄滞洪水等导致受淹造成损失的,按照国家有关规定予以补偿。

第六十七条 国家加强黄河流域河道、湖泊管理和保护。禁止在河道、湖泊管理范围内建设妨碍行洪的建筑物、构筑物以及从事影响河势稳定、危害河岸堤防安全和其他妨碍河道行洪的活动。禁止违法利用、占用河道、湖泊水域和岸线。河道、湖泊管理范围由黄河流域管理机构和有关县级以上地方人民政府依法科学划定并公布。

建设跨河、穿河、穿堤、临河的工程设施,应当符合防洪标准等要求,不得威胁堤防安全、影响河势稳定、擅自改变水域和滩地用途、降低行洪和调蓄能力、缩小水域面积;确实无法避免降低行洪和调蓄能力、缩小水域面积的,应当同时建设等效替代工程或者采取其他功能补救措施。

第六十八条 黄河流域河道治理,应当因地制宜采取河道清障、清淤疏浚、岸坡整治、堤防加固、水源涵养与水土保持、河湖管护等治理措施,加强悬河和游荡性河道整治,增强河道、湖泊、水库防御洪水能力。

国家支持黄河流域有关地方人民政府以稳定河势、规范流路、保障行洪能力为前提,统筹河道岸线保护修复、退耕还湿,建设集防洪、生态保护等功能于一体的绿色生态走廊。

第六十九条 国家实行黄河流域河道采砂规划和许可制度。黄河流域河道采砂应当依法取得采砂许可。

黄河流域管理机构和黄河流域县级以上地方人民政府依法划定禁采区,规定禁采期,并向社会公布。禁止在黄河流域禁采区和禁采期从事河道采砂活动。

第七十条 国务院有关部门应当会同黄河流域省级人民政府加

强对龙羊峡、刘家峡、三门峡、小浪底、故县、陆浑、河口村等干支流骨干水库库区的管理，科学调控水库水位，加强库区水土保持、生态保护和地质灾害防治工作。

在三门峡、小浪底、故县、陆浑、河口村水库库区养殖，应当满足水沙调控和防洪要求，禁止采用网箱、围网和拦河拉网方式养殖。

第七十一条　黄河流域城市人民政府应当统筹城市防洪和排涝工作，加强城市防洪排涝设施建设和管理，完善城市洪涝灾害监测预警机制，健全城市防灾减灾体系，提升城市洪涝灾害防御和应对能力。

黄河流域城市人民政府及其有关部门应当加强洪涝灾害防御宣传教育和社会动员，定期组织开展应急演练，增强社会防范意识。

第六章　污染防治

第七十二条　国家加强黄河流域农业面源污染、工业污染、城乡生活污染等的综合治理、系统治理、源头治理，推进重点河湖环境综合整治。

第七十三条　国务院生态环境主管部门制定黄河流域水环境质量标准，对国家水环境质量标准中未作规定的项目，可以作出补充规定；对国家水环境质量标准中已经规定的项目，可以作出更加严格的规定。制定黄河流域水环境质量标准应当征求国务院有关部门和有关省级人民政府的意见。

黄河流域省级人民政府可以制定严于黄河流域水环境质量标准的地方水环境质量标准，报国务院生态环境主管部门备案。

第七十四条　对没有国家水污染物排放标准的特色产业、特有污染物，以及国家有明确要求的特定水污染源或者水污染物，黄河流域省级人民政府应当补充制定地方水污染物排放标准，报国务院生态环境主管部门备案。

有下列情形之一的，黄河流域省级人民政府应当制定严于国家水污染物排放标准的地方水污染物排放标准，报国务院生态环境主管部门备案：

（一）产业密集、水环境问题突出；

(二)现有水污染物排放标准不能满足黄河流域水环境质量要求;

(三)流域或者区域水环境形势复杂,无法适用统一的水污染物排放标准。

第七十五条　国务院生态环境主管部门根据水环境质量改善目标和水污染防治要求,确定黄河流域各省级行政区域重点水污染物排放总量控制指标。黄河流域水环境质量不达标的水功能区,省级人民政府生态环境主管部门应当实施更加严格的水污染物排放总量削减措施,限期实现水环境质量达标。排放水污染物的企业事业单位应当按照要求,采取水污染物排放总量控制措施。

黄河流域县级以上地方人民政府应当加强和统筹污水、固体废物收集处理处置等环境基础设施建设,保障设施正常运行,因地制宜推进农村厕所改造、生活垃圾处理和污水治理,消除黑臭水体。

第七十六条　在黄河流域河道、湖泊新设、改设或者扩大排污口,应当报经有管辖权的生态环境主管部门或者黄河流域生态环境监督管理机构批准。新设、改设或者扩大可能影响防洪、供水、堤防安全、河势稳定的排污口的,审批时应当征求县级以上地方人民政府水行政主管部门或者黄河流域管理机构的意见。

黄河流域水环境质量不达标的水功能区,除城乡污水集中处理设施等重要民生工程的排污口外,应当严格控制新设、改设或者扩大排污口。

黄河流域县级以上地方人民政府应当对本行政区域河道、湖泊的排污口组织开展排查整治,明确责任主体,实施分类管理。

第七十七条　黄河流域县级以上地方人民政府应当对沿河道、湖泊的垃圾填埋场、加油站、储油库、矿山、尾矿库、危险废物处置场、化工园区和化工项目等地下水重点污染源及周边地下水环境风险隐患组织开展调查评估,采取风险防范和整治措施。

黄河流域设区的市级以上地方人民政府生态环境主管部门商本级人民政府有关部门,制定并发布地下水污染防治重点排污单位名录。地下水污染防治重点排污单位应当依法安装水污染物排放自动监测设备,与生态环境主管部门的监控设备联网,并保证监测设备正常运行。

第七十八条 黄河流域省级人民政府生态环境主管部门应当会同本级人民政府水行政、自然资源等主管部门,根据本行政区域地下水污染防治需要,划定地下水污染防治重点区,明确环境准入、隐患排查、风险管控等管理要求。

黄河流域县级以上地方人民政府应当加强油气开采区等地下水污染防治监督管理。在黄河流域开发煤层气、致密气等非常规天然气的,应当对其产生的压裂液、采出水进行处理处置,不得污染土壤和地下水。

第七十九条 黄河流域县级以上地方人民政府应当加强黄河流域土壤生态环境保护,防止新增土壤污染,因地制宜分类推进土壤污染风险管控与修复。

黄河流域县级以上地方人民政府应当加强黄河流域固体废物污染环境防治,组织开展固体废物非法转移和倾倒的联防联控。

第八十条 国务院生态环境主管部门应当在黄河流域定期组织开展大气、水体、土壤、生物中有毒有害化学物质调查监测,并会同国务院卫生健康等主管部门开展黄河流域有毒有害化学物质环境风险评估与管控。

国务院生态环境等主管部门和黄河流域县级以上地方人民政府及其有关部门应当加强对持久性有机污染物等新污染物的管控、治理。

第八十一条 黄河流域县级以上地方人民政府及其有关部门应当加强农药、化肥等农业投入品使用总量控制、使用指导和技术服务,推广病虫害绿色防控等先进适用技术,实施灌区农田退水循环利用,加强对农业污染源的监测预警。

黄河流域农业生产经营者应当科学合理使用农药、化肥、兽药等农业投入品,科学处理、处置农业投入品包装废弃物、农用薄膜等农业废弃物,综合利用农作物秸秆,加强畜禽、水产养殖污染防治。

第七章　促进高质量发展

第八十二条 促进黄河流域高质量发展应当坚持新发展理念,加快发展方式绿色转型,以生态保护为前提优化调整区域经济和生产力布局。

第八十三条　国务院有关部门和黄河流域县级以上地方人民政府及其有关部门应当协同推进黄河流域生态保护和高质量发展战略与乡村振兴战略、新型城镇化战略和中部崛起、西部大开发等区域协调发展战略的实施，统筹城乡基础设施建设和产业发展，改善城乡人居环境，健全基本公共服务体系，促进城乡融合发展。

第八十四条　国务院有关部门和黄河流域县级以上地方人民政府应当强化生态环境、水资源等约束和城镇开发边界管控，严格控制黄河流域上中游地区新建各类开发区，推进节水型城市、海绵城市建设，提升城市综合承载能力和公共服务能力。

第八十五条　国务院有关部门和黄河流域县级以上地方人民政府应当科学规划乡村布局，统筹生态保护与乡村发展，加强农村基础设施建设，推进农村产业融合发展，鼓励使用绿色低碳能源，加快推进农房和村庄建设现代化，塑造乡村风貌，建设生态宜居美丽乡村。

第八十六条　黄河流域产业结构和布局应当与黄河流域生态系统和资源环境承载能力相适应。严格限制在黄河流域布局高耗水、高污染或者高耗能项目。

黄河流域煤炭、火电、钢铁、焦化、化工、有色金属等行业应当开展清洁生产，依法实施强制性清洁生产审核。

黄河流域县级以上地方人民政府应当采取措施，推动企业实施清洁化改造，组织推广应用工业节能、资源综合利用等先进适用的技术装备，完善绿色制造体系。

第八十七条　国家鼓励黄河流域开展新型基础设施建设，完善交通运输、水利、能源、防灾减灾等基础设施网络。

黄河流域县级以上地方人民政府应当推动制造业高质量发展和资源型产业转型，因地制宜发展特色优势现代产业和清洁低碳能源，推动产业结构、能源结构、交通运输结构等优化调整，推进碳达峰碳中和工作。

第八十八条　国家鼓励、支持黄河流域建设高标准农田、现代畜牧业生产基地以及种质资源和制种基地，因地制宜开展盐碱地农业技术研究、开发和应用，支持地方品种申请地理标志产品保护，发展现代农业服务业。

国务院有关部门和黄河流域县级以上地方人民政府应当组织调

整农业产业结构,优化农业产业布局,发展区域优势农业产业,服务国家粮食安全战略。

第八十九条 国务院有关部门和黄河流域县级以上地方人民政府应当鼓励、支持黄河流域科技创新,引导社会资金参与科技成果开发和推广应用,提升黄河流域科技创新能力。

国家支持社会资金设立黄河流域科技成果转化基金,完善科技投融资体系,综合运用政府采购、技术标准、激励机制等促进科技成果转化。

第九十条 黄河流域县级以上地方人民政府及其有关部门应当采取有效措施,提高城乡居民对本行政区域生态环境、资源禀赋的认识,支持、引导居民形成绿色低碳的生活方式。

第八章 黄河文化保护传承弘扬

第九十一条 国务院文化和旅游主管部门应当会同国务院有关部门编制并实施黄河文化保护传承弘扬规划,加强统筹协调,推动黄河文化体系建设。

黄河流域县级以上地方人民政府及其文化和旅游等主管部门应当加强黄河文化保护传承弘扬,提供优质公共文化服务,丰富城乡居民精神文化生活。

第九十二条 国务院文化和旅游主管部门应当会同国务院有关部门和黄河流域省级人民政府,组织开展黄河文化和治河历史研究,推动黄河文化创造性转化和创新性发展。

第九十三条 国务院文化和旅游主管部门应当会同国务院有关部门组织指导黄河文化资源调查和认定,对文物古迹、非物质文化遗产、古籍文献等重要文化遗产进行记录、建档,建立黄河文化资源基础数据库,推动黄河文化资源整合利用和公共数据开放共享。

第九十四条 国家加强黄河流域历史文化名城名镇名村、历史文化街区、文物、历史建筑、传统村落、少数民族特色村寨和古河道、古堤防、古灌溉工程等水文化遗产以及农耕文化遗产、地名文化遗产等的保护。国务院住房和城乡建设、文化和旅游、文物等主管部门和黄河流域县级以上地方人民政府有关部门按照职责分工和分级保护、分类实施的原则,加强监督管理。

国家加强黄河流域非物质文化遗产保护。国务院文化和旅游等主管部门和黄河流域县级以上地方人民政府有关部门应当完善黄河流域非物质文化遗产代表性项目名录体系,推进传承体验设施建设,加强代表性项目保护传承。

第九十五条 国家加强黄河流域具有革命纪念意义的文物和遗迹保护,建设革命传统教育、爱国主义教育基地,传承弘扬黄河红色文化。

第九十六条 国家建设黄河国家文化公园,统筹利用文化遗产地以及博物馆、纪念馆、展览馆、教育基地、水工程等资源,综合运用信息化手段,系统展示黄河文化。

国务院发展改革部门、文化和旅游主管部门组织开展黄河国家文化公园建设。

第九十七条 国家采取政府购买服务等措施,支持单位和个人参与提供反映黄河流域特色、体现黄河文化精神、适宜普及推广的公共文化服务。

黄河流域县级以上地方人民政府及其有关部门应当组织将黄河文化融入城乡建设和水利工程等基础设施建设。

第九十八条 黄河流域县级以上地方人民政府应当以保护传承弘扬黄河文化为重点,推动文化产业发展,促进文化产业与农业、水利、制造业、交通运输业、服务业等深度融合。

国务院文化和旅游主管部门应当会同国务院有关部门统筹黄河文化、流域水景观和水工程等资源,建设黄河文化旅游带。黄河流域县级以上地方人民政府文化和旅游主管部门应当结合当地实际,推动本行政区域旅游业发展,展示和弘扬黄河文化。

黄河流域旅游活动应当符合黄河防洪和河道、湖泊管理要求,避免破坏生态环境和文化遗产。

第九十九条 国家鼓励开展黄河题材文艺作品创作。黄河流域县级以上地方人民政府应当加强对黄河题材文艺作品创作的支持和保护。

国家加强黄河文化宣传,促进黄河文化国际传播,鼓励、支持举办黄河文化交流、合作等活动,提高黄河文化影响力。

第九章　保障与监督

第一百条　国务院和黄河流域县级以上地方人民政府应当加大对黄河流域生态保护和高质量发展的财政投入。

国务院和黄河流域省级人民政府按照中央与地方财政事权和支出责任划分原则,安排资金用于黄河流域生态保护和高质量发展。

国家支持设立黄河流域生态保护和高质量发展基金,专项用于黄河流域生态保护与修复、资源能源节约集约利用、战略性新兴产业培育、黄河文化保护传承弘扬等。

第一百零一条　国家实行有利于节水、节能、生态环境保护和资源综合利用的税收政策,鼓励发展绿色信贷、绿色债券、绿色保险等金融产品,为黄河流域生态保护和高质量发展提供支持。

国家在黄河流域建立有利于水、电、气等资源性产品节约集约利用的价格机制,对资源高消耗行业中的限制类项目,实行限制性价格政策。

第一百零二条　国家建立健全黄河流域生态保护补偿制度。

国家加大财政转移支付力度,对黄河流域生态功能重要区域予以补偿。具体办法由国务院财政部门会同国务院有关部门制定。

国家加强对黄河流域行政区域间生态保护补偿的统筹指导、协调,引导和支持黄河流域上下游、左右岸、干支流地方人民政府之间通过协商或者按照市场规则,采用资金补偿、产业扶持等多种形式开展横向生态保护补偿。

国家鼓励社会资金设立市场化运作的黄河流域生态保护补偿基金。国家支持在黄河流域开展用水权市场化交易。

第一百零三条　国家实行黄河流域生态保护和高质量发展责任制和考核评价制度。上级人民政府应当对下级人民政府水资源、水土保持强制性约束控制指标落实情况等生态保护和高质量发展目标完成情况进行考核。

第一百零四条　国务院有关部门、黄河流域县级以上地方人民政府有关部门、黄河流域管理机构及其所属管理机构、黄河流域生态环境监督管理机构按照职责分工,对黄河流域各类生产生活、开发建设等活动进行监督检查,依法查处违法行为,公开黄河保护工作相关信息,完善公众参与程序,为单位和个人参与和监督黄河保护工作提供便利。

单位和个人有权依法获取黄河保护工作相关信息,举报和控告违法行为。

第一百零五条 国务院有关部门、黄河流域县级以上地方人民政府及其有关部门、黄河流域管理机构及其所属管理机构、黄河流域生态环境监督管理机构应当加强黄河保护监督管理能力建设,提高科技化、信息化水平,建立执法协调机制,对跨行政区域、生态敏感区域以及重大违法案件,依法开展联合执法。

国家加强黄河流域司法保障建设,组织开展黄河流域司法协作,推进行政执法机关与司法机关协同配合,鼓励有关单位为黄河流域生态环境保护提供法律服务。

第一百零六条 国务院有关部门和黄河流域省级人民政府对黄河保护不力、问题突出、群众反映集中的地区,可以约谈该地区县级以上地方人民政府及其有关部门主要负责人,要求其采取措施及时整改。约谈和整改情况应当向社会公布。

第一百零七条 国务院应当定期向全国人民代表大会常务委员会报告黄河流域生态保护和高质量发展工作情况。

黄河流域县级以上地方人民政府应当定期向本级人民代表大会或者其常务委员会报告本级人民政府黄河流域生态保护和高质量发展工作情况。

第十章 法律责任

第一百零八条 国务院有关部门、黄河流域县级以上地方人民政府及其有关部门、黄河流域管理机构及其所属管理机构、黄河流域生态环境监督管理机构违反本法规定,有下列行为之一的,对直接负责的主管人员和其他直接责任人员依法给予警告、记过、记大过或者降级处分;造成严重后果的,给予撤职或者开除处分,其主要负责人应当引咎辞职:

(一)不符合行政许可条件准予行政许可;

(二)依法应当作出责令停业、关闭等决定而未作出;

(三)发现违法行为或者接到举报不依法查处;

(四)有其他玩忽职守、滥用职权、徇私舞弊行为。

第一百零九条 违反本法规定,有下列行为之一的,由地方人民政府生态环境、自然资源等主管部门按照职责分工,责令停止违法行为,限期拆除或者恢复原状,处五十万元以上五百万元以下罚款,对直接负责的主管人员和其他直接责任人员处五万元以上十万元以下罚款;逾期不拆除或者不恢复原状的,强制拆除或者代为恢复原状,所需费用由违法者承担;情节严重的,报经有批准权的人民政府批准,责令关闭:

(一)在黄河干支流岸线管控范围内新建、扩建化工园区或者化工项目;

(二)在黄河干流岸线或者重要支流岸线的管控范围内新建、改建、扩建尾矿库;

(三)违反生态环境准入清单规定进行生产建设活动。

第一百一十条 违反本法规定,在黄河流域禁止开垦坡度以上陡坡地开垦种植农作物的,由县级以上地方人民政府水行政主管部门或者黄河流域管理机构及其所属管理机构责令停止违法行为,采取退耕、恢复植被等补救措施;按照开垦面积,可以对单位处每平方米一百元以下罚款、对个人处每平方米二十元以下罚款。

违反本法规定,在黄河流域损坏、擅自占用淤地坝的,由县级以上地方人民政府水行政主管部门或者黄河流域管理机构及其所属管理机构责令停止违法行为,限期治理或者采取补救措施,处十万元以上一百万元以下罚款;逾期不治理或者不采取补救措施的,代为治理或者采取补救措施,所需费用由违法者承担。

违反本法规定,在黄河流域从事生产建设活动造成水土流失未进行治理,或者治理不符合国家规定的相关标准的,由县级以上地方人民政府水行政主管部门或者黄河流域管理机构及其所属管理机构责令限期治理,对单位处二万元以上二十万元以下罚款,对个人可以处二万元以下罚款;逾期不治理的,代为治理,所需费用由违法者承担。

第一百一十一条 违反本法规定,黄河干流、重要支流水工程未将生态用水调度纳入日常运行调度规程的,由有关主管部门按照职责分工,责令改正,给予警告,并处一万元以上十万元以下罚款;情节严重的,并处十万元以上五十万元以下罚款。

第一百一十二条 违反本法规定,禁渔期内在黄河流域重点水域从事天然渔业资源生产性捕捞的,由县级以上地方人民政府农业农村主管部门没收渔获物、违法所得以及用于违法活动的渔船、渔具和其他工具,并处一万元以上五万元以下罚款;采用电鱼、毒鱼、炸鱼等方式捕捞,或者有其他严重情节的,并处五万元以上五十万元以下罚款。

违反本法规定,在黄河流域开放水域养殖、投放外来物种或者其他非本地物种种质资源的,由县级以上地方人民政府农业农村主管部门责令限期捕回,处十万元以下罚款;造成严重后果的,处十万元以上一百万元以下罚款;逾期不捕回的,代为捕回或者采取降低负面影响的措施,所需费用由违法者承担。

违反本法规定,在三门峡、小浪底、故县、陆浑、河口村水库库区采用网箱、围网或者拦河拉网方式养殖,妨碍水沙调控和防洪的,由县级以上地方人民政府农业农村主管部门责令停止违法行为,拆除网箱、围网或者拦河拉网,处十万元以下罚款;造成严重后果的,处十万元以上一百万元以下罚款。

第一百一十三条 违反本法规定,未经批准擅自取水,或者未依照批准的取水许可规定条件取水的,由县级以上地方人民政府水行政主管部门或者黄河流域管理机构及其所属管理机构责令停止违法行为,限期采取补救措施,处五万元以上五十万元以下罚款;情节严重的,吊销取水许可证。

第一百一十四条 违反本法规定,黄河流域以及黄河流经省、自治区其他黄河供水区相关县级行政区域的用水单位用水超过强制性用水定额,未按照规定期限实施节水技术改造的,由县级以上地方人民政府水行政主管部门或者黄河流域管理机构及其所属管理机构责令限期整改,可以处十万元以下罚款;情节严重的,处十万元以上五十万元以下罚款,吊销取水许可证。

第一百一十五条 违反本法规定,黄河流域以及黄河流经省、自治区其他黄河供水区相关县级行政区域取水量达到取水规模以上的单位未安装在线计量设施的,由县级以上地方人民政府水行政主管部门或者黄河流域管理机构及其所属管理机构责令限期安装,并按照日最大取水能力计算的取水量计征相关费用,处二万元以上十万元以下罚款;情节严重的,处十万元以上五十万元以下罚款,吊销取水许可证。

违反本法规定,在线计量设施不合格或者运行不正常的,由县级以上地方人民政府水行政主管部门或者黄河流域管理机构及其所属管理机构责令限期更换或者修复;逾期不更换或者不修复的,按照日最大取水能力计算的取水量计征相关费用,处五万元以下罚款;情节严重的,吊销取水许可证。

第一百一十六条 违反本法规定,黄河流域农业灌溉取用深层地下水的,由县级以上地方人民政府水行政主管部门或者黄河流域管理机构及其所属管理机构责令限期整改,可以处十万元以下罚款;情节严重的,处十万元以上五十万元以下罚款,吊销取水许可证。

第一百一十七条 违反本法规定,黄河流域水库管理单位不执行黄河流域管理机构的水沙调度指令的,由黄河流域管理机构及其所属管理机构责令改正,给予警告,并处二万元以上十万元以下罚款;情节严重的,并处十万元以上五十万元以下罚款;对直接负责的主管人员和其他直接责任人员依法给予处分。

第一百一十八条 违反本法规定,有下列行为之一的,由县级以上地方人民政府水行政主管部门或者黄河流域管理机构及其所属管理机构责令停止违法行为,限期拆除违法建筑物、构筑物或者恢复原状,处五万元以上五十万元以下罚款;逾期不拆除或者不恢复原状的,强制拆除或者代为恢复原状,所需费用由违法者承担:

(一)在河道、湖泊管理范围内建设妨碍行洪的建筑物、构筑物或者从事影响河势稳定、危害河岸堤防安全和其他妨碍河道行洪的活动;

(二)违法利用、占用黄河流域河道、湖泊水域和岸线;

(三)建设跨河、穿河、穿堤、临河的工程设施,降低行洪和调蓄能力或者缩小水域面积,未建设等效替代工程或者采取其他功能补救措施;

(四)侵占黄河备用入海流路。

第一百一十九条 违反本法规定,在黄河流域破坏自然资源和生态、污染环境、妨碍防洪安全、破坏文化遗产等造成他人损害的,侵权人应当依法承担侵权责任。

违反本法规定,造成黄河流域生态环境损害的,国家规定的机关或者法律规定的组织有权请求侵权人承担修复责任、赔偿损失和相关费用。

第一百二十条 违反本法规定,构成犯罪的,依法追究刑事责任。

第十一章 附　　则

第一百二十一条 本法下列用语的含义:

(一)黄河干流,是指黄河源头至黄河河口,流经青海省、四川省、甘肃省、宁夏回族自治区、内蒙古自治区、山西省、陕西省、河南省、山东省的黄河主河段(含入海流路);

(二)黄河支流,是指直接或者间接流入黄河干流的河流,支流可以分为一级支流、二级支流等;

(三)黄河重要支流,是指湟水、洮河、祖厉河、清水河、大黑河、皇甫川、窟野河、无定河、汾河、渭河、伊洛河、沁河、大汶河等一级支流;

(四)黄河滩区,是指黄河流域河道管理范围内具有行洪、滞洪、沉沙功能,由于历史原因形成的有群众居住、耕种的滩地。

第一百二十二条 本法自2023年4月1日起施行。

国务院关于支持贵州 在新时代西部大开发上闯新路的意见

(2022年1月18日　国发〔2022〕2号)

西部大开发战略实施特别是党的十八大以来,贵州经济社会发展取得重大成就,脱贫攻坚任务如期完成,生态环境持续改善,高质量发展迈出新步伐。同时,贵州发展也面临一些突出困难和问题。

为深入贯彻落实习近平总书记重要讲话和指示批示精神,支持贵州在新时代西部大开发上闯新路,现提出如下意见。

一、总体要求

(一)指导思想。以习近平新时代中国特色社会主义思想为指导,全面贯彻党的十九大和十九届历次全会精神,按照党中央、国务院决策部署,坚持稳中求进工作总基调,完整、准确、全面贯彻新发展理念,加快构建新发展格局,推动高质量发展,坚持以人民为中心的发展思想,守好发展和生态两条底线,统筹发展和安全,支持贵州在新时代西部大开发上闯新路,在乡村振兴上开新局,在实施数字经济战略上抢新机,在生态文明建设上出新绩,努力开创百姓富、生态美的多彩贵州新未来,在全面建设社会主义现代化国家新征程中贡献更大力量。

(二)战略定位。

——西部大开发综合改革示范区。发挥改革的先导和突破作用,大胆试、大胆闯、主动改,解决深层次体制机制问题,激发各类市场主体活力,增强高质量发展内生动力,保障和改善民生,为推进西部大开发形成新格局探索路径。

——巩固拓展脱贫攻坚成果样板区。推动巩固拓展脱贫攻坚成果同乡村振兴有效衔接,全面推进乡村产业、人才、文化、生态、组织振兴,加快农业农村现代化,走具有贵州特色的乡村振兴之路。

——内陆开放型经济新高地。统筹国内国际两个市场两种资源,统筹对外开放通道和平台载体建设,深入推动制度型开放,打造内陆开放型经济试验区升级版。

——数字经济发展创新区。深入实施数字经济战略,强化科技创新支撑,激活数据要素潜能,推动数字经济与实体经济融合发展,为产业转型升级和数字中国建设探索经验。

——生态文明建设先行区。坚持生态优先、绿色发展,筑牢长江、珠江上游生态安全屏障,科学推进石漠化综合治理,构建完善生态文明制度体系,不断做好绿水青山就是金山银山这篇大文章。

(三)发展目标。到 2025 年,西部大开发综合改革取得明显进展,开放型经济水平显著提升;脱贫攻坚成果巩固拓展,乡村振兴全面推进;现代产业体系加快形成,数字经济增速保持领先;生态文明建设成果丰富,绿色转型成效明显;公共服务水平持续提高,城乡居民收入稳步增长;防范化解债务风险取得实质性进展。到2035年,经济实力迈上新台阶,参与国际经济合作和竞争新优势明显增强,基本公共服务质量、基础设施通达程度、人民生活水平显著提升,生态环境全面改善,与全国同步基本实现社会主义现代化。

二、建设西部大开发综合改革示范区

(四)加快要素市场化配置改革。推动贵州建立健全城乡统一的建设用地市场,稳妥有序推进农村集体经营性建设用地入市,加快建立产权流转和增值收益分配制度。完善城乡建设用地增减挂钩节余指标省内调剂机制,开展节余指标跨省域调剂。深化农村资源变资产、资金变股金、农民变股东"三变"改革,推进息烽、湄潭、金沙等农村宅基地制度改革试点。开展集体石漠化土地市场化改革试点。深化产业用地市场化配置改革,支持产业用地实行"标准地"出让,探索批而未供土地和闲置土地有效处置方式。深化矿产资源管理体制改革,建立"矿业权出让+登记"制度,完善"净矿出让"机制,建立健全共伴生矿产资源综合开发利用减免出让收益和相关税收等激励机制。探索战略性矿产资源矿业权出让收益征收新机制。鼓励分区分类探索国有林场经营性收入分配激励机制。允许贵州结合农业结构调整将符合条件的园地、灌木林恢复为耕地,新增耕地可用于占补平衡。加快推进电价市场化改革,研究完善"西电东送"电价形成机制。推进数据确权,推动数据资源化、资产化改革,建立数据要素市场化配置和收益分配机制。

(五)深化国企国资改革。支持指导贵州推动国有企业聚焦主责主业进行战略性重组和专业化整合,调整盘活存量资产,优化增量资本配置。深化效率导向的国资经营评价制度改革,推动国资监管切实从管企业向管资本转变。积极稳妥推进国有企业混合所有制改革,有序推进能源、矿产等行业竞争性环节市场化改革。落实国有科技型企业股权和分红激励政策。稳妥推进白酒企业营销体制改革。

(六)全面优化营商环境。深化"放管服"改革,严格执行市场准入负面清单,加快建立全方位、多层次、立体化监管体系。加快打造政务服务"一张网",打通部门间数据壁垒,实现政务服务更大范围"一网通办"。全面实施不动产登记、交易和缴税线上线下一窗受理、并行办理。加快完善社会信用体系,强化信用信息共享开放,完善信用承诺、修复和异议机制。提升金融对实体经济服务质效,促进中小微企业融资增量扩面,切实帮助企业纾困解难。切实优化民营经济发展环境,强化竞争政策基础地位,落实公平竞争审查制度,破除招投标隐性壁垒。

三、全面推进乡村振兴和新型城镇化

(七)接续推进脱贫地区发展。推动巩固拓展脱贫攻坚成果同乡村振兴有效衔接,严格落实过渡期"四个不摘"要求,坚决守住防止规模性返贫底线。细化落实国家乡村振兴重点帮扶县政策,支持贵州确定一批省重点帮扶县。将城乡建设用地增减挂钩节余指标跨省域调剂所得收益专项用于巩固拓展脱贫攻坚成果和乡村振兴,探索基于国土空间规划"一张图"建立农村存量建设用地通过增减挂钩实现跨村组区位调整机制。加大易地扶贫搬迁后续扶持力度,完善安置区基础设施和公共服务设施,支持发展特色产业,开展劳动技能培训,加大劳务输出和就地就近就业支持力度,拓宽搬迁群众就业渠道。支持广东与贵州建立更加紧密的结对帮扶关系,打造东西部协作的典范。

(八)深入实施乡村建设行动。强化规划引领,分类推进村庄建设。充分考虑贵州农村公路建设实施情况,深化"四好农村路"示范创建,车购税资金通过"以奖代补"方式予以支持。加强农村水源地保护,实施农村供水保障工程,推进规模化供水工程建设和小型工程标准化改造。升级改造农村电网,加快农村光纤宽带、移动互联网、数字电视网和下一代互联网发展。接续实施农村人居环境整治提升五年行动,因地制宜开展农村生活污水处理与资源化利用。推动民族村寨、传统村落和历史文化名村名镇保护发展,创建一批民族团结进步示范乡镇、示范村。鼓励国有企业和民营企业参与贵州乡村振兴。依法依规探索以投资入股等多种方式吸引人才入乡,允许入乡就业创业人员在原籍地或就业创业地落户。

(九)大力发展现代山地特色高效农业。严格落实全省耕地保护任务与责任,强化耕地数量保护和质量提升,调整优化耕地布局,核实整改补划永久基本农田,促进优质耕地集中连片,到2030年建成高标准农田2800万亩以上。做优做精特色优势农产品,提高重要农

产品标准化、规模化、品牌化水平。深入实施品牌强农战略,打造一批区域公用品牌、农业企业品牌和农产品品牌。加快现代种业、特色优势杂粮、优质稻推广,推动山地适用小型农机研发推广应用,推进丘陵山区农田宜机化改造。支持建设产地冷链物流设施,鼓励农业产业化龙头企业、农产品流通企业和大型商超在贵州建设绿色农产品供应基地,推动"黔货出山"。

(十)全面推进以人为核心的新型城镇化。培育发展黔中城市群,增强要素集聚能力,打造区域高质量发展增长极。支持贵安新区深化改革创新,培育和发挥体制机制优势。深入推进毕节贯彻新发展理念示范区建设。加快发展区域中心城市,引导人口和经济合理分布,促进大中小城市和小城镇协调发展。建立基本公共服务同常住人口挂钩、由常住地提供的机制。将新增城镇人口纳入中央财政"人钱挂钩"相关政策给予支持。增强县城综合承载能力,推进县城基础设施向乡村延伸、公共服务向乡村覆盖。加强市政设施和防灾减灾能力建设,推进燃气等城市管道建设和更新改造。

四、推动内陆开放型经济试验区建设提档升级

(十一)促进贸易投资自由便利。支持贵州主动对标高标准经贸规则,积极参与区域全面经济伙伴关系协定(RCEP)实施。进一步完善国际贸易"单一窗口"功能,推进全流程无纸化。支持发展数字贸易,探索建设数字丝绸之路国际数据港,重点面向共建"一带一路"国家提供数据服务。加快发展跨境电商、外贸综合服务、海外仓等新业态新模式。研究探索放宽特定服务领域自然人移动模式下的服务贸易市场准入限制措施。积极推动中欧班列开行。推动扩大机电产品、绿色低碳化工产品、特色农产品等出口。

(十二)畅通对内对外开放通道。巩固提升贵州在西部陆海新通道中的地位,加快主通道建设,推进贵阳至南宁、黄桶至百色铁路和黔桂铁路增建二线等建设,研究建设重庆至贵阳高铁。开工建设铜仁至吉首等铁路,实施贵广铁路提质改造工程,适时开展兴义至永州至郴州至赣州、泸州至遵义、盘州经六盘水至威宁至昭通等铁路前期工作。研究建设重庆经遵义至贵阳至柳州至广州港、深圳港、北部湾港等铁路集装箱货运大通道。加快兰海、沪昆等国家高速公路繁忙路段扩容改造,研究推进厦蓉、杭瑞、蓉遵、贵阳环城等国家高速公路扩容改造。积极开展与周边省份公路通道项目建设,加快打通省际瓶颈路段。推进乌江、南北盘江—红水河航道提等升级,稳步实施乌江思林、沙沱、红水河龙滩枢纽1000吨级通航设施项目,推进望谟港、播州港、开阳港、思南港等港口建设,打通北上长江、南下珠江的水运通道。加快贵阳、遵义全国性综合交通枢纽建设,完善提升贵阳区域枢纽机场功能。加快威宁、黔北、盘州等支线机场建设。

（十三）推进开放平台建设。加大贵阳航空口岸开放力度,实施144小时过境免签政策。加快遵义新舟机场、铜仁凤凰机场口岸建设。支持广州港、深圳港、北部湾港在贵州设立无水港。不断提升中国国际大数据产业博览会、中国（贵州）国际酒类博览会、中国—东盟教育交流周等展会活动的影响力。高标准、高水平办好生态文明贵阳国际论坛。加快国际山地旅游目的地建设,发展国际山地旅游联盟,办好国际山地旅游暨户外运动大会。

（十四）加强区域互动合作。支持贵州积极对接融入粤港澳大湾区建设,探索"大湾区总部+贵州基地"、"大湾区研发+贵州制造"等合作模式,支持粤黔合作共建产业园区。推动贵州深度融入长江经济带发展,加强与其他沿江省份在环境污染联防联控、产业创新协同发展、公共服务共建共享等方面合作。积极对接成渝地区双城经济圈建设,推进交通、能源、大数据、文化和旅游等领域合作。

五、加快构建以数字经济为引领的现代产业体系

（十五）提升科技创新能力。支持贵州参与国家重点实验室体系重组,在数字技术、空天科技、节能降碳、绿色农药等优势前沿领域培育建设国家级重大创新平台。进一步完善"中国天眼"（FAST）数据资源整合能力,国家科技计划对FAST核心科学目标给予支持。加强南方喀斯特地区绿色发展与生态服务整体提升技术研究与示范。实施"科技入黔",加强公共大数据、智能采掘、非常规油气勘探开发、新能源动力电池等领域关键核心技术攻关。支持贵州培育壮大战略性新兴产业,加快新能源动力电池及材料研发生产基地建设,有序发展轻量化材料、电机电控、充换电设备等新能源汽车配套产业,支持以装备制造及维修服务为重点的航空航天产业发展。强化企业创新主体地位,培育一批"专精特新"企业。支持贵州符合条件的省级高新技术产业开发区升级为国家级高新技术产业开发区。积极吸引数字经济、清洁能源、高端制造、山地农业等行业领军人才,探索多元化柔性引才机制。

(十六)实施数字产业强链行动。推进国家大数据综合试验区和贵阳大数据科创城建设,培育壮大人工智能、大数据、区块链、云计算等新兴数字产业。加快推进"东数西算"工程,布局建设主数据中心和备份数据中心,建设全国一体化算力网络国家枢纽节点,打造面向全国的算力保障基地。支持贵阳大数据交易所建设,促进数据要素流通。建设国家大数据安全靶场,开展数据跨境传输安全管理试点。推动在矿产、轻工、新材料、航天航空等产业领域建设国家级、行业级工业互联网平台,促进产业数字化转型。适度超前布局新型基础设施,推动交通、能源等基础设施智能化改造升级。

(十七)推进传统产业提质升级。落实新一轮找矿突破战略行动,支持贵州加大磷、铝、锰、金、萤石、重晶石等资源绿色勘探开发利用,加快磷化工精细化、有色冶金高端化发展,打造全国重要的资源精深加工基地。支持布局建设关键零部件、关键材料、关键设备等产业备份基地。发挥赤水河流域酱香型白酒原产地和主产区优势,建设全国重要的白酒生产基地。推进特色食品、中药材精深加工产业发展,支持将符合要求的贵州苗药等民族医药列入《中华人民共和国药典》。推动传统产业全方位、全链条数字化转型,引导传统业态积极开展线上线下、全渠道、定制化、精准化营销创新。

(十八)促进文化产业和旅游产业繁荣发展。围绕推进长征国家文化公园建设,加强贵州红色文化资源保护传承弘扬,实施中国工农红军长征纪念馆等重大项目,打造一批红色旅游精品线路。做优做强黄果树、荔波樟江、赤水丹霞、百里杜鹃等高品质旅游景区,提升"山地公园省·多彩贵州风"旅游品牌影响力。支持培育创建国家级文化产业示范园区(基地)、国家文化产业和旅游产业融合发展示范区。积极发展民族、乡村特色文化产业和旅游产业,加强民族传统手工艺保护与传承,打造民族文化创意产品和旅游商品品牌。加快优秀文化和旅游资源的数字化转化和开发,推动景区、博物馆等发展线上数字化体验产品,培育一批具有广泛影响力的数字文化和旅游品牌。

六、持之以恒推进生态文明建设

(十九)改善提升自然生态系统质量。科学推进岩溶地区石漠化、水土流失综合治理,支持苗岭、武陵山区、赤水河流域等一体化保护修复。加大对乌江、南北盘江、红水河、清水江生态保护修复的支持力度,实施重要河湖湿地生态保护修复工程,对易地扶贫搬迁迁出地和历史遗留矿山实施生态恢复。优先支持贵州开展地质灾害综合防治体系建设,对处于地质灾害风险隐患区的人员分批实施避险搬迁。实施重点流域水环境综合治理,做好马尾河流域水环境综合治理与可持续发展试点工作。实施森林质量精准提升工程,深入开展国家储备林建设,加快低效林改造,稳妥探索开展人工商品纯林树种结构优化调整试点,大力发展林下经济。研究设立梵净山、大苗山国家公园。加强生物多样性保护,落实长江十年禁渔,建设有害生物风险防控治理体系、野生动物疫源疫病监测防控体系,实施黔金丝猴、楠木等珍稀濒危野生动植物拯救保护工程。

（二十）深入打好污染防治攻坚战。坚持最严格生态环境保护制度,加强细颗粒物和臭氧协同控制,强化重点行业挥发性有机物综合治理。实施磷、锰、赤泥、煤矸石污染专项治理,推动磷石膏、锰渣等无害化资源化利用技术攻关和工程应用示范。加强农业面源污染综合防治,推进化肥农药减量化和土壤污染治理。实施城镇生活污水处理设施提升工程,全面消除城市建成区黑臭水体。实施生活垃圾焚烧发电和飞灰利用处置示范工程。提高危险废物和医疗废物收集处置能力,加强新污染物治理。

（二十一）健全生态文明试验区制度体系。支持赤水河流域等创新生态产品价值实现机制,探索与长江、珠江中下游地区建立健全横向生态保护补偿机制,推进市场化、多元化生态保护补偿机制建设,拓宽生态保护补偿资金渠道。支持贵州探索开展生态资源权益交易和生态产品资产证券化路径,健全排污权有偿使用制度,研究建立生态产品交易中心。健全生态环境损害赔偿制度。探索将生态产品总值指标纳入相关绩效考核体系,实施经济发展与生态产品总值"双考核"。探索创新山地生态系统保护利用模式,建立健全用途管制规则,在此基础上探索促进山地特色农业和山地旅游发展的政策。

（二十二）积极推进低碳循环发展。加快推动煤炭清洁高效利用,积极发展新能源,扩大新能源在交通运输、数据中心等领域的应用。强化能源消费强度和总量双控,落实重点领域节能降碳要求,力争新建项目能效达到标杆水平,引导存量项目分类有序开展节能改造升级。巩固森林生态系统碳汇能力,发挥森林固碳效益。探索实施碳捕获、利用与封存(CCUS)示范工程,有序开展煤炭地下气化、规模化碳捕获利用和岩溶地质碳捕获封存等试点。推进工业资源综合利用基地建设,推动工业固体废物和再生资源规模化、高值化利用。稳步推进"无废城市"建设。

七、提高保障和改善民生水平

（二十三）提升劳动者就业能力和收入水平。全面实施就业优先战略。建设一批就业帮扶基地、返乡入乡创业园、创业孵化示范基地。大规模多层次开展职业技能培训,完善职业技能培训基础设施,加强公共实训基地建设,加大对农民工职业技能培训的支持力度,做强职业技能服务品牌。健全最低工资标准调整机制,加强劳动者权益保障。加强创新型、技能型人才培养,壮大高水平工程师和高技能人才队伍,提高技术工人待遇水平。落实失业保险稳岗返还及社保补贴、培训补贴等减负稳岗扩就业政策,支持中小企业稳定岗位,更多吸纳高校毕业生等重点群体就业。

（二十四）推动教育高质量发展。推进学前教育普及普惠安全优质发展、义务教育优质均衡发展,加强县域高中建设。推进职业教育扩容提质,推动职业院校与技工院校融合发展,支持建设本科层次职业学校。支持贵州围绕发展急需探索设立大数据类、工业类、文化和旅游类高校,推进部属高校结对帮扶贵州地方高校,支持省部共建贵州地方高校、协同创新中心,鼓励教育部直属高校招生计划增量向贵州适度倾斜,稳步扩大贵州地方高校研究生培养规模。支持贵州深入实施"国培计划"、"特岗计划"。

（二十五）推进健康贵州建设。支持在贵州建设国家区域医疗中心、省级区域医疗中心,推动市级医院提质扩能和县级医院提质达标,提升基层卫生健康综合保障能力。实施重点人群健康服务补短板工程,提升产前筛查诊断和出生缺陷防治、危重孕产妇救治、儿童和新生儿救治等能力。支持建设国家中医疫病防治基地。健全公共卫生应急管理体系,完善重大疫情防控体制机制,提高应对重大突发公共卫生事件的能力和水平。实施"黔医人才计划",拓展"医疗卫生援黔专家团"范围。完善远程医疗体系,推进国家健康医疗大数据西部中心建设。

（二十六）完善公共服务体系。坚持尽力而为、量力而行,围绕落实国家基本公共服务标准,完善并动态调整贵州基本公共服务具体实施标准。建立社会保险公共服务平台,完善以社会保障卡为载体的"一卡通"服务管理模式。扩大保障性租赁住房供给,着力解决新市民、青年人等群体住房困难问题。扩大住房公积金制度覆盖范围,租购并举有力保障缴存人基本住房需求。制定基本养老服务清单,对不同老年人群体分类提供养老保障、生活照料、康复照护、社会救助等适宜服务。全面构建育儿友好型社会,实施健康儿童行动提升计划,大力发展普惠托育服务。

八、强化重点领域安全保障和风险防范

（二十七）提高水安全保障和洪涝灾害防治水平。加强水利基础设施建设,提升水资源优化配置和水旱灾害防御能力,有效解决长期困扰贵州发展的工程性缺水难题。推进凤山水库、观音水库等重点水源工程建设,力争开工建设花滩子、石龙、英武、宣威、车坝河、玉龙、美女山等水源工程和贵阳乌江供水工程,加快推进德隆等中型水库建设,力争到2030年全省水利工程设计供水能力达到170亿立方米以上。充分考虑地形条件,研究对贵州小型水库建设以打捆方式给予定额补助。加快病险水库除险加固,推进堤防和控制性枢纽等工程建设,持续深化兴仁、岩口等控制性枢纽工程论证。实施乌江、清水江、舞阳河等防洪提升工程。强化山洪灾害监测预报预警,继续实施重点山洪沟防洪治理。水利工程坝区和淹没区用地按建设时序分期报批,研究对淹没区按农用地管理。推进水利工程供水价格改革,完善水价水费形成机制和水利工程长效运营机制。

（二十八）提升能源安全保障能力。加强清洁能源开发利用,建设新型综合能源基地。在毕节、六盘水、黔西南布局建设大型煤炭储配基地,打造西南地区煤炭保供中心。加快现役煤电机组节能升级和灵活性改造,推动以原址扩能升级改造及多能互补方式建设清洁高效燃煤机组。推进川气入黔、海气入黔等工作。加快煤层气、页岩气等勘探开发利用,推进黔西南、遵义等煤矿瓦斯规模化抽采利用。推进川滇黔桂水风光综合基地建设,加快实施大型风电、光伏、抽水蓄能项目,在开阳等县(市、区)开展屋顶分布式光伏开发试点。开展源网荷储一体化、能源数字化试点,研究建设能源数据中心。

(二十九)防范化解债务风险。严格政府投资项目管理,依法从严遏制新增隐性债务。加大财政资源统筹力度,积极盘活各类资金资产,稳妥化解存量隐性债务。按照市场化、法治化原则,在落实地方政府化债责任和不新增地方政府隐性债务的前提下,允许融资平台公司对符合条件的存量隐性债务,与金融机构协商采取适当的展期、债务重组等方式维持资金周转。完善地方政府债务风险应急处置机制。在确保债务风险可控的前提下,对贵州适度分配新增地方政府债务限额,支持符合条件的政府投资项目建设。研究支持在部分高风险地区开展降低债务风险等级试点。

九、保障措施

(三十)坚持党的全面领导。充分发挥党总揽全局、协调各方的领导核心作用,落实新时代党的建设总要求,把党的领导始终贯穿于贵州在新时代西部大开发上闯新路的全过程和各领域各方面各环节,继承发扬长征精神和遵义会议精神,引导激励广大党员、干部勇于推进改革创新,提升全局性、系统性思维,提高干事创业的本领能力,走好新时代的长征路。

(三十一)强化政策支持。研究以清单式批量申请授权方式,依法依规赋予贵州更大改革自主权。中央财政继续加大对贵州均衡性转移支付和国家重点生态功能区、县级基本财力保障、民族地区、革命老区等转移支付力度。中央预算内投资、地方政府专项债券积极支持贵州符合条件的基础设施、生态环保、社会民生等领域项目建设。支持发展绿色金融,深入推进贵安新区绿色金融改革创新试验区建设。支持开展基础设施领域不动产投资信托基金(REITs)试点。

(三十二)完善实施机制。贵州省要落实主体责任,大力弘扬团结奋进、拼搏创新、苦干实干、后发赶超的精神,完善工作机制,细化实施方案,明确工作分工,主动作为、大胆探索,以敢闯敢干的姿态在新时代西部大开发上闯出一条新路。国务院有关部门要按照职责分工,根据本意见确定的目标任务,加强指导协调,出台配套政策,对贵州改革发展给予大力支持。国家发展改革委要加强对本意见实施的跟踪评估,依托西部大开发省部联席落实推进工作机制,协调解决突出问题,重要情况及时向党中央、国务院报告。

国务院办公厅关于进一步盘活存量资产扩大有效投资的意见

(2022年5月19日　国办发〔2022〕19号)

经过多年投资建设,我国在基础设施等领域形成了一大批存量资产,为推动经济社会发展提供了重要支撑。有效盘活存量资产,形成存量资产和新增投资的良性循环,对于提升基础设施运营管理水平、拓宽社会投资渠道、合理扩大有效投资以及降低政府债务风险、降低企业负债水平等具有重要意义。为深入贯彻习近平新时代中国特色社会主义思想,完整、准确、全面贯彻新发展理念,加快构建新发展格局,推动高质量发展,经国务院同意,现就进一步盘活存量资产、扩大有效投资提出以下意见。

一、聚焦盘活存量资产重点方向

(一)重点领域。一是重点盘活存量规模较大、当前收益较好或增长潜力较大的基础设施项目资产,包括交通、水利、清洁能源、保障性租赁住房、水电气热等市政设施、生态环保、产业园区、仓储物流、旅游、新型基础设施等。二是统筹盘活存量和改扩建有机结合的项目资产,包括综合交通枢纽改造、工业企业退城进园等。三是有序盘活长期闲置但具有较大开发利用价值的项目资产,包括老旧厂房、文化体育场馆和闲置土地等,以及国有企业开办的酒店、餐饮、疗养院等非主业资产。

(二)重点区域。一是推动建设任务重、投资需求强、存量规模大、资产质量好的地区,积极盘活存量资产,筹集建设资金,支持新项目建设,牢牢守住风险底线。二是推动地方政府债务率较高、财政收支平衡压力较大的地区,加快盘活存量资产,稳妥化解地方政府债务风险,提升财政可持续能力,合理支持新项目建设。三是围绕落实京津冀协同发展、长江经济带发展、粤港澳大湾区建设、长三角一体化发展、黄河流域生态保护和高质量发展等区域重大战略以及推动海南自由贸易港建设等，鼓励相关地区率先加大存量资产盘活力度，充分发挥示范带动作用。

（三）重点企业。盘活存量资产对参与的各类市场主体一视同仁。引导支持基础设施存量资产多、建设任务重、负债率较高的国有企业，把盘活存量资产作为国有资产保值增值以及防范债务风险、筹集建设资金、优化资产结构的重要手段，选择适合的存量资产，采取多种方式予以盘活。鼓励民营企业根据实际情况，参与盘活国有存量资产，积极盘活自身存量资产，将回收资金用于再投资，降低企业经营风险，促进持续健康发展。

二、优化完善存量资产盘活方式

（四）推动基础设施领域不动产投资信托基金（REITs）健康发展。进一步提高推荐、审核效率，鼓励更多符合条件的基础设施REITs项目发行上市。对于在维护产业链供应链稳定、强化民生保障等方面具有重要作用的项目，在满足发行要求、符合市场预期、确保风险可控等前提下，可进一步灵活合理确定运营年限、收益集中度等要求。建立健全扩募机制，探索建立多层次基础设施REITs市场。国有企业发行基础设施REITs涉及国有产权非公开协议转让的，按规定报同级国有资产监督管理机构批准。研究推进REITs相关立法工作。

（五）规范有序推进政府和社会资本合作（PPP）。鼓励具备长期稳定经营性收益的存量项目采用PPP模式盘活存量资产，提升运营效率和服务水平。社会资本方通过创新运营模式、引入先进技术、提升运营效率等方式，有效盘活存量资产并减少政府补助额度的，地方人民政府可采取适当方式通过现有资金渠道予以奖励。

（六）积极推进产权规范交易。充分发挥产权交易所的价值发现和投资者发现功能，创新交易产品和交易方式，加强全流程精细化服务，协助开展咨询顾问、尽职调查、方案优化、信息披露、技术支撑、融资服务等，为存量资产的合理流动和优化配置开辟绿色通道，推动存量资产盘活交易更加规范、高效、便捷。采取多种方式加大宣传引导力度，吸引更多买方参与交易竞价。

（七）发挥国有资本投资、运营公司功能作用。鼓励国有企业依托国有资本投资、运营公司,按规定通过进场交易、协议转让、无偿划转、资产置换、联合整合等方式,盘活长期闲置的存量资产,整合非主业资产。通过发行债券等方式,为符合条件的国有资本投资、运营公司盘活存量资产提供中长期资金支持。

(八)探索促进盘活存量和改扩建有机结合。吸引社会资本参与盘活城市老旧资产资源特别是老旧小区改造等,通过精准定位、提升品质、完善用途等进一步丰富存量资产功能、提升资产效益。因地制宜积极探索污水处理厂下沉、地铁上盖物业、交通枢纽地上地下空间综合开发、保障性租赁住房小区经营性公共服务空间开发等模式,有效盘活既有铁路场站及周边可开发土地等资产,提升项目收益水平。在各级国土空间规划、相关专项规划中充分考虑老港区搬迁或功能改造提升,支持优化港口客运场站规划用途,实施综合开发利用。

(九)挖掘闲置低效资产价值。推动闲置低效资产改造与转型,依法依规合理调整规划用途和开发强度,开发用于创新研发、卫生健康、养老托育、体育健身、休闲旅游、社区服务或作为保障性租赁住房等新功能。支持金融资产管理公司、金融资产投资公司以及国有资本投资、运营公司通过不良资产收购处置、实质性重组、市场化债转股等方式盘活闲置低效资产。

(十)支持兼并重组等其他盘活方式。积极探索通过资产证券化等市场化方式盘活存量资产。在符合反垄断等法律法规前提下,鼓励行业龙头企业通过兼并重组、产权转让等方式加强存量资产优化整合,提升资产质量和规模效益。通过混合所有制改革、引入战略投资方和专业运营管理机构等,提升存量资产项目的运营管理能力。

三、加大盘活存量资产政策支持

(十一)积极落实项目盘活条件。针对存量资产项目具体情况,分类落实各项盘活条件。对产权不明晰的项目,依法依规理顺产权关系,完成产权界定,加快办理相关产权登记。对项目前期工作手续不齐全的项目,按照有关规定补办相关手续,加快履行竣工验收、收费标准核定等程序。对项目盘活过程中遇到的难点问题,探索制定合理解决方案并积极推动落实。

(十二)有效提高项目收益水平。完善公共服务和公共产品价格动态调整机制,依法依规按程序合理调整污水处理收费标准,推动县级以上地方人民政府建立完善生活垃圾处理收费制度。建立健全与投融资体制相适应的水利工程水价形成机制，促进水资源节约利用和水利工程良性运行。对整体收益水平较低的存量资产项目，完善市场化运营机制，提高项目收益水平，支持开展资产重组，为盘活存量资产创造条件。研究通过资产合理组合等方式，将准公益性、经营性项目打包，提升资产吸引力。

（十三）完善规划和用地用海政策。依法依规指导拟盘活的存量项目完善规划、用地用海、产权登记、土地分宗等手续，积极协助妥善解决土地和海域使用相关问题，涉及手续办理或开具证明的积极予以支持。坚持先规划后建设，对盘活存量资产过程中确需调整相关规划或土地、海域用途的，应充分开展规划实施评估，依法依规履行相关程序，确保土地、海域使用符合相关法律法规和国土空间用途管制要求。

（十四）落实财税金融政策。落实落细支持基础设施REITs有关税收政策。对符合存量资产盘活条件、纳税金额较大的重点项目，各级税务机关做好服务和宣传工作，指导企业依法依规纳税，在现行税收政策框架下助力盘活存量资产。支持银行、信托、保险、金融资产管理、股权投资基金等机构，充分发挥各自优势，按照市场化原则积极参与盘活存量资产。鼓励符合条件的金融资产管理公司、金融资产投资公司通过发行债券融资，解决负债久期与资产久期错配等问题。加强投融资合作对接，积极向有关金融机构推介盘活存量资产项目。

四、用好回收资金增加有效投资

（十五）引导做好回收资金使用。加强对盘活存量资产回收资金的管理，除按规定用于本项目职工安置、税费缴纳、债务偿还等支出外，应确保主要用于项目建设，形成优质资产。鼓励以资本金注入方式将回收资金用于具有收益的项目建设，充分发挥回收资金对扩大投资的撬动作用。对地方政府债务率较高、财政收支平衡压力较大的地区，盘活存量公共资产回收的资金可适当用于"三保"支出及债务还本付息。回收资金使用应符合预算管理、国有资产监督管理等有关政策要求。

（十六）精准有效支持新项目建设。盘活存量资产回收资金拟投入新项目建设的,优先支持综合交通和物流枢纽、大型清洁能源基地、环境基础设施、"一老一小"等重点领域项目,重点支持"十四五"规划102项重大工程,优先投入在建项目或符合相关规划和生态环保要求、前期工作成熟的项目。有关部门应加快相关项目审批核准备案、规划选址、用地用海、环境影响评价、施工许可等前期工作手续办理,促进项目尽快落地实施、形成实物工作量。

（十七）加强配套资金支持。在安排中央预算内投资等资金时,对盘活存量资产回收资金投入的新项目,可在同等条件下给予优先支持;发挥中央预算内投资相关专项示范引导作用,鼓励社会资本通过多种方式参与盘活国有存量资产。对回收资金投入的新项目,地方政府专项债券可按规定予以支持。鼓励银行等金融机构按照市场化原则提供配套融资支持。

五、严格落实各类风险防控举措

（十八）依法依规稳妥有序推进存量资产盘活。严格落实防范化解地方政府隐性债务风险的要求,严禁在盘活存量资产过程中新增地方政府隐性债务。坚持市场化法治化原则,严格落实国有资产监督管理规定,做好财务审计、资产评估、决策审批等工作,除相关政策规定的情形外,应主要通过公共资源交易平台、证券交易所、产权交易所等公开透明渠道合理确定交易价格,严防国有资产流失。充分保障债权人的合法权益,避免在存量资产转让过程中出现债权悬空。多措并举做好职工安置,为盘活存量资产创造良好条件和氛围。所有拟发行基础设施REITs的项目均应符合国家重大战略、发展规划、产业政策、投资管理法规等相关要求,保障项目质量,防范市场风险。

（十九）提升专业机构合规履职能力。严格落实相关中介机构自律规则、执业标准和业务规范,推动中介机构等履职尽责,依法依规为盘活存量资产提供尽职调查、项目评估、财务和法律咨询等专业服务。积极培育为盘活存量资产服务的专业机构,提高专业化服务水平。对违反相关法律法规的中介机构依法追责。

（二十）保障基础设施稳健运营。对公共属性较强的基础设施项目,在盘活存量资产时应处理好项目公益性与经营性的关系,确保投资方在接手后引入或组建具备较强能力和丰富经验的基础设施运营管理机构,保持基础设施稳健运营,切实保障公共利益,防范化解潜在风险。推动基础设施REITs基金管理人与运营管理机构健全运营机制,更好发挥原始权益人在项目运营管理中的专业作用,保障基金存续期间项目持续稳定运营。

六、建立工作台账强化组织保障

(二十一)实行台账式管理。全面梳理各地区基础设施等领域存量资产情况,筛选出具备一定盘活条件的项目,建立盘活存量资产台账,实行动态管理。针对纳入台账项目的类型和基本情况,逐一明确盘活方案,落实责任单位和责任人。地方各级人民政府要加强指导协调,定期开展项目调度,梳理掌握项目进展情况、及时解决存在问题,调动民间投资参与积极性。

(二十二)建立健全协调机制。由国家发展改革委牵头,会同财政部、自然资源部、住房城乡建设部、人民银行、国务院国资委、税务总局、银保监会、证监会等部门,加强盘活存量资产工作信息沟通和政策衔接,建立完善工作机制,明确任务分工,做好指导督促,协调解决共性问题,形成工作合力,重大事项及时向党中央、国务院报告。各地区建立相关协调机制,切实抓好盘活存量资产、回收资金用于新项目建设等工作。

(二十三)加强督促激励引导。对盘活存量资产、扩大有效投资工作成效突出的地区或单位,以适当方式积极给予激励;对资产长期闲置、盘活工作不力的,采取约谈、问责等方式,加大督促力度。适时将盘活存量资产、扩大有效投资有关工作开展情况作为国务院大督查的重点督查内容。研究将鼓励盘活存量资产纳入国有企业考核评价体系。对地方政府债务率较高的地区,重点督促其通过盘活存量资产降低债务率、提高再投资能力。当年盘活国有存量资产相关情况,纳入地方各级政府年度国有资产报告。

(二十四)积极开展试点探索。根据实际工作需要,在全国范围内选择不少于30个有吸引力、代表性强的重点项目,并确定一批可以为盘活存量资产、扩大有效投资提供有力支撑的相关机构,开展试点示范,形成可复制、可推广的经验做法。引导各地区积极学习借鉴先进经验,因地制宜研究制定盘活存量资产的有力有效措施,防止"一哄而上"。

国务院关于印发广州南沙深化面向世界的粤港澳全面合作总体方案的通知

（2022年6月6日　国发〔2022〕13号）

现将《广州南沙深化面向世界的粤港澳全面合作总体方案》印发给你们，请认真遵照执行。

广州南沙深化面向世界的粤港澳全面合作总体方案

加快广州南沙粤港澳重大合作平台建设，是贯彻落实《粤港澳大湾区发展规划纲要》的战略部署，是建设高水平对外开放门户、推动创新发展、打造优质生活圈的重要举措。为加快推动广州南沙深化粤港澳全面合作，打造成为立足湾区、协同港澳、面向世界的重大战略性平台，在粤港澳大湾区建设中更好发挥引领带动作用，制定本方案。

一、总体要求

（一）指导思想。以习近平新时代中国特色社会主义思想为指导，全面贯彻落实党的十九大和十九届历次全会精神，坚持稳中求进工作总基调，完整、准确、全面贯彻新发展理念，加快构建新发展格局，全面深化改革开放，坚持创新驱动发展，推动高质量发展，坚持以供给侧结构性改革为主线，坚定不移贯彻"一国两制"方针，深化粤港澳互利共赢合作，厚植历史文化底蕴，加快建设科技创新产业合作基地、青年创业就业合作平台、高水平对外开放门户、规则衔接机制对接高地和高质量城市发展标杆,将南沙打造成为香港、澳门更好融入国家发展大局的重要载体和有力支撑。

(二)空间布局。本方案实施范围为广州市南沙区全域,总面积约803平方公里。按照以点带面、循序渐进的建设时序,以中国(广东)自由贸易试验区南沙片区的南沙湾、庆盛枢纽、南沙枢纽3个区块作为先行启动区,总面积约23平方公里。充分发挥上述区域依托交通枢纽快捷通达香港的优势,加快形成连片开发态势和集聚发展效应,有力带动南沙全域发展,逐步构建"枢纽带动、多点支撑、整体协同"的发展态势。

(三)发展目标。

到2025年,南沙粤港澳联合科技创新体制机制更加完善,产业合作不断深化,区域创新和产业转化体系初步构建;青年创业就业合作水平进一步提升,教育、医疗等优质公共资源加速集聚,成为港澳青年安居乐业的新家园;市场化法治化国际化营商环境基本形成,携手参与"一带一路"建设取得明显成效;绿色智慧节能低碳的园区建设运营模式基本确立,先行启动区建设取得重大进展。

到2035年,南沙区域创新和产业转化体系更趋成熟,国际科技成果转移转化能力明显提升;生产生活环境日臻完善,公共服务达到世界先进水平,区域内港澳居民数量显著提升;国际一流的营商环境进一步完善,在粤港澳大湾区参与国际合作竞争中发挥引领作用,携手港澳建成高水平对外开放门户,成为粤港澳全面合作的重要平台。

二、建设科技创新产业合作基地

(四)强化粤港澳科技联合创新。推动粤港澳科研机构联合组织实施一批科技创新项目,共同开展关键核心技术攻关,强化基础研究、应用研发及产业化的联动发展,完善知识产权信息公共服务。创新科技合作机制,落实好支持科技创新进口税收政策,鼓励相关科研设备进口,允许港澳科研机构因科研、测试、认证检查所需的产品和样品免于办理强制性产品认证。加强华南(广州)技术转移中心、香港科技大学科创成果内地转移转化总部基地等项目建设,积极承接香港电子工程、计算机科学、海洋科学、人工智能和智慧城市等领域创新成果转移转化,建设华南科技成果转移转化高地。开展赋予科研人员职务科技成果所有权或长期使用权试点。推动金融与科技、产业深度融合,探索创新科技金融服务新业务新模式,为在南沙的港澳科研机构和创新载体提供更多资金支持。支持符合条件的香港私募基金参与在南沙的港资创新型科技企业融资。

(五)打造重大科技创新平台。高水平建设南沙科学城,布局前沿交叉研究平台,建设世界一流研究型大学和研究机构,增强原始创新能力。加快中科院明珠科学园建设,整合中科院在广州研究所、全国重点实验室等科技创新资源,打造具有竞争力的中试和应用推广基地。推动海洋科技力量集聚,加快与中科院、香港科技大学共建南方海洋科学与工程广东省实验室(广州),加快冷泉生态系统观测与模拟大科学装置、广州海洋地质调查局深海科技创新中心、南海生态环境创新工程研究院、新一代潜航器项目等重大创新平台建设,打造我国南方海洋科技创新中心。健全科技成果交易平台,完善科技成果公开交易体系。

(六)培育发展高新技术产业。发展智能制造,加快建设一批智能制造平台,打造"智能制造+智能服务"产业链。加快建设智能网联汽车产业园,推进智能纯电动汽车研发和产业化,加强智能网联汽车测试示范,打造智能网联汽车产业链和智慧交通产业集群。推进专业化机器人创新中心建设,大力发展工业机器人和服务机器人,推进无人机、无人艇等无人系统产业发展。发展数字产业,加快下一代互联网国家工程中心粤港澳大湾区创新中心建设,推进互联网协议第六版(IPv6)行业应用示范、下一代互联网算力服务等业务发展。发挥国家物联网公共标识管理服务平台作用,促进物联网、云计算等新兴产业集聚发展。加快建设南沙(粤港澳)数据服务试验区,建设国际光缆登陆站。建设好国家科技兴海产业示范基地,推动可燃冰、海洋生物资源综合开发技术研发和应用,推动海洋能发电装备、先进储能技术等能源技术产业化。对南沙有关高新技术重点行业企业进一步延长亏损结转年限。对先行启动区鼓励类产业企业减按15%税率征收企业所得税,并按程序制定优惠产业目录。

(七)推动国际化高端人才集聚。创新人才政策体系,实施面向港澳人才的特殊支持措施,在人才引进、股权激励、技术入股、职称评价、职业资格认可、子女教育、商业医疗保险等方面率先取得突破。对在南沙工作的港澳居民,免征其个人所得税税负超过港澳税负的部分。支持南沙实行更大力度的国际高端人才引进政策,对国际高端人才给予入境、停居留便利。实施产学研合作培养创新人才模式,加快博士后科研流动站、科研工作站以及博士后创新实践基地等载体建设,鼓励国际高端人才进入南沙。大力发展国际化人力资源服务,搭建国际人才数据库,建设好人力资源服务产业园区,允许符合条件的取得内地永久居留资格的国际人才创办科技型企业、担任科研机构法人代表。

三、创建青年创业就业合作平台

(八)协同推进青年创新创业。深入推进大众创业、万众创新,聚众智汇众力,更大激发市场活力。进一步优化提升粤港澳(国际)青年创新工场、"创汇谷"粤港澳青年文创社区等平台环境,拓展服务内容。鼓励现有各类创业孵化基地、众创空间等开辟拓展专门面向港澳青年的创新创业空间。营造更优双创发展生态,整合创业导师团队、专业化服务机构、创业投融资机构等各类创业资源,加强创新创业政策协同,构建全链条创业服务体系和全方位多层次政策支撑体系,打造集经营办公、生活居住、文化娱乐于一体的综合性创客社区。支持符合条件的一站式创新创业平台按规定享受科技企业孵化器税收优惠政策。符合条件的港澳居民到南沙创业的,纳入当地创业补贴扶持范围,可同等享受创业担保贷款和贴息等当地扶持政策。获得香港特别行政区政府"青年发展基金"、"创意智优计划"资助的创业团队,以及获得澳门特别行政区政府"青年创业援助计划"资助的创业团队,直接享受南沙创业扶持政策。大力开展"创业导师"、"创业大赛"、"创业培训"等创新创业赛事和培训活动,发掘创业典型案例,加大对南沙创业投资政策环境的宣传力度,营造优质创新创业生态圈。

(九)提升实习就业保障水平。深入实施港澳青年"百企千人"实习计划,落地一批青年专业人才合作项目。支持香港特别行政区政府扩大"内地专题实习计划",提供更多有吸引力的专题实习岗位。支持香港特别行政区政府实施"大湾区青年就业计划",为在南沙就业的香港大学生提供津贴。探索推动南沙事业单位、法定机构、国有企业引进符合条件的港澳青年人才。建设公共就业综合服务平台,进一步完善有利于港澳居民特别是内地学校毕业的港澳学生在南沙就业生活的政策措施,维护港澳居民在内地就业权益。加强就业配套服务保障,在住宿公寓、通勤、子女入托入学等方面提供便利条件,帮助港澳居民解决到南沙工作的后顾之忧。

(十)加强青少年人文交流。在南沙规划建设粤港澳青少年交流活动总部基地,创新开展粤港澳青少年人文交流活动,积极开展青少年研学旅游合作,打造"自贸初体验"、"职场直通车"、"文体对对碰"等品牌特色项目。定期举办粤港澳青年人才交流会、青年职业训练营、青年创新创业分享会等交流活动。携手港澳联合举办多种形式的文化艺术活动,引导粤港澳三地青少年积极参与重大文化遗产保护,不断增强认同感和凝聚力。

四、共建高水平对外开放门户

(十一)建设中国企业"走出去"综合服务基地。依托广州特别是南沙产业和市场基础,携手港澳不断深化对外经贸合作。发挥外国驻穗领事馆集聚优势,深入对接"一带一路"沿线国家和地区发展需要,整合珠三角优势产能、国际经贸服务机构等"走出去"资源,加强与香港专业服务机构合作,共同构建线上线下一体化的国际投融资综合服务体系,提供信息共享、项目对接、标准兼容、检测认证、金融服务、争议解决等一站式服务。集聚发展香港专业服务业,在做好相关监管的基础上,研究进一步降低香港专业服务业在内地提供服务的准入门槛。完善内地与港澳律师事务所合伙联营机制。推动建设粤港澳大湾区印刷业对外开放连接平台。

(十二)增强国际航运物流枢纽功能。按照功能互补、错位发展的原则,充分发挥香港国际航运中心作用及海事专业服务优势,推动粤港澳大湾区内航运服务资源跨境跨区域整合,提升大湾区港口群总体服务能级,重点在航运物流、水水中转、铁水联运、航运金融、海事服务、邮轮游艇等领域深化合作。加快广州港南沙港区四期自动化码头建设,充分利用园区已有铁路,进一步提高港铁联运能力。支持广州航运交易所拓展航运交易等服务功能,支持粤港澳三地在南沙携手共建大湾区航运联合交易中心。加快发展船舶管理、检验检测、海员培训、海事纠纷解决等海事服务,打造国际海事服务产业集聚区。遵循区域协调、互惠共赢原则,依托广州南沙综合保税区,建立粤港澳大湾区大宗原料、消费品、食品、艺术品等商品供应链管理平台,建设工程塑料、粮食、红酒展示交易中心,设立期货交割仓。

(十三)加强国际经济合作。全面加强和深化与日韩、东盟国家经贸合作,支持南沙高质量实施《区域全面经济伙伴关系协定》(RCEP),率先积累经验。对标《全面与进步跨太平洋伙伴关系协定》(CPTPP)、《数字经济伙伴关系协定》(DEPA)等国际高水平自贸协定规则,加大压力测试力度。加强与欧盟和北美发达经济体的合作,推动在金融、科技创新等领域对接,进一步融入区域和世界经济,打造成为国际经济合作前沿地。

(十四)构建国际交往新平台。鼓励引导港澳商会协会在南沙设立代表处。支持港澳全面参与和助力"一带一路"建设,促进与"一带一路"沿线国家和地区以及全球主要自贸区、自贸港区和商会协会建立务实交流合作,探索举办"一带一路"相关主题展会,构筑粤港澳大湾区对接"一带一路"建设的国际经济合作新平台。办好国际金融论坛(IFF)全球年会等国际性主题活动,积极承办国际重要论坛、大型文体赛事等对外交流活动。

五、打造规则衔接机制对接高地

(十五)打造国际一流营商环境。深化"放管服"改革,持续打造市场化法治化国际化营商环境。探索试行商事登记确认制,开展市场准入和监管体制机制改革试点,加快建立健全全方位、多层次、立体化监管体系,实现事前事中事后全链条全领域监管,依托国家企业信用信息公示系统,实现涉企信用信息互联互通、共享应用,创新推进部门联合"双随机、一公开"监管、企业信用风险分类管理。加快建设"数字政府",完善"互联网+"审批体系,推进政务服务"即刻办+零跑动"。健全多元化纠纷解决机制,搭建一站式民商事纠纷解决系统平台,促进诉讼与仲裁、调解等多元化纠纷解决方式信息互通、有机衔接。

(十六)有序推进金融市场互联互通。支持符合条件的港澳投资者依法申请设立证券公司、期货公司、基金公司等持牌金融机构。积极支持南沙参与粤港澳大湾区保险服务中心设立。支持南沙在跨境机动车保险、跨境商业医疗保险等方面先行先试,促进粤港澳三地保险市场融合发展。支持开展移动支付创新应用。加快研究按程序在南沙设立粤港澳大湾区国际商业银行。支持推进外汇管理改革,探索开展合格境内有限合伙人(QDLP)境外投资等政策试点,支持粤港澳三地机构合作设立人民币海外投贷基金。加强金融监管合作,提升风险监测、预警、处置能力。

（十七）提升公共服务和社会管理相互衔接水平。推动粤港澳三地加强社会保障衔接,推进在南沙工作和生活的港澳居民享有市民待遇,提高港澳居民社会保障措施的跨境可携性。配合香港特别行政区政府建立医疗机构"白名单"制度,扩大香港"长者医疗券"使用范围,推动将"白名单"内的南沙医疗机构纳入香港医疗费用异地结算单位,并逐步将支付范围从门诊扩大到住院。组织制定与国际接轨的医院评审认证标准,在南沙开展国际医院评审认证,便利国际保险偿付。建立健全与港澳之间食品原产地可追溯制度,建立食品安全风险交流与信息发布制度,提高大湾区食品安全监管信息化水平。加强与港澳的交通衔接,加快建立南沙枢纽与香港的直接交通联系,进一步优化南沙客运港航班和广深港高铁庆盛站等经停班次,推进实现"一票式"联程和"一卡通"服务。在严格做好疫情防控等前提下,稳妥推进粤港澳游艇自由行,细化完善港澳游艇出入境政策体系、管理机制和操作规范。

六、建立高质量城市发展标杆

（十八）加强城市规划建设领域合作。坚持尊重自然、顺应自然、保护自然的生态文明理念,加强文明传承、文化延续,抓好历史文化保护传承,加强乡土树种、古树名木保护,用"绣花"功夫做好城市精细化治理。引入高水平规划策划设计单位及专家团队参与南沙规划编制、设计研究,探索引入港澳规划、建筑、设计、测量、工程等顾问公司和工程承建商的准入标准。对具有香港协会(学会)资格的香港建筑师、结构工程师、建筑测量师与内地相应协会会员资格互认。强化工程建设领域合作,借鉴港澳在市政建设及服务方面的经验,邀请港澳专家以合作或顾问形式参与建设管理,支持港澳业界参与重大交通设施、市政基础设施、文体设施和连片综合开发建设,允许港澳企业在南沙独资或控股的开发建设项目采用港澳工程建设管理模式,推进建筑师负责制和全过程工程咨询项目试点,允许取得建筑及相关工程咨询等香港相应资质的企业和专业人士经备案后直接提供服务。

（十九）稳步推进智慧城市建设。运用下一代互联网、云计算、智能传感、卫星、地理信息系统(GIS)等技术，加快南沙智慧城市基础设施建设，实现第五代移动通信(5G)全覆盖，提高基础设施管理和服务能力。加快建设交通信息感知设施，建立统一的智能化城市综合交通管理和服务系统，全面提升智能化管理水平。推进建设南沙智能电网、智能气网和智能供排水保障系统。

（二十）稳步推进粤港澳教育合作。在南沙划定专门区域，打造高等教育开放试验田、高水平高校集聚地、大湾区高等教育合作新高地。支持依法合规引进境外一流教育资源到南沙开展高水平合作办学，推进世界一流大学和一流学科建设。深化粤港澳高等教育合作，充分发挥粤港澳高校联盟等作用，鼓励三地高校探索开展相互承认特定课程学分、实施更灵活的交换生安排等方面的合作交流。完善在南沙设立的大学对港澳考生招生机制，参考中山大学、暨南大学自主招生方式，进一步拓宽港澳籍学生入学渠道。鼓励港澳职业教育培训机构与内地院校、企业、机构合作建立职业教育培训学校和实训基地。深入开展姊妹学校（园）交流合作活动。规划建设外籍人员子女学校或国际化程度较高的中小学校，落实港澳居民在内地申请中小学教师资格有关政策，鼓励发展0—3岁托育服务。从就医、购房跨境抵押、资格互认、创业支持等方面优化就业创业配套环境，实现教育、创新、创业联动和就学就业互促，增强对港澳青年学生就学吸引力。

（二十一）便利港澳居民就医养老。积极增加优质资源供给，携手港澳共建国际健康产业，加快国家健康旅游示范基地建设，支持港澳医疗卫生服务提供主体按规定以独资、合资方式设立医疗机构。参照香港大学深圳医院投资运营管理模式，在南沙建设由地方政府全额投资、引进港澳现代化管理模式的大型综合性公办医院。开展非急重病人跨境陆路转运服务，率先在南沙公立医院开展跨境转诊合作试点。加快实施《粤港澳大湾区药品医疗器械监管创新发展工作方案》，允许指定医疗机构使用临床急需、已在港澳上市的药品，以及临床急需、港澳公立医院已采购使用、具有临床应用先进性的医疗器械，由广东省实施审批。支持国家药监局在粤港澳大湾区内地区域加强药品和医疗器械审评检查工作。增强南沙养老机构对港澳老年人吸引力,提高南沙公办养老机构面向非户籍人口的床位比例,试点赋予港澳居民申请资格。支持香港扩大广东院舍住宿照顾服务计划,将南沙符合条件的养老机构纳入其中,香港老年人入住享受与香港本地同等补助。

(二十二)强化生态环境联建联防联治。加强节能环保、清洁生产、资源综合利用、可再生能源等绿色产业发展交流合作,在合作开展珠江口海域海洋环境综合治理、区域大气污染防治等方面建立健全环保协同联动机制。坚持陆海统筹、以海定陆,协同推进陆源污染治理、海域污染治理、生态保护修复和环境风险防范。实施生态保护红线精细化管理,加强生态重要区和敏感区保护。深入推进节能降耗和资源循环利用,加强固体废物污染控制,构建低碳环保园区。打好污染防治攻坚战,全面落实河长制、湖长制,消除黑臭水体,提升河流水质。实施更严格的清洁航运政策,减少船舶污染排放。

七、保障措施

(二十三)全面加强党的领导。坚持和加强党的领导,增强"四个意识"、坚定"四个自信"、做到"两个维护",不断提高政治判断力、政治领悟力、政治执行力,把党的领导始终贯穿南沙建设发展全过程。坚持以党的政治建设为统领,坚持思想建党和制度治党紧密结合,加强党风廉政建设,以一流党建引领南沙发展。加强基层党组织建设,引导基层党组织和广大党员在推动南沙建设中发挥战斗堡垒和先锋模范作用。

(二十四)加强资金、要素等政策支持。2022—2024年,每年安排南沙100亿元新增地方政府债务限额,并统一计入地方政府债务余额。结合地方财力、债务风险情况以及项目融资需求,广东省在分配有关财政资金和新增地方政府债券额度方面对南沙予以倾斜支持。对主要投资港资澳资企业的创业投资基金,在基金注册、营商服务等方面提供便利。探索建立刚性和弹性有效结合的国土空间规划管理机制,严格耕地保护,在严守耕地红线和永久基本农田控制线、生态保护红线和不突破城镇开发边界的前提下,按程序开展土地管理综合改革试点;广东省和广州市要采取用地指标倾斜等方式,合理增加南沙年度用地指标。支持按程序推进解决龙穴岛南部围填海历史遗留问题。

（二十五）创新合作模式。探索采取法定机构或聘任制等方式，积极引进港澳专业人士、国际化人才参与南沙建设和管理。支持港澳积极参与南沙开发建设，优先导入符合本方案产业导向的港澳项目。建立由政府、行业协会商会、智库机构、专家学者等代表共同参与的发展咨询委员会，为南沙建设提供咨询建议。

（二十六）加强组织实施。各有关部门在重大政策实施、重大项目安排、体制机制创新等方面给予指导支持，粤港澳大湾区建设领导小组办公室要加强统筹协调、跟踪服务和督促落实。按照南沙发展新要求，研究修编南沙发展规划。广东省要与港澳加强沟通协调，积极为南沙建设发展创造良好环境，给予大力支持。广州市要落实主体责任，高标准高水平规划、建设和管理，整体谋划、分步实施。要强化底线思维，敬畏历史、敬畏文化、敬畏生态，加强风险防范化解，确保南沙健康有序可持续发展。

国务院关于开展第五次全国经济普查的通知

（2022年11月17日　国发〔2022〕22号）

根据《全国经济普查条例》的规定，国务院决定于2023年开展第五次全国经济普查。现将有关事项通知如下：

一、总体要求

（一）指导思想。以习近平新时代中国特色社会主义思想为指导，深入贯彻党的二十大精神，认真落实党中央、国务院决策部署，完整、准确、全面贯彻新发展理念，加快构建新发展格局，着力推动高质量发展，坚持依法普查、科学普查、为民普查，坚持实事求是、改革创新，确保普查数据真实准确，全面客观反映我国经济社会发展状况。

（二）普查目的。第五次全国经济普查是一项重大国情国力调查，将首次统筹开展投入产出调查，全面调查我国第二产业和第三产业发展规模、布局和效益，摸清各类单位基本情况，掌握国民经济行业间经济联系、客观反映推动高质量发展、构建新发展格局、建设现代化经济体系、深化供给侧结构性改革以及创新驱动发展、区域协调发展、生态文明建设、高水平对外开放、公共服务体系建设等方面的新进展。通过普查，进一步夯实统计基础，推进统计现代化改革，为加强和改善宏观经济治理、科学制定中长期发展规划、全面建设社会主义现代化国家，提供科学准确的统计信息支持。

二、普查对象和范围

普查的对象是在我国境内从事第二产业和第三产业活动的全部法人单位、产业活动单位和个体经营户。具体范围包括：采矿业，制造业，电力、热力、燃气及水生产和供应业，建筑业，批发和零售业，交通运输、仓储和邮政业，住宿和餐饮业，信息传输、软件和信息技术服务业，金融业，房地产业，租赁和商务服务业，科学研究和技术服务业，水利、环境和公共设施管理业，居民服务、修理和其他服务业，教育，卫生和社会工作，文化、体育和娱乐业，公共管理、社会保障和社会组织等。

三、普查内容和时间

普查的主要内容包括普查对象的基本情况、组织结构、人员工资、生产能力、财务状况、生产经营、能源生产和消费、研发活动、信息化建设和电子商务交易情况，以及投入结构、产品使用去向和固定资产投资构成情况等。

普查标准时点为2023年12月31日，普查时期资料为2023年年度资料。

四、普查组织实施

第五次全国经济普查调查内容增多、技术要求提高、工作难度加大，各地区、各部门要按照"全国统一领导、部门分工协作、地方分级负责、各方共同参与"的原则，统筹协调，优化方式，突出重点，创新手段，认真做好普查的宣传动员和组织实施工作。

为加强对普查工作的组织领导，国务院将成立第五次全国经济普查领导小组，负责普查组织实施中重大问题的研究和决策。普查领导小组由国务院领导同志任组长，成员单位包括国务院办公厅、国家统计局、国家发展改革委、中央宣传部、中央政法委、中央编办、民政部、财政部、税务总局、市场监管总局等部门（组成人员名单另发）。

涉及普查经费方面的事项,由财政部负责和协调;涉及数据处理能力建设方面的事项,由国家发展改革委负责和协调;涉及普查宣传动员方面的事项,由国家统计局、中央宣传部负责和协调;涉及企业和个体工商户名录方面的事项,由市场监管总局、税务总局负责和协调;涉及机关和事业单位名录方面的事项,由中央编办负责和协调;涉及社会团体、基金会、民办非企业单位及基层自治组织名录方面的事项,由民政部负责和协调;涉及统一社会信用代码信息共享方面的事项,由市场监管总局负责和协调;涉及城乡社区网格化服务管理工作的事项,由中央政法委协调。

国务院第五次全国经济普查领导小组办公室设在国家统计局,负责普查的具体组织实施和协调,各成员单位要按照各自职能,各负其责、通力协作、密切配合、信息共享。银行、证券、保险、铁路等部门和单位及有关方面,要按照普查方案统一要求,负责组织开展本系统的普查工作;海关总署负责组织开展普查工作中的进口货物使用去向调查任务。掌握普查有关基础资料的各级部门要及时准确提供部门行政记录和数据信息。

地方各级人民政府要设立相应的普查领导小组及其办公室,认真组织好本地区的普查实施工作,及时采取措施解决普查工作中遇到的困难和问题。要充分发挥街道办事处和居民委员会、乡镇人民政府和村民委员会的作用,广泛动员和组织社会力量积极参与、认真配合做好普查工作。地方普查机构根据工作需要,可聘用或者从有关单位商调符合条件的普查指导员和普查员,及时支付聘用人员的劳动报酬,保证商调人员在原单位的工资、福利及其他待遇不变,稳定普查工作队伍,确保普查工作顺利进行。

五、普查经费保障

第五次全国经济普查所需经费,按现行经费渠道由中央和地方各级人民政府共同负担,列入相应年度财政预算,按时拨付,确保到位,保障普查工作顺利开展。

六、普查工作要求

(一)坚持依法普查。所有普查工作人员和普查对象必须严格按照《中华人民共和国统计法》、《中华人民共和国统计法实施条例》和《全国经济普查条例》的规定,按时、如实填报普查表。任何单位和个人不得虚报、瞒报、拒报、迟报，不得伪造、篡改普查数据。普查取得的单位和个人资料，严格限定用于普查目的，不作为任何单位对普查对象实施奖惩的依据。各级普查机构及其工作人员，对在普查中所知悉的国家秘密和普查对象的商业秘密、个人信息，必须严格履行保密义务；未经批准，任何单位和个人不得对外发布普查数据。对在普查工作中的违纪违法等行为，依纪依法予以处理并加大通报曝光力度。

（二）确保数据质量。始终坚守数据质量第一原则，严格执行普查方案，规范普查工作流程，强化事前事中事后数据质量检查核查，切实防范和惩治统计造假、弄虚作假，确保普查数据真实准确、完整可信。各级普查机构要建立健全普查数据质量控制体系和岗位责任制，完善普查数据质量追溯和问责机制，严肃普查纪律，坚决杜绝各种人为干预普查数据的行为。采用有效技术手段和管理措施，确保普查数据采集、传输、存储和使用的安全。适时将普查工作开展情况纳入统计督察。

（三）创新手段方式。广泛应用部门行政记录，推进电子证照信息等在普查中的应用，采取网上填报与手持电子终端现场采集数据相结合的方式开展普查，通过信息化手段提高普查数据处理效能。适应常态化疫情防控需要，组织开展线上线下业务培训，支持普查对象通过网络自主报送普查数据，科学、规范、高效推进普查工作。

（四）强化宣传引导。各级普查机构应会同宣传部门认真做好普查宣传的策划和组织工作。充分发挥各类新闻媒体以及有关部门服务平台等宣传渠道作用，广泛深入宣传经济普查的重要意义和要求，引导广大普查对象依法配合普查、全社会积极参与普查，为第五次全国经济普查顺利实施营造良好的社会氛围。

财 政

国务院办公厅关于进一步推进省以下财政体制改革工作的指导意见

(2022年5月29日 国办发〔2022〕20号)

省以下财政体制是政府间财政关系制度的组成部分,对于建立健全科学的财税体制,优化资源配置、维护市场统一、促进社会公平、实现国家长治久安具有重要作用。党的十八大以来,按照党中央、国务院决策部署,根据中央与地方财政事权和支出责任划分改革安排,各地不断完善省以下财政体制,充分发挥财政职能作用,在推动经济社会发展、保障和改善民生以及落实基层"三保"(保基本民生、保工资、保运转)任务等方面取得积极成效。同时,省以下财政体制还存在财政事权和支出责任划分不尽合理、收入划分不够规范、有的转移支付定位不清、一些地方"三保"压力较大、基本公共服务均等化程度有待提升等问题。为更好发挥财政在国家治理中的基础和重要支柱作用,健全省以下财政体制,增强基层公共服务保障能力,经国务院同意,现提出以下意见。

一、总体要求

(一)指导思想。以习近平新时代中国特色社会主义思想为指导,全面贯彻落实党的十九大和十九届历次全会精神,坚持稳中求进工作总基调,完整、准确、全面贯彻新发展理念,加快构建新发展格局,按照深化财税体制改革和建立现代财政制度的总体要求,进一步理顺省以下政府间财政关系,建立健全权责配置更为合理、收入划分更加规范、财力分布相对均衡、基层保障更加有力的省以下财政体制,促进加快建设全国统一大市场,推进基本公共服务均等化,推动高质量发展,为全面建设社会主义现代化国家提供坚实保障。

(二)基本原则。

——坚持统一领导、全面规范。坚持党中央集中统一领导,厘清政府与市场边界,保持与行政管理体制相适应,在中央和地方分税制的原则框架内,遵循完善政府间财政关系的基本原则,理顺地方各级财政事权和支出责任以及政府间收入划分关系等,逐步形成规范的省以下财政体制。

——坚持因地制宜、激励相容。坚持省负总责、分级负责,尊重地方的自主性和首创精神,鼓励各地区因地制宜采取差异化措施,激励与约束并重,充分调动省以下各级政府积极性,以增量改革为主、适度调整存量结构,优化权责配置和财力格局,增强财政体制的适应性和有效性。

——坚持稳中求进、守正创新。把握好改革的节奏与力度,平稳有序推进改革,保持财政体制连贯性和政策连续性。鼓励解放思想、探索实践,着力破解体制机制难题,创新管理模式,发挥财政体制在改革发展中的引导和保障作用。

二、清晰界定省以下财政事权和支出责任

(三)合理划分省以下各级财政事权。结合本地区实际加快推进省以下各级财政事权划分改革,根据基本公共服务受益范围、信息管理复杂程度等事权属性,清晰界定省以下各级财政事权。适度强化教育、科技研发、企业职工基本养老保险、城乡居民基本医疗保险、粮食安全、跨市县重大基础设施规划建设、重点区域(流域)生态环境保护与治理、国土空间规划及用途管制、防范和督促化解地方政府债务风险等方面的省级财政事权。将直接面向基层、由基层政府提供更为便捷有效的社会治安、市政交通、城乡建设、农村公路、公共设施管理等基本公共服务确定为市县级财政事权。

(四)明晰界定省以下各级财政支出责任。按照政府间财政事权划分,合理确定省以下各级财政承担的支出责任。省级财政事权由省级政府承担支出责任,市县级财政支出责任根据其履行的财政事权确定。共同财政事权要逐步明确划分省、市、县各级支出责任,按照减轻基层负担、体现区域差别的原则,根据经济发展水平、财力状况、支出成本等,差别化确定不同区域的市县级财政支出责任。推动建立共同财政事权保障标准,按比例分担支出责任,研究逐步推进同一市县不同领域的财政支出责任分担比例统一。上级财政事权确需委托下级履行的,要足额安排资金,不得以考核评比、下达任务、要求配套资金等任何形式,变相增加下级支出责任或向下级转嫁支出责任。

三、理顺省以下政府间收入关系

(五)参照税种属性划分收入。将税基流动性强、区域间分布不均、年度间收入波动较大的税收收入作为省级收入或由省级分享较高比例;将税基较为稳定、地域属性明显的税收收入作为市县级收入或由市县级分享较高比例。对金融、电力、石油、铁路、高速公路等领域税费收入,可作为省级收入,也可在相关市县间合理分配。除按规定上缴财政的国有资本经营收益外,逐步减少直至取消按企业隶属关系划分政府间收入的做法。

(六)规范收入分享方式。税收收入应在省以下各级政府间进行明确划分,对主体税种实行按比例分享,结合各税种税基分布、收入规模、区域间均衡度等因素,合理确定各税种分享比例。对非税收入可采取总额分成、分类分成、增量分成等分享方式,逐步加以规范。省内同一税费收入在省与市、省与省直管县、市与所辖区、市与所辖县之间的归属和分享比例原则上应逐步统一。除国家另有规定外,逐步取消对各类区域的财政收入全留或增量返还政策,确需支持的通过规范的转移支付安排。逐步规范设区的市与所辖区之间的收入关系。结合税源实际合理编制各级收入预算,依法依规征税收费,严格落实退税减税降费政策,严禁虚收空转、收"过头税费"、乱收费,不得违规对税费收入指标进行考核排名。逐步清理不当干预市场和与税费收入相挂钩的补贴或返还政策。

(七)适度增强省级调控能力。结合省级财政支出责任、区域间均衡度、中央对地方转移支付等因素,合理确定省级收入分享比例。基层"三保"压力较大的地区以及区域间人均支出差距较大的地区,应逐步提高省级收入分享比例,增强省级统筹调控能力。区域间资源分布不均的地区,省级可参与资源税收入分享,结合资源集中度、资源税收入规模、区域间均衡度等因素确定省级分享比例。省级财政应完善省以下增值税留抵退税分担机制，缓解退税相对集中市县的退税压力，确保退税政策及时准确落实到位。省级因规范财政体制集中的收入增量，原则上主要用于对下级特别是县级的一般性转移支付。

四、完善省以下转移支付制度

（八）厘清各类转移支付功能定位。建立健全省以下转移支付体系，根据财政事权属性，加大对财力薄弱地区的支持力度，健全转移支付定期评估机制。一般性转移支付用于均衡区域间基本财力配置，向革命老区、民族地区、边疆地区、欠发达地区，以及担负国家安全、生态保护、粮食和重要农产品生产等职责的重要功能区域倾斜，不指定具体支出用途，由下级政府统筹安排使用。共同财政事权转移支付与财政事权和支出责任划分改革相衔接，用于履行本级政府应承担的共同财政事权支出责任，下级政府要确保上级拨付的共同财政事权转移支付资金全部安排用于履行相应财政事权。编制预算时，共同财政事权转移支付暂列一般性转移支付。专项转移支付用于办理特定事项、引导下级干事创业等，下级政府要按照上级政府规定的用途安排使用。

（九）优化转移支付结构。围绕"兜底线、促均衡、保重点"目标，调整省以下转移支付结构，优化横向、纵向财力格局，推动财力下沉，增强基层公共服务保障能力，推动落实中央重大决策部署。建立一般性转移支付合理增长机制，结合均衡区域间财力需要，逐步提高一般性转移支付规模。根据基本公共服务保障标准、支出责任分担比例、常住人口规模等，结合政策需要和财力可能等，足额安排共同财政事权转移支付，落实各级支出责任，确保共同财政事权履行到位。合理控制专项转移支付新增项目和资金规模，逐步退出市场机制能够有效调节的相关领域，整合政策目标接近、资金投入方向类同、资金管理方式相近的项目。

（十）科学分配各类转移支付资金。贯彻政府过紧日子的要求，坚持勤俭节约的原则，按照规范的管理办法，围绕政策目标主要采用因素法或项目法分配各类转移支付资金。采用因素法分配资金，应选择与财政收支政策有较强相关性的因素，赋予不同因素相应权重或标准,并结合实际情况运用财政困难程度、支出成本差异、绩效结果等系数加以调节,采取公式化方式测算,体现明确的政策导向和支持重点。确需以项目形式下达的转移支付可采用项目法分配资金,遵循公平、公正、公开的原则,结合实际采取竞争性评审等方式,按照规范程序分配。转移支付资金分配应与下级政府提供基本公共服务的成本相衔接,同时充分考虑下级政府努力程度,强化绩效管理,适度体现激励约束。

五、建立健全省以下财政体制调整机制

(十一)建立财政事权和支出责任划分动态调整机制。根据事务管理及执行方式、机构职能调整等客观实际,动态调整省以下各级财政事权和支出责任划分。健全共同财政事权支出责任动态调整机制,结合各地区经济发展、财政自给率变化、保障标准调整等情况,适时调整省以下各级财政支出责任分担比例。

(十二)稳步推进收入划分调整。探索建立省以下区域间均衡度评估机制,定期开展评估。根据财政事权和支出责任划分动态调整情况,结合省以下区域间经济社会发展、财政收入分布和规模、财政收支均衡度等变化,适时稳步调整省以下政府间收入划分。省级可通过合理调整收入分享方式或分享比例等办法,抑制收入虚收空转行为。省以下各级政府财政体制调整,涉及收入和支出项目的划分以及上解等具体办法,应依法报同级人民代表大会常务委员会备案。

(十三)加强各类转移支付动态管理。严格各类转移支付设立条件和决策程序,健全转移支付定期评估和退出机制。根据省以下区域间均衡度等变化,及时调整完善各类转移支付资金分配办法。加强资金绩效管理和监督,探索建立以共同财政事权转移支付和专项转移支付为重点的后评价制度,将绩效评价、后评价结果作为完善政策、安排预算、改进管理的重要依据。强化各类转移支付资金分配、拨付、使用监管,科学高效、规范合理用好资金。健全财政资金直达机制,将与中央财政直达资金对应的地方财政资金纳入直达范围,加快资金分配下达,加强资金管理和监控,根据支出轻重缓急和项目实际进度统筹安排支出,更好发挥惠企利民作用。

六、规范省以下财政管理

(十四)规范各类开发区财政管理体制。未单独设立财政管理机构的开发区(含园区,下同)等预决算按照部门预决算管理,纳入同级政府或设立该开发区地方政府的部门预决算并单独列示。单独设立财政管理机构的开发区,参照实行独立财政管理体制,预决算纳入同级政府或设立该开发区地方政府的预决算并单独列示。各地区在依法依规的前提下,可结合本地实际探索创新开发区财政管理体制模式,更好调动各方面积极性。各地区要加强开发区政府性债务管理,保持与财政管理体制相适应,强化开发区管委会等政府派出机构举债融资约束,坚决遏制地方政府隐性债务增量,合理控制政府债务规模,切实防范债务风险。

(十五)推进省直管县财政改革。按照突出重点、利于发展、管理有效等要求,因地制宜逐步调整优化省直管县财政改革实施范围和方式。对区位优势不明显、经济发展潜力有限、财政较为困难的县,可纳入省直管范围或参照直管方式管理,加强省级对县级的财力支持。对由市级管理更有利于加强区域统筹规划、增强发展活力的县,适度强化市级的财政管理职责。

(十六)做实县级"三保"保障机制。建立县级财力长效保障机制。坚持县级为主、市级帮扶、省级兜底、中央激励,全面落实基层"三保"责任。建立健全事前审核、事中监控、事后处置的工作机制,严格省级对县级"三保"支出预算安排方案的审核制度,强化"三保"支出预算执行硬性约束,加强"三保"支出库款保障和运行监控,结合实际逐步推动"三保"相关转移支付纳入省对下直达资金范围,做好"三保"风险防范和应急处置。

(十七)推动乡财县管工作提质增效。将财政收入难以覆盖支出需要、财政管理能力薄弱的乡镇纳入乡财县管范围。加强财力薄弱乡镇支出保障,防范化解乡镇财政运行风险,加大对农村公益性事业发展的支持力度。结合预算管理一体化系统建设和应用,调整优化乡镇财政职能,强化县级财政对乡镇预算编制、预算执行、国有资产管理等监督,提升乡镇财政管理效率和水平。

(十八)加强地方政府债务管理。坚持省级党委和政府对本地区债务风险负总责,省以下各级党委和政府按属地原则和管理权限各负其责。落实省级政府责任,按属地原则和管理权限压实市县主体责任,通过增收节支、变现资产等方式化解债务风险,切实降低市县偿债负担,坚决查处违法违规举债行为。健全地方政府债务限额分配机制,一般债务限额应与一般公共预算收入相匹配,专项债务限额应与政府性基金预算收入及项目收益等相匹配,促进融资规模与项目收益相平衡,完善专项债券资金投向领域禁止类项目清单和违规使用专项债券处理处罚机制。

各地区、各有关部门要充分认识进一步推进省以下财政体制改革的重要意义,把思想和行动统一到党中央、国务院决策部署上来,增强"四个意识"、坚定"四个自信"、做到"两个维护",主动谋划,精心组织,周密安排,扎实推进改革。各省、自治区、直辖市人民政府要按照本意见要求,制定实施方案,细化政策措施,推动各项改革任务落地见效。财政部等有关部门要加强对地方的指导督促,积极配合地方推进改革,确保各项任务落地见效。

税　　务

国务院关于设立3岁以下婴幼儿照护个人所得税专项附加扣除的通知

（2022年3月19日　国办发〔2022〕8号）

　　为贯彻落实《中共中央 国务院关于优化生育政策促进人口长期均衡发展的决定》，依据《中华人民共和国个人所得税法》有关规定，国务院决定，设立3岁以下婴幼儿照护个人所得税专项附加扣除。现将有关事项通知如下：

　　一、纳税人照护3岁以下婴幼儿子女的相关支出，按照每个婴幼儿每月1000元的标准定额扣除。

　　二、父母可以选择由其中一方按扣除标准的100%扣除，也可以选择由双方分别按扣除标准的50%扣除，具体扣除方式在一个纳税年度内不能变更。

　　三、3岁以下婴幼儿照护个人所得税专项附加扣除涉及的保障措施和其他事项，参照《个人所得税专项附加扣除暂行办法》有关规定执行。

　　四、3岁以下婴幼儿照护个人所得税专项附加扣除自2022年1月1日起实施。

自然资源

国务院关于开展第三次全国土壤普查的通知

(2022年1月29日 国发〔2022〕4号)

按照党中央、国务院有关决策部署,为全面掌握我国土壤资源情况,国务院决定自2022年起开展第三次全国土壤普查。现将有关事项通知如下:

一、普查总体要求

以习近平新时代中国特色社会主义思想为指导,全面贯彻党的十九大和十九届历次全会精神,弘扬伟大建党精神,完整、准确、全面贯彻新发展理念,加快构建新发展格局,推动高质量发展,遵循全面性、科学性、专业性原则,衔接已有成果,按照"统一领导、部门协作、分级负责、各方参与"的要求,全面查明查清我国土壤类型及分布规律、土壤资源现状及变化趋势,真实准确掌握土壤质量、性状和利用状况等基础数据,提升土壤资源保护和利用水平,为守住耕地红线、优化农业生产布局、确保国家粮食安全奠定坚实基础,为加快农业农村现代化、全面推进乡村振兴、促进生态文明建设提供有力支撑。

二、普查对象与内容

普查对象为全国耕地、园地、林地、草地等农用地和部分未利用地的土壤。其中,林地、草地重点调查与食物生产相关的土地,未利用地重点调查与可开垦耕地资源相关的土地,如盐碱地等。

普查内容为土壤性状、类型、立地条件、利用状况等。其中,性状普查包括野外土壤表层样品采集、理化和生物性状指标分析化验等；类型普查包括对主要土壤类型的剖面挖掘观测、采样化验等；立地条件普查包括地形地貌、水文地质等；利用状况普查包括基础设施条件、植被类型等。

三、普查时间安排

2022年，完成工作方案编制、技术规程制定、工作平台构建、外业采样点规划布设、普查试点，开展培训和宣传等工作，启动并完成全国盐碱地普查。

2023—2024年，组织开展多层级技术实训指导，完成外业调查采样和内业测试化验，开展土壤普查数据库与样品库建设，形成阶段性成果。外业调查采样时间截至2024年11月底。

2025年上半年，完成普查成果整理、数据审核，汇总形成第三次全国土壤普查基本数据；下半年，完成普查成果验收、汇交与总结，建成土壤普查数据库与样品库，形成全国耕地质量报告和全国土壤利用适宜性评价报告。

四、普查组织实施

土壤普查是一项重要的国情国力调查，涉及范围广、参与部门多、工作任务重、技术要求高。为加强组织领导，成立国务院第三次全国土壤普查领导小组（以下简称领导小组），负责普查组织实施中重大问题的研究和决策。领导小组办公室设在农业农村部，负责普查工作的具体组织和协调。领导小组成员单位要各司其职、各负其责、通力协作、密切配合，加强技术指导、信息共享、质量控制、经费物资保障等工作。各省级人民政府是本地区土壤普查工作的责任主体，要加强组织领导、系统谋划、统筹推进，确保高质量完成普查任务。地方各级人民政府要成立相应的普查领导小组及其办公室，负责本地区普查工作的组织实施。各省（自治区、直辖市）按照统一要求，结合本地区实际编制实施方案，报领导小组办公室备案。

五、普查经费保障

本次土壤普查经费由中央财政和地方财政按承担的工作任务分担。中央负责全国技术规程制定、平台系统构建、工作底图制作、采样点规划布设等；负责国家层面的技术培训、专家指导服务、内业测试化验结果抽查校核、数据分析和成果汇总等。地方负责本区域的外业调查采样、内业测试化验、技术培训、专家指导服务、数据分析和成果汇总等。地方各级人民政府要根据工作进度安排,将经费纳入相应年度预算予以保障,并加强监督审计。各地可按规定统筹现有资金渠道支持土壤普查相关工作。

六、普查工作要求

各地要加强专家技术指导、专业技术人员配置、普查队伍培训,确保土壤普查专业化、标准化、规范化。要强化质量控制,建立普查工作质量管理体系和普查数据质量追溯机制,层层压实责任。各级普查机构及其工作人员必须严格按要求报送普查数据,确保数据真实、准确、完整。任何地方、部门、单位和个人都不得虚报、瞒报、拒报、迟报,不得弄虚作假和篡改普查数据。各地区、各有关部门要充分利用全国统一的土壤普查工作平台等现代化技术手段,提高信息化水平,科学、规范、高效推进普查工作。用好报刊、广播、电视、互联网等媒体,广泛宣传土壤普查的重要意义和要求,为普查工作顺利开展营造良好社会氛围。

附件: 国务院第三次全国土壤普查领导小组人员名单(略)

信息、邮政

中华人民共和国反电信网络诈骗法

（2022年9月2日第十三届全国人民代表大会常务委员会第三十六次会议通过 2022年9月2日中华人民共和国主席令第119号公布 自2022年12月1日起施行）

目 录

第一章 总　　则
第二章 电信治理
第三章 金融治理
第四章 互联网治理
第五章 综合措施
第六章 法律责任
第七章 附　　则

第一章 总　　则

第一条 为了预防、遏制和惩治电信网络诈骗活动，加强反电信网络诈骗工作，保护公民和组织的合法权益，维护社会稳定和国家安全，根据宪法，制定本法。

第二条 本法所称电信网络诈骗，是指以非法占有为目的，利用电信网络技术手段，通过远程、非接触等方式，诈骗公私财物的行为。

第三条 打击治理在中华人民共和国境内实施的电信网络诈

活动或者中华人民共和国公民在境外实施的电信网络诈骗活动,适用本法。

境外的组织、个人针对中华人民共和国境内实施电信网络诈骗活动的,或者为他人针对境内实施电信网络诈骗活动提供产品、服务等帮助的,依照本法有关规定处理和追究责任。

第四条 反电信网络诈骗工作坚持以人民为中心,统筹发展和安全;坚持系统观念、法治思维,注重源头治理、综合治理;坚持齐抓共管、群防群治,全面落实打防管控各项措施,加强社会宣传教育防范;坚持精准防治,保障正常生产经营活动和群众生活便利。

第五条 反电信网络诈骗工作应当依法进行,维护公民和组织的合法权益。

有关部门和单位、个人应当对在反电信网络诈骗工作过程中知悉的国家秘密、商业秘密和个人隐私、个人信息予以保密。

第六条 国务院建立反电信网络诈骗工作机制,统筹协调打击治理工作。

地方各级人民政府组织领导本行政区域内反电信网络诈骗工作,确定反电信网络诈骗目标任务和工作机制,开展综合治理。

公安机关牵头负责反电信网络诈骗工作,金融、电信、网信、市场监管等有关部门依照职责履行监管主体责任,负责本行业领域反电信网络诈骗工作。

人民法院、人民检察院发挥审判、检察职能作用,依法防范、惩治电信网络诈骗活动。

电信业务经营者、银行业金融机构、非银行支付机构、互联网服务提供者承担风险防控责任,建立反电信网络诈骗内部控制机制和安全责任制度,加强新业务涉诈风险安全评估。

第七条 有关部门、单位在反电信网络诈骗工作中应当密切协作,实现跨行业、跨地域协同配合、快速联动,加强专业队伍建设,有效打击治理电信网络诈骗活动。

第八条 各级人民政府和有关部门应当加强反电信网络诈骗宣传,普及相关法律和知识,提高公众对各类电信网络诈骗方式的防骗意识和识骗能力。

教育行政、市场监管、民政等有关部门和村民委员会、居民委员会,应当结合电信网络诈骗受害群体的分布等特征,加强对老年人、青少年等群体的宣传教育,增强反电信网络诈骗宣传教育的针对性、精准性,开展反电信网络诈骗宣传教育进学校、进企业、进社区、进农村、进家庭等活动。

各单位应当加强内部防范电信网络诈骗工作,对工作人员开展防范电信网络诈骗教育;个人应当加强电信网络诈骗防范意识。单位、个人应当协助、配合有关部门依照本法规定开展反电信网络诈骗工作。

第二章　电　信　治　理

第九条　电信业务经营者应当依法全面落实电话用户真实身份信息登记制度。

基础电信企业和移动通信转售企业应当承担对代理商落实电话用户实名制管理责任,在协议中明确代理商实名制登记的责任和有关违约处置措施。

第十条　办理电话卡不得超出国家有关规定限制的数量。

对经识别存在异常办卡情形的,电信业务经营者有权加强核查或者拒绝办卡。具体识别办法由国务院电信主管部门制定。

国务院电信主管部门组织建立电话用户开卡数量核验机制和风险信息共享机制,并为用户查询名下电话卡信息提供便捷渠道。

第十一条　电信业务经营者对监测识别的涉诈异常电话卡用户应当重新进行实名核验,根据风险等级采取有区别的、相应的核验措施。对未按规定核验或者核验未通过的,电信业务经营者可以限制、暂停有关电话卡功能。

第十二条　电信业务经营者建立物联网卡用户风险评估制度,评估未通过的,不得向其销售物联网卡;严格登记物联网卡用户身份信息;采取有效技术措施限定物联网卡开通功能、使用场景和适用设备。

单位用户从电信业务经营者购买物联网卡再将载有物联网卡的设备销售给其他用户的,应当核验和登记用户身份信息,并将销量、存量及用户实名信息传送给号码归属的电信业务经营者。

电信业务经营者对物联网卡的使用建立监测预警机制。对存在异常使用情形的，应当采取暂停服务、重新核验身份和使用场景或者其他合同约定的处置措施。

第十三条　电信业务经营者应当规范真实主叫号码传送和电信线路出租，对改号电话进行封堵拦截和溯源核查。

电信业务经营者应当严格规范国际通信业务出入口局主叫号码传送，真实、准确向用户提示来电号码所属国家或者地区，对网内和网间虚假主叫、不规范主叫进行识别、拦截。

第十四条　任何单位和个人不得非法制造、买卖、提供或者使用下列设备、软件：

（一）电话卡批量插入设备；

（二）具有改变主叫号码、虚拟拨号、互联网电话违规接入公用电信网络等功能的设备、软件；

（三）批量账号、网络地址自动切换系统，批量接收提供短信验证、语音验证的平台；

（四）其他用于实施电信网络诈骗等违法犯罪的设备、软件。

电信业务经营者、互联网服务提供者应当采取技术措施，及时识别、阻断前款规定的非法设备、软件接入网络，并向公安机关和相关行业主管部门报告。

第三章　金融治理

第十五条　银行业金融机构、非银行支付机构为客户开立银行账户、支付账户及提供支付结算服务，和与客户业务关系存续期间，应当建立客户尽职调查制度，依法识别受益所有人，采取相应风险管理措施，防范银行账户、支付账户等被用于电信网络诈骗活动。

第十六条　开立银行账户、支付账户不得超出国家有关规定限制的数量。

对经识别存在异常开户情形的，银行业金融机构、非银行支付机构有权加强核查或者拒绝开户。

中国人民银行、国务院银行业监督管理机构组织有关清算机构建立跨机构开户数量核验机制和风险信息共享机制，并为客户提供查询名下银行账户、支付账户的便捷渠道。银行业金融机构、非银行支付机构应当按照国家有关规定提供开户情况和有关风险信息。相关信息不得用于反电信网络诈骗以外的其他用途。

第十七条 银行业金融机构、非银行支付机构应当建立开立企业账户异常情形的风险防控机制。金融、电信、市场监管、税务等有关部门建立开立企业账户相关信息共享查询系统,提供联网核查服务。

市场主体登记机关应当依法对企业实名登记履行身份信息核验职责;依照规定对登记事项进行监督检查,对可能存在虚假登记、涉诈异常的企业重点监督检查,依法撤销登记的,依照前款的规定及时共享信息;为银行业金融机构、非银行支付机构进行客户尽职调查和依法识别受益所有人提供便利。

第十八条 银行业金融机构、非银行支付机构应当对银行账户、支付账户及支付结算服务加强监测,建立完善符合电信网络诈骗活动特征的异常账户和可疑交易监测机制。

中国人民银行统筹建立跨银行业金融机构、非银行支付机构的反洗钱统一监测系统,会同国务院公安部门完善与电信网络诈骗犯罪资金流转特点相适应的反洗钱可疑交易报告制度。

对监测识别的异常账户和可疑交易,银行业金融机构、非银行支付机构应当根据风险情况,采取核实交易情况、重新核验身份、延迟支付结算、限制或者中止有关业务等必要的防范措施。

银行业金融机构、非银行支付机构依照第一款规定开展异常账户和可疑交易监测时,可以收集异常客户互联网协议地址、网卡地址、支付受理终端信息等必要的交易信息、设备位置信息。上述信息未经客户授权,不得用于反电信网络诈骗以外的其他用途。

第十九条 银行业金融机构、非银行支付机构应当按照国家有关规定,完整、准确传输直接提供商品或者服务的商户名称、收付款客户名称及账号等交易信息,保证交易信息的真实、完整和支付全流程中的一致性。

第二十条 国务院公安部门会同有关部门建立完善电信网络诈骗涉案资金即时查询、紧急止付、快速冻结、及时解冻和资金返还制度,明确有关条件、程序和救济措施。

公安机关依法决定采取上述措施的,银行业金融机构、非银行支付机构应当予以配合。

第四章　互联网治理

第二十一条　电信业务经营者、互联网服务提供者为用户提供下列服务,在与用户签订协议或者确认提供服务时,应当依法要求用户提供真实身份信息,用户不提供真实身份信息的,不得提供服务:

（一）提供互联网接入服务;

（二）提供网络代理等网络地址转换服务;

（三）提供互联网域名注册、服务器托管、空间租用、云服务、内容分发服务;

（四）提供信息、软件发布服务,或者提供即时通讯、网络交易、网络游戏、网络直播发布、广告推广服务。

第二十二条　互联网服务提供者对监测识别的涉诈异常账号应当重新核验,根据国家有关规定采取限制功能、暂停服务等处置措施。

互联网服务提供者应当根据公安机关、电信主管部门要求,对涉案电话卡、涉诈异常电话卡所关联注册的有关互联网账号进行核验,根据风险情况,采取限期改正、限制功能、暂停使用、关闭账号、禁止重新注册等处置措施。

第二十三条　设立移动互联网应用程序应当按照国家有关规定向电信主管部门办理许可或者备案手续。

为应用程序提供封装、分发服务的,应当登记并核验应用程序开发运营者的真实身份信息,核验应用程序的功能、用途。

公安、电信、网信等部门和电信业务经营者、互联网服务提供者应当加强对分发平台以外途径下载传播的涉诈应用程序重点监测、及时处置。

第二十四条　提供域名解析、域名跳转、网址链接转换服务的,应当按照国家有关规定,核验域名注册、解析信息和互联网协议地址的真实性、准确性,规范域名跳转,记录并留存所提供相应服务的日志信息,支持实现对解析、跳转、转换记录的溯源。

第二十五条　任何单位和个人不得为他人实施电信网络诈骗活动提供下列支持或者帮助：

（一）出售、提供个人信息；

（二）帮助他人通过虚拟货币交易等方式洗钱；

（三）其他为电信网络诈骗活动提供支持或者帮助的行为。

电信业务经营者、互联网服务提供者应当依照国家有关规定，履行合理注意义务，对利用下列业务从事涉诈支持、帮助活动进行监测识别和处置：

（一）提供互联网接入、服务器托管、网络存储、通讯传输、线路出租、域名解析等网络资源服务；

（二）提供信息发布或者搜索、广告推广、引流推广等网络推广服务；

（三）提供应用程序、网站等网络技术、产品的制作、维护服务；

（四）提供支付结算服务。

第二十六条　公安机关办理电信网络诈骗案件依法调取证据的，互联网服务提供者应当及时提供技术支持和协助。

互联网服务提供者依照本法规定对有关涉诈信息、活动进行监测时，发现涉诈违法犯罪线索、风险信息的，应当依照国家有关规定，根据涉诈风险类型、程度情况移送公安、金融、电信、网信等部门。有关部门应当建立完善反馈机制，将相关情况及时告知移送单位。

第五章　综合措施

第二十七条　公安机关应当建立完善打击治理电信网络诈骗工作机制，加强专门队伍和专业技术建设，各警种、各地公安机关应当密切配合，依法有效惩处电信网络诈骗活动。

公安机关接到电信网络诈骗活动的报案或者发现电信网络诈骗活动，应当依照《中华人民共和国刑事诉讼法》的规定立案侦查。

第二十八条　金融、电信、网信部门依照职责对银行业金融机构、非银行支付机构、电信业务经营者、互联网服务提供者落实本法规定情况进行监督检查。有关监督检查活动应当依法规范开展。

第二十九条　个人信息处理者应当依照《中华人民共和国个人

信息保护法》等法律规定,规范个人信息处理,加强个人信息保护,建立个人信息被用于电信网络诈骗的防范机制。

履行个人信息保护职责的部门、单位对可能被电信网络诈骗利用的物流信息、交易信息、贷款信息、医疗信息、婚介信息等实施重点保护。公安机关办理电信网络诈骗案件,应当同时查证犯罪所利用的个人信息来源,依法追究相关人员和单位责任。

第三十条　电信业务经营者、银行业金融机构、非银行支付机构、互联网服务提供者应当对从业人员和用户开展反电信网络诈骗宣传,在有关业务活动中对防范电信网络诈骗作出提示,对本领域新出现的电信网络诈骗手段及时向用户作出提醒,对非法买卖、出租、出借本人有关卡、账户、账号等被用于电信网络诈骗的法律责任作出警示。

新闻、广播、电视、文化、互联网信息服务等单位,应当面向社会有针对性地开展反电信网络诈骗宣传教育。

任何单位和个人有权举报电信网络诈骗活动,有关部门应当依法及时处理,对提供有效信息的举报人依照规定给予奖励和保护。

第三十一条　任何单位和个人不得非法买卖、出租、出借电话卡、物联网卡、电信线路、短信端口、银行账户、支付账户、互联网账号等,不得提供实名核验帮助;不得假冒他人身份或者虚构代理关系开立上述卡、账户、账号等。

对经设区的市级以上公安机关认定的实施前款行为的单位、个人和相关组织者,以及因从事电信网络诈骗活动或者关联犯罪受过刑事处罚的人员,可以按照国家有关规定记入信用记录,采取限制其有关卡、账户、账号等功能和停止非柜面业务、暂停新业务、限制入网等措施。对上述认定和措施有异议的,可以提出申诉,有关部门应当建立健全申诉渠道、信用修复和救济制度。具体办法由国务院公安部门会同有关主管部门规定。

第三十二条　国家支持电信业务经营者、银行业金融机构、非银行支付机构、互联网服务提供者研究开发有关电信网络诈骗反制技术,用于监测识别、动态封堵和处置涉诈异常信息、活动。

国务院公安部门、金融管理部门、电信主管部门和国家网信部门等应当统筹负责本行业领域反制技术措施建设,推进涉电信网络诈骗样本信息数据共享,加强涉诈用户信息交叉核验,建立有关涉诈异常信息、活动的监测识别、动态封堵和处置机制。

依据本法第十一条、第十二条、第十八条、第二十二条和前款规定,对涉诈异常情形采取限制、暂停服务等处置措施的,应当告知处置原因、救济渠道及需要提交的资料等事项,被处置对象可以向作出决定或者采取措施的部门、单位提出申诉。作出决定的部门、单位应当建立完善申诉渠道,及时受理申诉并核查,核查通过的,应当即时解除有关措施。

第三十三条 国家推进网络身份认证公共服务建设,支持个人、企业自愿使用,电信业务经营者、银行业金融机构、非银行支付机构、互联网服务提供者对存在涉诈异常的电话卡、银行账户、支付账户、互联网账号,可以通过国家网络身份认证公共服务对用户身份重新进行核验。

第三十四条 公安机关应当会同金融、电信、网信部门组织银行业金融机构、非银行支付机构、电信业务经营者、互联网服务提供者等建立预警劝阻系统,对预警发现的潜在被害人,根据情况及时采取相应劝阻措施。对电信网络诈骗案件应当加强追赃挽损,完善涉案资金处置制度,及时返还被害人的合法财产。对遭受重大生活困难的被害人,符合国家有关救助条件的,有关方面依照规定给予救助。

第三十五条 经国务院反电信网络诈骗工作机制决定或者批准,公安、金融、电信等部门对电信网络诈骗活动严重的特定地区,可以依照国家有关规定采取必要的临时风险防范措施。

第三十六条 对前往电信网络诈骗活动严重地区的人员,出境活动存在重大涉电信网络诈骗活动嫌疑的,移民管理机构可以决定不准其出境。

因从事电信网络诈骗活动受过刑事处罚的人员,设区的市级以上公安机关可以根据犯罪情况和预防再犯罪的需要,决定自处罚完毕之日起六个月至三年以内不准其出境,并通知移民管理机构执行。

第三十七条 国务院公安部门等会同外交部门加强国际执法司法合作,与有关国家、地区、国际组织建立有效合作机制,通过开展国际警务合作等方式,提升在信息交流、调查取证、侦查抓捕、追赃挽损等方面的合作水平,有效打击遏制跨境电信网络诈骗活动。

第六章　法律责任

第三十八条　组织、策划、实施、参与电信网络诈骗活动或者为电信网络诈骗活动提供帮助,构成犯罪的,依法追究刑事责任。

前款行为尚不构成犯罪的,由公安机关处十日以上十五日以下拘留;没收违法所得,处违法所得一倍以上十倍以下罚款,没有违法所得或者违法所得不足一万元的,处十万元以下罚款。

第三十九条　电信业务经营者违反本法规定,有下列情形之一的,由有关主管部门责令改正,情节较轻的,给予警告、通报批评,或者处五万元以上五十万元以下罚款;情节严重的,处五十万元以上五百万元以下罚款,并可以由有关主管部门责令暂停相关业务、停业整顿、吊销相关业务许可证或者吊销营业执照,对其直接负责的主管人员和其他直接责任人员,处一万元以上二十万元以下罚款:

(一)未落实国家有关规定确定的反电信网络诈骗内部控制机制的;

(二)未履行电话卡、物联网卡实名制登记职责的;

(三)未履行对电话卡、物联网卡的监测识别、监测预警和相关处置职责的;

(四)未对物联网卡用户进行风险评估,或者未限定物联网卡的开通功能、使用场景和适用设备的;

(五)未采取措施对改号电话、虚假主叫或者具有相应功能的非法设备进行监测处置的。

第四十条　银行业金融机构、非银行支付机构违反本法规定,有下列情形之一的,由有关主管部门责令改正,情节较轻的,给予警告、通报批评,或者处五万元以上五十万元以下罚款;情节严重的,处五十万元以上五百万元以下罚款,并可以由有关主管部门责令停止新增业务、缩减业务类型或者业务范围、暂停相关业务、停业整顿、吊销相关业务许可证或者吊销营业执照,对其直接负责的主管人员和其他直接责任人员,处一万元以上二十万元以下罚款:

(一)未落实国家有关规定确定的反电信网络诈骗内部控制机制的;

(二)未履行尽职调查义务和有关风险管理措施的;

(三)未履行对异常账户、可疑交易的风险监测和相关处置义务的;

(四)未按照规定完整、准确传输有关交易信息的。

第四十一条　电信业务经营者、互联网服务提供者违反本法规定,有下列情形之一的,由有关主管部门责令改正,情节较轻的,给予警告、通报批评,或者处五万元以上五十万元以下罚款;情节严重的,处五十万元以上五百万元以下罚款,并可以由有关主管部门责令暂停相关业务、停业整顿、关闭网站或者应用程序、吊销相关业务许可证或者吊销营业执照,对其直接负责的主管人员和其他直接责任人员,处一万元以上二十万元以下罚款:

(一)未落实国家有关规定确定的反电信网络诈骗内部控制机制的;

(二)未履行网络服务实名制职责,或者未对涉案、涉诈电话卡关联注册互联网账号进行核验的;

(三)未按照国家有关规定,核验域名注册、解析信息和互联网协议地址的真实性、准确性,规范域名跳转,或者记录并留存所提供相应服务的日志信息的;

(四)未登记核验移动互联网应用程序开发运营者的真实身份信息或者未核验应用程序的功能、用途,为其提供应用程序封装、分发服务的;

(五)未履行对涉诈互联网账号和应用程序,以及其他电信网络诈骗信息、活动的监测识别和处置义务的;

(六)拒不依法为查处电信网络诈骗犯罪提供技术支持和协助,或者未按规定移送有关违法犯罪线索、风险信息的。

第四十二条　违反本法第十四条、第二十五条第一款规定的,没收违法所得,由公安机关或者有关主管部门处违法所得一倍以上十倍以下罚款,没有违法所得或者违法所得不足五万元的,处五十万元以下罚款;情节严重的,由公安机关并处十五日以下拘留。

第四十三条　违反本法第二十五条第二款规定,由有关主管部门责令改正,情节较轻的,给予警告、通报批评,或者处五万元以上五十万元以下罚款;情节严重的,处五十万元以上五百万元以下罚款,并可以由有关主管部门责令暂停相关业务、停业整顿、关闭网站或者应用程序,对其直接负责的主管人员和其他直接责任人员,处一万元以上二十万元以下罚款。

第四十四条 违反本法第三十一条第一款规定的,没收违法所得,由公安机关处违法所得一倍以上十倍以下罚款,没有违法所得或者违法所得不足二万元的,处二十万元以下罚款;情节严重的,并处十五日以下拘留。

第四十五条 反电信网络诈骗工作有关部门、单位的工作人员滥用职权、玩忽职守、徇私舞弊,或者有其他违反本法规定行为,构成犯罪的,依法追究刑事责任。

第四十六条 组织、策划、实施、参与电信网络诈骗活动或者为电信网络诈骗活动提供相关帮助的违法犯罪人员,除依法承担刑事责任、行政责任以外,造成他人损害的,依照《中华人民共和国民法典》等法律的规定承担民事责任。

电信业务经营者、银行业金融机构、非银行支付机构、互联网服务提供者等违反本法规定,造成他人损害的,依照《中华人民共和国民法典》等法律的规定承担民事责任。

第四十七条 人民检察院在履行反电信网络诈骗职责中,对于侵害国家利益和社会公共利益的行为,可以依法向人民法院提起公益诉讼。

第四十八条 有关单位和个人对依照本法作出的行政处罚和行政强制措施决定不服的,可以依法申请行政复议或者提起行政诉讼。

第七章 附 则

第四十九条 反电信网络诈骗工作涉及的有关管理和责任制度,本法没有规定的,适用《中华人民共和国网络安全法》、《中华人民共和国个人信息保护法》、《中华人民共和国反洗钱法》等相关法律规定。

第五十条 本法自 2022 年 12 月 1 日起施行。

国务院办公厅关于深化电子电器行业管理制度改革的意见

(2022年9月17日　国办发〔2022〕31号)

深化电子电器行业管理制度改革,进一步破除制约行业高质量发展的体制机制障碍,提高政府监管效能,对于更好激发市场主体活力、促进产业转型升级和技术创新、培育壮大经济发展新动能具有重要意义。为进一步优化电子电器行业管理制度,促进电子电器行业高质量发展,经国务院同意,现提出以下意见。

一、指导思想

坚持以习近平新时代中国特色社会主义思想为指导,全面贯彻党的十九大和十九届历次全会精神,认真落实党中央、国务院关于深化"放管服"改革优化营商环境的决策部署,完整、准确、全面贯彻新发展理念,加快构建新发展格局,全流程优化电子电器行业生产准入和流通管理,加强事前事中事后全链条全领域监管,大幅降低制度性交易成本,激发企业创新动力和发展活力,促进技术产品研发创新和市场公平竞争,切实维护电子电器相关产业链供应链安全稳定,加快推动电子电器行业高质量发展。

二、优化电子电器产品准入管理制度

(一)改革完善电子电器产品强制性认证制度。根据技术和产品发展实际情况,动态调整强制性产品认证目录。将安全风险较高的锂离子电池、电源适配器/充电器纳入强制性认证管理,对安全风险较低、技术较为成熟的数据终端、多媒体终端等9种产品不再实行强制性认证管理(见附件1)。调整优化强制性认证程序,按"双随机、一公开"方式开展获证前工厂检查,结合企业信用状况、产品质量国家监督抽查情况等因素科学合理确定获证后的监督检查频次,加强产品一致性监督检查,不断提升监管效能。(市场监管总局负责)

（二）改革完善电信设备进网许可制度。动态调整实行进网许可制度的电信设备目录。将卫星互联网设备、功能虚拟化设备纳入进网许可管理，对与电信安全关联较小、技术较为成熟的固定电话终端、传真机等11种电信设备不再实行进网许可管理（见附件2）。精简优化进网许可检测项目，相应降低检测收费标准。将进网许可的审批承诺时限压减至15个工作日。将进网试用批文的有效期由1年延长至2年。推行进网许可标志电子化，逐步替代纸质标志贴签，不再要求电信设备产品包装、内置信息、广告等处标注进网许可证编号，便利产品取得进网许可后尽快上市，但产品取得进网许可前不得销售或者使用。实行电信设备产品系族管理，对取得进网许可的产品，持证企业新增、变更委托生产企业，或者进行不改变主要功能、核心元器件的技术和外型改动的，无需重新办理检测和许可。（工业和信息化部负责）统一电信设备进网许可和强制性认证电磁兼容（EMC）检测要求，企业申办许可和认证时只需进行一次检测，检测报告相互承认。（工业和信息化部、市场监管总局按职责分工负责）

（三）优化无线电发射设备型号核准制度。将无线电发射设备型号核准的审批承诺时限压减至15个工作日。除受限于无线电频率规划调整和频率使用许可期限要求外，将《无线电发射设备型号核准证》有效期限短于2年的延长至2年以上。优化无线电发射设备型号核准代码编码模式，工业和信息化部制定发布编码规则，由企业自主按照编码规则编制核准代码，便利企业安排生产计划，但产品取得型号核准前不得销售或者使用。（工业和信息化部负责）

（四）推动电子电器产品准入自检自证。2022年底前确定一批条件完备、具有良好质量管理水平和信用的电信设备、无线电发射设备、信息技术设备和家用电器生产企业开展自检自证试点。试点企业申请办理电信设备进网许可、无线电发射设备型号核准、强制性认证时，除网络安全等特殊检测项目外，可以采用本企业检测报告替代第三方检测报告；可以在作出相关承诺的前提下，免于提交本企业或者其委托生产企业的生产能力、技术力量、质量保证体系方面的申请材料。自检自证开展情况向社会公示，接受社会和行业监督。根据试点效果，逐步推广电子电器产品准入自检自证制度。（工业和信息化部、市场监管总局按职责分工负责）

（五）深化广播电视设备器材入网认定制度改革。动态调整广播电视设备器材入网认定品种，逐步减少线缆、分配网络器材等品种入网认定管理，对标清类设备等不再实行入网认定管理。全面推行入网认定电子证件，取代入网认定纸质证书。（广电总局负责）

三、整合绿色产品评定认证制度

（六）精简整合节能评定认证制度。持续规范能效标识制度，鼓励企业不断提升产品能源效率。取消能效"领跑者"产品遴选制度、"能效之星"产品评价制度。将节能产品认证制度、低碳产品认证制度整合为节能低碳产品认证制度。节能低碳产品标准由有关部门共同制定，认证规则由市场监管总局牵头制定。通过节能低碳产品认证的产品，在政府采购中按规定享受优先采购或者强制采购政策，符合相关地方奖补政策的按规定享受。（国家发展改革委、工业和信息化部、财政部、生态环境部、市场监管总局和各省级人民政府按职责分工负责）

（七）加快构建统一的绿色产品认证与标识体系。统筹环境标志认证、节能低碳产品认证、节水产品认证、可再生能源产品认证和绿色设计产品评价制度，纳入绿色产品认证与标识体系实行统一管理，实施绿色产品全项认证或者分项认证。市场监管总局会同国家发展改革委、工业和信息化部、生态环境部等有关部门统一发布绿色产品标识、评价标准清单和认证目录。认证机构应当根据企业需求，依据纳入绿色产品评价标准清单的标准开展全项认证，并采信分项认证结果，避免重复检测和认证。在具备条件的领域，增加企业自我声明的评价方式。在已开展绿色产品认证的领域，政府采购按规定优先采购或者强制采购具备绿色产品标识的产品。（市场监管总局、国家发展改革委、工业和信息化部、财政部、生态环境部、水利部、商务部、国家能源局按职责分工负责）除法律、行政法规、国务院决定明确规定外，各地区、各部门不得在绿色产品认证与标识体系之外设定和实施涉及产品节约能源、节约资源、环境保护、低碳、绿色等方面的认定、认证、评比、评价、评选、标识等制度。（各地区、各部门负责）

四、完善支持基础电子产业高质量发展的制度体系

（八）加大基础电子产业研发创新支持力度。统筹有关政策资源，加大对基础电子产业（电子材料、电子元器件、电子专用设备、电

子测量仪器等制造业)升级及关键技术突破的支持力度。通过实行"揭榜挂帅"等机制，鼓励相关行业科研单位、基础电子企业承担国家重大研发任务。引导建立以行业企业为主体、上下游相关企业积极参与、科研院所有力支撑的研发体系，重点支持发展技术门槛高、应用场景多、市场前景广的前沿技术和产品。(科技部、工业和信息化部、国家发展改革委按职责分工负责)

（九）优化基础电子产品应用制度。结合基础电子产品发展实际，动态调整重点新材料首批次应用示范指导目录、首台(套)重大技术装备推广应用指导目录，加大对基础电子产品的支持力度。(工业和信息化部、财政部、银保监会按职责分工负责)基础电子产品生产企业参与武器装备科研生产及配套的，企业无需就电子元器件办理武器装备科研生产许可，需要办理武器装备科研生产备案的，应当及时办理。(国家国防科工局、工业和信息化部按职责分工负责)

（十）完善基础电子产业投融资制度。发挥国家制造业转型升级基金、中小企业发展基金等政府投资基金引导作用，按照市场化原则，对符合条件的基础电子企业加大支持力度，鼓励有关地方投资基金和社会资本投资，着力培育行业优质企业，支持产业链"链主"企业、制造业单项冠军企业和"专精特新"中小企业发展。(工业和信息化部、财政部、国家发展改革委按职责分工负责)鼓励各类金融机构创新金融产品和服务，加大对基础电子产业的金融支持力度。(人民银行、银保监会按职责分工负责)支持符合条件的基础电子企业上市融资。(证监会负责)

（十一）加大基础电子产业研发制造用地支持力度。支持基础电子企业研发制造新型基础电子产品，在符合国土空间规划的前提下，允许在工业项目建设用地上通过调整用地结构，增加配套研发、设计、测试、中试设施，建筑面积不超过总建筑面积15%的，可继续按原用途使用土地。(自然资源部负责)

五、优化电子电器行业流通管理制度

（十二）完善电子电器行业相关进出口管理制度。深入落实出口退税、出口信用保险等外贸政策，扩大出口信贷投放，鼓励电子电器行业企业发展跨境电商。(财政部、商务部、人民银行、税务总局、银保监会、进出口银行、中国出口信用保险公司按职责分工负责)为支持电子电器行业企业配套出口项目相关设备、仪器暂时出境,工业和信息化部制定相关货物清单,海关将清单中货物的复运进境期限由最长2年改为5年。(海关总署、工业和信息化部按职责分工负责)加强电子电器产品质量安全风险监测评估,进一步调整优化必须实施检验的进出口商品目录。深化进出口货物"提前申报"、"两步申报"、"船边直提"、"抵港直装"等改革,提升通关便利化水平。(海关总署负责)

(十三)支持废弃电子电器产品回收处理行业健康发展。落实废弃电子电器产品处理税收优惠政策。充分发挥现行资源综合利用税收优惠政策的激励引导作用,合理降低废弃电子电器产品处理企业负担。(财政部、税务总局按职责分工负责)着力优化废弃电子电器产品回收处理网络布局,持续提升废弃电子电器产品资源化利用和无害化处理水平。支持有关企业建设回收网点、中转仓库。加强废弃电子电器产品回收处理监管工作,将废弃电子电器产品违法拆解处理活动作为监管重点,加大执法处罚力度。(国家发展改革委、公安部、生态环境部、商务部按职责分工负责)

(十四)规范管理电子电器行业商业测评活动。行业主管部门要对商业测评中存在的利用行政机关和事业单位名义、滥设商业测评名目、滥发商业测评证书、"花钱买排名"、吃拿卡要等破坏市场公平竞争秩序的行为进行清理整顿,及时处理有关商业测评活动的投诉举报,并向社会公布结果。基础电信运营商不得组织开展对电信设备产品的商业测评。严禁行政机关、事业单位及其工作人员组织或者参与商业测评活动。(工业和信息化部、国务院国资委、市场监管总局等有关部门按职责分工负责)

六、加强事前事中事后全链条全领域监管

(十五)严格落实放管结合要求。将加强产品监管作为深化电子电器行业管理制度改革的重要内容,切实履行监管职责,密切监管协同,不断提升监管效能。对不再实行行政许可或者强制性认证管理的产品,压实监管责任,依据风险状况确定监督抽查比例,依法查处违法行为。对继续实行行政许可或者强制性认证管理的产品,按照"谁审批、谁监管,谁认证、谁监督"的原则,依法严肃查处无证生产行为或者获证后产品质量不符合要求的生产行为。对存在缺陷的电子

电器产品,督促生产者履行召回主体责任,对拒不实施召回的生产者,依法责令召回。(市场监管总局、工业和信息化部、广电总局、公安部等有关部门和各省级人民政府按职责分工负责)

（十六）完善电子电器产品监督管理规则。在电子电器领域全面推行跨部门、跨层级"双随机、一公开"监管,按年度统筹制定抽查计划,对同一企业同类产品实行年度抽查次数总量控制,着力解决重复抽检、重复处罚问题。健全信用监管制度,对电子电器企业划分风险等级,将监督抽查比例、频次等与企业信用状况、风险等级挂钩,提升监管的精准性和有效性。对直接关系人民群众生命财产安全、公共安全,以及潜在风险大、社会风险高的产品,实行重点监管,及时发现处置重大风险隐患,守牢安全底线。健全社会监督机制,充分发挥行业协会、新闻媒体、社会公众和市场专业化服务组织的监督作用,构建社会共治格局。(市场监管总局、工业和信息化部、广电总局、公安部等有关部门和各省级人民政府按职责分工负责)

各地区、各部门要充分认识深化电子电器行业管理制度改革的重大意义,主动作为、狠抓落实,健全工作机制,完善配套措施,确保各项改革举措落地见效。工业和信息化部、市场监管总局要根据行业发展、技术进步和市场需求等情况,进一步加大力度持续清理电子电器产品准入的不合理限制,便利合格产品进入市场。要加强统筹协调和督促落实,及时协调解决本意见贯彻执行中的重点难点问题,重大情况及时报告国务院。

附件:1.强制性产品认证目录动态调整清单
　　　2.实行进网许可制度的电信设备目录动态调整清单

附件1

强制性产品认证目录动态调整清单

一、不再实行强制性认证管理的产品(9种)

1. 总输出功率在500W(有效值)以下的单扬声器和多扬声器有源音箱(0801)
2. 音频功率放大器(0802)
3. 各类载体形式的音视频录制、播放及处理设备(包括各类光盘、磁带、硬盘等载体形式)(0805、0812)
4. 电子琴(0813)
5. 无绳电话终端(1604)
6. 数据终端(1608)
7. 多媒体终端(1609)
8. 入侵探测器(1901)
9. 防盗报警控制器(1902)

二、纳入强制性认证管理的产品(2种)

1. 电子电器产品使用的锂离子电池和电池组、移动电源
2. 电信终端产品配套用电源适配器/充电器

附件2

实行进网许可制度的电信设备目录动态调整清单

一、不再实行进网许可管理的电信设备(11种)

1. 固定电话终端
2. 无绳电话终端
3. 集团电话
4. 传真机
5. 调制解调器(含卡)

6. 无线寻呼机
7. 窄带综合业务数字网络终端(ISDN 终端)
8. 接入移动通信网络的多媒体终端
9. 帧中继交换机
10. 异步传输模式交换机(ATM 交换机)
11. 呼叫中心设备

二、纳入进网许可管理的电信设备(2 种)

1. 卫星互联网设备
2. 功能虚拟化设备

农林牧渔

中华人民共和国农产品质量安全法

（2006年4月29日第十届全国人民代表大会常务委员会第二十一次会议通过 根据2018年10月26日第十三届全国人民代表大会常务委员会第六次会议《关于修改〈中华人民共和国野生动物保护法〉等十五部法律的决定》修正 2022年9月2日第十三届全国人民代表大会常务委员会第三十六次会议修订 2022年9月2日中华人民共和国主席令120号公布 自2023年1月1日起施行）

目 录

第一章 总 则
第二章 农产品质量安全风险管理和标准制定
第三章 农产品产地
第四章 农产品生产
第五章 农产品销售
第六章 监督管理
第七章 法律责任
第八章 附 则

第一章 总 则

第一条 为了保障农产品质量安全，维护公众健康，促进农业和农村经济发展,制定本法。

第二条　本法所称农产品,是指来源于种植业、林业、畜牧业和渔业等的初级产品,即在农业活动中获得的植物、动物、微生物及其产品。

本法所称农产品质量安全,是指农产品质量达到农产品质量安全标准,符合保障人的健康、安全的要求。

第三条　与农产品质量安全有关的农产品生产经营及其监督管理活动,适用本法。

《中华人民共和国食品安全法》对食用农产品的市场销售、有关质量安全标准的制定、有关安全信息的公布和农业投入品已经作出规定的,应当遵守其规定。

第四条　国家加强农产品质量安全工作,实行源头治理、风险管理、全程控制,建立科学、严格的监督管理制度,构建协同、高效的社会共治体系。

第五条　国务院农业农村主管部门、市场监督管理部门依照本法和规定的职责,对农产品质量安全实施监督管理。

国务院其他有关部门依照本法和规定的职责承担农产品质量安全的有关工作。

第六条　县级以上地方人民政府对本行政区域的农产品质量安全工作负责,统一领导、组织、协调本行政区域的农产品质量安全工作,建立健全农产品质量安全工作机制,提高农产品质量安全水平。

县级以上地方人民政府应当依照本法和有关规定,确定本级农业农村主管部门、市场监督管理部门和其他有关部门的农产品质量安全监督管理工作职责。各有关部门在职责范围内负责本行政区域的农产品质量安全监督管理工作。

乡镇人民政府应当落实农产品质量安全监督管理责任,协助上级人民政府及其有关部门做好农产品质量安全监督管理工作。

第七条　农产品生产经营者应当对其生产经营的农产品质量安全负责。

农产品生产经营者应当依照法律、法规和农产品质量安全标准从事生产经营活动,诚信自律,接受社会监督,承担社会责任。

第八条　县级以上人民政府应当将农产品质量安全管理工作纳

入本级国民经济和社会发展规划,所需经费列入本级预算,加强农产品质量安全监督管理能力建设。

第九条 国家引导、推广农产品标准化生产,鼓励和支持生产绿色优质农产品,禁止生产、销售不符合国家规定的农产品质量安全标准的农产品。

第十条 国家支持农产品质量安全科学技术研究,推行科学的质量安全管理方法,推广先进安全的生产技术。国家加强农产品质量安全科学技术国际交流与合作。

第十一条 各级人民政府及有关部门应当加强农产品质量安全知识的宣传,发挥基层群众性自治组织、农村集体经济组织的优势和作用,指导农产品生产经营者加强质量安全管理,保障农产品消费安全。

新闻媒体应当开展农产品质量安全法律、法规和农产品质量安全知识的公益宣传,对违法行为进行舆论监督。有关农产品质量安全的宣传报道应当真实、公正。

第十二条 农民专业合作社和农产品行业协会等应当及时为其成员提供生产技术服务,建立农产品质量安全管理制度,健全农产品质量安全控制体系,加强自律管理。

第二章 农产品质量安全风险管理和标准制定

第十三条 国家建立农产品质量安全风险监测制度。

国务院农业农村主管部门应当制定国家农产品质量安全风险监测计划,并对重点区域、重点农产品品种进行质量安全风险监测。省、自治区、直辖市人民政府农业农村主管部门应当根据国家农产品质量安全风险监测计划,结合本行政区域农产品生产经营实际,制定本行政区域的农产品质量安全风险监测实施方案,并报国务院农业农村主管部门备案。县级以上地方人民政府农业农村主管部门负责组织实施本行政区域的农产品质量安全风险监测。

县级以上人民政府市场监督管理部门和其他有关部门获知有关农产品质量安全风险信息后,应当立即核实并向同级农业农村主管部门通报。接到通报的农业农村主管部门应当及时上报。制定农产品质量安全风险监测计划、实施方案的部门应当及时研究分析,必要时进行调整。

第十四条　国家建立农产品质量安全风险评估制度。

国务院农业农村主管部门应当设立农产品质量安全风险评估专家委员会,对可能影响农产品质量安全的潜在危害进行风险分析和评估。国务院卫生健康、市场监督管理等部门发现需要对农产品进行质量安全风险评估的,应当向国务院农业农村主管部门提出风险评估建议。

农产品质量安全风险评估专家委员会由农业、食品、营养、生物、环境、医学、化工等方面的专家组成。

第十五条　国务院农业农村主管部门应当根据农产品质量安全风险监测、风险评估结果采取相应的管理措施,并将农产品质量安全风险监测、风险评估结果及时通报国务院市场监督管理、卫生健康等部门和有关省、自治区、直辖市人民政府农业农村主管部门。

县级以上人民政府农业农村主管部门开展农产品质量安全风险监测和风险评估工作时,可以根据需要进入农产品产地、储存场所及批发、零售市场。采集样品应当按照市场价格支付费用。

第十六条　国家建立健全农产品质量安全标准体系,确保严格实施。农产品质量安全标准是强制执行的标准,包括以下与农产品质量安全有关的要求:

(一)农业投入品质量要求、使用范围、用法、用量、安全间隔期和休药期规定;

(二)农产品产地环境、生产过程管控、储存、运输要求;

(三)农产品关键成分指标等要求;

(四)与屠宰畜禽有关的检验规程;

(五)其他与农产品质量安全有关的强制性要求。

《中华人民共和国食品安全法》对食用农产品的有关质量安全标准作出规定的,依照其规定执行。

第十七条　农产品质量安全标准的制定和发布,依照法律、行政法规的规定执行。

制定农产品质量安全标准应当充分考虑农产品质量安全风险评估结果,并听取农产品生产经营者、消费者、有关部门、行业协会等的意见,保障农产品消费安全。

第十八条 农产品质量安全标准应当根据科学技术发展水平以及农产品质量安全的需要,及时修订。

第十九条 农产品质量安全标准由农业农村主管部门商有关部门推进实施。

第三章 农产品产地

第二十条 国家建立健全农产品产地监测制度。

县级以上地方人民政府农业农村主管部门应当会同同级生态环境、自然资源等部门制定农产品产地监测计划,加强农产品产地安全调查、监测和评价工作。

第二十一条 县级以上地方人民政府农业农村主管部门应当会同同级生态环境、自然资源等部门按照保障农产品质量安全的要求,根据农产品品种特性和产地安全调查、监测、评价结果,依照土壤污染防治等法律、法规的规定提出划定特定农产品禁止生产区域的建议,报本级人民政府批准后实施。

任何单位和个人不得在特定农产品禁止生产区域种植、养殖、捕捞、采集特定农产品和建立特定农产品生产基地。

特定农产品禁止生产区域划定和管理的具体办法由国务院农业农村主管部门商国务院生态环境、自然资源等部门制定。

第二十二条 任何单位和个人不得违反有关环境保护法律、法规的规定向农产品产地排放或者倾倒废水、废气、固体废物或者其他有毒有害物质。

农业生产用水和用作肥料的固体废物,应当符合法律、法规和国家有关强制性标准的要求。

第二十三条 农产品生产者应当科学合理使用农药、兽药、肥料、农用薄膜等农业投入品,防止对农产品产地造成污染。

农药、肥料、农用薄膜等农业投入品的生产者、经营者、使用者应当按照国家有关规定回收并妥善处置包装物和废弃物。

第二十四条 县级以上人民政府应当采取措施,加强农产品基地建设,推进农业标准化示范建设,改善农产品的生产条件。

第四章　农产品生产

第二十五条　县级以上地方人民政府农业农村主管部门应当根据本地区的实际情况,制定保障农产品质量安全的生产技术要求和操作规程,并加强对农产品生产经营者的培训和指导。

农业技术推广机构应当加强对农产品生产经营者质量安全知识和技能的培训。国家鼓励科研教育机构开展农产品质量安全培训。

第二十六条　农产品生产企业、农民专业合作社、农业社会化服务组织应当加强农产品质量安全管理。

农产品生产企业应当建立农产品质量安全管理制度,配备相应的技术人员;不具备配备条件的,应当委托具有专业技术知识的人员进行农产品质量安全指导。

国家鼓励和支持农产品生产企业、农民专业合作社、农业社会化服务组织建立和实施危害分析和关键控制点体系,实施良好农业规范,提高农产品质量安全管理水平。

第二十七条　农产品生产企业、农民专业合作社、农业社会化服务组织应当建立农产品生产记录,如实记载下列事项:

(一)使用农业投入品的名称、来源、用法、用量和使用、停用的日期;

(二)动物疫病、农作物病虫害的发生和防治情况;

(三)收获、屠宰或者捕捞的日期。

农产品生产记录应当至少保存二年。禁止伪造、变造农产品生产记录。

国家鼓励其他农产品生产者建立农产品生产记录。

第二十八条　对可能影响农产品质量安全的农药、兽药、饲料和饲料添加剂、肥料、兽医器械,依照有关法律、行政法规的规定实行许可制度。

省级以上人民政府农业农村主管部门应当定期或者不定期组织对可能危及农产品质量安全的农药、兽药、饲料和饲料添加剂、肥料等农业投入品进行监督抽查,并公布抽查结果。

农药、兽药经营者应当依照有关法律、行政法规的规定建立销售台账,记录购买者、销售日期和药品施用范围等内容。

第二十九条　农产品生产经营者应当依照有关法律、行政法规和国家有关强制性标准、国务院农业农村主管部门的规定,科学合理使用农药、兽药、饲料和饲料添加剂、肥料等农业投入品,严格执行农业投入品使用安全间隔期或者休药期的规定;不得超范围、超剂量使用农业投入品危及农产品质量安全。

禁止在农产品生产经营过程中使用国家禁止使用的农业投入品以及其他有毒有害物质。

第三十条　农产品生产场所以及生产活动中使用的设施、设备、消毒剂、洗涤剂等应当符合国家有关质量安全规定,防止污染农产品。

第三十一条　县级以上人民政府农业农村主管部门应当加强对农业投入品使用的监督管理和指导,建立健全农业投入品的安全使用制度,推广农业投入品科学使用技术,普及安全、环保农业投入品的使用。

第三十二条　国家鼓励和支持农产品生产经营者选用优质特色农产品品种,采用绿色生产技术和全程质量控制技术,生产绿色优质农产品,实施分等分级,提高农产品品质,打造农产品品牌。

第三十三条　国家支持农产品产地冷链物流基础设施建设,健全有关农产品冷链物流标准、服务规范和监管保障机制,保障冷链物流农产品畅通高效、安全便捷,扩大高品质市场供给。

从事农产品冷链物流的生产经营者应当依照法律、法规和有关农产品质量安全标准,加强冷链技术创新与应用、质量安全控制,执行对冷链物流农产品及其包装、运输工具、作业环境等的检验检测检疫要求,保证冷链农产品质量安全。

第五章　农产品销售

第三十四条　销售的农产品应当符合农产品质量安全标准。

农产品生产企业、农民专业合作社应当根据质量安全控制要求自行或者委托检测机构对农产品质量安全进行检测;经检测不符合农产品质量安全标准的农产品,应当及时采取管控措施,且不得销售。

农业技术推广等机构应当为农户等农产品生产经营者提供农产品检测技术服务。

第三十五条 农产品在包装、保鲜、储存、运输中所使用的保鲜剂、防腐剂、添加剂、包装材料等,应当符合国家有关强制性标准以及其他农产品质量安全规定。

储存、运输农产品的容器、工具和设备应当安全、无害。禁止将农产品与有毒有害物质一同储存、运输,防止污染农产品。

第三十六条 有下列情形之一的农产品,不得销售:

(一)含有国家禁止使用的农药、兽药或者其他化合物;

(二)农药、兽药等化学物质残留或者含有的重金属等有毒有害物质不符合农产品质量安全标准;

(三)含有的致病性寄生虫、微生物或者生物毒素不符合农产品质量安全标准;

(四)未按照国家有关强制性标准以及其他农产品质量安全规定使用保鲜剂、防腐剂、添加剂、包装材料等,或者使用的保鲜剂、防腐剂、添加剂、包装材料等不符合国家有关强制性标准以及其他质量安全规定;

(五)病死、毒死或者死因不明的动物及其产品;

(六)其他不符合农产品质量安全标准的情形。

对前款规定不得销售的农产品,应当依照法律、法规的规定进行处置。

第三十七条 农产品批发市场应当按照规定设立或者委托检测机构,对进场销售的农产品质量安全状况进行抽查检测;发现不符合农产品质量安全标准的,应当要求销售者立即停止销售,并向所在地市场监督管理、农业农村等部门报告。

农产品销售企业对其销售的农产品,应当建立健全进货检查验收制度;经查验不符合农产品质量安全标准的,不得销售。

食品生产者采购农产品等食品原料,应当依照《中华人民共和国食品安全法》的规定查验许可证和合格证明,对无法提供合格证明的,应当按照规定进行检验。

第三十八条 农产品生产企业、农民专业合作社以及从事农产品收购的单位或者个人销售的农产品,按照规定应当包装或者附加承诺达标合格证等标识的,须经包装或者附加标识后方可销售。包装物或者标识上应当按照规定标明产品的品名、产地、生产者、生产日期、保质期、产品质量等级等内容;使用添加剂的,还应当按照规定标明添加剂的名称。具体办法由国务院农业农村主管部门制定。

  第三十九条 农产品生产企业、农民专业合作社应当执行法律、法规的规定和国家有关强制性标准,保证其销售的农产品符合农产品质量安全标准,并根据质量安全控制、检测结果等开具承诺达标合格证,承诺不使用禁用的农药、兽药及其他化合物且使用的常规农药、兽药残留不超标等。鼓励和支持农户销售农产品时开具承诺达标合格证。法律、行政法规对畜禽产品的质量安全合格证明有特别规定的,应当遵守其规定。

  从事农产品收购的单位或者个人应当按照规定收取、保存承诺达标合格证或者其他质量安全合格证明,对其收购的农产品进行混装或者分装后销售的,应当按照规定开具承诺达标合格证。

  农产品批发市场应当建立健全农产品承诺达标合格证查验等制度。

  县级以上人民政府农业农村主管部门应当做好承诺达标合格证有关工作的指导服务,加强日常监督检查。

  农产品质量安全承诺达标合格证管理办法由国务院农业农村主管部门会同国务院有关部门制定。

  第四十条 农产品生产经营者通过网络平台销售农产品的,应当依照本法和《中华人民共和国电子商务法》、《中华人民共和国食品安全法》等法律、法规的规定,严格落实质量安全责任,保证其销售的农产品符合质量安全标准。网络平台经营者应当依法加强对农产品生产经营者的管理。

  第四十一条 国家对列入农产品质量安全追溯目录的农产品实施追溯管理。国务院农业农村主管部门应当会同国务院市场监督管理等部门建立农产品质量安全追溯协作机制。农产品质量安全追溯管理办法和追溯目录由国务院农业农村主管部门会同国务院市场监督管理等部门制定。

  国家鼓励具备信息化条件的农产品生产经营者采用现代信息技术手段采集、留存生产记录、购销记录等生产经营信息。

第四十二条 农产品质量符合国家规定的有关优质农产品标准的,农产品生产经营者可以申请使用农产品质量标志。禁止冒用农产品质量标志。

国家加强地理标志农产品保护和管理。

第四十三条 属于农业转基因生物的农产品,应当按照农业转基因生物安全管理的有关规定进行标识。

第四十四条 依法需要实施检疫的动植物及其产品,应当附具检疫标志、检疫证明。

第六章　监　督　管　理

第四十五条 县级以上人民政府农业农村主管部门和市场监督管理等部门应当建立健全农产品质量安全全程监督管理协作机制,确保农产品从生产到消费各环节的质量安全。

县级以上人民政府农业农村主管部门和市场监督管理部门应当加强收购、储存、运输过程中农产品质量安全监督管理的协调配合和执法衔接,及时通报和共享农产品质量安全监督管理信息,并按照职责权限,发布有关农产品质量安全日常监督管理信息。

第四十六条 县级以上人民政府农业农村主管部门应当根据农产品质量安全风险监测、风险评估结果和农产品质量安全状况等,制定监督抽查计划,确定农产品质量安全监督抽查的重点、方式和频次,并实施农产品质量安全风险分级管理。

第四十七条 县级以上人民政府农业农村主管部门应当建立健全随机抽查机制,按照监督抽查计划,组织开展农产品质量安全监督抽查。

农产品质量安全监督抽查检测应当委托符合本法规定条件的农产品质量安全检测机构进行。监督抽查不得向被抽查人收取费用,抽取的样品应当按照市场价格支付费用,并不得超过国务院农业农村主管部门规定的数量。

上级农业农村主管部门监督抽查的同批次农产品,下级农业农村主管部门不得另行重复抽查。

第四十八条 农产品质量安全检测应当充分利用现有的符合条

件的检测机构。

从事农产品质量安全检测的机构，应当具备相应的检测条件和能力，由省级以上人民政府农业农村主管部门或者其授权的部门考核合格。具体办法由国务院农业农村主管部门制定。

农产品质量安全检测机构应当依法经资质认定。

第四十九条 从事农产品质量安全检测工作的人员，应当具备相应的专业知识和实际操作技能，遵纪守法，恪守职业道德。

农产品质量安全检测机构对出具的检测报告负责。检测报告应当客观公正，检测数据应当真实可靠，禁止出具虚假检测报告。

第五十条 县级以上地方人民政府农业农村主管部门可以采用国务院农业农村主管部门会同国务院市场监督管理等部门认定的快速检测方法，开展农产品质量安全监督抽查检测。抽查检测结果确定有关农产品不符合农产品质量安全标准的，可以作为行政处罚的证据。

第五十一条 农产品生产经营者对监督抽查检测结果有异议的，可以自收到检测结果之日起五个工作日内，向实施农产品质量安全监督抽查的农业农村主管部门或者其上一级农业农村主管部门申请复检。复检机构与初检机构不得为同一机构。

采用快速检测方法进行农产品质量安全监督抽查检测，被抽查人对检测结果有异议的，可以自收到检测结果时起四小时内申请复检。复检不得采用快速检测方法。

复检机构应当自收到复检样品之日起七个工作日内出具检测报告。

因检测结果错误给当事人造成损害的，依法承担赔偿责任。

第五十二条 县级以上地方人民政府农业农村主管部门应当加强对农产品生产的监督管理，开展日常检查，重点检查农产品产地环境、农业投入品购买和使用、农产品生产记录、承诺达标合格证开具等情况。

国家鼓励和支持基层群众性自治组织建立农产品质量安全信息员工作制度，协助开展有关工作。

第五十三条 开展农产品质量安全监督检查，有权采取下列措施：

（一）进入生产经营场所进行现场检查,调查了解农产品质量安全的有关情况;

（二）查阅、复制农产品生产记录、购销台账等与农产品质量安全有关的资料;

（三）抽样检测生产经营的农产品和使用的农业投入品以及其他有关产品;

（四）查封、扣押有证据证明存在农产品质量安全隐患或者经检测不符合农产品质量安全标准的农产品;

（五）查封、扣押有证据证明可能危及农产品质量安全或者经检测不符合产品质量标准的农业投入品以及其他有毒有害物质;

（六）查封、扣押用于违法生产经营农产品的设施、设备、场所以及运输工具;

（七）收缴伪造的农产品质量标志。

农产品生产经营者应当协助、配合农产品质量安全监督检查,不得拒绝、阻挠。

第五十四条 县级以上人民政府农业农村等部门应当加强农产品质量安全信用体系建设,建立农产品生产经营者信用记录,记载行政处罚等信息,推进农产品质量安全信用信息的应用和管理。

第五十五条 农产品生产经营过程中存在质量安全隐患,未及时采取措施消除的,县级以上地方人民政府农业农村主管部门可以对农产品生产经营者的法定代表人或者主要负责人进行责任约谈。农产品生产经营者应当立即采取措施,进行整改,消除隐患。

第五十六条 国家鼓励消费者协会和其他单位或者个人对农产品质量安全进行社会监督,对农产品质量安全监督管理工作提出意见和建议。任何单位和个人有权对违反本法的行为进行检举控告、投诉举报。

县级以上人民政府农业农村主管部门应当建立农产品质量安全投诉举报制度,公开投诉举报渠道,收到投诉举报后,应当及时处理。对不属于本部门职责的,应当移交有权处理的部门并书面通知投诉举报人。

第五十七条 县级以上地方人民政府农业农村主管部门应当加强对农产品质量安全执法人员的专业技术培训并组织考核。不具备相应知识和能力的,不得从事农产品质量安全执法工作。

第五十八条 上级人民政府应当督促下级人民政府履行农产品质量安全职责。对农产品质量安全责任落实不力、问题突出的地方人民政府,上级人民政府可以对其主要负责人进行责任约谈。被约谈的地方人民政府应当立即采取整改措施。

第五十九条 国务院农业农村主管部门应当会同国务院有关部门制定国家农产品质量安全突发事件应急预案,并与国家食品安全事故应急预案相衔接。

县级以上地方人民政府应当根据有关法律、行政法规的规定和上级人民政府的农产品质量安全突发事件应急预案,制定本行政区域的农产品质量安全突发事件应急预案。

发生农产品质量安全事故时,有关单位和个人应当采取控制措施,及时向所在地乡镇人民政府和县级人民政府农业农村等部门报告;收到报告的机关应当按照农产品质量安全突发事件应急预案及时处理并报本级人民政府、上级人民政府有关部门。发生重大农产品质量安全事故时,按照规定上报国务院及其有关部门。

任何单位和个人不得隐瞒、谎报、缓报农产品质量安全事故,不得隐匿、伪造、毁灭有关证据。

第六十条 县级以上地方人民政府市场监督管理部门依照本法和《中华人民共和国食品安全法》等法律、法规的规定,对农产品进入批发、零售市场或者生产加工企业后的生产经营活动进行监督检查。

第六十一条 县级以上人民政府农业农村、市场监督管理等部门发现农产品质量安全违法行为涉嫌犯罪的,应当及时将案件移送公安机关。对移送的案件,公安机关应当及时审查;认为有犯罪事实需要追究刑事责任的,应当立案侦查。

公安机关对依法不需要追究刑事责任但应当给予行政处罚的,应当及时将案件移送农业农村、市场监督管理等部门,有关部门应当依法处理。

公安机关商请农业农村、市场监督管理、生态环境等部门提供检验结论、认定意见以及对涉案农产品进行无害化处理等协助的,有关部门应当及时提供、予以协助。

第七章　法律责任

第六十二条　违反本法规定,地方各级人民政府有下列情形之一的,对直接负责的主管人员和其他直接责任人员给予警告、记过、记大过处分;造成严重后果的,给予降级或者撤职处分:

(一)未确定有关部门的农产品质量安全监督管理工作职责,未建立健全农产品质量安全工作机制,或者未落实农产品质量安全监督管理责任;

(二)未制定本行政区域的农产品质量安全突发事件应急预案,或者发生农产品质量安全事故后未按照规定启动应急预案。

第六十三条　违反本法规定,县级以上人民政府农业农村等部门有下列行为之一的,对直接负责的主管人员和其他直接责任人员给予记大过处分;情节较重的,给予降级或者撤职处分;情节严重的,给予开除处分;造成严重后果的,其主要负责人还应当引咎辞职:

(一)隐瞒、谎报、缓报农产品质量安全事故或者隐匿、伪造、毁灭有关证据;

(二)未按照规定查处农产品质量安全事故,或者接到农产品质量安全事故报告未及时处理,造成事故扩大或者蔓延;

(三)发现农产品质量安全重大风险隐患后,未及时采取相应措施,造成农产品质量安全事故或者不良社会影响;

(四)不履行农产品质量安全监督管理职责,导致发生农产品质量安全事故。

第六十四条　县级以上地方人民政府农业农村、市场监督管理等部门在履行农产品质量安全监督管理职责过程中,违法实施检查、强制等执法措施,给农产品生产经营者造成损失的,应当依法予以赔偿,对直接负责的主管人员和其他直接责任人员依法给予处分。

第六十五条　农产品质量安全检测机构、检测人员出具虚假检测报告的,由县级以上人民政府农业农村主管部门没收所收取的检测费用,检测费用不足一万元的,并处五万元以上十万元以下罚款,检测费用一万元以上的,并处检测费用五倍以上十倍以下罚款;对直接负责的主管人员和其他直接责任人员处一万元以上五万元以下罚款;使消费者的合法权益受到损害的,农产品质量安全检测机构应当与农产品生产经营者承担连带责任。

因农产品质量安全违法行为受到刑事处罚或者因出具虚假检测报告导致发生重大农产品质量安全事故的检测人员,终身不得从事农产品质量安全检测工作。农产品质量安全检测机构不得聘用上述人员。

农产品质量安全检测机构有前两款违法行为的,由授予其资质的主管部门或者机构吊销该农产品质量安全检测机构的资质证书。

第六十六条 违反本法规定,在特定农产品禁止生产区域种植、养殖、捕捞、采集特定农产品或者建立特定农产品生产基地的,由县级以上地方人民政府农业农村主管部门责令停止违法行为,没收农产品和违法所得,并处违法所得一倍以上三倍以下罚款。

违反法律、法规规定,向农产品产地排放或者倾倒废水、废气、固体废物或者其他有毒有害物质的,依照有关环境保护法律、法规的规定处理、处罚;造成损害的,依法承担赔偿责任。

第六十七条 农药、肥料、农用薄膜等农业投入品的生产者、经营者、使用者未按照规定回收并妥善处置包装物或者废弃物的,由县级以上地方人民政府农业农村主管部门依照有关法律、法规的规定处理、处罚。

第六十八条 违反本法规定,农产品生产企业有下列情形之一的,由县级以上地方人民政府农业农村主管部门责令限期改正;逾期不改正的,处五千元以上五万元以下罚款:

(一)未建立农产品质量安全管理制度的;

(二)未配备相应的农产品质量安全管理技术人员,且未委托具有专业技术知识的人员进行农产品质量安全指导。

第六十九条 农产品生产企业、农民专业合作社、农业社会化服务组织未依照本法规定建立、保存农产品生产记录,或者伪造、变造农产品生产记录的,由县级以上地方人民政府农业农村主管部门责令限期改正;逾期不改正的,处二千元以上二万元以下罚款。

第七十条 违反本法规定,农产品生产经营者有下列行为之一,尚不构成犯罪的,由县级以上地方人民政府农业农村主管部门责令停止生产经营、追回已经销售的农产品,对违法生产经营的农产品进行无害化处理或者予以监督销毁,没收违法所得,并可以没收用于违法生产经营的工具、设备、原料等物品;违法生产经营的农产品货值金额不足一万元的,并处十万元以上十五万元以下罚款,货值金额一万元以上的,并处货值金额十五倍以上三十倍以下罚款;对农户,并处一千元以上一万元以下罚款;情节严重的,有许可证的吊销许可证,并可以由公安机关对其直接负责的主管人员和其他直接责任人员处五日以上十五日以下拘留:

（一）在农产品生产经营过程中使用国家禁止使用的农业投入品或者其他有毒有害物质的;

（二）销售含有国家禁止使用的农药、兽药或者其他化合物的农产品;

（三）销售病死、毒死或者死因不明的动物及其产品。

明知农产品生产经营者从事前款规定的违法行为,仍为其提供生产经营场所或者其他条件的,由县级以上地方人民政府农业农村主管部门责令停止违法行为,没收违法所得,并处十万元以上二十万元以下罚款;使消费者的合法权益受到损害的,应当与农产品生产经营者承担连带责任。

第七十一条 违反本法规定,农产品生产经营者有下列行为之一,尚不构成犯罪的,由县级以上地方人民政府农业农村主管部门责令停止生产经营、追回已经销售的农产品,对违法生产经营的农产品进行无害化处理或者予以监督销毁,没收违法所得,并可以没收用于违法生产经营的工具、设备、原料等物品;违法生产经营的农产品货值金额不足一万元的,并处五万元以上十万元以下罚款,货值金额一万元以上的,并处货值金额十倍以上二十倍以下罚款;对农户,并处五百元以上五千元以下罚款:

（一）销售农药、兽药等化学物质残留或者含有的重金属等有毒有害物质不符合农产品质量安全标准的农产品;

（二）销售含有的致病性寄生虫、微生物或者生物毒素不符合农产品质量安全标准的农产品;

（三）销售其他不符合农产品质量安全标准的农产品。

第七十二条 违反本法规定,农产品生产经营者有下列行为之一的,由县级以上地方人民政府农业农村主管部门责令停止生产经营、追回已经销售的农产品,对违法生产经营的农产品进行无害化处理或者予以监督销毁,没收违法所得,并可以没收用于违法生产经营的工具、设备、原料等物品;违法生产经营的农产品货值金额不足一万元的,并处五千元以上五万元以下罚款,货值金额一万元以上的,并处货值金额五倍以上十倍以下罚款;对农户,并处三百元以上三千元以下罚款:

(一)在农产品生产场所以及生产活动中使用的设施、设备、消毒剂、洗涤剂等不符合国家有关质量安全规定;

(二)未按照国家有关强制性标准或者其他农产品质量安全规定使用保鲜剂、防腐剂、添加剂、包装材料等,或者使用的保鲜剂、防腐剂、添加剂、包装材料等不符合国家有关强制性标准或者其他质量安全规定;

(三)将农产品与有毒有害物质一同储存、运输。

第七十三条　违反本法规定,有下列行为之一的,由县级以上地方人民政府农业农村主管部门按照职责给予批评教育,责令限期改正;逾期不改正的,处一百元以上一千元以下罚款:

(一)农产品生产企业、农民专业合作社、从事农产品收购的单位或者个人未按照规定开具承诺达标合格证;

(二)从事农产品收购的单位或者个人未按照规定收取、保存承诺达标合格证或者其他合格证明。

第七十四条　农产品生产经营者冒用农产品质量标志,或者销售冒用农产品质量标志的农产品的,由县级以上地方人民政府农业农村主管部门按照职责责令改正,没收违法所得;违法生产经营的农产品货值金额不足五千元的,并处五千元以上五万元以下罚款,货值金额五千元以上的,并处货值金额十倍以上二十倍以下罚款。

第七十五条　违反本法关于农产品质量安全追溯规定的,由县级以上地方人民政府农业农村主管部门按照职责责令限期改正;逾期不改正的,可以处一万元以下罚款。

第七十六条　违反本法规定,拒绝、阻挠依法开展的农产品质量安全监督检查、事故调查处理、抽样检测和风险评估的,由有关主管部门按照职责责令停产停业,并处二千元以上五万元以下罚款;构成违反治安管理行为的,由公安机关依法给予治安管理处罚。

第七十七条　《中华人民共和国食品安全法》对食用农产品进入

批发、零售市场或者生产加工企业后的违法行为和法律责任有规定的,由县级以上地方人民政府市场监督管理部门依照其规定进行处罚。

第七十八条 违反本法规定,构成犯罪的,依法追究刑事责任。

第七十九条 违反本法规定,给消费者造成人身、财产或者其他损害的,依法承担民事赔偿责任。生产经营者财产不足以同时承担民事赔偿责任和缴纳罚款、罚金时,先承担民事赔偿责任。

食用农产品生产经营者违反本法规定,污染环境、侵害众多消费者合法权益,损害社会公共利益的,人民检察院可以依照《中华人民共和国民事诉讼法》、《中华人民共和国行政诉讼法》等法律的规定向人民法院提起诉讼。

第八章 附 则

第八十条 粮食收购、储存、运输环节的质量安全管理,依照有关粮食管理的法律、行政法规执行。

第八十一条 本法自2023年1月1日起施行。

中华人民共和国畜牧法

(2005年12月29日第十届全国人民代表大会常务委员会第十九次会议通过 根据2015年4月24日第十二届全国人民代表大会常务委员会第十四次会议《关于修改〈中华人民共和国计量法〉等五部法律的决定》修正 2022年10月30日第十三届全国人民代表大会常务委员会第三十七次会议修订 2022年10月30日中华人民共和国主席令第124号公布 自2023年3月1日起施行)

目 录

第一章 总 则
第二章 畜禽遗传资源保护

第三章　种畜禽品种选育与生产经营
第四章　畜禽养殖
第五章　草原畜牧业
第六章　畜禽交易与运输
第七章　畜禽屠宰
第八章　保障与监督
第九章　法律责任
第十章　附　　则

第一章　总　　则

第一条　为了规范畜牧业生产经营行为,保障畜禽产品供给和质量安全,保护和合理利用畜禽遗传资源,培育和推广畜禽优良品种,振兴畜禽种业,维护畜牧业生产经营者的合法权益,防范公共卫生风险,促进畜牧业高质量发展,制定本法。

第二条　在中华人民共和国境内从事畜禽的遗传资源保护利用、繁育、饲养、经营、运输、屠宰等活动,适用本法。

本法所称畜禽,是指列入依照本法第十二条规定公布的畜禽遗传资源目录的畜禽。

蜂、蚕的资源保护利用和生产经营,适用本法有关规定。

第三条　国家支持畜牧业发展,发挥畜牧业在发展农业、农村经济和增加农民收入中的作用。

县级以上人民政府应当将畜牧业发展纳入国民经济和社会发展规划,加强畜牧业基础设施建设,鼓励和扶持发展规模化、标准化和智能化养殖,促进种养结合和农牧循环、绿色发展,推进畜牧产业化经营,提高畜牧业综合生产能力,发展安全、优质、高效、生态的畜牧业。

国家帮助和扶持民族地区、欠发达地区畜牧业的发展,保护和合理利用草原,改善畜牧业生产条件。

第四条　国家采取措施,培养畜牧兽医专业人才,加强畜禽疫病监测、畜禽疫苗研制,健全基层畜牧兽医技术推广体系,发展畜牧兽医科学技术研究和推广事业,完善畜牧业标准,开展畜牧兽医科学技术知识的教育宣传工作和畜牧兽医信息服务,推进畜牧业科技进步和创新。

第五条 国务院农业农村主管部门负责全国畜牧业的监督管理工作。县级以上地方人民政府农业农村主管部门负责本行政区域内的畜牧业监督管理工作。

县级以上人民政府有关主管部门在各自的职责范围内,负责有关促进畜牧业发展的工作。

第六条 国务院农业农村主管部门应当指导畜牧业生产经营者改善畜禽繁育、饲养、运输、屠宰的条件和环境。

第七条 各级人民政府及有关部门应当加强畜牧业相关法律法规的宣传。

对在畜牧业发展中做出显著成绩的单位和个人,按照国家有关规定给予表彰和奖励。

第八条 畜牧业生产经营者可以依法自愿成立行业协会,为成员提供信息、技术、营销、培训等服务,加强行业自律,维护成员和行业利益。

第九条 畜牧业生产经营者应当依法履行动物防疫和生态环境保护义务,接受有关主管部门依法实施的监督检查。

第二章 畜禽遗传资源保护

第十条 国家建立畜禽遗传资源保护制度,开展资源调查、保护、鉴定、登记、监测和利用等工作。各级人民政府应当采取措施,加强畜禽遗传资源保护,将畜禽遗传资源保护经费列入预算。

畜禽遗传资源保护以国家为主、多元参与,坚持保护优先、高效利用的原则,实行分类分级保护。

国家鼓励和支持有关单位、个人依法发展畜禽遗传资源保护事业,鼓励和支持高等学校、科研机构、企业加强畜禽遗传资源保护、利用的基础研究,提高科技创新能力。

第十一条 国务院农业农村主管部门设立由专业人员组成的国家畜禽遗传资源委员会,负责畜禽遗传资源的鉴定、评估和畜禽新品种、配套系的审定,承担畜禽遗传资源保护和利用规划论证及有关畜禽遗传资源保护的咨询工作。

第十二条 国务院农业农村主管部门负责定期组织畜禽遗传资源的调查工作,发布国家畜禽遗传资源状况报告,公布经国务院批准的畜禽遗传资源目录。

经过驯化和选育而成,遗传性状稳定,有成熟的品种和一定的种群规模,能够不依赖于野生种群而独立繁衍的驯养动物,可以列入畜禽遗传资源目录。

第十三条 国务院农业农村主管部门根据畜禽遗传资源分布状况,制定全国畜禽遗传资源保护和利用规划,制定、调整并公布国家级畜禽遗传资源保护名录,对原产我国的珍贵、稀有、濒危的畜禽遗传资源实行重点保护。

省、自治区、直辖市人民政府农业农村主管部门根据全国畜禽遗传资源保护和利用规划及本行政区域内的畜禽遗传资源状况,制定、调整并公布省级畜禽遗传资源保护名录,并报国务院农业农村主管部门备案,加强对地方畜禽遗传资源的保护。

第十四条 国务院农业农村主管部门根据全国畜禽遗传资源保护和利用规划及国家级畜禽遗传资源保护名录,省、自治区、直辖市人民政府农业农村主管部门根据省级畜禽遗传资源保护名录,分别建立或者确定畜禽遗传资源保种场、保护区和基因库,承担畜禽遗传资源保护任务。

享受中央和省级财政资金支持的畜禽遗传资源保种场、保护区和基因库,未经国务院农业农村主管部门或者省、自治区、直辖市人民政府农业农村主管部门批准,不得擅自处理受保护的畜禽遗传资源。

畜禽遗传资源基因库应当按照国务院农业农村主管部门或者省、自治区、直辖市人民政府农业农村主管部门的规定,定期采集和更新畜禽遗传材料。有关单位、个人应当配合畜禽遗传资源基因库采集畜禽遗传材料,并有权获得适当的经济补偿。

县级以上地方人民政府应当保障畜禽遗传资源保种场和基因库用地的需求。确需关闭或者搬迁的,应当经原建立或者确定机关批准,搬迁的按照先建后拆的原则妥善安置。

畜禽遗传资源保种场、保护区和基因库的管理办法,由国务院农业农村主管部门制定。

第十五条 新发现的畜禽遗传资源在国家畜禽遗传资源委员会鉴定前,省、自治区、直辖市人民政府农业农村主管部门应当制定保护方案,采取临时保护措施,并报国务院农业农村主管部门备案。

第十六条 从境外引进畜禽遗传资源的,应当向省、自治区、直辖市人民政府农业农村主管部门提出申请;受理申请的农业农村主管部门经审核,报国务院农业农村主管部门经评估论证后批准;但是国务院对批准机关另有规定的除外。经批准的,依照《中华人民共和国进出境动植物检疫法》的规定办理相关手续并实施检疫。

从境外引进的畜禽遗传资源被发现对境内畜禽遗传资源、生态环境有危害或者可能产生危害的,国务院农业农村主管部门应当商有关主管部门,及时采取相应的安全控制措施。

第十七条 国家对畜禽遗传资源享有主权。向境外输出或者在境内与境外机构、个人合作研究利用列入保护名录的畜禽遗传资源的,应当向省、自治区、直辖市人民政府农业农村主管部门提出申请,同时提出国家共享惠益的方案;受理申请的农业农村主管部门经审核,报国务院农业农村主管部门批准。

向境外输出畜禽遗传资源的,还应当依照《中华人民共和国进出境动植物检疫法》的规定办理相关手续并实施检疫。

新发现的畜禽遗传资源在国家畜禽遗传资源委员会鉴定前,不得向境外输出,不得与境外机构、个人合作研究利用。

第十八条 畜禽遗传资源的进出境和对外合作研究利用的审批办法由国务院规定。

第三章 种畜禽品种选育与生产经营

第十九条 国家扶持畜禽品种的选育和优良品种的推广使用,实施全国畜禽遗传改良计划;支持企业、高等学校、科研机构和技术推广单位开展联合育种,建立健全畜禽良种繁育体系。

县级以上人民政府支持开发利用列入畜禽遗传资源保护名录的品种,增加特色畜禽产品供给,满足多元化消费需求。

第二十条 国家鼓励和支持畜禽种业自主创新,加强育种技术攻关,扶持选育生产经营相结合的创新型企业发展。

第二十一条 培育的畜禽新品种、配套系和新发现的畜禽遗传资源在销售、推广前,应当通过国家畜禽遗传资源委员会审定或者鉴定,并由国务院农业农村主管部门公告。畜禽新品种、配套系的审定办法和畜禽遗传资源的鉴定办法,由国务院农业农村主管部门制定。审定或者鉴定所需的试验、检测等费用由申请者承担。

畜禽新品种、配套系培育者的合法权益受法律保护。

第二十二条 转基因畜禽品种的引进、培育、试验、审定和推广,应当符合国家有关农业转基因生物安全管理的规定。

第二十三条 省级以上畜牧兽医技术推广机构应当组织开展种畜质量监测、优良个体登记,向社会推荐优良种畜。优良种畜登记规则由国务院农业农村主管部门制定。

第二十四条 从事种畜禽生产经营或者生产经营商品代仔畜、雏禽的单位、个人,应当取得种畜禽生产经营许可证。

申请取得种畜禽生产经营许可证,应当具备下列条件:

(一)生产经营的种畜禽是通过国家畜禽遗传资源委员会审定或者鉴定的品种、配套系,或者是经批准引进的境外品种、配套系;

(二)有与生产经营规模相适应的畜牧兽医技术人员;

(三)有与生产经营规模相适应的繁育设施设备;

(四)具备法律、行政法规和国务院农业农村主管部门规定的种畜禽防疫条件;

(五)有完善的质量管理和育种记录制度;

(六)法律、行政法规规定的其他条件。

第二十五条 申请取得生产家畜卵子、精液、胚胎等遗传材料的生产经营许可证,除应当符合本法第二十四条第二款规定的条件外,还应当具备下列条件:

(一)符合国务院农业农村主管部门规定的实验室、保存和运输条件;

(二)符合国务院农业农村主管部门规定的种畜数量和质量要求;

(三)体外受精取得的胚胎、使用的卵子来源明确,供体畜符合国家规定的种畜健康标准和质量要求;

(四)符合有关国家强制性标准和国务院农业农村主管部门规定的技术要求。

第二十六条　申请取得生产家畜卵子、精液、胚胎等遗传材料的生产经营许可证,应当向省、自治区、直辖市人民政府农业农村主管部门提出申请。受理申请的农业农村主管部门应当自收到申请之日起六十个工作日内依法决定是否发放生产经营许可证。

其他种畜禽的生产经营许可证由县级以上地方人民政府农业农村主管部门审核发放。

国家对种畜禽生产经营许可证实行统一管理、分级负责,在统一的信息平台办理。种畜禽生产经营许可证的审批和发放信息应当依法向社会公开。具体办法和许可证样式由国务院农业农村主管部门制定。

第二十七条　种畜禽生产经营许可证应当注明生产经营者名称、场(厂)址、生产经营范围及许可证有效期的起止日期等。

禁止无种畜禽生产经营许可证或者违反种畜禽生产经营许可证的规定生产经营种畜禽或者商品代仔畜、雏禽。禁止伪造、变造、转让、租借种畜禽生产经营许可证。

第二十八条　农户饲养的种畜禽用于自繁自养和有少量剩余仔畜、雏禽出售的,农户饲养种公畜进行互助配种的,不需要办理种畜禽生产经营许可证。

第二十九条　发布种畜禽广告的,广告主应当持有或者提供种畜禽生产经营许可证和营业执照。广告内容应当符合有关法律、行政法规的规定,并注明种畜禽品种、配套系的审定或者鉴定名称,对主要性状的描述应当符合该品种、配套系的标准。

第三十条　销售的种畜禽、家畜配种站(点)使用的种公畜,应当符合种用标准。销售种畜禽时,应当附具种畜禽场出具的种畜禽合格证明、动物卫生监督机构出具的检疫证明,销售的种畜还应当附具种畜禽场出具的家畜系谱。

生产家畜卵子、精液、胚胎等遗传材料,应当有完整的采集、销售、移植等记录,记录应当保存二年。

第三十一条　销售种畜禽,不得有下列行为:

(一)以其他畜禽品种、配套系冒充所销售的种畜禽品种、配套系;

(二)以低代别种畜禽冒充高代别种畜禽;

(三)以不符合种用标准的畜禽冒充种畜禽;

(四)销售未经批准进口的种畜禽;

(五)销售未附具本法第三十条规定的种畜禽合格证明、检疫证明的种畜禽或者未附具家畜系谱的种畜;

(六)销售未经审定或者鉴定的种畜禽品种、配套系。

第三十二条 申请进口种畜禽的,应当持有种畜禽生产经营许可证。因没有种畜禽而未取得种畜禽生产经营许可证的,应当提供省、自治区、直辖市人民政府农业农村主管部门的说明文件。进口种畜禽的批准文件有效期为六个月。

进口的种畜禽应当符合国务院农业农村主管部门规定的技术要求。首次进口的种畜禽还应当由国家畜禽遗传资源委员会进行种用性能的评估。

种畜禽的进出口管理除适用本条前两款的规定外,还适用本法第十六条、第十七条和第二十二条的相关规定。

国家鼓励畜禽养殖者利用进口的种畜禽进行新品种、配套系的培育;培育的新品种、配套系在推广前,应当经国家畜禽遗传资源委员会审定。

第三十三条 销售商品代仔畜、雏禽的,应当向购买者提供其销售的商品代仔畜、雏禽的主要生产性能指标、免疫情况、饲养技术要求和有关咨询服务,并附具动物卫生监督机构出具的检疫证明。

销售种畜禽和商品代仔畜、雏禽,因质量问题给畜禽养殖者造成损失的,应当依法赔偿损失。

第三十四条 县级以上人民政府农业农村主管部门负责种畜禽质量安全的监督管理工作。种畜禽质量安全的监督检验应当委托具有法定资质的种畜禽质量检验机构进行;所需检验费用由同级预算列支,不得向被检验人收取。

第三十五条 蜂种、蚕种的资源保护、新品种选育、生产经营和推广,适用本法有关规定,具体管理办法由国务院农业农村主管部门制定。

第四章 畜禽养殖

第三十六条 国家建立健全现代畜禽养殖体系。县级以上人民政府农业农村主管部门应当根据畜牧业发展规划和市场需求,引导和支持畜牧业结构调整,发展优势畜禽生产,提高畜禽产品市场竞争力。

第三十七条　各级人民政府应当保障畜禽养殖用地合理需求。县级国土空间规划根据本地实际情况,安排畜禽养殖用地。畜禽养殖用地按照农业用地管理。畜禽养殖用地使用期限届满或者不再从事养殖活动,需要恢复为原用途的,由畜禽养殖用地使用人负责恢复。在畜禽养殖用地范围内需要兴建永久性建(构)筑物,涉及农用地转用的,依照《中华人民共和国土地管理法》的规定办理。

第三十八条　国家设立的畜牧兽医技术推广机构,应当提供畜禽养殖、畜禽粪污无害化处理和资源化利用技术培训,以及良种推广、疫病防治等服务。县级以上人民政府应当保障国家设立的畜牧兽医技术推广机构从事公益性技术服务的工作经费。

国家鼓励畜禽产品加工企业和其他相关生产经营者为畜禽养殖者提供所需的服务。

第三十九条　畜禽养殖场应当具备下列条件:
(一)有与其饲养规模相适应的生产场所和配套的生产设施;
(二)有为其服务的畜牧兽医技术人员;
(三)具备法律、行政法规和国务院农业农村主管部门规定的防疫条件;
(四)有与畜禽粪污无害化处理和资源化利用相适应的设施设备;
(五)法律、行政法规规定的其他条件。

畜禽养殖场兴办者应当将畜禽养殖场的名称、养殖地址、畜禽品种和养殖规模,向养殖场所在地县级人民政府农业农村主管部门备案,取得畜禽标识代码。

畜禽养殖场的规模标准和备案管理办法,由国务院农业农村主管部门制定。

畜禽养殖户的防疫条件、畜禽粪污无害化处理和资源化利用要求,由省、自治区、直辖市人民政府农业农村主管部门会同有关部门规定。

第四十条　畜禽养殖场的选址、建设应当符合国土空间规划,并遵守有关法律法规的规定；不得违反法律法规的规定,在禁养区域建设畜禽养殖场。

第四十一条　畜禽养殖场应当建立养殖档案,载明下列内容：

（一）畜禽的品种、数量、繁殖记录、标识情况、来源和进出场日期；

（二）饲料、饲料添加剂、兽药等投入品的来源、名称、使用对象、时间和用量；

（三）检疫、免疫、消毒情况；

（四）畜禽发病、死亡和无害化处理情况；

（五）畜禽粪污收集、储存、无害化处理和资源化利用情况；

（六）国务院农业农村主管部门规定的其他内容。

第四十二条　畜禽养殖者应当为其饲养的畜禽提供适当的繁殖条件和生存、生长环境。

第四十三条　从事畜禽养殖,不得有下列行为：

（一）违反法律、行政法规和国家有关强制性标准、国务院农业农村主管部门的规定使用饲料、饲料添加剂、兽药；

（二）使用未经高温处理的餐馆、食堂的泔水饲喂家畜；

（三）在垃圾场或者使用垃圾场中的物质饲养畜禽；

（四）随意弃置和处理病死畜禽；

（五）法律、行政法规和国务院农业农村主管部门规定的危害人和畜禽健康的其他行为。

第四十四条　从事畜禽养殖,应当依照《中华人民共和国动物防疫法》、《中华人民共和国农产品质量安全法》的规定,做好畜禽疫病防治和质量安全工作。

第四十五条　畜禽养殖者应当按照国家关于畜禽标识管理的规定,在应当加施标识的畜禽的指定部位加施标识。农业农村主管部门提供标识不得收费,所需费用列入省、自治区、直辖市人民政府预算。

禁止伪造、变造或者重复使用畜禽标识。禁止持有、使用伪造、变造的畜禽标识。

第四十六条　畜禽养殖场应当保证畜禽粪污无害化处理和资源化利用设施的正常运转,保证畜禽粪污综合利用或者达标排放,防止污染环境。违法排放或者因管理不当污染环境的,应当排除危害,依法赔偿损失。

国家支持建设畜禽粪污收集、储存、粪污无害化处理和资源化利用设施，推行畜禽粪污养分平衡管理，促进农用有机肥利用和种养结合发展。

第四十七条　国家引导畜禽养殖户按照畜牧业发展规划有序发展，加强对畜禽养殖户的指导帮扶，保护其合法权益，不得随意以行政手段强行清退。

国家鼓励涉农企业带动畜禽养殖户融入现代畜牧业产业链，加强面向畜禽养殖户的社会化服务，支持畜禽养殖户和畜牧业专业合作社发展畜禽规模化、标准化养殖，支持发展新产业、新业态，促进与旅游、文化、生态等产业融合。

第四十八条　国家支持发展特种畜禽养殖。县级以上人民政府应当采取措施支持建立与特种畜禽养殖业发展相适应的养殖体系。

第四十九条　国家支持发展养蜂业，保护养蜂生产者的合法权益。有关部门应当积极宣传和推广蜂授粉农艺措施。

第五十条　养蜂生产者在生产过程中，不得使用危害蜂产品质量安全的药品和容器，确保蜂产品质量。养蜂器具应当符合国家标准和国务院有关部门规定的技术要求。

第五十一条　养蜂生产者在转地放蜂时，当地公安、交通运输、农业农村等有关部门应当为其提供必要的便利。

养蜂生产者在国内转地放蜂，凭国务院农业农村主管部门统一格式印制的检疫证明运输蜂群，在检疫证明有效期内不得重复检疫。

第五章　草原畜牧业

第五十二条　国家支持科学利用草原，协调推进草原保护与草原畜牧业发展，坚持生态优先、生产生态有机结合，发展特色优势产业，促进农牧民增加收入，提高草原可持续发展能力，筑牢生态安全屏障，推进牧区生产生活生态协同发展。

第五十三条　国家支持牧区转变草原畜牧业发展方式，加强草原水利、草原围栏、饲草料生产加工储备、牲畜圈舍、牧道等基础设施建设。

国家鼓励推行舍饲半舍饲圈养、季节性放牧、划区轮牧等饲养方式,合理配置畜群,保持草畜平衡。

第五十四条 国家支持优良饲草品种的选育、引进和推广使用,因地制宜开展人工草地建设、天然草原改良和饲草料基地建设,优化种植结构,提高饲草料供应保障能力。

第五十五条 国家支持农牧民发展畜牧业专业合作社和现代家庭牧场,推行适度规模养殖,提升标准化生产水平,建设牛羊等重要畜产品生产基地。

第五十六条 牧区各级人民政府农业农村主管部门应当鼓励和指导农牧民改良家畜品种,优化畜群结构,实行科学饲养,合理加快出栏周转,促进草原畜牧业节本、提质、增效。

第五十七条 国家加强草原畜牧业灾害防御保障,将草原畜牧业防灾减灾列入预算,优化设施装备条件,完善牧区牛羊等家畜保险制度,提高抵御自然灾害的能力。

第五十八条 国家完善草原生态保护补助奖励政策,对采取禁牧和草畜平衡措施的农牧民按照国家有关规定给予补助奖励。

第五十九条 有关地方人民政府应当支持草原畜牧业与乡村旅游、文化等产业协同发展,推动一二三产业融合,提升产业化、品牌化、特色化水平,持续增加农牧民收入,促进牧区振兴。

第六十条 草原畜牧业发展涉及草原保护、建设、利用和管理活动的,应当遵守有关草原保护法律法规的规定。

第六章 畜禽交易与运输

第六十一条 国家加快建立统一开放、竞争有序、安全便捷的畜禽交易市场体系。

第六十二条 县级以上地方人民政府应当根据农产品批发市场发展规划,对在畜禽集散地建立畜禽批发市场给予扶持。

畜禽批发市场选址,应当符合法律、行政法规和国务院农业农村主管部门规定的动物防疫条件,并距离种畜禽场和大型畜禽养殖场三公里以外。

第六十三条 进行交易的畜禽应当符合农产品质量安全标准和国务院有关部门规定的技术要求。

国务院农业农村主管部门规定应当加施标识而没有标识的畜禽,不得销售、收购。

国家鼓励畜禽屠宰经营者直接从畜禽养殖者收购畜禽,建立稳定收购渠道,降低动物疫病和质量安全风险。

第六十四条　运输畜禽,应当符合法律、行政法规和国务院农业农村主管部门规定的动物防疫条件,采取措施保护畜禽安全,并为运输的畜禽提供必要的空间和饲喂饮水条件。

有关部门对运输中的畜禽进行检查,应当有法律、行政法规的依据。

第七章　畜禽屠宰

第六十五条　国家实行生猪定点屠宰制度。对生猪以外的其他畜禽可以实行定点屠宰,具体办法由省、自治区、直辖市制定。农村地区个人自宰自食的除外。

省、自治区、直辖市人民政府应当按照科学布局、集中屠宰、有利流通、方便群众的原则,结合畜禽养殖、动物疫病防控和畜禽产品消费等实际情况,制定畜禽屠宰行业发展规划并组织实施。

第六十六条　国家鼓励畜禽就地屠宰,引导畜禽屠宰企业向养殖主产区转移,支持畜禽产品加工、储存、运输冷链体系建设。

第六十七条　畜禽屠宰企业应当具备下列条件:

(一)有与屠宰规模相适应、水质符合国家规定标准的用水供应条件;

(二)有符合国家规定的设施设备和运载工具;

(三)有依法取得健康证明的屠宰技术人员;

(四)有经考核合格的兽医卫生检验人员;

(五)依法取得动物防疫条件合格证和其他法律法规规定的证明文件。

第六十八条　畜禽屠宰经营者应当加强畜禽屠宰质量安全管理。畜禽屠宰企业应当建立畜禽屠宰质量安全管理制度。

未经检验、检疫或者经检验、检疫不合格的畜禽产品不得出厂销售。经检验、检疫不合格的畜禽产品,按照国家有关规定处理。

地方各级人民政府应当按照规定对无害化处理的费用和损失给

予补助。

第六十九条 国务院农业农村主管部门负责组织制定畜禽屠宰质量安全风险监测计划。

省、自治区、直辖市人民政府农业农村主管部门根据国家畜禽屠宰质量安全风险监测计划，结合实际情况，制定本行政区域畜禽屠宰质量安全风险监测方案并组织实施。

第八章　保障与监督

第七十条 省级以上人民政府应当在其预算内安排支持畜禽种业创新和畜牧业发展的良种补贴、贴息补助、保费补贴等资金，并鼓励有关金融机构提供金融服务，支持畜禽养殖者购买优良畜禽、繁育良种、防控疫病，支持改善生产设施、畜禽粪污无害化处理和资源化利用设施设备、扩大养殖规模，提高养殖效益。

第七十一条 县级以上人民政府应当组织农业农村主管部门和其他有关部门，依照本法和有关法律、行政法规的规定，加强对畜禽饲养环境、种畜禽质量、畜禽交易与运输、畜禽屠宰以及饲料、饲料添加剂、兽药等投入品的生产、经营、使用的监督管理。

第七十二条 国务院农业农村主管部门应当制定畜禽标识和养殖档案管理办法，采取措施落实畜禽产品质量安全追溯和责任追究制度。

第七十三条 县级以上人民政府农业农村主管部门应当制定畜禽质量安全监督抽查计划，并按照计划开展监督抽查工作。

第七十四条 省级以上人民政府农业农村主管部门应当组织制定畜禽生产规范，指导畜禽的安全生产。

第七十五条 国家建立统一的畜禽生产和畜禽产品市场监测预警制度，逐步完善有关畜禽产品储备调节机制，加强市场调控，促进市场供需平衡和畜牧业健康发展。

县级以上人民政府有关部门应当及时发布畜禽产销信息，为畜禽生产经营者提供信息服务。

第七十六条 国家加强畜禽生产、加工、销售、运输体系建设，提升畜禽产品供应安全保障能力。

省、自治区、直辖市人民政府负责保障本行政区域内的畜禽产品供给,建立稳产保供的政策保障和责任考核体系。

国家鼓励畜禽主销区通过跨区域合作、建立养殖基地等方式,与主产区建立稳定的合作关系。

第九章　法律责任

第七十七条　违反本法规定,县级以上人民政府农业农村主管部门及其工作人员有下列行为之一的,对直接负责的主管人员和其他直接责任人员依法给予处分:

(一)利用职务上的便利,收受他人财物或者牟取其他利益;

(二)对不符合条件的申请人准予许可,或者超越法定职权准予许可;

(三)发现违法行为不予查处;

(四)其他滥用职权、玩忽职守、徇私舞弊等不依法履行监督管理工作职责的行为。

第七十八条　违反本法第十四条第二款规定,擅自处理受保护的畜禽遗传资源,造成畜禽遗传资源损失的,由省级以上人民政府农业农村主管部门处十万元以上一百万元以下罚款。

第七十九条　违反本法规定,有下列行为之一的,由省级以上人民政府农业农村主管部门责令停止违法行为,没收畜禽遗传资源和违法所得,并处五万元以上五十万元以下罚款:

(一)未经审核批准,从境外引进畜禽遗传资源的;

(二)未经审核批准,在境内与境外机构、个人合作研究利用列入保护名录的畜禽遗传资源的;

(三)在境内与境外机构、个人合作研究利用未经国家畜禽遗传资源委员会鉴定的新发现的畜禽遗传资源。

第八十条　违反本法规定,未经国务院农业农村主管部门批准,向境外输出畜禽遗传资源的,依照《中华人民共和国海关法》的有关规定追究法律责任。海关应当将扣留的畜禽遗传资源移送省、自治区、直辖市人民政府农业农村主管部门处理。

第八十一条　违反本法规定,销售、推广未经审定或者鉴定的畜禽品种、配套系的,由县级以上地方人民政府农业农村主管部门责令停止违法行为,没收畜禽和违法所得;违法所得在五万元以上的,并处违法所得一倍以上三倍以下罚款;没有违法所得或者违法所得不足五万元的,并处五千元以上五万元以下罚款。

第八十二条 违反本法规定,无种畜禽生产经营许可证或者违反种畜禽生产经营许可证规定生产经营,或者伪造、变造、转让、租借种畜禽生产经营许可证的,由县级以上地方人民政府农业农村主管部门责令停止违法行为,收缴伪造、变造的种畜禽生产经营许可证,没收种畜禽、商品代仔畜、雏禽和违法所得;违法所得在三万元以上的,并处违法所得一倍以上三倍以下罚款;没有违法所得或者违法所得不足三万元的,并处三千元以上三万元以下罚款。违反种畜禽生产经营许可证的规定生产经营或者转让、租借种畜禽生产经营许可证,情节严重的,并处吊销种畜禽生产经营许可证。

第八十三条 违反本法第二十九条规定的,依照《中华人民共和国广告法》的有关规定追究法律责任。

第八十四条 违反本法规定,使用的种畜禽不符合种用标准的,由县级以上地方人民政府农业农村主管部门责令停止违法行为,没收种畜禽和违法所得;违法所得在五千元以上的,并处违法所得一倍以上二倍以下罚款;没有违法所得或者违法所得不足五千元的,并处一千元以上五千元以下罚款。

第八十五条 销售种畜禽有本法第三十一条第一项至第四项违法行为之一的,由县级以上地方人民政府农业农村主管部门和市场监督管理部门按照职责分工责令停止销售,没收违法销售的(种)畜禽和违法所得;违法所得在五万元以上的,并处违法所得一倍以上五倍以下罚款;没有违法所得或者违法所得不足五万元的,并处五千元以上五万元以下罚款;情节严重的,并处吊销种畜禽生产经营许可证或者营业执照。

第八十六条 违反本法规定,兴办畜禽养殖场未备案,畜禽养殖场未建立养殖档案或者未按照规定保存养殖档案的,由县级以上地方人民政府农业农村主管部门责令限期改正,可以处一万元以下罚款。

第八十七条 违反本法第四十三条规定养殖畜禽的,依照有关法律、行政法规的规定处理、处罚。

第八十八条　违反本法规定,销售的种畜禽未附具种畜禽合格证明、家畜系谱,销售、收购国务院农业农村主管部门规定应当加施标识而没有标识的畜禽,或者重复使用畜禽标识的,由县级以上地方人民政府农业农村主管部门和市场监督管理部门按照职责分工责令改正,可以处二千元以下罚款。

销售的种畜禽未附具检疫证明,伪造、变造畜禽标识,或者持有、使用伪造、变造的畜禽标识的,依照《中华人民共和国动物防疫法》的有关规定追究法律责任。

第八十九条　违反本法规定,未经定点从事畜禽屠宰活动的,依照有关法律法规的规定处理、处罚。

第九十条　县级以上地方人民政府农业农村主管部门发现畜禽屠宰企业不再具备本法规定条件的,应当责令停业整顿,并限期整改;逾期仍未达到本法规定条件的,责令关闭,对实行定点屠宰管理的,由发证机关依法吊销定点屠宰证书。

第九十一条　违反本法第六十八条规定,畜禽屠宰企业未建立畜禽屠宰质量安全管理制度,或者畜禽屠宰经营者对经检验不合格的畜禽产品未按照国家有关规定处理的,由县级以上地方人民政府农业农村主管部门责令改正,给予警告;拒不改正的,责令停业整顿,并处五千元以上五万元以下罚款,对直接负责的主管人员和其他直接责任人员处二千元以上二万元以下罚款;情节严重的,责令关闭,对实行定点屠宰管理的,由发证机关依法吊销定点屠宰证书。

违反本法第六十八条规定的其他行为的,依照有关法律法规的规定处理、处罚。

第九十二条　违反本法规定,构成犯罪的,依法追究刑事责任。

第十章　附　　则

第九十三条　本法所称畜禽遗传资源,是指畜禽及其卵子(蛋)、精液、胚胎、基因物质等遗传材料。

本法所称种畜禽,是指经过选育、具有种用价值、适于繁殖后代的畜禽及其卵子(蛋)、精液、胚胎等。

第九十四条　本法自2023年3月1日起施行。

商　务

全国人民代表大会常务委员会关于修改《中华人民共和国对外贸易法》的决定

（2022年12月30日第十三届全国人民代表大会常务委员会第三十八次会议通过　2022年12月30日中华人民共和国主席令第128号公布　自公布之日起施行）

第十三届全国人民代表大会常务委员会第三十八次会议决定对《中华人民共和国对外贸易法》作如下修改：

删去第九条。

本决定自公布之日起施行。

《中华人民共和国对外贸易法》根据本决定作相应修改并对条文顺序作相应调整，重新公布。

中华人民共和国对外贸易法

（1994年5月12日第八届全国人民代表大会常务委员会第七次会议通过 2004年4月6日第十届全国人民代表大会常务委员会第八次会议修订 根据2016年11月7日第十二届全国人民代表大会常务委员会第二十四次会议《关于修改〈中华人民共和国对外贸易法〉等十二部法律的决定》第一次修正 根据2022年12月30日第十三届全国人民代表大会常务委员会第三十八次会议《关于修改〈中华人民共和国对外贸易法〉的决定》第二次修正）

目　　录

第一章　总　　则
第二章　对外贸易经营者
第三章　货物进出口与技术进出口
第四章　国际服务贸易
第五章　与对外贸易有关的知识产权保护
第六章　对外贸易秩序
第七章　对外贸易调查
第八章　对外贸易救济
第九章　对外贸易促进
第十章　法律责任
第十一章　附　　则

第一章　总　　则

第一条　为了扩大对外开放，发展对外贸易，维护对外贸易秩序，保护对外贸易经营者的合法权益，促进社会主义市场经济的健康发展,制定本法。

第二条 本法适用于对外贸易以及与对外贸易有关的知识产权保护。

本法所称对外贸易,是指货物进出口、技术进出口和国际服务贸易。

第三条 国务院对外贸易主管部门依照本法主管全国对外贸易工作。

第四条 国家实行统一的对外贸易制度,鼓励发展对外贸易,维护公平、自由的对外贸易秩序。

第五条 中华人民共和国根据平等互利的原则,促进和发展同其他国家和地区的贸易关系,缔结或者参加关税同盟协定、自由贸易区协定等区域经济贸易协定,参加区域经济组织。

第六条 中华人民共和国在对外贸易方面根据所缔结或者参加的国际条约、协定,给予其他缔约方、参加方最惠国待遇、国民待遇等待遇,或者根据互惠、对等原则给予对方最惠国待遇、国民待遇等待遇。

第七条 任何国家或者地区在贸易方面对中华人民共和国采取歧视性的禁止、限制或者其他类似措施的,中华人民共和国可以根据实际情况对该国家或者该地区采取相应的措施。

第二章　对外贸易经营者

第八条 本法所称对外贸易经营者,是指依法办理工商登记或者其他执业手续,依照本法和其他有关法律、行政法规的规定从事对外贸易经营活动的法人、其他组织或者个人。

第九条 从事国际服务贸易,应当遵守本法和其他有关法律、行政法规的规定。

从事对外劳务合作的单位,应当具备相应的资质。具体办法由国务院规定。

第十条 国家可以对部分货物的进出口实行国营贸易管理。实行国营贸易管理货物的进出口业务只能由经授权的企业经营;但是,国家允许部分数量的国营贸易管理货物的进出口业务由非授权企业经营的除外。

实行国营贸易管理的货物和经授权经营企业的目录,由国务院对外贸易主管部门会同国务院其他有关部门确定、调整并公布。

违反本条第一款规定,擅自进出口实行国营贸易管理的货物的,海关不予放行。

第十一条　对外贸易经营者可以接受他人的委托,在经营范围内代为办理对外贸易业务。

第十二条　对外贸易经营者应当按照国务院对外贸易主管部门或者国务院其他有关部门依法作出的规定,向有关部门提交与其对外贸易经营活动有关的文件及资料。有关部门应当为提供者保守商业秘密。

第三章　货物进出口与技术进出口

第十三条　国家准许货物与技术的自由进出口。但是,法律、行政法规另有规定的除外。

第十四条　国务院对外贸易主管部门基于监测进出口情况的需要,可以对部分自由进出口的货物实行进出口自动许可并公布其目录。

实行自动许可的进出口货物,收货人、发货人在办理海关报关手续前提出自动许可申请的,国务院对外贸易主管部门或者其委托的机构应当予以许可;未办理自动许可手续的,海关不予放行。

进出口属于自由进出口的技术,应当向国务院对外贸易主管部门或者其委托的机构办理合同备案登记。

第十五条　国家基于下列原因,可以限制或者禁止有关货物、技术的进口或者出口:

(一)为维护国家安全、社会公共利益或者公共道德,需要限制或者禁止进口或者出口的;

(二)为保护人的健康或者安全,保护动物、植物的生命或者健康,保护环境,需要限制或者禁止进口或者出口的;

(三)为实施与黄金或者白银进出口有关的措施,需要限制或者禁止进口或者出口的;

549

（四）国内供应短缺或者为有效保护可能用竭的自然资源,需要限制或者禁止出口的；

（五）输往国家或者地区的市场容量有限,需要限制出口的；

（六）出口经营秩序出现严重混乱,需要限制出口的；

（七）为建立或者加快建立国内特定产业,需要限制进口的；

（八）对任何形式的农业、牧业、渔业产品有必要限制进口的；

（九）为保障国家国际金融地位和国际收支平衡,需要限制进口的；

（十）依照法律、行政法规的规定,其他需要限制或者禁止进口或者出口的；

（十一）根据我国缔结或者参加的国际条约、协定的规定,其他需要限制或者禁止进口或者出口的。

第十六条　国家对与裂变、聚变物质或者衍生此类物质的物质有关的货物、技术进出口,以及与武器、弹药或者其他军用物资有关的进出口,可以采取任何必要的措施,维护国家安全。

在战时或者为维护国际和平与安全,国家在货物、技术进出口方面可以采取任何必要的措施。

第十七条　国务院对外贸易主管部门会同国务院其他有关部门,依照本法第十五条和第十六条的规定,制定、调整并公布限制或者禁止进出口的货物、技术目录。

国务院对外贸易主管部门或者由其会同国务院其他有关部门,经国务院批准,可以在本法第十五条和第十六条规定的范围内,临时决定限制或者禁止前款规定目录以外的特定货物、技术的进口或者出口。

第十八条　国家对限制进口或者出口的货物,实行配额、许可证等方式管理;对限制进口或者出口的技术,实行许可证管理。

实行配额、许可证管理的货物、技术,应当按照国务院规定经国务院对外贸易主管部门或者经其会同国务院其他有关部门许可,方可进口或者出口。

国家对部分进口货物可以实行关税配额管理。

第十九条　进出口货物配额、关税配额,由国务院对外贸易主管部门或者国务院其他有关部门在各自的职责范围内,按照公开、公平、公正和效益的原则进行分配。具体办法由国务院规定。

第二十条　国家实行统一的商品合格评定制度,根据有关法律、行政法规的规定,对进出口商品进行认证、检验、检疫。

第二十一条　国家对进出口货物进行原产地管理。具体办法由国务院规定。

第二十二条　对文物和野生动物、植物及其产品等,其他法律、行政法规有禁止或者限制进出口规定的,依照有关法律、行政法规的规定执行。

第四章　国际服务贸易

第二十三条　中华人民共和国在国际服务贸易方面根据所缔结或者参加的国际条约、协定中所作的承诺,给予其他缔约方、参加方市场准入和国民待遇。

第二十四条　国务院对外贸易主管部门和国务院其他有关部门,依照本法和其他有关法律、行政法规的规定,对国际服务贸易进行管理。

第二十五条　国家基于下列原因,可以限制或者禁止有关的国际服务贸易:

(一)为维护国家安全、社会公共利益或者公共道德,需要限制或者禁止的;

(二)为保护人的健康或者安全,保护动物、植物的生命或者健康,保护环境,需要限制或者禁止的;

(三)为建立或者加快建立国内特定服务产业,需要限制的;

(四)为保障国家外汇收支平衡,需要限制的;

(五)依照法律、行政法规的规定,其他需要限制或者禁止的;

(六)根据我国缔结或者参加的国际条约、协定的规定,其他需要限制或者禁止的。

第二十六条　国家对与军事有关的国际服务贸易,以及与裂变、聚变物质或者衍生此类物质的物质有关的国际服务贸易,可以采取任何必要的措施,维护国家安全。

在战时或者为维护国际和平与安全,国家在国际服务贸易方面可以采取任何必要的措施。

第二十七条　国务院对外贸易主管部门会同国务院其他有关部门,依照本法第二十五条、第二十六条和其他有关法律、行政法规的规定,制定、调整并公布国际服务贸易市场准入目录。

第五章　与对外贸易有关的知识产权保护

第二十八条　国家依照有关知识产权的法律、行政法规,保护与对外贸易有关的知识产权。

进口货物侵犯知识产权,并危害对外贸易秩序的,国务院对外贸易主管部门可以采取在一定期限内禁止侵权人生产、销售的有关货物进口等措施。

第二十九条　知识产权权利人有阻止被许可人对许可合同中的知识产权的有效性提出质疑、进行强制性一揽子许可、在许可合同中规定排他性返授条件等行为之一,并危害对外贸易公平竞争秩序的,国务院对外贸易主管部门可以采取必要的措施消除危害。

第三十条　其他国家或者地区在知识产权保护方面未给予中华人民共和国的法人、其他组织或者个人国民待遇,或者不能对来源于中华人民共和国的货物、技术或者服务提供充分有效的知识产权保护的,国务院对外贸易主管部门可以依照本法和其他有关法律、行政法规的规定,并根据中华人民共和国缔结或者参加的国际条约、协定,对与该国家或者该地区的贸易采取必要的措施。

第六章　对外贸易秩序

第三十一条　在对外贸易经营活动中,不得违反有关反垄断的法律、行政法规的规定实施垄断行为。

在对外贸易经营活动中实施垄断行为,危害市场公平竞争的,依照有关反垄断的法律、行政法规的规定处理。

有前款违法行为,并危害对外贸易秩序的,国务院对外贸易主管部门可以采取必要的措施消除危害。

第三十二条　在对外贸易经营活动中,不得实施以不正当的低价销售商品、串通投标、发布虚假广告、进行商业贿赂等不正当竞争行为。

在对外贸易经营活动中实施不正当竞争行为的,依照有关反不正当竞争的法律、行政法规的规定处理。

有前款违法行为,并危害对外贸易秩序的,国务院对外贸易主管部门可以采取禁止该经营者有关货物、技术进出口等措施消除危害。

第三十三条 在对外贸易活动中,不得有下列行为:

(一)伪造、变造进出口货物原产地标记,伪造、变造或者买卖进出口货物原产地证书、进出口许可证、进出口配额证明或者其他进出口证明文件;

(二)骗取出口退税;

(三)走私;

(四)逃避法律、行政法规规定的认证、检验、检疫;

(五)违反法律、行政法规规定的其他行为。

第三十四条 对外贸易经营者在对外贸易经营活动中,应当遵守国家有关外汇管理的规定。

第三十五条 违反本法规定,危害对外贸易秩序的,国务院对外贸易主管部门可以向社会公告。

第七章 对外贸易调查

第三十六条 为了维护对外贸易秩序,国务院对外贸易主管部门可以自行或者会同国务院其他有关部门,依照法律、行政法规的规定对下列事项进行调查:

(一)货物进出口、技术进出口、国际服务贸易对国内产业及其竞争力的影响;

(二)有关国家或者地区的贸易壁垒;

(三)为确定是否应当依法采取反倾销、反补贴或者保障措施等对外贸易救济措施,需要调查的事项;

(四)规避对外贸易救济措施的行为;

(五)对外贸易中有关国家安全利益的事项;

(六)为执行本法第七条、第二十八条第二款、第二十九条、第三

十条、第三十一条第三款、第三十二条第三款的规定,需要调查的事项;

(七)其他影响对外贸易秩序,需要调查的事项。

第三十七条 启动对外贸易调查,由国务院对外贸易主管部门发布公告。

调查可以采取书面问卷、召开听证会、实地调查、委托调查等方式进行。

国务院对外贸易主管部门根据调查结果,提出调查报告或者作出处理裁定,并发布公告。

第三十八条 有关单位和个人应当对对外贸易调查给予配合、协助。

国务院对外贸易主管部门和国务院其他有关部门及其工作人员进行对外贸易调查,对知悉的国家秘密和商业秘密负有保密义务。

第八章 对外贸易救济

第三十九条 国家根据对外贸易调查结果,可以采取适当的对外贸易救济措施。

第四十条 其他国家或者地区的产品以低于正常价值的倾销方式进入我国市场,对已建立的国内产业造成实质损害或者产生实质损害威胁,或者对建立国内产业造成实质阻碍的,国家可以采取反倾销措施,消除或者减轻这种损害或者损害的威胁或者阻碍。

第四十一条 其他国家或者地区的产品以低于正常价值出口至第三国市场,对我国已建立的国内产业造成实质损害或者产生实质损害威胁,或者对我国建立国内产业造成实质阻碍的,应国内产业的申请,国务院对外贸易主管部门可以与该第三国政府进行磋商,要求其采取适当的措施。

第四十二条 进口的产品直接或者间接地接受出口国家或者地区给予的任何形式的专向性补贴,对已建立的国内产业造成实质损害或者产生实质损害威胁,或者对建立国内产业造成实质阻碍的,国家可以采取反补贴措施,消除或者减轻这种损害或者损害的威胁或者阻碍。

第四十三条 因进口产品数量大量增加,对生产同类产品或者与其直接竞争的产品的国内产业造成严重损害或者严重损害威胁的,国家可以采取必要的保障措施,消除或者减轻这种损害或者损害的威胁,并可以对该产业提供必要的支持。

第四十四条 因其他国家或者地区的服务提供者向我国提供的服务增加,对提供同类服务或者与其直接竞争的服务的国内产业造成损害或者产生损害威胁的,国家可以采取必要的救济措施,消除或者减轻这种损害或者损害的威胁。

第四十五条 因第三国限制进口而导致某种产品进入我国市场的数量大量增加,对已建立的国内产业造成损害或者产生损害威胁,或者对建立国内产业造成阻碍的,国家可以采取必要的救济措施,限制该产品进口。

第四十六条 与中华人民共和国缔结或者共同参加经济贸易条约、协定的国家或者地区,违反条约、协定的规定,使中华人民共和国根据该条约、协定享有的利益丧失或者受损,或者阻碍条约、协定目标实现的,中华人民共和国政府有权要求有关国家或者地区政府采取适当的补救措施,并可以根据有关条约、协定中止或者终止履行相关义务。

第四十七条 国务院对外贸易主管部门依照本法和其他有关法律的规定,进行对外贸易的双边或者多边磋商、谈判和争端的解决。

第四十八条 国务院对外贸易主管部门和国务院其他有关部门应当建立货物进出口、技术进出口和国际服务贸易的预警应急机制,应对对外贸易中的突发和异常情况,维护国家经济安全。

第四十九条 国家对规避本法规定的对外贸易救济措施的行为,可以采取必要的反规避措施。

第九章 对外贸易促进

第五十条 国家制定对外贸易发展战略,建立和完善对外贸易促进机制。

第五十一条 国家根据对外贸易发展的需要,建立和完善为对外贸易服务的金融机构,设立对外贸易发展基金、风险基金。

第五十二条 国家通过进出口信贷、出口信用保险、出口退税及其他促进对外贸易的方式,发展对外贸易。

第五十三条 国家建立对外贸易公共信息服务体系,向对外贸易经营者和其他社会公众提供信息服务。

第五十四条 国家采取措施鼓励对外贸易经营者开拓国际市场,采取对外投资、对外工程承包和对外劳务合作等多种形式,发展对外贸易。

第五十五条 对外贸易经营者可以依法成立和参加有关协会、商会。

有关协会、商会应当遵守法律、行政法规,按照章程对其成员提供与对外贸易有关的生产、营销、信息、培训等方面的服务,发挥协调和自律作用,依法提出有关对外贸易救济措施的申请,维护成员和行业的利益,向政府有关部门反映成员有关对外贸易的建议,开展对外贸易促进活动。

第五十六条 中国国际贸易促进组织按照章程开展对外联系,举办展览,提供信息、咨询服务和其他对外贸易促进活动。

第五十七条 国家扶持和促进中小企业开展对外贸易。

第五十八条 国家扶持和促进民族自治地方和经济不发达地区发展对外贸易。

第十章 法律责任

第五十九条 违反本法第十条规定,未经授权擅自进出口实行国营贸易管理的货物的,国务院对外贸易主管部门或者国务院其他有关部门可以处五万元以下罚款;情节严重的,可以自行政处罚决定生效之日起三年内,不受理违法行为人从事国营贸易管理货物进出口业务的申请,或者撤销已给予其从事其他国营贸易管理货物进出口的授权。

第六十条 进出口属于禁止进出口的货物的,或者未经许可擅自进出口属于限制进出口的货物的,由海关依照有关法律、行政法规的规定处理、处罚;构成犯罪的,依法追究刑事责任。

进出口属于禁止进出口的技术的,或者未经许可擅自进出口属于限制进出口的技术的,依照有关法律、行政法规的规定处理、处罚;法律、行政法规没有规定的,由国务院对外贸易主管部门责令改正,没收违法所得,并处违法所得一倍以上五倍以下罚款,没有违法所得或者违法所得不足一万元的,处一万元以上五万元以下罚款;构成犯罪的,依法追究刑事责任。

自前两款规定的行政处罚决定生效之日或者刑事处罚判决生效之日起,国务院对外贸易主管部门或者国务院其他有关部门可以在三年内不受理违法行为人提出的进出口配额或者许可证的申请,或者禁止违法行为人在一年以上三年以下的期限内从事有关货物或者技术的进出口经营活动。

第六十一条　从事属于禁止的国际服务贸易的,或者未经许可擅自从事属于限制的国际服务贸易的,依照有关法律、行政法规的规定处罚;法律、行政法规没有规定的,由国务院对外贸易主管部门责令改正,没收违法所得,并处违法所得一倍以上五倍以下罚款,没有违法所得或者违法所得不足一万元的,处一万元以上五万元以下罚款;构成犯罪的,依法追究刑事责任。

国务院对外贸易主管部门可以禁止违法行为人自前款规定的行政处罚决定生效之日或者刑事处罚判决生效之日起一年以上三年以下的期限内从事有关的国际服务贸易经营活动。

第六十二条　违反本法第三十三条规定,依照有关法律、行政法规的规定处罚;构成犯罪的,依法追究刑事责任。

国务院对外贸易主管部门可以禁止违法行为人自前款规定的行政处罚决定生效之日或者刑事处罚判决生效之日起一年以上三年以下的期限内从事有关的对外贸易经营活动。

第六十三条　依照本法第六十条至第六十二条规定被禁止从事有关对外贸易经营活动的,在禁止期限内,海关根据国务院对外贸易主管部门依法作出的禁止决定,对该对外贸易经营者的有关进出口货物不予办理报关验放手续,外汇管理部门或者外汇指定银行不予办理有关结汇、售汇手续。

第六十四条　依照本法负责对外贸易管理工作的部门的工作人员玩忽职守、徇私舞弊或者滥用职权,构成犯罪的,依法追究刑事责任;尚不构成犯罪的,依法给予行政处分。

依照本法负责对外贸易管理工作的部门的工作人员利用职务上的便利,索取他人财物,或者非法收受他人财物为他人谋取利益,构成犯罪的,依法追究刑事责任;尚不构成犯罪的,依法给予行政处分。

第六十五条　对外贸易经营活动当事人对依照本法负责对外贸易管理工作的部门作出的具体行政行为不服的,可以依法申请行政复议或者向人民法院提起行政诉讼。

第十一章　附　　则

第六十六条　与军品、裂变和聚变物质或者衍生此类物质的物质有关的对外贸易管理以及文化产品的进出口管理,法律、行政法规另有规定的,依照其规定。

第六十七条　国家对边境地区与接壤国家边境地区之间的贸易以及边民互市贸易,采取灵活措施,给予优惠和便利。具体办法由国务院规定。

第六十八条　中华人民共和国的单独关税区不适用本法。

第六十九条　本法自 2004 年 7 月 1 日起施行。

国务院办公厅关于进一步释放消费潜力促进消费持续恢复的意见

(2022 年 4 月 20 日　国办发〔2022〕9 号)

消费是最终需求,是畅通国内大循环的关键环节和重要引擎,对经济具有持久拉动力,事关保障和改善民生。当前,受新冠肺炎疫情等因素影响,消费特别是接触型消费恢复较慢,中小微企业、个体工商户和服务业领域面临较多困难。为深入贯彻习近平新时代中国特色社会主义思想,完整、准确、全面贯彻新发展理念,加快构建新发展格局,协同发力、远近兼顾,综合施策释放消费潜力,促进消费持续恢复,经国务院同意,现提出以下意见。

一、应对疫情影响,促进消费有序恢复发展

(一)围绕保市场主体加大助企纾困力度。深入落实扶持制造业、小微企业和个体工商户的减税退税降费政策。推动金融系统通过降低利率、减少收费等多种措施,向实体经济让利。引导金融机构优化信贷管理,对受疫情影响严重的行业企业给予融资支持,避免出现行业性限贷、抽贷、断贷。延续执行阶段性降低失业保险、工伤保险费率政策。对不裁员少裁员的企业,实施好失业保险稳岗返还政策。清理转供电环节不合理加价。采取切实有效措施制止乱收费、乱摊派、乱罚款行为。鼓励有条件的地区对零售、餐饮等行业企业免费开展员工定期核酸检测,对企业防疫、消杀支出给予补贴支持。落实好餐饮、零售、旅游、民航、公路水路铁路运输等特困行业纾困扶持措施。鼓励地方加大帮扶力度,支持各地区结合实际依法出台税费减免等措施,对特困行业实行用电阶段性优惠、暂缓缴纳养老保险费等政策,对承租非国有房屋的服务业小微企业和个体工商户给予适当帮扶,稳住更多消费服务市场主体。

(二)做好基本消费品保供稳价。结合疫情防控形势和需要,加快建立健全生活物资保障体系,畅通重要生活物资物流通道。在各大中城市科学规划建设一批集仓储、分拣、加工、包装等功能于一体的城郊大仓基地,确保应急状况下及时就近调运生活物资,切实保障消费品流通不断不乱。建立完善重要商品收储和吞吐调节机制,持续做好日常监测和动态调控,落实好粮油肉蛋奶果蔬和大宗商品等保供稳价措施。

(三)创新消费业态和模式。适应常态化疫情防控需要,促进新型消费,加快线上线下消费有机融合,扩大升级信息消费,培育壮大智慧产品和智慧零售、智慧旅游、智慧广电、智慧养老、智慧家政、数字文化、智能体育、"互联网+医疗健康"、"互联网+托育"、"互联网+家装"等消费新业态。加强商业、文化、旅游、体育、健康、交通等消费跨界融合,积极拓展沉浸式、体验式、互动式消费新场景。有序引导网络直播等规范发展。深入开展国家电子商务示范基地和示范企业创建。深化服务领域东西协作,大力实施消费帮扶,助力中西部地区特别是欠发达地区提升发展能力和消费水平。

二、全面创新提质，着力稳住消费基本盘

（四）积极推进实物消费提质升级。加强农业和制造业商品质量、品牌和标准建设，推动品种培优、品质提升、品牌打造和标准化生产。推进食用农产品承诺达标合格证制度。支持研发生产更多具有自主知识产权、引领科技和消费潮流、应用前景广阔的新产品新设备。畅通制造企业与互联网平台、商贸流通企业产销对接，鼓励发展反向定制（C2M）和个性化设计、柔性化生产。促进老字号创新发展，加强地理标志产品认定、管理和保护，培育更多本土特色品牌。

（五）加力促进健康养老托育等服务消费。深入发展多层次多样化医疗健康服务，积极发展中医医疗和养生保健等服务，促进医疗健康消费和防护用品消费提质升级。实施智慧助老行动，加快推进适老化改造和智能化产品开发，发展适合老年人消费的旅游、养生、健康咨询、生活照护、慢性病管理等产品和服务，支持开展省际旅居养老合作。加快构建普惠托育服务体系，支持社会力量提供多元化、规范化托育服务，引导市场主体开发更多安全健康的国产婴幼儿用品。

（六）持续拓展文化和旅游消费。推动中华优秀传统文化传承创新，促进出版、电影、广播电视等高质量发展。大力发展全域旅游，推动红色旅游、休闲度假旅游、工业旅游、旅游演艺等创新发展，促进非遗主题旅游发展。组织实施冰雪旅游发展行动计划。优化完善疫情防控措施，引导公园、景区、体育场馆、文博场馆等改善设施和服务条件，结合实际延长开放时间。鼓励城市群、都市圈等开发跨区域的文化和旅游年票、联票等。深入推进文化和旅游消费试点示范。积极落实带薪休假制度，促进带薪休假与法定节假日、周休日合理分布、均衡配置。

（七）大力发展绿色消费。增强全民节约意识，反对奢侈浪费和过度消费，形成简约适度、绿色低碳的生活方式和消费模式。推广绿色有机食品、农产品。倡导绿色出行，提高城市公共汽电车、轨道交通出行占比，推动公共服务车辆电动化。推动绿色建筑规模化发展，大力发展装配式建筑，积极推广绿色建材，加快建筑节能改造。支持新能源汽车加快发展。大力发展绿色家装，鼓励消费者更换或新购绿色节能家电、环保家具等家居产品。加快构建废旧物资循环利用体系，推动汽车、家电、家具、电池、电子产品等回收利用，适当放宽废旧物资回收车辆进城、进小区限制。推进商品包装和流通环节包装绿色化、减量化、循环化。开展促进绿色消费试点。广泛开展节约型机关、绿色家庭、绿色社区、绿色出行等创建活动。

（八）充分挖掘县乡消费潜力。建立完善县域统筹，以县城为中心、乡镇为重点、村为基础的县域商业体系。深入实施"数商兴农"、"快递进村"和"互联网+"农产品出村进城等工程，进一步盘活供销合作社系统资源，引导社会资源广泛参与，促进渠道和服务下沉。鼓励和引导大型商贸流通企业、电商平台和现代服务企业向农村延伸，推动品牌消费、品质消费进农村。以汽车、家电为重点，引导企业面向农村开展促销，鼓励有条件的地区开展新能源汽车和绿色智能家电下乡，推进充电桩（站）等配套设施建设。提升乡村旅游、休闲农业、文化体验、健康养老、民宿经济、户外运动等服务环境和品质。

三、完善支撑体系，不断增强消费发展综合能力

（九）推进消费平台健康持续发展。加快推进国际消费中心城市培育建设。积极建设一批区域消费中心，改善基础设施和服务环境，提升流通循环效率和消费承载力。支持有条件的地区依托自由贸易试验区等，与国（境）外机构合作建设涉外消费专区。鼓励各地区围绕商业、文化、旅游、体育等主题有序建设一批设施完善、业态丰富、健康绿色的消费集聚区，稳妥有序推进现有步行街设施改造和业态升级，积极发展智慧商圈。推动建设城市一刻钟便民生活圈，优化配置社区生活消费服务综合体。高水平办好"中国品牌日"、全国消费促进月等活动。支持各地区建立促消费常态化机制，培育一批特色活动品牌。持续办好中国国际进口博览会、中国进出口商品交易会、中国国际服务贸易交易会、中国国际消费品博览会。完善市内免税店政策，规划建设一批中国特色市内免税店。

（十）加快健全消费品流通体系。进一步完善电子商务体系和快递物流配送体系，加强疫情防控措施跨区域相互衔接，畅通物流大通道，加快构建覆盖全球、安全可靠、高效畅通的流通网络。支持智能快件箱（信包箱）、快递服务站进社区，加强末端环节及配套设施建设。加快发展冷链物流，完善国家骨干冷链物流基地设施条件，培育一批专业化生鲜冷链物流龙头企业。大力推广标准化冷藏车，鼓励企业研发应用适合果蔬等农产品的单元化包装,推动实现全程"不倒托"、"不倒箱"。健全进口冷链食品检验检疫制度,加快区块链技术在冷链物流智慧监测追溯系统建设中的应用,推动全链条闭环追溯管理,提高食品药品流通效率和安全水平。针对进口物品等可能引发的输入性疫情,严格排查入境、仓储、加工、运输、销售等环节,建立健全进口冻品集中监管制度,筑牢疫情外防输入防线。

(十一)增加就业收入提高消费能力。鼓励创业带动就业,支持各类劳动力市场、人才市场、零工市场建设,支持个体经营发展,增加非全日制就业机会,规范发展新就业形态,健全灵活就业劳动用工和社会保障政策。实施提升就业服务质量工程,加强困难人员就业帮扶,完善职业教育体系,开展大规模、多层次职业技能培训,加大普惠性人力资本投入力度。解决好高校毕业生等青年就业问题。健全工资决定、合理增长和支付保障机制,稳步提高劳动者工资性收入特别是城市工薪阶层、农民工收入水平,健全最低工资标准调整机制。接续推进乡村富民产业发展,落实和完善对农民直接补贴政策,拓宽乡村特别是脱贫地区农民稳定就业和持续增收渠道。

(十二)合理增加公共消费。健全常住地提供基本公共服务制度,合理确定保障标准。紧扣人民群众"急难愁盼",多元扩大普惠性非基本公共服务供给。提高教育、医疗、养老、育幼等公共服务支出效率。完善长租房政策,扩大保障性租赁住房供给。支持缴存人提取住房公积金用于租赁住房,继续支持城镇老旧小区居民提取住房公积金用于加装电梯等自住住房改造。健全基本生活救助制度和专项救助制度,积极发展服务类社会救助,形成"物质+服务"的多样化综合救助方式。落实好社会救助和保障标准与物价上涨挂钩联动机制。

四、持续深化改革,全力营造安全放心诚信消费环境

(十三)破除限制消费障碍壁垒。有序破除一些重点服务消费领域的体制机制障碍和隐性壁垒,促进不同地区和行业标准、规则、政策协调统一,简化优化相关证照或证明办理流程手续。稳定增加汽车等大宗消费,各地区不得新增汽车限购措施,已实施限购的地区逐步增加汽车增量指标数量、放宽购车人员资格限制,鼓励除个别超大城市外的限购地区实施城区、郊区指标差异化政策,更多通过法律、经济和科技手段调节汽车使用,因地制宜逐步取消汽车限购,推动汽车等消费品由购买管理向使用管理转变。建立健全汽车改装行业管理机制,加快发展汽车后市场。全面取消二手车限迁政策,落实小型非营运二手车交易登记跨省通办措施。对皮卡车进城实施精细化管理,研究进一步放宽皮卡车进城限制。

（十四）健全消费标准体系。健全消费品质量标准体系,大力推动产品质量分级。完善节能和绿色制造标准体系、绿色产品认证标识体系以及平台经济、跨境电商、旅游度假、餐饮、养老、冷链物流等领域服务标准。推进第五代移动通信(5G)、物联网、云计算、人工智能、区块链、大数据等领域标准研制,加快超高清视频、互动视频、沉浸式视频、云游戏、虚拟现实、增强现实、可穿戴等技术标准预研,加强与相关应用标准的衔接配套。

（十五）加强消费领域执法监管。深入实施公平竞争政策,强化反垄断和反不正当竞争执法,加快建立健全全方位、多层次、立体化监管体系,防止资本无序扩张。加大对虚假宣传、仿冒混淆、制假售假、缺斤短两等违法行为的监管和处罚力度。全面加强跨地区、跨部门、全流程协同监管,压实生产、流通、销售等各环节监管责任。加快消费信用体系建设,推进信用分级分类监管,组织开展诚信计量示范活动,依法依规实施失信惩戒。加强价格监管,严厉打击低价倾销、价格欺诈等违法行为,严格规范平台经营者自主定价。继续加强消费品质量安全监管,开展消费品质量合格率统计调查,加大缺陷产品召回监管力度。加强重点服务领域质量监测评价。

（十六）全面加强消费者权益保护。大力开展放心消费创建活动。完善平台经济消费者权益保护规则。持续优化完善全国12315平台,充分发挥地方12345政务服务便民热线作用,进一步畅通消费者投诉举报渠道。建立完善消费投诉信息公示制度。进一步优化消费争议多元化解机制,不断提升在线消费纠纷解决机制效能。完善公益诉讼制度,探索建立消费者集体诉讼制度,全面推行消费争议先行赔付。广泛引导线下实体店积极开展无理由退货承诺。

五、强化保障措施,进一步夯实消费高质量发展基础

（十七）加强财税支持。统筹利用现有财政资金渠道,支持消费相关基础设施和服务保障能力建设,符合条件的项目可纳入地方政府专项债券支持范围,更好以投资带消费。完善政府绿色采购标准,加大绿色低碳产品采购力度。鼓励有条件的地区对绿色智能家电、绿色建材、节能产品等消费予以适当补贴或贷款贴息。研究进一步降低与人民生活密切相关、需求旺盛的优质消费品进口关税。

(十八)优化金融服务。引导银行机构积极发展普惠金融,探索将真实银行流水、第三方平台收款数据、预订派单数据等作为无抵押贷款授信审批参考依据,提高信用状况良好的中小微企业和消费者贷款可得性。推动商业银行、汽车金融公司、消费金融公司等提升金融服务能力。强化县域银行机构服务"三农"的激励约束机制,丰富农村消费信贷产品和服务,加大对农村商贸流通和居民消费的金融支持力度。引导金融机构在风险可控和商业可持续前提下丰富大宗消费金融产品。鼓励保险公司针对消费领域提供保险服务。规范互联网平台等涉及中小微企业、个体工商户金融服务的收费行为。

(十九)强化用地用房保障。加大土地、房屋节约集约和复合利用力度,鼓励经营困难的百货店、老旧厂区等改造为新型消费载体。鼓励通过先租后让、租让结合等方式为快递物流企业提供土地。适应乡村旅游、民宿、户外运动营地及相关基础设施建设小规模用地需要,积极探索适宜供地方式,鼓励相关设施融合集聚建设。优化国有物业资源出租管理,适当延长租赁期限,更好满足超市、便利店等消费场所用地用房需求。支持利用社区存量房产、闲置房屋等建设便民网点。允许有条件的社区利用周边空闲土地或划定的特定空间有序发展旧货市场。

(二十)压实各方责任。国家发展改革委、商务部等有关部门要充分发挥完善促进消费体制机制部际联席会议制度作用,强化协同联动,加强督办落实。国家统计局要完善服务消费统计监测,建立健全网络消费等消费新业态新模式统计体系。各地区要加强组织领导,完善配套方案,切实推动本意见提出的各项任务措施落地见效。

国务院办公厅关于推动外贸保稳提质的意见

(2022年5月17日　国办发〔2022〕18号)

为深入贯彻落实党中央、国务院决策部署，帮扶外贸企业应对困难挑战，实现进出口保稳提质任务目标，助力稳经济稳产业链供应链，经国务院同意，现提出以下意见：

一、加强外贸企业生产经营保障。各地方建立重点外贸企业服务保障制度，主动服务，及时掌握和解决外贸企业的困难问题。涉疫地区（中高风险地区所在县级行政区域）所在省份，在做好疫情防控的同时，确定重点外贸企业名录和相关物流企业、人员名录，对生产、物流、用工予以保障，尽快帮助受疫情影响的外贸企业复工达产，保障外贸供应链稳定。（各地方人民政府，商务部、工业和信息化部、人力资源社会保障部、交通运输部、国家卫生健康委按职责分工负责）

二、促进外贸货物运输保通保畅。各地方严格落实全国保障物流畅通促进产业链供应链稳定电视电话会议精神及《国务院应对新型冠状病毒感染肺炎疫情联防联控机制关于切实做好货运物流保通保畅工作的通知》（国办发明电〔2022〕3号）要求，将外贸货物纳入重要物资范围，全力保障货运物流运输畅通，有运输需求的外贸企业，可按有关规定申领重点物资运输车辆通行证。有力有序疏通海空港等集疏运，提高作业和通关效率。各地要积极优化作业流程，进一步压缩国际班轮等泊时间，不得层层加码，出台影响国际集装箱班轮靠港作业效率的措施。加强航空口岸机场海关及作业人员保障，用好航空货运运力，保障重要零部件、装备和产品运输。加强与国际货运班列沿线国家沟通协调，同步提高铁路口岸通关及作业效率。进一步提升深港陆路运输效率和通行能力。（各地方人民政府，交通运输部、国家发展改革委、公安部、商务部、国家卫生健康委、海关总署、国家

铁路局、中国民航局、中国国家铁路集团有限公司按职责分工负责）

三、增强海运物流服务稳外贸功能。 各地方、商协会组织中小微外贸企业加大与国际班轮公司对接力度，进一步推动扩大班轮公司直客对接的业务规模。加紧研究推进在上海期货交易所、大连商品交易所上市海运运价、运力期货。依法依规加强对国际海运领域的市场监管，对国际海运市场相关主体涉嫌不正当竞争、价格违法、垄断等行为开展调查处理。各地方协调帮助物流、货代等企业及时赴港口提离冷藏货物、危险货物等集装箱，提升主要港口的货物中转效率。（各地方人民政府，交通运输部、国家发展改革委、商务部、国务院国资委、市场监管总局、证监会按职责分工负责）

四、推动跨境电商加快发展提质增效。 针对跨境电商出口海外仓监管模式，加大政策宣传力度，对实现销售的货物，指导企业用足用好现行出口退税政策，及时申报办理退税。尽快出台便利跨境电商出口退换货的政策，适时开展试点。针对跨境电商行业特点，加强政策指导，支持符合条件的跨境电商相关企业申报高新技术企业。（商务部、科技部、财政部、海关总署、税务总局按职责分工负责）

五、加大出口信用保险支持。 扩大出口信用保险短期险规模。鼓励中国出口信用保险公司在依法合规、风险可控前提下，支持外贸企业进一步开拓多元化市场。出口信用保险机构持续做好外贸企业承保理赔工作。（财政部、商务部、银保监会、国家发展改革委、中国出口信用保险公司按职责分工负责）

六、加大进出口信贷支持。 支持银行机构对于发展前景良好但暂时受困的外贸企业，不盲目惜贷、抽贷、断贷、压贷，根据风险管控要求和企业经营实际，满足企业合理资金需求。（银保监会、人民银行、商务部、国家发展改革委、进出口银行按职责分工负责）

七、进一步加强对中小微外贸企业金融支持。 各地方加强"政银企"对接，梳理一批急需资金的中小微外贸企业名单，开展"清单式"管理，按照市场化原则，予以重点支持。加大出口信用保险对中小微外贸企业的支持力度，在去年基础上进一步扩大对中小微外贸企业的承保覆盖面。优化中小微外贸企业承保和理赔条件，缩短理赔时间。鼓励银行机构按照市场化原则加大对外贸企业特别是中小微外贸企业的信贷支持力度。鼓励银行和保险机构深化出口信用保险保单融资合作,强化对中小微外贸企业的融资增信支持,增加信保保单融资规模。(各地方人民政府、财政部、商务部、人民银行、银保监会、进出口银行、中国出口信用保险公司按职责分工负责)

八、加快提升外贸企业应对汇率风险能力。保持人民币汇率在合理均衡水平上的基本稳定。各地方面向外贸企业,提供更多汇率避险方面的培训、咨询等公共服务。鼓励银行机构创新优化外汇产品,提升基层银行机构服务能力,积极增加汇率避险首办户,优化网上银行、线上平台汇率避险模块,提高业务办理便利性,通过内部考核激励等方式加强对中小微外贸企业的汇率避险服务。(各地方人民政府,商务部、人民银行、银保监会、国家外汇局按职责分工负责)

九、持续优化跨境贸易人民币结算环境。支持各地方人民银行分支机构、商务主管部门加强协作,加大对跨境人民币结算的宣传培训力度。有序开展更高水平贸易投资人民币结算便利化试点。鼓励银行机构加强产品服务创新,为外贸企业提供涵盖人民币贸易融资、结算在内的综合性金融服务。支持银行机构在依法合规前提下,通过单证电子化审核等方式简化结算流程,提高跨境人民币结算效率。(各地方人民政府、人民银行、商务部、银保监会、中国出口信用保险公司按职责分工负责)

十、促进企业用好线上渠道扩大贸易成交。加快中国进出口商品交易会(广交会)等展会数字化、智能化建设,加强与跨境电商平台等联动互促,积极应用虚拟现实(VR)、增强现实(AR)、大数据等技术,优化云上展厅、虚拟展台等展览新模式,智能对接供采,便利企业成交。各地方、重点行业协会优化创新线上办展模式,聚焦重点国别、优势产业、特色区域打造国别展、专业展、特色展,帮助企业用好线上渠道获取更多订单。各地方积极利用外经贸发展专项资金等相关资金,支持中小微企业以"境内线上对口谈、境外线下商品展"等方式参加境外展会。商协会、贸促机构、驻外机构、海外中资企业协会积极帮助组展企业和参展企业对接海外买家。(各地方人民政府,商务部、外交部、财政部、农业农村部、中国贸促会按职责分工负责)

十一、鼓励创新、绿色、高附加值产品开拓国际市场。各地方工业和信息化、商务、中医药等部门,支持医药企业在国际人用药品注册技术协调会(ICH)、药品检查合作计划(PIC/S)成员所在国家或地区和世界卫生组织等,注册认证中西药制剂和生物制品。(各地方人民政府,商务部、工业和信息化部、财政部、国家药监局、国家中医药局按职责分工负责)各地方进一步营造良好政策环境,用好外经贸发展专项资金等相关资金,并积极引导社会投资,支持企业开展高质量、高技术、高附加值的绿色低碳贸易。(各地方人民政府,商务部、财政部按职责分工负责)鼓励有条件的中资银行境外机构在依法合规、风险可控的前提下,积极提供境外消费金融产品,支持国外消费者购买中国品牌汽车。支持更多地区开展二手车出口业务,扩大二手车出口规模,提升二手车出口质量。(商务部、公安部、银保监会按职责分工负责)

十二、**加强进口促进平台培育建设**。巩固提升进口贸易促进创新示范区促进进口、服务产业、提升消费、示范引领等方面作用,培育新一批进口贸易促进创新示范区,扩大优质产品进口。(商务部、国家发展改革委、财政部、人民银行、海关总署、市场监管总局、国家外汇局、国家药监局、进出口银行按职责分工负责)

十三、**支持加工贸易稳定发展**。深化区域交流合作,支持劳动密集型外贸产业在国内梯度转移、稳定发展,保障就业岗位,助力乡村振兴和区域协调发展。研究将中西部和东北地区的劳动密集型加工贸易相关产业纳入国家鼓励的产业目录,持续引导加工贸易梯度转移。支持企业在综合保税区内开展"两头在外"保税维修,逐步将大型医疗设备、智能机器人等高附加值、低污染物排放产品纳入维修产品目录。探索在综合保税区内开展汽车发动机、变速箱等产品保税再制造试点。(各地方人民政府,商务部、国家发展改革委、工业和信息化部、财政部、生态环境部、海关总署、税务总局按职责分工负责)

各地方、各相关部门要以习近平新时代中国特色社会主义思想为指导,坚决贯彻党中央、国务院决策部署,高度重视做好稳外贸工作,在支持企业保订单方面加大工作力度,全力实现进出口保稳提质任务目标。各地方要结合实际,出台针对性配套措施,认真组织实施,推动各项政策措施在本地区落地见效。商务部要会同各相关部门加强政策指导,密切跟踪分析形势变化,多措并举稳定外贸。各相关部门要按职责分工,密切协作配合,抓好贯彻落实,确保各项政策措施落实到位。

市场监督管理

全国人民代表大会常务委员会关于修改《中华人民共和国反垄断法》的决定

（2022年6月24日第十三届全国人民代表大会常务委员会第三十五次会议通过　2022年6月24日中华人民共和国主席令第116号公布　自2022年8月1日起施行）

第十三届全国人民代表大会常务委员会第三十五次会议决定对《中华人民共和国反垄断法》作如下修改：

一、将第四条修改为："反垄断工作坚持中国共产党的领导。

"国家坚持市场化、法治化原则，强化竞争政策基础地位，制定和实施与社会主义市场经济相适应的竞争规则，完善宏观调控，健全统一、开放、竞争、有序的市场体系。"

二、增加一条，作为第五条："国家建立健全公平竞争审查制度。

"行政机关和法律、法规授权的具有管理公共事务职能的组织在制定涉及市场主体经济活动的规定时，应当进行公平竞争审查。"

三、增加一条，作为第九条："经营者不得利用数据和算法、技术、资本优势以及平台规则等从事本法禁止的垄断行为。"

四、增加一条，作为第十一条："国家健全完善反垄断规则制度，强化反垄断监管力量，提高监管能力和监管体系现代化水平，加强反垄断执法司法，依法公正高效审理垄断案件，健全行政执法和司法衔接机制，维护公平竞争秩序。"

五、将第十条改为第十三条,第一款修改为:"国务院反垄断执法机构负责反垄断统一执法工作。"

六、将第十三条第二款改为第十六条,第一款改为第十七条。

七、将第十四条改为第十八条,增加二款,作为第二款、第三款:

"对前款第一项和第二项规定的协议,经营者能够证明其不具有排除、限制竞争效果的,不予禁止。

"经营者能够证明其在相关市场的市场份额低于国务院反垄断执法机构规定的标准,并符合国务院反垄断执法机构规定的其他条件的,不予禁止。"

八、增加一条,作为第十九条:"经营者不得组织其他经营者达成垄断协议或者为其他经营者达成垄断协议提供实质性帮助。"

九、将第十七条改为第二十二条,增加一款,作为第二款:"具有市场支配地位的经营者不得利用数据和算法、技术以及平台规则等从事前款规定的滥用市场支配地位的行为。"

十、将第二十一条改为第二十六条,增加二款,作为第二款、第三款:"经营者集中未达到国务院规定的申报标准,但有证据证明该经营者集中具有或者可能具有排除、限制竞争效果的,国务院反垄断执法机构可以要求经营者申报。

"经营者未依照前两款规定进行申报的,国务院反垄断执法机构应当依法进行调查。"

十一、增加一条,作为第三十二条:"有下列情形之一的,国务院反垄断执法机构可以决定中止计算经营者集中的审查期限,并书面通知经营者:

"(一)经营者未按照规定提交文件、资料,导致审查工作无法进行;

"(二)出现对经营者集中审查具有重大影响的新情况、新事实,不经核实将导致审查工作无法进行;

"(三)需要对经营者集中附加的限制性条件进一步评估,且经营者提出中止请求。

"自中止计算审查期限的情形消除之日起,审查期限继续计算,国务院反垄断执法机构应当书面通知经营者。"

十二、增加一条,作为第三十七条:"国务院反垄断执法机构应当健全经营者集中分类分级审查制度,依法加强对涉及国计民生等重要领域的经营者集中的审查,提高审查质量和效率。"

十三、增加一条,作为第四十条:"行政机关和法律、法规授权的具有管理公共事务职能的组织不得滥用行政权力,通过与经营者签订合作协议、备忘录等方式,妨碍其他经营者进入相关市场或者对其他经营者实行不平等待遇,排除、限制竞争。"

十四、增加一条,作为第五十四条:"反垄断执法机构依法对涉嫌滥用行政权力排除、限制竞争的行为进行调查,有关单位或者个人应当配合。"

十五、增加一条,作为第五十五条:"经营者、行政机关和法律、法规授权的具有管理公共事务职能的组织,涉嫌违反本法规定的,反垄断执法机构可以对其法定代表人或者负责人进行约谈,要求其提出改进措施。"

十六、将第四十六条改为第五十六条,第一款修改为:"经营者违反本法规定,达成并实施垄断协议的,由反垄断执法机构责令停止违法行为,没收违法所得,并处上一年度销售额百分之一以上百分之十以下的罚款,上一年度没有销售额的,处五百万元以下的罚款;尚未实施所达成的垄断协议的,可以处三百万元以下的罚款。经营者的法定代表人、主要负责人和直接责任人员对达成垄断协议负有个人责任的,可以处一百万元以下的罚款。"

增加一款,作为第二款:"经营者组织其他经营者达成垄断协议或者为其他经营者达成垄断协议提供实质性帮助的,适用前款规定。"

将第三款改为第四款,其中的"反垄断执法机构可以处五十万元以下的罚款"修改为"由反垄断执法机构责令改正,可以处三百万元以下的罚款"。

十七、将第四十八条改为第五十八条,修改为:"经营者违反本法规定实施集中,且具有或者可能具有排除、限制竞争效果的,由国务院反垄断执法机构责令停止实施集中、限期处分股份或者资产、限期转让营业以及采取其他必要措施恢复到集中前的状态,处上一年度销售额百分之十以下的罚款;不具有排除、限制竞争效果的,处五百万元以下的罚款。"

十八、将第五十条改为第六十条,增加一款,作为第二款:"经营者实施垄断行为,损害社会公共利益的,设区的市级以上人民检察院可以依法向人民法院提起民事公益诉讼。"

十九、将第五十一条改为第六十一条,在第一款最后增加"行政机关和法律、法规授权的具有管理公共事务职能的组织应当将有关改正情况书面报告上级机关和反垄断执法机构。"

二十、将第五十二条改为第六十二条,其中的"对个人可以处二万元以下的罚款,对单位可以处二十万元以下的罚款;情节严重的,对个人处二万元以上十万元以下的罚款,对单位处二十万元以上一百万元以下的罚款;构成犯罪的,依法追究刑事责任"修改为"对单位处上一年度销售额百分之一以下的罚款,上一年度没有销售额或者销售额难以计算的,处五百万元以下的罚款;对个人处五十万元以下的罚款"。

二十一、增加一条,作为第六十三条:"违反本法规定,情节特别严重、影响特别恶劣、造成特别严重后果的,国务院反垄断执法机构可以在本法第五十六条、第五十七条、第五十八条、第六十二条规定的罚款数额的二倍以上五倍以下确定具体罚款数额。"

二十二、增加一条,作为第六十四条:"经营者因违反本法规定受到行政处罚的,按照国家有关规定记入信用记录,并向社会公示。"

二十三、将第五十四条改为第六十六条,修改为:"反垄断执法机构工作人员滥用职权、玩忽职守、徇私舞弊或者泄露执法过程中知悉的商业秘密、个人隐私和个人信息的,依法给予处分。"

二十四、增加一条,作为第六十七条:"违反本法规定,构成犯罪的,依法追究刑事责任。"

二十五、对部分条文作以下修改:

(一)在第一条中的"保护市场公平竞争"后增加"鼓励创新"。

(二)将第十一条改为第十四条,在"引导本行业的经营者依法竞争"后增加"合规经营"。

(三)将第十二条改为第十五条,第一款中的"其他组织"修改为"非法人组织"。

(四)将第十五条改为第二十条,其中的"不适用本法第十三条、第十四条"修改为"不适用本法第十七条、第十八条第一款、第十九条"。

(五)将第三十四条改为第四十二条,其中的"排斥或者限制外地经营者参加本地的招标投标活动"修改为"排斥或者限制经营者参加招标投标以及其他经营活动"。

(六)将第三十五条改为第四十三条,其中的"排斥或者限制外地经营者在本地投资或者设立分支机构"修改为"排斥、限制、强制或者变相强制外地经营者在本地投资或者设立分支机构"。

(七)将第三十六条改为第四十四条,其中的"强制经营者从事本法规定的垄断行为"修改为"强制或者变相强制经营者从事本法规定的垄断行为"。

(八)将第三十七条改为第四十五条,在"行政机关"后增加"和法律、法规授权的具有管理公共事务职能的组织"。

(九)将第四十一条改为第四十九条,在"商业秘密"后增加"个人隐私和个人信息",将"负有保密义务"修改为"依法负有保密义务"。

(十)将第四十九条改为第五十九条,其中的"性质、程度和持续的时间"修改为"性质、程度、持续时间和消除违法行为后果的情况"。

本决定自2022年8月1日起施行。

《中华人民共和国反垄断法》根据本决定作相应修改并对条文顺序作相应调整,重新公布。

中华人民共和国反垄断法

(2007年8月30日第十届全国人民代表大会常务委员会第二十九次会议通过 根据2022年6月24日第十三届全国人民代表大会常务委员会第三十五次会议《关于修改〈中华人民共和国反垄断法〉的决定》修正)

目 录

第一章 总 则
第二章 垄断协议

第三章　滥用市场支配地位
第四章　经营者集中
第五章　滥用行政权力排除、限制竞争
第六章　对涉嫌垄断行为的调查
第七章　法律责任
第八章　附　　则

第一章　总　　则

第一条　为了预防和制止垄断行为,保护市场公平竞争,鼓励创新,提高经济运行效率,维护消费者利益和社会公共利益,促进社会主义市场经济健康发展,制定本法。

第二条　中华人民共和国境内经济活动中的垄断行为,适用本法;中华人民共和国境外的垄断行为,对境内市场竞争产生排除、限制影响的,适用本法。

第三条　本法规定的垄断行为包括:
(一)经营者达成垄断协议;
(二)经营者滥用市场支配地位;
(三)具有或者可能具有排除、限制竞争效果的经营者集中。

第四条　反垄断工作坚持中国共产党的领导。
国家坚持市场化、法治化原则,强化竞争政策基础地位,制定和实施与社会主义市场经济相适应的竞争规则,完善宏观调控,健全统一、开放、竞争、有序的市场体系。

第五条　国家建立健全公平竞争审查制度。
行政机关和法律、法规授权的具有管理公共事务职能的组织在制定涉及市场主体经济活动的规定时,应当进行公平竞争审查。

第六条　经营者可以通过公平竞争、自愿联合,依法实施集中,扩大经营规模,提高市场竞争能力。

第七条　具有市场支配地位的经营者,不得滥用市场支配地位,排除、限制竞争。

第八条　国有经济占控制地位的关系国民经济命脉和国家安全的行业以及依法实行专营专卖的行业,国家对其经营者的合法经营活动予以保护,并对经营者的经营行为及其商品和服务的价格依法实施监管和调控,维护消费者利益,促进技术进步。

前款规定行业的经营者应当依法经营,诚实守信,严格自律,接受社会公众的监督,不得利用其控制地位或者专营专卖地位损害消费者利益。

第九条 经营者不得利用数据和算法、技术、资本优势以及平台规则等从事本法禁止的垄断行为。

第十条 行政机关和法律、法规授权的具有管理公共事务职能的组织不得滥用行政权力,排除、限制竞争。

第十一条 国家健全完善反垄断规则制度,强化反垄断监管力量,提高监管能力和监管体系现代化水平,加强反垄断执法司法,依法公正高效审理垄断案件,健全行政执法和司法衔接机制,维护公平竞争秩序。

第十二条 国务院设立反垄断委员会,负责组织、协调、指导反垄断工作,履行下列职责:

(一)研究拟订有关竞争政策;

(二)组织调查、评估市场总体竞争状况,发布评估报告;

(三)制定、发布反垄断指南;

(四)协调反垄断行政执法工作;

(五)国务院规定的其他职责。

国务院反垄断委员会的组成和工作规则由国务院规定。

第十三条 国务院反垄断执法机构负责反垄断统一执法工作。

国务院反垄断执法机构根据工作需要,可以授权省、自治区、直辖市人民政府相应的机构,依照本法规定负责有关反垄断执法工作。

第十四条 行业协会应当加强行业自律,引导本行业的经营者依法竞争,合规经营,维护市场竞争秩序。

第十五条 本法所称经营者,是指从事商品生产、经营或者提供服务的自然人、法人和非法人组织。

本法所称相关市场,是指经营者在一定时期内就特定商品或者服务(以下统称商品)进行竞争的商品范围和地域范围。

第二章 垄断协议

第十六条 本法所称垄断协议,是指排除、限制竞争的协议、决定或者其他协同行为。

第十七条 禁止具有竞争关系的经营者达成下列垄断协议:
(一)固定或者变更商品价格;
(二)限制商品的生产数量或者销售数量;
(三)分割销售市场或者原材料采购市场;
(四)限制购买新技术、新设备或者限制开发新技术、新产品;
(五)联合抵制交易;
(六)国务院反垄断执法机构认定的其他垄断协议。

第十八条 禁止经营者与交易相对人达成下列垄断协议:
(一)固定向第三人转售商品的价格;
(二)限定向第三人转售商品的最低价格;
(三)国务院反垄断执法机构认定的其他垄断协议。

对前款第一项和第二项规定的协议,经营者能够证明其不具有排除、限制竞争效果的,不予禁止。

经营者能够证明其在相关市场的市场份额低于国务院反垄断执法机构规定的标准,并符合国务院反垄断执法机构规定的其他条件的,不予禁止。

第十九条 经营者不得组织其他经营者达成垄断协议或者为其他经营者达成垄断协议提供实质性帮助。

第二十条 经营者能够证明所达成的协议属于下列情形之一的,不适用本法第十七条、第十八条第一款、第十九条的规定:
(一)为改进技术、研究开发新产品的;
(二)为提高产品质量、降低成本、增进效率,统一产品规格、标准或者实行专业化分工的;
(三)为提高中小经营者经营效率,增强中小经营者竞争力的;
(四)为实现节约能源、保护环境、救灾救助等社会公共利益的;
(五)因经济不景气,为缓解销售量严重下降或者生产明显过剩的;

(六)为保障对外贸易和对外经济合作中的正当利益的;

(七)法律和国务院规定的其他情形。

属于前款第一项至第五项情形,不适用本法第十七条、第十八条第一款、第十九条规定的,经营者还应当证明所达成的协议不会严重限制相关市场的竞争,并且能够使消费者分享由此产生的利益。

第二十一条 行业协会不得组织本行业的经营者从事本章禁止的垄断行为。

第三章 滥用市场支配地位

第二十二条 禁止具有市场支配地位的经营者从事下列滥用市场支配地位的行为:

(一)以不公平的高价销售商品或者以不公平的低价购买商品;

(二)没有正当理由,以低于成本的价格销售商品;

(三)没有正当理由,拒绝与交易相对人进行交易;

(四)没有正当理由,限定交易相对人只能与其进行交易或者只能与其指定的经营者进行交易;

(五)没有正当理由搭售商品,或者在交易时附加其他不合理的交易条件;

(六)没有正当理由,对条件相同的交易相对人在交易价格等交易条件上实行差别待遇;

(七)国务院反垄断执法机构认定的其他滥用市场支配地位的行为。

具有市场支配地位的经营者不得利用数据和算法、技术以及平台规则等从事前款规定的滥用市场支配地位的行为。

本法所称市场支配地位,是指经营者在相关市场内具有能够控制商品价格、数量或者其他交易条件,或者能够阻碍、影响其他经营者进入相关市场能力的市场地位。

第二十三条 认定经营者具有市场支配地位,应当依据下列因素:

(一)该经营者在相关市场的市场份额,以及相关市场的竞争状况;

（二）该经营者控制销售市场或者原材料采购市场的能力；
（三）该经营者的财力和技术条件；
（四）其他经营者对该经营者在交易上的依赖程度；
（五）其他经营者进入相关市场的难易程度；
（六）与认定该经营者市场支配地位有关的其他因素。

第二十四条 有下列情形之一的,可以推定经营者具有市场支配地位：
（一）一个经营者在相关市场的市场份额达到二分之一的；
（二）两个经营者在相关市场的市场份额合计达到三分之二的；
（三）三个经营者在相关市场的市场份额合计达到四分之三的。

有前款第二项、第三项规定的情形,其中有的经营者市场份额不足十分之一的,不应当推定该经营者具有市场支配地位。

被推定具有市场支配地位的经营者,有证据证明不具有市场支配地位的,不应当认定其具有市场支配地位。

第四章 经营者集中

第二十五条 经营者集中是指下列情形：
（一）经营者合并；
（二）经营者通过取得股权或者资产的方式取得对其他经营者的控制权；
（三）经营者通过合同等方式取得对其他经营者的控制权或者能够对其他经营者施加决定性影响。

第二十六条 经营者集中达到国务院规定的申报标准的,经营者应当事先向国务院反垄断执法机构申报,未申报的不得实施集中。

经营者集中未达到国务院规定的申报标准,但有证据证明该经营者集中具有或者可能具有排除、限制竞争效果的,国务院反垄断执法机构可以要求经营者申报。

经营者未依照前两款规定进行申报的,国务院反垄断执法机构应当依法进行调查。

第二十七条 经营者集中有下列情形之一的,可以不向国务院反垄断执法机构申报：

（一）参与集中的一个经营者拥有其他每个经营者百分之五十以上有表决权的股份或者资产的；

（二）参与集中的每个经营者百分之五十以上有表决权的股份或者资产被同一个未参与集中的经营者拥有的。

第二十八条　经营者向国务院反垄断执法机构申报集中，应当提交下列文件、资料：

（一）申报书；

（二）集中对相关市场竞争状况影响的说明；

（三）集中协议；

（四）参与集中的经营者经会计师事务所审计的上一会计年度财务会计报告；

（五）国务院反垄断执法机构规定的其他文件、资料。

申报书应当载明参与集中的经营者的名称、住所、经营范围、预定实施集中的日期和国务院反垄断执法机构规定的其他事项。

第二十九条　经营者提交的文件、资料不完备的，应当在国务院反垄断执法机构规定的期限内补交文件、资料。经营者逾期未补交文件、资料的，视为未申报。

第三十条　国务院反垄断执法机构应当自收到经营者提交的符合本法第二十八条规定的文件、资料之日起三十日内，对申报的经营者集中进行初步审查，作出是否实施进一步审查的决定，并书面通知经营者。国务院反垄断执法机构作出决定前，经营者不得实施集中。

国务院反垄断执法机构作出不实施进一步审查的决定或者逾期未作出决定的，经营者可以实施集中。

第三十一条　国务院反垄断执法机构决定实施进一步审查的，应当自决定之日起九十日内审查完毕，作出是否禁止经营者集中的决定，并书面通知经营者。作出禁止经营者集中的决定，应当说明理由。审查期间，经营者不得实施集中。

有下列情形之一的，国务院反垄断执法机构经书面通知经营者，可以延长前款规定的审查期限，但最长不得超过六十日：

（一）经营者同意延长审查期限的；

（二）经营者提交的文件、资料不准确，需要进一步核实的；

（三）经营者申报后有关情况发生重大变化的。

国务院反垄断执法机构逾期未作出决定的,经营者可以实施集中。

第三十二条　有下列情形之一的,国务院反垄断执法机构可以决定中止计算经营者集中的审查期限,并书面通知经营者:

(一)经营者未按照规定提交文件、资料,导致审查工作无法进行;

(二)出现对经营者集中审查具有重大影响的新情况、新事实,不经核实将导致审查工作无法进行;

(三)需要对经营者集中附加的限制性条件进一步评估,且经营者提出中止请求。

自中止计算审查期限的情形消除之日起,审查期限继续计算,国务院反垄断执法机构应当书面通知经营者。

第三十三条　审查经营者集中,应当考虑下列因素:

(一)参与集中的经营者在相关市场的市场份额及其对市场的控制力;

(二)相关市场的市场集中度;

(三)经营者集中对市场进入、技术进步的影响;

(四)经营者集中对消费者和其他有关经营者的影响;

(五)经营者集中对国民经济发展的影响;

(六)国务院反垄断执法机构认为应当考虑的影响市场竞争的其他因素。

第三十四条　经营者集中具有或者可能具有排除、限制竞争效果的,国务院反垄断执法机构应当作出禁止经营者集中的决定。但是,经营者能够证明该集中对竞争产生的有利影响明显大于不利影响,或者符合社会公共利益的,国务院反垄断执法机构可以作出对经营者集中不予禁止的决定。

第三十五条　对不予禁止的经营者集中,国务院反垄断执法机构可以决定附加减少集中对竞争产生不利影响的限制性条件。

第三十六条　国务院反垄断执法机构应当将禁止经营者集中的决定或者对经营者集中附加限制性条件的决定,及时向社会公布。

第三十七条　国务院反垄断执法机构应当健全经营者集中分类分级审查制度,依法加强对涉及国计民生等重要领域的经营者集中的审查,提高审查质量和效率。

第三十八条 对外资并购境内企业或者以其他方式参与经营者集中,涉及国家安全的,除依照本法规定进行经营者集中审查外,还应当按照国家有关规定进行国家安全审查。

第五章 滥用行政权力排除、限制竞争

第三十九条 行政机关和法律、法规授权的具有管理公共事务职能的组织不得滥用行政权力,限定或者变相限定单位或者个人经营、购买、使用其指定的经营者提供的商品。

第四十条 行政机关和法律、法规授权的具有管理公共事务职能的组织不得滥用行政权力,通过与经营者签订合作协议、备忘录等方式,妨碍其他经营者进入相关市场或者对其他经营者实行不平等待遇,排除、限制竞争。

第四十一条 行政机关和法律、法规授权的具有管理公共事务职能的组织不得滥用行政权力,实施下列行为,妨碍商品在地区之间的自由流通:

(一)对外地商品设定歧视性收费项目、实行歧视性收费标准,或者规定歧视性价格;

(二)对外地商品规定与本地同类商品不同的技术要求、检验标准,或者对外地商品采取重复检验、重复认证等歧视性技术措施,限制外地商品进入本地市场;

(三)采取专门针对外地商品的行政许可,限制外地商品进入本地市场;

(四)设置关卡或者采取其他手段,阻碍外地商品进入或者本地商品运出;

(五)妨碍商品在地区之间自由流通的其他行为。

第四十二条 行政机关和法律、法规授权的具有管理公共事务职能的组织不得滥用行政权力,以设定歧视性资质要求、评审标准或者不依法发布信息等方式,排斥或者限制经营者参加招标投标以及其他经营活动。

第四十三条 行政机关和法律、法规授权的具有管理公共事务职能的组织不得滥用行政权力,采取与本地经营者不平等待遇等方

式,排斥、限制、强制或者变相强制外地经营者在本地投资或者设立分支机构。

第四十四条 行政机关和法律、法规授权的具有管理公共事务职能的组织不得滥用行政权力,强制或者变相强制经营者从事本法规定的垄断行为。

第四十五条 行政机关和法律、法规授权的具有管理公共事务职能的组织不得滥用行政权力,制定含有排除、限制竞争内容的规定。

第六章 对涉嫌垄断行为的调查

第四十六条 反垄断执法机构依法对涉嫌垄断行为进行调查。

对涉嫌垄断行为,任何单位和个人有权向反垄断执法机构举报。反垄断执法机构应当为举报人保密。

举报采用书面形式并提供相关事实和证据的,反垄断执法机构应当进行必要的调查。

第四十七条 反垄断执法机构调查涉嫌垄断行为,可以采取下列措施:

(一)进入被调查的经营者的营业场所或者其他有关场所进行检查;

(二)询问被调查的经营者、利害关系人或者其他有关单位或者个人,要求其说明有关情况;

(三)查阅、复制被调查的经营者、利害关系人或者其他有关单位或者个人的有关单证、协议、会计账簿、业务函电、电子数据等文件、资料;

(四)查封、扣押相关证据;

(五)查询经营者的银行账户。

采取前款规定的措施,应当向反垄断执法机构主要负责人书面报告,并经批准。

第四十八条 反垄断执法机构调查涉嫌垄断行为,执法人员不得少于二人,并应当出示执法证件。

执法人员进行询问和调查,应当制作笔录,并由被询问人或者被调查人签字。

第四十九条　反垄断执法机构及其工作人员对执法过程中知悉的商业秘密、个人隐私和个人信息依法负有保密义务。

第五十条　被调查的经营者、利害关系人或者其他有关单位或者个人应当配合反垄断执法机构依法履行职责,不得拒绝、阻碍反垄断执法机构的调查。

第五十一条　被调查的经营者、利害关系人有权陈述意见。反垄断执法机构应当对被调查的经营者、利害关系人提出的事实、理由和证据进行核实。

第五十二条　反垄断执法机构对涉嫌垄断行为调查核实后,认为构成垄断行为的,应当依法作出处理决定,并可以向社会公布。

第五十三条　对反垄断执法机构调查的涉嫌垄断行为,被调查的经营者承诺在反垄断执法机构认可的期限内采取具体措施消除该行为后果的,反垄断执法机构可以决定中止调查。中止调查的决定应当载明被调查的经营者承诺的具体内容。

反垄断执法机构决定中止调查的,应当对经营者履行承诺的情况进行监督。经营者履行承诺的,反垄断执法机构可以决定终止调查。

有下列情形之一的,反垄断执法机构应当恢复调查:

(一)经营者未履行承诺的;

(二)作出中止调查决定所依据的事实发生重大变化的;

(三)中止调查的决定是基于经营者提供的不完整或者不真实的信息作出的。

第五十四条　反垄断执法机构依法对涉嫌滥用行政权力排除、限制竞争的行为进行调查,有关单位或者个人应当配合。

第五十五条　经营者、行政机关和法律、法规授权的具有管理公共事务职能的组织,涉嫌违反本法规定的,反垄断执法机构可以对其法定代表人或者负责人进行约谈,要求其提出改进措施。

第七章　法律责任

第五十六条　经营者违反本法规定,达成并实施垄断协议的,由反垄断执法机构责令停止违法行为,没收违法所得,并处上一年度销售额百分之一以上百分之十以下的罚款,上一年度没有销售额的,处五百万元以下的罚款;尚未实施所达成的垄断协议的,可以处三百万元以下的罚款。经营者的法定代表人、主要负责人和直接责任人员对达成垄断协议负有个人责任的,可以处一百万元以下的罚款。

经营者组织其他经营者达成垄断协议或者为其他经营者达成垄断协议提供实质性帮助的,适用前款规定。

经营者主动向反垄断执法机构报告达成垄断协议的有关情况并提供重要证据的,反垄断执法机构可以酌情减轻或者免除对该经营者的处罚。

行业协会违反本法规定,组织本行业的经营者达成垄断协议的,由反垄断执法机构责令改正,可以处三百万元以下的罚款;情节严重的,社会团体登记管理机关可以依法撤销登记。

第五十七条 经营者违反本法规定,滥用市场支配地位的,由反垄断执法机构责令停止违法行为,没收违法所得,并处上一年度销售额百分之一以上百分之十以下的罚款。

第五十八条 经营者违反本法规定实施集中,且具有或者可能具有排除、限制竞争效果的,由国务院反垄断执法机构责令停止实施集中、限期处分股份或者资产、限期转让营业以及采取其他必要措施恢复到集中前的状态,处上一年度销售额百分之十以下的罚款;不具有排除、限制竞争效果的,处五百万元以下的罚款。

第五十九条 对本法第五十六条、第五十七条、第五十八条规定的罚款,反垄断执法机构确定具体罚款数额时,应当考虑违法行为的性质、程度、持续时间和消除违法行为后果的情况等因素。

第六十条 经营者实施垄断行为,给他人造成损失的,依法承担民事责任。

经营者实施垄断行为,损害社会公共利益的,设区的市级以上人民检察院可以依法向人民法院提起民事公益诉讼。

第六十一条 行政机关和法律、法规授权的具有管理公共事务职能的组织滥用行政权力,实施排除、限制竞争行为的,由上级机关责令改正;对直接负责的主管人员和其他直接责任人员依法给予处分。反垄断执法机构可以向有关上级机关提出依法处理的建议。行政机关和法律、法规授权的具有管理公共事务职能的组织应当将有关改正情况书面报告上级机关和反垄断执法机构。

法律、行政法规对行政机关和法律、法规授权的具有管理公共事务职能的组织滥用行政权力实施排除、限制竞争行为的处理另有规定的,依照其规定。

第六十二条 对反垄断执法机构依法实施的审查和调查,拒绝提供有关材料、信息,或者提供虚假材料、信息,或者隐匿、销毁、转移证据,或者有其他拒绝、阻碍调查行为的,由反垄断执法机构责令改正,对单位处上一年度销售额百分之一以下的罚款,上一年度没有销售额或者销售额难以计算的,处五百万元以下的罚款;对个人处五十万元以下的罚款。

第六十三条 违反本法规定,情节特别严重、影响特别恶劣、造成特别严重后果的,国务院反垄断执法机构可以在本法第五十六条、第五十七条、第五十八条、第六十二条规定的罚款数额的二倍以上五倍以下确定具体罚款数额。

第六十四条 经营者因违反本法规定受到行政处罚的,按照国家有关规定记入信用记录,并向社会公示。

第六十五条 对反垄断执法机构依据本法第三十四条、第三十五条作出的决定不服的,可以先依法申请行政复议;对行政复议决定不服的,可以依法提起行政诉讼。

对反垄断执法机构作出的前款规定以外的决定不服的,可以依法申请行政复议或者提起行政诉讼。

第六十六条 反垄断执法机构工作人员滥用职权、玩忽职守、徇私舞弊或者泄露执法过程中知悉的商业秘密、个人隐私和个人信息的,依法给予处分。

第六十七条 违反本法规定,构成犯罪的,依法追究刑事责任。

第八章 附 则

第六十八条 经营者依照有关知识产权的法律、行政法规规定行使知识产权的行为,不适用本法;但是,经营者滥用知识产权,排除、限制竞争的行为,适用本法。

第六十九条 农业生产者及农村经济组织在农产品生产、加工、销售、运输、储存等经营活动中实施的联合或者协同行为，不适用本法。

第七十条 本法自 2008 年 8 月 1 日起施行。

促进个体工商户发展条例

(2022 年 9 月 26 日国务院第 190 次常务会议通过 2022 年 10 月 1 日中华人民共和国国务院令第 755 号公布 自 2022 年 11 月 1 日起施行)

第一条 为了鼓励、支持和引导个体经济健康发展，维护个体工商户合法权益，稳定和扩大城乡就业，充分发挥个体工商户在国民经济和社会发展中的重要作用，制定本条例。

第二条 有经营能力的公民在中华人民共和国境内从事工商业经营，依法登记为个体工商户的，适用本条例。

第三条 促进个体工商户发展工作坚持中国共产党的领导，发挥党组织在个体工商户发展中的引领作用和党员先锋模范作用。

个体工商户中的党组织和党员按照中国共产党章程的规定开展党的活动。

第四条 个体经济是社会主义市场经济的重要组成部分，个体工商户是重要的市场主体，在繁荣经济、增加就业、推动创业创新、方便群众生活等方面发挥着重要作用。

国家持续深化简政放权、放管结合、优化服务改革，优化营商环境，积极扶持、加强引导、依法规范，为个体工商户健康发展创造有利条件。

第五条 国家对个体工商户实行市场平等准入、公平待遇的原则。

第六条 个体工商户可以个人经营，也可以家庭经营。个体工商户的财产权、经营自主权等合法权益受法律保护，任何单位和个人不得侵害或者非法干预。

第七条　国务院建立促进个体工商户发展部际联席会议制度,研究并推进实施促进个体工商户发展的重大政策措施,统筹协调促进个体工商户发展工作中的重大事项。

国务院市场监督管理部门会同有关部门加强对促进个体工商户发展工作的宏观指导、综合协调和监督检查。

第八条　国务院发展改革、财政、人力资源社会保障、住房城乡建设、商务、金融、税务、市场监督管理等有关部门在各自职责范围内研究制定税费支持、创业扶持、职业技能培训、社会保障、金融服务、登记注册、权益保护等方面的政策措施,做好促进个体工商户发展工作。

第九条　县级以上地方人民政府应当将促进个体工商户发展纳入本级国民经济和社会发展规划,结合本行政区域个体工商户发展情况制定具体措施并组织实施,为个体工商户发展提供支持。

第十条　国家加强个体工商户发展状况监测分析,定期开展抽样调查、监测统计和活跃度分析,强化个体工商户发展信息的归集、共享和运用。

第十一条　市场主体登记机关应当为个体工商户提供依法合规、规范统一、公开透明、便捷高效的登记服务。

第十二条　国务院市场监督管理部门应当根据个体工商户发展特点,改革完善个体工商户年度报告制度,简化内容、优化流程,提供简易便捷的年度报告服务。

第十三条　个体工商户可以自愿变更经营者或者转型为企业。变更经营者的,可以直接向市场主体登记机关申请办理变更登记。涉及有关行政许可的,行政许可部门应当简化手续,依法为个体工商户提供便利。

个体工商户变更经营者或者转型为企业的,应当结清依法应缴纳的税款等,对原有债权债务作出妥善处理,不得损害他人的合法权益。

第十四条　国家加强个体工商户公共服务平台体系建设,为个体工商户提供法律政策、市场供求、招聘用工、创业培训、金融支持等信息服务。

第十五条　依法成立的个体劳动者协会在市场监督管理部门指

导下,充分发挥桥梁纽带作用,推动个体工商户党的建设,为个体工商户提供服务,维护个体工商户合法权益,引导个体工商户诚信自律。

个体工商户自愿加入个体劳动者协会。

第十六条 政府及其有关部门在制定相关政策措施时,应当充分听取个体工商户以及相关行业组织的意见,不得违反规定在资质许可、项目申报、政府采购、招标投标等方面对个体工商户制定或者实施歧视性政策措施。

第十七条 县级以上地方人民政府应当结合本行政区域实际情况,根据个体工商户的行业类型、经营规模、经营特点等,对个体工商户实施分型分类培育和精准帮扶。

第十八条 县级以上地方人民政府应当采取有效措施,为个体工商户增加经营场所供给,降低经营场所使用成本。

第十九条 国家鼓励和引导创业投资机构和社会资金支持个体工商户发展。

县级以上地方人民政府应当充分发挥各类资金作用,为个体工商户在创业创新、贷款融资、职业技能培训等方面提供资金支持。

第二十条 国家实行有利于个体工商户发展的财税政策。

县级以上地方人民政府及其有关部门应当严格落实相关财税支持政策,确保精准、及时惠及个体工商户。

第二十一条 国家推动建立和完善个体工商户信用评价体系,鼓励金融机构开发和提供适合个体工商户发展特点的金融产品和服务,扩大个体工商户贷款规模和覆盖面,提高贷款精准性和便利度。

第二十二条 县级以上地方人民政府应当支持个体工商户参加社会保险,对符合条件的个体工商户给予相应的支持。

第二十三条 县级以上地方人民政府应当完善创业扶持政策,支持个体工商户参加职业技能培训,鼓励各类公共就业服务机构为个体工商户提供招聘用工服务。

第二十四条 县级以上地方人民政府应当结合城乡社区服务体系建设,支持个体工商户在社区从事与居民日常生活密切相关的经营活动,满足居民日常生活消费需求。

第二十五条 国家引导和支持个体工商户加快数字化发展、实现线上线下一体化经营。

平台经营者应当在入驻条件、服务规则、收费标准等方面,为个体工商户线上经营提供支持,不得利用服务协议、平台规则、数据算法、技术等手段,对平台内个体工商户进行不合理限制、附加不合理条件或者收取不合理费用。

第二十六条 国家加大对个体工商户的字号、商标、专利、商业秘密等权利的保护力度。

国家鼓励和支持个体工商户提升知识产权的创造运用水平、增强市场竞争力。

第二十七条 县级以上地方人民政府制定实施城乡建设规划及城市和交通管理、市容环境治理、产业升级等相关政策措施,应当充分考虑个体工商户经营需要和实际困难,实施引导帮扶。

第二十八条 各级人民政府对因自然灾害、事故灾难、公共卫生事件、社会安全事件等原因造成经营困难的个体工商户,结合实际情况及时采取纾困帮扶措施。

第二十九条 政府及其有关部门按照国家有关规定,对个体工商户先进典型进行表彰奖励,不断提升个体工商户经营者的荣誉感。

第三十条 任何单位和个人不得违反法律法规和国家有关规定向个体工商户收费或者变相收费,不得擅自扩大收费范围或者提高收费标准,不得向个体工商户集资、摊派,不得强行要求个体工商户提供赞助或者接受有偿服务。

任何单位和个人不得诱导、强迫劳动者登记注册为个体工商户。

第三十一条 机关、企业事业单位不得要求个体工商户接受不合理的付款期限、方式、条件和违约责任等交易条件,不得违约拖欠个体工商户账款,不得通过强制个体工商户接受商业汇票等非现金支付方式变相拖欠账款。

第三十二条 县级以上地方人民政府应当提升个体工商户发展质量,不得将个体工商户数量增长率、年度报告率等作为绩效考核评价指标。

第三十三条 个体工商户对违反本条例规定、侵害自身合法权益的行为,有权向有关部门投诉、举报。

县级以上地方人民政府及其有关部门应当畅通投诉、举报途径,并依法及时处理。

第三十四条　个体工商户应当依法经营、诚实守信,自觉履行劳动用工、安全生产、食品安全、职业卫生、环境保护、公平竞争等方面的法定义务。

对涉及公共安全和人民群众生命健康等重点领域,有关行政部门应当加强监督管理,维护良好市场秩序。

第三十五条　个体工商户开展经营活动违反有关法律规定的,有关行政部门应当按照教育和惩戒相结合、过罚相当的原则,依法予以处理。

第三十六条　政府及其有关部门的工作人员在促进个体工商户发展工作中不履行或者不正确履行职责,损害个体工商户合法权益,造成严重后果的,依法依规给予处分;构成犯罪的,依法追究刑事责任。

第三十七条　香港特别行政区、澳门特别行政区永久性居民中的中国公民,台湾地区居民可以按照国家有关规定,申请登记为个体工商户。

第三十八条　省、自治区、直辖市可以结合本行政区域实际情况,制定促进个体工商户发展的具体办法。

第三十九条　本条例自2022年11月1日起施行。《个体工商户条例》同时废止。

国务院办公厅关于进一步加强商品过度包装治理的通知

(2022年9月1日　国办发〔2022〕29号)

商品过度包装是指超出了商品保护、展示、储存、运输等正常功能要求的包装,主要表现为包装层数过多、包装空隙过大、包装成本过高、选材用料不当等。近年来,各地区、各部门按照《国务院办公厅关于治理商品过度包装工作的通知》(国办发〔2009〕5号)部署,认真推进商品过度包装治理,完善相关法律法规标准,取得积极进展。但治理工作仍存在不少薄弱环节和突出问题,尤其是随着消费新业态快速发展,商品过度包装现象有"卷土重来"之势。为贯彻落实党中央、国务院决策部署,进一步加强商品过度包装治理,经国务院同意,现就有关事项通知如下。

一、高度重视商品过度包装治理工作

各地区、各部门要以习近平新时代中国特色社会主义思想为指导,深入贯彻习近平生态文明思想,立足新发展阶段,完整、准确、全面贯彻新发展理念,构建新发展格局,推动高质量发展,认真贯彻落实固体废物污染环境防治法、消费者权益保护法、标准化法、价格法等法律法规和国家有关标准,充分认识进一步加强商品过度包装治理的重要性和紧迫性,在生产、销售、交付、回收等各环节明确工作要求,强化监管执法,健全标准体系,完善保障措施,坚决遏制商品过度包装现象,为促进生产生活方式绿色转型、加强生态文明建设提供有力支撑。到2025年,基本形成商品过度包装全链条治理体系,相关法律法规更加健全,标准体系更加完善,行业管理水平明显提升,线上线下一体化执法监督机制有效运行,商品过度包装治理能力显著增强。月饼、粽子、茶叶等重点商品过度包装违法行为得到有效遏制,人民群众获得感和满意度显著提升。

二、强化商品过度包装全链条治理

(一)加强包装领域技术创新。推动包装企业提供设计合理、用材节约、回收便利、经济适用的包装整体解决方案,自主研发低克重、高强度、功能化包装材料及其生产设备,创新研发商品和快递一体化包装产品。充分发挥包装企业在推广简约包装、倡导理性消费中的桥梁纽带作用,推动包装设计、商品生产等上下游各环节践行简约适度理念。(工业和信息化部和各地方人民政府按职责分工负责)

(二)防范商品生产环节过度包装。督促指导商品生产者严格按照限制商品过度包装强制性标准生产商品,细化限制商品过度包装的管理要求,建立完整的商品包装信息档案,记录商品包装的设计、制造、使用等信息。引导商品生产者使用简约包装,优化商品包装设计,减少商品包装层数、材料、成本,减少包装体积、重量,减少油墨印刷,采用单一材料或便于分离的材料。(工业和信息化部、市场监管总局等部门和各地方人民政府按职责分工负责)督促商品生产者严格遵守标准化法要求，公开其执行的包装有关强制性标准、推荐性标准、团体标准或企业标准的编号和名称。(市场监管总局和各地方人民政府按职责分工负责)引导医疗机构针对门诊、住院、慢性病等不同场景和类型提出药品包装规格需求。引导药品生产者优化药品包装规格。(国家卫生健康委、国家药监局和各地方人民政府按职责分工负责)

（三）避免销售过度包装商品。督促指导商品销售者细化采购、销售环节限制商品过度包装有关要求，明确不销售违反限制商品过度包装强制性标准的商品。加强对电商企业的督促指导，实现线上线下要求一致。鼓励商品销售者向供应方提出有关商品绿色包装和简约包装要求。(商务部、市场监管总局和各地方人民政府按职责分工负责)督促指导外卖平台企业完善平台规则，对平台内经营者提出外卖包装减量化要求。(商务部负责)督促指导餐饮经营者对外卖包装依法明码标价。(市场监管总局和各地方人民政府按职责分工负责)

（四）推进商品交付环节包装减量化。指导寄递企业制修订包装操作规范，细化限制快递过度包装要求，并通过规范作业减少前端收寄环节的过度包装。鼓励寄递企业使用低克重、高强度的纸箱、免胶纸箱，通过优化包装结构减少填充物使用量。(国家邮政局和各地方人民政府按职责分工负责)推行快递包装绿色产品认证，推广使用绿色快递包装。(国家邮政局、市场监管总局负责)督促指导电商平台企业加强对平台内经营者的引导，提出快递包装减量化要求。(商务部负责)督促指导电商企业加强上下游协同，设计并应用满足快递物流配送需求的电商商品包装，推广电商快件原装直发。(商务部、国家邮政局、工业和信息化部按职责分工负责)

（五）加强包装废弃物回收和处置。进一步完善再生资源回收体系，鼓励各地区以市场化招商等方式引进专业化回收企业，提高包装废弃物回收水平。鼓励商品销售者与供应方订立供销合同时对商品包装废弃物回收作出约定。(商务部和各地方人民政府按职责分工负责)进一步完善生活垃圾清运体系，持续推进生活垃圾分类工作，健全与生活垃圾源头分类投放相匹配的分类收集、分类运输体系，加

快分类收集设施建设,配齐分类运输设备,提高垃圾清运水平。(住房城乡建设部和各地方人民政府按职责分工负责)

三、加大监管执法力度

(六)加强行业管理。进一步细化商品生产、销售、交付等环节限制过度包装配套政策。加强对电商、快递、外卖等行业的监督管理,督促指导相关行业优先采用可重复使用、易回收利用的包装物,优化物品包装,减少包装物的使用。督促生产经营者落实国家限制过度包装相关法律标准,将该项任务纳入年度工作计划及有关部署,及时掌握本行业过度包装情况,建立提示、警示、约谈等行政指导机制。(工业和信息化部、农业农村部、商务部、市场监管总局、国家邮政局等部门按职责分工负责)

(七)强化执法监督。针对重要节令、重点行业和重要生产经营企业,聚焦月饼、粽子、茶叶、保健食品、化妆品等重点商品,依法严格查处生产、销售过度包装商品的违法行为,尤其要查处链条性、隐蔽性案件。对酒店、饭店等提供高端化定制化礼品中的过度包装行为,以及假借文创名义的商品过度包装行为,依法从严查处。压实电商平台企业主体责任,督促其加强平台内经营者主体资质和商品信息审核并积极配合监管执法。坚持线上线下一体化监管,建立健全对电商渠道销售过度包装商品的常态化监管执法机制,依法查处线上销售过度包装商品的违法行为。畅通消费者投诉渠道,对消费者反映强烈的突出问题,依法从严查处。加强对企业公开其执行包装有关标准情况的执法检查。适时向社会曝光反面案例。(市场监管总局等部门和各地方人民政府按职责分工负责)及时对落实限制商品过度包装强制性标准进展滞后的地区予以督促整改,对落实成效显著的地区予以通报表扬。(市场监管总局负责)及时组织开展商品过度包装治理进展情况社会满意度调查。(国家发展改革委负责)通过"双随机、一公开"等方式对寄递企业进行过度包装执法检查,组织快递过度包装专项抽查,强化快递包装质量监督。(国家邮政局和各地方人民政府按职责分工负责)

四、完善支撑保障体系

(八)健全法律法规。研究推动循环经济促进法等法律法规与固体废物污染环境防治法有效衔接,进一步强化市场主体法律责任,提高违法成本。(国家发展改革委、司法部等部门按职责分工负责)研究修订《快递暂行条例》,细化限制快递过度包装管理和处罚要求。(国家邮政局、司法部按职责分工负责)鼓励有条件的地方制修订限制商品过度包装地方法规。(各地方人民政府负责)

(九)完善标准体系。制定食用农产品限制过度包装强制性标准,明确水果等食用农产品过度包装判定依据。(市场监管总局、农业农村部按职责分工负责)适时修订食品和化妆品限制过度包装强制性标准,进一步细化有关要求。(市场监管总局、工业和信息化部按职责分工负责)制定限制快递过度包装强制性标准。(市场监管总局、国家邮政局按职责分工负责)修订限制商品过度包装通则标准,提出更适用的要求。针对玩具及婴童用品、电子产品等领域,制定推行简约包装和限制过度包装的推荐性国家标准,明确判定过度包装的依据,引导包装减量化。(市场监管总局负责)制定电子商务物流绿色包装技术和管理方面的行业标准。(商务部负责)建立强制性标准实施情况统计分析报告制度,面向产业集聚区开展包装强制性标准实施情况统计分析试点,动态反馈和评估实施效果,不断强化标准实施。(市场监管总局负责)

(十)强化政策支持。将商品过度包装、快递过度包装执法检查所需经费纳入本级财政预算,保障执法检查工作有序开展。(各地方人民政府负责)安排中央预算内投资支持符合条件的可循环快递包装配送体系建设、专业化智能化回收设施建设等项目。(国家发展改革委负责)完善政府绿色采购政策,进一步细化商品包装政府采购需求标准,研究明确强制采购要求,发挥政府采购引导作用。(财政部负责)依托国家重点研发计划项目部署开展快递包装绿色设计、低能耗智能物流配送等方面技术研发。(科技部负责)

(十一)加强行业自律。督促指导食品和化妆品生产领域主要行业协会定期向社会发布杜绝商品过度包装报告,公布行业遵守相关法律法规标准和推广简约包装情况。(工业和信息化部等部门负责)加强限制商品过度包装法律法规标准宣贯培训,将限制商品过度包装纳入行业经营自律规范、自律公约,引导重点生产和销售企业带头推广简约包装,积极向社会公布商品包装情况。(相关行业协会负责)

五、强化组织实施

（十二）加强部门协同。国务院有关部门要各司其职、各负其责，加大指导、支持和督促力度，确保各项任务落实到位。国家发展改革委、市场监管总局、工业和信息化部、农业农村部、商务部、国家邮政局等有关部门要建立工作会商机制，加强统筹协调，强化政策衔接，及时沟通进展情况，研究解决重大问题，重大情况及时按程序向国务院请示报告。（各有关部门按职责分工负责）

（十三）落实地方责任。地方各级人民政府是商品过度包装治理工作的责任主体，要严格落实责任，健全工作机制，加强组织实施，将治理商品过度包装作为生态文明建设的重要内容抓实抓好，可结合实际研究制定针对性配套措施。（各地方人民政府负责）

（十四）加强宣传教育。按照"谁执法谁普法"普法责任制要求，积极开展限制过度包装普法宣传教育。通过报纸、广播电视、新媒体等渠道，大力宣传限制商品过度包装的标准和政策，加强正面宣传，积极报道典型做法、先进单位和个人，营造良好社会氛围。发挥媒体监督作用，加强对违法违规问题的曝光。鼓励消费者绿色消费，购买简约包装商品。各级行政机关、社会团体、事业单位、国有企业要带头自觉抵制过度包装商品。（中央宣传部等部门和各地方人民政府按职责分工负责）

国务院办公厅关于进一步优化营商环境降低市场主体制度性交易成本的意见

（2022年9月7日 国办发〔2022〕30号）

优化营商环境、降低制度性交易成本是减轻市场主体负担、激发市场活力的重要举措。当前，经济运行面临一些突出矛盾和问题，市场主体特别是中小微企业、个体工商户生产经营困难依然较多，要积极运用改革创新办法，帮助市场主体解难题、渡难关、复元气、增活力,加力巩固经济恢复发展基础。为深入贯彻党中央、国务院决策部署,打造市场化法治化国际化营商环境,降低制度性交易成本,提振市场主体信心,助力市场主体发展,为稳定宏观经济大盘提供有力支撑,经国务院同意,现提出以下意见。

一、进一步破除隐性门槛,推动降低市场主体准入成本

(一)全面实施市场准入负面清单管理。健全市场准入负面清单管理及动态调整机制,抓紧完善与之相适应的审批机制、监管机制,推动清单事项全部实现网上办理。稳步扩大市场准入效能评估范围,2022年10月底前,各地区各部门对带有市场准入限制的显性和隐性壁垒开展清理,并建立长效排查机制。深入实施外商投资准入前国民待遇加负面清单管理制度,推动出台全国版跨境服务贸易负面清单。(国家发展改革委、商务部牵头,国务院相关部门及各地区按职责分工负责)

(二)着力优化工业产品管理制度。规范工业产品生产、流通、使用等环节涉及的行政许可、强制性认证管理。推行工业产品系族管理,结合开发设计新产品的具体情形,取消或优化不必要的行政许可、检验检测和认证。2022年10月底前,选择部分领域探索开展企业自检自证试点。推动各地区完善工业生产许可证审批管理系统,建设一批标准、计量、检验检测、认证、产品鉴定等质量基础设施一站式服务平台,实现相关审批系统与质量监督管理平台互联互通、相关质量技术服务结果通用互认,推动工业产品快速投产上市。开展工业产品质量安全信用分类监管,2022年底前,研究制定生产企业质量信用评价规范。(市场监管总局牵头,工业和信息化部等国务院相关部门及各地区按职责分工负责)

(三)规范实施行政许可和行政备案。2022年底前,国务院有关部门逐项制定中央层面设定的行政许可事项实施规范,省、市、县级编制完成本级行政许可事项清单及办事指南。深入推进告知承诺等改革,积极探索"一业一证"改革,推动行政许可减环节、减材料、减时限、减费用。在部分地区探索开展审管联动试点,强化事前事中事后全链条监管。深入开展行政备案规范管理改革试点,研究制定关于行政备案规范管理的政策措施。(国务院办公厅牵头,国务院相关部门及各地区按职责分工负责)

（四）切实规范政府采购和招投标。持续规范招投标主体行为,加强招投标全链条监管。2022年10月底前,推动工程建设领域招标、投标、开标等业务全流程在线办理和招投标领域数字证书跨地区、跨平台互认。支持地方探索电子营业执照在招投标平台登录、签名、在线签订合同等业务中的应用。取消各地区违规设置的供应商预选库、资格库、名录库等,不得将在本地注册企业或建设生产线、采购本地供应商产品、进入本地扶持名录等与中标结果挂钩,着力破除所有制歧视、地方保护等不合理限制。政府采购和招投标不得限制保证金形式,不得指定出具保函的金融机构或担保机构。督促相关招标人、招标代理机构、公共资源交易中心等及时清退应退未退的沉淀保证金。(国家发展改革委、财政部、市场监管总局等国务院相关部门及各地区按职责分工负责)

（五）持续便利市场主体登记。2022年10月底前,编制全国统一的企业设立、变更登记规范和审查标准,逐步实现内外资一体化服务,有序推动外资企业设立、变更登记网上办理。全面清理各地区非法设置的企业跨区域经营和迁移限制。简化企业跨区域迁移涉税涉费等事项办理程序,2022年底前,研究制定企业异地迁移档案移交规则。健全市场主体歇业制度,研究制定税务、社保等配套政策。进一步提升企业注销"一网服务"水平,优化简易注销和普通注销办理程序。(人力资源社会保障部、税务总局、市场监管总局、国家档案局等国务院相关部门及各地区按职责分工负责)

二、进一步规范涉企收费,推动减轻市场主体经营负担

（六）严格规范政府收费和罚款。严格落实行政事业性收费和政府性基金目录清单,依法依规从严控制新设涉企收费项目,严厉查处强制摊派、征收过头税费、截留减税降费红利、违规设置罚款项目、擅自提高罚款标准等行为。严格规范行政处罚行为,进一步清理调整违反法定权限设定、过罚不当等不合理罚款事项,抓紧制定规范罚款设定和实施的政策文件,坚决防止以罚增收、以罚代管、逐利执法等行为。2022年底前,完成涉企违规收费专项整治,重点查处落实降费减负政策不到位、不按要求执行惠企收费政策等行为。(国家发展改革委、工业和信息化部、司法部、财政部、税务总局、市场监管总局等国务院相关部门及各地区按职责分工负责)

(七)推动规范市政公用服务价外收费。加强水、电、气、热、通信、有线电视等市政公用服务价格监管,坚决制止强制捆绑搭售等行为,对实行政府定价、政府指导价的服务和收费项目一律实行清单管理。2022年底前,在全国范围内全面推行居民用户和用电报装容量160千瓦及以下的小微企业用电报装"零投资"。全面公示非电网直供电价格,严厉整治在电费中违规加收其他费用的行为,对符合条件的终端用户尽快实现直供到户和"一户一表"。督促商务楼宇管理人等及时公示宽带接入市场领域收费项目,严肃查处限制进场、未经公示收费等违法违规行为。(国家发展改革委、工业和信息化部、住房城乡建设部、市场监管总局、国家能源局、国家电网有限公司等相关部门和单位及各地区按职责分工负责)

(八)着力规范金融服务收费。加快健全银行收费监管长效机制,规范银行服务市场调节价管理,加强服务外包与服务合作管理,设定服务价格行为监管红线,加快修订《商业银行服务价格管理办法》。鼓励银行等金融机构对小微企业等予以合理优惠,适当减免账户管理服务等收费。坚决查处银行未按照规定进行服务价格信息披露以及在融资服务中不落实小微企业收费优惠政策、转嫁成本、强制捆绑搭售保险或理财产品等行为。鼓励证券、基金、担保等机构进一步降低服务收费,推动金融基础设施合理降低交易、托管、登记、清算等费用。(国家发展改革委、人民银行、市场监管总局、银保监会、证监会等国务院相关部门及各地区按职责分工负责)

(九)清理规范行业协会商会收费。加大对行业协会商会收费行为的监督检查力度,进一步推动各级各类行业协会商会公示收费信息,严禁行业协会商会强制企业到特定机构检测、认证、培训等并获取利益分成,或以评比、表彰等名义违规向企业收费。研究制定关于促进行业协会商会健康规范发展的政策措施,加强行业协会商会收费等规范管理,发挥好行业协会商会在政策制定、行业自治、企业权益维护中的积极作用。2022年10月底前,完成对行业协会商会违规收费清理整治情况"回头看"。(国家发展改革委、民政部、市场监管总局等国务院相关部门及各地区按职责分工负责)

(十)推动降低物流服务收费。强化口岸、货场、专用线等货运领域收费监管,依法规范船公司、船代公司、货代公司等收费行为。明确铁路、公路、水路、航空等运输环节的口岸物流作业时限及流程,加快推动大宗货物和集装箱中长距离运输"公转铁"、"公转水"等多式联运改革,推进运输运载工具和相关单证标准化,在确保安全规范的前提下,推动建立集装箱、托盘等标准化装载器具循环共用体系。2022年11月底前,开展不少于100个多式联运示范工程建设,减少企业重复投入,持续降低综合运价水平。(国家发展改革委、交通运输部、商务部、市场监管总局、国家铁路局、中国民航局、中国国家铁路集团有限公司等相关部门和单位及各地区按职责分工负责)

三、进一步优化涉企服务,推动降低市场主体办事成本

(十一)全面提升线上线下服务能力。加快建立高效便捷、优质普惠的市场主体全生命周期服务体系,全面提高线下"一窗综办"和线上"一网通办"水平。聚焦企业和群众"办好一件事",积极推行企业开办注销、不动产登记、招工用工等高频事项集成化办理,进一步减少办事环节。依托全国一体化政务服务平台,加快构建统一的电子证照库,明确各类电子证照信息标准,推广和扩大电子营业执照、电子合同、电子签章等应用,推动实现更多高频事项异地办理、"跨省通办"。(国务院办公厅牵头,国务院相关部门及各地区按职责分工负责)

(十二)持续优化投资和建设项目审批服务。优化压覆矿产、气候可行性、水资源论证、防洪、考古等评估流程,支持有条件的地方开展区域综合评估。探索利用市场机制推动城镇低效用地再开发,更好盘活存量土地资源。分阶段整合各类测量测绘事项,推动统一测绘标准和成果形式,实现同一阶段"一次委托、成果共享"。探索建立部门集中联合办公、手续并联办理机制,依法优化重大投资项目审批流程,对用地、环评等投资审批有关事项,推动地方政府根据职责权限试行承诺制,提高审批效能。2022年10月底前,建立投资主管部门与金融机构投融资信息对接机制,为重点项目快速落地投产提供综合金融服务。2022年11月底前,制定工程建设项目审批标准化规范化管理措施。2022年底前,实现各地区工程建设项目审批管理系统与市政公用服务企业系统互联、信息共享,提升水、电、气、热接入服务质量。(国家发展改革委、自然资源部、生态环境部、住房城乡建设部、水利部、人民银行、银保监会、国家能源局、国家文物局、国家电网有限公司等相关部门和单位及各地区按职责分工负责)

（十三）着力优化跨境贸易服务。进一步完善自贸协定综合服务平台功能，助力企业用好区域全面经济伙伴关系协定等规则。拓展"单一窗口"的"通关+物流"、"外贸+金融"功能，为企业提供通关物流信息查询、出口信用保险办理、跨境结算融资等服务。支持有关地区搭建跨境电商一站式服务平台，为企业提供优惠政策申报、物流信息跟踪、争端解决等服务。探索解决跨境电商退换货难问题，优化跨境电商零售进口工作流程，推动便捷快速通关。2022年底前，在国内主要口岸实现进出口通关业务网上办理。（交通运输部、商务部、人民银行、海关总署、国家外汇局等国务院相关部门及各地区按职责分工负责）

（十四）切实提升办税缴费服务水平。全面推行电子非税收入一般缴款书，推动非税收入全领域电子收缴、"跨省通缴"，便利市场主体缴费办事。实行汇算清缴结算多缴退税和已发现的误收多缴退税业务自动推送提醒、在线办理。推动出口退税全流程无纸化。进一步优化留抵退税办理流程，简化退税审核程序，强化退税风险防控，确保留抵退税安全快捷直达纳税人。拓展"非接触式"办税缴费范围，推行跨省异地电子缴税、行邮税电子缴库服务，2022年11月前，实现95%税费服务事项"网上办"。2022年底前，实现电子发票无纸化报销、入账、归档、存储等。（财政部、人民银行、税务总局、国家档案局等国务院相关部门及各地区按职责分工负责）

（十五）持续规范中介服务。清理规范没有法律、法规、国务院决定依据的行政许可中介服务事项，建立中央和省级行政许可中介服务事项清单。鼓励各地区依托现有政务服务系统提供由省级统筹的网上中介超市服务，吸引更多中介机构入驻，坚决整治行政机关指定中介机构垄断服务、干预市场主体选取中介机构等行为，依法查处中介机构强制服务收费等行为。全面实施行政许可中介服务收费项目清单管理，清理规范环境检测、招标代理、政府采购代理、产权交易、融资担保评估等涉及的中介服务违规收费和不合理收费。（国务院办公厅、国家发展改革委、市场监管总局等国务院相关部门及各地区按职责分工负责）

（十六）健全惠企政策精准直达机制。2022年底前，县级以上政府及其有关部门要在门户网站、政务服务平台等醒目位置设置惠企政策专区,汇集本地区本领域市场主体适用的惠企政策。加强涉企信息归集共享,对企业进行分类"画像",推动惠企政策智能匹配、快速兑现。鼓励各级政务服务大厅设立惠企政策集中办理窗口,积极推动地方和部门构建惠企政策移动端服务体系,提供在线申请、在线反馈、应享未享提醒等服务,确保财政补贴、税费减免、稳岗扩岗等惠企政策落实到位。(各地区、各部门负责)

四、进一步加强公正监管,切实保护市场主体合法权益

(十七)创新实施精准有效监管。进一步完善监管方式,全面实施跨部门联合"双随机、一公开"监管,推动监管信息共享互认,避免多头执法、重复检查。加快在市场监管、税收管理、进出口等领域建立健全信用分级分类监管制度,依据风险高低实施差异化监管。积极探索在安全生产、食品安全、交通运输、生态环境等领域运用现代信息技术实施非现场监管,避免对市场主体正常生产经营活动的不必要干扰。(国务院办公厅牵头,国务院相关部门及各地区按职责分工负责)

(十八)严格规范监管执法行为。全面提升监管透明度,2022年底前,编制省、市两级监管事项目录清单。严格落实行政执法三项制度,建立违反公平执法行为典型案例通报机制。建立健全行政裁量权基准制度,防止任性执法、类案不同罚、过度处罚等问题。坚决杜绝"一刀切"、"运动式"执法,严禁未经法定程序要求市场主体普遍停产停业。在市场监管、城市管理、应急管理、消防安全、交通运输、生态环境等领域,制定完善执法工作指引和标准化检查表单,规范日常监管行为。(国务院办公厅牵头,国务院相关部门及各地区按职责分工负责)

(十九)切实保障市场主体公平竞争。全面落实公平竞争审查制度,2022年10月底前,组织开展制止滥用行政权力排除、限制竞争执法专项行动。细化垄断行为和不正当竞争行为认定标准,加强和改进反垄断与反不正当竞争执法,依法查处恶意补贴、低价倾销、设置不合理交易条件等行为,严厉打击"搭便车"、"蹭流量"等仿冒混淆行为,严格规范滞压占用经营者保证金、交易款等行为。(国家发展改革委、司法部、人民银行、国务院国资委、市场监管总局等国务院相关部门及各地区按职责分工负责)

(二十)持续加强知识产权保护。严格知识产权管理,依法规范非正常专利申请行为,及时查处违法使用商标和恶意注册申请商标等行为。完善集体商标、证明商标管理制度,规范地理标志集体商标注册及使用,坚决遏制恶意诉讼或变相收取"会员费"、"加盟费"等行为,切实保护小微商户合法权益。健全大数据、人工智能、基因技术等新领域、新业态知识产权保护制度。加强对企业海外知识产权纠纷应对的指导,2022年底前,发布海外重点国家商标维权指南。(最高人民法院、民政部、市场监管总局、国家知识产权局等相关部门和单位及各地区按职责分工负责)

五、进一步规范行政权力,切实稳定市场主体政策预期

(二十一)不断完善政策制定实施机制。建立政府部门与市场主体、行业协会商会常态化沟通平台,及时了解、回应企业诉求。制定涉企政策要严格落实评估论证、公开征求意见、合法性审核等要求,重大涉企政策出台前要充分听取相关企业意见。2022年11月底前,开展行政规范性文件合法性审核机制落实情况专项监督工作。切实发挥中国政府网网上调研平台及各级政府门户网站意见征集平台作用,把握好政策出台和调整的时度效,科学设置过渡期等缓冲措施,避免"急转弯"和政策"打架"。各地区在制定和执行城市管理、环境保护、节能减排、安全生产等方面政策时,不得层层加码、加重市场主体负担。建立健全重大政策评估评价制度,政策出台前科学研判预期效果,出台后密切监测实施情况,2022年底前,在重大项目投资、科技、生态环境等领域开展评估试点。(各地区、各部门负责)

(二十二)着力加强政务诚信建设。健全政务守信践诺机制,各级行政机关要抓紧对依法依规作出但未履行到位的承诺列明清单,明确整改措施和完成期限,坚决纠正"新官不理旧账"、"击鼓传花"等政务失信行为。2022年底前,落实逾期未支付中小企业账款强制披露制度,将拖欠信息列入政府信息主动公开范围。开展拖欠中小企业账款行为集中治理,严肃问责虚报还款金额或将无分歧欠款做成有争议欠款的行为,清理整治通过要求中小企业接受指定机构债务凭证或到指定机构贴现进行不当牟利的行为,严厉打击虚假还款或以不签合同、不开发票、不验收等方式变相拖欠的行为。鼓励各地区探索建立政务诚信诉讼执行协调机制,推动政务诚信履约。(最高人民法院、国务院办公厅、国家发展改革委、工业和信息化部、司法部、市场监管总局等相关部门和单位及各地区按职责分工负责)

（二十三）坚决整治不作为乱作为。各地区各部门要坚决纠正各种懒政怠政等不履职和重形式不重实绩等不正确履职行为。严格划定行政权力边界，没有法律法规依据，行政机关出台政策不得减损市场主体合法权益。各地区要建立健全营商环境投诉举报和问题线索核查处理机制，充分发挥12345政务服务便民热线、政务服务平台等渠道作用，及时查处市场主体和群众反映的不作为乱作为问题，切实加强社会监督。国务院办公厅要会同有关方面适时通报损害营商环境典型案例。（各地区、各部门负责）

各地区各部门要认真贯彻落实党中央、国务院决策部署，加强组织实施、强化协同配合，结合工作实际加快制定具体配套措施，确保各项举措落地见效，为各类市场主体健康发展营造良好环境。国务院办公厅要加大协调督促力度，及时总结推广各地区各部门经验做法，不断扩大改革成效。

国务院办公厅关于复制推广营商环境创新试点改革举措的通知

（2022年9月28日　国办发〔2022〕35号）

优化营商环境是培育和激发市场主体活力、增强发展内生动力的关键之举，党中央、国务院对此高度重视。2021年，国务院部署在北京、上海、重庆、杭州、广州、深圳6个城市开展营商环境创新试点。相关地方和部门认真落实各项试点改革任务，积极探索创新，着力为市场主体减负担、破堵点、解难题，取得明显成效，形成了一批可复制推广的试点经验。为进一步扩大改革效果，推动全国营商环境整体改善，经国务院同意，决定在全国范围内复制推广一批营商环境创新试点改革举措。现就有关事项通知如下：

一、复制推广的改革举措

（一）进一步破除区域分割和地方保护等不合理限制（4项）。"开展'一照多址'改革"、"便利企业分支机构、连锁门店信息变更"、

"清除招投标和政府采购领域对外地企业设置的隐性门槛和壁垒"、"推进客货运输电子证照跨区域互认与核验"等。

（二）健全更加开放透明、规范高效的市场主体准入和退出机制（9项）。"拓展企业开办'一网通办'业务范围"、"进一步便利企业开立银行账户"、"优化律师事务所核名管理"、"企业住所（经营场所）标准化登记"、"推进企业登记信息变更网上办理"、"推行企业年度报告'多报合一'改革"、"探索建立市场主体除名制度"、"进一步便利破产管理人查询破产企业财产信息"、"进一步完善破产管理人选任制度"等。

（三）持续提升投资和建设便利度（7项）。"推进社会投资项目'用地清单制'改革"、"分阶段整合相关测绘测量事项"、"推行水电气暖等市政接入工程涉及的行政审批在线并联办理"、"开展联合验收'一口受理'"、"进一步优化工程建设项目联合验收方式"、"简化实行联合验收的工程建设项目竣工验收备案手续"、"对已满足使用功能的单位工程开展单独竣工验收"等。

（四）更好支持市场主体创新发展（2项）。"健全知识产权质押融资风险分担机制和质物处置机制"、"优化科技企业孵化器及众创空间信息变更管理模式"等。

（五）持续提升跨境贸易便利化水平（5项）。"优化进出口货物查询服务"、"加强铁路信息系统与海关信息系统的数据交换共享"、"推进水铁空公多式联运信息共享"、"进一步深化进出口货物'提前申报'、'两步申报'、'船边直提'、'抵港直装'等改革"、"探索开展科研设备、耗材跨境自由流动，简化研发用途设备和样本样品进出口手续"等。

（六）维护公平竞争秩序（3项）。"清理设置非必要条件排斥潜在竞争者行为"、"推进招投标全流程电子化改革"、"优化水利工程招投标手续"等。

（七）进一步加强和创新监管（5项）。"在部分领域建立完善综合监管机制"、"建立市场主体全生命周期监管链"、"在部分重点领域建立事前事中事后全流程监管机制"、"在税务监管领域建立'信用+风险'监管体系"、"实行特种设备作业人员证书电子化管理"等。

（八）依法保护各类市场主体产权和合法权益（2项）。"建立健全政务诚信诉讼执行协调机制"、"畅通知识产权领域信息交换渠道"等。

（九）优化经常性涉企服务（13项）。"简化检验检测机构人员信息变更办理程序"、"简化不动产非公证继承手续"、"对个人存量房交易开放电子发票功能"、"实施不动产登记、交易和缴纳税费'一网通办'"、"开展不动产登记信息及地籍图可视化查询"、"推行非接触式发放税务UKey"、"深化'多税合一'申报改革"、"推行全国车船税缴纳信息联网查询与核验"、"进一步拓展企业涉税数据开放维度"、"对代征税款试行实时电子缴税入库的开具电子完税证明"、"推行公安服务'一窗通办'"、"推行企业办事'一照通办'"、"进一步扩大电子证照、电子签章等应用范围"等。

二、切实抓好复制推广工作的组织实施

（一）高度重视复制推广工作。各地区要将复制推广工作作为进一步打造市场化法治化国际化营商环境的重要举措，主动对标先进，加强学习借鉴，细化改革举措，确保复制推广工作取得实效。国务院各有关部门要结合自身职责，及时出台改革配套政策，支持指导地方做好复制推广工作；涉及调整部门规章和行政规范性文件，以及向地方开放系统接口和授权数据使用的，要抓紧按程序办理，确保2022年底前落实到位。

（二）用足用好营商环境创新试点机制。各试点城市要围绕推动有效市场和有为政府更好结合，持续一体推进"放管服"改革，进一步对标高标准国际经贸规则，聚焦市场主体所需所盼，加大先行先试力度，为全国优化营商环境工作积累更多创新经验。国务院办公厅要加强统筹协调和跟踪督促，及时总结推广典型经验做法，推动全国营商环境持续改善。

（三）完善改革配套监管措施。各地区、各有关部门要结合实际稳步推进复制推广工作，对于涉及管理方式、管理权限、管理层级调整的相关改革事项，要夯实监管责任，逐项明确监管措施，完善监管机制，实现事前事中事后全链条全领域监管，确保改革平稳有序推进。

复制推广工作中的重要情况，各地区、各有关部门要及时向国务院请示报告。

附件：首批在全国复制推广的营商环境创新试点改革举措清单

附件

首批在全国复制推广的营商环境创新试点改革举措清单

序号	改革事项	主要内容	主管单位	备注
一、进一步破除区域分割和地方保护等不合理限制				
1	开展"一照多址"改革	除直接涉及公共安全和人民群众生命健康的领域外，对于市场主体在住所以外开展经营活动，属于同一县级登记机关管辖的，允许在营业执照上加载新设立住所（经营场所）的地址，免于分支机构登记，实现"一张营业执照 多个经营地址"。鼓励有条件的地区在同一地级及以上城市范围内，探索开展企业跨县（市、区、旗）"一照多址"。改革后，相关部门加强事中事后核查和监管。	市场监管总局等国务院相关部门	非试点地区可参考借鉴
2	便利企业分支机构、连锁门店信息变更	大型企业分支机构办理人员、经营范围等不涉及新办许可证的信息变更时，在同一地级及以上城市范围内可实行集中统一办理。	市场监管总局	非试点地区可参考借鉴
3	清除招投标和政府采购领域对外地企业设置的隐性门槛和壁垒	清理取消要求投标单位必须在项目所在地或采购人所在地设立分公司或办事处等排斥外地投标人的行为，同步完善与统一开放的招投标和政府采购市场相适应的监管模式。	国家发展改革委、财政部、市场监管总局等国务院相关部门	在全国推行

606

续表

序号	改革事项	主要内容	主管单位	备注
4	推进客货运输电子证照跨区域互认与查核验	推进各地制作和发放的道路运输从业人员从业资格证(道路客、货运)、道路运输经营许可证(道路客、货运)、道路运输证(道路客、货运)等3类电子证照全国互认,执法检查部门通过电子证照二维码在线核验、网站查询等方式核验电子证照真伪。	交通运输部	在全国推行
二、健全更加开放透明、规范高效的市场主体准入和退出机制
5	拓展企业开办"一网通办"业务范围	将员工社保登记、住房公积金企业缴存登记等环节纳入"一网通办"平台,实现申请人一次身份认证后即可"一网通办""企业开办全部服务事项",并在设立登记完成后同时通过"一网通办"平台为企业办理一企业同步办事项。推进电子营业执照应用、电子发票、电子签章同步应用,方便企业网上办事。	市场监管总局、人力资源社会保障部、住房城乡建设部、税务总局	在全国推行
6	进一步便利企业开立银行账户	探索整合企业开办实名验证信息、企业登记信息和银行开户备案信息,自然人、法人等通过线上平台申请营业执照时,经企业授权同意后,实时推送信息至开户银行预约开户。开户银行根据预约信息实时推送线上平台,开户银行在生成企业账户预约账号,并通过线上平台推送给税务、人力资源社会保障、住房公积金管理部门。开户银行根据预约需求,及时将相关信息通过线上平台推送至相关部门。	市场监管总局、人民银行、公安部、人力资源社会保障部、住房城乡建设部、税务总局	在全国推行
7	优化律师事务所核名管理	允许省级司法行政部门律师综合管理信息系统律师事务所名称数据库进行对接,对申请人申请的律师事务所名称,由省级司法行政部门作出名称预核准决定并报司法部备案,缩短核名时限。	司法部	在全国推行

607

续表

序号	改革事项	主要内容	主管单位	备注
8	企业住所(经营场所)标准化登记	通过相关部门数据共享,建立标准化住所(经营场所)数据库,实现房屋产权证明、不动产权证书编号、路名等信息在线比对核验;建立健全住所(经营场所)负面清单管理制度,在便利住所登记的同时,防范虚假住所等突出风险。	市场监管总局等国务院相关部门	非试点地区可参考借鉴
9	推行企业登记信息变更网上办理	通过企业开办"一网通办"平台完成登记注册的企业,可通过平台实现全程网上办理变更手续,企业登记的变更信息同步推送至相关部门,相关部门在办理后续业务时不再要求企业重复提交。	市场监管总局等国务院相关部门	非试点地区可参考借鉴
10	推行企业年度报告"多报合一"改革	相关部门可将依法依规由企业年度报告有关信息,无需再向多个部门重复报送相关信息,实现涉及市场监管、社保、税务、海关等事项年度报告的"多报合一"。	市场监管总局、人力资源社会保障部、海关总署、税务总局	非试点地区可参考借鉴
11	探索建立市场主体除名制度	对被列入经营异常名录或者被标记为经营异常状态满两年,且近两年未申报纳税的市场主体,登记机关可对其作出除名决定。除名后,市场主体应当依法完成清算、办理注销登记,且不得从事与清算和注销无关的活动。被除名期间市场主体不存续,并可对除名决定申请行政复议或提起行政诉讼。	市场监管总局	非试点地区可参考借鉴

608

续表

序号	改革事项	主要内容	主管单位	备注
12	进一步便利破产管理人查询破产企业财产信息	允许破产管理人通过线上注册登录方式，经身份核验后，依法查询有关机构（包括土地管理、房产管理、车辆管理、税务、市场监管、社保等部门和单位）掌握的破产企业财产相关信息，提高破产办理效率。	最高人民法院，公安部，人力资源社会保障部，自然资源部，住房城乡建设部，税务总局，市场监管总局等国务院相关部门	在全国推行
13	进一步完善破产管理人选任制度	允许破产企业的相关权利人推荐破产管理人，并由人民法院指定。	最高人民法院	非试点地区可参考借鉴
三、持续提升投资和建设便利度				
14	推进社会投资项目"用地清单制"改革	在土地供应前，可开展地质灾害、地震安全、压覆矿产、气候可行性、水资源论证、防洪、考古调查勘探发掘等评估，并对文物、历史建筑保护对象、古树名木、人防工程、地下管线等进行现状查查，形成评估结果和查查意见清单，在土地供应时一并交付用地单位。相关单位在项目后续报建或建设验收环节，原则上不得增加清单外的要求。改革后，相关单位提升评估的科学性、精准性及论证深度，避免企业事地后需重复论证。同时，当项目外部条件发生变化，相关单位及时对评估报告等进行调整完善。	国家发展改革委，自然资源部，住房城乡建设部，中国气象局，国家林草局，国家文物	非试点地区可参考借鉴

609

续表

序号	改革事项	主要内容	主管单位	备注
15	分阶段整合相关测绘测量事项	按照同一标的物只测一次原则,分阶段整合优化测绘测量事项,推动将立项用地规划许可阶段树测定界测绘、宗地测绘,人防面积预测绘、建设工程规划许可阶段房产预测量,施工许可阶段房产测量,用地复核测量等事项,在具备条件的情况下进行整合;将竣工验收阶段测量、人防测量、绿地测量、房产测量、机动车停车场(库)测量、地下管线测量等事项,在具备条件的情况下进行整合。加快统一相关测绘测量技术标准,实现同一阶段"一次委托,成果共享",避免对同一标的物重复测绘测量。	自然资源部、住房城乡建设部、交通运输部、国家人防办	非试点地区可参考借鉴
16	推行水电气暖等市政接入工程涉及的行政审批在线并联办理	对供电、供水、供气、供暖等市政接入工程涉及的建设工程规划许可、绿化许可、涉路施工许可等实行全程在线并接办理,对符合条件的市政接入工程审批实行告知承诺管理。改革后,有关行政审批部门加强抽查核验力度,对虚假承诺、违反承诺等行为形成。	住房城乡建设部、公安部、自然资源部、交通运输部、国家电网有限公司、中国南方电网有限责任公司	非试点地区可参考借鉴

续表

序号	改革事项	主要内容	主管单位	备注
17	开展联合验收"一口受理"	对实行联合验收的工程建设项目，由住房城乡建设主管部门"一口受理"建设单位申请，并牵头协调相关部门开展联合验收，避免建设单位反复与多个政府部门沟通协调。	住房城乡建设部、自然资源部、国家人防办	在全国推行
18	进一步优化工程建设项目联合验收方式	对实行联合验收的工程建设项目，根据项目类别科学合理确定纳入联合验收的事项，原则上未经验收不得投入使用的事项（如规划验收、人防验收、消防验收、档案验收等）应当纳入联合验收方案，消防验收、消防备案、竣工验收、档案验收等。根据实际情况纳入，并综合运用承诺制等多种方式灵活办理验收手续。改革后，相关主管部门和单位实际开展时间，加快项目投产使用。改革后，相关主管部门和单位对未纳入联合验收的事项也要依申请反时进行验收，并优化验收流程。对验收时发现的问题及时督促建设单位整改。	住房城乡建设部、自然资源部、国家人防办	在全国推行
19	简化实行联合验收的工程建设项目竣工验收备案手续	对实行联合验收的工程建设项目，现场出具联合验收意见书即视为完成竣工验收备案，不动产登记等相关部门在线获取验收结果，企业无需再单独办理竣工验收备案。	住房城乡建设部、自然资源部、国家人防办	非试点地区可参考借鉴
20	对已满足使用功能的单位工程开展单独竣工验收	对办理了一张建设工程规划许可证但涉及多个单位工程的工程建设项目，在符合项目整体质量安全要求，达到安全使用条件的前提下，单位工程验收合格后，对已满足使用功能的，可单独投入使用。改革后，有关部门建立完善工程竣工验收标准，加强风险管控，确保项目整体符合规划要求和质量安全。	住房城乡建设部、自然资源部、国家人防办	在全国推行

611

续表

序号	改革事项	主要内容	主管单位	备注
四、更好支持市场主体创新发展					
21	健全知识产权质押融资风险分担机制和质物处置机制	健全政府引导的知识产权质押融资风险分担补偿机制,综合运用担保、风险补偿等方式降低信贷风险。探索担保机构通过质权转股权、反向许可、拍卖等方式快速进行质物处置,保障金融机构的融资债权。	国家知识产权局、人民银行、国家版权局、银保监会	在全国推行
22	优化科技企业孵化器及众创空间信息变更管理模式	在科技部门线上信息服务系统中增设国家备案科技企业孵化器及众创空间信息变更申请,审批和修改功能。对于名称、场地面积、经营场所等信息变更,由各级科技主管部门审批同意后即可变更,并将变更信息推送至国家科技部门。国家科技主管部门对相关信息变更的情况开展抽查和事中事后监管。	科技部	在全国推行
五、持续提升跨境贸易便利化水平					
23	优化进出口货物查询服务	利用国际贸易"单一窗口"为企业提供本企业进出口货物全流程查询服务。经企业授权和"单一窗口"平台认证,企业申报信息及海关部门处理结果信息可为金融机构开展融资、保险等服务提供信用参考。	海关总署、商务部	在全国推行
24	加强铁路信息系统与海关信息系统的数据交换共享	加强铁路信息系统与海关信息系统的数据交换共享"业务模式,实现相关单证电子化流转,大力推广铁路口岸"快速通关",压缩列车停留时间,提高通关效率。	海关总署、国家铁路局,中国国家铁路集团有限公司	在全国推行

续表

序号	改革事项	主要内容	主管单位	备注
25	推进水铁空公多式联运信息共享	打破制约多式联运发展的信息壁垒,推进铁路、公路、水路、航空等运输环节信息对接共享,实现运力全程实时追踪等,促进多种运输方式协同联动。	交通运输部、海关总署、国家铁路局、国家民航局、国家邮政局、中国国家铁路集团有限公司	在全国推行
26	进一步深化进出口货物"提前申报"、"两步申报"、"船边直提"、"抵港直装"等改革	推行进出口货物"提前申报"、"两步申报"措施。在有条件的港口推进进口货物"船边直提"和出口货物"抵港直装"。	海关总署	在全国推行
27	探索开展科研设备、耗材跨境自由流动,简化科研用途设备和样本样品进出口手续	探索制定跨境科研用物资正面清单,对正面清单列明的科研设备、科研样本、实验试剂、耗材等科研物资(纳入出入境特殊物品风险管理的除外)实行单位事先承诺申报,海关便利化通关申报管理模式,简化报关单申报,检疫审批,准许企业证件管理等环节。对国外已上市但国内未注册的研发用医疗器械,准许企业在强化自主管理、确保安全可控前提下进口,海关根据相关部门意见办理通关手续。	科技部、商务部、国家卫生健康委、海关总署、市场监管总局	非试点地区可参考借鉴

613

续表

序号	改革事项	主要内容	主管单位	备注
六、维护公平竞争秩序				
28	清理设置非必要条件排斥潜在竞争者行为	清理取消企业在资质资格获取、招投标、政府采购、权益保护等方面存在的差别化待遇，清理通过划分企业等级、设立项目库、增设证明事项、注册、认证、认定等非必要条件排除和限制竞争的行为。	国家发展改革委、财政部、市场监管总局等国务院相关部门	在全国推行
29	推进招投标全流程电子化改革	拓展电子招投标交易平台功能，推动平台与预算管理一体化系统信息共享，实行在线提交发票和工程款支付网上查询，加快推进开标评标、合同签订和变更等事项网上办理，实现招投标及合同管理全线上办理、全环节留痕。	国家发展改革委、财政部等国务院相关部门	非试点地区可参考借鉴
30	优化水利工程招投标手续	推行水利工程在发布招标公告时同步发售或者下载资格预审文件（或招标文件）。取消水利工程施工招标条件中"监理单位已确定"的条件。	国家发展改革委、水利部	在全国推行
七、进一步加强和创新监管				
31	在部分领域建立完善综合监管机制	理顺成品油、农产品等领域监管机制，明确监管责任部门，统一行业监管标准。	商务部、农业农村部、市场监管总局等国务院相关部门	在全国推行

614

续表

序号	改革事项	主要内容	主管单位	备注
32	建立市场主体全生命周期监管链	在市场主体办理注册登记、资质审核、行政许可及接受日常监管、公共服务过程中,及时全面记录市场主体行为及信用信息,在此基础上推进分级分类"信用+智慧"监管,实现企业信用信息全方位公示、多场景应用、全流程追溯。	市场监管总局、国家发展改革委、人民银行等国务院相关部门	非试点地区可参考借鉴
33	在部分重点领域建立事前事中事后全流程监管机制	在食品药品、环境保护、水土保持、医疗卫生等重点领域,建立完善全链条、全流程监管体系,提高监管效能。	国家发展改革委、生态环境部、住房城乡建设部、水利部、国家卫生健康委、市场监管总局、国家疾控局、国家药监局等国务院相关部门	在全国推行
34	在税务监管领域建立"信用+风险"+"信用+风险"监管体系	探索推进动态"信用+风险"税务监管,简化无风险和低风险企业的涉税业务办理流程、提醒预警或直接阻断高风险企业的涉税业务办理、努力实现从"以票管税"向"以数治税""分类精准监管转变,全方位推进税务执法、服务和监管能力。	税务总局	非试点地区可参考借鉴

615

续表

序号	改革事项	主要内容	主管单位	备注
35	实行特种设备作业人员证书电子化管理	制定特种设备作业人员电子证书、在纸质证书样式基础上加载聘用、违规行为等从业信息，实现与纸质证书并行使用。通过数据交换方式将相关信息汇聚到地方市场监管部门平台并在线公示，加强对从业人员的管理。	市场监管总局	非试点地区可参考借鉴
八、依法保护各类市场主体产权和合法权益				
36	建立健全政务诚信诉讼执行协调机制	探索建立政务诚信诉讼执行协调机制，由地方人民法院定期将涉及政府部门、事业单位失信被执行人信息定向推送给政务诚信牵头部门，政务诚信牵头部门负责协调推动有关单位执行人民法院判决结果，保障市场主体合法权益。	最高人民法院、国务院办公厅、国家发展改革委、司法部	在全国推行
37	畅通知识产权领域信息交换渠道	建立商标恶意注册申请利正常专利申请的快速处置联动机制。开展商标专利巡回评审和远程评审。	国家知识产权局	在全国推行
九、优化经常性涉企服务				
38	简化检验检测机构资质认定人员信息变更办理程序	检验检测机构变更法定代表人、最高管理者、技术负责人，由检验检测机构自行修改资质认定系统人员信息，不需再到资质认定部门申请办理。	市场监管总局	在全国推行
39	简化不动产非公证继承手续	法定继承人或受遗赠人到不动产登记机构进行登记材料查验，无需提交第二顺序继承人材料。有第一顺序继承人的，第二顺序继承人应承诺提交的申请材料真实有效，因承诺不实给其他人造成损失的，承担相应法律责任。	自然资源部	在全国推行

616

续表

序号	改革事项	主要内容	主管单位	备注
40	对个人存量房交易开放电子发票功能	推行个人存量房交易代开增值税电子普通发票服务,允许自然人网上缴税后获取增值税电子普通发票,推动实现全业务流程网上办理。	税务总局,自然资源部	非试点地区可参考借鉴
41	实施不动产登记、交易和缴纳税费"一网通办"	推进全业务类型"互联网+不动产登记",实施不动产登记、交易和缴纳税费"一窗受理、并行办理"。加快实施网上缴纳税费、推行税费登记费线上一次收缴,后台自动清分入账(库)。	自然资源部,财政部,住房城乡建设部,人民银行,税务总局	非试点地区可参考借鉴
42	开展不动产登记信息及地籍图可视化查询	依托互联网拓展不动产登记信息在线可视化检索和查询服务,任何人经身份验证后可在电子地图上依法查询不动产自然状况、权利限制状况、地籍图等信息,更大便利不动产转移登记,提高土地管理质量水平。	自然资源部	非试点地区可参考借鉴
43	推行非接触式发放税务UKey	探索向新办纳税人非接触式发放税务UKey。	税务总局,市场监管总局	在全国推行
44	深化"多税合一"申报改革	探索整合企业所得税和财产行为税综合申报,现多税种"一个人口、一张报表、一次申报、一次缴款、一张凭证",进一步压减纳税人申报和缴税的次数。	税务总局	非试点地区可参考借鉴
45	推行全国车船税缴纳信息联网查询与核验	向保险机构依法依视开放全国车船税缴纳情况免费查询或核验接口,便于车辆异地申报和缴保险及缴税。	税务总局,银保监会	在全国推行

617

续表

序号	改革事项	主要内容	主管单位	备注
46	进一步拓展企业涉税数据开放维度	推动地方税务局的欠税公告信息、非正常户信息和骗取退税、虚开发票等高风险纳税人名单信息，以及税务总局的行政处罚类信息等共用，进一步提高征管效能。	税务总局	在全国推行
47	对代征税款实行电子缴税入库的开具电子完税证明	允许各地在实现代征税款逐笔电子缴税且实时入库的前提下，向纳税人提供电子完税证明。	税务总局	非试点地区可参考借鉴
48	推行公安服务"一窗通办"	建设涉及治安、户政、交管等公安服务综合窗口，实行"前台综合收件、后台分类审批、统一窗口出件"，推进更多事项实现在线办理。	公安部	非试点地区可参考借鉴
49	推行企业办事"一照通办"	通过政府部门内部数据共享方式归集或核验企业基本信息，探索实行企业仅凭营业执照即可办理部分高频审批服务事项，无需提交政府部门通过信息共享可以获取的其他材料。	市场监管总局等国务院相关部门	非试点地区可参考借鉴
50	进一步扩大电子营业执照、电子签章等应用范围	在货物报关、银行贷款、项目申报、招投标、政府采购等业务领域推广"在线身份认证、电子证照、电子签章"应用，电子证照、电子签章加盖在政务服务中互通互认，满足企业、个人在网上办事时对于身份认证、电子证照应用的业务需求。依托全国一体化政务数据共享交换系统互联互通，支撑电子证照、电子签章跨系统、跨领域、跨地区互信互用，推动政务数据有序共享。鼓励认证机构在认证证书领域推广使用电子签章。支持水电气暖等公用事业企业通过政务服务平台，在线表征企业、个人办理业务所需的证照信息。	国务院办公厅、国家发展改革委、公安部、财政部、人民银行、海关总署、市场监管总局、银保监会等国务院相关部门	非试点地区可参考借鉴

618

国务院办公厅关于印发第十次全国深化"放管服"改革电视电话会议重点任务分工方案的通知

（2022年10月15日　国办发〔2022〕37号）

《第十次全国深化"放管服"改革电视电话会议重点任务分工方案》已经国务院同意，现印发给你们，请结合实际认真贯彻落实。

第十次全国深化"放管服"改革电视电话会议重点任务分工方案

党中央、国务院高度重视深化"放管服"改革优化营商环境工作。2022年8月29日，李克强总理在第十次全国深化"放管服"改革电视电话会议上发表重要讲话，部署持续深化"放管服"改革，推进政府职能深刻转变，加快打造市场化法治化国际化营商环境，着力培育壮大市场主体，稳住宏观经济大盘，推动经济运行保持在合理区间。为确保会议确定的重点任务落到实处，现制定如下分工方案。

一、依靠改革开放释放经济增长潜力

（一）继续把培育壮大市场主体作为深化"放管服"改革的重要着力点，坚持"两个毫不动摇"，对各类所有制企业一视同仁，依法平等保护各类市场主体产权和合法权益，给予同等政策支持。（市场监管总局、国家发展改革委、工业和信息化部、司法部、财政部、商务部、国务院国资委、国家知识产权局等国务院相关部门及各地区按职责分工负责）

具体举措：

1. 落实好《促进个体工商户发展条例》，抓紧制定完善配套措施，切实解决个体工商户在经营场所、用工、融资、社保等方面面临的突出困难和问题，维护个体工商户合法权益，稳定个体工商户发展预期。（市场监管总局牵头，国务院相关部门及各地区按职责分工负责）

2. 深入开展制止滥用行政权力排除、限制竞争执法专项行动，进一步健全公平竞争审查制度，建立健全市场竞争状况监测评估和预警机制，更大力度破除地方保护、市场分割，切实维护公平竞争市场秩序。（市场监管总局牵头，国务院相关部门及各地区按职责分工负责）

3. 持续清理招投标领域针对不同所有制企业、外地企业设置的各类隐性门槛和不合理限制，畅通招标投标异议、投诉渠道，严厉打击围标串标、排斥潜在投标人等违法违规行为。（国家发展改革委牵头，国务院相关部门及各地区按职责分工负责）

（二）加快推进纳入国家"十四五"规划以及省级规划的重点项目，运用"放管服"改革的办法，打通堵点卡点，继续采取集中办公、并联办理等方式，提高审批效率，强化要素保障，推动项目尽快落地。同时，进一步压实地方政府和相关业主单位的责任，加强监督。（国家发展改革委牵头，自然资源部、生态环境部、住房城乡建设部、交通运输部、水利部、审计署等国务院相关部门及各地区按职责分工负责）

具体举措：

1. 依托推进有效投资重要项目协调机制，加强部门协同，高效保障重要项目尽快落地，更好发挥有效投资对经济恢复发展的关键性作用。（国家发展改革委牵头，国务院相关部门及各地区按职责分工负责）

2. 落实好重要项目用地、规划、环评、施工许可、水土保持等方面审批改革举措，对正在办理手续的项目用海用岛审批实行即接即办，优化水利工程项目招标投标程序，推动项目及时开工，尽快形成实物工作量。（自然资源部、生态环境部、住房城乡建设部、水利部等国务院相关部门及各地区按职责分工负责）

（三）依法盘活用好5000多亿元专项债地方结存限额，与政策性开发性金融工具相结合,支持重点项目建设。在专项债资金和政策性开发性金融工具使用过程中,注重创新机制,发挥对社会资本的撬动作用。引导商业银行扩大中长期贷款投放,为重点项目建设配足融资。(财政部、国家发展改革委、人民银行、银保监会等国务院相关部门及各地区按职责分工负责)

具体举措:

指导政策性开发性银行用好用足政策性开发性金融工具额度和8000亿元新增信贷额度,优先支持专项债券项目建设。鼓励商业银行信贷资金等通过银团贷款、政府和社会资本合作(PPP)等方式,按照市场化原则加大对重要项目建设的中长期资金支持力度。(财政部、人民银行、银保监会等国务院相关部门及各地区按职责分工负责)

(四)抓紧研究支持制造业企业、职业院校等设备更新改造的政策,金融机构对此要增加中长期贷款投放。完善对银行的考核办法,银行要完善内部考评和尽职免责规定,形成激励机制。持续释放贷款市场报价利率改革和传导效应,降低企业融资和个人消费信贷成本。(人民银行、银保监会、国家发展改革委、财政部、教育部、工业和信息化部、人力资源社会保障部等国务院相关部门及各地区按职责分工负责)

具体举措:

继续深化利率市场化改革,发挥存款利率市场化调整机制作用,释放贷款市场报价利率(LPR)形成机制改革效能,促进降低企业融资和个人消费信贷成本。督促21家全国性银行完善内部考核、尽职免责和激励机制,引导商业银行扩大中长期贷款投放,为设备更新改造等配足融资。(人民银行、银保监会负责)

(五)落实好阶段性减征部分乘用车购置税、延续免征新能源汽车购置税、放宽二手车迁入限制等政策。给予地方更多自主权,因城施策运用好政策工具箱中的40多项工具,灵活运用阶段性信贷政策,支持刚性和改善性住房需求。有关部门和各地区要认真做好保交楼、防烂尾、稳预期相关工作,用好保交楼专项借款,压实项目实施主体责任,防范发生风险,保持房地产市场平稳健康发展。同时,结合实际出台针对性支持其他消费领域的举措。(财政部、税务总局、

工业和信息化部、公安部、生态环境部、住房城乡建设部、商务部、人民银行、银保监会等国务院相关部门及各地区按职责分工负责）

具体举措：

1. 延续实施新能源汽车免征车辆购置税政策，组织开展新能源汽车下乡和汽车"品牌向上"系列活动，支持新能源汽车产业发展，促进汽车消费。（财政部、工业和信息化部、税务总局等国务院相关部门及各地区按职责分工负责）

2. 实施好促进绿色智能家电消费政策，积极开展家电以旧换新和家电下乡。办好国际消费季、家电消费季、中华美食荟、老字号嘉年华等活动。加快培育建设国际消费中心城市，尽快扩大城市一刻钟便民生活圈试点，促进消费持续恢复。（商务部牵头，国务院相关部门及各地区按职责分工负责）

（六）支持企业到国际市场打拼，在公平竞争中实现互利共赢。加强对出口大户、中小外贸企业服务，帮助解决生产、融资、用工、物流等问题。加大对跨境电商、海外仓等外贸新业态支持力度，线上线下相结合搭建境内外展会平台，支持企业稳订单拓市场。（商务部、工业和信息化部、人力资源社会保障部、交通运输部、人民银行、银保监会、中国贸促会等相关部门和单位及各地区按职责分工负责）

具体举措：

1. 2022年底前再增设一批跨境电子商务综合试验区，加快出台更多支持海外仓发展的政策措施。鼓励贸促机构、会展企业以"境内线上对口谈、境外线下商品展"方式举办境外自办展会，帮助外贸企业拓市场、拿订单。（商务部牵头，中国贸促会等相关部门和单位及各地区按职责分工负责）

2. 鼓励金融机构积极创新贸易金融产品，提升贸易融资服务水平。支持金融机构按照市场化原则，为海外仓企业和项目提供定制化的信贷产品及出口信保等金融产品和服务。（人民银行、银保监会牵头，国务院相关部门及各地区按职责分工负责）

（七）继续深化通关便利化改革，推进通关业务全流程网上办理，提升港口集疏运水平，畅通外贸产业链供应链。（海关总署、交通运输部、商务部、国家铁路局、中国国家铁路集团有限公司等相关部门和单位及各地区按职责分工负责）

具体举措：

1. 2022年底前，依托国际贸易"单一窗口"平台，加强部门间信息共享和业务联动，开展进口关税配额联网核查及相应货物无纸化通关试点。在有条件的港口推进进口货物"船边直提"和出口货物"抵港直装"。（海关总署牵头，国务院相关部门及各地区按职责分工负责）

2. 加快推动大宗货物和集装箱中长距离运输"公转铁"、"公转水"等多式联运改革，推进铁路专用线建设，降低综合货运成本。2022年11月底前，开展不少于100个多式联运示范工程建设。（交通运输部、国家发展改革委、国家铁路局、中国国家铁路集团有限公司等相关部门和单位及各地区按职责分工负责）

（八）保障外资企业国民待遇，确保外资企业同等享受助企惠企、政府采购等政策，推动一批制造业领域标志性外资项目落地，增强外资在华长期发展的信心。（国家发展改革委、商务部、工业和信息化部、财政部、中国贸促会等相关部门和单位及各地区按职责分工负责）

具体举措：

1. 2022年底前制定出台关于以制造业为重点促进外资扩增量稳存量提质量的政策文件，进一步优化外商投资环境，高标准落实外资企业准入后国民待遇，保障外资企业依法依规平等享受相关支持政策。（国家发展改革委、商务部等国务院相关部门及各地区按职责分工负责）

2. 更好发挥服务外资企业工作专班作用，完善问题受理、协同办理、结果反馈等流程，有效解决外资企业面临的实际困难问题。（中国贸促会牵头，国务院相关部门及各地区按职责分工负责）

二、提升面向市场主体和人民群众的政务服务效能

（九）继续行简政之道，放出活力、放出创造力。落实和完善行政许可事项清单制度，坚决防止清单之外违法实施行政许可，2022年底前省、市、县级要编制完成本级行政许可事项清单和办事指南，加快实现同一事项在不同地区和不同层级同标准、无差别办理。（国务院办公厅牵头，国务院相关部门及各地区按职责分工负责）

具体举措：

1. 2022年底前,省、市、县级人民政府按照统一的清单编制要求,编制并公布本级行政许可事项清单,明确事项名称、主管部门、实施机关、设定和实施依据等基本要素。(国务院办公厅牵头,各地区按职责分工负责)

2. 2022年底前,对行政许可事项制定实施规范,明确许可条件、申请材料、审批程序等内容,持续推进行政许可标准化、规范化、便利化。强化监督问责,坚决防止清单之外违法实施行政许可。(国务院办公厅牵头,国务院相关部门及各地区按职责分工负责)

(十)不断强化政府部门监管责任,管出公平、管出质量。依法严厉打击制售假冒伪劣、侵犯知识产权等违法行为,完善监管规则,创新适应行业特点的监管方法,推行跨部门综合监管,进一步提升监管效能。(国务院办公厅、市场监管总局、国家知识产权局等国务院相关部门及各地区按职责分工负责)

具体举措:

1. 2022年底前制定出台关于深入推进跨部门综合监管的指导意见,对涉及多个部门、管理难度大、风险隐患突出的监管事项,加快建立健全职责清晰、规则统一、信息互通、协同高效的跨部门综合监管制度,切实增强监管合力,提高政府监管效能。(国务院办公厅牵头,国务院相关部门及各地区按职责分工负责)

2. 针对企业和群众反映强烈、侵权假冒多发的重点领域,进一步加大执法力度,严厉打击商标侵权、假冒专利等违法行为,对重大典型案件开展督查督办,持续营造创新发展的良好环境。(市场监管总局、国家知识产权局等国务院相关部门及各地区按职责分工负责)

(十一)严格规范公正文明执法,深入落实行政处罚法,坚持过罚相当、宽严相济,明确行政处罚裁量权基准,切实解决一些地方在行政执法过程中存在的简单粗暴、畸轻畸重等问题,决不能搞选择性执法、"一刀切"执法、逐利执法。严肃查处吃拿卡要、牟取私利等违法违规行为。(司法部等国务院相关部门及各地区按职责分工负责)

具体举措:

1. 深入贯彻落实《国务院办公厅关于进一步规范行政裁量权基准制定和管理工作的意见》(国办发〔2022〕27号),进一步推动各地区各部门分别制定本地区本领域行政裁量权基准,指导督促各地区尽快建立行政裁量权基准动态调整机制,将行政裁量权基准制定和管理工作纳入法治政府建设考评指标体系,规范行政执法,避免执法畸轻畸重。(司法部牵头,国务院相关部门及各地区按职责分工负责)

2.严格规范行政罚款行为,抓紧清理调整一批违反法定权限设定、过罚不当等不合理罚款事项,进一步规范罚款设定和实施,防止以罚增收、以罚代管、逐利执法等行为。(司法部牵头,国务院相关部门及各地区按职责分工负责)

(十二)按照构建全国统一大市场的要求,全面清理市场准入隐性壁垒,推动各地区、各部门清理废除妨碍公平竞争的规定和做法。(国家发展改革委、市场监管总局等国务院相关部门及各地区按职责分工负责)

具体举措:

1.落实好《市场准入负面清单(2022年版)》,抓紧推动清单事项全部实现网上办理,建立健全违背市场准入负面清单案例归集和通报制度,进一步畅通市场主体对隐性壁垒的投诉渠道,健全处理回应机制。(国家发展改革委、商务部牵头,国务院相关部门及各地区按职责分工负责)

2.加快出台细化落实市场主体登记管理条例的配套政策文件,编制登记注册业务规范和审查标准,在全国推开经营范围规范化登记,完善企业名称争议处理机制。(市场监管总局牵头,国务院相关部门及各地区按职责分工负责)

(十三)加强政务数据共享,推进企业开办注销、不动产登记、招工用工等常办事项由多环节办理变为集中办理,扩大企业电子营业执照等应用。(国务院办公厅、自然资源部、人力资源社会保障部、市场监管总局等国务院相关部门及各地区按职责分工负责)

具体举措:

1.2022年底前实现企业开办、涉企不动产登记、员工录用、企业简易注销等"一件事一次办",进一步提升市场主体获得感。(国务院办公厅牵头,国务院相关部门及各地区按职责分工负责)

2.加快国家政务大数据平台建设,依托政务数据共享协调机制,不断完善政务数据共享标准规范,提升政务数据共享平台支撑能力,促进更多政务数据依法有序共享、合理有效利用,更好满足企业和群众办事需求。(国务院办公厅牵头,国务院相关部门及各地区按职责分工负责)

3.加快建设全国统一、实时更新、权威可靠的企业电子证照库,并与全国一体化政务服务平台电子证照共享服务系统互联互通,推动电子营业执照和企业电子印章跨地区跨部门互信互认,有序拓展电子营业执照在市场准入、纳税、金融、招投标等领域的应用,为市场主体生产经营提供便利。(国务院办公厅、市场监管总局等国务院相关部门及各地区按职责分工负责)

(十四)再推出一批便民服务措施,解决好与人民群众日常生活密切相关的"关键小事"。(国务院相关部门及各地区按职责分工负责)

具体举措:

1.延长允许货车在城市道路上通行的时间,放宽通行吨位限制,推动取消皮卡车进城限制,对新能源配送货车扩大通行范围、延长通行时间,进一步便利货车在城市道路通行。(公安部牵头,国务院相关部门及各地区按职责分工负责)

2.加快开展"互联网+考试服务",建立中国教育考试网统一用户中心,丰富和完善移动端功能,实行考试信息主动推送,进一步提升考试成绩查询和证书申领便利度。(教育部牵头,国务院相关部门及各地区按职责分工负责)

(十五)进一步扩大营商环境创新试点范围,支持有条件的地方先行先试,以点带面促进全国营商环境不断改善。(国务院办公厅牵头,国务院相关部门及各地区按职责分工负责)

具体举措:

密切跟踪营商环境创新试点工作推进情况,及时总结推广实践证明行之有效、市场主体欢迎的改革举措,适时研究扩大试点地区范围,推动全国营商环境持续改善。(国务院办公厅牵头,国务院相关部门及各地区按职责分工负责)

(十六)落实好失业保险保障扩围政策,进一步畅通申领渠道,提高便利度,继续对不符合领取失业保险金条件的失业人员发放失业补助金,确保应发尽发。加强动态监测,及时发现需要纳入低保的对象,该扩围的扩围,做到应保尽保。及时启动价格补贴联动机制并足额发放补贴。加强和创新社会救助,打破户籍地、居住地申请限制,群众在哪里遇到急难就由哪里直接实施临时救助。加强各类保障和救助资金监管,严查优亲厚友、骗取套取等行为,确保资金真正用到困难群众身上,兜牢基本民生底线。(民政部、人力资源社会保障部、国家发展改革委、财政部、退役军人部、国家统计局等国务院相关部门及各地区按职责分工负责)

具体举措：

1. 2022年底前制定出台关于进一步做好最低生活保障等社会救助兜底保障工作的政策文件,指导督促地方及时将符合条件的困难群众纳入社会救助范围,优化非本地户籍人员救助申请程序,全面推行由急难发生地直接实施临时救助,切实兜住、兜准、兜好困难群众基本生活底线。(民政部牵头,国务院相关部门及各地区按职责分工负责)

2. 深入推进线上申领失业保险待遇,简化申领手续、优化申领服务,推动失业保险金和失业补助金应发尽发、应保尽保。(人力资源社会保障部、财政部及各地区按职责分工负责)

3. 指导督促各地于2023年3月前阶段性调整价格补贴联动机制,进一步扩大保障范围,降低启动条件,加大对困难群众物价补贴力度,并及时足额发放补贴。(国家发展改革委、民政部、财政部、人力资源社会保障部、退役军人部、国家统计局及各地区按职责分工负责)

三、着力推动已出台政策落地见效

(十七)用"放管服"改革办法加快释放政策效能,推动各项助企纾困政策第一时间落到市场主体,简化办理程序,尽可能做到直达快享、"免申即享"。各级政府包括财政供养单位都要真正过紧日子,盘活存量资金和资产,省级政府要加大财力下沉力度,集中更多资金落实惠企利民政策,支持基层保基本民生支出、保工资发放。严厉整治乱收费乱罚款乱摊派等行为。(财政部、国家发展改革委、工业和信息化部、司法部、税务总局、市场监管总局等国务院相关部门及各地区按职责分工负责)

具体举措：

1. 落实好阶段性缓缴社会保险费政策，进一步优化经办服务流程，健全部门协作机制，实现企业"即申即享"。优化增值税留抵退税办理流程，在实现信息系统自动推送退税提醒、提取数据、预填报表的基础上，进一步完善退税提醒服务，促进留抵退税政策在线直达快享。（人力资源社会保障部、国家发展改革委、财政部、税务总局等国务院相关部门及各地区按职责分工负责）

2. 2022年底前，在交通物流、水电气暖、金融、地方财经、行业协会商会和中介机构等重点领域，集中开展涉企违规收费专项整治行动，切实减轻市场主体负担。（国家发展改革委、工业和信息化部、财政部、市场监管总局等国务院相关部门及各地区按职责分工负责）

（十八）加大稳就业政策实施力度。着力拓展市场化社会化就业主渠道，落实好各项援企稳岗政策，让各类市场主体在吸纳就业上继续当好"主角"。对200多万未落实就业去向的应届大学毕业生，要做好政策衔接和不断线就业服务，扎实开展支持就业创业行动，对自主创业者落实好担保贷款、租金减免等政策。稳住本地和外来务工人员就业岗位，在重点项目建设中扩大以工代赈实施规模，帮助农民工就近就业增收。支持平台经济健康持续发展，发挥其吸纳就业等作用。同时，坚决消除就业歧视和不合理限制，营造公平就业环境。（人力资源社会保障部、教育部、国家发展改革委、中央网信办、住房城乡建设部、农业农村部、人民银行、市场监管总局、银保监会等相关部门和单位及各地区按职责分工负责）

具体举措：

1. 持续组织开展线上线下校园招聘活动，实施离校未就业高校毕业生服务攻坚行动，为未就业毕业生提供职业指导、岗位推荐、职业培训和就业见习机会，确保2022年底前离校未就业毕业生帮扶就业率达90%以上。深入推进企业吸纳就业社会保险补贴"直补快办"，扩大补贴对象范围，支持企业更多吸纳重点群体就业。（教育部、人力资源社会保障部、财政部等国务院相关部门及各地区按职责分工负责）

2. 推进新就业形态就业人员职业伤害保障试点。针对新冠肺炎康复者遭遇就业歧视问题，加大监察执法力度，发现一起严肃处理一起，切实维护劳动者平等就业权益。（人力资源社会保障部、财政部、

国家卫生健康委、税务总局、国家医保局等相关部门和单位及各地区按职责分工负责）

（十九）保障好粮食、能源安全稳定供应，确保全年粮食产量保持在1.3万亿斤以上。围绕保饮水保秋粮继续抓实抗旱减灾工作。强化农资供应等服务保障，把农资补贴迅速发到实际种粮农民手中，进一步保护他们的种粮积极性。稳定生猪产能，防范生猪生产和猪肉价格出现大的波动。（农业农村部、水利部、应急部、国家发展改革委、财政部、商务部、国家粮食和储备局等国务院相关部门及各地区按职责分工负责）

具体举措：

1. 及时启动或调整国家防汛抗旱总指挥部抗旱应急响应，加大对旱区的抗旱资金、物资装备支持力度，督促旱区加快蓄引提调等抗旱应急工程建设。加强预报、预警、预演、预案"四预"措施，及时发布干旱预警。依据晚稻等秋粮作物需水情况，适时开展抗旱保供水联合调度，为灌区补充水源。（应急部、水利部、财政部、农业农村部等国务院相关部门及各地区按职责分工负责）

2. 压实生猪产能分级调控责任，督促产能过度下降的省份及时增养能繁母猪，重点排查并纠正以用地、环保等名义关停合法运营养殖场的行为，确保全国能繁母猪存栏量稳定在4100万头以上。加强政府猪肉储备调节，切实做好猪肉市场保供稳价工作。（农业农村部、国家发展改革委、财政部、自然资源部、生态环境部、商务部等国务院相关部门及各地区按职责分工负责）

（二十）加强煤电油气运调节，严格落实煤炭稳价保供责任，科学做好跨省跨区电力调度，确保重点地区、民生和工业用电。国有发电企业担起责任，应开尽开、稳发满发。（国家发展改革委、国务院国资委、国家能源局等国务院相关部门及各地区按职责分工负责）

具体举措：

在确保安全生产和生态安全的前提下，加快煤矿核增产能相关手续办理，推动已核准煤炭项目加快开工建设。督促中央煤炭企业加快释放先进煤炭产能，带头执行电煤中长期合同。（国家发展改革委、自然资源部、生态环境部、应急部、国务院国资委、国家能源局、国家矿山安监局等国务院相关部门及各地区按职责分工负责）

(二十一)持续推进物流保通保畅,进一步畅通"主动脉"和"微循环",稳定产业链供应链,保障全行业、全链条稳产达产,稳定市场预期。(交通运输部、工业和信息化部等国务院相关部门及各地区按职责分工负责)

具体举措:

密切关注全国高速公路收费站和服务区关闭关停情况,及时协调解决相关问题。指导各地认真落实优先过闸、优先引航、优先锚泊、优先靠离泊等"四优先"措施,保障今冬明春煤炭、液化天然气(LNG)等重点物资水路运输。(交通运输部牵头,国务院相关部门及各地区按职责分工负责)

各地区、各部门要对照上述任务分工,结合自身职责,细化实化相关任务措施,明确时间表,落实责任单位和责任人,强化协同配合,切实抓好各项改革任务落地,最大限度利企便民,更好服务经济社会发展大局。国务院办公厅要加强业务指导和督促协调,支持地方探索创新,及时总结推广经验做法,推动改革取得更大实效。各地区、各部门的贯彻落实情况,年底前书面报国务院。

社 会 法

特殊保障

中华人民共和国妇女权益保障法

（1992年4月3日第七届全国人民代表大会第五次会议通过 根据2005年8月28日第十届全国人民代表大会常务委员会第十七次会议《关于修改〈中华人民共和国妇女权益保障法〉的决定》第一次修正 根据2018年10月26日第十三届全国人民代表大会常务委员会第六次会议《关于修改〈中华人民共和国野生动物保护法〉等十五部法律的决定》第二次修正 2022年10月30日第十三届全国人民代表大会常务委员会第三十七次会议修订 2022年10月30日中华人民共和国主席令第122号公布 自2023年1月1日起施行）

目 录

第一章 总　　则
第二章 政治权利
第三章 人身和人格权益

第四章　文化教育权益
第五章　劳动和社会保障权益
第六章　财产权益
第七章　婚姻家庭权益
第八章　救济措施
第九章　法律责任
第十章　附　　则

第一章　总　　则

第一条　为了保障妇女的合法权益，促进男女平等和妇女全面发展，充分发挥妇女在全面建设社会主义现代化国家中的作用，弘扬社会主义核心价值观，根据宪法，制定本法。

第二条　男女平等是国家的基本国策。妇女在政治的、经济的、文化的、社会的和家庭的生活等各方面享有同男子平等的权利。

国家采取必要措施，促进男女平等，消除对妇女一切形式的歧视，禁止排斥、限制妇女依法享有和行使各项权益。

国家保护妇女依法享有的特殊权益。

第三条　坚持中国共产党对妇女权益保障工作的领导，建立政府主导、各方协同、社会参与的保障妇女权益工作机制。

各级人民政府应当重视和加强妇女权益的保障工作。

县级以上人民政府负责妇女儿童工作的机构，负责组织、协调、指导、督促有关部门做好妇女权益的保障工作。

县级以上人民政府有关部门在各自的职责范围内做好妇女权益的保障工作。

第四条　保障妇女的合法权益是全社会的共同责任。国家机关、社会团体、企业事业单位、基层群众性自治组织以及其他组织和个人，应当依法保障妇女的权益。

国家采取有效措施，为妇女依法行使权利提供必要的条件。

第五条　国务院制定和组织实施中国妇女发展纲要，将其纳入国民经济和社会发展规划，保障和促进妇女在各领域的全面发展。

县级以上地方各级人民政府根据中国妇女发展纲要，制定和组织实施本行政区域的妇女发展规划,将其纳入国民经济和社会发展规划。

县级以上人民政府应当将妇女权益保障所需经费列入本级预算。

第六条 中华全国妇女联合会和地方各级妇女联合会依照法律和中华全国妇女联合会章程,代表和维护各族各界妇女的利益,做好维护妇女权益、促进男女平等和妇女全面发展的工作。

工会、共产主义青年团、残疾人联合会等群团组织应当在各自的工作范围内,做好维护妇女权益的工作。

第七条 国家鼓励妇女自尊、自信、自立、自强,运用法律维护自身合法权益。

妇女应当遵守国家法律,尊重社会公德、职业道德和家庭美德,履行法律所规定的义务。

第八条 有关机关制定或者修改涉及妇女权益的法律、法规、规章和其他规范性文件,应当听取妇女联合会的意见,充分考虑妇女的特殊权益,必要时开展男女平等评估。

第九条 国家建立健全妇女发展状况统计调查制度,完善性别统计监测指标体系,定期开展妇女发展状况和权益保障统计调查和分析,发布有关信息。

第十条 国家将男女平等基本国策纳入国民教育体系,开展宣传教育,增强全社会的男女平等意识,培育尊重和关爱妇女的社会风尚。

第十一条 国家对保障妇女合法权益成绩显著的组织和个人,按照有关规定给予表彰和奖励。

第二章 政治权利

第十二条 国家保障妇女享有与男子平等的政治权利。

第十三条 妇女有权通过各种途径和形式,依法参与管理国家事务、管理经济和文化事业、管理社会事务。

妇女和妇女组织有权向各级国家机关提出妇女权益保障方面的意见和建议。

第十四条 妇女享有与男子平等的选举权和被选举权。

全国人民代表大会和地方各级人民代表大会的代表中,应当保证有适当数量的妇女代表。国家采取措施,逐步提高全国人民代表大会和地方各级人民代表大会的妇女代表的比例。

居民委员会、村民委员会成员中,应当保证有适当数量的妇女成员。

第十五条 国家积极培养和选拔女干部,重视培养和选拔少数民族女干部。

国家机关、群团组织、企业事业单位培养、选拔和任用干部,应当坚持男女平等的原则,并有适当数量的妇女担任领导成员。

妇女联合会及其团体会员,可以向国家机关、群团组织、企业事业单位推荐女干部。

国家采取措施支持女性人才成长。

第十六条 妇女联合会代表妇女积极参与国家和社会事务的民主协商、民主决策、民主管理和民主监督。

第十七条 对于有关妇女权益保障工作的批评或者合理可行的建议,有关部门应当听取和采纳;对于有关侵害妇女权益的申诉、控告和检举,有关部门应当查清事实,负责处理,任何组织和个人不得压制或者打击报复。

第三章 人身和人格权益

第十八条 国家保障妇女享有与男子平等的人身和人格权益。

第十九条 妇女的人身自由不受侵犯。禁止非法拘禁和以其他非法手段剥夺或者限制妇女的人身自由;禁止非法搜查妇女的身体。

第二十条 妇女的人格尊严不受侵犯。禁止用侮辱、诽谤等方式损害妇女的人格尊严。

第二十一条 妇女的生命权、身体权、健康权不受侵犯。禁止虐待、遗弃、残害、买卖以及其他侵害女性生命健康权益的行为。

禁止进行非医学需要的胎儿性别鉴定和选择性别的人工终止妊娠。

医疗机构施行生育手术、特殊检查或者特殊治疗时,应当征得妇女本人同意;在妇女与其家属或者关系人意见不一致时,应当尊重妇女本人意愿。

第二十二条 禁止拐卖、绑架妇女;禁止收买被拐卖、绑架的妇女;禁止阻碍解救被拐卖、绑架的妇女。

各级人民政府和公安、民政、人力资源和社会保障、卫生健康等部门及村民委员会、居民委员会按照各自的职责及时发现报告,并采取措施解救被拐卖、绑架的妇女,做好被解救妇女的安置、救助和关爱等工作。妇女联合会协助和配合做好有关工作。任何组织和个人不得歧视被拐卖、绑架的妇女。

第二十三条 禁止违背妇女意愿,以言语、文字、图像、肢体行为等方式对其实施性骚扰。

受害妇女可以向有关单位和国家机关投诉。接到投诉的有关单位和国家机关应当及时处理,并书面告知处理结果。

受害妇女可以向公安机关报案,也可以向人民法院提起民事诉讼,依法请求行为人承担民事责任。

第二十四条 学校应当根据女学生的年龄阶段,进行生理卫生、心理健康和自我保护教育,在教育、管理、设施等方面采取措施,提高其防范性侵害、性骚扰的自我保护意识和能力,保障女学生的人身安全和身心健康发展。

学校应当建立有效预防和科学处置性侵害、性骚扰的工作制度。对性侵害、性骚扰女学生的违法犯罪行为,学校不得隐瞒,应当及时通知受害未成年女学生的父母或者其他监护人,向公安机关、教育行政部门报告,并配合相关部门依法处理。

对遭受性侵害、性骚扰的女学生,学校、公安机关、教育行政部门等相关单位和人员应当保护其隐私和个人信息,并提供必要的保护措施。

第二十五条 用人单位应当采取下列措施预防和制止对妇女的性骚扰:

(一)制定禁止性骚扰的规章制度;
(二)明确负责机构或者人员;
(三)开展预防和制止性骚扰的教育培训活动;
(四)采取必要的安全保卫措施;
(五)设置投诉电话、信箱等,畅通投诉渠道;

（六）建立和完善调查处置程序，及时处置纠纷并保护当事人隐私和个人信息；

（七）支持、协助受害妇女依法维权，必要时为受害妇女提供心理疏导；

（八）其他合理的预防和制止性骚扰措施。

第二十六条 住宿经营者应当及时准确登记住宿人员信息，健全住宿服务规章制度，加强安全保障措施；发现可能侵害妇女权益的违法犯罪行为，应当及时向公安机关报告。

第二十七条 禁止卖淫、嫖娼；禁止组织、强迫、引诱、容留、介绍妇女卖淫或者对妇女进行猥亵活动；禁止组织、强迫、引诱、容留、介绍妇女在任何场所或者利用网络进行淫秽表演活动。

第二十八条 妇女的姓名权、肖像权、名誉权、荣誉权、隐私权和个人信息等人格权益受法律保护。

媒体报道涉及妇女事件应当客观、适度，不得通过夸大事实、过度渲染等方式侵害妇女的人格权益。

禁止通过大众传播媒介或者其他方式贬低损害妇女人格。未经本人同意，不得通过广告、商标、展览橱窗、报纸、期刊、图书、音像制品、电子出版物、网络等形式使用妇女肖像，但法律另有规定的除外。

第二十九条 禁止以恋爱、交友为由或者在终止恋爱关系、离婚之后，纠缠、骚扰妇女，泄露、传播妇女隐私和个人信息。

妇女遭受上述侵害或者面临上述侵害现实危险的，可以向人民法院申请人身安全保护令。

第三十条 国家建立健全妇女健康服务体系，保障妇女享有基本医疗卫生服务，开展妇女常见病、多发病的预防、筛查和诊疗，提高妇女健康水平。

国家采取必要措施，开展经期、孕期、产期、哺乳期和更年期的健康知识普及、卫生保健和疾病防治，保障妇女特殊生理时期的健康需求，为有需要的妇女提供心理健康服务支持。

第三十一条 县级以上地方人民政府应当设立妇幼保健机构，为妇女提供保健以及常见病防治服务。

国家鼓励和支持社会力量通过依法捐赠、资助或者提供志愿服务等方式，参与妇女卫生健康事业，提供安全的生理健康用品或者服务,满足妇女多样化、差异化的健康需求。

用人单位应当定期为女职工安排妇科疾病、乳腺疾病检查以及妇女特殊需要的其他健康检查。

第三十二条 妇女依法享有生育子女的权利,也有不生育子女的自由。

第三十三条 国家实行婚前、孕前、孕产期和产后保健制度,逐步建立妇女全生育周期系统保健制度。医疗保健机构应当提供安全、有效的医疗保健服务,保障妇女生育安全和健康。

有关部门应当提供安全、有效的避孕药具和技术,保障妇女的健康和安全。

第三十四条 各级人民政府在规划、建设基础设施时,应当考虑妇女的特殊需求,配备满足妇女需要的公共厕所和母婴室等公共设施。

第四章 文化教育权益

第三十五条 国家保障妇女享有与男子平等的文化教育权利。

第三十六条 父母或者其他监护人应当履行保障适龄女性未成年人接受并完成义务教育的义务。

对无正当理由不送适龄女性未成年人入学的父母或者其他监护人,由当地乡镇人民政府或者县级人民政府教育行政部门给予批评教育,依法责令其限期改正。居民委员会、村民委员会应当协助政府做好相关工作。

政府、学校应当采取有效措施,解决适龄女性未成年人就学存在的实际困难,并创造条件,保证适龄女性未成年人完成义务教育。

第三十七条 学校和有关部门应当执行国家有关规定,保障妇女在入学、升学、授予学位、派出留学、就业指导和服务等方面享有与男子平等的权利。

学校在录取学生时,除国家规定的特殊专业外,不得以性别为由拒绝录取女性或者提高对女性的录取标准。

各级人民政府应当采取措施,保障女性平等享有接受中高等教育的权利和机会。

637

第三十八条　各级人民政府应当依照规定把扫除妇女中的文盲、半文盲工作,纳入扫盲和扫盲后继续教育规划,采取符合妇女特点的组织形式和工作方法,组织、监督有关部门具体实施。

第三十九条　国家健全全民终身学习体系,为妇女终身学习创造条件。

各级人民政府和有关部门应当采取措施,根据城镇和农村妇女的需要,组织妇女接受职业教育和实用技术培训。

第四十条　国家机关、社会团体和企业事业单位应当执行国家有关规定,保障妇女从事科学、技术、文学、艺术和其他文化活动,享有与男子平等的权利。

第五章　劳动和社会保障权益

第四十一条　国家保障妇女享有与男子平等的劳动权利和社会保障权利。

第四十二条　各级人民政府和有关部门应当完善就业保障政策措施,防止和纠正就业性别歧视,为妇女创造公平的就业创业环境,为就业困难的妇女提供必要的扶持和援助。

第四十三条　用人单位在招录(聘)过程中,除国家另有规定外,不得实施下列行为:

(一)限定为男性或者规定男性优先;

(二)除个人基本信息外,进一步询问或者调查女性求职者的婚育情况;

(三)将妊娠测试作为入职体检项目;

(四)将限制结婚、生育或者婚姻、生育状况作为录(聘)用条件;

(五)其他以性别为由拒绝录(聘)用妇女或者差别化地提高对妇女录(聘)用标准的行为。

第四十四条　用人单位在录(聘)用女职工时,应当依法与其签订劳动(聘用)合同或者服务协议,劳动(聘用)合同或者服务协议中应当具备女职工特殊保护条款,并不得规定限制女职工结婚、生育等内容。

职工一方与用人单位订立的集体合同中应当包含男女平等和女

职工权益保护相关内容,也可以就相关内容制定专章、附件或者单独订立女职工权益保护专项集体合同。

第四十五条 实行男女同工同酬。妇女在享受福利待遇方面享有与男子平等的权利。

第四十六条 在晋职、晋级、评聘专业技术职称和职务、培训等方面,应当坚持男女平等的原则,不得歧视妇女。

第四十七条 用人单位应当根据妇女的特点,依法保护妇女在工作和劳动时的安全、健康以及休息的权利。

妇女在经期、孕期、产期、哺乳期受特殊保护。

第四十八条 用人单位不得因结婚、怀孕、产假、哺乳等情形,降低女职工的工资和福利待遇,限制女职工晋职、晋级、评聘专业技术职称和职务,辞退女职工,单方解除劳动(聘用)合同或者服务协议。

女职工在怀孕以及依法享受产假期间,劳动(聘用)合同或者服务协议期满的,劳动(聘用)合同或者服务协议期限自动延续至产假结束。但是,用人单位依法解除、终止劳动(聘用)合同、服务协议,或者女职工依法要求解除、终止劳动(聘用)合同、服务协议的除外。

用人单位在执行国家退休制度时,不得以性别为由歧视妇女。

第四十九条 人力资源和社会保障部门应当将招聘、录取、晋职、晋级、评聘专业技术职称和职务、培训、辞退等过程中的性别歧视行为纳入劳动保障监察范围。

第五十条 国家发展社会保障事业,保障妇女享有社会保险、社会救助和社会福利等权益。

国家提倡和鼓励为帮助妇女而开展的社会公益活动。

第五十一条 国家实行生育保险制度,建立健全婴幼儿托育服务等与生育相关的其他保障制度。

国家建立健全职工生育休假制度,保障孕产期女职工依法享有休息休假权益。

地方各级人民政府和有关部门应当按照国家有关规定,为符合条件的困难妇女提供必要的生育救助。

第五十二条 各级人民政府和有关部门应当采取必要措施,加强贫困妇女、老龄妇女、残疾妇女等困难妇女的权益保障,按照有关规定为其提供生活帮扶、就业创业支持等关爱服务。

第六章　财产权益

第五十三条　国家保障妇女享有与男子平等的财产权利。

第五十四条　在夫妻共同财产、家庭共有财产关系中,不得侵害妇女依法享有的权益。

第五十五条　妇女在农村集体经济组织成员身份确认、土地承包经营、集体经济组织收益分配、土地征收补偿安置或者征用补偿以及宅基地使用等方面,享有与男子平等的权利。

申请农村土地承包经营权、宅基地使用权等不动产登记,应当在不动产登记簿和权属证书上将享有权利的妇女等家庭成员全部列明。征收补偿安置或者征用补偿协议应当将享有相关权益的妇女列入,并记载权益内容。

第五十六条　村民自治章程、村规民约,村民会议、村民代表会议的决定以及其他涉及村民利益事项的决定,不得以妇女未婚、结婚、离婚、丧偶、户无男性等为由,侵害妇女在农村集体经济组织中的各项权益。

因结婚男方到女方住所落户的,男方和子女享有与所在地农村集体经济组织成员平等的权益。

第五十七条　国家保护妇女在城镇集体所有财产关系中的权益。妇女依照法律、法规的规定享有相关权益。

第五十八条　妇女享有与男子平等的继承权。妇女依法行使继承权,不受歧视。

丧偶妇女有权依法处分继承的财产,任何组织和个人不得干涉。

第五十九条　丧偶儿媳对公婆尽了主要赡养义务的,作为第一顺序继承人,其继承权不受子女代位继承的影响。

第七章　婚姻家庭权益

第六十条　国家保障妇女享有与男子平等的婚姻家庭权利。

第六十一条　国家保护妇女的婚姻自主权。禁止干涉妇女的结婚、离婚自由。

第六十二条　国家鼓励男女双方在结婚登记前,共同进行医学检查或者相关健康体检。

第六十三条　婚姻登记机关应当提供婚姻家庭辅导服务,引导当事人建立平等、和睦、文明的婚姻家庭关系。

第六十四条　女方在怀孕期间、分娩后一年内或者终止妊娠后六个月内,男方不得提出离婚;但是,女方提出离婚或者人民法院认为确有必要受理男方离婚请求的除外。

第六十五条　禁止对妇女实施家庭暴力。

县级以上人民政府有关部门、司法机关、社会团体、企业事业单位、基层群众性自治组织以及其他组织,应当在各自的职责范围内预防和制止家庭暴力,依法为受害妇女提供救助。

第六十六条　妇女对夫妻共同财产享有与其配偶平等的占有、使用、收益和处分的权利,不受双方收入状况等情形的影响。

对夫妻共同所有的不动产以及可以联名登记的动产,女方有权要求在权属证书上记载其姓名;认为记载的权利人、标的物、权利比例等事项有错误的,有权依法申请更正登记或者异议登记,有关机构应当按照其申请依法办理相应登记手续。

第六十七条　离婚诉讼期间,夫妻一方申请查询登记在对方名下财产状况且确因客观原因不能自行收集的,人民法院应当进行调查取证,有关部门和单位应当予以协助。

离婚诉讼期间,夫妻双方均有向人民法院申报全部夫妻共同财产的义务。一方隐藏、转移、变卖、损毁、挥霍夫妻共同财产,或者伪造夫妻共同债务企图侵占另一方财产的,在离婚分割夫妻共同财产时,对该方可以少分或者不分财产。

第六十八条　夫妻双方应当共同负担家庭义务,共同照顾家庭生活。

女方因抚育子女、照料老人、协助男方工作等负担较多义务的,有权在离婚时要求男方予以补偿。补偿办法由双方协议确定;协议不成的,可以向人民法院提起诉讼。

第六十九条　离婚时,分割夫妻共有的房屋或者处理夫妻共同租住的房屋,由双方协议解决;协议不成的,可以向人民法院提起诉讼。

第七十条 父母双方对未成年子女享有平等的监护权。

父亲死亡、无监护能力或者有其他情形不能担任未成年子女的监护人的,母亲的监护权任何组织和个人不得干涉。

第七十一条 女方丧失生育能力的,在离婚处理子女抚养问题时,应当在最有利于未成年子女的条件下,优先考虑女方的抚养要求。

第八章 救济措施

第七十二条 对侵害妇女合法权益的行为,任何组织和个人都有权予以劝阻、制止或者向有关部门提出控告或者检举。有关部门接到控告或者检举后,应当依法及时处理,并为控告人、检举人保密。

妇女的合法权益受到侵害的,有权要求有关部门依法处理,或者依法申请调解、仲裁,或者向人民法院起诉。

对符合条件的妇女,当地法律援助机构或者司法机关应当给予帮助,依法为其提供法律援助或者司法救助。

第七十三条 妇女的合法权益受到侵害的,可以向妇女联合会等妇女组织求助。妇女联合会等妇女组织应当维护被侵害妇女的合法权益,有权要求并协助有关部门或者单位查处。有关部门或者单位应当依法查处,并予以答复;不予处理或者处理不当的,县级以上人民政府负责妇女儿童工作的机构、妇女联合会可以向其提出督促处理意见,必要时可以提请同级人民政府开展督查。

受害妇女进行诉讼需要帮助的,妇女联合会应当给予支持和帮助。

第七十四条 用人单位侵害妇女劳动和社会保障权益的,人力资源和社会保障部门可以联合工会、妇女联合会约谈用人单位,依法进行监督并要求其限期纠正。

第七十五条 妇女在农村集体经济组织成员身份确认等方面权益受到侵害的,可以申请乡镇人民政府等进行协调,或者向人民法院起诉。

乡镇人民政府应当对村民自治章程、村规民约,村民会议、村民代表会议的决定以及其他涉及村民利益事项的决定进行指导,对其中违反法律、法规和国家政策规定,侵害妇女合法权益的内容责令改正;受侵害妇女向农村土地承包仲裁机构申请仲裁或者向人民法院起诉的,农村土地承包仲裁机构或者人民法院应当依法受理。

第七十六条　县级以上人民政府应当开通全国统一的妇女权益保护服务热线,及时受理、移送有关侵害妇女合法权益的投诉、举报;有关部门或者单位接到投诉、举报后,应当及时予以处置。

鼓励和支持群团组织、企业事业单位、社会组织和个人参与建设妇女权益保护服务热线,提供妇女权益保护方面的咨询、帮助。

第七十七条　侵害妇女合法权益,导致社会公共利益受损的,检察机关可以发出检察建议;有下列情形之一的,检察机关可以依法提起公益诉讼:

(一)确认农村妇女集体经济组织成员身份时侵害妇女权益或者侵害妇女享有的农村土地承包和集体收益、土地征收征用补偿分配权益和宅基地使用权益的;

(二)侵害妇女平等就业权益的;

(三)相关单位未采取合理措施预防和制止性骚扰的;

(四)通过大众传播媒介或者其他方式贬低损害妇女人格的;

(五)其他严重侵害妇女权益的情形。

第七十八条　国家机关、社会团体、企业事业单位对侵害妇女权益的行为,可以支持受侵害的妇女向人民法院起诉。

第九章　法律责任

第七十九条　违反本法第二十二条第二款规定,未履行报告义务的,依法对直接负责的主管人员和其他直接责任人员给予处分。

第八十条　违反本法规定,对妇女实施性骚扰的,由公安机关给予批评教育或者出具告诫书,并由所在单位依法给予处分。

学校、用人单位违反本法规定,未采取必要措施预防和制止性骚扰,造成妇女权益受到侵害或者社会影响恶劣的,由上级机关或者主管部门责令改正;拒不改正或者情节严重的,依法对直接负责的主管人员和其他直接责任人员给予处分。

第八十一条　违反本法第二十六条规定,未履行报告等义务的,依法给予警告、责令停业整顿或者吊销营业执照、吊销相关许可证，并处一万元以上五万元以下罚款。

第八十二条 违反本法规定,通过大众传播媒介或者其他方式贬低损害妇女人格的,由公安、网信、文化旅游、广播电视、新闻出版或者其他有关部门依据各自的职权责令改正,并依法给予行政处罚。

第八十三条 用人单位违反本法第四十三条和第四十八条规定的,由人力资源和社会保障部门责令改正;拒不改正或者情节严重的,处一万元以上五万元以下罚款。

第八十四条 违反本法规定,对侵害妇女权益的申诉、控告、检举,推诿、拖延、压制不予查处,或者对提出申诉、控告、检举的人进行打击报复的,依法责令改正,并对直接负责的主管人员和其他直接责任人员给予处分。

国家机关及其工作人员未依法履行职责,对侵害妇女权益的行为未及时制止或者未给予受害妇女必要帮助,造成严重后果的,依法对直接负责的主管人员和其他直接责任人员给予处分。

违反本法规定,侵害妇女人身和人格权益、文化教育权益、劳动和社会保障权益、财产权益以及婚姻家庭权益的,依法责令改正,直接负责的主管人员和其他直接责任人员属于国家工作人员的,依法给予处分。

第八十五条 违反本法规定,侵害妇女的合法权益,其他法律、法规规定行政处罚的,从其规定;造成财产损失或者人身损害的,依法承担民事责任;构成犯罪的,依法追究刑事责任。

第十章　附　　则

第八十六条 本法自 2023 年 1 月 1 日起施行。

国务院办公厅关于印发促进残疾人就业三年行动方案（2022—2024年）的通知

（2022年3月25日　国办发〔2022〕6号）

《促进残疾人就业三年行动方案（2022—2024年）》已经国务院同意，现印发给你们，请认真贯彻执行。

促进残疾人就业三年行动方案（2022—2024年）

就业是最大的民生。为贯彻落实习近平总书记关于残疾人事业的重要指示批示精神和党中央、国务院决策部署，进一步巩固拓展残疾人脱贫攻坚成果，促进残疾人实现较为充分较高质量的就业，共建共享经济社会发展成果，逐步实现共同富裕，依据《"十四五"就业促进规划》、《"十四五"残疾人保障和发展规划》，制定本方案。

一、任务目标

以有就业需求和就业条件的城乡未就业残疾人为主要对象，更好发挥政府促进就业的作用，进一步落实残疾人就业创业扶持政策，加大残疾人职业技能培训力度，不断提升残疾人就业服务质量和效益，稳定和扩大残疾人就业岗位。2022—2024年共实现全国城乡新增残疾人就业100万人，残疾人就业创业能力持续提升，残疾人就业权益得到更好保障，推动形成理解、关心、支持残疾人就业创业的良好社会环境。

二、主要措施

（一）实施机关、事业单位带头安排残疾人就业行动。各地建立各级机关、事业单位安排残疾人就业情况统计制度,制定机关、事业单位按比例安排残疾人就业工作项目推进计划,确保"十四五"期间编制50人(含)以上的省级、地市级机关和编制67人(含)以上的事业单位(中小学、幼儿园除外),安排残疾人就业未达到规定比例的,至少安排1名残疾人就业。县、乡两级根据机关和事业单位编制总数,统筹按比例安排残疾人就业。已安排残疾人就业的省级、地市级机关和事业单位,应当按照有关规定向社会公示。(中央组织部、人力资源社会保障部、中央编办、中国残联及各地区按职责分工负责)

(二)实施国有企业安排残疾人就业行动。组织开展国有企业助残就业专场招聘活动。选取一批业务范围覆盖较广、岗位较多的国有企业,每年开发一批岗位定向招聘残疾人。国有企业应当带头按比例安排残疾人就业,未按比例安排残疾人就业的应当及时足额缴纳残疾人就业保障金。国有企业应当将按比例安排残疾人就业情况纳入企业社会责任报告。新增建设邮政报刊零售亭等社区公共服务点时,应当预留一定比例的岗位专门安排残疾人就业,并适当减免摊位费、租赁费,有条件的地方免费提供店面。各地烟草专卖管理部门对残疾人申请烟草专卖零售许可证的,应当根据当地实际,适当放宽对烟草制品零售点的数量、间距要求。(国务院国资委、人力资源社会保障部、中国残联、国家邮政局、国家烟草局、中国企业联合会及各地区按职责分工负责)

(三)实施民营企业安排残疾人就业行动。开展民营企业助力残疾人就业活动,组织一批头部平台、电商、快递等新就业形态企业对接残疾人就业需求,每年开发一批岗位定向招聘残疾人。对在平台就业创业的残疾人减免加盟、增值服务等费用,给予宣传推广、派单倾斜、免费培训等帮扶。地方各级残联与民政部门、工商联、企业联合组织及行业协会商会、人力资源服务机构等加强合作,为民营企业搭建助残就业平台吸收残疾人就业,加强对残疾人自主创业企业及个体工商户的指导与扶持,提供联系劳动项目、开展就业创业培训和雇主培训等服务。民营企业应当将助残就业、按比例安排残疾人就业情况纳入企业社会责任报告或编制专项社会责任报告。(工业和信息化部、人力资源社会保障部、全国工商联、中国残联、中国企业联合会及各地区按职责分工负责)

（四）实施残疾人组织助残就业行动。发挥各级各类残疾人专门协会、扶残助残社会组织和残疾人就业创业带头人等作用，选择一批已经形成一定市场规模、运行稳定的就业项目，加大扶持力度，带动辐射更多残疾人就业创业。总结不同类别残疾人就业典型案例和成功经验，推广"千企万人助残就业计划"等项目，打造残疾人文创基地和残疾妇女"美丽工坊"等品牌。各残疾人福利基金会广泛动员社会力量，开展以帮扶残疾人就业为主题的公益慈善项目和活动。（中国残联及各地区按职责分工负责）

（五）实施就业困难残疾人就业帮扶行动。各地建立的"阳光家园"、"残疾人之家"、残疾人托养机构、残疾人职业康复机构等普遍开展辅助性就业。发挥街道、社区、残疾人亲友组织、慈善组织、爱心企业等各方作用，推动辅助性就业加快发展。地市级残联普遍开展残疾人辅助性就业劳动项目调配工作，开发、收集、储备劳动项目，打造产品和服务品牌。有条件的地方在辅助性就业机构设置社会工作岗位，配备残疾人就业辅导员。各地将符合条件的就业困难残疾人全部纳入就业援助范围，并提供更具针对性的重点帮扶。统筹用好现有公益性岗位，促进符合条件的残疾人就业创业。（中国残联、人力资源社会保障部、民政部及各地区按职责分工负责）

（六）实施农村残疾人就业帮扶行动。落实巩固拓展残疾人脱贫攻坚成果各项政策，对符合条件的就业帮扶车间和农村残疾人就业基地按规定通过现有资金渠道予以支持。通过提供土地流转、产业托管、生产服务、技术指导、农用物资供应、农副产品收购销售、融资等方面服务，扶持农村残疾人或其家庭成员从事种植、养殖、加工、乡村旅游、农村电商、农村寄递物流等行业。持续开展农村困难残疾人实用技术培训项目。帮助纳入防止返贫监测对象的残疾人家庭成员就业创业。持续做好易地搬迁残疾人就业帮扶。东西部协作和中央单位定点帮扶项目向残疾人就业倾斜。（人力资源社会保障部、中国残联、国家发展改革委、财政部、文化和旅游部、农业农村部、国家乡村振兴局、国家邮政局及各地区按职责分工负责）

（七）实施残疾人大学生就业帮扶行动。各地建立部门间残疾人大学生信息交换机制，准确掌握在校残疾人大学生数据，及早建立"一人一策"就业服务台账，开展"一对一"精准服务。加强对残疾人大学生所在高校的指导,做好残疾人大学生就业相关政策宣讲、技能培训、岗位推介等工作,落实各类就业扶持及补贴奖励政策。将残疾人高校毕业生作为重点对象纳入机关、事业单位带头安排残疾人就业行动和国有企业、民营企业安排残疾人就业行动。促进残疾人高校毕业生在常住地平等享受公共就业服务。组织面向残疾人高校毕业生的各类线上线下就业服务和招聘活动。将残疾人高校毕业生就业纳入"24365校园网络招聘服务"、百日千万网络招聘专项行动、大中城市联合招聘高校毕业生专场招聘、全国人力资源市场高校毕业生就业服务周等活动。(教育部、人力资源社会保障部、中国残联及各地区按职责分工负责)

(八)实施盲人按摩就业促进行动。支持省级盲人按摩医院的医疗、康复、培训等基础设施建设,组建相应医疗管理团队,形成区域示范中心,带动影响周边地区建设盲人医疗按摩机构。支持盲人医疗按摩人员开办医疗按摩所。加快盲人保健按摩行业标准建设,提升盲人保健按摩行业整体服务水平,促进行业规范化、品牌化发展。发挥各级盲人保健按摩实训基地作用,规范开展盲人保健按摩培训和继续教育。多渠道开发盲人就业新形态。(中国残联、国家发展改革委、国家卫生健康委、国家中医药局、人力资源社会保障部及各地区按职责分工负责)

(九)实施残疾人就业服务提升行动。开展残疾人就业服务"四个一"活动,对就业年龄段未就业残疾人至少进行一次基础信息核对,对其中有就业需求的残疾人至少组织一次职业能力评估、进行一次就业需求登记、开展一次就业服务。各级公共就业服务机构将残疾人就业纳入服务范围。县级以上残疾人就业服务机构完成规范化建设,建立健全就业服务内容、标准、流程等规章制度。依托重要时间节点,定期举办残疾人就业服务交流活动。落实《"十四五"残疾人保障和发展规划》关于建立残疾人就业辅导员制度的要求,推动有条件的地方建立残疾人就业辅导员队伍。扶持一批残疾人就业社会服务机构、人力资源服务机构,按规定将就业服务纳入政府购买服务范围。(人力资源社会保障部、中国残联及各地区按职责分工负责)

(十)实施残疾人职业技能提升行动。以残疾人职业能力评估结果为依据,以劳动力市场需求为导向,鼓励用人单位参与培训体系建设,引导职业院校积极开发面向残疾人的就业创业培训项目,分类开展精准培训。对有就业需求和就业条件的就业年龄段未就业残疾人开展就业技能培训、岗位技能提升培训或创业培训,对符合条件的残疾人按规定给予培训费、生活费(含交通费)补贴。加强各级残疾人职业培训基地建设。定期举办残疾人职业技能竞赛和职业技能展示交流活动。鼓励中高等职业院校扩大残疾人学生招收规模,帮助具备初高中文化程度且有接受职业教育意愿和能力的青壮年残疾人接受中高等职业教育,按规定享受学生资助政策。(中国残联、人力资源社会保障部、财政部、教育部及各地区按职责分工负责)

三、保障条件

(一)组织保障。各级人民政府残疾人工作委员会加强组织协调,督促有关部门和单位做好残疾人就业工作。各级人民政府促进就业工作协调机制推动残疾人就业相关政策落实。各项行动负责部门应当根据自身业务范围,指导地方落实职责分工。各级残联配合有关部门完善、落实、宣传残疾人就业创业扶持政策,精准掌握并按规定共享残疾人就业状况与需求信息,组织实施残疾人就业帮扶活动,开展残疾人就业服务和职业技能培训。

(二)政策保障。落实中央组织部、中国残联等部门和单位印发的《机关、事业单位、国有企业带头安排残疾人就业办法》。为残疾人参加招录(聘)考试提供合理便利,合理确定残疾人入职体检条件。创新残疾人按比例就业形式。对符合条件的就业创业残疾人,按规定落实相关就业补贴政策。落实政府购买服务有关规定,广泛开展各类残疾人就业服务与职业培训。制定残疾人就业服务与职业培训服务管理规范。建立东西部残疾人就业创业扶持政策协调机制。将符合条件的工伤伤残职工纳入残疾人就业服务体系。(中央组织部、人力资源社会保障部、国务院国资委、中国残联、财政部及各地区按职责分工负责)

(三)资金保障。各地要落实《"十四五"残疾人保障和发展规划》以及国家发展改革委等部门和单位印发的《关于完善残疾人就业保障金制度更好促进残疾人就业的总体方案》等文件要求,保障残疾人就业培训、就业服务、补贴奖励等相关资金投入,更好促进残疾人就业创业,要制定残疾人就业补贴奖励重点项目实施办法,合理确定补贴和奖励标准、条件等内容。统筹用好各类残疾人就业创业扶持资金,避免交叉使用。对各类就业帮扶、培训基地建设按规定给予扶持。加大对超比例安排残疾人就业用人单位的奖励力度。(财政部、中国残联、人力资源社会保障部及各地区按职责分工负责)

(四)信息支持。依托全国一体化政务服务平台和各级政务服务机构,实现残疾人就业数据互联互通。做好全国残疾人按比例就业情况联网认证"跨省通办"有关工作,按规定落实保障条件。依托全国残疾人就业创业网络服务平台,建立包括各类残疾人职业技能培训机构、培训项目公示和证书管理、培训评估、线上培训资源等信息的全国残疾人职业培训服务与管理系统。建立全国残疾人人力资源服务机构清单和残疾人就业创业服务载体目录。(国家发展改革委、人力资源社会保障部、税务总局、市场监管总局、退役军人部、中国残联及各地区按职责分工负责)

(五)宣传动员。开展"2022残疾人就业宣传年"活动。充分利用就业援助月、全国助残日、国际残疾人日等重要时间节点,加大对残疾人就业的宣传力度。用通俗易懂、简单明了的文字、图片、视频形式,通过广播电视、报纸、网络和新媒体平台大力宣传残疾人就业创业扶持政策、用人单位安排残疾人就业社会责任、残疾人就业能力和潜力,宣传残疾人就业服务流程、需求反馈渠道和信息获取方式。按照国家有关规定,加大对在残疾人就业工作中作出突出贡献单位和个人的表彰宣传力度。(中央宣传部、人力资源社会保障部、中国残联、中国企业联合会及各地区按职责分工负责)

(六)监督落实。地方各级人民政府要进一步明确各项行动负责部门和职责分工,确保相关措施落地落实。要依法维护残疾人就业权益,坚决防范和打击虚假安排残疾人就业、侵害残疾人就业权益的行为,按年度对本方案实施情况进行监测和评估,及时发现和解决实施中出现的问题,各省级残疾人工作委员会每年年底向国务院残疾人工作委员会报送落实情况,并在方案实施期间至少组织一次残疾人就业创业扶持政策落实情况和效果评估。2024年底,国务院残疾人工作委员会办公室要会同有关部门和单位,依托全国残疾人就业和职业培训信息管理系统,对本方案落实情况进行总结评估。

工资福利

国务院办公厅关于推动个人养老金发展的意见

（2022年4月8日　国办发〔2022〕7号）

为推进多层次、多支柱养老保险体系建设，促进养老保险制度可持续发展，满足人民群众日益增长的多样化养老保险需要，根据《中华人民共和国社会保险法》、《中华人民共和国银行业监督管理法》、《中华人民共和国保险法》、《中华人民共和国证券投资基金法》等法律法规，经党中央、国务院同意，现就推动个人养老金发展提出以下意见。

一、总体要求

以习近平新时代中国特色社会主义思想为指导，全面贯彻党的十九大和十九届历次全会精神，认真落实党中央、国务院决策部署，坚持以人民为中心的发展思想，完整、准确、全面贯彻新发展理念，加快构建新发展格局，推动发展适合中国国情、政府政策支持、个人自愿参加、市场化运营的个人养老金，与基本养老保险、企业（职业）年金相衔接，实现养老保险补充功能，协调发展其他个人商业养老金融业务，健全多层次、多支柱养老保险体系。

推动个人养老金发展坚持政府引导、市场运作、有序发展的原则。注重发挥政府引导作用，在多层次、多支柱养老保险体系中统筹布局个人养老金；充分发挥市场作用，营造公开公平公正的竞争环境，调动各方面积极性；严格监督管理，切实防范风险，促进个人养老金健康有序发展。

二、参加范围

在中国境内参加城镇职工基本养老保险或者城乡居民基本养老保险的劳动者,可以参加个人养老金制度。

三、制度模式

个人养老金实行个人账户制度,缴费完全由参加人个人承担,实行完全积累。参加人通过个人养老金信息管理服务平台(以下简称信息平台),建立个人养老金账户。个人养老金账户是参加个人养老金制度、享受税收优惠政策的基础。

参加人可以用缴纳的个人养老金在符合规定的金融机构或者其依法合规委托的销售渠道(以下统称金融产品销售机构)购买金融产品,并承担相应的风险。参加人应当指定或者开立一个本人唯一的个人养老金资金账户,用于个人养老金缴费、归集收益、支付和缴纳个人所得税。个人养老金资金账户可以由参加人在符合规定的商业银行指定或者开立,也可以通过其他符合规定的金融产品销售机构指定。个人养老金资金账户实行封闭运行,其权益归参加人所有,除另有规定外不得提前支取。

参加人变更个人养老金资金账户开户银行时,应当经信息平台核验后,将原个人养老金资金账户内的资金转移至新的个人养老金资金账户并注销原资金账户。

四、缴费水平

参加人每年缴纳个人养老金的上限为12000元。人力资源社会保障部、财政部根据经济社会发展水平和多层次、多支柱养老保险体系发展情况等因素适时调整缴费上限。

五、税收政策

国家制定税收优惠政策,鼓励符合条件的人员参加个人养老金制度并依规领取个人养老金。

六、个人养老金投资

个人养老金资金账户资金用于购买符合规定的银行理财、储蓄存款、商业养老保险、公募基金等运作安全、成熟稳定、标的规范、侧重长期保值的满足不同投资者偏好的金融产品,参加人可自主选择。参与个人养老金运行的金融机构和金融产品由相关金融监管部门确定,并通过信息平台和金融行业平台向社会发布。

七、个人养老金领取

参加人达到领取基本养老金年龄、完全丧失劳动能力、出国(境)定居,或者具有其他符合国家规定的情形,经信息平台核验领取条件后,可以按月、分次或者一次性领取个人养老金,领取方式一经确定不得更改。领取时,应将个人养老金由个人养老金资金账户转入本人社会保障卡银行账户。

参加人死亡后,其个人养老金资金账户中的资产可以继承。

八、信息平台

信息平台由人力资源社会保障部组织建设,与符合规定的商业银行以及相关金融行业平台对接,归集相关信息,与财政、税务等部门共享相关信息,为参加人提供个人养老金账户管理、缴费管理、信息查询等服务,支持参加人享受税收优惠政策,为个人养老金运行提供信息核验和综合监管支撑,为相关金融监管部门、参与个人养老金运行的金融机构提供相关信息服务。不断提升信息平台的规范化、信息化、专业化管理水平,运用"互联网+"创新服务方式,为参加人提供方便快捷的服务。

九、运营和监管

人力资源社会保障部、财政部对个人养老金发展进行宏观指导,根据职责对个人养老金的账户设置、缴费上限、待遇领取、税收优惠等制定具体政策并进行运行监管,定期向社会披露相关信息。税务部门依法对个人养老金实施税收征管。相关金融监管部门根据各自职责,依法依规对参与个人养老金运行金融机构的经营活动进行监管,督促相关金融机构优化产品和服务,做好产品风险提示,对产品的风险性进行监管,加强对投资者的教育。

各参与部门要建立和完善投诉机制,积极发挥社会监督作用,及时发现解决个人养老金运行中出现的问题。

十、组织领导

推动个人养老金发展是健全多层次、多支柱养老保险体系,增强人民群众获得感、幸福感、安全感的重要举措,直接关系广大参加人的切身利益。各地区要加强领导、周密部署、广泛宣传,稳妥有序推动有关工作落地实施。各相关部门要按照职责分工制定落实本意见的具体政策措施,同向发力、密切协同,指导地方和有关金融机构切实做好相关工作。人力资源社会保障部、财政部要加强指导和协调,结合实际分步实施,选择部分城市先试行1年,再逐步推开,及时研究解决工作中遇到的问题,确保本意见顺利实施。

图书在版编目（CIP）数据

中华人民共和国法规汇编. 2022年1月~12月 / 司法部编. —北京：中国法制出版社，2024.4
ISBN 978-7-5216-4143-1

Ⅰ.①中… Ⅱ.①司… Ⅲ.①法规-汇编-中国-2022 Ⅳ.①D920.9

中国国家版本馆CIP数据核字（2024）第032089号

中华人民共和国法规汇编
ZHONGHUA RENMIN GONGHEGUO FAGUI HUIBIAN

（2022年1月~12月）

编者 / 司法部

经销 / 新华书店
印刷 / 北京虎彩文化传播有限公司
开本 / 635毫米×927毫米　16开　　　　　　印张 / 42　字数 / 536千
版次 / 2024年4月第1版　　　　　　　　　　2024年4月第1次印刷

中国法制出版社出版
书号 ISBN 978-7-5216-4143-1　　　　　　　定价：210.00元

北京市西城区西便门西里甲16号西便门办公区
邮政编码：100053　　　　　　　　　　　　传真：010-63141600
网址：http://www.zgfzs.com　　　　　　　编辑部电话：010-63141663
市场营销部电话：010-63141612　　　　　　印务部电话：010-63141606

（如有印装质量问题，请与本社印务部联系。）

ISBN 978-7-5216-4143-1